新疆财政年鉴编辑委员会 编

新疆财政年鉴

2019

finance yearbook of xinjiang

中国财经出版传媒集团
中国财政经济出版社

图书在版编目（CIP）数据

新疆财政年鉴.2019／新疆财政年鉴编辑委员会编.—北京：中国财政经济出版社，2021.3
ISBN 978－7－5223－0376－5

Ⅰ.①新…　Ⅱ.①新…　Ⅲ.①地方财政－新疆－2019－年鉴　Ⅳ.①F812.745－54

中国版本图书馆CIP数据核字（2021）第027405号

责任编辑：陆宗祥　　责任印制：史大鹏
封面设计：卜建辰　　责任校对：胡永立

新疆财政年鉴2019
XINJIANG CAIZHENG NIANJIAN 2019

中国财政经济出版社 出版

URL：http：//www.cfeph.cn
E－mail：cfeph@cfemg.cn

社址：北京市海淀区阜成路甲28号　邮政编码：100142
营销中心电话：010－88191537
北京虎彩文化传播有限公司印装　各地新华书店经销
889×1194毫米　16开　48.5印张　1 251 000字
2021年4月第1版　2021年4月北京第1次印刷
定价：398.00元
ISBN 978－7－5223－0376－5
（图书出现印装问题，本社负责调换）
本社质量投诉电话：010－88190744
打击盗版举报热线：010－88191661　QQ：2242791300

2019年1月10日，自治区十一届政协副主席、自治区人民政府党组成员、财政厅厅长弯海川作财政工作报告。

2019年1月10日，自治区财政工作会议在乌鲁木齐市召开。

2018年2月27日，自治区财政厅召开反腐倡廉工作会议。

2018年3月27日至29日，自治区财政厅举办全区乡镇财政管理局局长培训班。

2018年10月8日，财政部网络安全和保密工作组一行6人来自治区财政厅现场检查指导。财政厅总经济师郭瑛致欢迎辞，财政厅信息网络中心主任杨林汇报新疆财政信息化建设情况和网络安全保密工作情况。

2018年11月9日，自治区财政厅与中亚学院联合邀请中国财政科学研究院院长刘尚希在自治区财政厅举办了“一带一路”主题讲座。

2018年11月16日，“2018管理会计高峰论坛”在乌鲁木齐市召开，自治区财政厅总会计师朱洁致辞。

2018年2月9日，自治区财政厅开展2017年度总结表彰大会暨民族团结联谊会。

2018年5月4日，自治区财政厅组织干部职工集中收看“马克思诞辰200周年纪念大会”电视直播。

2018年5月21日至31日，自治区财政厅开展“理论学习周”活动。

2018年6月22日，自治区财政厅干部职工欢聚一堂，开展以“手拉手·心连心”民族团结一家亲为主题的联谊活动。

2018年10月26日，自治区财政厅开展“民族团结一家亲”联谊活动。

2018年8月5日至10日，自治区财政厅以“看变化、谈感受、促团结、感党恩”为主题，组织部分“民族团结一家亲”结对亲戚来乌参观学习。

2018年10月9日至11日，自治区财政厅离退休干部工作处组织部分退休老同志前往和田洛浦参观考察，亲身体会“访惠聚”工作带来的发展变化。

2018年6月29日，自治区财政厅召开党员大会，集中组织开展“党旗映天山”主题党日活动，隆重纪念中国共产党成立97周年。

2018年7月27日至29日，自治区财政厅党组书记夏代提·海木都拉在和田地区洛浦县进行专题调研。

2018年8月8日，自治区财政厅组织党员干部参观反腐倡廉教育展览。

2018年8月14日，自治区财政厅召开大会全面推进机关党的政治建设会议精神。

2018年中秋节期间，自治区十一届政协副主席、人民政府党组成员、财政厅厅长弯海川来到扶贫联系点洛浦县开展调研，并看望慰问驻村工作队和深度贫困村第一书记。

2018年12月31日，自治区十一届政协副主席、人民政府党组成员、财政厅厅长弯海川与村民共同观看百姓大舞台。

2010—2018年新疆财政一般公共预算收入、上划中央税收、一般公共预算支出增长变化示意图

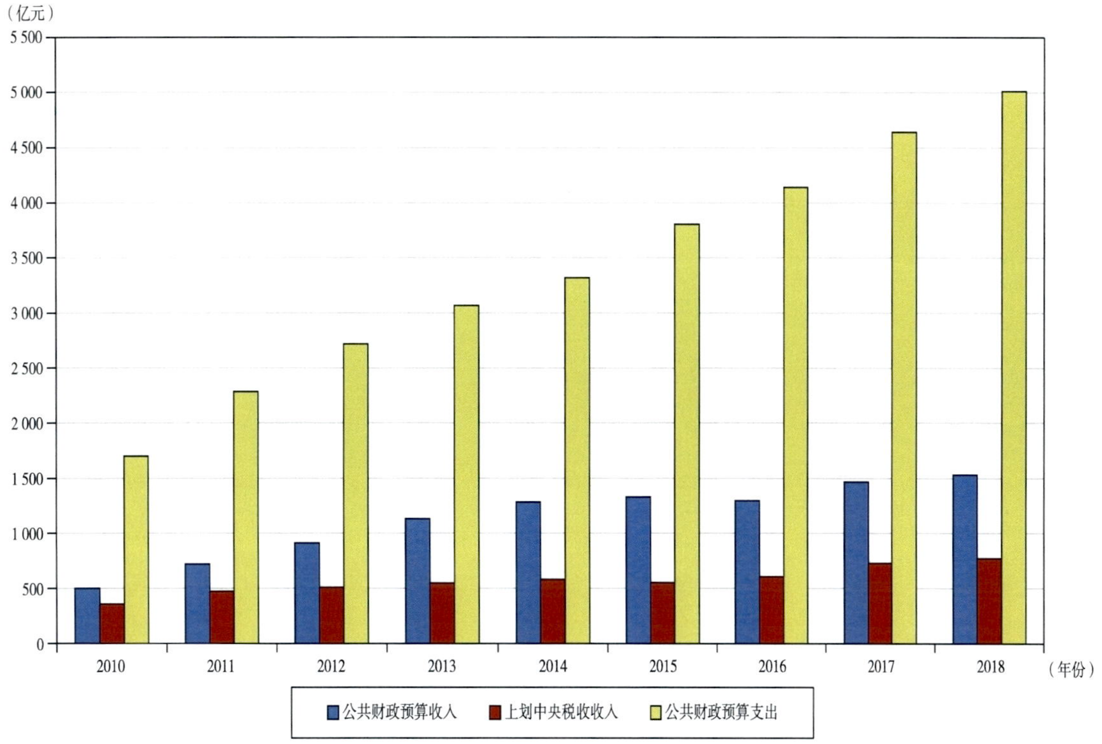

2018 年新疆地方财政收入构成图

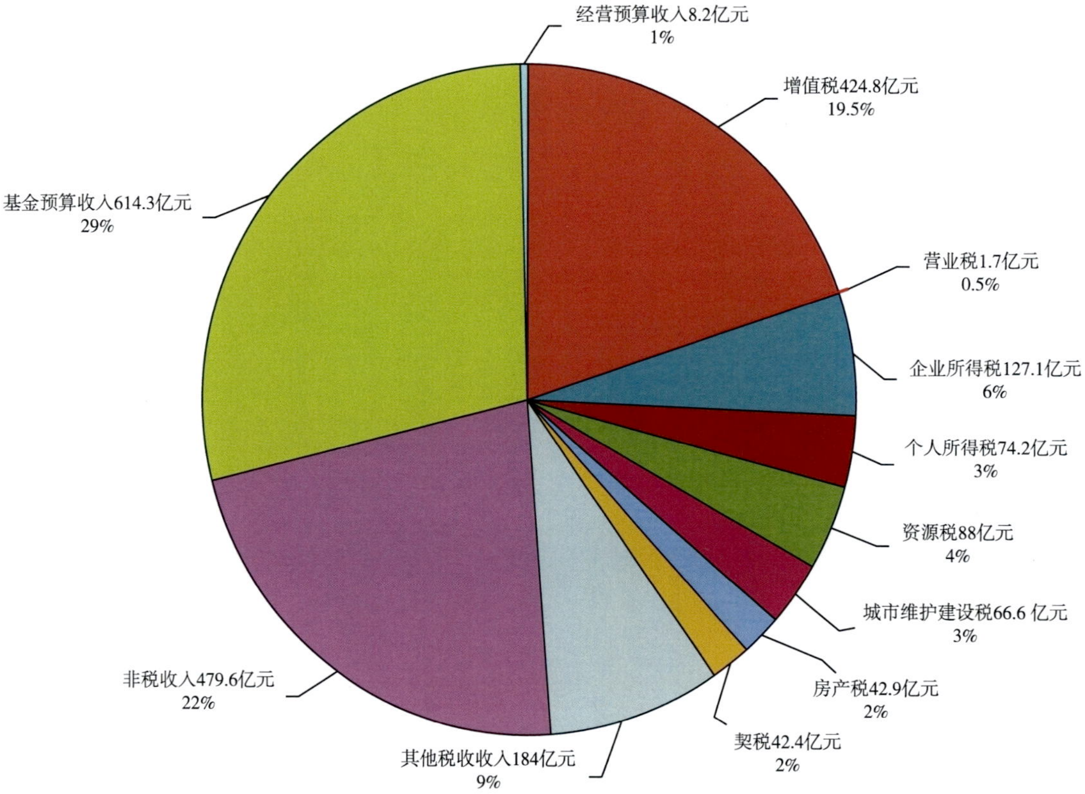

2018年新疆地方财政支出构成图

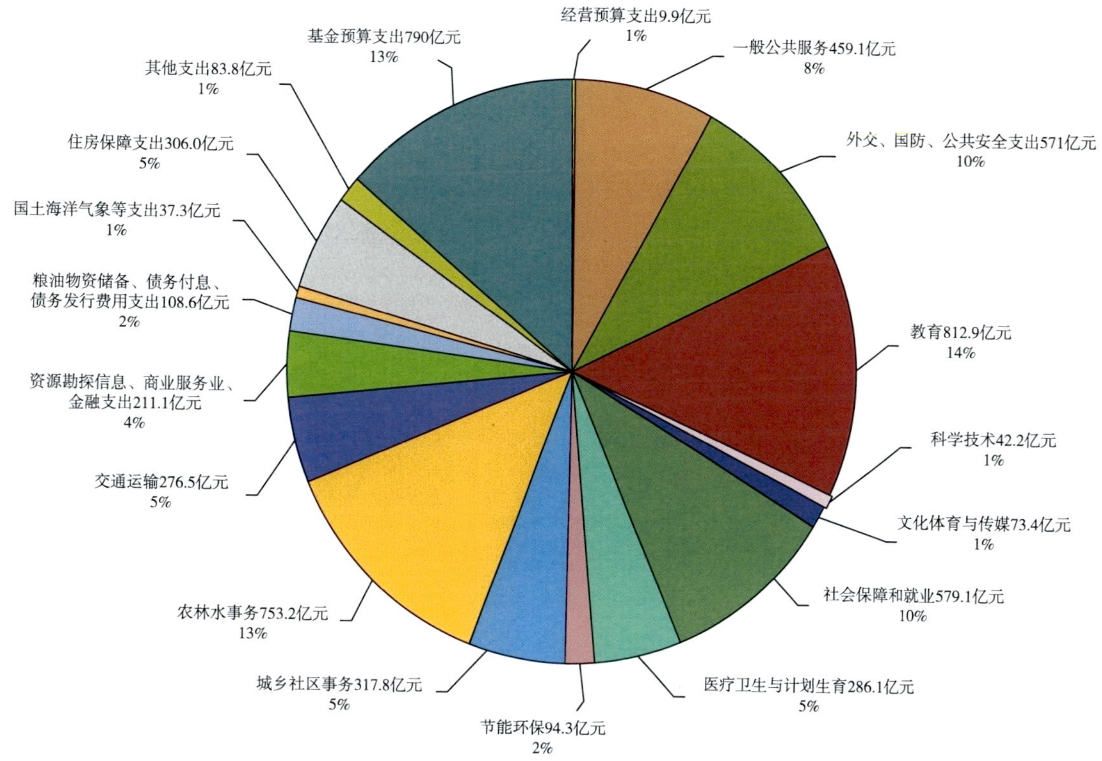

2018 年新疆各级财政一般公共预算收入构成图

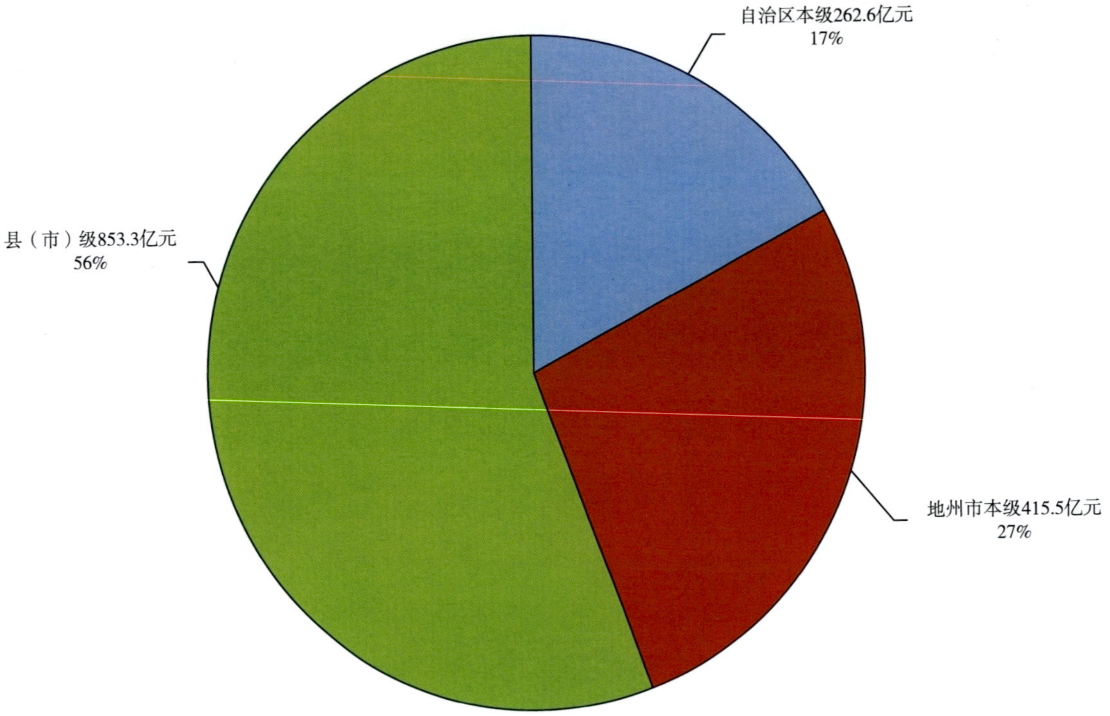

2018 年新疆各地、州、市财政收入排名分布图

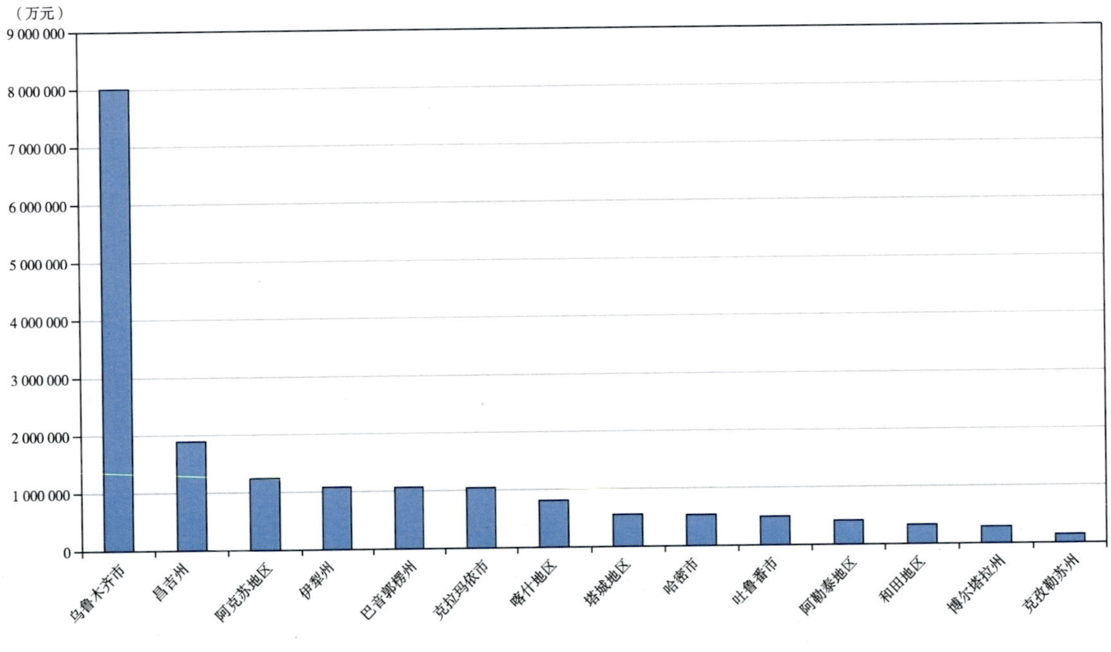

《新疆财政年鉴2019》

编辑委员会

《新疆财政年鉴2019》

编辑部成员
（新疆维吾尔自治区财政厅）

编辑说明

一、《新疆财政年鉴》是新疆维吾尔自治区财政厅组织各地（州、市）财政局等单位共同编纂的综合信息密集型工具书。自2006年起每年出版一卷，已成系列。现奉献给读者的是该系列中的第十三本。

二、《新疆财政年鉴》从2006卷次至2012卷次都是以内容所涉年度为卷次名称的，但自2014卷次开始改由以出版年号为卷次名称，因此中间缺少2013卷次，这并不影响年鉴的连续性。

三、受新冠疫情等因素影响，2019卷推迟付梓。但为遵循年鉴内容与卷次名称的统一性原则，卷名中仍冠以“2019”年份，特此说明。

四、2019卷次主要收录从2018年1月1日至2018年12月31日间新疆维吾尔自治区财政改革、发展和运行情况，内容包括特载、重要财经文献、新疆财政工作、各地（州、市）财政工作、财政统计资料、财政法规选编、财政干部、机构、教育及大事记等。

五、为规范年鉴体例，提高编纂质量，自2014卷次始至今，第三、四主体部分均采用条目形式撰写，力求做到内容充实、集中、篇幅小而信息密度大。

六、如无特别说明，本书中出现的“自治区”均指新疆维吾尔自治区。

七、为使读者阅读方便，书中的数据超过亿元的以“亿元”为单位，不足亿元的以“万元”为单位，均保留两位小数，四舍五入。

八、年鉴卷首彩插，是为生动、鲜活地反映2018年度新疆财政改革、发展风貌，再现新疆财政工作亮点和重大活动，力求图文并茂，增强年鉴的可读性。

九、因上卷（2018卷）第六部分附录中有7张统计表格遗漏，本卷在相应位置一并补上，不影响编排架构，特此说明。

新疆财政年鉴编辑部

2020年12月

目 录

第一部分 特载

第二部分 重要财经文献

第三部分 新疆财政工作

第四部分　地、州、市财政工作

第五部分 财政机构与人员

第六部分 附录

第七部分　文件选编

第八部分　大事记

第一部分

特　　载

自治区财政全力保障打赢脱贫攻坚战

2018年，自治区财政厅坚决贯彻落实党中央和自治区党委脱贫攻坚各项决策部署，紧紧围绕社会稳定和长治久安的总目标，主动发挥优势，完善工作措施，担当好财政支持脱贫攻坚各项工作职责，建立健全扶贫资金保障的长效机制，坚决为全区打好脱贫攻坚战提供坚实的资金保障。

一、持续加大财政扶贫资金保障力度

为做好自治区脱贫攻坚资金保障工作，自治区财政厅调整优化财政支出结构，积极盘活财政存量资金，在保证财政基本支出的基础上，努力筹集财政扶贫资金，积极争取中央财政的支持，继续加大对南疆四地州尤其是22个深度贫困县的转移支付力度，全力支持自治区脱贫攻坚工作开展。2018年，自治区财政筹集财政扶贫资金334.1亿元，其中：财政专项扶贫资金122.12亿元，其他涉农整合资金109.98亿元（扣除财政专项扶贫资金整合部分），地方政府债券一般债券资金79亿元，低保兜底脱贫专项基金20亿元，贫困人口补充医疗保险3亿元。下达到22个深度贫困县259.15亿元，其中：财政专项扶贫资金90.63亿元，涉农整合资金96.81亿元，地方政府债券一般债券资金71.71亿元。2018年，安排南疆四地州年度财政专项扶贫资金104.5亿元，占全区资金的85.57%，重点投向南疆四地州22个深度贫困县。

二、严格落实脱贫攻坚资金投入机制

按照自治区党委提出的脱贫攻坚目标任务，自治区财政厅切实做到“投入实、资金实、到位实”。一是加大自治区扶贫资金投入力度。按照中央、自治区加大脱贫攻坚投入的要求，严格做到2019年自治区安排各类扶贫资金增幅，不低于当年中央安排下达财政专项扶贫资金的增幅。二是加大财政专项扶贫资金投入力度。按照中央财政专项扶贫资金绩效考核要求，严格做到2019年自治区预算安排的财政专项扶贫资金增幅，超过中央下达资金增幅比例；自治区预算安排的财政专项扶贫资金总量，超过中央下达资金总量的30%。三是加大对南疆四地州扶贫资金投入力度。按照中央加大“三区三州”扶贫资金投入要求，严格做到2019年自治区安排南疆四地州扶贫资金增幅，不低于当年中央安排下达财政专项扶贫资金的增幅。四是加大财政涉农整合资金投入力度。按照中央确保增幅的要求，2019年分配给试点贫困县整合范围的每项中央和自治区财政涉农资金，以上年分配给试点贫困县的资金为基数，根据当年中央和自治区财政涉农资金的增减幅度确定，确保分配给试点贫困县的资金增幅，不低于该项资金的全区平均增幅。

三、加快各类财政扶贫资金支出进度

自治区财政厅围绕加快资金实际支出和促进

资金精准使用的目标，分析原因、提出对策、理清责任，切实加快扶贫资金支出进度，提高资金使用效益。一是及时拨付资金。收到中央扶贫资金文件后，30 日内将资金拨付到地（州、市）财政局；地（州、市）财政局收到资金文件后，在 5 日内将资金拨付到县（市、区）财政局。二是规范资金管理。县级财政部门要建立扶贫资金专账管理机制，收到一笔资金登记一笔，针对扶贫项目采取一个出口“打捆”统筹使用，做到专人管理、专款专用。三是加快资金支出。县级财政部门按照同级扶贫开发领导小组会议研究确定的支付项目，必须在 3 日内支付完毕。四是建立通报机制。各地财政部门按月上报扶贫资金支出情况，自治区财政厅汇总分析、及时通报，同时将各地支出进度上报自治区扶贫开发领导小组、自治区纪委监委。

四、建立健全财政扶贫资金政策制度

坚持问题导向，聚焦脱贫攻坚薄弱环节，不断完善财政支持脱贫攻坚政策和制度，加大研究力度，堵塞扶贫资金管理中的漏洞。一是完善涉农资金整合试点政策。加快研究制定 2019 年贫困县涉农资金整合试点政策规定，在全区 32 个国家级贫困县全部推开涉农资金统筹整合工作，及时安排整合资金，确保财政涉农资金向深度贫困县倾斜，由县（市）统筹调配、集中使用。严格落实县市涉农资金统筹整合工作责任，完善涉农整合资金绩效考核体系，建立完善统计报告工作制度，切实发挥统筹整合涉农资金效益。二是完善扶贫资金分配机制。按照精准扶贫、精准脱贫要求，坚持以目标和结果为导向的原则，完善扶贫资金“因素法”分配机制，综合考虑贫困地区基本状况、脱贫攻坚任务和脱贫攻坚成效等扶贫因素，使扶贫资金向脱贫攻坚主战场聚焦。三是完善扶贫资金管理机制。围绕加强扶贫资金监管要求，研究制定第三方专业机构参与扶贫资金管理的政策措施，规范第三方参与扶贫资金管理的范围、内容和程序，充分利用第三方机构独立性和专业性优势，不断提高扶贫资金管理水平和资金使用效益。

五、强化财政扶贫资金监管机制

抓好扶贫资金监管，完善监管机制，做好扶贫资金事前、事中、事后全过程监管。一是印发《关于强化自治区扶贫资金使用与监管的指导意见》（新扶贫领字〔2018〕76 号），就贫困县扶贫资金监管不严问题，督促各级财政部门建立扶贫资金专账管理制度，将到位扶贫资金装进一个“笼子”，全口径统一专账管理，“打捆”统筹使用，形成扶贫资金使用的整体合力。明确县级脱贫攻坚项目储备、项目选定、资金拨付、公告公示、监督检查、绩效评价等扶贫资金监管重点环节，提出明确工作要求。同时，建立清单式管理问责追责机制，明确对违规违纪使用扶贫资金的责任部门、责任领导和责任人严肃追责问责。二是建立月通报制度。每月印发预算执行情况通报，将 35 个贫困县（市），包括 22 个深度贫困县（市）的全口径扶贫资金收到情况、支出进度、结余情况等综合指标，每月分析通报资金执行情况，并委托第三方抽查，对虚假瞒报的进行全疆通报，并约谈相关责任领导，确保扶贫资金支出的真实性。三是强化涉农资金整合。以自治区扶贫开发领导小组名义印发《2018 年贫困县涉农资金整合试点工作的意见》，从对涉农资金整合范围的界定、明确整合试点县、整合资金的规定、责任和监管等方面做出了详细的要求，明确对整合资金落实不到位的单位、地州和县市，如实上报自治区扶贫开发领导小组处理。四是推进资金动态监控。按照财政部最新要求，财政厅将中央 41 项、自治区 21 项全部用于或部分用于扶贫的资金纳入动态监控系统，对每一项资金的下达、支出、结转结余、闲置、绩效等情况设置预警，随时掌握每一笔资金的拨付、使用等情况，定期向自治区扶贫工作领导小组报告，把动态监控结果作为管好、用好扶贫资金的重要抓手。五是加强资金监督检查。研究制订扶贫资金专项检查工作方案，聘请第三方专业机构，对35个贫困县、7个片区县，每年开展2次扶贫资金专项检查工作，形成专题报告报送自治区扶贫开发领导小组，确保检查结果公平公正、真实有效。

六、全面推进扶贫项目资金绩效管理

严格落实“花钱必问效、无效必问责”要求，提高财政扶贫项目资金配置和使用效益，全面推进扶贫项目资金绩效管理工作。一是实现扶贫项目资金绩效全过程监管。通过扶贫资金动态监控平台，将中央41项、自治区21项全部用于或部分用于扶贫的资金绩效管理情况，全部纳入动态监控范围，做到事前有目标、事中有监控、事后有评价、结果有应用，逐步完善扶贫项目资金全过程绩效管理常态化、制度化、规范化机制。二是建立绩效管理和资金分配挂钩机制。从编制2019年预算起，各级部门、各单位申报扶贫项目预算时必须同步设置绩效目标，未设置绩效目标的项目，不得安排预算，绩效评价结果作为以后年度财政扶贫资金分配的重要依据。三是完善扶贫项目资金绩效管理措施。研究建立自治区扶贫项目资金绩效第三方机构动态管理库，逐渐增强绩效管理专业力量。聘请第三方开展绩效目标审核、绩效动态监控和绩效评价等相关工作，同时加大对县级扶贫项目资金绩效管理培训与指导，提升绩效管理水平。四是建立绩效管理公开机制。强化扶贫项目资金绩效信息公开机制，在一定范围内公开评价结果，主动接受社会监督，提高扶贫资金使用公开性和透明度，确保扶贫资金在阳光下运行。

七、加强扶贫领域方面的执纪问责

自治区财政厅党组落实主体责任，把扶贫领域干部作风建设贯穿落实脱贫攻坚工作全过程，集中力量解决扶贫领域“四个意识”不强、责任落实不到位、工作措施不精准、资金管理不规范、工作作风不踏实、考核评估不严不实等突出问题，严查财政系统扶贫领域腐败和作风问题，特别是在扶贫工作中侵害群众利益的问题，严肃追究责任，依法依纪处理，狠抓扶贫领域腐败和作风问题。确保扶贫资金使用安全、有效。同时，对财政扶贫资金管理不重视、问题多、支出缓慢的地、县，将约谈相关责任领导；对财政扶贫资金长期支出缓慢、结转结余量大的地、县，报自治区严肃追责问责；对扶贫项目资金使用和拨付中发现的违纪违法线索，及时移交纪检机关，依纪依法进行查处。

（自治区财政厅扶贫资金管理办公室供稿，王雷明执笔）

自治区财政厅第五批“访惠聚”驻村工作开展情况

2018年，自治区财政厅认真贯彻落实习近平总书记关于新疆工作重要讲话和重要指示批示精神，贯彻落实以习近平同志为核心的党中央治疆方略，紧紧围绕社会稳定和长治久安总目标，认真贯彻自治区党委“1+3+3+改革开放”工作部署，全面推进新一轮“访惠聚”“1+2+5”工作任务落实。财政厅各驻村干部扎根基层、深入群众、履职尽责、不负重托，推动“访惠聚”驻村工作全面提升和拓展。

一、坚持高位推动，扎实开展“访惠聚”驻村工作

财政厅党组坚持把“访惠聚”驻村工作作为贯彻落实习近平新时代中国特色社会主义思想和党的十九大精神的重大政治任务，厅机关各处室迅速行动、全面动员，切实将自治区党委“访惠聚”各项决策部署落到实处。一是配强驻村工作力量。财政厅多次召开专题会议研究部署“访惠聚”驻村工作，按照自治区党委的部署要求，共选派97名干部参加“访惠聚”驻村工作，其中保留2017年驻村干部41名，新派驻村干部35名、新派深度贫困村第一书记21名。二是高位推动压实责任。调整、充实厅主要领导任组长、其他厅级领导任副组长的财政厅“访惠聚”驻村工作领导小组，选优配强工作人员，科学制订活动方案，明确具体目标任务。自治区十一届政协副主席、自治区人民政府党组成员、财政厅厅长弯海川，财政厅党组书记夏代提·海木都拉先后6次到洛浦县下沉基层、包户住户、实地调研指导驻村工作，其他厅领导先后40余次前往基层，看望慰问驻村工作队队员，调研指导“访惠聚”驻村工作。按照“访惠聚”驻村人员变动情况，将驻村队员党组织关系转入当地，建立厅机关各支部与厅“访惠聚”驻村工作队各党支部、深度贫困村第一书记联建共建机制，不折不扣地落实自治区开展“一联双促”活动的各项要求。三是健全和完善相关制度机制。财政厅党组充分发挥后盾作用，研究制定《自治区财政厅关于持续用力推进驻村工作的意见》《自治区财政厅驻村人员接替办法》《关于进一步明确驻村干部配偶探亲费用报销相关事宜的通知》等，健全帮助指导、工作联系、信息宣传、关心关爱、健康保障、调整补充、成长激励、管理监督等八项工作机制，为驻村工作创造既能统筹资源力量又能聚焦主责主业的良好环境。

二、打好反恐维稳组合拳，狠抓维护稳定不放松

自治区财政厅坚定不移地把维护稳定作为压倒一切的政治任务、重于泰山的政治责任，推进常态化“访民情”走访，及时排查化解矛盾与纠纷，消除不稳定因素和安全隐患，全年走访群众2.62万户9.88万人次，其中贫困户1.22万户，帮助解决排查化解矛盾纠纷367件。扎实推进严打揭挖专项行动，12个驻村基本消除现实

危害，全部被和田地区评定为放心村。加强安全防范工作，全年共开展应急处突演练569场，排查治理安全隐患436件。依法加强宗教管理，全年开展“去极端化”教育活动共549场13.72万人次。

三、聚焦精准扶贫，开拓建立产业脱贫新模式

驻村工作队坚决贯彻落实中央和自治区党委决策部署，坚持真扶贫、扶真贫，认真开展建档立卡“回头看”工作。按照“两不愁、三保障、一接近”和“六个精准”、“七个一批”的要求，充分发挥政府在产业规划、政策扶持、资源整合、市场培育等方面的主导作用，针对脱贫攻坚工作中存在的问题，会同洛浦县科学整合扶贫资金、援疆资金、涉农资金，积极推进鸽养殖、肉鸭、食用菌、牛奶制品等种植、养殖业产业发展，通过量化折股方式，引进北味菌业、西域春乳业、麦趣尔集团等优秀龙头企业，在洛浦县成功探索实践“龙头企业+专业合作社+贫困户+科技服务团”的扶贫模式，逐步形成政府主导、产业引领、企业运作、科技支撑、全民参战的产业脱贫发展思路。2018年，共发展引领中小微企业13个，成立农民专业合作社13个，转移就业4 043人，其中贫困人口就业1 409人次；帮助贫困人口脱贫1 021户4 290人次；引进和投入资金发展庭院经济33.2万元，涉及1 144户。

四、强化宣传教育，充分发挥文化引领示范作用

充分发挥“访惠聚”驻村工作队作为战斗队、生产队、宣传队的积极作用，以促进民族团结、宗教和谐为己任，与各族群众同吃同住、同学习、同劳动，宣传教育群众、组织发动群众、服务凝聚群众。2018年，共开展宣传教育活动2 561场42.82万人次，普法宣传364场6.3万人次；组织厅机关结亲干部1 394人次赴和田地区洛浦县开展结亲走访活动，开展民族团结联谊活动255场4.96万人次；组织28名结对亲戚前往乌鲁木齐市参观学习，共同开展“民族团结一家亲”联谊活动；组织12名结对亲戚子女前往乌鲁木齐市开展“我与祖国庆生”的学习活动；举办各类文化体育活动491场，参与人次达13.05万人。

五、夯实基层基础，凝聚合力建强基层组织

坚持把建强基层组织摆在重要位置，驻村工作队指导帮助村“两委”抓班子、带队伍、立规矩，规范工作秩序、严肃组织生活、凸显核心地位、树立支部权威，全面提升村级党组织的组织力、号召力、引领力、战斗力。组建基层党建、维护稳定、脱贫攻坚、宣传教育村级工作专班，健全群众工作体系，完善村级组织建设工作机制，常态化落实第一书记统筹下的“晚研判派工、早分头出工”、结对帮带、专班联合办公、周例会、月对标找差距等制度机制，确保群众工作体系落到实处。2018年，各驻村工作队协助基层党组织开展“发声亮剑活动”380场3.77万人次，协助开展“四项活动”381场，村干部培训82人次；储备村组织骨干163人，处理党员中“两面人”共14人，处理不合格党员23人；发展党员86人，培养村入党积极分子171人。

六、全面落实惠民政策，积极为群众办实事办好事

坚持把就业作为脱贫致富的根本措施，积极推进“村集体+企业+贫困户”的运作模式，依托卫星工厂，扩大合作社种植、养殖生产经营，依托优质扶贫产业，推动贫困户就业增收。积极协调争取项目资金，修建村民普遍关注的防渗渠道，安装路灯，路面硬化，配套设施建设等，改善村级基础设施条件。2018年，共发放慰问资金87.52万元，涉及2 677户；协调新疆残疾人福利基金会捐赠的200箱衣服价值300万元，150辆轮椅价值15万元，现金捐款21万元；联系深圳妇女儿童发展基金会·卉基金，深圳艺之卉时尚集团捐赠价值500万元的服装；举办“80、90、00”后村民双语夜校课程1 147课时，培训11.32万人（次）。

（自治区财政厅人事教育处供稿，陶俭舟执笔）

2018年自治区预算绩效管理工作开展情况

2018年，为贯彻落实党中央、国务院全面实施预算绩效管理决策部署和财政部工作要求，自治区各级财政部门不断提高政治站位，牢固树立“四个意识”，坚定“四个自信”，做到“两个维护”，紧紧围绕构建“全方位、全过程、全覆盖”预算绩效管理体系目标任务，坚持将绩效作为财政管理的“底线”，坚持“两个所有”（这里指将所有部门单位、所有财政资金纳入预算绩效管理），不断完善工作机制、推进工作落实，自治区上下一体的预算绩效管理工作格局已经打开，绩效工作对预算管理的积极促进作用取得新成效。

一、推动预算绩效管理任务落实

自治区党委、自治区人民政府高度重视预算绩效管理工作，2018年10月研究印发《关于全面实施预算绩效管理的实施意见》（新党发〔2018〕30号），要求自治区各地、各部门单位把全面实施预算绩效管理作为一项重要政治任务，坚决在思想上、政治上、行动上同以习近平同志为核心的党中央保持高度一致，坚决维护党中央集中统一领导和自治区党委的统一要求，将全区各地、各部门单位，所有财政资金全部纳入绩效管理，立一个标杆、用一把尺子，同步推进自治区、地、县三级绩效管理，划出工作底线，明确目标任务。

2018年12月制定印发《自治区全面实施预算绩效管理的工作方案》（新财预〔2018〕158号），将新党发〔2018〕30号文件工作要求进一步细化明确为具体工作目标、工作任务、工作职责和保障措施，为自治区全面实施预算绩效管理提供时间表、路线图。截至2018年底，自治区14个地（州、市）、96个县（市、区）已全部制定出台本地全面实施预算绩效管理实施意见或工作方案，由党委统一领导，政府统筹、财政牵头、部门主责、社会广泛参与的预算绩效管理机制基本建立。

二、夯实预算绩效管理基础

（一）加强组织保障

强化财政部门预算绩效的牵头管理职能，自治区本级、14个地（州、市）、96个县（市、区）财政部门全部成立了预算绩效工作领导小组或预算绩效管理专门机构，配备精兵强将专职从事绩效管理工作，为推进绩效管理提供坚实组织保障。

（二）健全制度办法

围绕绩效关键环节，自治区财政厅从源头梳理，陆续研究制定了23项制度、办法和7个规范性文件，将绩效管理对象从政策、项目预算扩展到部门单位整体支出预算、各级政府收支预算上；构建事前绩效评估、绩效目标管理、绩效监控、绩效评价和结果应用的完整管理闭环；管理内容覆盖一般公共预算、政府性基金、国有资本经营预算、社保基金预算等四本预算，并逐步向政府购买服务、地方债务、政府投资基金、政府与社会资本合作（PPP）项目等方面拓展，为全面实施预算绩效管理提供制度保障。

（三）完善指标体系

从科学、合理编制绩效目标入手，研究制定"自治区部门预算项目支出绩效目标参考表"，建立37个行业类型、1 442条三级绩效指标的指标体系；随着绩效评价管理工作的推进，同步建立项目、部门单位和财政三级共性评价指标体系。

（四）推动智库建设

按照财政部要求，研究制定第三方机构参与绩效管理办法，建立专家咨询机制，引导和规范第三方机构参与预算绩效管理。截至2018年底，自治区本级已征集入库第三方机构53家、各类绩效评价专家79名。各地、县参照自治区做法，加快推进第三方机构库、专家库的建立，提高绩效评价工作的客观、公正性。

（五）加快绩效信息化

发挥信息技术对业务工作的支撑作用，加快预算管理与绩效一体化系统建设，目前已有自治区本级以及39个地、县财政部门部署实施预算绩效管理系统，固化工作流程、提高工作效率。

（六）积极开展宣传交流

充分利用《中国财经报》、《新疆日报》、财政门户网站、微信公众号等传播媒介，加大对绩效管理政策和措施宣传力度，营造良好工作氛围。组织开展培训，着力解决部门单位对预算绩效政策理解不全面、工作落实不到位问题，"花钱必问效、无效必问责"的绩效理念逐步深入人心。

三、加强预算绩效目标管理

（一）部门预算项目支出绩效目标全覆盖

自治区、地、县三级2018年度所有部门预算项目支出已全面纳入绩效目标管理，覆盖项目数61 122个，涉及资金2 846.36亿元。

（二）"四本预算"绩效目标全覆盖

组织对各级财政81.48亿元国有资本经营预算项目和1 038.42亿元社会保险基金预算项目设置绩效目标，实现"四本预算"绩效目标全覆盖。

（三）对下专项转移支付绩效目标全覆盖

建立考核通报制度，加强对下专项转移支付绩效目标管理，2018年度自治区1 252.61亿元对下专项转移支付资金，全部随文下达分区域、到项目的绩效目标。

（四）积极推进部门单位整体支出绩效目标管理

组织自治区本级全部126家部门单位，根据年度部门预算安排，设置2018年度部门整体支出绩效目标；各地、县按照地（市）本级不少于10家、县本级不少于5家部门单位的范围，积极开展部门单位整体支出绩效目标管理试点。

四、全面开展项目支出绩效监控

建立重大政策、项目绩效跟踪机制，强化项目支出绩效监控，发现问题及时纠正，确保绩效目标如期保质、保量实现。2018年，自治区各级财政部门组织同级各部门单位，共对61 122个项目支出开展绩效监控，撰写监控报告，实现部门预算项目支出绩效监控全覆盖。强化绩效监控结果应用，对122个执行进度落后、绩效目标完成程度不佳的项目，向项目主管单位和实施单位提出整改要求并监督落实到位，对持续两次监控结果不佳且不整改落实的项目调减预算 1.91 亿元，进一步提高财政资源配置效率和使用效益。

五、扩大预算绩效评价规模

发挥绩效评价在全过程绩效管理中的核心作用，综合运用多种评价方法，在扩大评价规模的同时不断提高评价结果的客观性和准确性。

（一）部门单位全面开展绩效自评

2018 年，组织自治区各地、各部门单位对 58 594 个项目、2 860.99 亿元资金开展绩效自评，实现部门预算项目支出绩效评价全覆盖。

（二）对重点项目实施再评价

自治区财政厅选取 10 个重点项目，委托第三方机构开展外部重点绩效评价。各地、县财政部门按照不少于 2 个项目组织开展财政绩效评价，累计评价项目 220 个。

（三）开展部门单位整体绩效评价试点

积极推进部门单位整体绩效评价试点工作，自治区各级共 113 家部门单位参与试点，积累管理经验，优化工作流程，为 2019 年全面开展部门单位整体支出绩效评价工作奠定基础。

六、强化评价结果应用

（一）健全绩效评价结果反馈制度和绩效问题整改责任制

将 2017 年 56 项中央专项转移支付评价结果全部向自治区本级部门单位反馈，督促部门单位对照整改。

（二）落实绩效评价结果与预算安排和政策调整挂钩机制

2019 年预算编制，把绩效评价结果作为重要参考依据，调减部门单位项目支出约 5 亿元。

（三）建立工作报告制度

定期向自治区党委、人民政府和自治区人大报送自治区全面实施预算绩效管理工作开展情况，坚持高位推动工作落实。

（四）加大信息公开力度

组织自治区各部门、单位将所有项目支出绩效目标和绩效自评结果，随部门预决算信息公开同步向社会公开，提高绩效管理透明度。

（自治区财政厅预算处供稿，赵恺执笔）

自治区部门决算公开情况

部门决算是政府部门政务信息公开的重要内容之一，也是建立“全面规范透明、标准科学、约束有力预算制度”的基本要求。2018 年，自治区财政厅高度重视部门决算公开工作，扎实做好决算公开的各项组织、协调和督促工作，积极推动自治区各级、各部门按时、依法公开部门决算，取得较好效果。

一、建立健全制度，规范公开决算

（一）全面推进部门决算公开

自治区财政厅印发《关于全面推进自治区部门决算公开工作的通知》（新财库〔2018〕13

号)，统一公开模板，细化公开要求，明确决算公开工作涉及的职责分工、公开主体、公开时限、公开程序、公开内容等，并在财政厅门户网站“预决算公开专栏”公开，规范各地、各部门决算公开工作。

（二）明确部门决算公开操作流程

制定《关于开展2017年度自治区本级部门决算批复工作的通知》（新财办库〔2018〕1号)，细化批复内容和模板，明确国库处和业务处室的职责。同时，将部门决算公开操作说明、操作流程和注意事项等文档一并下发至业务处室和部门单位，指导部门单位按要求公开。

二、及时统计公开情况，充分运用决算公开检查结果

严格按照法律规定时限公开决算。自2018年8月25日起，自治区本级按日统计通报部门决算公开情况，各地（州、市）及时统计上报部门决算公开情况，自治区对各地（州、市）公开情况进行抽查，将核查结果及时反馈各地（州、市）及所属县（市、区）限期整改，并将结果纳入对地（州、市）财政部门的月度绩效考核通报，同时将预（决）算公开检查结果纳入转移支付分配考核体系。

三、认真组织培训及核查工作，提升决算公开工作水平

一是邀请财政部驻新疆财政监察专员办负责同志对自治区本级和各地（州、市）预（决）算公开工作进行培训，通过专题讲解预（决）算公开要求和历年检查中发现的问题，提高各级财政部门监督指导能力和预算单位财务人员决算公开工作水平。

二是按照决算公开规范，自治区财政厅制订检查方案，设计检查表格，集中开展核查，守住公开底线。2018年12月，对全区2017年度部门决算公开情况进行全覆盖检查，并对2016年度检查反馈问题的整改情况进行“回头看”，共检查14 115个单位的决算公开情况，其中：自治区本级126个单位、14个地（州、市）本级2 176个预算单位、98个（县、市、区、园区管理委员会）11 813个单位，确保部门决算公开完全符合政策制度要求。

四、扎实开展整改工作，严肃追责问责

落实《关于新疆维吾尔自治区2017年预决算公开情况专项检查的处理决定》（财驻新监〔2018〕94号)，认真组织自治区本级和各地（州、市）相关单位开展部门决算公开整改工作。召开视频会议，对2016年度部门决算公开存在问题的4个地（州、市）财政局进行通报批评，提出问责、追责要求，认真组织整改工作，确保公开存在的问题得到有效整改。对部门决算公开存在问题的8个地（州、市）523个相关单位及责任人“不作为、慢作为”进行追责、问责处理，充分发挥检查的监督警示作用。

（自治区财政厅国库处、国库支付中心、统发工资管理中心供稿，戴文菁执笔）

第二部分

重要财经文献

政府工作报告（摘要）

——在新疆维吾尔自治区第十三届人民代表大会第二次会议上

自治区党委副书记、自治区主席　雪克来提·扎克尔

（2019 年 1 月 24 日）

一、2018 年工作回顾

刚刚过去的 2018 年，是我区发展历史上极不平凡的一年。面对错综复杂的国际环境和艰巨繁重的改革发展稳定任务，在以习近平同志为核心的党中央坚强领导下，坚持以习近平新时代中国特色社会主义思想为指导，全面贯彻落实党的十九大和十九届二中、三中全会精神，贯彻落实习近平总书记关于新疆工作的重要讲话和重要指示精神，贯彻落实党中央治疆方略、特别是社会稳定和长治久安总目标，坚决按照自治区党委“1＋3＋3＋改革开放”工作部署，认真落实“两套班子”工作机制，聚焦总目标，坚持稳中求进工作总基调，坚决贯彻新发展理念，牢牢把握高质量发展要求，以供给侧结构性改革为主线，统筹推进稳增长、促改革、调结构、惠民生、防风险各项工作，有效应对各种风险挑战，破解改革发展稳定的一系列难题，保持了社会大局稳定和经济持续健康发展，朝着实现全面建成小康社会的目标迈出了新的步伐。

——社会大局保持稳定。坚定不移聚焦总目标、打好组合拳，社会治安状况明显好转，新疆社会大局保持稳定，为经济社会发展营造了和谐稳定的社会环境。

——经济发展稳中有进。预计地区生产总值增长 6% 左右，一般公共预算收入增长 4.5%，社会消费品零售总额增长 6.2% 左右，居民消费价格指数上涨 2.1%，经济运行保持在合理区间。粮食、棉花、特色林果向优质化发展。规模以上工业企业利润增长 10%。战略性新兴产业增加值增长 13.2%，高新技术制造业增加值增长 33%。旅游人数突破 1.5 亿人次、增长 40% 以上，第三产业对经济增长的贡献率达到 66.1%，成为拉动经济增长的重要力量！

——“三大攻坚战”开局良好。防范化解重大风险取得预期成效，实现了各级政府零违规举债，守住了不发生系统性金融风险的底线。南疆四地州脱贫攻坚迈出坚实步伐，其他地区绝对

贫困问题基本解决，全区53.7万人脱贫、513个贫困村退出、3个贫困县摘帽，贫困发生率降至6.51%。蓝天、碧水、净土、农村人居环境整治四场标志性战役全面展开，生态环境质量持续好转，绿色发展呈现可喜局面。

——改革开放成效显著。重要领域和关键环节改革取得突破性进展，改革红利进一步释放。"三去一降一补"成效显现，煤炭、电力、石油、化工等传统产业实现存量调整、增量优化。"放管服"改革深入推进，营商环境不断改善。丝绸之路经济带核心区建设加快推进，成功举办第六届中国—亚欧博览会。对内对外开放水平不断提升，一大批内地企业积极来疆投资建厂，为新疆发展增添了新动力、新活力。

——人民生活持续改善。就业、教育、扶贫、医疗、社会保障等各项惠民工作取得新成效。城镇新增就业47.58万人，城镇登记失业率3.3%，农村富余劳动力转移就业280.5万人次。城镇居民人均可支配收入增长6.5%左右，农村居民人均可支配收入增长8.5%左右。实施棚户区住房改造47.09万套，建设农村安居富民房28.2万户。一批涉及群众切身利益的民生难题得到有效解决，各族群众的获得感、幸福感、安全感不断提升！

一年来，我们主要做了以下工作：

（一）深入学习贯彻习近平新时代中国特色社会主义思想和党的十九大精神

着力在学懂弄通做实上下功夫。坚持把学习贯彻习近平新时代中国特色社会主义思想和党的十九大精神作为首要政治任务，坚定不移用习近平新时代中国特色社会主义思想武装头脑、指导实践、推动工作，坚定坚决把思想和行动统一到党的十九大精神上来、把力量凝聚到实现党的十九大确定的各项目标任务上来。

旗帜鲜明地把党的政治建设摆在首位。进一步提高政治站位、严明政治纪律，树牢"四个意识"、坚定"四个自信"，坚决维护习近平总书记的核心地位，坚决维护党中央权威和集中统一领导，在思想上政治上行动上同以习近平同志为核心的党中央保持高度一致，不折不扣贯彻落实以习近平同志为核心的党中央决策部署。

坚定坚决推动以习近平同志为核心的党中央治疆方略全面贯彻落实。始终聚焦总目标、服从服务总目标、坚定落实总目标，确保党中央治疆方略、特别是社会稳定和长治久安总目标落到实处。深入开展习近平总书记重要指示批示精神落实情况"回头看"，确保习近平总书记重要指示批示精神和党中央的各项决策部署在天山南北落地生根。

（二）聚焦总目标，保持社会大局稳定

始终把维护稳定作为压倒一切的政治任务。认真落实自治区党委工作部署，坚决打好反恐维稳"组合拳"。持续开展严打专项斗争，始终保持对"三股势力"的严打高压态势。全面加强社会面防控，构建起了立体化、信息化的社会治安防控体系。不断强化边境管控，健全完善守边护边机制，提升人防物防技防水平，确保了5 700公里边境线的安全。深入开展"访惠聚"驻村工作，推动各级干部下沉基层、走进群众，形成了新时代新疆的"枫桥经验"。持续开展发声亮剑活动，坚决查处"两面人""两面派"。经过全区上下共同努力，实现了我区社会大局持续稳定，为经济社会发展奠定了最坚实基础、提供了最有力保障！

（三）聚焦总目标，推动经济平稳健康发展

持续推进供给侧结构性改革。推动传统产业改进工艺技术和生产装备，提高产品质量和能效环保水平。大力发展纺织服装、电子产品组装等劳动密集型产业。加快高端装备制造、新能源、新材料等战略性新兴产业发展，着力发展大数据、"互联网+"、共享经济等新产业新业态。加快商贸物流、电子商务、金融服务、健康养老等服务业发展。持续推进去产能，化解215万吨钢铁、462万吨煤炭过剩产能，关停133.1万千瓦单位能耗高的煤电机组。单位工业增加值能耗、用水量持续下降。

着力加强基础设施建设。卡拉贝利水利枢纽工程、准东—华东（皖南）±1 100千伏特高压直流输电工程、图木舒克机场等一批项目建成投运，南疆750千伏电网延伸补强工程全线贯通；阿尔塔什水利枢纽工程、库尔勒—格尔木铁路、大黄山—乌鲁木齐高速公路改扩建等一批项目加快建设；和田—若羌铁路、库尔勒—阿克苏—喀什铁路提速扩能改造、中巴经济走廊布伦口—红其拉甫公路、阿克苏机场改扩建、大石峡水利枢纽工程等一批重点项目开工建设。随着和田—墨玉高速公路建成通车，全区所有地州市迈入高速公路时代！乌鲁木齐地铁一号线试运行，标志着首府人民正式跨入地铁时代！

深化重点领域改革。实施优化提升营商环境十大行动，落实各项减税政策，进一步降低行政事业性收费，清理规范经营服务性收费，降低涉企收费标准。国资国企改革加快推进，国有企业布局和结构进一步优化，创新能力显著提高，区本级监管企业公司制改制率达91.6%。稳步推进棉花目标价格改革和小麦收储制度改革。出台支持民营经济加快发展的政策措施，促进民营经济不断发展壮大。

（四）聚焦总目标，打牢决胜“三大攻坚战”基础

打好防范化解重大风险攻坚战。规范政府举债融资行为，积极稳妥化解政府隐性债务。认真落实属地金融监管与风险防范处置责任，建立金融风险预警防控和处置工作机制。严厉打击非法集资、金融诈骗等违法活动，开展互联网金融风险专项整治，分类处置P2P网贷机构风险，坚决守住了不发生系统性风险的底线。

打好精准脱贫攻坚战。坚持把南疆四地州深度贫困地区作为主战场，紧扣“两不愁、三保障”，扎实推进“七个一批”，落实“三个加大力度”。全区投入扶贫资金334.11亿元，其中南疆四地州占92.3%。利用信息化手段和大数据技术，实现“六个精准”动态监管服务全覆盖。深化援疆扶贫、定点扶贫、区内协作扶贫、社会扶贫，实施“千企帮千村”精准扶贫行动，克州红新村等一批生态环境恶劣的深度贫困村通过易地搬迁实现整体脱贫。坚持扶贫与扶志、扶智相结合，激发贫困群众自我发展的内生动力。扎实推进扶贫领域腐败和作风问题专项治理，加强扶贫资金管理，确保资金项目精准落地。

打好污染防治攻坚战。严禁“三高”项目进新疆，严格执行能源、矿产资源开发自治区政府“一支笔”审批制度、环境保护“一票否决”制度。全面落实河长制、湖长制。编制生态保护红线划定方案，出台《新疆环境保护规划（2018—2022年）》，建立兵地环境保护“五统一”工作机制。认真抓好中央环保督察反馈意见的整改落实，对破坏生态环境者进行严肃问责。阿克苏河、渭干河流域两个百万亩绿化工程等一批重大生态保护和修复工程加快建设，治理沙化土地594万亩，造林272万亩。持续推进大气、水、土壤污染防治，加快“电气化新疆”建设，下大力气解决群众反映强烈的生态环境突出问题，努力建设天蓝地绿水清的美丽新疆！

（五）聚焦总目标，着力推进三项重点工作

加快丝绸之路经济带核心区建设。大力推动乌鲁木齐国际陆港区、临空经济区和跨境电子商务综合试验区建设。推进通关一体化改革，进一步提高贸易便利化水平。中欧班列—新疆西行货运班列开行1 002列，增长24.3%，运输货物173万吨，整体通关时间压缩1/3。参加首届中国国际进口博览会，签约27.38亿元。

大力实施乡村振兴战略。制定落实乡村振兴战略规划。突出稳粮、优棉、促畜、强果、兴特色，粮食生产安全稳定，棉花提质节本增效明显，林果总产量稳定在500万吨左右，畜牧业稳步发展。新增高效节水灌溉面积200万亩。支持新疆果业集团等企业建设农产品疆内收购和疆外销售两张网，依托对口援疆机制在内地城市搭建新疆农副产品销售平台，促进林果业提质增效。完成1 800万亩土地承包经营权确权登记颁证工作。实施农村人居环境整治三年行动，得到人民群众的热情点赞。

着力推动旅游业大发展。大力实施旅游兴疆战略，编制旅游业发展专项规划和三年行动方案，出台支持旅游业发展的政策措施，降低一批国有重点旅游景区门票价格。加快旅游基础设施建设，着力完善旅游公共服务体系，积极发展全域旅游和“旅游+”，着力提升旅游业整体发展水平。稳定红利的持续释放、旅游业的快速发展，进一步向世人证明了“新疆是个好地方”！

（六）聚焦总目标，促进民族团结宗教和谐

全面贯彻党的民族政策。广泛开展民族团结进步宣传教育，持续深入推进民族团结进步创建活动，引导各族干部群众切实增强“五个认同”，树牢“三个离不开”思想，铸牢中华民族共同体意识。深入开展“民族团结一家亲”和民族团结联谊活动，全区112万名干部职工与169万户各族基层群众结对认亲，在同吃同住同学习同劳动中加深了了解、增进了感情。积极推动建立嵌入式的社会结构和社区环境，努力创造共居、共学、共事、共乐的社会条件，让各族人民群众像石榴籽一样紧紧抱在一起。

认真贯彻党的宗教工作基本方针。全面贯彻党的宗教信仰自由政策，依法管理宗教事务，坚持独立自主自办原则，积极引导宗教与社会主义社会相适应。依法保障正常宗教需求。加强对爱国宗教人士的培养培训。持续深入推进“去极端化”，坚决铲除宗教极端思想滋生蔓延和传播渗透的土壤。

（七）聚焦总目标，着力保障和改善民生

积极扩大就业。统筹推进城乡富余劳动力、高校毕业生、就业困难人员多渠道多形式就业创业。持续实施南疆四地州三年10万人转移就业计划，深度贫困家庭劳动力有组织稳定转移就业7.5万人。城镇就业困难人员实现就业5.24万人，零就业家庭保持24小时动态清零。

实施教育惠民。大力推进学前教育和职业教育，实现南疆四地州城乡一体学前三年免费教育，实现初高中未就业毕业生职业技术培训全覆盖。以南疆四地州和农村学校为重点，着力补齐教师队伍短板。实现贫困学生“应助尽助”，让党的教育惠民政策阳光普照新疆大地！

推进医疗惠民。深化医药卫生体制改革，分级诊疗制度初步建立。基层公共卫生服务能力和基本医疗服务质量进一步提高，初步实现区地县远程医疗全覆盖。落实全民免费健康体检。实现人身意外伤害保险、大病保险全覆盖，农村贫困人口15种大病集中救治和慢性病签约服务全覆盖。实现农村户籍患者在地州市区域内“先诊疗后付费”和“一站式”结算，得到人民群众的热烈拥护！

推进安居工程和灾后重建。城镇棚户区改造和公租房建设任务基本完成，南疆22个深度贫困县6.89万户建档立卡贫困户安居房全部竣工。完成皮山县地震灾后恢复重建，加快推进伽师、精河地震和哈密洪灾等灾后恢复重建工作。妥善处置各类突发事件，有效保障了群众生命财产安全和正常生产生活需求。

完善社会保障体系。大力实施全民参保计划。积极推进社保制度改革，稳步提高社会保险待遇，继续降低社会保险费率。全面提高城乡低保标准和补助水平，将22个深度贫困县32万名兜底脱贫对象全部纳入低保范围。实现孤儿集中收养和有意愿的“五保”老人集中供养，全面落实80周岁以上老年人高龄津贴、免费体检和残疾人“两项补贴”制度。

加大安全惠民力度。落实安全生产“党政同责、一岗双责”，安全生产形势持续稳定好转，未发生重特大生产安全事故。依法加强市场监督管理，有效防控食品药品安全风险，努力构建“从农田到餐桌、从实验室到医院”的每一道防线！

（八）聚焦总目标，促进社会全面发展进步

大力实施创新驱动发展战略。加快创新型新疆建设步伐，一批具有引领作用的创新企业、创新机构、创新基地和创新项目成功落地。乌鲁木齐、昌吉、石河子高新技术产业开发区被国务院批准为国家自主创新示范区。启动实施“一带一路”科技创新行动计划，建设了一批成果转移转化平台，实施了一批重大科技专项。全年申请专利10 725件，授权专利7 512件。丝绸之路经济带创新驱动发展试验区建设稳步推进，聚集130多家产学研机构联合创新，高新技术企业收入增长36%，科技成果转化增长35%。

坚持教育优先发展。巩固九年义务教育成果，完善控辍保学机制。大力发展国家通用语言文字教育，提前两年实现学前和义务教育阶段国家通用语言文字教育全覆盖。推进学前教育普惠发展，学前三年毛入园率达到95.95%，小学学龄儿童入学率达到99.91%。启动新疆理工学院组建工作。

加快发展文化体育事业。新疆艺术中心等重点文化建设项目加快推进。国家公共文化服务体系示范区（项目）创建工作进展顺利。融媒体建设扎实推进。文物、非物质文化遗产保护不断加强。成功举办自治区第九届少数民族传统体育运动会。

重视和支持工会、共青团、妇联、科协、侨联等群团组织工作。加强统计调查、新闻出版、广播影视、外事、气象、地震、测绘、地质、人防、老龄、残疾人、地方志、档案等工作。

一年来，在自治区党委正确领导下，自治区人民政府不断加强自身建设，依法全面履行政府职能。自觉接受人大及其常委会法律监督、人民政协民主监督以及社会各界监督，办理人大代表建议444件、政协委员提案639件。机构改革平稳有序推进，自治区本级政府机构改革基本完成。切实加强政府法治建设，提请自治区人大常委会审议地方性法规草案6件，颁布政府规章3件。加强执法人员培训和执法资格管理，促进严格规范公正文明执法。持续加强作风建设，坚决抵制“四风”“四气”特别是形式主义、官僚主义。认真落实党风廉政建设“一岗双责”，深入推进政府系统党风廉政建设和反腐败斗争，严肃查处各类腐败行为，不断增强干部队伍的纯洁度和战斗力。

各位代表！兵团是自治区的重要组成部分，我们认真贯彻党中央关于兵团工作的部署，全面落实自治区党委要求，把兵团工作摆在关系新疆全局的重要位置，全力支持兵团在维护新疆社会稳定和实现长治久安中承担更大责任、发挥更大作用。支持兵团深化改革，依法将2 190项行政职能和行政执法权授予兵团。加快兵团设市建镇步伐。支持兵团向南发展。深入推进兵地经济、文化、社会、维护稳定、干部人才、民族团结、环境保护等方面深度融合，兵地融合发展进入历史上最好的时期！

各位代表！对口支援新疆是党中央的一项重大战略决策。我们认真贯彻党中央对口援疆决策部署，坚持援疆资金项目向基层倾斜、向贫困地区倾斜、向保障和改善民生倾斜，落实援疆资金159.62亿元，引进经济合作项目资金2 560.45亿元，支持南疆四地州引进援疆省市教师和大学毕业生入疆支教，资助1.78万名内地普通高校新疆籍贫困大学生就学。援疆省市的无私援助和援疆干部的辛勤付出，新疆各族人民永远不会忘记！

各位代表！全力支持国防和驻疆部队建设是地方政府的神圣职责。我们着力加强国防教育，推进军民融合发展，全力支持国防与军队改革，积极主动为部队办实事解难事，切实做好退役军人服务安置工作，巩固发展军政军民团结，共同谱写军政军民双拥共建新篇章！

各位代表！过去一年的成就来之不易，这是以习近平同志为核心的党中央坚强领导和亲切关怀的结果，是习近平新时代中国特色社会主义思想科学指引的结果，是国家各部委大力支持和援疆省市无私援助的结果，是自治区党委团结带领全区各族干部群众共同奋斗的结果，也凝聚着各位人大代表、政协委员的辛勤努力。在此，我代表自治区人民政府，向全疆各族人民，向各民主党派、各人民团体和各界人士，表示诚挚感谢！向驻疆人民解放军和武警部队指战员、公安干警，向中央驻疆单位、援疆省市及所有援疆干部，表示诚挚感谢！向人大代表、政协委员和所有关心、支持新疆现代化建设的朋友们，表示诚挚的感谢！

安不忘危，兴不忘忧。我们清醒认识到，当前我区经济发展面临的外部环境和内部条件都在发生深刻而复杂的变化，经济下行压力依然较大，面临的困难依然较多。主要是：保持社会持续稳定的任务艰巨繁重；经济结构不合理，产业结构偏重，产业链条短、增长粗放，旧动能改造升级缓慢，新动能培育不足，实体经济发展面临诸多困难和问题，经济转型任务艰巨；社会投资不足，基础设施和公共服务建设相对滞后，内需潜力释放不够；脱贫攻坚任务艰巨，贫困人口集中在南疆四地州深度贫困地区，是最难啃的“硬骨头”；民生领域短板不少，教育、医疗等公共服务有效供给不足，部分群众生活还比较困难。政府自身工作也存在很多不足：“放管服”改革远没有到位，企业和群众对一些职能部门的工作还有不少意见；个别干部不作为、乱作为，形式主义、官僚主义依然存在，政府作风建设有待加强；一些干部抓经济工作的能力不足、本领不够。我们将以对党和人民高度负责的精神，正视困难和问题，着力全面整顿、整改，尽心竭力做好工作，使人民政府不辜负人民的重托和期望。

二、2019 年主要工作

今年是中华人民共和国成立 70 周年，是实现新疆社会大局稳定和决胜全面建成小康社会关键之年，做好今年政府工作意义十分重大。

今年政府工作的总体要求是：以习近平新时代中国特色社会主义思想为指导，全面贯彻落实党的十九大和十九届二中、三中全会精神，贯彻落实习近平新时代中国特色社会主义经济思想，贯彻落实中央经济工作会议特别是习近平总书记重要讲话精神，贯彻落实习近平总书记关于新疆工作的重要讲话和重要指示精神，贯彻落实以习近平同志为核心的党中央治疆方略，统筹推进“五位一体”总体布局，协调推进“四个全面”战略布局，紧紧围绕社会稳定和长治久安总目标，坚持稳中求进工作总基调，坚持新发展理念，坚持推动高质量发展，坚持以供给侧结构性改革为主线，坚持深化市场化改革、扩大高水平开放，全面贯彻“巩固、增强、提升、畅通”八字方针，贯彻落实自治区党委“1 + 3 + 3 + 改革开放”工作部署，加快建设现代化经济体系，继续打好三大攻坚战，着力激发微观主体活力，创新和完善宏观调控，统筹推进稳增长、促改革、调结构、惠民生、防风险、保稳定工作，保持经济运行在合理区间，进一步稳就业、稳金融、稳外贸、稳外资、稳投资、稳预期，提振市场信心，增强各族群众获得感、幸福感、安全感，保持社会大局稳定和经济持续健康发展，为全面建成小康社会收官打下决定性基础，以优异成绩迎接中华人民共和国成立 70 周年。

今年经济社会发展的主要预期目标是：地区生产总值增长 5.5% 左右，全社会固定资产投资增长 5% 左右，社会消费品零售总额增长 7% 左右，进出口贸易总额增长 5% 左右，一般公共预算收入增长 5% 左右，城镇居民人均可支配收入和农村居民人均可支配收入分别增长 7% 左右，城镇登记失业率控制在 4.5% 以内，居民消费价格涨幅控制在 3% 以内，单位地区生产总值能耗降低 2.11% 。

做好今年的政府工作，必须坚定不移地贯彻落实习近平新时代中国特色社会主义思想和党的十九大精神，必须坚定不移维护习近平总书记核心地位、维护以习近平同志为核心的党中央权威和集中统一领导，必须坚定不移贯彻落实习近平总书记关于新疆工作的重要讲话和重要指示精神，必须坚定不移贯彻落实党中央治疆方略、特别是社会稳定和长治久安总目标，必须坚定不移贯彻落实自治区党委“1 + 3 + 3 + 改革开放”工作部署，着眼全局、统筹兼顾、突出重点，扎实做好各项工作。

（一）坚定不移落实总目标，为高质量发展营造和谐稳定的社会环境

社会稳定和长治久安是以习近平同志为核心的党中央为新疆确定的总目标，是习近平总书记和党中央交给我们的神圣使命。要始终坚持用以习近平同志为核心的党中央治疆方略、特别是社会稳定和长治久安总目标统领各项工作，任何时候任何情况下都不能有丝毫动摇、丝毫放松。要坚持长期作战的思想准备和工作准备，保持严打高压态势不放松，坚持行之有效的反恐维稳措施，健全社会管控机制，创新社会治理方法，在补短板、利长效上下功夫，确保新疆社会大局持续稳定。持续开展“访惠聚”驻村工作，精心做好群众工作，把最广大群众紧紧团结在党和政府周围，不断巩固社会稳定根基。深入开展意识形态领域反分裂斗争，扎实推进“去极端化”，继续揭批“双泛”思想和“两面人”，彻底铲除“三股势力”滋生的土壤，让社会稳定成为常态，让暴恐频发成为历史，让分裂势力横行霸道成为历史，让人民群众没有安全感的时代成为历史，使新疆成为安居乐业、投资兴业的乐土，成为各族人民追求美好生活的幸福家园！

（二）继续打好“三大攻坚战”，着力补齐全面建成小康社会短板

打好防范化解重大风险攻坚战。按照“坚定、可控、有序、适度”要求，防范化解重大风险。抓住有利时机，充分用好地方政府专项债券。有序稳妥化解政府隐性债务存量，确保今后政府零违规举债，严守不发生政府债务风险的底线。加强地方金融监管服务，牢牢盯住金融风险多发高发的重点领域和关键环节，严格规范金融市场交易行为，坚决打击非法集资、地下钱庄、地下保单等违法违规金融活动，积极防范化解互联网金融、资本市场等领域的风险，严守不发生系统性金融风险的底线。

打好精准脱贫攻坚战。聚焦南疆四地州22个深度贫困县，紧扣“两不愁、三保障”，咬定2020年脱贫攻坚目标任务，坚持维护稳定与脱贫攻坚紧密结合，落实“六个精准”，扎实推进“七个一批”“三个加大力度”，确保实现12个贫困县摘帽、976个贫困村退出、60.61万名贫困人口脱贫。全面解决建档立卡贫困户住房安全问题，全面完成易地扶贫搬迁任务，基本完成贫困村水电路等基础设施建设。坚持扶贫与扶志、扶智相结合，激发贫困群众依靠辛勤劳动改变贫困面貌的内生动力。加强扶贫资金项目管理，确保每一分扶贫资金、每一个扶贫项目都落实到贫困户上！

打好污染防治攻坚战。牢固树立绿水青山就是金山银山、冰天雪地也是金山银山的发展理念，严格执行环境准入负面清单，严格落实严禁“三高”项目进新疆要求，严格执行能源、矿产资源开发自治区政府“一支笔”审批制度、环境保护“一票否决”制度，实行最严格的生态保护制度和空间用途管制制度、最严格的水资源管理制度，全面落实河长制、湖长制。以乌—昌—石、奎—独—乌等重点区域为主战场，强化联防联控、同防同治，持续改善空气质量。持续推进重点流域污染治理和生态修复工程，强化城乡饮用水水源地保护。加强土壤污染管控和修复，强化危险废物处置监管。落实最严格的耕地保护制度，加强永久基本农田保护。做好自治区第二次全国污染源普查。持续抓好中央环保督察反馈问题整改落实，依法查处生态环境违法行为。在环境执法过程中，统筹兼顾，增强服务意识，积极帮助企业制定环境治理解决方案，避免处置措施简单粗暴。加强世界自然遗产地、自然保护区、沙化土地封禁保护区、重要饮用水水源保护区等保护建设，已划定的保护区一律不允许擅自调整。下大力气解决群众反映强烈的生态环境突出问题，让各族群众喝上干净的水、呼吸到洁净的空气、感受到环境改善的成果！

（三）加快丝绸之路经济带核心区建设，深化对内对外开放

抓好丝绸之路经济带核心区建设。坚持“走出去”和“引进来”相结合，着力推进“一港”“两区”“五大中心”“口岸经济带”建设。乌鲁木齐国际陆港区建设要在加速推进上下功夫，加快中欧班列乌鲁木齐集结中心集拼集运常态化运转，加快乌鲁木齐临空经济示范区、铁路口岸商务商贸区建设，加快完善乌鲁木齐综合保税区、跨境电子商务产业园区功能。喀什、霍尔果斯经济开发区建设要在功能提升上下功夫，立足国内、面向周边，因地制宜、突出特色，以进出口贸易和出口产品加工为重点，提升口岸功能，加快构建符合周边国家需求的产业体系。交通枢纽、商贸物流、文化科教、区域金融、医疗服务“五大中心”建设要在项目落地上下功夫，认真落实各专项规划，列出优先推进的项目清单，加快推动一批关键性、示范性、标志性重点项目落地，确保今年取得实质性进展。19个对外开放口岸要在畅通上下功夫，抓紧制定全区口岸发展规划和各专项规划，明确各口岸定位和功能，加强软硬件设施建设，提升通关效率，用足用好对外贸易政策，促进跨境贸易投资便利化，切实发挥对外开放窗口和平台作用。

加快对内对外开放。充分发挥新疆区位优势，以促进商品和要素自由流动为重点，实施准入前国民待遇加负面清单管理制度，放宽市场准入。积极参与中巴、中蒙俄等经济走廊建设，加快发展进出口资源加工企业、特色产业、边境（跨境）旅游、边民互市贸易、电子商务等外向型经济，推动“通道经济”向“产业经济”“口岸经济”转变。深化与周边国家产能合作，加强境外经贸合作园区、边境经济合作区建设，带动商品、技术和装备出口。继续推进中哈霍尔果斯国际边境合作中心跨境人民币创新业务试点。办好2019（中国）亚欧商品贸易博览会。用足用好差别化政策，积极承接东部沿海发达地区产业转移，吸引和支持各类企业进军新疆市场，实现互惠互利、共同发展！

（四）深入实施乡村振兴战略，开创“三农”工作新局面

加快乡村产业振兴。坚持质量兴农、绿色兴农，坚持稳粮、优棉、促畜、强果、兴特色，培育壮大优势特色产业。加快推进粮食生产由量向质的转变，继续深化小麦收储制度改革，开展政策性粮食清仓检查，确保粮食安全。深化棉花目标价格改革，促进棉花生产向高质量、低成本、高效益转变。推进特色林果业向优质化发展，进一步完善林果等特色农产品托市收购政策，支持和引导各类市场主体积极参与农产品营销，叫响新疆林果“金字招牌”。以肉牛肉羊为重点加快现代畜牧业发展，推进新疆奶业振兴。推进制种业发展。完善基层农业技术推广体系。强化农产品产销对接，加快农产品加工仓储设施和交易市场建设，加快建设农产品冷链物流体系，发展农超对接、电子商务等新型流通业态。用好援疆机制和互联网平台，在援疆省市推广“十城百店”经验，在区内、国内中心城市规划建设一批农产品物流基地，扩大新疆农产品在内地市场的销售规模。

着力增强农村发展活力。继续深化农村土地制度改革。做好第二轮土地承包到期后再延长30年政策衔接，全面完成农村土地确权颁证工作。加快培育家庭农场、农民合作社等新型经营主体，发展多种形式适度规模经营。继续推进耕地精准核查，力争年底前全面完成核查工作。扩大农村产权登记颁证范围，探索宅基地集体所有权、资格权、使用权“三权分置”，让千万农牧民分享农村土地改革的红利！

加快推进城乡融合发展。坚持农业农村优先发展，大力推动基础设施向农村延伸、公共服务向农村拓展、产业向农村合理布局。抓好“四好农村路”、农田水利等基础设施建设。加快推动公共服务下乡，推进就业服务网络向县以下延伸，实现优质教育、医疗、文化资源城乡共享。

扎实推进乡村文化、人才和组织振兴。积极倡导现代文明生活方式，逐步提高农牧民生活质量。强化农民培训，畅通人才下乡渠道，打造一支懂农业、爱农村、爱农民的“三农”工作队伍，努力构建符合新疆的现代乡村社会治理体制和体系，确保乡村社会充满活力、和谐有序。

加快推进乡村生态振兴。加强农村生态保护，持续开展农村人居环境三年整治行动，重点做好垃圾污水处理、厕所革命、村容村貌提升，建设美丽乡村。让农业成为有奔头的产业，让农民成为有吸引力的职业，让农村成为安居乐业的美丽家园！

（五）全面实施旅游兴疆战略，打造经济发展增长极

坚持规划引领。围绕打造旅游经济强区和世界重要旅游目的地，完善旅游发展规划和重点区域旅游规划，编制重点旅游项目、重点旅游线路专项规划。积极推动全域旅游发展，大力实施“旅游+”战略，推动旅游与文化、体育、交通、农业、林业等融合发展。用好用足社会稳定红利，破解制约旅游发展的瓶颈，补齐影响旅游业融合发展的短板，力争全年接待国内外游客人数、旅游收入总额增长40%以上。

打造旅游知名品牌。集中力量打造“新疆是个好地方”靓丽名片，形成新疆旅游鲜明标志，提升新疆旅游整体形象。着力打造自然生态、历史文化、民俗风情、休闲度假、户外运动、自驾、红色、屯垦、康养、乡村、边境旅游等一批知名旅游品牌。重点培育阿尔泰山“千里画廊”生态旅游、伊犁草原文化旅游、丝绸之路民俗文化旅游、环天山千里黄金旅游等一批精品旅游线路，形成全疆旅游环线。加强地方与兵团合作，统筹推进精品景区和精品线路开发。积极推动现有景区转型升级，扎实推进5A级景区创建工作。加大对老字号旅游商品、特色手工艺品、土特产和农副产品开发力度，推出一批富有地域特色、拥有自主品牌、深受游客欢迎的知名旅游商品。

提高旅游保障水平。统筹疆内疆外、线上线下，运用新技术、新手段、新媒体，完善旅游营销网络。加快公路、铁路、民航建设，着力解决交通基础设施制约问题。完善景区配套服务设施，推动重点旅游城市、旅游乡村和交通主干线旅游基础设施和服务设施建设，着力解决上厕所难、停车难、加油难、通信信号不畅等问题。加快推进旅游集散体系、智慧旅游体系和旅游服务标准化体系建设，健全旅游公共信息服务。加强旅游市场整治，提升旅游服务水平，提高旅游服务质量和游客舒适度、满意度，让国内外游客乐游新疆、流连忘返！让旅游产业成为带动能力最强、释放红利最大、造福百姓最广的富民产业！

（六）大力发展实体经济，建立具有新疆特色的现代产业体系

把发展实体经济放在更加突出的位置。坚持一产上水平、二产抓重点、三产大发展，深入推进一、二、三产业融合发展，以供给侧结构性改革为主线，培育壮大特色优势产业，打造一批对全区经济发展具有带动作用和影响力的大企业集团及一批具有示范作用的专精特新“小巨人”企业，加快构建符合高质量发展要求、具有新疆特色的现代产业体系，不断壮大我区综合经济实力。

大力发展农副产品加工业。加快培育农业产业化龙头企业，鼓励各类企业进入农产品生产、贮运、加工、营销各环节，建设一批规模较大、设施完善、特色明显的农产品生产基地，大力实施农业品牌提升行动，完善“龙头企业+合作社+农户”模式，大力发展电子商务、物流配送、冷链运输等新业态，推动农业全产业链发展。加快落实财政、金融等扶持政策，鼓励支持一批地方国有企业和有实力的民营企业投资农产品加工，提升农产品精深加工水平。

大力推进工业转型升级。实施新一轮传统产业重大技术改造升级工程，着力推动重点工业企业改进工艺、提质增效。加快推进乌鲁木齐、昌吉、克拉玛依、哈密等7个制造业基地建设，扩大新能源装备、输变电装备、特色农牧机械等产业优势，打造一批先进制造业集群。大力发展新能源、新技术、新材料、人工智能、节能环保、生物医药等战略性新兴产业，尽快形成产业优势、经济优势。实施行业龙头企业培育工程，重点支持发展一批有实力、上规模、成长性好、带动力强的民营企业，鼓励各类民营企业整合重组，促进形成产业集群。

大力发展劳动密集型产业。用足用好国家支持新疆纺织服装产业发展优惠政策，加快推进南疆四地州纺织服装、电子产品组装、鞋帽、玩具、假发等劳动密集型产业发展，发展就业容量大的服装、家纺等终端产业，加快推进民族手工业、旅游品加工业发展，支持“卫星工厂”“扶贫车间”建设，打造产业集群，高密度吸纳劳动力就业。扎实推进大众创业、万众创新，创建一批国家级中小企业公共服务示范和国家小微企业创业创新示范基地。

大力发展现代服务业。加强物流枢纽设施和城乡市场网络建设，发展一批重点商贸物流企业，建好新疆国际大巴扎等一批大型综合市场。大力发展大数据、云计算，推进“互联网+”与三次产业融合发展，培育和壮大智慧医疗、育幼养老、文化体育、家政服务、休闲娱乐等产业，扩大服务供给、释放需求潜力，不断提高对经济增长的贡献率。

深入实施创新驱动发展战略。完善创新体系和制度环境，加强重点实验室建设力度，加快重大科技项目攻关、重大创新突破和科技成果转化应用，加大对企业创新支持力度，加强知识产权保护和运用。以丝绸之路经济带创新驱动发展试验区和乌昌石国家自主创新示范区为重要载体，推动科技创新和经济社会发展深度融合，增强自主技术创新能力，为推动高质量发展增添新的动能。

（七）加大关键领域和薄弱环节的有效投资，进一步增强经济发展后劲

加强交通设施建设。瞄准“疆内环起来、进出疆快起来”目标，坚持政府投资与社会投资相结合，按照“谁投资谁受益”的原则，加快国省道和高速公路建设，开工建设精河—阿拉山口高速公路，力争建成G30线乌鲁木齐—奎屯、大黄山—乌鲁木齐高速公路改扩建等项目。以完善铁路路网结构、提升通达能力为重点，加快推进库尔勒—格尔木铁路、和田—若羌铁路等重大项目建设，开工建设乌鲁木齐—准东铁路双线电气化改造工程，建成克拉玛依—塔城铁路，打造以兰新高铁为主干、南北疆快速通道为两翼的铁路“交通圈”。围绕完善机场功能布局、提升航空连通度，推进乌鲁木齐国际机场等改扩建和于田机场等新建项目，以市场化手段引进航空公司和通用航空企业，加快构筑疆内外联运网络。

加强水利设施建设。统筹重大水利工程、民生水利建设等工作，加快重大水资源配置工程和节水供水重大水利项目建设进度，开工建设玉龙喀什、库尔干、莫莫克等水利枢纽工程，建成策勒县奴尔水库等项目，加快推进奥依昂额孜水利枢纽等项目前期工作。实施好大中型灌区节水改造等民生水利项目，充分发挥水的基础性自然资源和战略性经济资源作用。

加强能源设施建设。持续推进准东新能源基地建设，建成投运喀什—莎车及莎车—和田750千伏输变电工程，开工建设南疆四地州煤改电（一期）工程、农网改造升级工程、哈密抽水蓄能电站、天然气储气设施项目，推动中石油、中石化加快玛湖特大型油田、吉木萨尔致密油开发、库车山前天然气勘探、顺北油气田开发等重大油田勘探开发，切实把新疆能源优势转换成高质量发展优势。

加强城镇设施建设。统筹地上和地下建设，优化城市路网结构，推进地下综合管廊建设，开展海绵城市建设，搞好供水、供暖、供气、供电、通信等市政基础设施配套，加快城市和县城生活垃圾无害化处理设施建设，加大城市黑臭水体治理和排水防涝设施建设力度，合理配置城市公共服务设施，为各族群众提供更加方便、舒心、美好的居住环境，让各族群众共享城市发展的成果！

加强生态建设。深入实施山水林田湖草一体化生态保护和修复，稳步推进国土绿化行动，持续推进天然林保护、防护林体系建设、水土流失和土地沙化治理及湿地保护恢复等重大生态工程建设，加快推进沙棘生态经济林基地建设，加强塔里木河流域胡杨林生态保护，因地制宜推进退牧还草、退耕还林。

多渠道筹措建设资金。统筹用好预算内投资、地方政府债券等财政性资金，发挥财政资金“四两拨千斤”作用，引导更多社会资本和金融资本投入重点领域和薄弱环节。进一步放宽基础设施和公共事业等领域投资限制，鼓励民间资本采取混合所有制、联合招投标等方式参与政府和社会资本合作项目。积极吸引中央企业、内地省市国有企业和内地有实力的民营企业参与重点项目建设，引导社会力量增加教育、文化、健康、养老等服务供给，依法合规参与扶贫、污染防治等领域基础设施建设。

（八）深化重点领域改革，进一步增强内生动力激发市场活力

加快推进供给侧结构性改革。巩固“三去一降一补”成果，综合运用资金、环保、用地等手段，引导企业主动转型升级，稳步推进企业优胜劣汰，继续处置“僵尸企业”，有效化解过剩产能，降低全社会各类营商成本，切实减轻企业负担，发展更多优质企业。发挥企业和企业家主观能动性，建立公平开放透明的市场规则和法治化营商环境。加快建设统一开放、竞争有序的现代市场体系。

大力推行“放管服”改革。大力简政放权，优化营商环境。全面实行权责清单、市场准入负面清单、涉企收费清单等清单制度。全面落实自治区提升营商环境十大行动，加快投资项目承诺制改革，推行市场主体简易注销改革，工程建设项目审批时间压减至120个工作日以内，企业开办时间压缩至8.5个工作日以内，不动产一般登记、抵押登记业务办理时间分别压缩至10个、5个工作日以内。深入实施“双随机一公开”监管，扎实推进全区一体化在线政务服务平台建设，深化企业和群众办事“最多跑一次”“证照分离”等方面改革，持续开展减证便民行动。

深入推进国资国企改革。推进国有资产统一监管。改组成立一批国有资本投资公司，组建一批国有资本运营公司，着力打造千亿级产业集团。引导一批国有企业进入农产品深加工、旅游、节能环保、现代物流等国资重点扶持领域。加快改革国有资本授权经营体制，推进国有企业优化重组股份制改革。积极推进混合所有制改革。

大力支持民营经济发展。落实《关于大力促进民营经济健康发展的若干意见》，破除壁垒、营造环境、强化支持，让民营企业和民营企业家吃上定心丸。加快消除民营企业在市场准入、审批许可、经营运行、招投标、军民融合等方面的不公平待遇，在去产能、去杠杆等方面对各类所有制企业执行同样标准，清理违反公平、开放、透明市场规则的政策文件，坚决制止随意设限、任性执法、权力滥用等行为，为民营企业发展营造公平竞争环境。下大力气开展专项清欠行动，重点治理政府部门和国有企业拖欠民营企业资金问题，依法保护民营企业权益。加强政银企对接，着力解决民营企业和中小微企业融资难、融资贵的问题，支持更多民营企业直接上市融资。落实帮扶民营企业措施，着力构建亲清政商关系，营造尊重、激励和保护企业家干事创业的良好氛围，让民营经济创新源泉充分涌流，让民营经济创造活力充分迸发！让民营企业在市场经济浪潮中尽显身手，走向更加广阔的舞台！

深化财税金融改革。稳步推进自治区以下财政事权和支出责任划分改革。认真落实国家减税降费政策和个人所得税专项附加扣除政策。全面推进预算绩效管理，将所有部门单位、所有财政资金全面纳入绩效管理，做到绩效管理全覆盖。加大财政资金统筹力度，提高资金配置效率。加强预决算公开力度，提升预决算公开质量。围绕金融服务实体经济，完善普惠金融服务体系，对“千企帮千村”企业采取灵活倾斜的金融扶持政策。推进新疆企业赴多层次资本市场挂牌融资。

强化地方政府融资服务平台建设，完善地方金融机构公司治理，发展民营银行和社区银行，推进农村信用社管理体制改革，提高金融服务实体经济的能力。

（九）高举民族大团结旗帜，推动社会全面和谐进步

大力推进民族团结进步事业。民族团结是各族人民的生命线。要深入开展民族团结进步宣传教育和创建活动，在各民族中牢固树立国家意识、公民意识、中华民族共同体意识，增强对伟大祖国的认同、对中华民族的认同、对中华文化的认同、对中国共产党的认同、对中国特色社会主义的认同。弘扬社会主义核心价值观和中华优秀传统文化，建设各民族共有精神家园。广泛深入开展“民族团结一家亲”、民族团结联谊、民族团结“结亲周”活动，促进各民族交往交流交融，铸牢中华民族共同体意识。大力推进嵌入式社会结构和社区环境建设，营造各民族手足相亲、守望相助的良好环境。尊重和保障各民族合法权益，坚决反对一切危害民族团结的言行。各民族要像爱护自己的眼睛一样爱护民族团结，像珍视自己的生命一样珍视民族团结，像石榴籽一样紧紧抱在一起！

进一步促进宗教和睦和谐。新疆最大的群众工作是民族团结和宗教和谐。要全面贯彻落实党的宗教工作基本方针，坚持保护合法、制止非法、遏制极端、抵御渗透、打击犯罪，坚持宗教中国化方向。全面落实宗教信仰自由政策，依法保障信教群众和不信教群众合法权益。依法加强宗教事务管理，认真贯彻《宗教事务条例》。深入贯彻《自治区去极端化条例》，持续深入推进“去极端化”，彻底铲除民族分裂、宗教极端、暴力恐怖滋生蔓延的土壤。发挥宗教团体和宗教教职人员作用，积极引导信教群众抵御宗教极端思想，促进宗教和睦和谐。

大力发展各项社会事业。全面推进职称制度改革，统筹推进各类人才队伍建设，稳定和壮大各类人才队伍。实行更加积极、更加开放、更加有效的人才引进政策，鼓励人才向南疆四地州和基层一线流动。推动优质文化资源和服务向基层下沉、延伸，实现城乡公共文化服务全覆盖。继续实施东风工程等文化惠民工程。加大历史文化遗产保护力度。开展形式多样的全民健身活动，筹办好自治区第十四届运动会。加快推进社会福利和慈善事业发展。充分发挥工会、共青团、妇联等群团组织作用，切实保障妇女、儿童、老人、残疾人合法权益。

（十）大力保障和改善民生，让人民有更多获得感、幸福感、安全感

稳定和扩大就业。实施就业优先政策，突出抓好城乡富余劳动力转移就业、高校毕业生就业、退役军人就业、困难群体就业。大力实施发展产业带动就业工程，落实 22 个深度贫困县 3 年 10 万人就业扶贫规划，推动疆内跨区域转移就业、向兵团转移就业、向援疆省市转移就业。常态化推进就业困难人员“一对一”帮扶和零就业家庭动态清零工作，积极稳妥做好去产能职工就业安置。确保今年实现城镇新增就业 45 万人以上，农村富余劳动力转移就业 270 万人次。

提升教育质量和水平。推进国家通用语言文字教学全覆盖。扎实推进农村学前教育，巩固九年义务教育成果。推进新疆大学“双一流”建设和部区合建工作，加快石河子大学一流学科建设。大力发展职业教育，推进初高中未就业毕业生职业技术培训全覆盖。推进寄宿制学校建设，对贫困家庭学生实行精准资助和差异化资助。落实好国家对中小学教师和幼儿教师的待遇，着力解决中小学教师结构性短缺问题，大力加强教师队伍建设，进一步提高教育教学质量。

推进卫生健康惠民。持续实施全民健康工程，坚持和完善全民免费健康体检。健全城乡居民医疗档案，完善基本医疗保险、大病保险和医疗救助制度，加大重大传染病、重点地方病、职业病防治救治力度。推动分级诊疗制度和公立医院综合改革，推进县域医共体建设，加强基层卫生服务体系建设。建立健全医疗兜底保障机制，稳步提高医疗保障水平。大力发展康养产业，加强妇幼保健工作，强化特殊困难群体卫生健康服务，为各族群众提供更加丰富、更加安全、更加公平、更高水平的健康福祉！

做好城乡居民安居工作。扎实推进农村安居、游牧民定居和城镇保障性安居工程，加大棚户区改造力度，努力让农村群众住上安全适用的房屋，解决城镇中低收入居民和新市民住房问题。加快落实户籍制度改革方案，建立城镇建设用地与落户人口规模相挂钩的机制，调动农牧区转移人口进城落户的积极性。完善住房供应体系，推进建立购租并举的住房制度，推动房地产市场平稳健康发展。完成全区所有乡镇、行政村通硬化路。全面推进"电气化新疆"建设，继续推进电网整合和同网同价工作，扎实开展电供暖推广和南疆四地州农村煤改电工作，让各族人民更充分地享受现代文明生活。

加强社会保障兜底。统筹城乡社会保障体系建设，完善城乡低保、养老保险、工伤保险、社会救助等制度。继续推进全民参保计划，扩大社会保险覆盖面。推进工伤保险基金省级统筹。扎实做好社会保障兜底脱贫工作。加快建设为老年人、残疾人、精神障碍患者等特殊群体提供服务的设施。完善养老护理体系，努力解决城市养老难问题。持续推进"五保"老人集中供养和孤儿集中收养工作，提高供养水平和管理服务质量。

强化安全体系建设。完善救灾应急预案体系，加强综合应急救援队伍建设，全面提升应对处置自然灾害的能力和水平。严格安全生产责任制，深化安全生产专项治理，坚决遏制重特大安全事故发生。加强安全基础保障能力建设，做好地震、气象、地质灾害防治等工作。强化食品药品安全监管，努力让各族群众饮食更加放心、用药更加安心、生活更加舒心！

各位代表！支持兵团深化改革和向南发展是以习近平同志为核心的党中央作出的重大战略决策，是政府义不容辞的重要职责。要牢固树立兵地"一盘棋"思想，坚持兵团发展就是新疆发展、兵团壮大就是新疆壮大、兵团改革就是新疆改革，支持兵团壮大综合实力，发挥好"调节社会结构、推动文化交流、促进区域协调、优化人口资源"等特殊作用，更好履行"安边固疆的稳定器、凝聚各族群众的大熔炉、先进生产力和先进文化的示范区"的职能。支持兵团深化改革，创新完善体制机制，不断激发兵团发展活力。支持兵团向南发展。大力促进兵地融合发展，形成边疆同守、团结联创、资源共享、优势互补、文化交融、共同繁荣发展的生动局面。

各位代表！对口支援新疆充分体现了党中央对新疆的特殊关怀。要认真学习援疆省市的先进理念，积极配合援疆省市落实好援疆规划，确保80%以上援疆资金投入到民生领域、投入到县以下基层，充分发挥对口援疆综合效益。发挥对口援疆省市和中央企业的优势，加大产业援疆、就业援疆力度。不断创新援疆内容和形式，进一步深化教育、医疗、科技、人才等全方位援疆工作。

各位代表！新疆是我国西北重要的国防战略屏障，边疆的稳固和安宁离不开钢铁长城的捍卫。要深入实施军民融合发展战略，加强全民国防教育，支持国防和部队建设，深入开展拥军优属、拥政爱民活动，使军政军民团结始终坚如磐石！让军人成为全社会尊崇的职业！

各位代表！习近平总书记指出："时代是出卷人，我们是答卷人，人民是阅卷人。"要做好上述工作，必须切实加强政府自身建设，牢固树立"四个意识"，坚定"四个自信"，坚决做到"两个维护"，落实全面从严治党要求，深入推进政府职能转变，把人民的利益摆在至高无上的位置，把人民的信任和支持作为最大动力，以时不我待、只争朝夕的精神全身心投入工作，努力建设人民满意的政府。

坚持把政治建设放在首位。把坚决维护习近平总书记核心地位、坚决维护党中央权威和集中统一领导作为最根本的政治纪律和政治规矩，坚持用习近平新时代中国特色社会主义思想武装头脑、指导实践、推动工作，在思想上政治上行动上同以习近平同志为核心的党中央保持高度一致，坚决做到党中央提倡的坚决响应、党中央决定的坚决执行、党中央禁止的坚决不做，以实际行动确保党中央政令畅通、令行禁止。坚持党对政府工作的领导，坚决贯彻落实自治区党委各项决策部署，把坚持和加强党的全面领导贯穿政府工作始终。

深入推进政府职能转变。凡是市场能自主调节的就让市场来调节，凡是企业能干的就让企业来干，进一步减少政府对资源的直接配置，真正使市场在资源配置中起决定性作用。深入推进自治区、地（州、市）、县（市、区）三级政府机构改革，扎实做好新机构组建运行工作，切实转变职能、简政放权，提高行政效率。发扬艰苦奋斗作风，牢固树立过“紧日子”的思想，勤俭办一切事业，严格控制和压减一般性支出，严控“三公”经费预算，除刚性和重点项目支出外，各级政府一律按照不低于5%的幅度压减。

持续推进法治政府建设。加快建设职能科学、权责法定、执法严明、公开公正、廉洁高效、守法诚信的法治政府，推进科学立法、民主立法、依法立法，进一步完善公众参与政府立法机制，健全法规规章公开征求意见和公众意见采纳情况反馈机制，不断提高立法质量。深入推进行政执法公示、行政执法全过程记录和重大行政执法决定法制审核“三项制度”改革试点工作。推动行政执法部门依法规范行政裁量权行使，加强行政复议和应诉工作。

持之以恒加强作风建设。坚持“作风建设永远在路上”，以勇于担当、真抓实干的作风开创改革发展稳定新局面。坚决贯彻落实中央八项规定及其实施细则和自治区党委实施办法，坚持不懈整治“四风”“四气”，特别是形式主义、官僚主义，坚决防止工作棚架、浮在面上、流于形式，坚决克服表态多落实差、调门高行动少的现象，做到“十要十严禁”。开展统计督查工作。铸牢忠诚担当意识，积极主动作为，依法履职尽责。不搞形象工程、政绩工程，着力解决好事关各族群众切身利益的民生问题，推动政府作风发生根本转变，以良好的作风保证以习近平同志为核心的党中央治疆方略落地生根。

切实提高做好经济工作的本领。自觉加强学习、补充知识，不断提高适应新时代、实现新目标、落实新部署的能力，不断增强推动高质量发展和建设现代化经济体系的本领，切实提高政府驾驭市场经济和应对复杂局面的能力水平。学会运用市场的办法、市场的机制解决经济发展中遇到的新问题，切实发挥好市场在资源配置中的决定性作用。准确把握、用足用好国家各类政策，切实发挥各项政策推动发展、造福于民的效果。

坚定不移推进反腐败斗争。牢固树立新疆虽然处于反分裂斗争前沿阵地和主战场、反恐维稳任务重，但在党风廉政建设和反腐败斗争问题上没有任何特殊性的思想，坚持一手抓反分裂斗争、一手抓党风廉政建设和反腐败斗争，严格落实管党治党主体责任，持续推进政府系统党风廉政建设和反腐败斗争，严厉惩治政府系统各种腐败行为，巩固发展反腐败斗争的压倒性态势，营造风清气正的政治生态。

各位代表！决胜全面建成小康社会、夺取新时代中国特色社会主义伟大胜利的神圣使命鼓舞着我们，各族人民过上更加美好生活的期盼召唤着我们。让我们更加紧密地团结在以习近平同志为核心的党中央周围，高举中国特色社会主义伟大旗帜，以习近平新时代中国特色社会主义思想为指导，深入贯彻落实党的十九大和十九届二中、三中全会精神，贯彻落实习近平总书记关于新疆工作的重要讲话和重要指示精神，贯彻落实党中央治疆方略、特别是社会稳定和长治久安总目标，在自治区党委正确领导下，敢于担当、锐意进取，真抓实干、攻坚克难，在新时代改革开放新征程上奋勇前进，不断开创新疆稳定发展各项工作的新局面，以优异的成绩迎接中华人民共和国成立70周年！为建设团结和谐、繁荣富裕、文明进步、安居乐业的中国特色社会主义新疆，谱写好中华民族伟大复兴中国梦的新疆篇章而努力奋斗！

关于2018年自治区国民经济和社会发展计划执行情况与2019年自治区国民经济和社会发展计划草案的报告

——在新疆维吾尔自治区第十三届人民代表大会第二次会议上

自治区发展和改革委员会

（2019年1月14日）

各位代表：

受自治区人民政府委托，向大会报告2018年自治区国民经济和社会发展计划执行情况与2019年自治区国民经济和社会发展计划草案，请予审议，并请自治区政协各位委员和其他列席人员提出意见。

一、2018年自治区国民经济和社会发展计划执行情况

2018年以来，在以习近平同志为核心的党中央坚强领导下，全区上下认真学习贯彻习近平新时代中国特色社会主义思想，坚决贯彻党的十九大和十九届二中、三中全会精神，贯彻以习近平同志为核心的党中央治疆方略特别是社会稳定和长治久安总目标，树牢“四个意识”、坚定“四个自信”、坚决做到“两个维护”，落实自治区党委九届五次、六次全体（扩大）会议、自治区党委经济工作会议精神，按照自治区党委“1+3+3+改革开放”工作部署，狠抓《政府工作报告》各项任务落实，贯彻新发展理念，坚持稳中求进工作总基调，以供给侧结构性改革为主线，统筹推进稳增长、促改革、调结构、惠民生、防风险各项工作，较好地完成了自治区第十三届人民代表大会第一次会议上批准的各项计划任务，在决胜全面建成小康社会的征程上又迈出了坚实一步。

初步预计，2018年全区地区生产总值同比增长6%左右；工业增加值增长3.8%左右；全社会固定资产投资完成6 100亿元；一般公共预算收入增长4.5%；居民消费价格上涨2.1%左右，社会消费品零售总额增长6.2%左右；积极应对中美贸易摩擦对我区的影响，进出口贸易稳中提质；农村居民人均可支配收入增长8.5%左右，城镇居民人均可支配收入增长6.5%左右；

城镇新增就业人数47.58万人，城镇调查失业率4.2%，城镇登记失业率3.3%。

（一）社会大局保持稳定，稳定红利逐步释放

坚定坚决贯彻落实以习近平同志为核心的党中央治疆方略、特别是社会稳定和长治久安总目标，综合施策、标本兼治、打好组合拳，社会治安状况明显好转，新疆大局保持稳定，促进了经济社会发展各项事业全面进步。

（二）经济运行总体平稳，发展质量稳步提升

经济发展稳中有进。坚持以总目标统领经济工作，坚决贯彻落实国家的宏观调控政策，按照自治区党委落实新发展理念推动高质量发展的系列工作部署，充分发挥“两套班子”工作机制的作用，着力稳就业、稳金融、稳外贸、稳外资、稳投资、稳预期，形成了高质量发展起步良好、稳步提升的良好态势。

农业农村经济运行平稳。《新疆维吾尔自治区乡村振兴战略规划（2018—2022年）》出台实施，农村基础设施建设扎实推进，农业供给侧结构性改革持续深化，农副产品加工业发展态势较好，农村一二三产业融合发展取得积极进展，稳粮、优棉、促畜、强果、兴特色效果呈现。预计第一产业增长4.8%左右。

工业生产稳中趋升。石油石化、冶金建材、机械制造等传统产业产品技术、工艺装备、能效环保水平不断提高，劳动密集型产业、中小微企业成为稳就业的“中坚力量”。预计第二产业增长3.5%左右。

服务业发展态势良好。积极发展全域旅游和“旅游+”，集中力量打造“新疆是个好地方”独特品牌，降低国有重点景区门票和区间车价格，促进旅游业实现“井喷式”增长，全年接待国内外游客突破1.5亿人次，旅游新型消费业态加快培育。预计第三产业增长8.3%左右，已成为拉动经济增长、推动结构优化的主要力量。

（三）三大攻坚战开局良好，各项任务取得积极进展

防范化解重大风险成效明显。坚决贯彻执行党中央、国务院各项部署，按照“三个界限”“四个一律”要求，宁可发展慢一点、也决不违法违规举债，严控政府债务增量，强化金融风险源头管控，加强互联网金融、非法集资等监管，实现了2017年7月14日全国金融工作会议后各级政府零违规举债，2017年7月14日以前产生的政府隐性债务积极稳妥化解，守住了不发生系统性风险的底线。

精准脱贫深入推进。按照习近平总书记“一个都不能少、一个都不掉队”的重要思想，扎实推进“七个一批”“三个加大力度”，2016—2018年14万人易地扶贫搬迁住房已全部开工建设，搬迁入住2.85万户10.51万人，基础设施、公共服务设施建设和后续产业发展等工作同步推进，预计全年完成53.7万人脱贫、513个贫困村退出、3个贫困县摘帽任务，贫困发生率降至6.51%、较2017年下降5.07个百分点。对照中央第六巡视组关于新疆扶贫领域有关干部作风问题进行立行立改，扎实推进扶贫领域腐败和作风问题专项治理，为精准扶贫、精准脱贫提供有力保障。

污染防治力度持续加大。牢固树立绿水青山就是金山银山、冰天雪地也是金山银山的重要发展理念，努力建设天蓝地绿水清的美丽新疆。中央环保督察反馈问题整改工作加快推进，自然保护区管理、饮用水水源地保护、环境基础设施建设等一批环境问题得到了解决。严禁“三高”项目进新疆推动经济高质量发展实施方案公布实施，严格执行能源、矿产资源开发自治区政府“一支笔”审批制度、环境保护“一票否决”制度，蓝天、碧水、净土、农村人居环境整治四大战役全面打响，主体功能区建设加快推进，河长制和湖长制全面建立，天然林保护、防护林体系建设等重大生态工程持续推进，生态环境持续改善。预计单位地区生产总值能耗同比下降2.11%左右。

（四）供给侧结构性改革向纵深推进，三去一降一补成效明显

结构性去产能、系统性优产能持续推进。全年完成22处462万吨煤炭去产能任务，提前完成“十三五”规划任务，化解钢铁过剩产能215万吨，关停煤电装机容量133.1万千瓦。认真落实国家房地产市场调控政策，全区房地产市场总体稳定，住宅去库存周期保持在合理区间。落实四次定向降低存款准备金率，普惠金融惠及面不断扩大，减税降费力度加大，涉农、小微企业领域融资成本下降，降低一般工商业电价，进一步清理规范行政事业和经营服务性收费，全年预计降低实体经济企业成本620亿元。工业企业每百元主营业务收入中的成本比上年减少0.8元，其中费用支出减少0.13元；全区规模以上工业企业利润增长10%。

基础设施补短板力度加大。在防范风险、不违法违规举债的前提下，积极扩大有效投资，高速公路里程突破4 800公里，所有地（州、市）迈入高速公路时代，乌将铁路乌北至准东段扩能改造工程、卡拉贝利水利枢纽工程、准东—华东（皖南）±1 100千伏特高压直流输电工程等一批交通、水利、能源重大项目建成投运；和田至若羌铁路、乌鲁木齐机场改扩建等重点项目开工建设。全区铁路、航空、管道运输业投资继续快速增长，信息传输软件和信息技术服务业成为民间投资增长最快的行业。

新动能发展壮大。乌鲁木齐、昌吉、石河子高新技术产业开发区启动建设国家自主创新示范区，大数据、“互联网+”、分享经济等新产业新业态蓬勃发展，数字经济规模达到2 800亿元、同比增长近10%；高新技术制造业、工业战略性新兴产业实现两位数增长。军民融合发展步伐加快，商贸物流、电子商务、金融服务、养老健康等产业蓬勃向上。

（五）改革开放再启新征程，市场活力进一步增强

持续深化“放管服”改革。全面实施优化提升营商环境十大行动和市场监管三年行动，开展群众办事百项堵点疏解工作，稳步推进政务信息系统整合共享和“一网、一门、一次”改革。企业注册登记“最多跑一次”事项增加到15大类77项，“证照分离”“多证合一”改革在全区推开，实现“二十六证合一”。减少投资项目报建审批事项23项，减少14类工业产品生产许可证，企业开办时间、项目报建审批时间得到压减。自治区、地（州、市）、县（市）三级政务服务事项实现行政许可事项名称、类型、依据、编码“四统一”，政务服务进一步优化。

加快推进重点领域改革。国资国企、财税、金融、消费、投融资、农业农村等重点领域改革持续加力，通过深化改革激发动力、创造活力、得到效益成效明显。要素市场优化配置机制进一步完善。小麦收储制度市场化改革全面启动，改革做法得到国务院肯定。棉花目标价格改革有序推进，“保险+期货”试点工作进展顺利。自治区党政机构改革、职能调整有序推进。着力健全产权保护制度体系，促进民营经济健康发展，弘扬和保护企业家精神深入人心。

着力提升对外开放水平。全面落实“一带一路”国际合作高峰论坛成果，丝绸之路经济带核心区建设进展顺利，互联互通水平得到提升。乌鲁木齐国际陆港区建设取得积极进步，30余家知名商贸物流、跨境电商企业入驻。中欧班列运行服务和配套改革进展顺利，中欧班列集拼集运业务进一步扩大。由新疆始发中欧班列全年开行1 002列，增长24.3%，整体通关时间压缩三分之一。自治区授予霍尔果斯、喀什经济开发区58项自治区级管理权，全力推进霍尔果斯、喀什经济开发区、中哈霍尔果斯国际边境合作中心等重要平台建设。经贸投资合作持续深化，第六届中国—亚欧博览会成功举办，首届中国国际进口博览会新疆交易团收获颇丰。出台关于扩大进口促进对外贸易平衡发展、积极有效利用外资等政策措施，全面实施外资准入前国民待遇加负面清单制度，着力稳外贸、稳外资。外商直接投资合同金额13.79亿美元，实际利用外资规模2.05亿美元，境外企业直接实际投资额7.27亿美元。

（六）持续改善民生福祉，各族群众获得感、幸福感、安全感进一步提升

把稳定就业摆在更加突出的位置。精准实施就业扶贫，统筹抓好高校毕业生、就业困难群体、农村富余劳动力有组织转移以及创业带动就业。农村富余劳动力转移就业280.5万人（次），深度贫困地区建档立卡贫困家庭劳动力有组织稳定转移就业8.2万人，区属应届普通高校毕业生就业率达到89.83%，均超额完成年度目标任务。

优先发展教育。学前、义务教育及高中阶段起始年级实现国家通用语言文字教学。义务教育城乡一体化稳步推进，职业教育布局更加优化，高等教育内涵式发展开局良好。学前三年教育普及率达95.95%，普惠性幼儿园覆盖率达91%，均提前超额完成国家规划目标。69个县（市、区）通过国家义务教育均衡验收。发放学生资助资金58.54亿元，家庭经济困难学生实现“应助尽助”。

城乡医疗卫生服务体系不断完善。医药卫生体制改革不断深化，基层公共卫生服务能力和基本医疗服务质量稳步提升，全民免费健康体检持续推进。15种大病集中救治和慢性病签约服务覆盖所有建档立卡农村贫困人口。47种进口抗癌药品价格平均降幅11.3%，全区二级以上公立医院药品降价，在取消药品加成的基础上取消医用耗材加成，减轻患者就医负担22.3亿元。农村户籍患者实现地（州、市）内“先诊疗后付费”和“一站式”结算。

社会保障范围不断扩大。城乡居民基本养老保障待遇确定和基础养老金正常调整机制建立，城乡困难群众最低生活保障标准持续提高，城乡居民人身意外伤害保险、城镇职工大病保险实现全覆盖，兵地社会保险融合深入推进，各类保险参保率达到95%以上。

民生项目建设持续推进。牢牢把握“房子是用来住的、不是用来炒的”定位，全面落实中央住房制度改革部署，切实保障困难家庭住房需求。南疆22个深度贫困县6.89万户建档立卡贫困户安居房全部竣工，开工建设28.2万套农村安居房、47.09万套城镇棚户区改造任务。建成农村公路1.36万公里，120万农牧民群众从中受益。伽师、精河地震和哈密射月沟水库洪灾等灾后重建加快推进，受灾群众生产生活得到保障。

对口援疆综合效益进一步提高。19个援疆省市投入援疆资金159.62亿元，实施援疆项目1 723个，支持农牧民改善生产生活条件，援疆扶贫工作全面推开，产业援疆力度加大，选派3 180名教师进疆支教，资助1.78万名内地普通高校新疆籍贫困大学生就学，卫生援疆、人才援疆、交流交往交融等工作成效明显。

对照自治区第十三届人民代表大会第一次会议审议通过的2018年自治区国民经济和社会发展计划，就业、物价、城乡居民收入等预期目标较好完成，能耗强度、空气质量、棚户区改造、脱贫攻坚等约束性目标执行顺利。经济增长的效益、质量、可持续性增强，含金量更高了。

这些成绩的取得，是习近平新时代中国特色社会主义思想光辉指引的结果，是以习近平同志为核心的党中央亲切关怀的结果，是国家各部委和19个援疆省（市）大力支持的结果，是自治区党委坚强领导的结果，是全区党政军警兵民艰苦奋斗的结果，是各族干部群众团结一心、众志成城、顽强拼搏的结果。全区各族人民更加紧密团结在以习近平同志为核心的党中央周围，树牢“四个意识”，坚定“四个自信”，坚决做到“两个维护”，正在把党中央、国务院的决策部署和自治区党委、人民政府的工作安排转化为扎扎实实高质量发展的成果。

在看到成绩的同时，也要充分认识到区内外宏观经济环境复杂多变，我区仍面临两个“三期叠加”的严峻形势，经济社会发展还存在一些困难和问题，主要是：经济结构不合理、产业结构偏重，资源型工业为主导的单一产业结构仍未根本改观，产能过剩和需求结构升级矛盾仍然突出；创新能力不强，新技术、新产业、新业态、新模式尚处于培育阶段，持续增长的新动力不足；产业链不配套、物流成本高、融资难融资贵的问题尚未得到有效解决，实体经济发展存在不少困难，人才、资本、技术等生产要素吸引力较弱，不少企业还未适应高质量发展新形势新要求；发展不充分不平衡问题突出，南北疆之间发展差距仍然较大，特别是南疆基础设施建设相对滞后，基本公共服务能力不足；脱贫攻坚任务繁重，民生领域还有不少短板；生态环境保护和污染防治任务还很艰巨。

二、关于2019年自治区国民经济和社会发展主要指标安排建议

2019年是中华人民共和国成立70周年，是党的十九大之后推动高质量发展从顶层设计到落地实施的开局之年，是打好“三大攻坚战”、完成“十三五”规划目标任务、决胜全面建成小康社会的关键一年，做好经济工作意义重大。

全区经济工作的总体要求是：以习近平新时代中国特色社会主义思想为指导，全面贯彻党的十九大和十九届二中、三中全会精神，贯彻落实习近平新时代中国特色社会主义经济思想，贯彻落实中央经济工作会议、特别是习近平总书记重要讲话精神，贯彻落实以习近平同志为核心的党中央治疆方略，统筹推进“五位一体”总体布局，协调推进“四个全面”战略布局，紧紧围绕社会稳定和长治久安总目标，坚持稳中求进工作总基调，坚持新发展理念，坚持推动高质量发展，坚持以供给侧结构性改革为主线，坚持深化市场化改革、扩大高水平开放，落实自治区党委“1+3+3+改革开放”工作部署，加快建设现代化经济体系，继续打好“三大攻坚战”，着力激发微观主体活力，创新和完善宏观调控，统筹推进稳增长、促改革、调结构、惠民生、防风险、保稳定工作，保持经济运行在合理区间，进一步稳就业、稳金融、稳外贸、稳外资、稳投资、稳预期，提振市场信心，增强各族群众获得感、幸福感、安全感，保持社会大局稳定和经济持续健康发展，为全面建成小康社会收官打下决定性基础，以优异成绩迎接中华人民共和国成立70周年。

2019年主要预期目标：按照高质量发展的根本要求，综合考虑各方面因素，建议2019年全区经济社会发展主要指标安排如下：地区生产总值增长5.5%左右，其中：工业增加值增长5%左右；全社会固定资产投资增长5%左右；社会消费品零售总额增长7%左右；进出口贸易总额增长5%左右；一般公共预算收入增长5%左右；城乡居民人均可支配收入分别增长7%左右；城镇新增就业人数45万人，城镇调查失业率5%左右，城镇登记失业率控制在4.5%以内；居民消费价格涨幅控制在3%以内；全区60.61万人脱贫、976个村退出、12个贫困县摘帽。单位地区生产总值能耗降低2.11%，单位地区生产总值二氧化碳排放量降低2.52%，能源消费总量指标控制在国家下达指标内，全员劳动生产率、研究与试验发展经费投入强度稳步提升，创新能力不断增强。

（一）关于地区生产总值增长5.5%左右的考虑

一是从全国的形势看，我区2019年预期目标按5.5%左右考虑，既与全国水平相衔接，又考虑了我区的实际，确保经济增长在合理区间。二是从全区产业结构情况看，我区第一产业长期稳步增长，加之深入推进乡村振兴战略，农业生产将稳中调优，第一产业增长5.5%左右，可带动经济增长0.6个百分点。油气生产加工稳定增长，纺织服装等产业转型升级，高技术和战略性新兴产业持续增长，预计工业增长5%左右，可带动经济增长1.5个百分点。在社会稳定红利持续释放的大环境下，旅游业迅猛发展，电子商务、仓储物流、医疗卫生、文体康养等新兴服务业加快发展，预计第三产业增长8%左右，可带动经济增长3.4个百分点。三是从全区需求结构来看，随着党中央、国务院各项政策的贯彻落实，以及自治区党委“1+3+3+改革开放”工作部署的深入推进，政策效应不断显现，内需不断扩大，进出口贸易也将呈现积极态势。综合上述因素，建议地区生产总值预期目标为增长5.5%左右，引导各地不简单以生产总值增长率论英雄，不被短期经济指标的波动所左右，坚定不移地推动高质量发展。

（二）关于工业增加值增长5%左右的考虑

一是我区工业转型升级任务艰巨，部分行业、部分地区依然呈下滑态势，企业亏损面扩大，工业增长的基础依然不牢固。二是进一步加大油气勘探力度，油气生产加工稳定增长，第二条疆电外送通道建成，电力消纳空间不断扩大，煤炭去产能效果显现，煤炭生产先进产能有序释放。三是纺织服装业发展壮大，预计纺织行业工业增加值达到130亿元，全年新增就业10万人。综上，建议工业增加值预期目标为增长5%左右。

（三）关于全社会固定资产投资增长5%左右的考虑

一是国家明确要求平衡好稳增长和防风险的关系，不搞“大水漫灌”式的强刺激，2019年中央预算内投资不会出现大幅度、超常规的增长。二是我区固定资产投资呈现回升态势，基础设施补短板力度加大，投资营商环境进一步改善，丝绸之路经济带核心区建设步伐加快，产业援疆力度加大，预计工业投资、民间投资运行趋稳。综合上述因素，建议全社会固定资产投资预期目标为增长5%左右。

（四）关于社会消费品零售总额增长7%左右的考虑

一是全国社会消费品零售总额已下滑至多年来最低，2019年消费增长将受到较大制约。中央经济工作会议提出要扩大内需，促进形成强大国内市场。二是我区进一步加强商贸物流基础设施建设，健全完善冷链物流体系和农村电商平台，依托援疆平台开拓内地市场，促进批发和零售业发展。三是加快完善促进消费体制机制，培育壮大文化旅游、体育休闲、健康养老等消费新增长点，将进一步激发居民消费潜力。综合上述因素，建议社会消费品零售总额预期目标为增长7%左右。

（五）关于进出口贸易总额增长5%左右的考虑

一是外部环境复杂多变，预计货物进出口平稳增长的难度加大。二是丝绸之路经济带核心区建设深入推进，乌鲁木齐国际陆港区带动作用逐步显现，霍尔果斯、喀什经济开发区及出口加工基地、综合保税区和境外工业园区加快建设，大力发展边境经济和边民互市贸易，带动边境小额贸易恢复性增长。三是跨境旅游和跨境电商发展迅猛，新型贸易业态加快培育，将促进其他贸易快速增长。综合以上因素，建议进出口贸易总额预期目标为增长5%左右。

（六）关于一般公共预算收入增长5%左右的考虑

一是国家继续实施减税降费措施，将会带来税收收入减收。二是全区经济运行呈现稳中向好的态势，支撑经济迈向高质量发展的有利条件积累增多，第三产业尤其是旅游业发展将带动财政增收。三是税收征收体系和征管服务不断优化，为保持财政收入适度增长创造条件。综合上述因素，建议一般公共预算收入预期目标为增长5%左右。

（七）关于城镇居民人均可支配收入增长7%左右的考虑

一是城镇新增就业45万人以上，2018年提高各类人群收入政策效应进一步显现，预计工资性收入有所增加。二是旅游产业大发展将会带动餐饮、住宿、交通运输等行业快速增长，加之扶持民营经济发展，预计经营性收入进一步增加。三是扩大低保范围、提高保障水平，完善社会救助体系，提高企业退休职工和城乡居民基础养老金，预计转移性收入稳定增加。综合上述因素，建议全区城镇居民人均可支配收入预期目标为增长7%左右。

（八）关于农民人均可支配收入增长7%左右的考虑

一是自治区强化职业技能培训，加大农村富余劳动力转移就业工作力度，进一步增加工资性收入。二是稳粮、优棉、促畜、强果、兴特色结构调整成效逐步显现，农产品加工业、乡村旅游快速发展，新型经营主体规模扩大，进一步增加经营性收入。三是自治区深化“访惠聚”驻村工作、“民族团结一家亲”活动，各项惠民政策深入实施，进一步增加转移性收入。综合上述因素，建议全区农村居民人均可支配收入预期目标为增长7%左右。

（九）关于城镇新增就业人数45万人和城镇调查失业率5%左右、城镇登记失业率控制在4.5%以内的考虑

一是受中美贸易摩擦对就业的滞后传导影响，稳就业任务依然艰巨。二是自治区继续实施积极的就业政策，高校毕业生、城乡富余劳动力、困难群体等重点人群就业扶持力度加大。三是积极支持小微企业和民营企业发展，引导各族群众就近就地就业和有序进城就业。综合以上因素，建议全区就业预期目标为城镇新增就业人数45万人，城镇调查失业率5%左右，城镇登记失业率控制在4.5%以内。

（十）关于居民消费价格指数涨幅预期目标为3%以内的考虑

综合考虑消费增长、价格改革推动新涨价因素、2018年价格上涨的翘尾和市场短期波动等其他因素影响，建议全区消费价格涨幅预期目标为3%以内。

（十一）关于12个贫困县摘帽、976个贫困村退出、60.61万贫困人口脱贫的考虑

一是全区扎实推进脱贫攻坚战三年行动计划，开展脱贫攻坚冬季攻势，狠抓项目前期工作，深入落实“七个一批”“三个加大力度”等各项脱贫攻坚措施，产业扶贫、就业扶贫成效将进一步显现。二是国家聚焦深度贫困地区脱贫攻坚，各项扶持力度进一步加大。三是农村贫困户住房建设、安全饮水工程建设、易地扶贫搬迁工程建设等基础设施建设可以在2019年基本完成。综合上述因素，预计2019年疏勒县、疏附县、巴楚县、岳普湖县、塔什库尔干县、喀什市、麦盖提县、阿图什市、乌什县、柯坪县、和田市、和田县等12个县（市）可实现脱贫摘帽，976个贫困村退出、60.61万贫困人口脱贫。

三、关于2019年自治区经济社会发展主要任务和措施

做好2019年重点工作，要更加紧密地团结在以习近平同志为核心的党中央周围，加强党对经济工作的集中统一领导，坚决落实中央经济工作会议、中央农村工作会议精神要求，贯彻落实党中央治疆方略特别是社会稳定和长治久安总目标，采取更加强有力的措施保持社会和谐稳定和经济高质量发展。

（一）坚决打好“三大攻坚战”，决胜全面建成小康社会

一是着力防范化解重点领域风险。坚持结构性去杠杆的基本思路，防范金融市场异常波动和共振，稳妥处理地方政府债务风险，做到坚定、可控、有序、适度。坚决守住不发生政府债务风险底线。坚持把地方政府债务限额内发行地方政府债券作为全区各级政府举债的唯一合法途径，坚决查处各类违规违法举债行为，对造成严重后果的倒查追责、终身问责，确保今后政府零违规举债。稳妥化解2017年7月14日以前产生的政府隐性债务存量。坚决守住不发生系统性金融风险的底线。加强日常监管，严格规范金融市场交易行为，清理整顿交易场所，坚决打击非法集资等违法违规金融活动，积极防范化解互联网金融、资本市场等领域风险。确保地方金融机构稳健经营。

二是大力推进精准脱贫。聚焦22个深度贫

困县，紧扣“两不愁三保障”，坚持精准施策，扎实推进“七个一批”“三个加大力度”，实施1.91万人易地扶贫搬迁任务，全面完成自治区“十三五”易地扶贫搬迁工作，同步落实好配套基础设施和公共服务，发展后续产业，加强就业培训和转移就业；建设3.16万套安居房，全面解决13个村未通自来水、16个村未通电、27个村未通宽带网络的问题，实施1个乡镇、23个村通硬化路工程。做好巡视问题整改工作，确保党中央关于脱贫攻坚方针政策和决策部署不折不扣落实。完成12个贫困县摘帽、976个贫困村退出、60.61万名贫困人口脱贫任务，提高贫困地区和贫困人口的自我发展能力。

三是推进污染防治取得新成效。严守生态红线底线，严禁“三高”项目进新疆，严格执行能源、矿产资源开发自治区政府“一支笔”审批制度、环境保护“一票否决”制度，实行最严格的生态保护制度和空间用途管制制度、最严格的水资源管理制度，坚决守住生态功能保障基线、环境质量安全底线、自然资源利用上线。一经划定的保护区一律不得擅自调整。加大污染防治力度，坚守阵地、巩固成果，落实好三年行动计划，打好蓝天、碧水、净土、农村人居环境整治四大战役；加快推进产业结构、能源消费结构调整，坚决淘汰落后产能，从源头上减少污染，实现主要污染物排放总量持续减少，重点区域空气质量进一步改善。加强生态系统保护和修复，健全生态补偿机制，坚决查处生态破坏行为。增强服务意识，帮助企业制定环境治理解决方案。强化环保督察整改任务落实，对照中央环保督察组的反馈意见，切实抓好整改方案落实，对已经完成的整改任务，加强监管、严防反弹；对正在推进的整改任务，强化整改、建立台账，确保按时完成。

（二）重点抓实“九项任务”，不断提升发展的质量和效益

认真贯彻落实推进高质量发展的政策措施，加快建立我区推动高质量发展的指标体系、政策体系、标准体系、统计体系，建立健全推动高质量发展的绩效评价制度和政绩考核机制，坚定不移推动高质量发展，加快构建具有新疆特色的现代产业体系。落实好自治区党委、人民政府坚持聚焦总目标贯彻新发展理念扎实抓好当前经济工作30条措施，不断提升经济工作能力和水平。

1. 坚定不移推进供给侧结构性改革

按照“巩固、增强、提升、畅通”的八字方针，巩固“三去一降一补”成果，以补短板为重点持续深化供给侧结构性改革，提高供给体系质量和效益。加快传统产业改造提升。制定实施石油石化、轻工、纺织、有色、煤炭等传统产业分业施策高质量发展专项工作方案。实施制造业技术改造和转型升级重大工程，提高产品技术、工艺装备、能效环保等水平，推动产业向中高端水平迈进。积极培育新增长点。大力发展劳动密集型产业，加快发展服装家纺等终端产业，加快承接援疆省市电子产品组装业转移。积极发展商贸物流业，抓好乌鲁木齐等物流枢纽中心建设，大力发展电子商务特别是农村电商。积极推动高端装备制造、节能环保、新材料等战略性新兴产业发展，扩大新能源装备、输变电装备、特色农牧机械等产业优势。着力培育壮大新动能。大力实施创新驱动发展战略，加强创新体系建设，加快乌鲁木齐、昌吉、石河子高新技术产业开发区国家自主创新示范区建设步伐。全面深化科技体制改革，激发科研人员的创新活力，进一步提高大众创业万众创新水平。围绕新材料、生物医药、新能源、农牧机械装备等重点领域，开展关键核心技术攻坚，加快重大创新突破和科技成果转化应用。健全军民融合发展的体制机制，在基础设施建设和资源共享、军民科技协同创新等重点领域创新发展模式、提升融合水平。大力降低实体经济成本。全面落实减税降费政策，清理规范涉企保证金，降低能源、通信、物流等基础性成本。按照国家统一安排，适度降低养老保险单位缴费比例，对小微企业、科技型初创企业实施普惠性税收免除。

2. 用好市场机制推进基础设施建设

创新投资管理体制，进一步放宽基础设施和公共事业等领域投资限制，落实行业主管部门的前期工作推进责任、项目单位（法人）的主体责任、日常监管直接责任单位和监管责任人的监管责任，加强项目用地、市政配套、环评审批、资金落实等方面统筹，保障重大项目落地实施。加大对在建项目的资金保障，建立专项债券项目安排协调机制，盘活存量财政资金重点用于在建基础设施项目，防止出现“半拉子”工程。充分调动民间投资积极性，继续破除民间资本进入重点领域的隐性障碍，除国家法律法规明确禁止准入的行业和领域外，一律向社会资本、民间资本开放。加强对民营企业的融资支持，着力解决融资难、融资贵问题。加大重点优质项目推介力度，鼓励民间资本采取混合所有制、联合投标体等多种方式参与 PPP 项目。完善重大项目储备机制，实现储备工作常态化。充分发挥市场机制作用，多方筹措资金，加大公路、铁路、机场等交通基础设施建设力度，加快实现“疆内环起来、进出疆快起来”；加大水利基础设施建设力度，加快解决工程性缺水和饮水安全问题；加大能源基础设施建设力度，实施好南疆煤改电等重点工程；加强人工智能、工业互联网、物联网等新型基础设施建设，加大物流、市政基础设施建设等投资力度，补齐农村基础设施和公共服务设施建设短板。

——铁路方面：大力推进库尔勒至格尔木铁路等一批续建项目建设，建成克拉玛依至塔城铁路、博州支线铁路。加快推进和田至若羌铁路、南疆铁路库尔勒至喀什提速扩能改造等项目建设。新开工乌准铁路双线电气化改造等项目，加快推进兰新高铁提速改造工程、伊宁至阿克苏铁路等项目前期工作。

——公路方面：加快实施 G7 梧桐大泉至下马崖至伊吾高速公路等一批续建项目，建成 G30 乌鲁木齐至奎屯高速公路改扩建等项目。力争开工建设 G3018 精河至阿拉山口高速公路项目、G0711 乌鲁木齐—库尔勒（尉犁）高速公路项目。

——机场方面：全力推进乌鲁木齐、喀什、阿克苏、伊宁等 4 个机场改扩建项目建设，建成阿勒泰机场改扩建项目，新开工建设于田、昭苏、乌苏、塔什库尔干等 4 个机场新建项目，加快巴里坤、巴音布鲁克、和布克赛尔、准东（奇台）4 个机场项目前期工作。

——水利方面：加快阿尔塔什水利枢纽、大石峡水利枢纽等大型水库及楼庄子等一批中型水库的建设进度，建成策勒县奴尔水库等项目。新开工建设玉龙喀什水利枢纽、莫莫克水利枢纽、伯斯阿木水库等。加快推进奥依昂额孜水利枢纽、托克逊县乌斯通沟水库等项目前期工作。

——能源方面：加快油气勘探开发和天然气储气设施建设，推进喀什—莎车—和田 750 千伏输变电等项目建设，开工建设南疆四地州煤改电工程（一期）、哈密天山抽水蓄能电站等项目，加快“疆电外送”第三通道、西气东输四线工程等项目前期工作。

3. 加快推进丝绸之路经济带核心区建设

以第二届“一带一路”国际合作高峰论坛为契机，以“一港、两区、五大中心、口岸经济带”为工作主线，加快“核心区”重大项目建设，促进全方位对外开放。全力抓好乌鲁木齐陆港区建设。印发实施乌鲁木齐国际陆港区总体发展规划和 3 年行动计划，加快推进铁路口岸商务商贸区、乌鲁木齐综合保税区、跨境电子商务产业园区建设，统筹推进中欧班列乌鲁木齐集结中心建设，提升“集货、建园、聚产业”能力。加强霍尔果斯、喀什经济开发区建设。用好用活用足国家赋予的特殊政策，全力推进霍尔果斯、喀什经济开发区建设，充分发挥中哈霍尔果斯国际边境合作中心特殊优势，统筹抓好综合保税区、国家级产业园区等重要平台建设，不断提升产业聚集、拓展国际市场的能力。积极争取国家批复塔城重点开发开放试验区。着力抓好口岸经济带建设发展。编制新疆口岸经济发展专项规划，明确19个对外开放口岸的定位和功能，加快完善口岸和产业园区基础设施建设，提高通关能力和效率；大力发展进出口资源加工企业、特色产业、边境（跨境）旅游、边民互市贸易、电子商务等外向型经济，打造向西开放的重要窗口。着力提升“引进来”水平。用足用好国家赋予新疆的对外开放优惠政策，全力做好利用外资和境外投融资工作，吸引有实力的外资企业参与核心区重点项目建设。积极引导援疆省市各类企业来疆投资兴业，加快实现内地产业梯度向疆内转移。积极扩大“走出去”范围。支持重点企业在周边国家建立经贸合作园区、承揽工程项目，推进安全风险防范体系建设，提高境外安全保障和应对风险能力。大力发展跨境电子商务服务，加快推进跨境电子商务产业园区建设，积极推进乌鲁木齐跨境电商综合试验区申建工作，努力将中哈霍尔果斯国际边境合作中心打造成为跨境电子商务的示范基地。大力推动跨境人民币创新业务。开展中哈合作中心跨境人民币创新业务，推动人民币与周边国家货币直接结算、挂牌交易，实现与周边国家“货币互通”。健全对外经济合作领域信用体系。加强旅游、科技、文化等人文交流。深化同周边国家旅游交流与合作。健全与科技部、深圳市、中科院的合作机制，全力推进丝绸之路经济带创新驱动发展试验区建设，构建中国—中亚国际科技合作中心，积极开展国际科技合作交流和技术培训。

4. 深入实施乡村振兴战略

大力实施《乡村振兴战略规划（2018—2022年）》，按照产业兴旺、生态宜居、乡风文明、治理有效、生活富裕的总要求，扎实推进产业振兴、人才振兴、文化振兴、组织振兴、生态振兴，确保农业持续稳定发展、农村同步全面小康。持续深化农业供给侧结构性改革。按照北疆全面划定、南疆试点先行，加快建设粮食生产功能区和棉花、甜菜等重要农产品生产保护区。扎实推进高标准农田建设，继续实施耕地地力保护补贴政策。严守粮食安全底线，深入推进“优质粮食工程”，带动农民增收，提升绿色、优质粮油产品供给水平。推进棉花、特色农产品由追求“量”向追求“质”的转变，持续推进现代畜牧业发展，深入推进特色林果业提质增效，强化科技支撑。深入推进农村一二三产业融合发展。着力发展农副产品加工业，鼓励支持各类资本进入农副产品加工领域，培育和引进一批带动力强的农副产品深加工龙头企业，完善集生产、保鲜、储运、加工、销售为一体的全产业链，提高农业产业化水平。积极培育新型农村经营主体，加快培育农村新产业新业态，拓展农民增收渠道。健全农村现代流通网络体系，畅通城乡双向联动销售渠道。继续推广“十城百店”工作经验，组织开展各类形式的产销对接活动，进一步开拓内地市场。持续深化农业农村改革。深化粮食收储制度和价格形成机制改革，巩固小麦收储制度市场化改革成果，培育多样化市场购销主体，增强粮食宏观调控能力，提升粮食安全保障水平。深化棉花目标价格改革，巩固完善棉花补贴与质量挂钩试点，做好棉花“价格保险＋期货”试点工作。稳步推进农业水价综合改革，持续做好高效节水增收试点工作。

5. 加快旅游产业发展发挥消费的基础性作用

大力实施旅游兴疆战略，加快建设旅游经济强区。开发特色旅游产品和精品旅游线路，创建一批国家级旅游精品景区和全域旅游示范区，打造生态观光、历史文化、休闲度假、冬季旅游、自驾旅游、红色旅游等知名品牌。推进乡村旅游和旅游扶贫工作。加大旅游交通、旅游厕所等基础设施建设力度，提升旅游公共服务能力。培育旅游商品研发生产中心、特色旅游商品销售街区。拓展旅游市场营销，积极开展文化和旅游节庆活动，推进文化和旅游的融合，叫响“新疆是个好地方”靓丽名片。充分发挥援疆优势，支持旅游人才培养，持续推进游客进疆。推进智慧旅游建设，深入开展旅游服务环境和旅游市场秩序专项整治，提升旅游服务质量和游客满意度。力争实现接待国内外游客2.1亿人次以上，同比增长40%。拓展消费新增长点。制定并实施自治区促进消费体制机制进一步激发居民消费潜力的实施意见。进一步放宽服务消费领域市场准入，支持社会力量增加医疗、养老、家政、教育、文化、体育等服务供给。鼓励商贸企业做大做强，积极应用互联网、物联网、大数据等新一代信息技术建设“智慧商店”，推动线上线下融合发展。鼓励业态创新，支持企业发展以设计、定制、体验为特点的个性化商业模式，打造服务型、体验型、主题型消费新业态。挖掘农村市场消费能力，提高农村地区消费品供给质量和多样化水平。落实好个人所得税专项附加扣除政策，增强消费能力。优化消费环境，加强重要商品质量追溯体系建设，强化消费市场监管，依法严惩各类侵害消费者权益行为，让老百姓吃得放心、穿得称心、用得舒心。

6. 深化重点领域和关键环节改革。推进“放管服”改革取得更大突破

全面实施市场准入负面清单（2018年版），再推动取消一批行政许可等事项，加快清理各类变相审批和许可，对所有涉及市场准入的行政审批事项按照“证照分离”改革模式进行分类管理。压减规范行政处罚事项，减少对市场主体的干扰，推进市场监管领域跨部门“双随机、一公开”监管全覆盖。加快建立以信用为核心的新型监管机制。积极推进“互联网+政务服务”和“互联网+监管”系统建设。进一步优化营商环境。继续大力压缩企业开办时间、企业退出时间、商标注册审查周期、工程建设项目审批时间，压减优化工业产品生产许可证管理的产品目录和层级，减少供电企业办理电力用户用电业务平均时间，建立营商环境评价机制。扎实推进要素市场化配置改革。推进农村宅基地三权分置，加快盘活利用闲置宅基地和闲置农房，推动工业用地一级市场多种方式出让和二级市场有序流转，有序推进城乡建设用地增减挂钩工作。着力加快电力体制改革。深化国资国企改革。改革国有资本授权经营体制，深化国有企业投资运营公司试点。坚持政企分开、政资分开和公平竞争原则，做强做优做大国有资本，积极推进国有企业混合所有制改革，允许竞争性领域由民间资本控股。推动国有企业解决历史遗留问题和剥离办社会职能。多措并举发展壮大民营经济。落实民营企业市场平等准入政策，拓宽民间资本投资领域。加强对民营企业的信贷支持，鼓励民营企业开展直接融资，着力缓解民营企业融资难融资贵问题。积极构建亲清新型政商关系，畅通与民营企业沟通渠道，及时协调解决民营经济和中小企业发展中的问题。全力营造公平竞争市场环境。加快清理废除妨碍统一市场和公平竞争的各种规定和做法，依法有效保护各种所有制经济组织和公民财产权，研究建立多层次激发和保护企业家精神的长效机制，更好发挥企业家作用。着力加快林场林区、重点领域价格改革。完成地县党政机构改革。

7. 抓好财税金融工作。做好财政增收节支工作

坚持依法落实减免税，鼓励投资创业，支持税源发展壮大；坚持依法征税，应收尽收，不断提高税收征管质量和效率。严格执行预算绩效管理，加快构建全方位预算绩效管理格局。大力压缩公用经费，严格控制“三公”经费，做到只减不增。进一步增强金融服务实体经济的能力和水平。积极引导银行、保险、证券等各类金融机构加大对经济社会发展的支持力度。加强普惠金融服务，重点面向民营企业和中小微企业提供信贷服务。加大对传统产业转型升级和战略性新兴产业发展的金融支持力度，强化对旅游兴疆、乡村振兴和精准扶贫等领域的金融服务。鼓励企业利用多层次、多元化资本市场扩大直接融资比重，促进更多企业上市融资。

8. 持续增强各族群众的获得感幸福感安全感

坚持以人民为中心的发展思想，实施好更具普惠性和可持续性的社会政策，建立健全基本公

共服务标准体系，促进居民增收，兜牢民生保障底线。多渠道促进就业创业。扎实推进南疆四地州贫困劳动力有组织转移就业和旅游产业带动就业工作，盯准高校毕业生、就业困难人员、化解过剩产能职工等重点就业人群，着力做好稳定就业工作。持续实施各类收入增收计划，稳步提升居民收入水平。优先发展教育事业。全面巩固学前和义务教育阶段国家通用语言文字教学全覆盖成果，统筹推进高中阶段教育、职业教育、高等教育国家通用语言文字教学工作。推动学前教育普惠发展。推进城乡义务教育一体化发展，加强乡村小规模学校和乡村寄宿制学校建设。深入推动高中阶段普及攻坚，实现普职教育相互融通。持续推进高等教育内涵发展，推动应用型本科高校建设，大力加强学科专业建设，促进高校科技创新和科研成果转化，推进新疆大学、石河子大学“双一流”建设。提高全民健康水平。推进人口战略实施，完善和落实计划生育目标管理责任制。扎实开展全民免费健康体检。持续提升医疗服务质量。深化医药卫生体制改革，推动医疗、医保、医药等改革重点任务取得阶段性成效。重点抓好结核病等重大传染病和碘缺乏症等地方病的防治工作，有效预防控制重大疾病。全力保障母婴安全。积极应对人口老龄化问题。加强社会保障体系建设。持续扩大各项社会保险覆盖面。完善职业年金制度，落实好企业职工基本养老保险基金中央调剂制度。全力推进贫困人口基本养老保险全覆盖，逐步提高保障水平。推进建立城乡统一的居民基本医疗保险和大病保险制度，积极推进基本医保支付方式改革。积极推进工伤保险基金省级统筹，建立工伤保险待遇动态调整机制。积极推进安居乐业。着力构建多主体供应、多渠道保障、租购并举的住房制度。加快住房租赁市场建设，统筹推进棚户区改造，持续扩大住房保障覆盖面。加强城市供水、污水和垃圾处理、燃气、供热等市政基础设施建设运营管理，稳步推进城市地下综合管廊建设。做好市场保供和物价稳定工作，密切跟踪监测有关重要商品市场供需和价格变化，进一步加强重要商品储备和产供销衔接，根据物价变化情况及时启动社会救助和保障标准与物价上涨挂钩的联动机制。加快边境地区发展。实施抵边一线自然村基础设施提升工程，改善边境地区基本公共服务，确保边民安心生产生活、安心守边固边。健全防灾减灾救灾体系。启动建设防范应对自然灾害重点工程，构建统筹应对各种灾种、有效覆盖各环节、全方位全过程多层次的自然灾害防治体系。进一步健全完善防灾减灾救灾的统筹协调机制、属地管理机制及社会力量和市场参与机制，全面提升预警、防范和救助能力，提高全社会防灾减灾意识。加强救灾物资储备体系建设，持续做好受灾群众应急救助、过渡期生活安置和冬春救助工作。严格落实安全生产责任制，坚决遏制重特大安全事故发生。持续提升对口援疆综合效益。继续把推动新疆社会稳定和长治久安作为对口援疆根本目标，加大援疆资金项目向基层倾斜、向保障和改善民生倾斜的力度。发挥援疆省市资源优势，加大产业援疆带动就业力度，协调推进教育援疆、医疗援疆、人才援疆，推动受援地社会事业发展。加强基层干部人才培养力度，支持基层组织阵地建设。鼓励援受双方搭建多层次合作平台，持续推进交往交流交融。

9. 加快推进兵地融合

牢固树立“兵地一盘棋”的思想，健全兵地战略规划实施协调和重大问题协商机制，基础设施、公共服务、资源开发等兵团与地方统一规划、同步建设、分区管理、共同受益。支持兵团向南发展，完善发展布局，以新型城镇化为载体，以产业为支持，壮大南疆兵团实力。进一步帮助兵团全面完成承接授权工作，健全完善相关职能。

各位代表，做好 2019 年国民经济和社会发展工作意义重大。我们将在自治区党委的坚强领导下，自觉接受自治区人大的法律监督、工作监督和自治区政协的民主监督，锐意进取、奋发有为，推动国民经济和社会发展，以优异成绩迎接中华人民共和国成立 70 周年。

附：

名词解释和项目简介

1. 地区生产总值（GDP）及其增长速度：把各种产品的产值扣除原材料（也称为中间投入）的价值，就是产品的增加值，所有产品的增加值之和就是生产总值。在实际统计中，生产总值由三个部分组成，即第一产业（包括农、林、牧、渔）、第二产业（工业和建筑业）、第三产业（除第一、二产业之外的所有产业）。为真实地反映经济发展动态，生产总值和一、二、三次产业增加值用现价，但在计算增长速度时，必须剔除价格因素，使用可比价格计算。

2. 居民可支配收入：指居民可用于最终消费支出和储蓄的总和，即居民可用于自由支配的收入。既包括现金收入，也包括实物收入。按照收入的来源，可支配收入包含四项，分别为：工资性收入、经营净收入、财产净收入和转移净收入。

3. 居民消费价格指数（CPI）：是反映一定时期内城乡居民所购买的生活消费品和服务项目价格变动趋势和程度的相对数，包括：食品、烟酒及用品、衣着、家庭设备和用品、医疗保健、交通和通信、娱乐教育和文化用品、居住等八大类。

4. “1+3+3+改革开放”工作部署：“1”是紧紧围绕总目标、抓好反恐维稳工作；第一个“3”是全面贯彻落实新发展理念，抓好“三大攻坚战”（防范化解重大风险、精准脱贫和污染防治）；第二个“3”是全力推动高质量发展，抓好三项重点工作（丝绸之路经济带核心区建设、乡村振兴战略、旅游产业发展）；不断深化改革、扩大开放。

5. 供给侧结构性改革：从提高供给质量出发，用改革的办法推进结构调整，扩大有效供给，提高供给结构对需求变化的适应性和灵活性，提高全要素生产率，更好满足广大人民群众的需要，促进经济社会持续健康发展。

6. 全域旅游和“旅游+”：全域旅游是指在一定区域内，以大众休闲旅游为背景，以产业观光旅游为依托，通过对区域内经济社会资源尤其是旅游资源、产业经营、生态环境、公共服务、体制机制、政策法规、文明素质等进行全方位、系统化的优化提升，实现区域资源有机整合、产业融合发展、社会共建共享，以旅游业带动和促进经济社会协调发展的一种新的区域协调发展理念和模式。“旅游+”是指将旅游产业与其他产业有机地结合，不仅为旅游业的发展提供内容和文化元素，同时也促进其他行业发展。

7. 互联网金融：是指传统金融机构与互联网企业利用互联网技术和信息通信技术实现资金融通、支付、投资和信息中介服务的新型金融业务模式。

8. “七个一批”：一是通过转移就业扶持一批；二是通过发展产业扶持一批；三是通过土地清理再分配扶持一批；四是通过转为护边员扶持一批；五是通过实施生态补偿扶持一批；六是通过易地扶贫搬迁扶持一批；七是通过综合社会保障措施兜底一批。

9. “三个加大力度”：一是加大教育扶贫力度；二是加大健康扶贫力度；三是加大基础设施建设力度。

10. “三高”项目：是指高污染（排放）、高能（水）耗、高环境风险的工业项目。

11. 主体功能区：基于不同区域的资源环境

承载能力、现有开发密度和发展潜力等，将特定区域确定为特定主体功能定位类型的一种空间单元。将主体功能区划分为优化开发区域、重点开发区域、限制开发区域、禁止开发区域。

12. 河长制和湖长制：“河长制”是指由各级党政主要负责人担任“河长”，负责组织领导相应河流的管理和保护工作。“湖长制”，是指由湖泊最高层级的湖长担任第一责任人，对湖泊的管理保护负总责，其他各级湖长对湖泊在本辖区内的管理保护负直接责任，按职责分工组织实施湖泊管理保护工作。

13. “三去一降一补”：是指去产能、去库存、去杠杆、降成本、补短板五大任务。

14. 存款准备金率：存款准备金是指金融机构为保证客户提取存款和资金清算需要而准备的，缴存在中央银行的存款。存款准备金率是指中央银行要求的存款准备金占其存款总额的比例。

15. “互联网 +”：将互联网与各个传统行业相结合，促进各行各业产业发展。它代表一种新的经济形态，即充分发挥互联网在生产要素配置中的优化和集成作用。

16. “证照分离”：指工商部门颁发的营业执照和各相关行业主管部门颁发的经营许可证审批的改革。

17. “一网、一门、一次”：是指政务服务“一网通办”和企业群众办事“只进一扇门”“最多跑一次”。

18. “最多跑一次”：是指通过“一窗受理、集成服务、一次办结”的服务模式创新，让企业和群众到政府办事实现“最多跑一次”的行政目标。

19. 营商环境十大行动：是指从开办企业、办理施工许可、获得水电气暖、办理不动产登记、信贷、纳税、跨境贸易和投资便利化、降成本等八个方面和营商环境监测评价、强化督查考核两个方面，进一步减少办事环节、压缩办理时限、提高办事效率。

20. 棉花“保险 + 期货”试点：为减少或平抑棉花价格波动对生产经营活动带来的风险，农业生产者向保险公司购买棉花的价格保险，锁定了未来的采购价或销售价，若棉花价格不利变化，保险公司需要对农业生产者进行理赔。保险公司购买由期货公司风险管理公司提供的场外期权产品进行“再保险”。

21. “一带一路”：是“丝绸之路经济带”和“21 世纪海上丝绸之路”的简称。

22. 两个“三期叠加”：新疆处于暴力恐怖活动活跃期、反分裂斗争激烈期、干预治疗阵痛期“三期叠加”与全国一样处于经济增长速度换档期、结构调整阵痛期、前期刺激政策消化期“三期叠加”阶段。

23. 城镇调查失业率：是指城镇调查失业人数占城镇调查从业人数与城镇调查失业人数之和的比。

24. 城镇登记失业率：城镇登记失业人员数与城镇单位就业人员（扣除使用的农村劳动力、聘用的离退休人员、港澳台及外方人员）、城镇单位中的不在岗职工、城镇私营业主、个体户主、城镇私营企业和个体就业人员、城镇登记失业人员之和的比。

25. “两不愁三保障”：即不愁吃、不愁穿，义务教育、基本医疗、住房安全有保障。

26. “一港、两区、五大中心、口岸经济带”：“一港”，即乌鲁木齐国际陆港区；“两区”，即霍尔果斯经济开发区、喀什经济开发区；“五大中心”，即丝绸之路经济带核心区交通枢纽中心、商贸物流中心、文化科教中心、区域金融中心、医疗服务中心；“口岸经济带”，即位于我区 19 个国务院批准的开放口岸，以进出口资源加工企业、特色产业基地、边境（跨境）旅游、边民互市贸易、电子商务等外向型经济为主的对外开放窗口和平台。

27. 丝绸之路经济带创新驱动发展试验区：采取“一区多园”的空间布局模式，以“五地七园”为载体，即乌鲁木齐高新区创新园、乌鲁木齐经开区创新园、昌吉高新区创新园、昌吉农高区创新园、石河子创新园、克拉玛依创新园及哈密创新园，旨在将创新驱动发展和“一带一路”两大战略融为一体的试验区。

28. 综合保税区：是指设立在内陆地区的具有保税港区功能的海关特殊监管区域，由海关参照有关规定对综合保税区进行管理，执行保税港区的税收和外汇政策，集保税区、出口加工区、保税物流区、港口的功能于一身，可以发展国际中转、配送、采购、转口贸易和出口加工等业务。

29. “十城百店”：2017 年，浙江省委、省政府高度重视受援地阿克苏特色农产品“卖难”问题，打造“十城百店”工程，即在省内十个设市区发展100家以上加盟店、直营店，辐射一批市场零售网点，帮助受援地群众就业增收、助力受援地脱贫攻坚。

30. 市场准入负面清单：市场准入负面清单制度，是指国务院以清单方式明确列出在中华人民共和国境内禁止和限制投资经营的行业、领域、业务等，各级政府依法采取相应管理措施的一系列制度安排。市场准入负面清单以外的行业、领域、业务等，各类市场主体皆可依法平等进入。

31. “互联网 + 政务服务”：利用互联网扁平化、交互式、快捷性优势，推进政府决策科学化、社会治理精准化、公共服务高效化，用信息化手段更好感知社会态势、畅通沟通渠道、辅助决策施政。

32. “互联网 + 监管”：依托国家政务服务平台建设“互联网 + 监管”系统，强化对地方和部门监管工作的监督，实现对监管的“监管”，及早发现防范苗头性和跨行业跨区域风险。

33. “双一流”：建设世界一流大学和一流学科。

34. 水利项目简介：

（1）卡拉贝利水利枢纽工程：位于克州乌恰县境内，是克孜河山区控制性工程。该工程已列入全国 172 项重大水利工程。工程以防洪、灌溉为主，兼顾发电。水库总库容 2.62 亿立方米，电站装机容量 7 万千瓦。工程总投资 17.41 亿元。

（2）阿尔塔什水利枢纽工程：位于喀什地区莎车县境内，是塔里木河流域叶尔羌河山区干流河段上控制性工程。该工程已列入全国 172 项重大水利工程。工程主要任务是在保证向塔里木河干流生态供水目标的前提下，承担防洪、灌溉、发电等综合利用。水库总库容 22.49 亿立方米，灌溉面积 651.47 万亩，电站装机容量 75.5 万千瓦。工程总投资 109.86 亿元。

（3）大石峡水利枢纽工程：位于阿克苏地区温宿县与乌什县交界处，是阿克苏河支流库玛拉克河河段控制性工程。该工程已列入全国 172 项重大水利工程。工程以灌溉为主，结合防洪，兼顾发电。工程对保障下泄塔里木河生态用水将起到举足轻重的作用。水库总库容 11.74 亿立方米，电站装机容量 75 万千瓦。工程总投资 89.88 亿元。

（4）头屯河楼庄子水库：位于乌鲁木齐市和昌吉市交界处，是头屯河流域上游山区控制性水利工程，主要任务为灌溉、防洪、城市生活及工业供水。水库总库容 7 374 万立方米。工程总投资 13.25 亿元。

（5）策勒县奴尔水库：位于和田地区策勒县境内，是奴尔河上游控制性水利枢纽工程。工程主要任务以灌溉为主，可改善灌溉面积 24.72 万亩，新增灌溉面积 8.15 万亩。水库总库容 6 900万立方米，电站装机容量 0.62 万千瓦。工程总投资 11.26 亿元。

（6）玉龙喀什水利枢纽工程：位于和田地区和田县，是和田河支流玉龙喀什河山区河段的控制性水利枢纽工程。该工程主要以调控生态输水、灌溉补水为主，结合防洪，兼顾发电。水库总库容 5.36 亿立方米，电站装机容量 20 万千瓦。工程总投资 73.67 亿元。

（7）莫莫克水利枢纽工程：位于喀什地区叶城县，是叶尔羌河流域提孜那甫河上的控制性工程。工程主要任务是防洪、灌溉，兼顾发电。水库总库容 9 270 万立方米，电站装机容量 2.6 万千瓦。工程总投资 18.32 亿元。

（8）伯斯阿木水库：位于巴州和硕县境内，是清水河上唯一的控制性水利枢纽工程。工程主要任务是灌溉和防洪，可改善灌溉面积 11.45 万亩。水库总库容 2 530.7 万立方米。工程总投资 6.6 亿元。

（9）奥依昂额孜水利枢纽工程：位于克州阿合奇县境内，是托什干河中游河段控制性工程。工程主要任务是在保证向塔里木河下泄生态水的前提下，承担灌溉、防洪、发电等。水库总库容 7.73 亿立方米，电站装机容量 10 万千瓦。工程总投资 38.82 亿元。

（10）托克逊县乌斯通沟水库：位于吐鲁番市托克逊县，工程主要任务是灌溉、工业供水，可改善灌溉面积 1.84 万亩。水库总库容为 1 630 万立方米。工程总投资 4.29 亿元。

35. 交通项目简介：

铁路项目：

（1）库尔勒至格尔木铁路项目：起于库尔勒市，经尉犁、若羌、米兰，穿越阿尔金山后出疆，止于青海省格尔木市。线路全长 1 214.6 公里，其中疆内 711.9 公里，总投资 226.27 亿元。

（2）和田至若羌铁路项目：起于喀和铁路和田车站，止于库尔勒至格尔木铁路若羌站，线路全长 825.46 公里，估算总投资 221.5 亿元。

（3）阿勒泰至富蕴至准东铁路项目：起于北阿铁路阿勒泰站，沿阿勒泰山南麓向东，经富蕴向南，止于乌准铁路准东站，线路全长 420.4 公里，总投资 77.36 亿元。

（4）克拉玛依至塔城铁路项目：起于奎北铁路百口泉站，经托里县铁厂沟镇、额敏县，止于塔城市，线路全长 272 公里，总投资 46.69 亿元。

（5）博州支线铁路项目：起于兰新线博乐站，止于博乐市，线路全长 50.47 公里，总投资 11.39 亿元。

（6）南疆库尔勒至阿克苏至喀什铁路提速扩能改造项目：起于南疆铁路库尔勒站，止于喀什站，线路全长 989 公里，总投资 23.02 亿元。

（7）乌鲁木齐至准东铁路双线电气化改造项目：起于乌鲁木齐枢纽乌北站，止于准东站，线路全长 191.76 公里，总投资 54.2 亿元。

（8）伊宁至阿克苏铁路：起于精霍铁路布列开站，止于南疆铁路喀拉玉尔滚站，线路全长 396.6 公里，匡算总投资 225.6 亿元。

公路项目：

（9）G0711 乌鲁木齐—库尔勒（尉犁）高速公路项目：起点位于乌鲁木齐乌拉泊西站互通立交，终点位于尉犁县东侧琼库勒，建设里程 389 公里，总投资 427.9 亿元。

（10）G7 梧桐大泉—下马崖—伊吾高速公路项目：起点位于明水至哈密公路 K49 + 799 处双井子互通立交，终点位于伊吾县城西南侧，建设里程 189 公里，总投资 57.7 亿元。

（11）G30 乌鲁木齐—奎屯高速公路改扩建项目：起点与乌鲁木齐绕城东线终点相接，终点位于奎屯河大桥西岸与奎赛高速公路相接，建设里程 242 公里，总投资 133 亿元。

（12）G3018 精河至阿拉山口高速公路项目：起点位于精河县黑山头东侧，终点位于阿拉山口规划城区南侧，建设里程 68 公里，总投资 33.6 亿元。

机场项目：

（13）乌鲁木齐国际机场改扩建项目：是国家“八大国际枢纽机场”之一，是丝绸之路经济带核心区向西开放的门户窗口。飞行区等级为 4F，新建 3 600 米 × 60 米的第二跑道、3 200 米 × 60 米的第三跑道；建设相应滑行道系统、灯光系统；新建航站楼 50 万平方米；177 个机位的站坪，9.3 万平方米的综合交通中心，25.1 万平方米的停车场；配套建设其他附属设施。工程总投资 394.27 亿元。

（14）喀什机场改扩建项目：新建 1 条垂直联络道、新建 33 000 平方米航站楼、新建 7 个停机坪及配套设施等。项目总投资 11.76 亿元。

（15）阿克苏机场改扩建项目：新建 20 000 平方米航站楼、新建 10 个机位停机坪、1 条平行滑行道、维修现有跑道及配套设施等。项目总投资 7.39 亿元。

（16）伊宁机场改扩建项目：新建 8 000 平方米国际航站楼、加宽跑道道肩等设施，新建站坪机位数 4 个，配套建设其他附属设施。项目总投资 3.62 亿元。

（17）阿勒泰机场改扩建项目：跑道延长 600 米，新建航站楼 7 550 平方米，扩建站坪至 10 个机位，配套建设其他附属工程。项目总投资 4.77 亿元。

（18）新建乌苏机场项目：飞行区等级为 4C，主要建设 2 条 3 200 ×60 米的跑道，新建航站楼等配套设施。估算总投资 50.5 亿元。

（19）昭苏机场项目：飞行区等级为 4C，新建 1 条 2 800 米跑道，新建航站楼 3 000 平方米、站坪机位 5 个；配套建设通信、导航、气象、供油、消防救援等辅助生产设施。估算总投资 6.36 亿元。

（20）于田机场项目：飞行区等级为 4C，新建 1 条 3 200 米 ×45 米的跑道，新建航站楼 3 000平方米，新建站坪机位数 4 个，配套建设空管、供水、供电、供油、消防救援、生产生活等配套设施。估算总投资 7.11 亿元。

（21）塔什库尔干机场项目：飞行区等级为 4C，新建 1 条 3 800 米 ×45 米的跑道，新建航站楼 3 000 平方米，新建站坪机位数 4 个，配套建设空管、供水、供电、供油、消防救援、生产生活等配套设施。估算总投资 16.85 亿元。

（22）新建巴里坤机场项目：飞行区等级为 4C，新建 1 条 3 000 米 ×45 米的跑道；新建航站楼 5 000 平方米，新建站坪机位数为 7 个，配套建设其他附属设施。估算总投资 7.6 亿元。

（23）新建和静巴音布鲁克机场项目：飞行区等级为 4C，新建 1 条 3 200 米 ×45 米的跑道；新建 5 000 平方米航站楼；新建站坪机位数 7 个；配套建设其他附属设施。估算总投资 8.88 亿元。

（24）新建和布克赛尔机场项目：飞行区等级为 4C，建设 1 条 2 800 米 ×45 米的跑道，7 个机位的站坪，5 000 平方米的航站楼；配套建设其他附属设施。估算总投资 9.1 亿元。

（25）新建准东（奇台）机场项目：飞行区等级为 4C，新建 1 条 2 800 米 ×45 米的跑道，6 000平方米的航站楼，7 个机位的站坪；配套建设其他附属设施。估算总投资为 6.7 亿元。

36. 能源项目简介：

（1）准东—华东 ±1 100 千伏特高压直流输电工程：项目起于新疆昌吉换流站，终于安徽古泉换流站，途径新疆、甘肃、宁夏、陕西、河南、安徽 6 省（区），线路全长 3 324.1 公里，电压等级 ±1 100 千伏，输送容量 2 400 万千瓦。总投资 414.54 亿元（其中新疆境内概算总投资 106.68 亿元）。

（2）喀什—莎车—和田 750 千伏输变电工程：项目途径喀什地区、和田地区 10 个县市，线路全长约 726 公里，总投资 30.03 亿元，计划 2019 年 6 月建成投运。

（3）南疆四地州煤改电工程（一期）：该项目一期工程建设期为 2019 至 2021 年，主要改造南疆喀什地区、克州、和田地区三地州中电网条件较好、煤炭价格较高、实施煤改电具有经济性的农村居民及兵团农场，共涉及 585 个乡镇、3 413个村。

（4）哈密天山抽水蓄能电站：位于哈密市东北约 66 公里的天山乡境内，总装机容量 120 万千瓦，项目概算总投资为 82.98 亿元。

关于2018年自治区预算执行情况和2019年自治区预算草案的报告

——在新疆维吾尔自治区第十三届人民代表大会第二次会议上

自治区财政厅

（2019年1月14日）

各位代表：

受自治区人民政府委托，向大会报告2018年自治区预算执行情况和2019年自治区预算草案，请予审议，并请自治区政协各位委员和列席人员提出意见。

一、2018年财政预算执行情况

2018年，在自治区党委的坚强领导和自治区人大及其常委会的监督支持下，坚持以习近平新时代中国特色社会主义思想为指导，深入贯彻落实党的十九大和十九届二中、三中全会精神，深入贯彻落实习近平总书记关于新疆工作的重要讲话和重要指示精神，深入贯彻落实党中央治疆方略、特别是社会稳定和长治久安总目标，树牢"四个意识"，坚定"四个自信"，做到"两个维护"，全面落实自治区党委"1+3+3+改革开放"工作部署，认真执行自治区人大常委会各项决议，牢固树立新发展理念，按照高质量发展的要求，实施积极的财政政策，深化财税改革，优化资金配置，加强执行管理，圆满完成自治区十三届人大一次会议确定的目标任务。

（一）2018年自治区财政预算预计执行情况

1. 一般公共预算预计完成情况。

（1）全区财政预算完成情况。

①收入情况：2018年自治区财政预算收入总计5 600.8亿元。其中：

一般公共预算收入1 531.5亿元，为预算95%，比2017年增加65.9亿元，增长4.5%（其中：税收收入1 051.8亿元，为预算99.6%，增加108.4亿元，增长11.5%；非税收入479.7亿元，为预算86.3%，减少42.5亿元，增长-8.1%）。上级补助收入3 021.9亿元，地方政府一般债务收入658.6亿元，上年结余120.5亿元，调入预算稳定调节基金 113.3 亿元，调入资金 155 亿元。

②支出情况：2018 年自治区财政预算支出合计 5 600.8 亿元。其中：

一般公共预算支出 4 985.6 亿元，为预算 98.2%，比 2017 年增加 446.7 亿元，增长 9.8%。上解上级支出 108.1 亿元，地方政府一般债务还本支出 323.8 亿元，安排预算稳定调节基金 55.2 亿元。收支相抵，年终结余 128.1 亿元，其中：结转下年支出 128.1 亿元，净结余为零。

③主要项目执行情况：农林水事务支出 754.8 亿元，完成预算的 99.2%，增长 24%。主要是安排财政专项扶贫资金 244.9 亿元，落实精准脱贫攻坚决策部署。安排资金 222.8 亿元，支持重大水利基础设施建设等。安排资金 161.1 亿元，支持农业产业发展。安排资金 70 亿元，落实对农牧民直接补贴政策。安排资金 48.8 亿元，支持林业发展。

社会保障和就业支出 579.3 亿元，完成预算的 99.8%，增长 11.3%。主要是安排资金 23 亿元，用于落实脱贫攻坚最低生活保障兜底政策。安排资金 29 亿元，将离退休人员基本养老金水平提高 5% 左右。安排资金 5 亿元，提高优抚对象等人员抚恤和生活补助标准。安排资金 73 亿元，提高城乡低保补助水平，惠及 260 万城乡低保人群。安排资金 25.1 亿元，支持积极的就业政策，促进高校毕业生就业创业、农村富余劳动力转移就业。安排资金 1.6 亿元，重点解决南疆四地州残疾人生活困难补助。

医疗卫生和计划生育支出 286.8 亿元，完成预算的 99.4%，增长 8.8%。主要是安排资金 68.7 亿元，将城乡居民医疗保险补助标准由 450 元/人・年提高至 490 元/人・年。安排资金 11.6 亿元，将自治区基本公共卫生服务经费标准提高至 55 元/人・年。安排资金 18.7 亿元，支持城乡困难群众医疗救助。安排资金 7.7 亿元，继续支持实施重大公共卫生服务项目。安排资金 5.3 亿元，支持公立医院改革。安排资金 2.9 亿元，稳步推进基层医疗卫生机构综合改革。

教育支出 810.3 亿元，完成预算的 100%，增长 14%，主要是义务教育和职业教育支出增幅较大。安排资金 23.1 亿元，完善学生奖励资助体系建设。安排资金 15.1 亿元，支持实施国家和自治区特岗教师计划。安排资金 30 亿元，支持南疆四地州教育脱贫攻坚和落实乡村教师生活补贴政策。安排资金 23.4 亿元，全面普及农村学前三年免费国语教育。安排资金 38.1 亿元，完善城乡义务教育经费保障机制。安排资金 11.2 亿元，支持农村义务教育阶段学生营养膳食补助。安排资金 21.1 亿元，支持薄弱学校改造计划。安排资金 3.1 亿元，支持普通高中学校改善办学条件。安排资金 4 亿元，支持现代职业教育发展。安排资金 30.6 亿元，健全自治区本科院校和高等职业院校生均拨款保障机制。

文化体育与传媒支出 73 亿元，完成预算的 98.6%，增长 -7%，主要是在上年一次性安排体育场馆建设支出。安排资金 5.1 亿元，落实公共文化服务体系建设。安排资金 2.4 亿元，支持博物馆、体育馆和图书馆等公共文化设施免费开放。安排资金 1.5 亿元，支持国家级非物质文化遗产及文物保护。安排资金 1.2 亿元，支持新疆革命历史文化教育基地建设。

科学技术支出 42.3 亿元，完成预算的 96.1%，增长 1.6%。主要是安排资金 1 亿元，设立“丝绸之路经济带创新驱动发展试验区创新基金”。安排资金 1.1 亿元，支持科技成果转化。安排资金 1.5 亿元，支持自治区重大科技和重点研发专项。安排资金 1.2 亿元，支持区域协同创新和人才基地创新环境建设。安排资金 0.8 亿元，支持推动全区科普工作和科技馆向社会免费开放。

节能环保支出 92.3 亿元，完成预算的 97.8%，增长 72%，主要是安排资金 18.9 亿元，落实城乡居民生活用电同网同价改革政策。

安排资金21.6亿元，落实退耕还林、还草政策。安排资金6.1亿元，支持化解钢铁煤炭过剩产能。安排资金5.5亿元，支持天然林保护。安排资金3.9亿元，支持水、土壤、大气污染防治工作。安排资金1.4亿元，支持农村环境综合整治。安排资金1亿元，支持节能减排。

住房保障支出291.7亿元，完成预算的99.9%，增长24.6%。主要是安排资金126.8亿元，支持城镇保障性安居工程建设。安排资金60.4亿元，支持全疆17.3万低保户、农村分散供养特困人员、贫困残疾人家庭和建档立卡贫困户等“四类重点对象”危房改造。安排资金74.4亿元，支持保障性住房配套基础设施建设。

（2）自治区本级财政预算完成情况。

①收入情况：2018年自治区本级财政预算收入总计4 238.7亿元。其中：

一般公共预算收入262.6亿元（含2018年1月1日兵团财政体制改革后，按政策规定纳入自治区本级核算的原兵团收入，由自治区上解中央财政，中央财政返还兵团），为预算131.7%，比2017年减少24.7亿元，增长-8.6%，主要是2017年一次性两权价款收入112.7亿元，存在不可比因素，造成非税收入同比减收。主要项目情况：增值税42.5亿元，营业税0.3亿元，企业所得税24.4亿元，个人所得税7.5亿元，资源税51.1亿元，城市维护建设税7.2亿元，房产税4.8亿元，印花税2亿元，城镇土地使用税4.4亿元，土地增值税3.3亿元，车船税1.2亿元，耕地占用税1.5亿元，契税3亿元，环境保护税0.3亿元，非税收入109.1亿元。

上级补助收入3 021.9亿元，地方政府一般债务收入658.6亿元，上年结余72.8亿元，下级上解收入89.5亿元，调入预算稳定调节基金62.1亿元，调入资金71.2亿元。

②支出情况：2018年自治区本级财政预算支出合计4 238.7亿元。其中：

一般公共预算支出980.1亿元，为预算96.8%，比2017年减少16.3亿元，增长-1.6%，主要是深化财税体制改革，加大对各地的补助力度，将原在自治区本级列支的部分项目支出由各地支出，相应减少本级支出。

③主要项目执行情况：农林水事务支出154.6亿元，加对各地农林水事务支出转移支付288.2亿元，合计安排支出442.8亿元，增长6.1%；教育支出71亿元，加对各地教育支出转移支付173亿元，合计安排支出244亿元，增长3.9%；医疗卫生与计划生育支出21.9亿元，加对各地医疗卫生与计划生育支出转移支付131.5亿元，合计安排支出153.4亿元，增长13%；社会保障和就业支出193.6亿元，加对各地社会保障和就业支出转移支付153.2亿元，合计安排支出346.8亿元，增长9.9%；文化体育与传媒支出24.7亿元，加对各地文化体育与传媒支出转移支付12.4亿元，合计安排支出37.1亿元，增长-5.6%，主要是在上年一次性安排体育场馆建设支出；科学技术支出11.8亿元，加对各地科学技术支出转移支付1.1亿元，合计安排支出12.9亿元，增长6.2%；节能环保支出19.1亿元，加对各地节能环保支出转移支付44亿元，合计安排支出63.1亿元，增长61.9%，主要是落实城乡居民生活用电同网同价改革补贴政策支出增幅较大；住房保障支出0.1亿元，加对各地住房保障支出转移支付274亿元，合计安排支出274.1亿元，增长59.3%。

2018年自治区本级对各地补助2 474.5亿元，比上年增加353亿元，增长16.6%。上解上级支出108.1亿元，地方政府一般债务还本支出113.8亿元，地方政府一般债务转贷支出476.4亿元，安排预算稳定调节基金45.8亿元。收支相抵，年终结余40亿元，其中：结转下年支出40亿元，净结余为零。

2. 政府性基金预算预计完成情况。

（1）自治区政府性基金预算完成情况。

①收入情况：政府性基金收入614.3亿元，为预算176.5%，比2017年增加173.4亿元，增长39.3%，主要是国有土地使用权出让收入大

幅增长。

②支出情况：政府性基金支出770.3亿元，为预算99.9%，比2017年增加466.1亿元，增长153.2%，主要是收入增长及新增地方政府专项债务收入增加带动支出大幅增长。

③收支平衡情况：政府性基金收入总计1 091.2亿元，其中：政府性基金收入614.3亿元，上级补助收入23.2亿元，地方政府专项债务收入361.3亿元，上年结余92.4亿元。政府性基金支出合计1 091.2亿元，其中：政府性基金支出770.3亿元，调出125亿元，地方政府专项债务还本支出82.2亿元。收支相抵，年终结余113.7亿元。

（2）自治区本级政府性基金预算完成情况。

①收入情况：政府性基金收入97.4亿元，为预算121.5%，比2017年增加13.6亿元，增长16.3%。

②支出情况：政府性基金支出89.1亿元，为预算121.5%，比2017年增加12.1亿元，增长15.7%。

③收支平衡情况：政府性基金收入总计548.1亿元，其中：政府性基金收入97.4亿元，上级补助收入23.2亿元，地方政府专项债务收入361.3亿元，上年结余66.2亿元。政府性基金支出合计548.1亿元，其中：政府性基金支出89.1亿元，补助下级支出16.6亿元，调出资金70.6亿元，地方政府专项债务转贷支出348.8亿元。收支相抵，年终结余23亿元。

3. 国有资本经营预算预计完成情况。

（1）自治区国有资本经营预算完成情况。

①收入情况：国有资本经营预算收入8.1亿元，为预算108%，比2017年增加0.4亿元，增长5.2%。

②支出情况：自治区国有资本经营预算支出9.8亿元，为预算81.3%，比2017年增加2.9亿元，增长42%。

③收支平衡情况：自治区国有资本经营预算收入总计14.7亿元，其中：国有资本经营预算收入8.1亿元，转移支付收入0.4亿元，上年结转6.2亿元。自治区国有资本经营预算支出合计14.7亿元，其中：国有资本经营预算支出9.8亿元，调出资金2.2亿元。收支相抵，年终结余2.7亿元。

（2）自治区本级国有资本经营预算完成情况。

①收入情况：自治区本级国有资本经营预算完成收入2.8亿元，为预算103.7%，比上年减少0.9亿元，增长-24.3%。

②支出情况：自治区本级国有资本经营预算完成支出6.2亿元，为预算91%，比2017年增加1亿元，增长19.2%。

③收支平衡情况：自治区本级国有资本经营预算收入总计9.1亿元，其中：国有资本经营预算收入2.8亿元，转移支付收入0.4亿元，上年结转5.9亿元。自治区本级国有资本经营预算支出合计9.1亿元，其中：国有资本经营预算支出6.2亿元，补助下级支出1.7亿元，调出资金0.7亿元。收支相抵，年终结余0.5亿元。

4. 社会保险基金预算预计完成情况。

（1）自治区社会保险基金预算完成情况。

①收入情况：自治区社会保险基金收入1 168.5亿元，为预算105.7%。其中：保险费收入861.9亿元，财政补贴收入267亿元，其他各项收入39.6亿元。

②支出情况：自治区社会保险基金支出1 003.5亿元，为预算98.8%。

③收支平衡情况：自治区社会保险基金预算收入总计2 665.9亿元，其中：社会保险基金收入1 168.5亿元，上级补助收入1.3亿元，上年结余1 496.1亿元。自治区社会保险基金预算支出合计1 003.5亿元。收支相抵，年终结余1 662.4亿元。

（2）自治区本级社会保险基金预算完成情况。

①收入情况：自治区本级社会保险基金收入287.9亿元，为预算108.3%，其中：保险费收入151亿元，财政补贴收入115.9亿元，其他各

项收入21亿元。

②支出情况：自治区本级社会保险基金支出180.1亿元，为预算98.3%。

③收支平衡情况：自治区本级社会保险基金预算收入总计1 082.8亿元，其中：社会保险基金收入287.9亿元，上年结余793.6亿元，上级补助收入1.3亿元。自治区本级社会保险基金预算支出225.9亿元，其中：社会保险基金预算支出180.1亿元，对下补助支出45.8亿元。收支相抵，年终结余856.9亿元。

总体来看，当前，自治区经济发展呈现出稳中有进、稳中向好的良好态势，但财政收支仍面临一些矛盾和问题。一方面受宏观经济环境、国家出台减税降费政策、固定资产投资下降和大宗商品价格波动等因素影响，组织财政收入面临不少困难，财政收入增幅趋缓。另一方面贯彻落实自治区党委“1+3+3+改革开放”决策部署，大力推进供给侧结构性改革，继续推进“三去一降一补”，支持调整优化经济结构，促进社会事业发展、保障重点民生工程等方面都需要财政继续加大投入，财政支出压力较大，收支矛盾依旧突出。我们将高度重视以上问题，通过深化各项改革努力加以解决。

（二）贯彻落实自治区党委“1+3+3+改革开放”工作部署情况

2018年，各地各部门深入贯彻落实以习近平同志为核心的党中央治疆方略、特别是社会稳定和长治久安总目标，坚决按照自治区党委“1+3+3+改革开放”工作部署，认真落实“两套班子”工作机制，聚焦社会稳定和长治久安总目标，坚持稳中求进工作总基调，牢固树立新发展理念，牢牢把握高质量发展要求，全力落实打好“三大攻坚战”，积极支持做好“三项重点工作”，深入推进改革开放，有效应对风险挑战，推动自治区呈现出社会大局持续稳定、经济平稳健康发展、人民生活不断改善、各项事业全面进步的良好局面。

1. 坚定不移贯彻落实打好维稳“组合拳”

一是坚持把维护稳定作为压倒一切的硬任务，千方百计筹措资金，保持严打高压态势不放松。筹集资金支持便民警务站、维护稳定基础设施建设，全面加强社会面防控，织密城乡维稳防控网络，不断提升人民群众安全感。二是安排“访惠聚”专项资金，支持驻村工作队落实维护稳定、脱贫攻坚、群众工作、建强基层组织，落实惠民政策、拓宽致富门路、办好实事好事、壮大党员队伍等。筹集村级惠民生资金50亿元，支持在全疆所有行政村建成一大批水、电、路、气、讯等基础设施项目，帮助村民解决各类生产生活问题。三是通过预算安排、盘活存量等方式筹集资金，支持边境防控建设。提高护边员补贴标准，确保平原防区护边员每人每月补助2 000元、高原防区每人每月补助2 600元，实现边民守边职业化，6万多边民家庭稳定脱贫。

2. 坚定不移贯彻落实打好“三大攻坚战”

一是打好防范化解重大风险攻坚战。按照自治区党委关于债务防控要求，明确“三个界限”，坚持把违规举债作为带电的“高压线”，以2017年7月14日全国金融工作会议为界限，2018年和今后，坚决做到违规举债为零；2017年7月14日之后产生的政府隐性债务，必须立即化解，做到零违规举债；2017年7月14日之前产生的政府隐性债务，分类指导、积极稳妥、认真化解，坚决消除风险隐患。坚决落实“四个一律”：发改、财政、金融等部门一律不准下达可能导致债务风险或隐性债务风险的指标，一律不准受理无资金来源的项目，各地各部门一律不准申报无资金来源的项目，各地各部门一律不准上无资金来源的项目。认真落实自治区防范化解地方政府隐性债务风险实施意见，严守隐性债务数据红线，严格按照化解方案完成化解任务。认真落实自治区地方政府隐性债务问责办法的实施意见，建立健全自治区政府违规举债联席工作会议制度。全面贯彻落实党中央和自治区党委关于防范政府性债务风险的决策部署，规范自治区各级政府举债行为，强化违规举债督察问责，对新增地方政府隐性债务、未严格落实隐性债务化解任务的，严肃追责问责。二是打好精准脱贫攻坚战。严格落实中央和自治区确定的脱贫目标，坚持以南疆四地州为主战场，紧扣“两不愁、三保障、一接近”，既不降低标准、影响质量，也不调高标准、吊高胃口。创新扶贫投入方式，从调整财政支出结构、统筹整合涉农资金、推进财政金融扶贫、提高产业扶贫成效、强化扶贫资金监管等方面发力，为脱贫攻坚提供财力保障。健全扶贫资金监管机制，推进扶贫资金绩效考核评价，对挤占挪用、截留私分、挥霍浪费扶贫资金的单位和个人，坚决查处、严惩不贷，确保每一分扶贫资金、每一个扶贫项目都落实到贫困户上。围绕中央脱贫攻坚专项巡视组指出的问题，主动认领、强化担当，建立台账、分解任务，明确整改目标、整改时限、整改措施、整改责任，确保每一个问题都一抓到底、整改到位。三是支持打好污染防治攻坚战。牢固树立绿水青山就是金山银山的理念，加大财政政策和资金支持力度，支持实施大气、水、土壤污染防治和农村环境综合整治，持续推进重大生态工程，依法推进重点领域节能减排，全力支持污染防治攻坚战，坚决遏制和惩处破坏生态环境行为，切实让各族群众感受到环境改善的成果。

3. 坚定不移推动“三项重点”工作落实。一是推进丝绸之路经济带核心区建设

认真落实《新疆丝绸之路经济带核心区建设行动计划（2014—2020年）》，向社会公开发布“大众创业万众创新”、“一带一路”国别税收投资指引，帮助企业享受税收政策红利，防范涉税风险。安排专项资金0.5亿元，支持西行班列实现多点多线、常态化、市场化运行。设立人才发展专项资金，吸引高层次人才和紧缺人才进驻新疆、建设新疆。安排资金6.5亿元，支持喀什、霍尔果斯两个特殊开发区建设。二是推进乡村振兴战略实施。认真落实《自治区乡村振兴战略规划（2018—2020年）》，按照产业兴旺、生态宜居、乡风文明、治理有效、生活富裕的总要求，安排资金81.2亿元，支持农业产业发展，草原生态保护、退耕还林、森林植被恢复等，推进乡村产业、人才、文化、生态、组织等全面振兴。三是大力发展旅游产业。认真落实《新疆旅游业发展“十三五”规划三年行动方案（2018—2020年）》，安排旅游发展专项经费2.2亿元，重点支持旅游基础设施、旅游公共服务设施、风景名胜区保护、红色旅游景区、旅游宣传推介、乡村旅游和215座旅游厕所等重点旅游项目建设，推动旅游业快速发展。

4. 坚定不移深化改革扩大开放

一是积极推进供给侧结构性改革。落实“三去一降一补”奖补资金，支持化解钢铁煤炭行业过剩产能。减轻企业社会保险缴费负担、实施企业在岗职工技能补贴等，降低企业成本负担。推进城乡居民用电同网同价改革，支持实施“电化新疆”建设。二是深入推进财税体制改革。深化增值税改革，落实西部大开发、困难地区、高新技术企业、研发费用加计扣除、小微企业税收、进口自用设备免征关税等税收优惠政策。深化“放管服”改革，落实权责事项清单动态管理机制。落实各项减税政策，清理政府性基金和行政事业性收费，降低涉企收费标准和工商企业电价，累计减轻企业负担474亿元。三是大力推进向西开放。用好财政政策和资金，重点支持纺织服装、石油石化、农副产品加工等行业进口设备、技术和紧缺资源产品，提升企业核心竞争力。安排专项资金，支持举办第六届中国－亚欧博览会、亚欧商品贸易博览会等活动，全方位深化与周边及沿线国家的交流合作。

（三）贯彻落实自治区十三届人大一次会议决议情况

2018年，各地各部门认真贯彻落实自治区十三届人大第一次会议决议，紧紧围绕总目标，深化财税改革，落实财政政策，减税降费，增收节支，加强财政监管，各项工作取得新的进展。

1. 积极组织财政收入

一是坚持完善组织收入工作机制，严格落实

组织收入责任。二是抓好税收征管，严格依法征税，加强对重点税源、重点企业和重点税种的征管，确保应收尽收。三是严格执行国家税收优惠政策，严禁擅自减免税和缓税，坚决防止和纠正“虚收空转”行为，不断推动财政收入有质量、可持续。四是坚持预算执行分析会议制度，密切关注经济形势，加强收入分析监控。五是规范非税收入管理，杜绝违规减免、缓缴现象，确保各项收入及时入库。

2. 全力保障重点支出

一是涉及工资和基本运转支出全部得到保障。对全区行政事业单位干部职工的工资性支出、各类社会保险缴费、离退休人员养老金全额予以保障，对按照政策规定给各类人员发放的补贴支出，全额予以保障。二是各项稳定支出全部落实。围绕总目标，筹集资金，使落实总目标的各项稳定防控措施顺利实施。三是对自治区确定的各项重大决策部署、重大工作、重大工程等支出给予全额保障。对涉及国计民生、社会和谐健康发展、贯彻新发展理念、落实“三大攻坚战”、“三项重点”工作、推进改革开放等重点支出，全额予以保障。四是民生支出足额予以安排。坚持以人民为中心的发展思想，既尽力而为、又量力而行，把自治区财政支出的70%以上用于保障改善民生。对自治区确定的各项重大民生支出，特别是涉及“幼有所育、学有所教、劳有所得、病有所医、老有所养、住有所居、弱有所扶”的支出，全额予以保障。五是严格落实中央八项规定，大力压缩一般性支出。坚持勤俭办一切事业，“三公经费”只减不增。从严控制公款出国（境）支出。除特殊事项外，一律停止车辆购置审批手续。大力压减公务接待经费，从严控制会议规模和天数。严格控制各类庆典活动，除自治区统一安排外，一律不安排庆典、论坛、评比、达标等活动经费。

3. 提高财政管理水平

一是加强预算编制管理。细化部门预算编制，减少代编预算规模，提高年初预算到位率。继续提高国有资本收益收取比例和划转一般公共预算比例，提高预算编制的完整性。制定出台自治区国有资产年度报告管理办法，初步建立政府资产报告制度。二是加强预算执行管理。坚持“先有预算、后有支出，未列入预算的项目不得支出，未经审批的项目不得调整”的原则，严格控制预算追加。对确需解决的重大支出事项，原则上通过调整本单位部门预算解决。三是强化财政绩效管理。落实党中央关于全面实施预算绩效管理的意见，紧紧围绕全面实施预算绩效管理工作任务，研究制定具体实施方案，积极采取有效措施，全面开展绩效评价工作，推动建立全面规范透明、标准科学、约束有力的预算制度，提高财政资金使用效益。四是大力推进预决算公开透明。进一步明确自治区预决算信息公开的主体、范围、内容和时间等工作。除法定涉密信息外，自治区各级政府和部门单位全部公开了预决算信息。

4. 加强财政监督检查

一是主动接受人大监督。严格按照预算法规定和自治区人大常委会要求，及时上报预算执行情况和预算草案、预算调整报告、决算报告。建立健全国有资产报告工作体制机制，首次向自治区人大常委会报告2018年自治区国有资产管理情况和2018年自治区金融企业国有资产管理情况。积极落实自治区党委关于人大预算审查监督重点向支出预算和政策拓展的要求，认真做好相关工作。积极配合自治区人大常委会推进自治区人大预算审查联网监督工作。二是自觉接受审计监督。按照自治区党委工作要求，积极配合支持审计署做好财政收支审计、经济责任审计、自然资源审计、贯彻落实国家重大政策审计和债务审计工作，指导各地各部门开展未审先改、边审边改工作。对审计部门提出的问题，认真分析研究，及时整改落实。三是健全完善财政资金拨付跟踪检查监督制度。每拨付一笔资金，同时下达此项资金使用情况跟踪反馈单，对资金的拨付使用情况进行全程监管。

二、2019 年地方政府新增债务限额

第十三届全国人民代表大会常务委员会第七次会议作出授权国务院提前下达部分新增地方政府债务限额的决定，即在 2019 年 3 月全国人民代表大会批准当年地方政府债务限额之前，授权国务院提前下达 2019 年部分地方政府新增债务限额（包括一般债务限额和专项债务限额），要求各地按照国务院批准的提前下达的部分新增政府债务限额编制预算，经本级人民代表大会批准后执行，并向下级人民政府下达新增债务限额。

经国务院批准，《财政部关于提前下达部分 2019 年新增地方政府债务限额的通知》（财预〔2018〕185 号），提前下达我区部分 2019 年新增限额 400 亿元，其中：新增一般债务限额 242 亿元，专项债券限额 158 亿元。落实自治区党委关于做好 2019 年自治区部分新增政府债务限额分配及发行工作部署，以及财政部做好提前下达部分新增限额管理工作的要求，严格履行法定程序，将中央财政提前下达我区部分 2019 年新增限额中，新增一般债务限额 242 亿元编列一般公共预算草案；专项债务限额 158 亿元编列政府性基金预算草案。提请本次会议审查批准。

财政部提前下达新疆生产建设兵团部分 2019 年新增地方政府债务限额 40 亿元，其中：新增一般债务限额 28 亿元，专项债务限额 12 亿元。根据财政部财预〔2018〕131 号文件要求，现提请本次会议批准。批准后的债务限额，由兵团按照现行行政管理体制，列入预算管理，并严格按照地方政府债务管理的法律和制度规定管理发行使用。

三、2019 年自治区预算草案

根据预算法和国务院关于编制 2019 年预算的工作要求，落实自治区深化财税体制改革工作部署，提出 2019 年自治区预算编制的指导思想和基本原则。

指导思想：以习近平新时代中国特色社会主义思想为指导，全面深入贯彻党的十九大和十九届二中、三中全会精神，坚持和加强党的全面领导，坚决贯彻落实以习近平同志为核心的党中央治疆方略、特别是社会稳定和长治久安总目标，坚持稳中求进工作总基调，坚持新发展理念，坚持以推进供给侧结构性改革为主线，积极的财政政策要加力提效，提高财政政策的精准度和有效性；坚持以人民为中心的发展思想，增强各族群众福祉；坚持统筹兼顾、量力而行、突出重点，全力保障自治区党委“1+3+3+改革开放”重点工作任务落实；牢固树立过紧日子思想，严格控制和压减一般性支出；加大财政资金统筹力度，完善对下转移支付制度，全面实施预算绩效管理，加大预决算公开力度，加快建立全面规范透明、标准科学、约束有力、讲求绩效的现代预算管理体系；强化地方债务管理，积极防范化解地方政府债务风险，促进自治区经济持续健康发展。

基本原则：一是积极稳妥，实事求是。收入预算编制要积极稳妥，充分考虑落实减税降费、理顺中央与地方收入关系划分改革等因素影响。科学预测预期收入，与经济社会发展水平相适应，体现社会稳定红利，体现经济高质量发展成果。二是统筹兼顾，突出重点。支出预算安排要统筹兼顾，着力优化结构，突出支出重点，加大对重点领域和关键环节的保障力度。突出保工资、保运转、保基本民生，保障中央明确的各项政策全部落地生根，保障自治区党委确定的重点支出任务落实。三是依法合规，以收定支。严格遵循预算法，根据 2019 年可用财力，合理安排支出预算，不编赤字预算。完整编制一般公共预算、政府性基金预算、社保基金预算和国有资本经营预算。四是突出绩效，效益优先。全面实施预算绩效管理，创新预算管理方式，注重结果导向，强调成本效益，硬化责任约束，构建全方位、全过程、全覆盖预算绩效管理体系，着力实现绩效管理常态化、规范化、法治化，提高预算管理水平和政策实施效果。五是深化改革，理顺

体制。稳步推进财政事权与支出责任划分、收入划分改革，配合完成增值税、消费税改革，推进房地产税改革，改进和完善自治区对下分税制财政管理体制，理顺自治区对下政府间收入划分关系。六是量力而行，勤俭节约。健全财政支出政策决策机制，加强重大项目财政可承受能力评估，做到量力而行、精打细算。牢固树立过紧日子思想，坚持“有多少钱办多少事，集中财力办大事”的原则，严格控制和压减一般性支出，除刚性和重点项目支出外，一律按照不低于5%的幅度压减。七是强化责任，加强监督。加强预算执行的监督管理，强化支出责任，按照“谁主管谁负责、谁制定谁负责、谁拨款谁负责、谁审批谁负责、谁监督谁负责”的要求，将预算执行管理责任落实到每个项目、每笔资金、每个责任人，防止财政资金挤占、截留、挪用、闲置，有效防控财政风险，规范地方政府举债融资行为，稳妥化解地方政府隐性债务风险。

（一）一般公共预算草案

1. 代编自治区财政预算草案。

（1）收入安排：2019 年自治区收入总计 4 245亿元。其中：一般公共预算收入安排 1 608 亿元，比 2018 年预计完成数 1 531.5 亿元，增加 76.5 亿元，增长 5%。其中：税务部门征收的涉及地方分享的税收收入 1 120.1 亿元，增长 6.5%；非税收入 487.9 亿元，增长 1.7%。

上级补助收入 2 039.4 亿元（按中央财政 2019 年提前下达转移支付数安排），中央财政提前下达新增地方政府一般债务限额 242 亿元，调入预算稳定调节基金 102 亿元，调入资金 125.5 亿元，上年结余 128.1 亿元。

（2）支出安排：2019 年自治区预算支出合计 4 245 亿元。其中：一般公共预算支出安排 4 078.6亿元，比 2018 年年初预算 3 791.2 亿元，增加 287.4 亿元，增长 7.6%。上解上级支出 124.3 亿元，地方政府一般债务还本支出 42.1 亿元。收支相抵，当年收支平衡。

2. 自治区本级财政预算草案。

（1）收入情况：一般公共预算收入安排 240.1 亿元，比 2018 年年初预算 199.3 亿元，增加 40.8 亿元，增长 20.5%。其中：税收收入安排 164.1 亿元，比 2018 年年初预算增加 31.2 亿元，增长 23.5%；非税收入安排 76 亿元，比 2018 年年初预算增加 9.6 亿元，增长 14.4%。

（2）支出情况：一般公共预算支出安排 854 亿元，比 2018 年年初预算 1 020 亿元，减少 166 亿元，增长 -16.3%，主要是加大了对各地提前下达转移支付力度，将原在自治区本级列支的部分项目支出，编入各地支出预算，相应减少本级支出预算。主要支出项目安排情况：教育支出 68.7 亿元，科学技术支出 8.9 亿元，文化旅游体育与传媒支出 21.7 亿元，社会保障和就业支出 189 亿元，卫生健康支出 23.7 亿元，节能环保支出 7.1 亿元，农林水支出 74.9 亿元，交通运输支出 81.8 亿元，住房保障支出 34 亿元，地方政府一般债务付息支出 63 亿元。

（3）提前下达新增一般债务限额安排：贯彻落实“一带一路”建设等重大区域战略，落实易地扶贫搬迁、脱贫攻坚、污染防治、棚户区改造等中央和自治区重大决策部署，提前下达新增一般债务限额 242 亿元，安排自治区重大铁路建设、重大水利工程等项目 102.1 亿元；转贷相关地（州、市）139.9 亿元，主要用于各地保障性住房、脱贫攻坚、乡村振兴等公益性项目。

（4）一般公共预算收支平衡情况：收入总计 2 678.2 亿元。其中：一般公共预算收入 240.1 亿元，中央补助收入 2 039.4 亿元，地方政府一般债务收入 242 亿元，下级上解收入 61.9 亿元，调入预算稳定调节基金 33.1 亿元，调入资金 21.7 亿元，上年结余 40 亿元。支出总计 2 678.2 亿元，其中：一般公共预算支出 854 亿元，对各地补助 1 559.9 亿元，上解上级支出 124.3 亿元，地方政府一般债务转贷支出 139.9 亿元，地方政府一般债务还本支出 0.1 亿元。收支相抵，当年收支平衡。

（二）政府性基金预算草案

1. 自治区政府性基金预算草案。

（1）政府性基金预算收入安排 639 亿元，比 2018 年预计完成数 614.3 亿元，增加 24.7 亿元，增长 4%。

（2）政府性基金预算支出安排 740 亿元，比 2018 年预计完成数 770.3 亿元，减少 30.3 亿元，增长 -3.9%。

（3）政府性基金预算收支平衡情况：收入总计 925.8 亿元，其中：政府性基金预算收入 639 亿元，上级补助收入 15.1 亿元，地方政府专项债务收入 158 亿元，上年结余 113.7 亿元。支出合计 925.8 亿元，其中：政府性基金预算支出 740 亿元，地方政府专项债务还本支出 20.6 亿元，调出资金 112.8 亿元，结转下年支出 52.4 亿元。收支相抵，当年收支平衡。

2. 自治区本级政府性基金预算草案。

（1）政府性基金预算收入安排 104.8 亿元，比 2018 年预计完成数 97.3 亿元，增加 7.5 亿元，增长 7.6%。

（2）政府性基金预算支出安排 92.8 亿元，比 2018 年预计完成数 89.1 亿元，增加 3.7 亿元，增长 4.1%。

（3）提前下达新增专项债务限额安排：贯彻落实“一带一路”建设等重大区域战略，落实易地扶贫搬迁、脱贫攻坚、污染防治、棚户区改造等中央和自治区重大决策部署，提前下达新增专项债务限额 158 亿元全部转贷地（州、市），主要用于各地棚户区改造、城镇和农村基础设施建设等有收益的公益性项目。

（4）政府性基金预算收支平衡情况：收入总计 300.9 亿元，其中：政府性基金预算收入 104.8 亿元，上级补助 15.1 亿元，地方政府专项债务收入 158 亿元，上年结余 23 亿元。支出合计 300.9 亿元，其中：政府性基金预算支出 92.8 亿元，补助下级 8.5 亿元，地方政府专项债务转贷支出 158 亿元，调出资金 20.9 亿元，结转下年支出 20.7 亿元。收支相抵，当年收支平衡。

（三）国有资本经营预算草案

1. 自治区国有资本经营预算草案。

（1）国有资本经营预算收入安排 5.8 亿元，比 2018 年预计完成数 8.1 亿元，减少 2.3 亿元，增长 -28.4%。主要原因是，2018 年收入中产权转让收入 1.5 亿元，2019 年无此因素。

（2）国有资本经营预算支出安排 7.4 亿元，比 2018 年预计完成数 9.8 亿元，减少 2.4 亿元，增长 -24.5%。主要原因是，2019 年国有企业职工家属区“三供一业”分离移交支出同比减少约 2 亿元，造成支出下降。

（3）国有资本经营预算收支平衡情况：收入合计 9 亿元，其中：国有资本经营预算收入 5.8 亿元，转移支付收入 0.5 亿元，上年结转 2.7 亿元。支出合计 9 亿元，其中：国有资本经营预算支出 7.4 亿元，调出资金 1.6 亿元。收支相抵，当年收支平衡。

2. 自治区本级国有资本经营预算草案。

（1）国有资本经营预算收入安排 2.6 亿元，比 2018 年预计完成数 2.8 亿元，减少 0.2 亿元，增长 -7.1%。

（2）国有资本经营预算支出安排 2.9 亿元，比 2018 年预计完成数 6.2 亿元，减少 3.3 亿元，增长 -53.2%。主要原因是，2019 年国有企业职工家属区“三供一业”分离移交支出同比减少约 2 亿元，造成支出下降。

（3）国有资本经营预算收支平衡情况：收入总计 3.6 亿元，其中：国有资本经营预算收入 2.6 亿元，转移支付收入 0.5 亿元，上年结转 0.5 亿元。支出总计 3.6 亿元，其中：国有资本经营预算支出 2.9 亿元，调出资金 0.7 亿元。收支相抵，当年收支平衡。

（四）社会保险基金预算草案

1. 自治区社会保险基金预算草案。

（1）社会保险基金预算收入安排 1 237.9 亿元，比 2018 年预计完成数 1 168.5 亿元，增加 69.4 亿元，增长 5.9%。其中：保险费收入

888.9 亿元，财政补贴收入 303 亿元，其他各项收入 46 亿元。

（2）社会保险基金预算支出安排 1 091.1 亿元，比 2018 年预计完成数 1 003.5 亿元，增加 87.6 亿元，增长 8.7%。

（3）社会保险基金预算收支平衡情况：收入总计 2 902.9 亿元，其中：社会保险基金收入 1 237.9 亿元，上年结余 1 662.4 亿元，上级补助收入 2.6 亿元。社会保险基金支出 1 091.1 亿元。收支相抵，年终结余 1 811.8 亿元。

2. 自治区本级社会保险基金预算草案。

（1）社会保险基金预算收入安排 309.3 亿元，比 2018 年预计完成数 287.9 亿元，增加 21.4 亿元，增长 7.4%，其中：保险费收入 158.9 亿元，财政补贴收入 121.9 亿元，其他各项收入 28.5 亿元。

（2）社会保险基金预算支出安排 197.4 亿元，比 2018 年预计完成数 180.1 亿元，增加 17.3 亿元，增长 9.6%。

（3）社会保险基金预算收支平衡情况：收入总计 1 168.8 亿元，其中：社会保险基金收入 309.3 亿元，上年结余 856.9 亿元，上级补助收入 2.6 亿元。支出合计 1 168.8 亿元，其中：社会保险基金支出 197.4 亿元，对各地补助 26.5 亿元。收支相抵，年终结余 944.9 亿元。

需要报告的是：本次会议审查批准 2019 年自治区本级预算后，根据我区正在推进的党政机构改革工作部署，自治区财政厅将按照党政机构改革结束后确定的部门单位“三定方案”，对自治区机构改革涉改部门单位预算进行调整。按程序向自治区人大常委会报告。

四、完成 2019 年预算任务的措施

2019 年是中华人民共和国成立 70 周年，是决胜全面建成小康社会的关键一年。我们要坚持以习近平新时代中国特色社会主义思想为指导，认真贯彻党的十九大和十九届二中、三中全会精神，坚决落实党中央治疆方略、特别是社会稳定和长治久安总目标，树牢“四个意识”，增强“四个自信”，做到“两个维护”，加强党对经济工作的领导，坚持把财税工作摆在重要位置，用好积极财政政策，深化财税改革，更好地落实社会稳定和长治久安总目标。

（一）认真贯彻自治区党委“1+3+3+改革开放”工作部署

一是打好反恐维稳“组合拳”。深入贯彻落实自治区党委各项维稳措施，坚定不移地贯彻落实反恐维稳“组合拳”，千方百计筹集资金，支持继续保持严打高压态势，持续做好社会面防控、群众工作等基础性工作，全面提升反恐维稳法制化、科学化、规范化水平，全力保障总目标落实，确保社会和谐稳定。二是打好“三大攻坚战”。切实打好防范化解重大风险攻坚战，严守金融风险和政府债务风险红线，坚决守住不发生系统性风险的底线；切实打好精准脱贫攻坚战，聚焦深度贫困，紧扣“两不愁、三保障”，认真落实“七个一批”“三个加大力度”措施，确保如期打赢脱贫攻坚战。切实打好污染防治攻坚战，建立健全生态保护补偿机制，继续加大对草原、天然林保护和大气、水、土壤污染治理等投入力度，完善有利于绿色发展的财政制度体系，强化财税政策对资源节约与环境保护的激励约束，推进生态环境质量持续好转。三是推进“三项重点”工作。抓住用好国家“一带一路”建设机遇，用好财税政策，积极支持“一港”（乌鲁木齐国际陆路港）“两区”（霍尔果斯经济开发区、喀什经济开发区）“五大中心”（交通枢纽中心、商贸物流中心、文化科教中心、区域金融中心、医疗服务中心）建设，培育经济发展新的增长极。抓住用好实施乡村振兴战略的机遇，积极推进乡村产业、人才、文化、生态、组织振兴，努力让农业成为有奔头的产业，让农民成为有吸引力的职业，让农村成为安居乐业的美丽家园。抓住社会大局持续稳定的机遇，加大财政支持旅游产业发展力度，吸引更多的内地群众到新疆观光旅游，使旅游业真正成为新疆战略支

柱产业，成为新疆经济高质量发展的重要引擎。四是坚定不移推进改革开放。用好财政政策和资金，支持疆内企业"走出去"，促进疆内企业做大做强。充分发挥市场机制作用，加大交通、水利、能源等基础设施建设力度。持续支持重要领域和关键环节改革，不断扩大对内对外开放。

（二）积极组织财政收入

一是严格落实组织收入责任，严肃组织收入工作纪律，精准施策，强化税收征管，千方百计堵漏增收。二是坚持依法征税，确保应收尽收，确保税收与经济保持协调发展。三是严格落实国家减税降费政策，持续释放减税红利。四是坚决防止和纠正"虚收空转"行为，不断提高收入质量。五是依法组织非税收入，对资产资源类收入，应收尽收、及时入库。

（三）严格预算执行管理

一是硬化预算约束。年初预算一经批准，除中央和自治区确定的重点支出外，一律不得调整。二是强化预算执行。严格执行预算法，收到中央专项转移支付后必须在30日内下达。自治区本级财政安排的预算，6月30日前必须完成预算指标下达，当年实现支出。三是严格结余结转管理。自治区本级预算安排的项目，9月30日前未落实到具体项目和实施单位，收回财政用于本年急需安排的项目。结余资金和连续两年未使用完的结转资金，一律收回财政。四是严格控制和压减一般性支出预算。各级政府要带头过紧日子，大力压减一般性支出，严控"三公"经费预算，取消低效无效支出。除重点和刚性支出外，其他一般性支出都要纳入压减范围，各级财政一律按照不低于5%的比例压减。

（四）大力推进预决算公开透明

推进预决算公开制度化，坚持以公开为常态，不公开为例外，除涉及国家秘密的信息外，所有使用财政资金的部门和单位都要按规定时限和内容公开预决算信息。不断扩展和规范预决算公开内容、范围和方式，进一步加大财政转移支付和专项资金安排使用情况的公开力度，提高财政透明度，推进阳光政府建设。

（五）深化财税体制改革

一是落实财政事权和支出责任划分改革。加快推进基本公共服务、教育、医疗卫生、交通运输、环境保护等分领域中央与地方财政事权和支出责任划分改革。二是落实基本公共服务保障地区标准备案办法。严禁擅自提高基本公共服务保障标准，确保基本公共服务保障标准合理适度，增强民生政策的可持续性。三是深化转移支付制度改革。优化转移支付结构，继续提高一般性转移支付预算占全部转移支付预算的比重。整合同一领域内的专项，健全专项评估和退出机制。四是贯彻落实理顺中央和地方收入划分改革工作部署，改进和完善自治区对下分税制财政管理体制，理顺自治区对下政府间收入划分关系，均衡地区间财力，缩小地区间差距。

（六）防范政府债务风险

落实自治区党委防范化解地方政府债务风险工作部署。一是严禁出现新的违规举债。在国务院审定的地方政府债务限额内，按照自治区人大常委会批准的债务预算，把发行地方政府债券作为全区各级政府举债的唯一合法途径。对自治区历年发行的地方政府债券还本付息支出按规定纳入各级政府预算，通过地方财政收入偿还。严守《自治区地方政府隐性债务清查及化解方案》确定的隐性债务数据红线，凡再有新增隐性债务的，依据自治区债务管理问责办法严肃追责问责。二是严格按照《自治区地方政府隐性债务清查及化解方案》，在2019年12月25日前，按时完成当年政府隐性债务化解任务。对未按时完成2019年度化解任务，或违法违规新增隐性债务的，严肃追责问责。三是稳步推进专项债券管理改革。将专项债务收入、支出、还本付息及专项收入全部纳入政府性基金预算管理，严格将专项债券发行与项目一一对应。合理扩大专项债使用范围，加快债券发行使用进度，允许使用财政库款提前开展专项债券对应的项目建设。四是按政策制度用好地方政府债券资金。严格按照中央和自治区相关政策、制度，管好用好地方政府债券资金，不得闲置、浪费债券资金，更不能违法违规使用债券资金，将防范化解重大风险工作纳入年度绩效考核范围。

（七）全面实施预算绩效管理

贯彻落实党中央、国务院关于全面实施预算绩效管理的意见，全面实施预算绩效管理，加快构建全方位、全过程、全覆盖、全监督的预算绩效管理体系，实现预算和绩效管理一体化，切实提高财政资金配置效率和使用效益。一是对各级政府收支预算、各地各部门单位整体预算、政策和项目支出预算，实施全方位绩效管理。二是对预算编制、执行、决算全过程实行预算绩效管理，形成事前评估、事中监控、事后评价的预算管理闭环。三是将一般公共预算、政府性基金预算、国有资本经营预算和社会保险基金预算四本预算全部纳入绩效管理，覆盖所有财政资金。四是在全社会树立“要钱需评审、花钱讲绩效”的理念，在加强审计、监察等监督的同时，自觉接受人大和社会各界监督。

各位代表，全面完成2019年财政收支预算，推进财税体制改革，为自治区经济社会发展提供有力的财力保障，责任重大，使命光荣。我们将在自治区党委的坚强领导下，凝聚全区各族人民的智慧和力量，奋发有为，努力完成全年各项工作任务！

【名词解释】

1. 公共财政：指在市场经济条件下，为满足社会公共需要进行的政府收支活动模式或财政运行机制模式，国家以社会和经济管理者的身份参与社会分配，并将收入用于政府公共活动支出，为社会提供公共产品和公共服务，以保障和改善民生，保证国家机器正常运转，维护国家安全和社会秩序，促进经济社会协调发展。

2. 一般公共预算：原公共财政预算，按照预算法要求，更名为一般公共预算。是指政府凭借国家政治权力，以社会管理者身份筹集以税收为主体的财政收入，用于保障和改善民生、维持国家行政职能正常行使、保障国家安全等方面的收支预算。地方一般公共预算收入包括：地方本级预算收入、转移性收入、调入预算稳定调节基金、地方政府债券收入和上年结余收入。地方一般公共预算支出编制内容包括地方本级预算支出、转移性支出、地方政府债券还本支出、安排预算稳定调节基金、增设预算周转金和年终结余。

3. 政府性基金预算：指政府通过向社会征收基金、收费，以及出让土地、发行彩票等方式取得收入，专项用于支持特定基础设施建设和社会事业发展等方面的收支预算。地方政府性基金收入预算编制内容包括地方本级收入、转移性收入和上年结余收入。地方政府性基金支出预算编制内容包括地方本级支出、转移性支出、年终结余。

4. 国有资本经营预算：国有资本经营预算，是指国家以所有者身份依法取得国有资本收益，并对所得收益进行分配而发生的各项收支预算，是政府预算的重要组成部分。

5. 社会保险基金预算：社会保险基金预算是根据《中华人民共和国预算法》《中华人民共和国社会保险法》等法律法规建立、按规定程序审批通过、反映各项社会保险基金收支的年度计划。

6. 部门预算：指部门依据国家有关政策规定及其行使职能的需要，由基层预算单位编制，逐级上报，经各级政府财政部门汇总审核后提交立法机关依法批准的涵盖部门各项收支的综合财政计划。主要包括部门收入、基本支出和项目支出预算等内容。

7. 调入资金：是指各级财政因平衡当年一般公共预算收支，而从基金结余和其他渠道调入的资金。

8. 预算稳定调节基金：指各级财政通过超收安排的具有储备性质的基金，用于弥补短收年份预算执行的收支缺口，以及根据预算平衡情况，在安排年初预算时调入并安排使用，安排或补充基金时在支出方反映，调入使用基金时在收入方反映。

9. 预备费：按照《中华人民共和国预算法》规定，各级政府预算应当按照本级政府预算支出额的1%至3%设置预备费，用于当年预算执行中的自然灾害救灾开支及其他难以预见的特殊开支。

10. 税收返还：指1994年分税制改革和2002年所得税收入分享改革后，为保证地方既得利益，对原属于地方的收入划为中央收入部分，给予地方的补偿。包括增值税消费税“两税返还”、所得税基数返还、成品油价格和税费改革税收返还。

11. 转移支付制度：是为了弥补财政实力薄弱地区的财力缺口，均衡地区间财力差距，实现地区间基本公共服务能力的均等化，由上级财政安排给下级财政的补助支出。可分为：中央对自治区的转移支付制度、自治区对下转移支付制度两个层次。现阶段，中央对自治区的财政转移支付主要包括：均衡性转移支付、民族地区转移支付、其他专项转移支付等。

12. 增收和超收：增收是指预算执行结果比上年增加的财政收入。超收是指财政收入执行结果超过年初预算安排的财政收入。

13. 政府债务限额管理：根据预算法和国务院关于加强政府性债务管理的规定，中央对地方政府债务余额实行限额管理，地方政府债务余额不得突破批准的限额。地方政府在国务院批准的限额内提出本地区政府债务限额，报同级人大常委会批准，并在批准的限额内举借和偿还债务。

14. 地方政府一般债券：没有收益的公益性事业发展融资，由地方政府发行主要以一般公共预算资金偿还的政府债券。

15. 地方政府专项债券：有一定收益的公益性事业发展融资，由地方政府发行主要以对应的政府性基金预算或专项收入偿还的政府债券。

在全区财政工作会议上的讲话

自治区政协副主席、自治区人民政府党组成员、财政厅厅长　穹海川

（2019 年 1 月 10 日）

同志们：

这次会议的主要任务是，以习近平新时代中国特色社会主义思想为指导，贯彻落实党的十九大和十九届二中、三中全会精神，贯彻落实中央经济工作会议、特别是习近平总书记重要讲话精神，贯彻落实以习近平同志为核心的党中央治疆方略，认真落实自治区党委九届六次全体会议、自治区党委经济工作会议、全国财政工作会议各项部署，聚焦社会稳定和长治久安总目标，总结 2018 年财政工作，研究部署 2019 年财政工作。

刚才，自治区党委常委、自治区常务副主席张春林同志作了重要讲话，就贯彻自治区党委经济工作会议精神，扎实做好今年财政工作提出了明确要求。大家一定要认真学习、深刻领会，切实把讲话要求落实到各项财政工作中。

下面，我讲几点意见。

一、关于 2018 年自治区财政工作

2018 年，是改革开放 40 周年，是贯彻党的十九大精神的开局之年，各地各部门深入贯彻落实以习近平同志为核心的党中央治疆方略、特别是社会稳定和长治久安总目标，坚决贯彻自治区党委“1 + 3 + 3 + 改革开放”工作部署，认真落实“两套班子”工作机制，坚持稳中求进工作总基调，牢固树立新发展理念，全面做好稳增长、促改革、调结构、惠民生、防风险各项工作，推动自治区呈现出社会大局和谐稳定、经济平稳健康发展、人民生活持续改善、各项事业全面进步的良好局面。

（一）树牢“四个意识”、做到“两个维护”，全面贯彻落实党中央决策部署和自治区党委工作安排

各级财政部门以习近平新时代中国特色社会主义思想为指导，认真贯彻落实党的十九大和十九届二中、三中全会精神，树牢“四个意识”、坚定“四个自信”、做到“两个维护”。

1. 坚持把党的政治建设摆在首位。一是牢牢把握政治方向。坚持把维护习近平总书记核心地位、维护以习近平同志为核心的党中央权威和集中统一领导作为首要任务，任何时候、任何情况都始终做到认同核心、维护核心、服务核心、紧跟核心、捍卫核心、绝对忠诚核心，在思想上政治上行动上同以习近平同志为核心的党中央保持高度一致。二是全面贯彻落实党中央决策部署和自治区党委工作安排。各级财政部门认真学习贯彻习近平总书记重要讲话和重要指示精神，对党中央的重大决策部署、自治区党委、人民政府作出的重大工作安排，件件、事事认真贯彻落实。三是认真落实全面从严治党主体责任。贯彻落实全面从严治党的各项规定和要求，牢固树立

"不管党治党就是严重失职，管党治党不力就是渎职"的思想，不断增强管党治党意识、落实管党治党责任，严明党的政治纪律和政治规矩，严守党的组织纪律、廉洁纪律、群众纪律和工作纪律，积极营造良好政治生态。

2. 党风廉政建设和反腐败斗争深入推进。一是清醒认识党风廉政建设和反腐败斗争依然严峻复杂的形势。坚持从源头上推进预防和治理腐败，持续推进源头防腐制度建设，建立全面规范、公开透明的现代预算制度，推进国库集中支付制度改革，规范专项资金分配使用。二是加强财政重点领域监管。加大对扶贫、教育、国有资产、政府采购等重点领域、关键环节和群众身边腐败案件的查处力度，确保财政资金和财政干部"两个安全"。三是大力支持纪检监察部门履职尽责。支持纪检监察部门充分运用监督执纪"四种形态"，开展监督执纪问责，对违反财政政策制度规定的行为坚决予以查处，绝不姑息。

3. 财政干部政治素质和工作能力进一步提升。一是政治素质不断提高。按照财政干部必须牢牢把握政治方向、不断提高政治站位、认真履行政治责任的要求，教育广大财政干部，从政治和大局的高度，研究财政政策，安排财政工作，推进财政改革，发挥党委政府的参谋助手作用。二是干部能力不断提升。做好财政工作必须不断提高财政干部研究财政政策的能力、完善财政制度的能力、推进财政工作的能力和深化财政改革的能力，教育广大财政干部认真做到站位高、定位准、服务大局、守住底线。三是作风建设不断加强。落实自治区党委、人民政府的重大决策部署，广大财政干部必须敢于担当、敢于负责，不推事、不躲事、不误事、不拖事、不压事，严格按体制机制办事、按政策制度办事、按规矩程序办事，牢固树立财政工作红线底线意识，确保中央和自治区各项决策部署落到实处。

（二）聚焦总目标，认真落实自治区党委"1+3+3+改革开放"工作部署

各级财政部门认真落实自治区党委、人民政府决策部署，抓住重点、精准施策，保障了社会大局和谐稳定，三大攻坚战开局良好，三项重点工作落实有力，改革开放深入推进。

1. 坚定不移贯彻落实打好维稳"组合拳"。一是落实严打专项斗争。认真落实自治区党委"一年稳住、两年巩固、三年基本常态、五年全面稳定"工作规划，千方百计筹措资金，坚定不移地支持严打专项斗争，支持便民警务站、维护稳定基础设施建设，全面加强社会面防控，不断提升各族群众安全感。二是做好群众工作。认真落实自治区党委"访惠聚"工作部署，支持驻村工作队落实各项工作任务。全面贯彻执行党的民族政策，大力支持民族团结一家亲、民族团结联谊活动，促进各族群众交往交流交融。三是加强边境管控。通过预算安排、盘活存量等方式筹集资金，落实自治区党委加强边境管控的工作部署，做到了非法出入境"一个出不去，一个进不来"。

2. 坚定不移贯彻落实打好"三大攻坚战"。一是打好防范化解重大风险攻坚战。贯彻落实中央和自治区党委、人民政府防范政府债务风险各项决策部署，严格执行"三个界限""四个一律"，规范各级政府举债行为，实现了2017年7月14日以来各级政府零违规举债，守住了不发生系统性风险的底线。二是打好精准脱贫攻坚战。创新扶贫投入方式，从统筹整合涉农资金、推进财政金融扶贫、强化扶贫资金监管等方面发力，为脱贫攻坚提供财力保障。2018年自治区财政投向南疆四地州深度贫困地区的扶贫资金占全区总额的80%以上。三是打好污染防治攻坚战。加大财政政策和资金支持力度，推进大气、水、土壤污染防治和农村环境综合整治，支持重点领域节能减排，生态环境质量持续好转。

3. 坚定不移推动"三项重点"工作落实。一是推进丝绸之路经济带核心区建设。向社会公开发布"一带一路"国别税收投资指引，帮助企业享受税收政策红利。安排专项资金，支持西行班列实现多点多线、常态化、市场化运行。二是推进乡村振兴战略实施。按照产业兴旺、生态宜居、乡风文明、治理有效、生活富裕的总要求，以产业振兴为主线，整合涉农资金，支持农业产业化发展，推进乡村产业、人才、文化、生态、组织等全面振兴。三是大力发展旅游产业。支持旅游基础设施、公共服务设施、宣传推介等重点项目建设，推动旅游业快速发展。

4. 坚定不移深化改革扩大开放。一是积极支持供给侧结构性改革。落实“三去一降一补”奖补政策，支持化解钢铁、煤炭行业过剩产能。落实企业在岗职工技能补贴，降低企业成本负担。推进城乡居民用电同网同价改革，支持实施“电化新疆”建设。二是认真落实减税降费政策。深化增值税改革，落实西部大开发、困难地区、小微企业以及创新创业、企业研发等税收优惠政策。深化“放管服”改革，清理政府性基金和行政事业性收费。三是积极推进向西开放。用好财政政策资金，支持企业“走出去”“引进来”，提升企业核心竞争力。支持举办中国－亚欧博览会、亚欧商品贸易博览会等活动，全方位深化与周边国家的交流合作。

（三）聚焦总目标，坚定不移推动高质量发展

坚持以社会稳定和长治久安总目标统领财政工作，按照高质量发展的要求，实施积极的财政政策，深化财税改革，积极组织财政收入，调整优化支出结构，重点保障社会稳定和改善民生。

1. 认真抓好财政收支管理。面对复杂严峻的财政经济形势，各级财政部门积极应对，出台增收节支措施，严格落实支出责任，满额发行地方政府债券，为落实总目标提供了有力支撑。2018 年自治区一般公共预算收入完成 1 531. 5 亿元，增长 4. 5%；一般公共预算支出完成4 985. 6 亿元，增长 9. 8%。在组织收入方面，坚持完善组织收入工作机制，严格落实组织收入责任，不断推动财政收入有质量、可持续。按照“依法征收、应收尽收、不征过头税、严禁虚收空转”的原则，加强对重点税源、重点企业和重点税种的征管，确保应收尽收。在安排支出方面，优化支出结构，盘活存量资金，用好债券资金，大力压缩一般性支出，将有限的财力集中起来，确保自治区党委、人民政府围绕总目标作出的各项决策部署全面贯彻实施，全力支持自治区确定的重大工作、重大民生、重大工程等决策部署贯彻落实。

2. 调控经济职能有效发挥。一是用好债券资金支持经济发展。发行 10 批地方政府债券，共筹集资金 1 020 亿元，其中：发行新增债券 628 亿元，用于重大公益性项目建设，支持经济社会持续健康发展。发行置换债券 392 亿元，用于置换清理甄别认定的存量政府债务，降低政府利息支出。二是支持重大基础设施建设。发挥政府投资拉动经济增长的重要作用，支持丝绸之路经济带核心区、安居工程、重大水利、公路、铁路、机场等基础设施建设。三是着力支持振兴实体经济。落实纺织服装产业、战略性新兴产业、中小企业发展等专项资金，支持产业发展。完善财政支持普惠金融发展政策，支持脱贫攻坚和小微企业发展。

3. 保障民生取得积极成效。坚持以人民为中心的发展思想，坚持把自治区财政支出的 70% 以上用于保障改善民生，大力支持实施九项惠民工程。一是支持就业创业。多方筹集资金，加大支持就业培训、城乡富余劳动力转移就业、困难群体就业力度。二是支持教育发展。落实农村学前三年免费双语教育补助政策，保障农村适龄幼儿“应入尽入”，支持幼儿园“应建尽建”。完善义务教育经费保障机制，大力支持发展职业教育，推进高等教育内涵式发展。三是完善社会保障体系。提高退休人员基本养老金，将离退休人员基本养老金水平提高 5%。提高城乡低保补助水平，惠及全疆 260 万城乡低保人群。支持开展城乡居民免费健康体检，积极推进健康扶贫，实现大病集中救治和慢性病签约服务覆盖农村所有贫困人口。

4. 积极推进财政管理改革。一是完善预算管理制度。推进预算科学精准编制，增强预算执行刚性约束，提高财政资源配置效率。完善现代国库管理体系，健全国库集中支付动态监控机制。二是推进税收制度改革。加大税收制度改革研究，积极推动地方税体系建设。加强个人所得税改革政策宣传，为新个人所得税法实施营造良好氛围。深入摸底调查，做好水资源税改革试点准备工作。三是主动接受人大监督。建立健全国有资产报告工作体制机制，首次向自治区人大常委会报告2018年自治区国有资产管理总体情况和金融企业国有资产管理情况。认真做好人大预算审查监督重点向支出预算和政策拓展工作。四是配合做好审计工作。按照自治区党委工作要求，积极配合审计署做好财政收支审计、经济责任审计、自然资源审计、贯彻落实国家重大政策审计和债务审计工作。对审计发现的问题，做到立行立改、边审边改、彻底整改，并举一反三，完善制度、体制和机制，不断推动财政管理水平的提高。

2018年，面对艰巨繁重的财政改革发展任务和较大的预算平衡压力，财政工作取得来之不易的成绩，这是以习近平同志为核心的党中央坚强领导、亲切关怀的结果，是党中央治疆方略、特别是社会稳定和长治久安总目标统领指引的结果，是全区各级财政部门和各部门单位共同奋斗的结果，也是全区财政干部职工团结拼搏的结果。借此机会，我代表财政厅党组，向各级财政部门的同志致以崇高的敬意！向各部门单位对财政工作的理解、支持和帮助，表示衷心的感谢！

在肯定成绩的同时，我们也清醒地认识到财政工作还存在一些问题。主要是：全方位、全过程、全覆盖、全监督的预算绩效管理体系还没有完全建立，要进一步把所有部门单位、所有财政资金纳入绩效管理。预决算公开透明度还需加强，各地各部门预决算公开信息的完整性、细化程度、及时性、公开方式、真实性还做得不到位。相对于新时代、新形势、新目标、新部署，一些干部还存在抓财政工作能力不足、本领不够的问题，等等。这些问题都需要引起高度重视，并在今后的工作中努力加以解决。

二、科学研判，明确思路，准确把握2019年财政工作面临的形势任务和总体要求

前不久召开的中央经济工作会议、自治区党委经济工作会议和全国财政工作会议，深入分析了当前经济发展形势，科学部署了2019年经济发展的总体要求、政策取向和重点任务，为我们做好今年的财政经济工作指明了方向、提供了遵循。全区各级财政部门要认真学习、深刻领会，切实将思想和行动统一到中央经济工作会议、特别是习近平总书记重要讲话精神上来，统一到自治区党委、人民政府对经济工作的决策部署上来，统一到财政部对财政工作的安排部署上来。

我们要认真研究、深入分析我区经济发展面临的机遇和动力。一是中央重视的机遇。以习近平同志为核心的党中央高度重视新疆工作，亲自谋划、部署和推进新疆工作，为做好新时代新疆工作指明了方向、提供了根本遵循和强大动力。二是政策创新的机遇。实施更大规模的减税降费、较大幅度地增加政府专项债券规模、加大对边疆地区和贫困地区扶持力度等，为从根本上提高经济发展质量创造了条件。三是改革开放的机遇。全面深化改革，扩大对外开放，新疆融入“一带一路”建设破冰起航，丝绸之路经济带核心区建设迎来广阔前景。四是稳定红利的机遇。自治区“一年稳住、两年巩固”顺利实现，稳定成效持续显现，稳定红利持续释放，为经济高质量发展营造了良好环境。五是人心凝聚的机遇。坚持以人民为中心的发展思想，实施九项惠民工程，持续推进“访惠聚”、民族团结一家亲等，各族群众思稳定、求发展、奔小康成为主旋律。这些都为发挥财政职能，破解发展改革难题，提供了难得机遇。

我们要深刻分析、清楚看到我区经济发展面临的困难和挑战。一是稳定形势依然严峻。“三期叠加”的形势还没有根本改变，影响安全稳定的因素仍然不同程度地存在。二是经济转型任务艰巨。经济结构不合理，产业结构偏重，产业链条短，增长粗放，发展的旧动能改造升级缓慢，新动能培育不足。三是内需潜力释放不够。社会投资不足，消费增长缓慢，对外贸易下滑，拉动经济增长的投资、消费、出口三大动力不足。四是脱贫攻坚难度加大。贫困人口集中在南疆四地州深度贫困地区，扶贫成本高，脱贫难度更大，是最难啃的“硬骨头”。五是民生领域短板不少。教育、医疗等公共服务有效供给不足，部分群众生活还比较困难。六是干部能力亟待提升。一些财政干部抓经济本领不强，不适应新时代新任务的要求。我们要增强忧患意识，坚持问题导向，切实加以解决。

总体来看，机遇与挑战并存，机遇大于挑战。我们既要未雨绸缪，把困难和问题估计得更充分一些；更要坚定信心，牢牢把握财政工作主动权，推动全区社会和谐稳定和经济平稳发展。工作中要重点把握以下几个方面：

（一）财政工作必须坚持政治方向、服务大局、守住底线

做好财政工作，必须要提高政治站位，把准政治方向，始终做到服务大局、守住底线。

1. 坚持政治方向。财政部门必须要牢固树立“四个意识”，坚定“四个自信”，做到“两个维护”，对党中央的决策部署和自治区党委、人民政府的工作安排，必须不折不扣落实到位。财政一切工作都要聚焦总目标、服务总目标、落实总目标，服务自治区党委“1＋3＋3＋改革开放”决策部署。

2. 坚持服务大局。一是要认真落实积极财政政策，实施减税降费，提高资金配置效率和使用效益，确保经济运行在合理区间。二是要认真打好“三大攻坚战”，坚持底线思维，针对突出问题，集中力量支持打好重点战役。三是要推进供给侧结构性改革，认真贯彻“巩固、增强、提升、畅通”八字方针，更多运用市场化、法制化的手段，推动经济高质量发展。四是要持续改善民生，坚持以人民为中心的发展思想，注重尽力而为、量力而行，突出保基本、兜底线，多做“雪中送炭”的事，不搞“锦上添花”。五是要推动经济转型升级，聚焦突出短板和薄弱环节，支持制造业、民营经济和小微企业发展，增强市场主体活力。六是要进一步释放内需潜力，立足培育发展区内市场，着力促消费、扩投资，发挥好内需对经济增长的支撑作用。七是要推进改革开放，按照有利于激发微观主体活力和调动各地积极性的要求，进一步突破重点改革任务，扩大对外开放水平。八是要加快财政法制建设，坚持依法行政、依法理财，强化管理基础工作，加强财政内部控制建设，压缩自由裁量权。

3. 坚持守住底线。一是要守住落实总目标的底线。各级财政部门要牢固树立“没有与落实总目标无关的工作、没有与落实总目标无关的人”的思想，千方百计保障维护稳定、宗教和谐、民族团结、“访惠聚”等各项支出需要。二是要守住“三保”的底线。各级财政部门要全面落实保工资、保运转、保基本民生支出兜底责任，足额安排“三保”预算支出，确保财政稳定运行。三是要守住政府债务管理的底线。各地各部门一律不得出现违规新增政府债务，对存量隐性政府债务必须按时完成化解任务，要按照政策规定用好政府债券。四是要守住扶贫资金管理的底线。各地财政部门要熟知脱贫攻坚各项政策，及时筹集、拨付扶贫资金，加大扶贫资金的监督管理和绩效评价工作力度。五是要守住环境保护的底线。要认真把握环境保护工作的任务目标，找准财政部门在环境保护工作中的定位，要在环境保护工作中认真履职尽责，坚决打好蓝天、碧水、净土保卫战。六是要守住绩效管理的底线。全面实施预算绩效管理是党中央安排的一项重大工作。各级政府收支预算、各地各部门单位整体预算、每一项财政政策和项目支出预算，都要全部实施绩效管理。各级政府、各地各部门必须要有绩效报告，提高资金使用效益。七是要守住公开透明的底线。党的十九大提出，要建立全面规范透明、标准科学、约束有力的预算制度。除涉及国家秘密的信息外，所有使用财政资金的部门单位都要按规定时限和内容公开预决算信息，提高财政透明度。八是要守住有多少钱办多少事的底线。牢固树立过“紧日子”思想，坚持“有多少钱办多少事，集中财力办大事”的原则，严格执行财经纪律，从严控制非急需、非刚性支出，做到“三公”经费和会议费只减不增。

（二）财政工作必须要正确理解和运用好宏观政策、结构性政策和社会政策

要全面理解和运用好宏观政策、结构性政策、社会政策，激发改革动力和市场活力，将有限的资金用在刀刃上。

1. 宏观政策要强化逆周期调节。积极的财政政策要加力提效。“加力”体现在实施更大规模的减税降费和增加支出规模。减税降费方面。重点减轻制造业和小微企业税收负担，支持实体经济发展。适当降低增值税税率，提高小规模纳税人起征点。全面实施修改后的个人所得税法，减轻居民税负。清理规范收费项目，加大对乱收费查处和整治力度。加大支出力度方面。加快预算执行进度，尽早发挥财政资金效益。用好地方政府一般债券和专项债券，支持重大在建项目建设和补短板。“提效”体现在提高财政资金配置效率和使用效益。提高资金配置效率方面。坚持有保有压，进一步调整优化支出结构，该保的支出必须保障好，该减的支出一定要减下来。各级政府要带头过“紧日子”，大力压减一般性支出，严控“三公”经费预算。提高资金使用效益方面。以全面实施预算绩效管理为抓手，将预算绩效管理贯穿预算编制执行全过程，尽早发挥财政资金作用，更好推动政策落地见效。继续盘活财政存量资金，将长期沉淀资金一律收回，统筹用于亟需资金支持的领域。

2. 结构性政策要强化体制机制建设。坚持向改革要动力，认真落实党中央的要求，深化国资国企、财税金融、土地、市场准入、社会管理等领域改革，强化竞争政策的基础性地位，创造公平竞争的制度环境，鼓励中小企业加快成长。

3. 社会政策要强化兜底保障功能。完善制度、守住底线，认真落实好各项社会政策，既要尽力而为，又要量力而行，注重兜底线、补短板、强弱项，不搞超越发展阶段的过高承诺，特别是不应该由财政配套的资金，坚决不能配套。要强调财政的公共性和公平性，统筹推进就业、医疗、养老、保险等各类社会政策，确保兜住群众基本生活底线。

（三）财政工作必须要处理好几个重大关系

财政面临的问题、困难和矛盾很多，要善于分清和抓住主要矛盾和主要问题，妥善处理涉及财政的几个重大关系，发挥好党委、政府决策的参谋助手作用。

1. 处理好“财”与“政”的关系。财政发挥国家治理中的基础和重要支柱作用的前提是，“财”必须服从于“政”。财税体制改革、财税政策研究、制度建立、资金安排，从思路酝酿、政策设计、方案出台到落实落地，都要坚决服从服务于党中央的决策部署和自治区党委的工作安排。

2. 处理好政府与市场的关系。把握好财政有所作为的边界和重点作为的领域，既要遵循市场规律、善用市场机制解决问题，又要把该管的事情管好管到位，激发市场和社会活力。兼顾效率与公平，在提高效率的基础上更加注重公平。

3. 处理好需要与可能的关系。自治区经济社会发展对财政资金的需要，永远大于自治区可提供的财力，安排财政支出必须要坚持需要服从可能。要牢固树立过“紧日子”思想，坚持尽力而为、量力而行，保重点支出、压一般支出，把有限的财力用到最有需求、最有效率的地方，确保经济社会可持续发展。

4. 处理好服务与管理的关系。财政部门要不断改进工作作风，认真服务好部门和基层。同时，财政部门必须敢于担当，加强财政管理，同部门和基层一道，严守财经纪律，严格财务制度，认真管好用好每一笔财政资金，切实做到管理与服务并重，不断提高财政管理水平。

5. 处理好资金拨付与资金监督的关系。要严格按照“谁拨付资金、谁就必须承担监督责任”“谁使用资金、谁就必须承担监督责任”的要求，将监督置于财政资金拨付和资金使用的事前、事中和事后。要不断健全完善财政资金拨付跟踪检查监督制度，每拨付一笔资金，同时下达此项资金使用情况跟踪反馈单，对资金的拨付使用情况进行全程监管。

三、关于2019年财政工作的指导思想和重点工作

今年是中华人民共和国成立70周年，是全面建成小康社会关键之年，做好财政各项工作责任重大、任务艰巨、使命光荣。

2019年财政工作的指导思想是：以习近平新时代中国特色社会主义思想为指导，全面贯彻党的十九大和十九届二中、三中全会精神，贯彻落实习近平新时代中国特色社会主义经济思想，贯彻落实以习近平同志为核心的党中央治疆方略，贯彻落实中央经济工作会议和自治区党委经济工作会议精神，统筹推进“五位一体”总体布局和协调推进“四个全面”战略布局，紧紧围绕社会稳定和长治久安总目标，加强党对财政工作的领导，坚持稳中求进工作总基调，坚持新发展理念，坚持以推进供给侧结构性改革为主线，落实自治区党委“1+3+3+改革开放”工作部署，创新和完善宏观调控，统筹推进稳增长、促改革、调结构、惠民生、防风险各项工作。积极的财政政策要加力提效，实施更大规模的减税降费，有效降低企业负担。树立过“紧日子”的思想，大力压缩一般性支出，加大对重点领域支持力度。加快建立现代财政制度，全面实施预算绩效管理，积极防范化解地方政府债务风险，促进自治区经济持续健康发展和社会大局稳定。

围绕上述指导思想，重点做好以下工作。

（一）关于组织财政收入工作

依法组织财政收入。坚持依法征税、应收尽收、坚决不收过头税、坚决禁止越权减免税，加大税收稽查力度，严厉打击各种偷、逃、骗税行为。提高财政收入质量，严禁通过“虚收空转”的方式增加财政收入。

落实组织收入责任。财政部门是组织收入的牵头部门，要会同税务部门认真研究，分解收入任务，及时解决组织收入工作中的问题，建立完善组织收入工作机制。税务部门要强化税收征管，精准施策，千方百计堵漏增收。

认真做好非税收入征收管理。对各类资源资产类非税收入严格管理，做到应收尽收、及时入库。

全面落实减税降费政策。落实好中央普惠性减税、结构性减税和降费政策，确保不增加企业特别是小微企业负担，支持实体经济发展。

（二）关于做好财政支出工作

全力保障维护稳定“组合拳”各项支出。坚定不移聚焦总目标，对自治区党委维护稳定“组合拳”各项支出给予足额安排。

足额保障工资性支出。对全区各地、县、乡机关事业单位干部职工工资、津贴补贴、各类社会保障缴费、离退休人员养老金等全额给予安排。按政策给予社会各类人员的各项补贴支出给予全额安排。

保障机关事业单位运转支出。对机关事业单位运行支出给予安排，对机构改革事项给予保障。

保障基本民生支出。对就业、教育、医疗、社保、安居、暖心、文化、兴边、安全等基本民生支出给予安排。

全力保障自治区党委“1+3+3+改革开放”工作部署各项支出。打好“三大攻坚战”，对防范化解重大风险、精准脱贫攻坚、污染防治方面的重点支出给予安排。落实抓好“三项重点工作”，对丝绸之路经济带核心区建设、乡村振兴战略、旅游产业发展方面的重点支出给予安

排。支持改革开放，对内贸外贸发展方面的重点支出给予安排。

保障中央明确的重点支出。对中央明确需要保障的重点支出，以及自治区党委、人民政府确定的各项重大决策部署、重大工作、重大工程等支出给予全额保障。

大力压缩一般性支出。各级政府要带头过“紧日子”，坚持有多少钱办多少事，大力压减一般性支出。从严控制“三公经费”预算，各单位今年的“三公经费”不得超过去年。凡是未列入政府采购预算的，一律不安排支出。除重点支出和刚性支出外，其他一般性支出都要纳入压减范围，各级财政一律按照不低于5%的比例压减。

（三）关于贯彻落实打好“三大攻坚战”

打好防范化解重大风险攻坚战。一是管住不再出现新的违规举债。按照中央和自治区党委决策部署，坚决制止新增违规举债，严守自治区地方政府隐性债务化解方案确定的隐性债务红线。二是认真推进隐性债务化解工作。各地各部门2019年度隐性债务化解任务必须在今年化解完成，并将化解完成情况报自治区党委、人民政府。三是严格管理和使用新增债券。严格按照中央和自治区相关政策、制度，管好、用好地方政府债券资金，不得闲置、浪费，更不能违法违规使用。四是落实自治区纪委监委联席会议制度。要及时发现违法违规新增隐性债务和债券资金使用问题，及时上报自治区纪委监委，依据地方政府隐性债务问责办法严肃追责问责。

打好精准脱贫攻坚战。一是全面精准掌握政策。聚焦社会稳定和长治久安总目标，围绕“两不愁、三保障”，落实“六个精准”，坚持“一个紧密结合”，强化“九个聚焦发力”，推进“七个一批”，做到“三个加大力度”，确保完成脱贫攻坚目标任务。二是聚焦财政工作责任。要做好扶贫资金筹集工作，及时拨付扶贫资金，加强资金跟踪监管，强化资金绩效评价，确保每一笔扶贫资金都有绩效评价报告。三是认真解决突出问题。要紧盯扶贫资金滞拨缓拨、资金使用效益不高等突出问题，从严管理扶贫资金，加快资金拨付，全面实施扶贫资金绩效管理，严肃查处违规违纪问题，切实提高资金使用绩效。

打好污染防治攻坚战。一是明确目标任务。牢固树立绿水青山就是金山银山，冰天雪地也是金山银山的重要发展理念，聚焦打赢蓝天保卫战、碧水保卫战、净土保卫战，努力建设天蓝地绿水清的美丽新疆。二是找准财政工作定位。对党中央、国务院和自治区党委、自治区人民政府打好污染防治攻坚战的各项决策部署要不折不扣执行，需要财政安排的资金必须足额保障。凡是有利于生态环境保护和污染防治的项目，给予大力支持；凡是属于“三高项目”或其他有悖于生态环境保护的项目，坚决不予支持。三是查找工作短板。财政部门要树立“环境保护也是公共产品”的理念，自觉纠正过去对环境保护重视不够、认识不深、资金安排力度不够大的观念。认真梳理现行财政政策和资金，凡是有悖于环境保护的，都要及时予以纠正。

（四）关于推进“三项重点工作”落实

推进丝绸之路经济带核心区建设。抓住用好国家“一带一路”建设机遇，发挥好积极财政政策的作用，支持“一港”（乌鲁木齐国际陆路港）、“两区”（霍尔果斯经济开发区、喀什经济开发区）、“五大中心”（交通枢纽中心、商贸物流中心、文化科教中心、区域金融中心、医疗服务中心）、“口岸经济带”（19个对外开放口岸）建设，培育经济发展新的增长极，使丝绸之路经济带核心区的优势逐步显现出来。

推进乡村振兴战略实施。贯彻落实中央决策部署和自治区工作要求，统筹安排预算资金，扎实做好财政支农工作，大力推进乡村振兴战略的实施。一是贯彻落实各项支农政策，落实自治区党委提出的“一产上水平”工作部署，支持现代农业体系建设。二是以农村人居环境整治为抓手，围绕庭院内厕所革命、庭院整治、居住环境改善，庭院外污水排放、垃圾处理、村庄整洁等六项工作任务，学习借鉴浙江“千村示范、万村整治”经验，积极推进农村人居环境整治，建设美丽乡村。三是健全完善涉农资金统筹整合长效机制，扎实推进农村产业振兴、人才振兴、文化振兴、生态振兴、组织振兴，加快实现农业农村现代化。

推进旅游产业发展。抓住用好社会大局持续稳定的机遇，认真落实自治区旅游产业发展规划，加大财政支持旅游产业发展力度，使旅游业真正成为新疆战略支柱产业。一是支持打造一批精品旅游路线。用好旅游发展专项资金，支持自然景观、人文景观、城市和农村精品旅游路线建设，形成全疆旅游环线。二是支持旅游市场开拓。支持旅游宣传和旅游产业新业态活动等工作，推动旅游业做大做优。三是支持旅游设施建设。支持旅游公共服务设施、旅游厕所等基础设施项目建设，切实提高旅游服务质量。

（五）关于深化改革扩大开放

继续推进供给侧结构性改革。巩固“三去一降一补”成果，用好财政奖补资金，支持化解钢铁、煤炭行业过剩产能，有效处置“僵尸企业”。降低全社会各类营商成本，减轻企业负担，发展更多优质企业。

深化财税体制改革。落实财政事权和支出责任划分改革，加快推进基本公共服务、教育、医疗卫生、交通运输、环境保护等分领域中央与地方财政事权和支出责任划分改革。深化转移支付制度改革，优化转移支付结构，继续提高一般性转移支付预算占全部转移支付预算的比重。改进和完善自治区对下财政管理体制，均衡地区间财力，缩小地区间差距。

积极推进向西开放。要适应新形势、把握新特点，放宽市场准入，实施准入前国民待遇加负面清单管理制度。要用好财税政策，支持扩大进出口贸易。坚持“走出去”和“引进来”相结合，推动形成全方位、多层次、宽领域的全面开放新格局。

（六）关于保障和改善民生

积极促进就业创业。坚持把稳定就业摆在更加突出的位置，落实国家普惠性就业创业政策，大力支持城乡富余劳动力、高校毕业生、农民工和退役军人等重点群体就业。支持大规模开展职业技能培训，加强高技能人才和高素质劳动者队伍建设。

支持发展公平优质教育。落实“一个一般不低于、两个只增不减”要求，保持财政教育投入持续稳定增长。大力支持全面推行国家通用语言文字教育，扎实推进农村学前三年免费教育，巩固九年义务教育成果，推动高等教育内涵式发展，大力发展职业教育，推进初高中未就业毕业生职业技术培训全覆盖。

提高社会保障水平。加快落实养老保险自治区级统筹，落实城乡养老保险待遇，积极推动划转国有资本充实社保基金试点工作。积极推进统一的城乡居民基本医疗保险和大病保险制度，提高基本医疗保险财政补助和个人缴费标准。完善政府对公立医院的投入政策，巩固破除以药补医成果。

强化民生兜底保障。统筹推进社会救助体系建设，加大对农村留守儿童的保护力度，落实困难残疾人生活补贴和重度残疾人护理补贴政策。加快完善优抚安置制度体系，维护退役军人合法权益。支持优先开展建档立卡贫困户、低保户、分散供养特困人员和贫困残疾人家庭等重点对象危房改造。

（七）关于加强财政管理工作

严格预算执行管理。一是硬化预算约束。年初预算一经批准，除中央和自治区确定的重点支出外，一律不得调整。6月份以前，除自治区党委、人民政府决定的重大事项外，一律不予追加预算。二是强化预算执行。严格执行预算法，收到中央专项转移支付后必须在30日内下达。自治区本级财政安排的预算，6月30日前必须完成预算指标下达，当年实现支出。三是严格结余结转管理。自治区本级预算安排的项目资金，9

月30日前未落实到具体项目和实施单位，收回财政用于本年急需安排的项目。结余资金和在规定时限内未使用完的结转资金，一律收回财政用于支持自治区重大支出。

全面实施预算绩效管理。贯彻落实中央和自治区全面实施预算绩效管理的意见，加快构建全方位、全过程、全覆盖的预算绩效管理体系，切实提高财政资金配置效率和使用效益。一是构建全方位预算管理格局。对各级政府收支预算、各地各部门单位整体预算、政策和项目支出预算，实施全方位绩效管理。二是建立全过程预算管理链条。对预算编制、执行、决算全过程实行预算绩效管理，形成事前评估、事中监控、事后评价的预算管理闭环。三是完善全覆盖预算绩效管理体系。将一般公共预算、政府性基金预算、国有资本经营预算和社会保险基金预算四本预算全部实施绩效管理，覆盖所有财政资金。

大力推进预决算公开透明。推进预决算公开制度化，坚持以公开为常态，不公开为例外，除涉及国家秘密的信息外，所有使用财政资金的部门和单位都要按规定时限和内容公开预决算信息。不断扩展和规范预决算公开内容、范围和方式，进一步加大财政转移支付和专项资金安排使用情况的公开力度，提高财政透明度，推进阳光政府建设。

加强国有金融资本集中统一管理。财政部门要切实履行国有金融资本出资人职责，对国有金融资本实施基础管理、经营预算、绩效考核、负责人薪酬管理等，增强国有金融机构活力与控制力，促进国有金融资本保值增值。

深入推进依法理财。坚持依法依规办事，将预算法、审计法、政府采购法、会计法等法律法规、财经制度，作为开展财政工作的基本遵循。财政收支、审核审批等必须在法律法规和政策制度约束下开展，将财政体制机制完善的要求、政策制度研究的要求、规矩程序执行的要求，贯穿财政工作的始终。主动接受人大监督、审计监督和社会监督，保障资金安全，提高资金绩效。

四、以党的政治建设为统领，推动全面从严治党向纵深发展

做好财政工作，关键在党、关键在人。各级财政部门党组要切实加强党对财政工作的领导，全面从严治党，提高财政干部履职尽责的本领，奋力开创财政事业新局面。

（一）突出党的政治建设统领作用

深化习近平新时代中国特色社会主义思想学习，不断坚定理想信念，把学习成效体现在增强过硬本领、推动实际工作上。要认真贯彻党中央重大决策部署和自治区党委重大工作安排，加强学习和调查研究，把讲政治的要求体现到谋划财政工作重大战略、制定重大财政政策、推进重大财政工作的实践中，贯穿于履职尽责的全过程和各方面。

（二）自觉落实好全面从严治党主体责任

各级财政部门党组织要切实履行主体责任，对党负责、对本单位政治生态负责、对干部健康成长负责，真正把责任担起来，知责、明责、履责、尽责，做到真管真严、敢管敢严、长管长严。坚持党建工作与业务工作同部署、同检查、同考核，经常研究本单位党的建设情况，明确任务分工，层层压实责任。要严格教育责任，抓好政治理论学习，加强纪律教育、警示教育。要严格管理责任，敢抓敢管坚决反对“好人主义”，把从严要求、从严管理贯彻抓班子带队伍的全过程。

（三）切实加强对财政权力运行的制约和监督

管好“钱袋子”是财政部门的政治责任，必须确保财政权力始终在正确的轨道上运行，坚决防止干部在履职过程中为本人和亲友谋私利，坚决防止在财政资金分配、财政管理过程中搞利益输送。要着力织密扎牢制度笼子，完善财政资金分配、使用和管理制度。要研究细化工作措施，严禁党员领导干部违纪干预和插手财政审批和项目评审工作。持续深入推进财政内部控制建

设，构建体系完备、执行有力、问责有据的风险防控机制。对重大财税政策及资金分配政策制定、重大项目资金分配等重点业务问题，加大内部公开力度，提升决策层次，防范重大风险发生。

（四）培养德才兼备的财政干部

认真贯彻落实习近平总书记对党员干部提出的“信念过硬、政治过硬、责任过硬、能力过硬、作风过硬”要求，为在新时代履行新使命提供坚实支撑。信念过硬。广大财政干部必须要做共产主义远大理想和中国特色社会主义共同理想的坚定信仰者和忠诚实践者，始终做到道路自信、理论自信、制度自信、文化自信。政治过硬。坚定培养政治意志，讲政治是第一位的，认准政治方向，坚定坚决贯彻落实总目标，在政治上绝不动摇。责任过硬。要发扬求真务实、真抓实干的作风，以钉钉子精神担当尽责，脚踏实地，一件事情接着一件事情办，一年接着一年干。能力过硬。无论是干事创业还是攻坚克难，不仅需要宽肩膀，也需要软肩膀；不仅需要政治过硬，也需要本领高强。作风过硬。要培养过硬作风，增强群众观念，心里装着群众，把群众的利益放在心上。

（五）持之以恒正风肃纪

要以驰而不息的精神，坚决纠正“四风”“四气”。进一步加强作风建设，严格落实中央八项规定及其实施细则精神，严防“四风”“四气”问题新表现新动向，及时纠正形式主义、官僚主义，对群众反映强烈、造成严重后果的，严肃问责。要坚持把纪律挺在前面，让党的纪律真正立起来、严起来。要重点强化政治纪律和组织纪律，带动各项纪律全面严起来。要加强监督管理，引导党员干部从自身做起，把铁的纪律转化为党员干部的日常习惯和自觉遵循。要用好“四种形态”，强化监督执纪问责。要注重抓早抓小、抓苗头抓细节，坚持无禁区、全覆盖、零容忍，坚持重遏制、强高压、长震慑，强化不敢腐的震慑，扎牢不能腐的笼子，确保财政部门风清气正。

同志们，做好今年财政工作意义重大、责任重大。我们要更加紧密地团结在以习近平同志为核心的党中央周围，在自治区党委、人民政府的坚强领导下，紧紧围绕社会稳定和长治久安总目标，坚定信心、迎难而上，埋头苦干、扎实工作，确保自治区党委、人民政府各项决策部署落到实处，以优异成绩迎接中华人民共和国成立70周年！

第三部分

新疆财政工作

新疆维吾尔自治区财政工作综述

2018 年，新疆维吾尔自治区实现生产总值 12 199.08 亿元，比上年增长 6.1%。人均生产总值 49 475 元，比上年增长 4.1%。其中，第一产业增加值 1 692.09 亿元，增长 4.7%；第二产业增加值 4 922.97 亿元，增长 4.2%；第三产业增加值 5 584.02 亿元，增长 8.0%。全年固定资产投资（不含农户，下同）比上年下降 25.2%。全年货物进出口总额 200.10 亿美元，比上年下降 2.7%。商品零售价格指数 100.9%，居民消费价格指数 102%。全年社会消费品零售总额 3 186.97亿元，比上年增长 5.2%。

2018 年，新疆一般公共预算收入 1 531.4 亿元，增长 4.5%，增收 64.9 亿元。全年全口径财政收入 3 109.8 亿元，增长 9.4%，增收 264.2 亿元。财政支出规模不断扩大，一般公共预算支出 5 012.4 亿元，增长 8.1%，增支 375.2 亿元。地方财政支出 5 812.3 亿元（包括一般公共预算支出、基金预算支出和国有资本经营预算支出），增长 17.5%，增支 863.7 亿元。

新疆财政一般公共预算收入总计 5 737.8 亿元，其中：一般公共预算收入 1 531.4 亿元，中央财政补助收入 3 022 亿元，地方政府一般债务收入 691.5 亿元，上年结余收入 120.8 亿元，调入资金 260.6 亿元，调入预算稳定调节基金 111.5 亿元。一般公共预算支出总计 5 586.7 亿元，其中：一般公共预算支出 5 012.5 亿元，上解中央支出 89.5 亿元，地方政府一般债务还本支出 321 亿元，调出资金 0.3 亿元，补充预算稳定调节基金 163.4 亿元。收支相抵，年终结余 151.1 亿元，减结转下年支出 151.1 亿元，净结余为 0。

政府性基金预算收入总计 1 111.1 亿元，其中：政府性基金预算收入 614.3 亿元，中央财政补助收入 23.2 亿元，上年结余收入 91.5 亿元，调入资金 0.8 亿元，地方政府专项债务收入 381.3 亿元。政府性基金预算支出总计 1 046.6 亿元，其中：政府性基金预算支出 790 亿元，调出资金 170.9 亿元，地方政府专项债务还本支出 85.7 亿元。收支相抵，年终结余 64.5 亿元。

国有资本经营预算收入总计 14.8 亿元，其中：国有资本经营预算收入 8.2 亿元，中央财政补助收入 0.4 亿元，上年结余收入 6.2 亿元。国有资本经营预算支出总计 13 亿元，其中：国有资本经营预算支出 9.9 亿元，调出资金 3.1 亿元。收支相抵，年终结余 1.8 亿元，减结转下年支出 1.8 亿元，净结余为 0。

自治区本级对各地补助 2 472.6 亿元，比上年增加 351.1 亿元，增长 16.5%，其中：税收返还 76.7 亿元，增加 5.8 亿元，增长 8.2%；一般性转移支付 1 159.9 亿元，增加 268.5 亿元，增长 30.1%；专项转移支付 1 236 亿元，增加 76.8 亿元，增长 6.6%。

一、认真组织财政收入

一是坚持完善组织收入工作机制，严格落实组织收入责任。二是抓好税收征管，严格依法征税，加强对重点税源、重点企业和重点税种的征管，确保应收尽收。三是严格执行国家税收优惠政策，严禁擅自减免税和缓征税，坚决防止和纠正“虚收空转”行为，不断推动财政收入有质量、可持续。四是坚持预算执行分析会议制度，密切关注经济形势，加强收入分析监控。五是规范非税收入管理，杜绝违规减免、缓缴现象，确保各项收入及时入库。

二、全力保障重点支出

一是全额保障工资和基本运转支出。对全区行政事业单位干部职工的工资性支出、各类社会保险缴费、离退休人员养老金全额予以保障，对按照政策规定给各类人员发放的补贴支出，全额予以保障。二是各项稳定支出全部落实。围绕自治区党委、人民政府重大工作部署，筹集资金，使落实新疆社会稳定和长治久安总目标的各项稳定防控措施顺利实施。三是对自治区确定的各项重大决策部署、重大工作、重大工程等支出给予全额保障。对涉及国计民生、社会和谐健康发展、贯彻新发展理念、落实“三大攻坚战”和“三项重点”工作、推进改革开放等重点支出，全额予以保障。四是民生支出足额予以安排。坚持以人民为中心的发展思想，把自治区财政支出的70%以上用于保障改善民生。对自治区确定的各项重大民生支出，特别是涉及“幼有所育、学有所教、劳有所得、病有所医、老有所养、住有所居、弱有所扶”的支出，全额予以保障。五是严格落实中央八项规定，大力压缩一般性支出。坚持勤俭办一切事业，“三公经费”只减不增。从严控制公款出国（境）支出。除特殊事项外，一律停止车辆购置审批手续。大力压减公务接待经费，从严控制会议规模和天数。严格控制各类庆典活动，除自治区统一安排外，一律不安排庆典、论坛、评比、达标等活动经费。

三、贯彻落实自治区党委重大工作部署

一是坚持把维护稳定作为压倒一切的硬任务，千方百计筹措资金，保持严打高压态势不放松。筹集资金支持便民警务站、维护稳定基础设施建设，全面加强社会面防控，织密城乡维稳防控网络，不断提升人民群众安全感。二是安排“访惠聚”专项资金，支持驻村工作队落实维护稳定、脱贫攻坚、群众工作、建强基层组织等，落实惠民政策、拓宽致富门路、办好实事好事、壮大党员队伍等。筹集村级“惠民生”资金50亿元，支持在全疆所有行政村建成一大批水、电、路、气、讯等基础设施项目，帮助村民解决各类生产生活问题。三是通过预算安排、盘活存量等，支持边境防控建设。提高护边员补贴标准，确保平原防区护边员每人每月补助2 000元、高原防区每人每月补助2 600元，实现边民守边职业化，6万多边民家庭稳定脱贫。

四、坚定不移贯彻落实打好“三大攻坚战”

一是打好防范化解重大风险攻坚战。按照自治区党委关于债务防控要求，明确“三个界限”，坚持把违规举债作为带电的“高压线”，以2017年7月14日全国金融工作会议为界限，2018年和今后，做到违规举债为零；2017年7月14日之后产生的政府隐性债务，立即化解，做到零违规举债；2017年7月14日之前产生的政府隐性债务，分类指导，积极、稳妥、认真化解，坚决消除风险隐患。坚决落实“四个一律”：发改、财政、金融等部门一律不准下达可能导致债务风险或隐性债务风险的指标，一律不准受理无资金来源的项目，各地、各部门一律不准申报无资金来源的项目，各地、各部门一律不准上无资金来源的项目。认真落实自治区防范化解地方政府隐性债务风险实施意见，严守隐性债务数据红线，严格按照化解方案完成化解任务。认真落实自治区地方政府隐性债务问责办法的实施意见，建立健全自治区政府违规举债联席工作会议制度。全面贯彻落实党中央和自治区党委关于防范政府性债务风险的决策部署，规范自治区各级政府举债行为，强化违规举债督察问责，对

新增地方政府隐性债务、未严格落实隐性债务化解任务的，严肃追责问责。二是打好精准脱贫攻坚战。严格落实中央和自治区确定的脱贫目标，重点面向南疆四地州，紧扣“两不愁、三保障、一接近”，既不降低标准、影响质量，也不调高标准、吊高胃口。创新扶贫投入方式，从调整财政支出结构、统筹整合涉农资金、推进财政金融扶贫、提高产业扶贫成效、强化扶贫资金监管等方面发力，为脱贫攻坚提供财力保障。健全扶贫资金监管机制，推进扶贫资金绩效考核评价工作，对挤占挪用、截留私分、挥霍浪费扶贫资金的单位和个人，坚决查处、严惩不贷，确保每一分扶贫资金、每一个扶贫项目都落实到贫困户上。围绕中央脱贫攻坚专项巡视组指出的问题，主动认领、强化担当，建立台账、分解任务，明确整改目标、整改时限、整改措施、整改责任，确保每一个问题都一抓到底、整改到位。三是支持打好污染防治攻坚战。牢固树立绿水青山就是金山银山的理念，加大财政政策和资金支持力度，支持实施大气、水、土壤污染防治和农村环境综合整治，持续推进重大生态工程，依法推进重点领域节能减排，全力支持污染防治攻坚战，坚决遏制和惩处破坏生态环境行为，切实让各族群众感受到环境改善的成果。

五、坚定不移推动“三项重点”工作落实

一是推进丝绸之路经济带核心区建设。认真落实《新疆丝绸之路经济带核心区建设行动计划（2014—2020年）》，向社会公开发布“大众创业 万众创新”、“一带一路”国别税收投资指引，帮助企业享受税收政策红利，防范涉税风险。安排专项资金0.5亿元，支持西行班列实现多点多线、常态化、市场化运行。设立人才发展专项资金，吸引高层次人才和紧缺人才进驻新疆、建设新疆。安排资金6.5亿元，支持喀什、霍尔果斯两个特殊开发区建设。二是推进乡村振兴战略实施。认真落实《自治区乡村振兴战略规划（2018—2020年）》，按照产业兴旺、生态宜居、乡风文明、治理有效、生活富裕的总要求，安排资金81.2亿元，支持农业产业发展及草原生态保护、退耕还林、森林植被恢复等，推进乡村产业、人才、文化、生态、组织等全面振兴。三是大力发展旅游产业。认真落实《新疆旅游业发展“十三五”规划三年行动方案（2018—2020年）》，安排旅游发展专项经费2.2亿元，重点支持旅游基础设施、旅游公共服务设施、风景名胜区保护、红色旅游景区、旅游宣传推介、乡村旅游和215座旅游厕所等重点旅游项目建设，推动旅游业快速发展。

六、坚定不移深化改革扩大开放

一是积极推进供给侧结构性改革。落实“三去一降一补”奖补资金，支持化解钢铁、煤炭行业过剩产能。减轻企业社会保险缴费负担、实施企业在岗职工技能补贴等，降低企业成本负担。推进城乡居民用电同网同价改革，支持实施“电化新疆”建设。二是深入推进财税体制改革。深化增值税改革，落实西部大开发、困难地区、高新技术企业、研发费用加计扣除、小微企业税收、进口自用设备免征关税等税收优惠政策。深化“放管服”改革，落实权责事项清单动态管理机制。落实各项减税政策，清理政府性基金和行政事业性收费，降低涉企收费标准和工商企业电价，累计减轻企业负担474亿元。三是大力推进向西开放。用好财政政策和资金，重点支持纺织服装、石油石化、农副产品加工等行业进口设备、技术和紧缺资源产品，提升企业核心竞争力。安排专项资金，支持举办第六届中国—亚欧博览会、亚欧商品贸易博览会等活动，全方位深化与周边及沿线国家的交流合作。

七、切实提高财政管理水平

一是加强预算编制管理。细化部门预算编制，减少代编预算规模，提高年初预算到位率。继续提高国有资本收益收取比例和划转一般公共

预算比例，提高预算编制的完整性。制定出台《自治区国有资产年度报告管理办法》，初步建立政府资产报告制度。二是加强预算执行管理。坚持“先有预算、后有支出，未列入预算的项目不得支出，未经审批的项目不得调整”的原则，严格控制预算追加。对确需解决的重大支出事项，原则上通过调整本单位部门预算解决。三是强化财政绩效管理。落实党中央关于全面实施预算绩效管理的意见，紧紧围绕全面实施预算绩效管理工作任务，研究制订具体实施方案，积极采取有效措施，全面开展绩效评价工作，推动建立全面规范透明、标准科学、约束有力的预算制度，提高财政资金使用效益。四是大力推进预（决）算公开、透明。进一步明确自治区预（决）算信息公开的主体、范围、内容和时间等工作。除法定涉密信息外，自治区各级政府和部门单位全部公开了预（决）算信息。

八、加强财政监督检查

一是主动接受人大监督。严格按照预算法规定和自治区人大常委会要求，及时上报预算执行情况和预算草案、预算调整报告、决算报告。建立健全国有资产报告工作体制机制，首次向自治区人大常委会报告2018年自治区国有资产管理情况和2018年自治区金融企业国有资产管理情况。积极落实自治区党委关于人大预算审查监督重点向支出预算和政策拓展的要求，认真做好相关工作。积极配合自治区人大常委会推进自治区人大预算审查联网监督工作。二是自觉接受审计监督。按照自治区党委工作要求，积极配合支持审计署做好财政收支审计、经济责任审计、自然资源审计、贯彻落实国家重大政策审计和债务审计工作，指导各地、各部门开展未审先改、边审边改工作。对审计部门提出的问题，认真分析研究，及时整改落实。三是健全完善财政资金拨付跟踪检查监督制度。每拨付一笔资金，同时下达此项资金使用情况跟踪反馈单，对资金的拨付使用情况进行全程监管。

九、不断提升财政干部综合素质

一是政治素质不断提高。按照财政干部必须牢牢把握政治方向、不断提高政治站位、认真履行政治责任的要求，教育广大财政干部，从政治和大局的高度，研究财政政策，安排财政工作，推进财政改革，发挥党委、政府的参谋助手作用。二是财政干部能力不断提升。做好财政工作必须不断提高财政干部研究财政政策的能力、完善财政制度的能力、推进财政工作的能力和深化财政改革的能力，教育广大财政干部认真做到站位高、定位准、服务大局、守住底线。三是作风建设不断加强。落实自治区党委、人民政府的重大决策部署，广大财政干部必须敢于担当、敢于负责，不推事、不躲事、不误事、不拖事、不压事，严格按体制机制办事、按政策制度办事、按规矩程序办事，牢固树立财政工作红线、底线意识，确保中央和自治区各项决策部署落到实处。

（自治区财政厅办公室供稿，王娟执笔）

综合财政管理

【概况】坚持以习近平新时代中国特色社会主义思想为指导，按照自治区党委“1+3+3+改革开放”工作部署，认真研究落实收入分配政策，持续加大对城镇保障性安居工程建设支持力度，全面推进政府购买服务改革，加强彩票市场监管和彩票公益金管理，强化国土资源政策研究。

【收入分配政策】贯彻落实中央调整艰苦边远地区津贴标准和调整机关事业单位工作人员基本工资标准、增加机关事业单位离休人员离休费政策，与自治区人力资源社会保障厅联合出台《关于调整艰苦边远地区津补贴标准的通知》（新人社〔2018〕22号）、《关于调整机关事业单位工作人员基本工资标准和增加机关事业单位离休人员离休费三个实施方案的通知》（新人社发〔2018〕63号），兑现全区机关事业单位增资。与自治区人力资源社会保障厅联合转发《关于执行人民警察值勤岗位津贴有关问题的通知》、转发《关于执行人民警察法定工作日之外加班补贴有关问题的通知》、转发《关于建立政法委机关工作津贴有关问题的通知》，明确了人民警察值勤岗位津贴及法定工作日之外加班补贴、政法机关工作津贴的执行范围、执行标准、经费保障等事项，将各项补助落实到位。

【城镇保障性安居工程】2018年，自治区城市棚户区改造任务46.07万套，实际完成40.48万套；租赁补贴发放任务2.91万户，实际发放1.92万户；公共租赁住房建设任务3万套，实际完成2.97万套。中央和自治区财政共安排专项资金126.78亿元。其中：中央财政安排城镇保障性安居工程专项资金115.71亿元，安排城镇保障性安居工程专项用于公租房及其配套设施建设资金5.07亿元；自治区本级通过地方债券安排资金6亿元。发行自治区棚改专项债券156.2亿元，专项用于城市棚户区改造。对2017年中央城镇保障性安居工程财政资金进行绩效评价，向财政部及相关单位报送绩效评价报告。

【政府购买服务改革】按照分级管理、分部门编制政府购买服务指导性目录的要求，指导自治区本级单位编制完成政府购买服务指导性目录，将各单位指导性目录嵌入自治区本级部门预算编制系统，实现政府购买服务预算纳入部门预算同步编列。贯彻落实财政部《关于坚决制止地方以政府购买服务名义违法违规融资的通知》精神，规范政府购买服务行为，严禁将建设工程和融资行为纳入政府购买服务范畴。推进政府购买服务绩效管理，制定《新疆维吾尔自治区政府购买服务绩效管理暂行办法》（新财综〔2018〕48号），建立健全政府购买服务绩效管理体系，提高财政资金使用效益。

【彩票销售和公益金管理】2018年，自治区彩票销售额89.89亿元，同比增长13.57%，其中：福彩销售额52.22亿元，同比增长

13.20%；体彩销售额 37.67 亿元，同比增长 14.08%。自治区筹集彩票公益金 24.57 亿元，按照彩票公益金分配比例上缴中央 12.13 亿元，自治区本级留成 6.08 亿元，各地（州、市）留成 6.36 亿元。安排自治区本级彩票公益金 5.6 亿元，其中调入一般公共预算 1.14 亿元，本级福彩公益金支出 2.38 亿元，本级体彩公益金支出 1.58 亿元，统筹财政专项彩票公益金支出 5 050万元；下达中央专项彩票公益金 10 亿元，其中用于社会福利事业发展 6.83 亿元，用于体育事业发展 9 350 万元，用于义务教育事业发展 2.17 亿元，用于脱贫攻坚 700 万元。研究完善彩票公益金使用政策和制度，修订《自治区彩票公益金管理办法》，制定《“十三五”时期中央专项彩票公益金管理办法》。自治区民政厅、财政厅联合印发《关于调整全区福利彩票代销者销售费用比例的通知》（新民发〔2018〕111 号），对全区福利彩票代销者销售费用比例进行调整。

【国土资源政策研究】与国土资源厅联合印发《关于转发〈土地储备资金财务管理办法〉的通知》，规范土地储备和资金管理。认真研究制定自治区跨省域补充耕地和城乡建设用地增减挂钩结余指标跨省域调剂的具体实施办法，研究印发《自治区跨省域补充耕地资金使用管理办法》和《自治区城乡建设用地增减挂钩结余指标跨省域调剂资金使用管理办法》。开展 2016 年和 2017 年农田水利建设资金结算清算，追缴地（州）、县（市）应缴未缴资金。加强新增建设用地土地有偿使用费用与土地开发整理项目的预算管理，依据自治区实际按要求研究补充预算定额标准。

（自治区财政厅综合处供稿，李臣发执笔）

财政法制管理

【持续推进财政“放管服”改革】认真贯彻落实国家和自治区“放管服”改革各类工作部署，持续推进财政“放管服”改革任务。一是细化财政“放管服”改革任务。严格落实全国深化“放管服”改革电视电话会议精神和自治区“放管服”改革重点任务分工，制定具体工作措施，明确工作责任与完成时限，抓好组织落实工作。二是深入推进财政行政审批改革。认真落实《自治区推进审批服务便民化工作方案》中财政部门任务分工，积极发挥财政职能作用，配合自治区党委编办研究制定《关于放宽行政审批中介服务市场准入的通知》，将各级政府部门在审批过程中委托开展的技术性服务活动纳入政府购买服务范围。三是进一步优化财政审批服务。根据自治区《关于推进区本级权责清单标准化 完善政务服务清单管理工作的通知》要求，结合财政法律法规修改情况，取消 3 项、增加 1 项自治区财政厅权责事项，并对调整后的 16 项权责事项按照自治区统一标准予以规范，形成“自治区财政厅权责清单”，录入自治区政务服务事项管理平台。

【规范财政执法行为】进一步规范行政执法

行为，强化事中、事后监管。一是加强财政执法人员监督管理。根据《关于做好换发和申领新版行政执法证和执法监督证工作的函》（新政法函〔2018〕19号）要求，组织做好自治区财政厅执法证、执法监督证的3年期满后的注销、申领、补办、换发等工作，对符合条件人员进行登记备案、资格审查、培训考核，配合自治区人民政府法制办颁发行政执法监督证10个、行政执法证55个。二是完善财政执法证件管理制度。制定印发《关于加强执法证件管理的通知》（新财办法税〔2018〕9号），对自治区财政厅行政执法证件的监督管理责任、使用管理规范、使用范围等内容进行规定。三是进一步完善“财政厅随机抽查事项清单”。认真梳理各执法处室监督检查工作程序、制度机制与执法人员情况，明确“双随机”抽查对象和检查人员抽取原则、方法等规定。

【依法有效化解行政纠纷】认真做好行政复议、行政应诉及行政调解工作。依法受理行政复议案件1件，参加行政应诉案件1件，对行政调解依据进行梳理，不断完善财政行政调解工作协调机制。一是依法受理行政复议案件。2018年4月2日，大连铭达科技有限公司不服伊犁州财政局作出的《政府采购投诉处理决定书》（伊州财购〔2018〕7号），向自治区财政厅提出行政复议申请，自治区财政厅依法予以受理。经组织调查取证，自治区财政厅行政复议机构依法对该案件进行审理并作出行政复议决定。二是积极参加行政应诉案件。2018年1月24日，新疆好朋友家政连锁有限公司以2012—2014年“家政服务工程”培训补贴资金未足额支付为由，向水磨沟区人民法院提起行政诉讼。作为第三被告，自治区财政厅认真对待、积极应诉，聘请专业律师协助做好各项工作。经开庭审理，法院判决驳回新疆好朋友家政连锁有限公司全部诉讼请求。新疆好朋友家政连锁有限公司不服一审决定，上诉至乌鲁木齐市中级人民法院，经开庭审理，二审法院撤销一审判决，驳回新疆好朋友家政连锁有限公司起诉。2018年7月16日，大连铭达科技有限公司不服自治区财政厅作出的新财复议〔2018〕1号行政复议决定，向水磨沟区人民法院提起行政诉讼，自治区财政厅作为共同被告参与应诉。行政诉讼期间，自治区财政厅认真对待，按时提交答辩状及相关证据资料，经开庭审理后，水磨沟区人民法院判决驳回大连铭达科技有限公司诉讼请求。三是认真做好行政调解工作。根据《关于梳理行政调解法律依据及报送工作方案的函》（新政法函〔2018〕12号）要求，自治区财政厅制订《自治区财政厅行政调解工作方案》，进一步明确行政调解工作目标，对行政调解依据进行梳理，不断完善财政行政调解工作协调机制。

【组织开展财政法治宣传教育】坚持把财政法治宣传教育工作融入财政日常工作中，将普法责任分解到各相关处室，持续加大法治财政培训宣传，进一步推动财政法治宣传教育工作深入开展。一是落实“谁执法谁普法”普法责任制。研究制定《关于落实“谁执法谁普法”普法责任制的实施意见》，对普法责任的主要任务和具体措施进行安排，明确财政厅普法责任清单，建立工作报告和信息报送工作制度，进一步强化全区财政普法工作责任。二是组织参加法治宣传活动。先后组织参加财政部第十二届全国百家网站微信公众号法律知识竞赛活动、第十五届全国法治动漫微电影征集展播（映）活动、“我与宪法”优秀微视频征集展播活动等，组织全区财政系统干部、职工通过网络和微信的方式参与网上答题活动，制作并报送法治动漫宣传画10幅、公益广告4部、微视频10部，既丰富了财政系统干部学法、用法的途径，又增强了财政法治宣传教育的针对性、实效性，受到财政部的好评。三是有针对性组织开展专题培训。举办《个人所得税法修正案（草案）》。宣传解读座谈会、新闻媒体通气会，不断拓宽宣传教育载体，营造税法实施良好氛围。

【主动参与研究推进国家和自治区相关立法进程】反馈财政部、自治区人大、自治区人民政府法制办转送征求意见的法律、地方性法规、部门规章和政府规章合计20件。一是参与推进财政法律法规修改完善工作。加强与自治区财政厅有关处室的沟通协调，并结合自治区财政业务工作实际，就预算、会计、政府采购、资产管理等财政领域的法律法规进行研究，提出补充、修改、完善的具体意见和建议。二是参与研究推进其他领域立法有关工作。配合全国人大、自治区人大、自治区政府法制办等机构，积极组织和会同自治区财政厅机关各处室，就涉及新疆各立法草案、征求意见等研究提出意见和建议。

【认真做好规范性文件管理】一是做好规范性文件管理基础工作。严格遵守规范性文件立项、起草、审核、公布、清理、备案等管理程序，全面梳理和掌握规范性文件类别、数目等基础性资料。二是做好财政规范性文件审查备案工作。学习贯彻好国务院《规章制定程序》《行政法规制定程序条例》等文件，落实合法性审查制度，组织协调审核上报自治区财政厅内各处室起草的各项规范性文件等合法性、公平竞争性审查管理，向自治区人民政府法制办报备规范性文件共计21件。三是开展规范性文件清理工作。先后对军民融合发展法规文件，生态环保地方性法规，涉及产权保护的规章、规范性文件，证明事项及生态环境保护等法规、规章、规范性文件进行专项清理。四是做好2017年度自治区财政规章的汇编工作。进一步完善财政法规数据库建设，印制完成《2017年新疆维吾尔自治区财政规章制度选编》。

【落实社会信用和联合惩戒工作责任】以重大税收违法案件联合惩戒工作为突破口，配合自治区税务、司法等部门对32户违法失信企业和税收违法相对人采取惩戒措施，对符合条件、以前年度失信受惩过的49户违法失信企业和税收违法相对人撤消了惩戒，支持自治区社会信用信息共享交换平台建设，推动自治区社会共治格局尽快形成。

（自治区财政厅法制税政处供稿，周云龙执笔）

财政税政管理

【增值税留抵税额退还工作】为贯彻落实国务院对减税工作安排部署，进一步促进实体经济转型升级，助力经济高质量发展，6月27日，财政部、国家税务总局下发《关于2018年退还部分行业增值税留抵税额有关税收政策的通知》（财税〔2018〕70号），规定2018年对部分行业增值税期末留抵税额予以退还。按照财政部、国家税务总局工作部署，新疆维吾尔自治区财政厅、国家税务总局新疆维吾尔自治区税务局认真研究测算，提出了对自治区电力企业、装备制造等先进制造业，以及研发等现代服务业退还增值税留抵税额相关工作意见。根据自治区人民政府常务会议精神，自治区电网企业涉及的增值税留抵税额先期全额退还；对装备制造等先进制造业和研发等现代服务业（包括专用设备制造业、研究和试验发展等18个大类行业），按规定优先选择中国制造2025、高新技术企业、技术先进型服务企业和科技型中小企业全额退还，其他行业企业按比例退还。截至9月30日，全疆1 183户符合留抵税额退还政策的企业，按时完成留抵退税工作任务。

【深化增值税改革】深化增值税改革是党中央、国务院做出的重大改革举措，是2018年减税降费的重要内容，按照财政部、国家税务总局2018年4月4日下发的《关于调整增值税税率的通知》（财税〔2018〕32号）、《关于统一增值税小规模纳税人标准的通知》（财税〔2018〕33号）文件精神，纳税人发生增值税应税销售行为或者进口货物，原适用17%和11%税率的，税率分别调整为16%、10%，同时明确增值税小规模纳税人标准为年应征增值税销售额500万元及以下。自2018年5月1日深化增值税改革新政策落地以来，自治区财政厅认真贯彻落实国家对此项工作的安排部署，围绕中心抓改革、勇于担当促落实，各级财政部门高度重视、统筹协调、规范管理、强化宣传、注重辅导，精准执行国家政策，确保各项工作执行到位。

【推动完善个人所得税改革】2018年8月31日，第十三届全国人大常委会第五次会议通过了《关于修改〈中华人民共和国个人所得税法〉的决定》（中华人民共和国主席令 第九号），并于2019年1月1日起施行。为了让纳税人尽早享受减税红利，10月1日先行实施每月5 000元减除费用标准并适用新税率表。12月22日，国务院公布了修订后的《中华人民共和国个人所得税法实施条例》和《个人所得税专项附加扣除暂行办法》，明确6项专项附加扣除的具体标准、范围等执行口径。同时，财政部、税务总局相应出台了《关于个人所得税法修改后有关优惠政策衔接问题的通知》（财税〔2018〕164号）、《个人所得税专项附加扣除操作办法（试行）》（国家税务总局公告2018年第60号）等文件，对过渡期优惠政策和专项附加扣除的申报方式等进行了明确。自治区财政厅认真组织专家学者召开理论研讨会，积极做好政策宣传与解读等相关工作，主动帮助企业和群众理解好、掌握好政策，确保个人所得税过渡期政策切实有效落地。

【全力落实各项减税政策】2018年，李克强总理在《政府工作报告》中提出，全年减税8 000亿元。为进一步促进实体经济转型升级，着力激发市场活力和社会创造力，财政部、国家税务总局陆续出台了一系列减税政策，为确保党中央、国务院重大决策部署和政策措施贯彻落实到位，自治区财政厅组织专班，认真梳理税收政策，主动与自治区相关部门对接，及时对政策减税情况进行分析测算，并有针对性地开展政策宣传、培训辅导等工作。为落实好减税相关政策，7月25日自治区财政厅组织召开电视电话会议，要求全区各级财政部门认真研究部署自查整改工作，积极探索标本兼治的长效举措，层层建立自查组织领导工作机制，将任务分解到岗，责任压实到人，高标准推进自查整改工作，确保税收政策落实无缝衔接，不折不扣将各项减税降费贯彻落实到位，最大限度发挥税收服务经济社会发展和促进民生改善的政策性效应。

（自治区财政厅法制税政处供稿，历疆执笔）

预算管理

【概况】 2018 年，预算管理工作紧紧围绕社会稳定和长治久安总目标，深化预算体制改革，加强预算管理，认真履职尽责，推动各项预算管理工作顺利开展，促进自治区经济持续健康发展和社会和谐稳定。

【部门预算管理】 2018 年，自治区财政围绕新疆社会稳定和长治久安总目标，坚持厉行节约、牢固树立“过紧日子”思想，从严控制非急需、非刚性支出。一是强化全口径预算管理，加大政府性基金预算、国有资本经营预算统筹到一般公共预算的力度。政府性基金按照不低于 20% 的比例调入一般公共预算，国有资本经营预算按照 25% 的比例调入一般公共预算。二是按政策、标准、定额编制支出预算，全力维护社会稳定和长治久安，打好“三大攻坚战”等自治区重大工作部署和重点工作。重点保障工资、保障运转、保障基本民生，全力保障部门单位履职和运转需要。三是全面推进绩效管理，将绩效目标作为预算单位申请财政资金的必要条件，将绩效评价结果作为预算安排的重要依据。

【地州市预算管理】 研究提出《关于做好 2018 年地州市预算管理重点工作意见》（新财预〔2018〕10 号），从做好组织收入工作，做好预算执行进度工作，做好资金下达及跟踪反馈工作，加强县、乡财政资金管理等七个方面，指导各级财政部门切实做好自治区 2018 年财政管理工作。研究制定《自治区对地州市财政管理工作绩效考核与激励办法（试行）》（新财预〔2018〕15 号），从财政预算执行、收入质量、盘活财政存量资金、预决算公开、推进财政资金统筹使用等七个方面，对地州市财政管理工作进行绩效考核，切实提高财政资金使用效益。

【政府债务管理】 一是自治区为财政坚决贯彻落实自治区党委、自治区人民政府关于防范化解地方政府债务风险的一系列安排部署，自 2018 年 2 月至 12 月组织发行十批政府债券共 1 020亿元，发行和支出进度在全国位居前列。其中：发行新增一般债券 345 亿元任务，落实自治区维护社会稳定和长治久安总目标；发行新增专项债券 283 亿元任务，推动基础设施项目建设早见成效，促进自治区经济、社会发展；发行置换债券 392 亿元任务，降低地方政府利息支出，避免地方政府资金紧张发生还款风险。二是坚持把防范化解地方政府隐性债务风险作为一项重要的政治纪律和政治规矩，采取有力措施，进一步建立健全覆盖政府债务“借、用、还”全过程的政府债务管理体系，规范举债融资，严控地方政府债务风险，强化政府债务风险评估和预警机制，开好合法合规举债的“前门”，严堵违法违规举债的“后门”。三是督促各地、各部门认真完成 2018 年隐性债务化解任务，牢牢守住不发生政府债务风险的底线，通过持续规范管理和积极化解工作，目前全区地方政府债务总体呈现安全可控、稳中向好的态势，地方政府债务系统性风险得到有效控制。

【盘活财政存量资金】 按照财政部盘活财政

存量资金管理要求，完善盘活财政存量资金管理制度，规范财政资金管理，加大资金监管力度，对沉淀2年以上的财政存量资金进行盘活清理，并纳入财政总预算统筹管理使用。2018年收回2016年度本级部门预算单位财政拨款结余资金5.3亿元。收回的存量资金主要调整用于各项民生及重点项目支出，减轻财政预算安排压力，为自治区经济发展提供资金保障，提高财政资金使用效率。

【自治区以下财政事权和支出责任划分改革】全面贯彻落实党中央关于深化财税体制改革的决策部署，落实《国务院关于推进中央与地方财政事权和支出责任划分改革的指导意见》（国发〔2016〕49号），结合自治区实际，研究制定《推进自治区以下财政事权和支出责任划分实施意见》（新政发〔2019〕8号），推进自治区以下财政事权和支出责任划分改革，加快建立现代财政制度，推动政府治理体系和治理能力现代化。

【环境保护税改革】为确保自治区环境保护税顺利开征，结合自治区实际，研究制定《关于环境保护税税收归属有关事宜的通知》（新政办发〔2018〕30号），遵照事权与支出责任相匹配的原则，环境保护税留归各地（州、市），缴入各地（州、市）本级国库纳入一般公共预算管理，自治区不参与分享，充分调动了各地（州、市）税收资金收缴的积极性和治理环境污染的责任意识。同时根据《新疆生产建设兵团辖区税收入库暂行办法》（新财预〔2017〕150号）规定，兵团辖区原排污费改征环境保护税后，全部缴入自治区级国库。根据中央确定的税收分成办法，以2015年兵团所辖市排污费完成数为基数，实行超基数增量分成。

【中期财政规划】贯彻落实自治区党委、自治区人民政府对中期财政规划工作的安排部署，根据《财政部关于印发2018—2020年全国中期财政规划的通知》（财预〔2018〕81号），结合自治区实际，研究制定《2018—2020年自治区中期财政规划》（新财预〔2018〕131号），深入研究当前和今后一段时期财政发展形势，科学预测未来三年财政收入状况，合理制定未来三年自治区财政收支政策改革措施，优化财政支出安排，实现规划期内跨年度预算平衡，对实现财政可持续发展，提高财政资金使用效益具有十分重要的意义。

【保工资、保运转、保基本民生工作】按照财政部“三保”工作部署和有关要求：一是做好县级“三保”自查工作，组织14个地（州、市）、96个县（市）开展自查，采取有效措施，切实保障“三保”支出需求。二是开展自治区地方政府拖欠公务人员工资统计工作，督促各地优先保障基本支出和运转支出，保障公务人员工资按时发放。三是2018年自治区财政拨付县级基本财力保障奖补资金95.4亿元，缓解县（市）财政困难。

【重点生态功能区转移支付】修订《新疆维吾尔自治区重点生态功能区转移支付办法》（新财预〔2018〕81号），对重点生态功能区转移支付支持范围、资金分配原则、补助类型和补助对象、测算因素和分配权重等方面进行完善。2018年自治区分配下达重点生态功能区转移支付资金47.12亿元，引导地方政府加强生态环境保护，提高重点生态功能区所在地政府基本公共服务保障能力。

【农业转移人口市民化】根据财政部《中央财政农业转移人口市民化奖励资金管理办法》（财预〔2016〕162号），研究制定《自治区财政农业转移人口市民化奖励资金管理办法》（新财预〔2018〕60号），建立奖励机制，保障将财政农业转移人口市民化支持政策落实到位，促进农业转移人口市民化工作顺利进行。2018年，按照中央农业转移人口市民化奖励资金安排情况，自治区财政安排农业转移人口市民化奖励资金3 000万元，助力农业转移人口市民化工作。

【提高自治区边民补助标准】落实自治区党委办公厅、自治区人民政府办公厅《关于加大

边民支持力度 促进守边固边的指导意见的通知》(新党办发〔2018〕32号)要求,2018年拨付各地(州、市)边民补助1.54亿元,将边民补助标准从1 200元/人·年提高到1 495元/人·年,切实维护边境地区社会稳定。

【审计协调工作】 2017年12月7日至2018年12月31日,审计署驻兰州特派员办事处对自治区开展为期一年的审计工作,按照自治区人民政府工作部署,自治区财政厅抽调专人成立审计协调办公室。一是全面做好审计沟通联络工作。始终与审计署同志保持密切联系,做到审计情况清,审计问题明,始终与审计组保持正常沟通联络。二是按时按质报送各类审计材料。严格按照审计组提出的材料清单,统筹力量,梳理政策,统一把关,整理提供与审计要求相印证的审计材料和电子数据,客观地向审计组反映情况和说明问题,对审计组提出要核实的情况积极支持,予以配合。三是做好整改工作。审计报告中涉及由财政部门整改的工作,自治区财政厅认真组织各级财政部门做好审计整改工作,制定整改工作方案,统一整改工作要求,明确整改工作责任。所有审计事项全部限期完成整改。

(自治区财政厅预算处供稿,蔡兵执笔)

国库管理

【概况】 2018年,自治区财政国库工作牢固树立"执行政策不碰红线,履行职责坚守底线"的意识,勇于担当、主动作为,顺利完成国库各项工作任务。

【国库集中支付改革】 夯实国库集中支付改革成果,制定《关于加强代理银行财政资金风险控制有关事项的通知》(新财库〔2018〕28号)、《关于严格财政资金拨付管理的通知》(新财库〔2018〕29号)、《关于进一步规范自治区本级非税收入账户资金收支确认和对账的通知》(新财库〔2018〕52号)等制度文件,加强财政资金拨付管理,防控财政资金风险,确保财政资金安全。截至2018年年底,自治区本级、各地(州、市)及县(市、区)本级全面完成集中支付改革,100%的乡(镇)完成国库集中支付改革。全区通过国库集中支付拨付资金4 669亿元,占当年财政预算支出92%。

【预算执行动态监控】 截至2018年年底,自治区本级监控资金923亿元,纠正违规申请支付资金4.2亿元;地(州、市)以下财政部门监控资金2 486亿元,纠正违规申请支付资金2.1亿元。

【国库集中支付电子化改革】 印发《新疆维吾尔自治区本级财政国库集中支付业务电子凭证库管理暂行办法》(新财库〔2018〕20号),分三批次对自治区本级预算单位进行国库集中支付电子化改革。截至2018年年底,自治区本级1 208家预算单位都已实行电子化改革,发生电子支付业务365 975笔。

【公务卡改革】 截至2018年年底,自治区本级和14个地(州、市)本级、104个县(市、区)级、794个乡(镇)实行公务卡改革,累计发放公务卡 258 047 张，通过公务卡报销 9.4 亿元。

【代理银行综合考评】 2018 年 12 月，组织自治区本级 8 家国库集中支付业务代理银行综合考评工作，抽查代理银行“代垫资金计息明细表”。根据各银行财政国库集中支付业务量，分上半年、下半年分别支付手续费和垫付资金利息。

【国库集中支付资金年终结转】 向预算单位下达 2018 年及以前年度形成的国库集中支付额度结余资金 29.26 亿元。

【组织财政收入】 紧盯全年目标任务，将各级、各部门的责任落到实处。依法依规组织财政收入，严禁虚增财政收入的行为。严格执行国家税收优惠政策和对企业的减费政策，推进“放管服”改革，支持企业发展，努力培植财源，积极涵养税源。各级、各部门制定组织收入方案，采取“以周保旬、以旬保月、以月保年”的盯办措施，确保全年财政收入稳定增长。2018 年实现财政收入 1 531.5 亿元，比上年增长 4.5%。

【财政专户管理】 2018 年度，自治区对不落实清理整顿财政专户要求的，倒查责任，严肃追责。严格财政专户设立、变更审批管理。建立完善合规账户目录（包括乡镇账户），各地财政局主要领导签订账户数量承诺书并报财政厅备案。2018 年全区共撤销账户 3 618 个，撤销后各级财政部门保留财政专户 1 168 个，乡镇账户保留账户 2 201 个。

【财政总会计管理】 一是严格按照总预算会计制度，设置年度账簿、报表和会计科目，完整、准确核算自治区本级政府股权、债权、债务。加强票据传递、印鉴和会计档案管理，强化会计内控机制。按时完成自治区本级财政收支旬月报、支出经济分类月报、库款月报和年终总决算报表编报工作。定期与财政部、预算单位、财政厅内部业务处室、人民银行、代理银行和各地（州、市）财政部门进行对账，形成财政对账工作机制。二是自治区本级开展总会计（包括非税收入专户和其他财政专户）基础业务核查和清理工作，统一预算内会计和财政专户会计核算软件，梳理总会计工作规程。三是改进地方政府债券还本付息管理办法，除兵团财政局外其他 14 个地州采取抵扣专项转移支付的方式，按期抵扣各地应偿还的债券本金和利息，不再与各地州发生地方债还本付息付费资金往来，年末无往来挂账。清理自 2015 年以来自治区与各地州地方政府债券还本付息资金往来资金 954.83 万元。四是举办财政总预算会计制度培训班，按照财政资金拨付的全流程，对预算执行、会计核算、决算的政策制度、工作流程、业务规范、编报要求、注意事项等方面详细讲解。五是自治区主要领导在财政厅撰写的《我区基层总预算会计管理工作的现状、存在问题及下一步工作措施》的调研报告上做重要批示。针对报告中提出的问题，结合基层财政部门的实际情况，代自治区人民政府拟定《关于全面规范和加强财政总预算会计管理的通知》（新政办发〔2019〕3 号），从加强财政专户和预算单位账户管理、规范基础业务、严堵管理漏洞，以及建立和完善决算问题反馈机制、加强信息化建设等八个方面提出明确工作要求，印发各地（州）、市（县）人民政府执行。

【财政总决算】 印发《关于编制 2018 年度自治区财政决算（草案）的通知》（新财库〔2018〕77 号），要求严格执行预算法，完善决算编审工作机制，加强预算执行管理，加强会计核算管理，夯实决算编审。2018 年，自治区地方财政收入完成 2 153.9 亿元，其中：一般公共预算收入完成 1531.4 亿元，政府性基金收入完成 614.3 亿元，国有资本经营预算收入 8.2 亿元；自治区地方财政支出完成 5 812.2 亿元，其中：一般公共预算支出完成 5 012.4 亿元，政府性基金支出完成 790 亿元，国有资本经营预算支出 9.8 亿元。

【部门决算】 2018 年度自治区有 18 692 个

独立核算单位编制部门决算。全区行政事业单位资产总额 12 836.22 亿元，负债总额 2 123.90 亿元。全区行政事业单位收入 5 426.04 亿元，其中：财政拨款 4 472.96 亿元，上级补助收入 2.94 亿元，事业收入（含财政专户管理资金）431.64 亿元，事业单位经营收入 21.03 亿元，附属单位上缴收入 0.01 亿元，其他收入 497.47 亿元。全区行政事业单位支出 5 325.90 亿元，其中：基本支出 2 058.01 亿元，项目支出 3 252.56亿元，上缴上级支出 0.04 亿元，事业单位经营支出 15.31 亿元。

【部门决算信息公开】 按照部门决算信息公开工作制度化、常态化的要求，2018 年，除经审批不予公开的 4 个涉密预算单位外，自治区本级 126 个预算单位均在财政厅门户网站、单位门户网站公开 2017 年度部门决算和“三公经费”决算。自治区 14 个地（州、市）有 13 989 个部门预算单位在本级人民政府网站上公开 2017 年部门决算和“三公经费”决算数据。

【库款管理】 制定《关于进一步加强财政库款管理的通知》（新财库〔2018〕35 号），按月对各地（州、市）库款保障水平低于 0.3 倍和 0.1 倍的县（市）进行通报，督导各地（州、市）建立健全库款预警机制，加强对下转移支付资金调度管理工作。通过合理压降库款规模、按期对各地（州、市）库款考核通报、加快预算执行进度和置换债券资金出库进度等有力措施，确保全区库款规模保持在合理区间，提高财政资金使用效益。2018 年度，自治区财政库款管理工作在全国考核评比中排名第 4 位。

【预算单位银行账户管理】 加强预算单位银行账户管理基础工作，清理撤销自治区本级预算单位不规范银行账户 29 个，新开立银行账户 39 个；深化和完善银行账户管理制度体系，严格规范资金存放银行的选择方式，严格开户银行管理与约束，安排部署各地财政部门开展资金存放检查工作。

【国债管理】 2018 年，自治区 15 家商业银行销售国债总额 44.2 亿元。

【地方政府债券发行】 地方政府债券分十批共计发行 1 020 亿元（含按外债转贷程序 7.2 亿元），合规、按时、足额完成自治区 2018 年地方政府债券发行工作。组建公开招标发行地方政府债券承销团，制定《新疆维吾尔自治区公开承销发行规则》（新财库〔2018〕54 号），明确承销比例、发行程序及应急处理办法；签订公开承销簿记管理人协议，明确权利和义务，共同做好组织发行工作；建立公开承销发行承销团会议制度。9 月 21 日，自治区公开承销发行地方政府债券 9.8 亿元，属全国首家公开承销发行地方政府债券的省份。按时偿还 2018 年度全区地方政府债券本金 184.6 亿元，利息 102.1 亿元，合计 286.7 亿元。按照预算和国库管理规定，及时将债券资金拨付到自治区重大项目和相关地（州、市），所有资金到年末均已执行。

【工资统发工作】 完成自治区本级机关事业单位工作人员基本工资标准调整、机关事业单位离退休人员增加离退休费的工作。2018 年，自治区本级实行财政统发工资单位 385 家，人数 24 404 人（其中：行政单位 15 388 人，事业单位 8 553 人，离退休 463 人），全年累计发放工资（含地方津贴补贴）22.47 亿元。退出财政统发工资单位 9 家，新增单位 2 家，更名单位 3 家。认真审核工资发放数据，全年追缴退休、在职死亡多发、受处分、辞职多发工资 486 万元。

【权责发生制政府综合财务报告试编工作】 按照财政部试编工作要求，制发《自治区 2017 年度权责发生制政府财务报告试编工作方案》（新财库〔2018〕14 号），组织自治区本级 125 个一级预算单位编制政府财务报告，其中：自治区发改委、自治区党校等 6 个试点单位编制完整 2017 年度政府部门财务报告，另有 119 个单位编制部门本级 2017 年度政府部门财务报告。伊犁哈萨克自治州等 7 个地（州）编制完整的 2017 年度政府财务报告。对自治区本级预算单位及所有地（州、市）进行政府财务报告理论及系统操作培训，并组织自治区本级预算单位上机操作政府财务报告系统。组织126个自治区本级一级预算单位进行集中填报、会审，现场指导编报工作。对7个试点地（州）及县（市）政府综合财务报告通过系统进行审核。按时向财政部上报政府财务报告及工作总结。

【荣誉】2018年度自治区财政总决算获全国二等奖。2018年度自治区部门决算获全国优秀奖（16名）。2018年度自治区地方政府债券发行工作得到财政部通报表扬。

（自治区财政厅国库处、国库支付中心、统发工资管理中心供稿，戴文菁执笔）

政府采购管理

【概况】2018年，全疆政府采购规模共完成442.23亿元，同比增加6.2亿元，增长1.42%，占全区财政支出8.87%。从组织形式划分：集中采购（含部门集中采购）金额为325.67亿元，占73.64%；分散采购116.56亿元，占26.36%。从采购方式划分，公开招标采购金额为192.32亿元，占43.69%；其他采购方式采购金额为249.91亿元，占56.31%。从政府采购项目执行情况划分：货物类采购277.05亿元，工程类采购98.71亿元，服务类采购66.47亿元，在政府采购总规模中所占的比例分别为62.65%、22.32%、15.03%。

【政府采购基础工作】严控分散采购和变更采购方式审批，全年累计审批自治区本级分散采购97笔，合计11.38亿元；变更采购方式35笔，合计5.12亿元。下达部门集中采购计划366笔，合计7.59亿元；政府集中采购计划309笔，合计21.59亿元。

【政府采购监督检查】2018年，处理各类投诉举报案件14起，努力实现政府采购法律法规和采购效益的有机结合，有效化解政府采购矛盾纠纷。对全区79家政府采购代理机构代理的658个合计29.78亿元资金的项目开展监督检查，共查出问题2 119个。进一步完善新疆政府采购网监督检查栏目，开辟信用信息共享专栏，及时公布重大税收违法案件当事人等其他系统的失信记录，在政府采购领域全面落实联合惩戒机制。2018年，新疆政府采购网累计发布各类政府采购信息71 590条，实现政府采购全流程信息公开。

【政府采购放管服改革】印发《新疆维吾尔自治区2019—2020年度政府集中采购目录和分散采购限额标准》，将部门集中采购范围由7个系统6大类设备增加至19个系统13大类设备，提高分散采购、公开招标和部门集中采购限额标准，简化政府采购审批流程，统一全区政府采购分散采购限额标准和公开招标限额标准，进一步推进政府采购简政放权，减少审批环节，强化事中、事后监管，推动政府采购逐步实现从注重事前审批向事前、事中、事后全方位监管的转变。

【政府采购政策功能】严格落实政府采购功

能，严禁将注册资本金、资产总额、营业收入、从业人员、利润、纳税额等规模条件作为资格条件，消除中小企业参与政府采购活动的门槛。认真落实对中小企业价格扣除规定，提高中小企业参与政府采购活动的竞争力。发挥政府采购扶持本地企业作用，落实对监狱企业、纺织服装企业的扶持政策。

【车辆控购管理】 严格执行自治区党委全面停止公务用车审批的要求，全面停止审批一般公务用车。

【规范涉密专用信息设备政府采购管理】 会同自治区保密局制定《新疆维吾尔自治区涉密专用信息设备政府采购管理暂行实施办法（暂行）》（新财购〔2018〕2号），将涉密用途的计算机、服务器等办公自动化设备采购纳入政府采购管理，规范涉密信息产品采购活动。

【规范政府采购代理机构管理】 制定《新疆维吾尔自治区政府采购代理机构管理暂行办法》（新财购〔2018〕3号），加强政府采购代理机构管理，促进政府采购代理机构规范发展。

【规范公务机票购买】 针对政府购买公务机票不规范的问题，印发《关于进一步加强公务机票购买管理工作有关问题的通知》（新财购〔2018〕4号），规范公务出行必须政府购买机票管理。

【加强政府采购预算管理】 针对政府采购过程中反映出的政府采购预算编制不细、执行不严等问题，制定《关于进一步加强政府采购预算管理工作有关事项的通知》（新财购〔2018〕6号），严格政府采购预算编制和执行要求，牢固树立无预算不采购、无计划不执行采购、不超预算采购的理念，切实增强预算的约束力。

【加强政府采购诚信体系建设】 印发《关于进一步加强政府采购诚信体系建设有关问题的通知》（新财购〔2018〕7号），进一步规范政府采购诚信体系相关要求，建立联合激励和联合惩戒相结合的政府采购诚信体系机制，将政务诚信建设纳入政府采购诚信体系。

（自治区财政厅政府采购管理办公室供稿，李正勇执笔）

非税收入管理

【概况】 2018年，自治区财政厅非税收入管理全面落实国家各项降费减负政策，继续清理规范行政事业性收费和政府性基金，为营商发展环境营造良好氛围，减轻企业和社会负担。

【收费项目管理】 严格落实行政事业性收费和政府性基金“一张网”制度。及时在自治区财政厅门户网站专用平台动态更新调整政府性收费“一张网”公示目录，包括自治区所有行政事业性收费和政府性基金目录、自治区涉及企业的行政事业性收费和政府性基金目录，内容详细到执收部门、资金管理方式、政策依据、优惠条款信息，以及举报投诉电话等，保障社会和人民群众的知情权。

【降费减负政策落实情况】 全面落实国家各

项降费减负政策，继续清理规范行政事业性收费和政府性基金，努力营造良好的营商发展环境，全年为社会和企业减负约6 035万元。一是降低部分政府性基金征收标准，自2018年4月1日起，将残保金征收标准上限，由当地社会平均工资的3倍降低至2倍。二是停征、免征和调整部分行政事业性收费有关政策，自2018年4月1日起，停征自治区首次申领居民身份证工本费。三是降低全区收费公路化肥运输车辆计重收费标准，于2018年4月5日零时起至6月5日零时止，对全区所有收费公路化肥运输车辆的计重收费标准减半征收，为企业和社会减负1 480万元，降低流通成本，保障春耕生产，对脱贫攻坚有积极作用。四是降低特种设备检验检测费4大类37项收费标准，每年将为企业减负1 795万元。

【收费政策研究】一是印发《关于自治区法律职业资格考试收费有关事宜的通知》（新财非税〔2018〕7号），取消原司法考试考务费项目，新增法律职业资格考试考务费项目，明确自治区考试考务费征收标准和分成比例。二是研究制定《关于规范自治区市政公共停车资源有偿使用收入管理的通知》（新财非税〔2018〕15号），对市政公共停车泊位招投标、资源有偿使用、收入收缴、资金管理、票据使用、加强监督等方面做进一步明确，加强对市政公共停车资源的规范管理。

【财政监督管理】一是积极配合2018年国务院大督查工作。针对国务院部署的2018年为市场主体减轻非税负担3 000多亿元政策措施落实情况，积极协调各行业部门对行政事业性收费和政府性基金类、社保缴费类、企业住房公积金和工程建设领域保证金类以及各领域各类经营服务性收费四大类降费减负政策措施进行全面自查自纠。二是落实财政部、海关总署清理口岸收费工作部署，联合自治区口岸办制定《自治区清理口岸收费工作方案》（新财非税〔2018〕24号），明确工作目标、工作机制、工作要求等，通过认真清理，公示口岸收费项目66项，严格按清单收费，降低进出口环节合规成本。2018年年底前集装箱进出口环节合规成本比2017年降低100美元以上。

【征管职责划转】为贯彻落实《国务院办公厅关于做好社会保险费和非税收入征管职责划转工作的指导意见》，从2019年1月1日起稳步开展非税收入划转税务部门征管工作。会同自治区税务局提出《新疆维吾尔自治区人民政府关于做好社会保险费和非税收入征管职责划转工作的实施意见（代拟稿）》。认真做好划转非税收入项目的信息提供和资料交接工作，并对全区税务部门业务人员进行非税收入收缴政策和业务培训。

（自治区财政厅非税收入管理处供稿，刘单立执笔）

行政政法财政财务管理

【概况】2018 年，自治区财政深入推进行政政法财政财务管理改革，认真规范各项支出管理，切实落实责任，夯实基础，有效保障党政机关、政法部门、群团组织工作运转，从严控制一般性支出，全力保障支持自治区党委、自治区人民政府有关改革、发展、稳定、民生的各项重点工作。2018 年，自治区本级行政政法财政拨款预算 204.68 亿元，比上年增加 5.72 亿元、增长 2.88%。其中：自治区本级年初预算 131.82 亿元，增加 19.34 亿元，增幅 17.19%；上年结转 2.33 亿元，减少 5.28 亿元，下降 69.38%；自治区本级财政追加 31.39 亿元，减少 12.86 亿元，下降 29.06%；中央专款 39.14 亿元，增加 4.52 亿元，增长 13.06%。2018 年，自治区本级行政政法财政拨款预算支出 195.23 亿元，比上年增加 5.07 亿元，增长 2.67%。其中：划转本级支出 124.07 亿元，比上年减少 1.33 亿元、减幅 1.06%；划转各地支出 71.16 亿元，比上年增加 6.4 亿元、增长 9.88%。2018 年自治区本级行政政法财政拨款预算支出按支出功能科目划分：一般公共服务支出 49.46 亿元，外交支出 0.04 亿元，国防支出 3.22 亿元，公共安全支出 72.95 亿元，其他经费支出（教育支出、科学技术支出、文化体育与传媒支出、社会保障和就业、农林水事务支出、交通运输支出、商业服务业事务等支出）69.56 亿元。

【支持基层政权和组织建设】落实资金 3.34 亿元，用于 5 889 名到村任职大学生和“天池计划”人员生活补助、一次性安置和交通工具购置补助，加强农村基层干部队伍建设；落实资金 1 亿元，用于村级组织活动场所、社区办公服务设施建设；落实资金 7 957.63 万元，用于补助全区拆分新增 467 个行政村村干部报酬和村级组织运转经费。

【支持促进宗教和睦和谐】认真贯彻自治区党委、自治区人民政府《关于加强清真寺和宗教活动教育管理服务的意见》，落实住村管寺管委会工作及人员经费、宗教人士生活补贴和集中培训误工补贴共 21 984.14 万元。落实伊斯兰教经学院及其分院建设经费 2 170.3 万元，保障该院设备购置、学生伙食补助、奖学金、助学金、实习经费、各地分院图书资料购置及远程教育工作。

【支持法律援助、普法工作、刑释解教和安置帮教】自治区财政安排全区普法业务经费 676.5 万元、人民调解补助经费 142.5 万元、社区矫正工作经费 285 万元、帮教安置经费 592.5 万元。自治区财政补助各地法律援助经费 1 270 万元、司法救助经费 1 885 万元。

【支持工商质监工作】自 2018 年 1 月 1 日起，驻兵团工商和质监部门划转至兵团管理。划转后，落实自治区质监局部门预算经费 22 753.78万元，其中支持质量技术监督业务专项工作经费 12 191 万元。落实自治区工商局部门预算经费 7 875.65 万元，其中重点支持网络运行线路租赁费 1 850 万元、工商营业执照印刷采购100万元、全区流通领域商品及成品油质量抽检费250万元、工商业务费1 400万元、商事制度改革经费500万元。

【支持旅游发展】 落实旅游专项业务经费1.2亿元，用于国际、国内旅游宣传促销，各类媒体宣传，区域旅游合作，举办大型旅游节和会展活动，旅游项目规划，旅游基础设施建设，旅游厕所建设及管理等。其中安排经费3 150万元，重点支持63个旅游扶贫项目村（每村50万元）扶贫项目建设。

【支持妇女儿童工作】 落实妇女儿童工作经费2 000万元，其中：美丽庭院建设经费336万元，妇联系统改革经费161万元，妇女儿童、法律维权、两纲示范县、妇女就业工作经费880万元，县市妇联交通补助95万元等。

【支持共青团建设】 落实资金16 167.99万元，用于支持团委专项工作、团干部培训、预防青少年违法犯罪等，重点支持自治区大学生志愿服务西部计划中央专项工作，主要用于自治区3 154名志愿者发放生活补贴、艰苦边远地区津贴、意外伤害保险和社会保险补贴等，保障自治区西部计划项目顺利实施。

【支持老龄事业发展】 落实资金2 438.99万元，用于老龄事业信息化建设、专项业务费、办公楼运行、教师代课费、维文办报经费等工作，促进自治区老龄事业发展。

（自治区财政厅行政政法处供稿，马新华执笔）

教科文财政财务管理

【概况】 2018年，自治区教科文事业支出939.98亿元，比上年增加83.42亿元，增长9.74%，重点支持教育、科技、文化事业发展，全力保障自治区改革、发展、稳定、民生等各项工作。其中：教育支出812.88亿元，同比增长12.5%；科学技术支出42.25亿元，同比下降1.31%；文化体育与传媒支出73.39亿元，同比下降8.72%；档案、宣传、地震事务等支出11.46亿元，同比增长6.51%。

【保障农村学前三年教育】 2018年，农村学前双语教育经费保障政策由学前两年延伸至学前三年，自治区财政安排资金21.04亿元，保障全区119万名农村在园幼儿享受免费教育。学前免费教育补助标准提高至年生均2 800元，包括：伙食费1 450元、读本费130元、保教费1 100元、采暖费120元。安排资金21.13亿元，实施农村义务教育薄弱学校改造计划，全面改善农村义务教育薄弱学校基本办学条件。

【支持南疆学前双语教育干部支教工作】 安排资金8 771万元，支持自治区3 000名干部赴南疆乡村双语幼儿园支教，干部支教期间享受南疆工作补贴，再给予生活费补助每人每月2 600元，充实南疆乡村幼儿园双语教育力量，加大双语普及力度。

【完善城乡义务教育经费保障机制】 安排城乡义务教育“两免一补”补助经费35.70亿元，

继续巩固落实城乡统一、重在农村的义务教育经费保障机制，全区281万名在校义务教育阶段学生享受免费教育。安排资金11.15亿元，按照每生每年800元的标准，为全区142万名试点县学生实施农村义务教育学生营养膳食补助计划。安排校舍安全保障长效机制专项补助资金4.38亿元，用于公办学校维修改造、抗震加固、改扩建校舍及附属设施。

【支持普通高中教育发展】 安排经费3.09亿元，用于普通高中学校校舍改扩建、配置图书和教学仪器设备及体育运动场附属设施建设，改善南疆四地州和边远贫困县普通高中办学条件。安排1亿元，支持内地新疆高中班运转。安排高中阶段资助补助资金17.30亿元，其中：免学费7.44亿元，免住宿免教材补助2.22亿元，助学金7.64亿元，认真落实南疆四地州普通高中免费教育、其他地州建档立卡家庭经济困难学生免学杂、助学金及中等职业学校“三免一补”政策。

【构建现代职业教育体系】 安排现代职业教育质量提升计划专项经费3.5亿元，完善以改革和绩效为导向的职业院校生均拨款制度，支持中职院校改善办学条件及实训基地建设。安排自治区职业教育专项经费0.52亿元，推进职业教育教学质量与教学改革。

【完善高校生均拨款机制】 按照在校生每生每年1.2万元标准，落实本级高校生均拨款保障经费25.91亿元，进一步加强自治区本级高等院校（含高职院校）经费保障水平。支持喀什大学新校区搬迁、新疆大学建设等，促进自治区高等教育事业发展。

【支持师资队伍建设】 安排国家特岗计划教师补助经费13.61亿元，落实特岗教师基本工资、绩效工资及南疆工作补贴等待遇。安排资金1.51亿元，落实自治区特岗教师工作补助。安排资金6 883万元，按照每人每月120元的标准补助义务教育阶段学校班主任津贴。安排南疆四地州集中连片特困地区乡村教师补贴2.24亿元，按照每人每月200元标准补助。安排资金1.37万元，支持中小学幼儿园教师国家级培训及新疆中小学少数民族双语教师培训。安排资金2 605万元，支持“三区”人才计划教师专项计划。安排定向免费师范生专项（含中职定向免费师范生）经费6 405万元。

【推动科技发展】 安排资金2.85亿元，推动自治区科技发展，根据自治区战略需要、政府科技管理管理职能和科技创新规律，将自治区财政科技计划优化为自治区重大科技专项、自治区重点研发计划、自治区科技成果转化示范工程、自治区区域协同创新专项、自治区创新环境（基金、基地）建设工程等“五大板块”，形成各有侧重、相互协同的分类管理格局。安排“自治区科技成果转化引导基金”4 000万元，科技成果转化引导基金的规模达到1.6亿元，支持科技成果在区内成功转化。

【建设丝绸之路创新示范区】 为全面推进“丝绸之路经济带创新驱动发展试验区”建设，自治区财政安排资金1亿元，专项用于组建试验区建设创新发展基金，发挥财政撬动功能，调动现有资源再配置，促进科技与产业、科技与金融相结合，引导社会资本支持试验区自主创新。

【支持公共文化、宣传工作】 安排公共文化服务体系建设资金5.13亿元，支持贫困地区村文化活动室设备购置、行政村农民体育健身工程项目、戏曲进乡村、流动舞台车项目等。安排资金1.23亿元支持国家和自治区文物保护工作。安排资金2 690万元支持国家级和自治区级非物质文化遗产的保护、传承和发展。安排资金2.2亿元，支持体育馆、美术馆、图书馆等公益性文化设施免费开放以及公共设施场地运行。安排资金9 224万元，支持自治区广播电视发展。安排资金1.25亿元，支持新闻出版物免费赠阅，阅报栏建设、民文出版译制。安排资金4 520万元，支持维吾尔手机报下乡工程、万村千乡文化惠民等工作。

（自治区财政厅教科文处供稿，樊俊超执笔）

经济建设财政财务

【概况】2018年，自治区经济建设处牢固树立新发展理念，重点支持经济发展和重大基础设施建设，支持纺织服装、电子装配、鞋业、玩具、假发等劳动密集型产业发展，培育壮大新疆果业集团等龙头企业。清理化解经济建设领域政府债务，支持打赢脱贫攻坚战、打赢污染防治攻坚战，落实小麦收储制度改革、城乡居民生活用电同网同价改革等政策措施，推动经济平稳健康发展和人民生活持续改善，推动经济建设等各项事业全面进步。

【支持重大基础设施建设】拨付中央预算内基建投资（拨款）364.21亿元，自治区预算内基建投资（拨款）10亿元，中央和自治区交通类专项资金203.89亿元，其中：车辆购置税资金156.44亿元、地方政府债券资金35亿元、成品油转移支付和交通专项资金12.45亿元，支持自治区重大基础设施建设。安排资金205.39亿元，支持公路建设。安排资金2.92亿元，保障机场建设。安排资金112.05亿元，加快农林水利建设。安排资金70.15亿元，支持保障性安居工程配套基础设施建设。安排资金13.18亿元，支持生态环境领域建设。安排资金10.82亿元支持教育事业建设。安排资金4.49亿元，支持文化旅游和体育方面建设。安排资金47.04亿元，支持公共安全领域建设。安排新疆专项建设资金59.25亿元。

【推进纺织服装等劳动密集型产业发展】制定《新疆维吾尔自治区纺织服装产业专项资金管理办法》（新财建［2018］435号），明确中央和自治区支持纺织服装产业发展的各项补贴政策内容和工作职责，强化补贴资金使用管理要求。安排专项资金35.09亿元，对全区服装企业员工在岗前培训、社保、人才引进、产品运费、电费等方面进行补贴，支持重点地区纺织服装园区基础设施建设。制定《新疆维吾尔自治区南疆四地州部分劳动密集型产业专项资金管理暂行办法》（新财建［2018］496号），明确自治区支持南疆四地州部分劳动密集型产业发展的补贴政策内容和资金管理程序等。安排专项资金2.18亿元，对南疆四地州符合条件的电子装配、鞋业、玩具等企业员工的岗前培训、产品运费等进行补贴。

【支持培育壮大龙头企业】制定《新疆维吾尔自治区培育壮大龙头企业 提升农业产业化水平专项资金管理暂行办法》（新财建［2018］295号），对新疆果业集团及其控股农产品经营企业的农产品收购流动资金贷款给予贴息，按照人民银行同期贷款基准利率贴息3年；对网点建设补助主要用于对社区直营店的房租及装修改造等，对京津沪广深城市每个店补助30万元，其他城市每个店补助20万元。按照新建、整合并购建设项目投资总额的50%，以股权投资方式给予支持农产品仓储加工集配中心建设。2018年安排自治区培育壮大龙头企业提升农业产业化水平专项资金1.92亿元，其中：网点建设补助资金1 690万元、农产品收购流动贷款贴息

7 498.47万元、疆内农产品仓储加工集配中心项目扶持资金 10 000 万元。

【落实支线航线财政补贴政策】2018 年，安排新疆机场（集团）有限责任公司航线补贴资金 1.33 亿元，鼓励航空公司开通更多支线航线，促进“空中公交”航线快速发展。落实自治区航线补贴标准，对年平均客座率低于 60%、每客公里平均票价低于 1.2 元的支线航线，南疆（含东疆）支线机场之间互飞每起降一次补贴 2 万元，北疆支线机场之间互飞每起降一次补贴 1 万元，南疆（含东疆）与北疆支线机场之间互飞每起降一次补贴 1.5 万元，按季度给予航线补贴。

【积极清理化解政府债务】会同自治区交通厅、粮食局、供销社、国有资产投资经营公司、新投煤业公司制定了《政府隐性债务化解方案》，明确到2028 年各项政府隐性债务年度偿还金额和偿债资金来源。认真贯彻落实《财政部、国家发展改革委、工业和信息化部、住房城乡建设部、人力资源社会保障部关于抓紧清理偿还政府欠款专项工作》的工作部署，结合自治区已经开展的清理偿还政府欠款工作情况，会同相关部门制定《自治区清理偿还政府欠款专项工作实施方案》，积极清理化解政府债务。

【支持打赢污染防治攻坚战】安排中央和自治区环保类专项资金 5.63 亿元，用于大气、水、土壤污染防治，农村环境整治，环境监管能力建设，节能减排等重点项目支出，为打赢污染防治攻坚战提供资金保障。会同生态环境厅、发展改革委、水利厅联合印发《自治区建立流域上下游横向生态保护补偿机制的实施意见》（新财建［2018］361 号），明确自治区建立流域上下游生态保护补偿机制的指导思想、基本原则、工作目标，试点流域范围等内容，在白杨河和布克流域（塔城地区、克拉玛依市）开展流域上下游补偿试点。安排中央重点生态保护修复治理专项资金 10 亿元，支持额尔齐斯河流域山水林田湖草生态保护修复。

【支持“两居”工程和保障性住房建设】会同自治区住建厅制定印发《新疆维吾尔自治区农村安居工程补助资金管理办法》（新财建〔2018〕377 号），明确补助对象和资金分配下达、使用管理、监督检查等管理规定。按照对建档立卡贫困户、低保户、农村分散供养特困人员、贫困残疾人家庭四类重点对象自治区户均补助 0.8 万元，对一般户自治区户均补助 1.85 万元的补助标准，安排“两居”工程自治区补助资金 34 亿元（债券资金），完成自治区 28.21 万户农村安居建设任务。安排城镇保障性住房工程配套基础设施中央预算内基建投资（拨款）69.3 亿元，用于棚户区改造工程建设任务、全区保障性住房工程基础设施建设，改善城镇低收入家庭和居住在农牧区、林区、工矿区危旧房内的广大居民住房条件。

【推动自治区小麦收储制度改革】落实自治区小麦收储制度改革方案有关政策措施，会同自治区粮食和物资储备局印发《新疆维吾尔自治区粮食收购贷款信用保证基金管理操作规程（试行）》、《2018 年自治区小麦收购应急预案》、《新疆维吾尔自治区小麦收购贷款贴息管理暂行办法》（新财建〔2018〕537 号）；通过自治区粮食风险基金等筹集落实专项资金 12.17 亿元，建立自治区粮食收购贷款信用保证基金、小麦收购应急机制等，保障了地方储备粮油利息费用补贴、小麦收购贷款贴息等支出需要。

【继续推进棉花目标价格改革】落实深化棉花目标价格改革工作部署，安排 2018 年度中央棉花目标价格改革补贴资金 92.75 亿元，按照陆地棉交售量补贴 0.918 元/公斤，特种棉交售量补贴 1.194 元/公斤，南疆四地州基本农户面积补贴 86.268 元/亩的补贴标准，对棉花种植者进行补贴。安排保险费 2.61 亿元，支持博乐、柯坪、叶城 3 个县市开展棉花“价格保险＋期货”试点。安排中央棉花目标价格改革补贴资金 134.11 万元，支持沙湾、精河、玛纳斯、尉犁、阿克苏、麦盖提 6 个县市开展棉花目标价格改革

"补贴与质量挂钩"试点，在统一补贴标准的基础上，按照0.2元/公斤的补贴标准，对6个试点县市的优质棉花给予质量补贴。

【推动城乡居民生活用电同网同价改革】落实自治区党委、自治区人民政府关于自治区城乡居民生活用电同网同价改革的工作安排，将自治区企业各电厂征收留成自治区国库的"一省一贷农网还贷资金"，专项用于自治区城乡居民生活用电同网同价改革电网运行补贴，2018年累计拨付国网新疆电力公司自治区城乡居民生活用电同网同价改革电网运行补贴18.92亿元，对实现全区居民生活用电实际交纳的电费统一为0.39元/千瓦时提供资金保障。

【支持取消矿山地质环境治理恢复保证金】根据《财政部、国土资源部、环境保护部关于取消矿山地质环境治理恢复保证金 建立矿山地质环境治理恢复基金的指导意见》，会同自治区自然资源厅、生态环境厅，做好自治区取消矿山地质环境治理恢复保证金工作，2018年对1 388个矿山企业解除了保证金支取与审批动用手续，涉及保证金金额20亿元。

【化解钢铁、煤炭行业过剩产能】按照因素法分配原则，依据化解产能任务量占50%、需安置职工人数占30%、财政困难程度占20%因素，安排2018年工业企业结构调整中央专项奖补资金4.47亿元，化解煤炭行业过剩产能462万吨，安置职工1 437人。

（自治区财政厅经济建设处供稿，马俊林执笔）

农业财政财务

【概况】2018年，农业财政工作认真贯彻落实中央和自治区关于"三农"工作的决策和工作部署，按照自治区"稳粮、调棉、优果、兴畜"的发展思路，贯彻"保障重点，压缩一般"的要求，积极调整财政支出结构，统筹安排预算，创新财政支农体制机制和财政支农方式，积极落实各项强农惠农政策资金，促进农业发展方式转变和农业结构优化，着力推进涉农领域重点改革，调整完善农业补贴政策，加快农业现代化建设，千方百计促进农民增收，强化资金监管，完善资金管理制度，努力提升农业财政资金使用效益。

【农业财政投入】2018年，全区农林水事务支出达到754.8亿元，比上年增长24%。其中：财政专项扶贫资金244.9亿元，重大水利工程建设等水利资金222.82亿元，农林牧农机气象等农业发展金融服务资金161亿元。以上资金中，对农牧民个人补贴达70亿元。

落实中央和自治区财政安排农林水事务预算资金223.85亿元，其中：中央财政补助专项资金159.56亿元，同比增加1.57亿元，增长0.99%；自治区本级预算安排64.29亿元，同比增加8.37亿元，增长14.97%。中央和自治区财政安排农林水事务预算资金主要用于以下方面：落实对农牧民个人的耕地地力补贴、退耕还林还草补贴、草原生态保护奖补、农机购置补贴等直接补贴69.57亿元；农业产业化发展资金23.12亿元；林业生态保护恢复、林业改革、特色林果业等林业专项资金27.06亿元；重大水利工程、农业高效节水工程建设等水利发展专项资金62.69亿元；高标准农田等农业综合开发资金12.46亿元，农业科技、农机推广、气象服务三农等其他支农资金1.57亿元。

【落实“三项重点”工作任务】一是制定《自治区财政厅贯彻落实实施乡村振兴战略的意见》，明确工作职责，细化具体措施，提出具体要求，印发各地（州、市）和财政厅机关业务处室遵照执行。二是落实自治区党委提出的“一产上水平”工作部署，以产业振兴为主线，支持农业产业化发展，落实促进农产品加工业发展的政策措施。2018年，自治区统筹中央和自治区财政专项资金，落实农业产业发展资金20.39亿元，包括：新疆果业集团疆内疆外农产品收储销售网点建设资金2.75亿元，果蔬烘干冷藏设施建设资金0.62亿元，绿色高效农业发展、一二三产业融合、农业结构调整和优势特色主导产业发展等资金17.85亿元。三是把打好脱贫攻坚战作为实施乡村振兴战略的优先任务。按照确保增幅、切块下达、下放权力的原则，自治区向试点贫困县分配下达中央和自治区涉农资金204.07亿元，较2017年增长39.05%，为贫困县打好脱贫攻坚战提供了有力的政策保障和财力支持。贫困县依托整合试点机制，筹措落实农业生产发展资金61.8亿元。四是按照推进乡村生态振兴的要求，落实中央和自治区财政支持生态环境保护资金。五是完成自治区实施乡村振兴战略实绩考核工作任务。2018年，全区“三农”资金支出779.8亿元，比上年增长22.9%，做到了规模不减，增幅不降；充分利用现有的资金政策安排落实相关资金，支持实施乡村振兴战略；积极研究农村人居环境整治资金筹集办法，提出相关意见和建议；牵头完成对各地（州、市）农村人居环境整治专项资金投入量和“三农”资金投入增长率进行评价；按照规定及时完成年度工作总结、评价考核材料上报等工作任务。

【落实企业收储销售农产品的工作】2018年5月24日，自治区主要领导对做好新形势下维护社会稳定、农业产业化发展、脱贫攻坚、发展壮大龙头企业等工作作出了重要指示。为认真贯彻落实重要指示精神，确保完成各项目标任务，自治区财政厅、供销社、林业厅共同研究提出《关于培育壮大龙头企业 提升农业产业化水平的意见》，并经自治区党委、人民政府同意。具体措施为：一是为了增强果业集团为农服务的能力，发挥果业集团的龙头带动作用，促进农业供给侧结构性改革，提高农业发展质量，带动农民增收，财政厅会同自治区供销社研究确定了网点建设和仓储加工集配中心建设的重点项目，提出财政扶持办法，在2018—2020年的三年内安排财政扶持资金11亿元。二是对新疆果业集团2018—2020年内存续并正常付息的农产品收购贷款，按照同期人民银行公布的贷款基准利率，由自治区财政贴息。贴息资金通过两个渠道安排落实：对符合林业贷款贴息条件的果业集团农产品收购贷款，利用中央财政林业贷款贴息资金，按3%的贴息率贴息；其余贴息资金由自治区财政预算安排。2018年资金落实情况：自治区财政拨付新疆果业集团农产品收储销售补助资金2.13亿元，包括农产品仓储设施建设补助资金1亿元、农产品收购贷款贴息资金0.75亿元，农产品销售网点建设资金0.17亿元；供销系统林果业贷款贴息0.21亿元。

【打好脱贫攻坚战】全面贯彻落实国务院和自治区关于贫困县涉农资金整合试点政策规定，研究制定《自治区关于做好2018年贫困县涉农资金整合试点工作的通知》，由自治区扶贫开发领导小组印发；组织自治区相关部门按照增幅保障、切块下达的要求，将中央17项、自治区14项涉农资金及时下达到全区32个试点贫困县，并完全下放资金项目使用权限，不指定具体用途，由贫困县统筹使用；组织开展政策培训、答疑解惑工作。2018 年，下达试点贫困县整合范围涉农资金 203.76 亿元（其中中央资金 164.65 亿元，自治区资金 39.11 亿元），比上年大幅增长，落实了向资金贫困县倾斜、集中财力支持脱贫攻坚工作的要求。

【支持农村人居环境整治】 积极推进废旧地膜回收利用整县试点，下达资金 1.58 亿元支持全区创建 40 个废旧地膜回收利用示范县，在示范县范围内整县推进废旧地膜回收利用试点，全面推广使用符合自治区地方强制性标准的地膜，建立地膜回收补贴和激励机制，扶持培育地膜回收专业组织，实施废旧地膜加工能力建设，开展全降解地膜试验示范和农田地膜残留监测，强化政策法规宣传和农业执法，实现示范县当季农田废旧地膜回收率达到 80% 以上。

【加强农业防灾减灾救灾能力建设】 落实农业救灾资金 6.58 亿元，其中：农业生产救灾和防汛抗旱资金 2.85 亿元，动物防疫资金 3.16 亿元，气象服务“三农”资金 0.57 亿元。

【支持示范试点改革】 一是筹集 5 000 万元资金，支持整县推进畜牧业转型示范性工程。二是落实粮改饲试点资金 8 582 万元，对承担和完成粮改饲试点任务的畜牧龙头企业给予“推进 74.6 万亩粮改饲面积结构调整”工作。三是落实农业产业园示范建设资金 8 000 万元，在财政部批准的 8 个村镇开展试点，落实农业产业发展项目。四是贯彻落实中央和自治区关于开展南疆地区农业高效节水试点的部署和要求，会同水利、发改部门，指导试点县制订实施方案，以及水价改革、资金管理等相关制度办法。积极与财政部对接，衔接落实资金。2018 年落实资金 5.8 亿元，其中：中央资金 5 亿元，自治区资金 8 000万元。按照先建机制、后建工程的要求，试点任务有序推进，及时开展调研，总结工作经验。五是完善耕地地力保护补贴政策，筹集落实补贴资金 29.2 亿元。为鼓励和引导农民进行结构调整，采取秸秆还田、深耕整地、残膜回收、减少农药化肥用量、施用有机肥等措施，切实加强农业生态资源保护，自觉提升耕地地力，按照《自治区小麦收储制度改革方案》（新政发〔2018〕23 号）明确的“市场定价、价补分离”、“优质优补”要求，停止执行收购环节小麦直补政策，提高耕地地力保护补贴标准，冬麦每亩增加补助 30 元，春麦每亩增加补助 15 元。调整后，2018 年耕地地力保护补贴标准为：冬小麦 130 元/亩、春小麦 115 元/亩、青贮 100 元/亩、苜蓿 100 元/亩，籽粒玉米 18 元/亩，种植玉米（不含复播）和特色经济作物（不含棉花、甜菜、瓜果、露地蔬菜等）的耕地 18 元/亩。

【支持土地确权颁证】 支持完成农村土地承包经营权确权登记颁证登记发证工作，按照 2018 年确权资金拨付完毕，2019 年全部完成确权任务的要求，下达全区 276.06 万亩土地确权任务，及土地确权证制证费和建立农村土地承包经营权确权信息应用平台工作经费，累计拨付中央及自治区补助资金 1.36 亿元。

【支持农业担保业务发展】 积极统筹中央和自治区涉农资金，支持农业信贷担保体系建设，2016—2018 年累计安排补助资金 12.82 亿元，采取银担合作模式，为农业经营者（包括农牧民）的贷款提供担保，实行担保费率优惠政策，缓解农业融资难、融资贵、融资慢问题。截至 2018 年，累计担保总额 11.25 亿元，在支持种粮大户、家庭农场、农民合作社、农业企业等新型经营主体发展，提高适度规模经营水平等方面发挥了积极作用。

（自治区财政厅农业处供稿，盛文秀执笔）

社会保障财政财务

【概况】 2018年，自治区财政社会保障财务管理工作坚持完善可持续的多层次社会保障体系，健全社会保障兜底脱贫制度，深化医疗卫生体制改革，支持实施更加积极的就业创业政策。全区社会保障支出865亿元，同比增加72.29亿元，增长9.1%，其中：社会保障和就业支出579亿元，同比增加53亿元，增长10%；医疗卫生健康支出286亿元，同比增加19.29亿元，增长7.2%。

【提高养老金标准】 安排资金29亿元，同步提高企业和机关事业单位退休人员的基本养老金，惠及全区138.21万名退休人员。安排资金23.32亿元，将自治区居民基础养老金最低标准由每人每月115元提高至140元，惠及全区113万城乡居民。

【落实工伤保险政策】 会同自治区人力资源和社会保障厅研究调整2017年工伤（亡）职工工伤保险待遇，提高2016年12月31日前伤残职工按月享受的伤残津贴、生活护理费和供养亲属抚恤金标准。

【提高失业保险标准】 调整自治区失业人员失业保险金标准，从2018年起，失业人员领取失业保险金期限在第1至第12个月的，每人每月按最低工资标准的85%领取；领金期限在第13至第24个月的，每人每月按最低工资标准的80%领取。

【加强社会救助工作】 安排困难群众生活救助资金63.15亿元，保障困难群众基本生活。拨付中央农村安居工程补助资金26.41亿元，支持全区17.32万户农村低保户、农村分散供养特困人员、贫困残疾人家庭和建档立卡贫困户等“四类重点对象”农村安居房建设。安排困难残疾人生活补助和重度残疾人护理补助资金1.55亿元，重点解决南疆四地州残疾人的基本生活困难。安排1.74亿元专项资金，保障残疾人“阳光家园计划”等项目顺利实施。

【推进医改重点工作】 将城乡居民基本医疗保险财政补助标准从每人每年450元提高至每人每年490元。安排专项资金3亿元，支持建立22个深度贫困县162万名贫困人员深度贫困人口补充医疗保险。安排资金11.55亿元，将基本公共卫生服务补助标准从每人50元提高至每人55元。安排公立医院改革补助资金5.25亿元，支持深化公立医院补偿机制、人事薪酬制度、现代医院管理制度等各项改革。安排重大公共卫生项目补助资金7.73亿元，支持精神卫生、艾滋病、结核病等重点疾病防控能力。安排基本药物制度补助资金1.95亿元，保障基层医疗卫生机构落实基本药物制度顺利实施。安排资金1亿元，落实乡村医生多渠道补偿机制。

【推动实现更高质量就业】 安排就业专项资金25.09亿元，支持各地就业创业和职业培训工作，制定《关于印发〈新疆维吾尔自治区就业资金管理暂行办法〉的通知》（新财社〔2018〕241号），强化就业资金绩效评价和监督检查，提高资金使用效益。2018年，全区实现城镇新增就业 47.58 万人，城镇登记失业率 3.3%，农村富余劳动力累计转移就业 279.6 万人（次），应届普通高校毕业生就业率 89.93%，就业困难人员实现就业 5.24 万人，零就业家庭保持动态为零。

【降低社会保险费率】经自治区人民政府同意，2018 年 5 月 1 日至 2019 年 4 月 30 日，继续执行企业职工基本养老保险单位缴费费率 19% 和失业保险单位缴费费率 0.5% 的降成本政策。会同自治区人力资源和社会保障厅制定《关于实施失业保险援企稳岗“护航行动”的通知》（新人社函［2018］443 号），自 2018 年 1 月 1 日起将稳岗补贴范围从三类企业扩大至依法缴纳失业保险费 1 年以上的所有企业。

【加强社会保险基金预决算管理】强化社会保险基金预决算联合工作机制，加强基金预算编制与经济和社会发展相衔接。新疆自治区社会保险基金预决算工作被财政部评为全国一等奖。2018 年，全区企业职工基本养老保险等八项社会保险基金收入 1 168.51 亿元，支出 1 003.5 亿元，基金滚存结余 1 662.42 亿元。

（自治区财政厅社会保障处、社会保障基金管理中心供稿，阿不都热依木江·普拉提执笔）

企业财政财务

【概况】2018 年，财政厅企业处紧紧围绕财政中心工作，安排自治区本级财政资金 16.81 亿元，争取中央补助资金 5.55 亿元，坚持依法理财、科学理财，充分发挥财政政策、资金的引导带动作用，积极服务自治区经济社会持续健康发展。

【国有资本经营预算管理工作】2018 年，自治区本级国有资本经营预算收入总计 9.15 亿元，其中：利润收入 2.30 亿元，股利股息收入 0.02 亿元，产权转让收入 0.52 亿元，转移支付收入 0.36 亿元，上年结转 5.95 亿元；全年实现支出 8.62 亿元，其中：解决历史遗留问题及改革成本支出 3.16 亿元，国有企业资本金注入 2.44 亿元，其他国有资本经营预算支出 0.65 亿元，国有资本经营预算转移支出 1.66 亿元，调出资金（调入一般公共预算）0.71 亿元；收支相抵，结余 0.53 亿元。

【服务实体经济发展】安排自治区本级中小企业发展专项资金 9 940 万元，其中：拨付7 940 万元，支持中小微企业创业基地、公共服务示范平台建设，并对融资担保机构实施担保业务费补助、担保业务额奖励政策，降低中小微企业抵押担保成本，对中小微企业服务机构服务成本进行补助补贴；拨付 2 000 万元，落实中小微企业融资担保风险补偿制度，按照 20% 的比例，对全区 10 家融资担保机构在 2017 年发生的中小微企业融资代偿款进行补助补贴，对中小微企业短期融资券、集合票据、企业债券的发行费用给予补贴。争取中央财政中小企业发展专项资金 1.10 亿元，其中：拨付 5 000 万元支持乌鲁木齐经济技术开发区和乌鲁木齐高新技术产业开发区建设中小企业创新创业升级特色载体；拨付 5 987 万元，对46家融资担保公司扩大小微企业融资担保业务规模、降低融资担保费率等进行奖补，着力解决中小微企业融资难、融资贵问题。

【推进区属国有企业改革】安排国有企业改革成本4.96亿元，保障55户共计7.76万人次区属国有关闭破产企业离退休人员取暖、医疗、活动等经费，加快推进国有破产改制企业破产清算进程；切实做好区属国有企业办中小学、职教幼教退休教师和医院退休人员社会化管理工作，保障相关退休人员切身利益，维护企业、社会稳定。贯彻落实国有企业家属区“三供一业”分离移交政策，统筹安排中央、自治区财政补助资金2.99亿元，及时、足额保障“三供一业”分离移交维修改造资金，切实减轻企业负担。

【支持外经贸事业发展】争取中央财政外经贸发展专项资金3.13亿元，拨付6 873万元，支持54家企业的63个项目，推进自治区外贸转型升级、优化外贸结构；拨付7 500万元，支持938家企业的925个项目，鼓励中小外贸企业走出去开拓国际市场；拨付加工贸易梯度转移资金2 200万元，支持1个园区项目和11个企业项目；拨付2 500万元，支持11家企业的32个项目，鼓励企业开展重点领域的国际产能合作；拨付资金8 048万元，支持372家企业，着力培育国际物流干线；拨付资金5 000万元，做好第六届中国－亚欧博览会经费保障工作；拨付资金700万元，支持乌鲁木齐市服务贸易示范城市建设；拨付服务贸易专项资金430万元，支持21家企业的32个项目，促进自治区外经贸企业开展对外交流合作、参与国际市场竞争、提升国际市场竞争力和知名度。

【大中型水库移民后期扶持工作】2018年，中央、自治区共安排大中型水库移民后期扶持资金1.78亿元，其中：安排直补资金6 046万元，按照每人每年600元的标准对10万余名水库移民给予补贴；安排项目资金1.17亿元，支持库区和移民安置区基础设施建设及经济社会发展，切实改善移民生产生活条件。

【强化企业财政资金管理】研究制定《新疆维吾尔自治区大中型水库移民后期扶持基金项目资金管理实施细则》（新财企〔2018〕67号）、《新疆维吾尔自治区本级国有资本经营预算绩效管理暂行办法》（新财企〔2018〕164号）；修订完善《新疆维吾尔自治区外经贸发展专项资金管理实施细则》（新财企〔2018〕60号）、《新疆维吾尔自治区中央下放企业职工家属区“三供一业”分离移交中央财政补助资金管理办法》（新财企〔2018〕90号）、《区属国有企业职工家属区“三供一业”分离移交财政补助资金管理办法》（新财企〔2018〕91号）。

【地方国有企业经济运行情况】2018年，自治区纳入国有及国有控股企业财务会计决算编报范围的企业共有2 308户，资产总额16 969.69亿元，负债总额10 633亿元，所有者权益总额6 336.69亿元，实现营业总收入2 585.33亿元，实现净利润69.86亿元，年末职工人数231 151人，实际发放职工薪酬总额197.06亿元，人均薪酬9.46万元，企业负责人3 431人，全年支付企业负责人薪酬6.67亿元，人均19.44万元，年末离退休人员81 273人，年末党员人数32 778人。

（自治区财政厅企业处供稿，孙欣执笔）

涉外财政财务

【概况】 2018年，新疆政府外债贷赠款项目143个（不含亚行），协议贷款总额27.16亿美元，其中：国际金融组织贷款项目33个，协议贷款金额15.96亿美元；外国政府贷款项目102个，协议贷款金额10.84亿美元；赠款项目8个，赠款金额0.36亿美元（贷款协议额变动为统计年度汇率变动形成）。

【政府外债项目风险管理】 坚决贯彻落实自治区防范和化解政府债务风险的决策部署，全面加强政府外债项目风险管理。一是为贯彻落实自治区"三大攻坚战"中防范债务风险，向全疆各地州下发《关于做好利用外资项目有关工作的紧急通知》，认真审核项目申报，坚持从源头上防范化解政府外债风险。二是加强对项目执行过程中的绩效评价管理。2018年筛选出"世界银行贷款新疆职业教育项目"作为2018年绩效评价开展项目，并录入财政部国际金融组织贷款业务管理信息系统。牵头组织成立绩效评价小组、制定出绩效评价工作计划，督导项目单位聘请第三方机构对项目进行绩效测评，于2019年2月30日前将最终修订的绩效评价报告报送财政部。

【政府外债风险防控】 自治区财政厅与自治区发改委联合转发《国家发展改革委 财政部关于完善市场约束机制严格防范外债风险和地方债务风险的通知》，进一步发挥国际资本市场低成本资金在支持实体经济转型升级和推进供给侧结构性改革方面的积极作用，完善市场约束机制，做到"谁用谁借、谁借谁还、审慎决策、风险自担"，切实有效防范中长期外债风险和地方债务风险。

【国际金融组织和外国政府贷款债务限额管理】 按照《财政部关于下达2018年分地区项目地方政府外债转贷额度的通知》（财国合［2018］23号）要求，对全区正在实施的政府外债项目进行认真梳理，将2017年底预报的2018年债务限额5.39亿元结合实际需求下调至4.2亿元，节省额度调剂用于增加发行新增地方政府一般债券。建立健全债务（外债）系统数据库。2018年按照政府债务专项审计要求，对新疆全部政府外债还款项目进行梳理与核实，督导项目单位按规范和要求及时将债务数据录入地债系统，纳入预算管理，加大防范债务风险的管理力度。开展项目调研，提高资金使用效益。2018年对世行贷款乌鲁木齐城市交通改善二期项目开展项目实地调研，发现项目执行和管理中的亮点，查找存在的问题和不足，研究解决方案，制定整改措施，有效防范政府外债风险，提高项目资金使用效益。

【政府外债贷款项目资金监管】 世界银行贷款职业教育项目经理肖丽萍及专家团队分别于2018年6月和11月来新疆进行实地考察、世界银行贷款乌鲁木齐城市交通改善二期项目经理焦育辉及专家团队分别于2018年6月和10月来新疆进行实地考察。在对世界银行贷款项目建设进度、实施质量等内容的实地考察后，世界银行贷款项目检查团给予了好评。

【**国际金融组织贷款项目管理**】2018 年，国际金融组织贷款在建项目有 4 个，国际金融组织赠款在建项目有 1 个。一是世界银行贷款伊宁城市交通项目，利用世行贷款 1 亿美元，已于 2017 年 12 月 31 日完成项目建设，累计提款 9 088.66万美元，占贷款总额的 90.89%，已于 2018 年 4 月 30 日关账。二是世界银行贷款新疆职业教育项目，利用世行贷款 0.5 亿美元，2018 年提款 586.38 万美元，累计提款 2 374.94 万美元，占贷款总额的 47.50%。三是世界银行贷款乌鲁木齐城市交通改善项目二期，利用世行贷款 1.4 亿美元，2018 年提款 1 425.17 万美元，累计提款 5 241.75 万美元，占贷款总额的 37.44%。四是欧洲投资银行乌鲁木齐既有建筑节能改造项目，利用欧投行贷款 4 000 万欧元。按照贷款方提款报账要求，每笔提款额度为 800 万欧元。2018 年项目建设资金使用额度不够提款要求的额度，拟于 2019 年累计提款报账。五是 2018 年国际金融组织赠款在建项目 1 个，全球环境基金赠款加强阿尔泰山两河源流域景观保护区有效管理项目，项目赠款总额 354.47 万美元。2018 年提款 78.07 万美元，累计提款 320.64 万美元，占赠款总额的 90.46%。截至 2018 年 12 月 31 日，赠款项目建设内容已全部完工，并初步接受了 UNDP 项目验收。

【**外国政府贷款项目管理**】2018 年外国政府贷款在建项目 4 个。一是以色列政府贷款新疆阿克苏地区沙雅县建设县城排水改造工程项目，利用以色列政府贷款 1 444 万美元，2018 年项目建设已全部完工。截至 2018 年累计提款 1 178.35 万美元，占贷款总额的 81.60 %。二是中央财政统借统还以色列政府贷款新疆农田水利建设项目，利用以色列政府贷款 6 000 万美元。2018 年提款 240.22 万美元，累计提款 4 157.62 万美元，占贷款总额的 69.29 %。三是新疆职业大学利用德国促进贷款实施中德（新疆）职业教育实训基地项目，利用德国促进贷款 2 000 万欧元。2018 年提款 273.22 万欧元，累计提款 1 027.86万欧元，占贷款总额的 51.39%。四是德国促进贷款乌鲁木齐市轨道交通 1 号线项目。利用德国促进贷款 1.0 亿欧元。2018 年提款 2 916.04万欧元，累计提款 2 916.04 万欧元，占贷款总额的 29.16%。

【**债务偿还及清收工作**】2018 年，共向财政部偿还（含垫付偿还）18 个政府外债项目到期债务 4.19 亿元人民币。其中：国际金融组织贷款项目 12 个，到期债务 3.34 亿元；外国政府贷款项目 6 个，到期债务 0.85 亿元人民币。由自治区本级财政承担（或部分承担）还款责任的债务 0.15 亿元人民币，包括：世行贷款塔里木河治理二期项目、世行贷款卫生九性病/艾滋病防治项目、世行贷款/英国赠款卫十结核病控制项目、日元贷款黑字还流项目、日元贷款人才培养项目、日元贷款经济信息中心建设项目、德贷自治区疾控中心实验室装备项目等 7 个项目；为各地州垫付的项目 14 个，垫付债务 4.04 亿元人民币，包括：世行贷款卫生九性病/艾滋病防治项目、世行贷款塔里木河治理二期项目、世行贷款甘肃新疆畜牧发展项目、国际农发基金新疆贫困地区农村综合发展项目、世行贷款乌鲁木齐城市交通改善项目、世行贷款新疆公路三项目、世行贷款乌鲁木齐集中供热节能改造项目、世行贷款伊宁城市交通项目、世界银行贷款吐鲁番节水灌溉项目、世行贷款新疆职业教育培训项目、乌鲁木齐城市交通改善二期项目、日元贷款黑字还流项目、日元贷款“新疆节水灌溉”项目、日元贷款提前还贷再转贷项目。截至 2018 年 12 月 31 日，垫付资金清收率达 100%。保证了自治区还贷准备金的正常运转，提高了还贷准备金的使用效益。

（自治区财政厅涉外处供稿，洪涛执笔）

中亚区域经济合作

【概况】 2018年，中亚处积极利用中亚区域经济合作机制和中亚学院平台，促进自治区"丝绸之路经济带"核心区建设，强化亚行贷款债务风险管理，不断提高自治区亚行贷款管理工作水平。

【推动中亚区域合作成员国开展政策交流对接】 积极发挥财政职能作用，主动为自治区税务局、人民银行乌鲁木齐中心支行、商务厅、博览局等部门搭建桥梁，与中亚学院加强工作交流，在中亚区域经济合作成员国之间开展国际税收、金融、外贸等领域的政策交流和对接。协助中亚学院、自治区税务局于2018年7月18—20日在乌鲁木齐联合举办面向中亚区域经济合作成员国的"中亚区域经济合作营商便利度——税收专题研讨会"，促进区域内资本流动和投资活动。

【促进企业和社会组织交流合作】 推进中亚区域经济合作机制下的会计领域合作，利用中亚学院平台，加强与中亚地区政府及相关社会组织的沟通，探索成立面向中亚地区的会计协会、贸易联盟等社会合作组织，推动有能力的会计师事务所在中亚地区设点，促进自治区相关行业和企业与中亚地区的交流与合作。积极、主动加强与中亚学院的沟通，请中亚学院协调中亚区域经济合作成员国做好调研考察工作对接，确保调研考察取得实效，为自治区有关会计师事务所拓展中亚市场、更好地服务区内企业"走出去"铺路架桥。

【提高国际战略思维能力】 围绕"一带一路"倡议和自治区丝绸之路核心区建设，与中亚学院合作，邀请国内外知名学者、专家就国际形势、国际关系、国际经济等开展专题讲座，营造参与中亚区域经济合作氛围，拓展自治区各相关部门对外开放的国际视野。2018年11月9日，邀请中国财政科学研究院院长刘尚希在财政厅举办题为"'一带一路'与新疆改革开放发展的机遇"的专题讲座。刘尚希对"一带一路"与新疆改革开放发展的机遇做出全面与深入的阐释，对今后核心区建设存在的主要风险与挑战做出深刻阐述。邀请中亚学院第一副院长梁子谦作"中亚学院：一个国际知识分享平台"专题报告，介绍中亚学院成立背景，展望中亚学院发展目标，对中亚学院助力新疆核心区建设和一带一路建设提出建议，进一步拓宽干部国际视野和思维。

【积极参加中亚区域经济合作高官会、部长会】 按照财政部要求，积极组织参加中亚区域经济合作高官会、国别联络人会议及部长级会议。通过参加会议，及时了解和掌握中亚区域经济合作2020战略和2030战略进展情况、各行业委员会工作安排和进展情况以及各成员国参与中亚区域经济合作意愿、合作方向和工作进展情况，进一步紧密结合自治区工作实际，积极、稳妥地推进自治区参与中亚区域经济合作工作，同时积极发挥中亚学院作用，服务自治区经济社会发展。

【完成外事接待工作】一是做好张文才来疆访问工作，2018 年 8 月 15—17 日，亚行副行长张文才来疆访问，中亚处认真做好自治区主要领导会见工作。二是做好亚行贷款项目相关外事接待工作，全年共接待来访团组 4 个 40 余人次，为推进自治区亚行贷款新上项目前期准备和在建项目顺利执行发挥重要作用。

【加强亚行贷款债务风险管理】全面梳理亚行贷款项目债务风险情况，分项目、分地（州）、分县（市）进行债务情况统计测算，并根据测算情况，下发《关于加强自治区亚行贷款项目政府债务管理有关问题的通知》和《关于进一步落实亚行贷款项目资金的通知》，要求各项目地（州）、县（市），全面、系统梳理本地（州）、县（市）亚行贷款债务负担偿还情况及配套资金落实情况。通过债务风险清理工作，6 个在建和计划实施的亚行贷款项目，涉及的 8 个地（州）、16 个县（市）已将 2018 年配套资金纳入各级政府当年预算，并承诺将根据项目进展情况，逐年将配套资金纳入预算，保障项目实施，做到既防范政府债务风险，又维护国家和自治区外债信誉。

【做好 2019 年亚行知识服务技术援助项目申报工作】按照财政部国际合作司要求，组织自治区住建厅、乌鲁木齐海关等多个行业部门申报自治区 2019 年亚行技援项目，经研究，住建厅、乌鲁木齐海关两个部门报送了“利用财务激励措施推动农村污水处理和垃圾等卫生管理”和“中亚生物安全通道建设”两个项目。

【稳妥推进纳入国家外贷规划的亚行贷款项目前期准备工作】落实自治区已经纳入 2018—2020 年国家备选项目规划的亚行贷款项目前期工作，做好地方政府债务风险监测和防范工作，守住不发生债务风险的底线。按照财政部《国际金融组织和外国政府贷款项目前期管理规程》，会同亚行和自治区相关部门，认真做好列入规划的亚行贷款 1 亿美元“新疆和田地区城市综合发展和环境改善项目”和 4.9 亿美元“新疆区域合作发展促进项目”前期鉴别、准备、评估工作，落实资金来源、贷款偿还安排、债务承受力分析等，并按规定办理相关审核、审批手续。

【严格亚行贷款项目管理】一是加强亚行贷款债务限额管理。按规定做好自治区政府债务外贷使用的报批、下达和调整工作，严格落实采购用款计划，认真编制亚行贷款项目 2019 年用款计划。二是加强亚行贷款、债务全额纳入预算管理工作。推进项目实施单位将亚行贷款资金全额编入部门预算，2018 年按时、足额偿还 3 个完工项目和 5 个在建项目本金息费 2 240 万美元，并将 2019 年亚行贷款项目还贷资金全部纳入 2019 年度预算安排。三是严把提款报账审核关。严格落实提款报账现场核查工作机制，确保项目各项支出真实准确，2018 年共向亚行 5 个在建项目涉及的 8 地（州）17 个市（县）支付报账金额 2.89 亿元，完成年度债务限额 2.93 亿元的 99%；向亚行回补资金 2 576 万美元。

（自治区财政厅中亚处供稿）

地方金融财务

【概况】2018年，地方金融财务工作立足财政职能，加强财政金融政策研究，有效运用财政奖励、补助、贴息等政策手段，支持普惠金融发展、农村金融体系建设和创业创新；着力构建政府性融资担保体系，引导撬动金融资源服务“三农”“扶贫”等薄弱和重点领域，助力打赢脱贫攻坚战；深入推进自治区国有金融资本管理改革，切实履行地方国有金融资本出资人职责，落实金融企业资产和财务的各项监管职能，防范地方金融风险。

【完善普惠金融服务和保障体系】按照财政部及自治区普惠金融发展专项资金管理相关规定，加强专项资金管理，推进普惠金融服务和保障体系建设，提高基础金融服务的覆盖率、可得性和满意度，增强农民、小微企业、城镇低收入人群、贫困人群和残疾人等自治区普惠金融重点服务对象的金融服务获得感。2018年，全区核定普惠金融专项资金55 380万元，其中：中央财政承担40 116万元，地方财政承担15 264万元。主要是：涉农贷款增量奖励机构136家21 812万元，引导撬动涉农贷款规模1 195亿元；定向补贴机构网点26家15 616万元，引导金融机构填补我区偏远农牧区金融服务空白，提高基础金融服务覆盖面；创业担保贷款贴息及奖补13 452亿元，撬动10.2亿元创业担保贷款，直接支持近1.5万人创业，带动近6万人就业；直接扶持小微企业46家，有效缓解企业融资难题；PPP以奖代补项目14个4 500万元，引导PPP项目操作规范性，鼓励地方投融资公司积极化解存量地方政府债务。

【推进农业保险支农惠农向纵深发展】加强农业保险保费补贴资金管理，提高财政资金使用效益，取消产粮大县地县分担比例，缓解地县财政支持压力。加强政策研究，进一步提高农业保险保障范围和标准，将三大粮食作物种子保险纳入农业保险保费补贴范围，试点开展棉花“保险+期货”保险政策。组织完成自治区农业保险财政保费补贴资金的决算工作。2018年，自治区农业保险保费总规模19.47亿元，同比增长6.4%，其中：种植业保费14.96亿元、养殖业保费4.51亿元。总计承保棉花、小麦、油料等各类农作物2 953.93万亩，参保率48.52%；承保能繁母猪、奶牛164.29万头，参保率36.97%。全年，中央财政补贴保费资金8.39亿元、自治区财政补贴保费资金5.36亿元，地县财政补贴保费资金1.81亿元。

【落实扶贫小额信贷政策助力脱贫攻坚】加强和改善扶贫小额信贷管理工作，会同自治区扶贫办、金融办、人民银行、银监局印发《关于加强自治区扶贫小额信贷管理工作的通知》（新财金［2018］35号），进一步落实监督管理责任和各项防风险措施，促进自治区扶贫小额信贷业务持续健康发展。规范统计分析，防控信贷风险，按月监测分析扶贫小额贷款放贷率、逾期率、贷款户数异动、风险补偿资金和贴息情况等主要指标，对存在问题及时研究制订解决方案，有效防范贷款风险。截至2018年年末，全区累计发放贷款119.75亿元，累计贴息金额6.81亿元，风险补偿金总规模达11.11亿元。贷款覆盖建档立卡贫困户32.55万户，其中：南疆四地州发放贷款103.54亿元，占全区的86.5%，覆盖建档立卡贫困户27.62万户，占全区的84.9%；当年新增贷款16.9亿元，贷款覆盖建档立卡贫困户4.37万户。

【加强国有金融资产管理】 按照中央和自治区完善国有金融资本管理的工作部署，扎实研究健全自治区国有金融资本管理政策，推进国有金融资本集中统一、穿透式管理。一是完成自治区金融企业国有资产管理情况报告工作。按照《自治区党委关于建立自治区人民政府向自治区人大常委会报告国有资产管理情况制度的实施意见》要求，代政府拟定《自治区金融企业国有资产管理情况报告》报自治区人大常委会审议。二是开展地方金融企业产权登记工作。按照“统一政策，分级管理”的原则，组织完成全区189家地方金融企业国有资产产权登记审核及复核工作。三是组织完成地方金融企业财务决算、快报等工作。对全区190家地方金融机构的财务决算工作和季度财务快报进行汇总审核，不断提高基础数据分析能力，规范地方金融企业财务管理，财务决算工作在全国处于前列，获得了财政部表彰。四是积极开展地方金融企业绩效评价工作。按照财政部要求，认真组织各地（州、市）开展地方金融企业绩效评价工作，推动地方金融企业提升经营管理水平，促进地方金融企业健康发展。

（自治区财政厅金融处供稿，李鑫执笔）

会计管理

【概况】 2018年，自治区会计管理工作以助力经济发展和财政改革为目标，以搭平台、建机制、抓重点、促发展为主线，推进政府会计制度贯彻实施，创新会计中介行业监管服务，促进会计人才培养，夯实自治区财政改革会计基础。

【会计制度贯彻实施】 一是开展会计准则等制度宣传培训。贯彻落实修订后的会计法，做好会计从业资格证书取消、继续教育办法修订等广大会计人员密切关注的新旧制度衔接工作；全年转发财政部制定的各类会计制度准则38项，针对不同行业提出贯彻落实要求。二是推进政府会计改革。举办2期政府会计培训班；通过高会继续教育、总会计师素质提升工程，培养政府会计制度培训师资；将政府会计准则制度纳入2018年继续教育必修课程；利用会计领军人才、区本级培养师资等优势资源，指导地州财政部门组织本地区政府会计培训，确保宣传培训“全覆盖”、“无死角”；成立由会计领军人才、行业会计专家、高校教授、会计师事务所等部门联合组成的自治区政府会计专家咨询委员会，建立政府会计执行落实督导检查制度；汇编2015年至2018年财政部出台的关于政府会计相关材料，免费发放单位，指导单位在实施过程中直观、全面、准确了解掌握制度标准。三是继续深入推进行政事业单位内部控制建设。完成自治区17 656家行政事业单位内部控制报告报表审核汇总分析，按时向财政部报送全疆内控开展情况。

【会计中介行业监管服务】 一是严格会计师事务所市场准入审批。完善会计师事务所设立、变更行政审批程序，建立财政监督检查局、注协会商制度，将管人、管执业质量等内容纳入事务所准入审批条件。2018年，批准设立会计师事务所3家（普通合伙制）、事务所分所3家（1家外省设立新疆分所）。截至2018年底，自治区共有会计师事务所127家，其中：总所93家、分所34家。二是开展注册会计师行业联合检查。采取持续符合执业资格条件与任职资格检查、事务所自查与财政厅复查、纸质材料与行业管理系统信息、专项检查与年度备案相结合、行业主管部门督导与行业协会自律检查等相结合的方式，提升监管效能，130家事务所全部纳入检查范围，对35事务所（含分所）下达整改通知书23份，撤销设立许可7家；首次实行事务所执业资格公告制度，加大社会监督倒逼事务所规范执业力度。三是组织各地、县开展全疆294户代理记账机构年度备案工作，摸清底数规范管理。

【会计专业技术资格无纸化考试管理】 一是组织专业技术资格考试。2018年度全国无纸化考试报名人数88 483人，实考人数52 716人，实际出考率59.58%。初级报名70 687人，实考45 128人，国家分数线合格（60分）6 801人，合格率15.07%，自治区合格线（55分）、南疆四地州合格线（50分）累计2 819人，初级合计通过人数9 620人，综合通过率21.32%。中级报名16 906人，实考9 019人，国家分数线合格（60分）1 232人，合格率13.66%。高级报名891人，实考438人，60分以上210人，通过率47.84%，55分以上43人，合计通过253人，综合合格率58.03%。二是创新考生服务，加大考试宣传。推出短信推送提醒、辅导教材免费直邮到家等，财政厅微信公众号单条考试信息点击量突破1.5万次以上。三是完善考生“金银榜”制度。2018年自治区1名考生获得全国初级金榜，35名考生获得银榜，以微信方式予以通报表扬。

【会计继续教育管理】 一是修订自治区会计人员继续教育实施办法。将会计人员继续教育与资格考试报名、高会评审、评优等工作相结合，作为会计人员执业记录管理的重要抓手。二是加大对网络继续教育机构筛选，对服务不到位、课程实用性不强、管理混乱、口碑较差的会计继续教育网络、面授培训机构实行退出机制，完成2018年全区继续教育面授机构备案，保障培训机构培训质量。三是加强会计人员继续教育外出管理，建立专人负责、班委会管理、学员配合、单位支持、培训机构协作的管理模式，建立外出培训通报制度，签署培训承诺书，培训情况实行一日一报，培训结果实行一期一通报，培训完成情况登入会计人员诚信平台，对培训成绩优秀的予以表扬、培训未完成或完成情况不好的单位及个人予以惩罚等，保障外出培训平稳开展。全年委托新疆财经大学、西南财经大学、东北财经大学、浙江大学、西安交通学院等五所高校对1 748名高级会计师、财务骨干进行培训。

【会计人才培养】 选拔自治区第7期会计领军人才，通过笔试、面试两轮选拔，从120名申报人员中录取50名优秀学员，作为自治区第七期会计领军人才。截至2018年年底，自治区会计领军人才规模达到274人。

（自治区财政厅会计处供稿，夏菲执笔）

行政事业单位国有资产监督管理

【概况】 2018年，按照党的十八大提出的“完善各类国有资产管理体制”的要求，紧紧围绕新疆社会稳定和长治久安总目标，认真贯彻落实自治区党委、自治区人民政府关于经济发展、财政管理有关工作部署，进一步加强国有资产管理，落实各项改革措施，不断取得自治区资产管理工作的新成绩和新成效。

【建立国有资产报告制度】 按照《中共中央关于建立国务院向全国人大常委会报告国有资产管理情况制度的意见》（中发〔2017〕33号），初步建立自治区人民政府向自治区人大常委会报告国有资产管理情况的制度。自治区财政厅党组书记夏代提·海木都拉代表自治区人民政府，在自治区十三届人大常委会第六次会议上首次报告自治区金融企业国有资产管理情况，同时提交了自治区国有资产管理情况综合报告。据统计，截至2017年末，全区国有资产总额36 782.3亿元，负债16 492.0亿元，净资产20 290.3亿元。其中，全区国有企业资产总额12 432亿元，负债总额8 254.7亿元，净资产总额4 177.4亿元；全区行政事业资产总额8 280.8亿元，负债总额2 124.7亿元，净资产总额6 156.2亿元；金融企业资产总额6 849.9亿元，所有者权益737亿元；自然资源资产总额9 219.7亿元。

【做好经营性国有资产管理体制改革工作】 贯彻落实党中央、国务院关于推进党政机关和事业单位经营性国有资产集中统一监管试点的部署，根据自治区党委、自治区人民政府工作安排，开展党政机关和事业单位经营性资产集中统一监管工作。代政府拟定《关于推进自治区党政机关和事业单位经营性国有资产集中统一监管试点的实施意见》，成立改革试点领导小组，制定改革试点方案，筹备组建自治区国有资本投资、运营公司，开展调研和选取改革试点单位。按照《关于确定自治区区级机关所属38户国有企业纳入国资统一监管方式的通知》（新政办发〔2018〕151号）要求，及时完成自治区区属38家企业资产确认及划转工作。

【推进党政机关和事业单位机构改革】 根据财政部《关于做好党和国家机构改革有关国有资产管理工作的通知》（财资［2018］31号）、自治区深化党政机构改革领导小组《关于做好自治区本级深化党政机构改革有关工作的通知》要求，制定自治区党政机构改革涉改部门单位资产划转工作规程，开展经费、资产、债权债务清理清查登记工作。2018年底，完成自治区建设厅、自治区财政厅、自治区农业农村厅、自治区发改委等41家本级涉改部门和单位资产划转工作，划转资产共计45.86亿元。

【组织开展行政事业单位国有资产报告编制工作】 一是按照财政部《关于编报2018年度行政事业单位国有资产报告的通知》（财资〔2019〕1号），开展2018年度行政事业单位国有资产报告工作。截至2018年12月31日，全区行政事业单位资产总额为8 163.03亿元，负债总额1 078.12亿元，净资产总额7 084.91亿元；全区行政事业资产处置收入 0.01 亿元，事业单位出租收入 0.01 亿元，长期债券投资 0.12 亿元，长期股权投资 35.3 亿元。二是按照《财政部关于做好 2018 年度公共基础设施等行政事业性国有资产报告工作的通知》（财资〔2019〕2 号）要求，组织开展了 2018 年度自治区公共基础设施等行政事业性国有资产报告工作。截至 2018 年 12 月 31 日，新疆维吾尔自治区由政府储备物资、公共基础设施、文物文化资产、保障性住房、受托代理资产、其他资产构成的政府资产共计 15 282.93 亿元，其中：区本级政府资产共计 4 402.84 亿元，各地（州）、市（县）政府资产共计 10 880.09 亿元。

（自治区财政厅行政事业资产监督管理处供稿，刘晓娜执笔）

农村综合改革工作

【概况】 2018 年，自治区农村综合改革共投入资金 19.47 亿元，积极开展村级公益事业建设一事一议财政奖补工作、美丽乡村建设试点工作、国有农（牧）场税费改革工作、地方国有农（牧）场国有土地使用权确权登记发证工作、扶持村级集体经济发展试点工作、农村公共服务运行维护机制建设试点工作等。

【一事一议财政奖补工作】 自治区积极探索推进改善农村人居环境的有效途径和经验模式，落实财政部《关于做好 2018 年农村综合改革重点工作的通知》（国农改［2018］2 号）要求，安排地州一事一议财政奖补资金 7 955 万元，用于农村人居环境整治工作。同时重点选择 2 个县探索推进改善农村人居环境的有效途径和经验模式，在尊重农民意愿的基础上，积极引导开展改善农村人居环境相关公益项目建设。

【支持自治区“访惠聚”村级“惠民生”项目建设】 贯彻落实自治区党委、人民政府工作部署，根据自治区“访惠聚”2018 年村级“惠民生”项目，在坚持一事一议民主决策的基础上，建立完善一事一议财政奖补机制，及时拨付农村综合改革转移支付资金 63 825 万元，支持 2018 年自治区村级“惠民生”项目 1 405 个（村），改善自治区农村人居环境基础设施。

【支持脱贫攻坚工作】 落实国务院印发《关于支持扶贫县开展统筹整合使用财政涉农资金试点的意见》和《自治区党委办公厅 自治区人民政府办公厅印发〈关于支持试点贫困县推进财政涉农资金统筹整合使用的意见〉的通知》要求，统筹安排一事一议奖补资金、美丽乡村建设试点资金、扶持村级集体经济发展试点资金、农村公共服务运行维护机制建设试点资金共计 4.31 亿元，专项用于支持自治区打赢脱贫攻坚战。

【美丽乡村建设试点工作】 按照“产业兴旺、生态宜居、乡风文明、治理有效、生活富裕”的乡村振兴战略总要求，结合自治区农村人居环境整治行动，自治区从建设美、经营美和传承美“三美”同步开展，安排美丽乡村建设试点资金 12 155 万元，用于 61 个美丽乡村建设试点村农村生活垃圾处理、污水处理、卫生厕所改造、村庄绿化亮化、环境美化等方面的“村内户外”公益事业建设项目，大力改善自治区村容村貌和农村人居环境。

【扶持村级集体经济发展试点工作】 制订《2018年自治区扶持村级集体经济发展试点方案》（新财综改［2018］28号），落实国务院工作部署，深入推进自治区扶持村级集体经济发展试点工作。鼓励各地因地制宜探索村级集体经济发展的有效实现形式，安排自治区扶持村级集体经济发展试点1.7亿元资金，支持全区17个县（市）、170个行政村开展试点工作，为自治区进一步扶持壮大农村集体经济、探索新发展思路总结经验。

【国有农（牧）场税费改革工作】 安排国有农（牧）场转移支付补助资金2.02亿元，减轻农（牧）场与农（牧）工负担，完善社会管理体系，巩固社会稳定基础。配合开展自治区地方国有农（牧）场深化改革工作，认真提出工作意见和建议，协力自治区相关部门推进改革相关工作。从2019年起国有农（牧）场税费改革转移支付资金列入自治区对各地一般预算转移支付基数。

【地方国有农（牧）场国有土地使用权确权登记发证工作】 拨付中央财政下达的地方国有农（牧）场国有土地使用权确权登记发证补助资金3.05亿元。加强资金使用绩效和监管，认真开展中央专项转移支付资金使用绩效自评工作，按要求向财政部报送《2017年地方国有农（牧）场国有土地使用权确权登记发证专项资金绩效目标自评报告》。

（自治区财政厅农村综合改革办公室供稿，王国军执笔）

财政扶贫资金管理

【概况】 2018年，财政扶贫工作贯彻落实习近平总书记关于扶贫工作的重要论述和党中央决策部署，按照自治区党委提出的脱贫攻坚目标任务，切实做好自治区脱贫攻坚资金保障工作。全年自治区财政筹集财政扶贫资金334.1亿元，其中：财政专项扶贫资金122.12亿元，其他涉农整合资金109.98亿元（扣除财政专项扶贫资金整合部分），地方政府债券一般债券资金79亿元，低保兜底脱贫专项基金20亿元，贫困人口补充医疗保险3亿元。下达到22个深度贫困县259.15亿元，其中：财政专项扶贫资金90.63亿元，涉农整合资金96.81亿元，地方政府债券一般债券资金71.71亿元。2018年安排南疆四地州年度财政专项扶贫资金104.5亿元，占全区资金总额的85.57%，重点投向南疆四地州22个深度贫困县。

【脱贫攻坚政策研究】 一是研究制定《新疆维吾尔自治区财政专项扶贫资金绩效评价办法》（新财扶〔2018〕15号），明确财政专项扶贫资金绩效评价内容，量化评分指标，确定评价时间，对自治区项目主管部门、地（州、市）、县（市、区）专项扶贫资金绩效评价工作提出工作要求。二是研究制定《关于加强自治区扶贫资金监管的意见》（新财扶〔2018〕9号）。各级建立财政扶贫资金专账管理制度，将到位扶贫资金全口径统一管理使用，对县级脱贫攻坚项目储备、项目选定、资金拨付、公告公示、监督检查、绩效评价等重点环节，提出明确工作要求。同时建立以问题为导向、清单式管理的问责追责机制。三是研究制订《新疆维吾尔自治区财政扶贫资金动态监控工作实施方案》（新财扶〔2018〕31号）。运用“制度+科技”模式服务财政改革，将中央、自治区62项支持脱贫攻坚的资金纳入动态监控范围，以财政扶贫资金动态监控系统提供的大数据为支撑，对各级各类财政扶贫资金逐环节全流程监控，实现财政扶贫资金运行过程可记录、风险可预警、责任可追溯、绩效可跟踪。四是研究制定《新疆维吾尔自治区扶贫项目资金绩效管理办法》（新财扶〔2018〕46号）。建立“花钱必问效、无效必问责”机制，提高财政扶贫项目资金配置和使用效益，确保扶贫资金用在“刀刃”上，把各项攻坚举措落到实处。绩效管理坚持目标导向，注重精准脱贫绩效目标实现程度，聚焦提高脱贫质量和减贫效果。五是研究制定《新疆维吾尔自治区违规违法扶贫资金追缴办法》（新扶贫领字〔2018〕58号）。杜绝各类违规违法使用扶贫资金现象，加强扶贫资金管理，保护贫困群众合法权益，按照国务院《财政违法行为处罚处分条例》，结合中央、自治区扶贫资金管理有关规定，明确对各级各部门违规违法使用的扶贫资金追缴程序。

【财政扶贫资金监管】进一步加强扶贫资金监管，组织业务骨干成立专项检查组，聘请第三方机构，对南疆深度贫困地区14个县（市）的2017年扶贫开发成效考核审计等问题整改落实情况、结转结余资金闲置情况，以及2018年1—7月财政扶贫专项资金使用情况开展检查，延伸检查140个部门单位，实地调查走访52个乡（镇）156个村队397户贫困户，对检查发现的问题，及时反馈，现场指导整改落实工作。监督检查报告报送自治区扶贫开发领导小组办公室，自治区扶贫开发领导小组统一进行整改落实。

【包村定点扶贫工作】一是明确帮扶目标。贯彻落实《关于深入推进自治区部门单位包村定点扶贫工作的通知》和《自治区部门单位包村定点扶贫工作考核办法（暂行）》（新扶贫领字〔2018〕71号）的精神，做好包村定点扶贫工作，2020年实现和田地区洛浦县洛浦镇阿亚格恰帕勒村和多外特村贫困人口减少率和贫困家庭人均纯收入增长幅度高于和田地区平均水平，基本生产生活条件和基本公共服务主要领域指标达到全区平均水平，逐步缩小发展差距，确保生产生活条件显著改善、特色优势产业显著发展、公共服务水平显著提高、村级集体经济规模显著增加、可持续发展能力显著提升。二是制定帮扶计划。研究制订财政厅2018年包村定点扶贫工作实施方案，摸清帮扶村基本情况、制约帮扶村发展的瓶颈问题、帮扶内容和项目效益分析、资金筹措方法及保障措施。运用财政厅“访民情、惠民生、聚民心”活动开展成果，在掌握民情民意的基础上，对接发展规划，梳理帮扶思路。三是加强沟通协调。建立以“访惠聚”驻村工作队为前方、财政厅党组为后盾的定点帮扶工作机制，加强与驻村工作队沟通联系协作，运用县级扶贫部门对建档立卡识别结果，分析致贫原因，在拓宽村民增收渠道、推进“短平快”项目建设、扩大技能培训覆盖面、发展壮大村集体经济、全力支持“双语”教育等方面下功夫，精确研究到村、到户、到人的增收计划和帮扶措施，做到“一户一档案”“一村一台账”，夯实精准帮扶工作基础。

【易地扶贫搬迁工作】一是抓好资金保障工作。根据《财政部 国家发展改革委 国务院扶贫办 自然资源部 中国人民银行关于调整规范易地扶贫搬迁融资方式的通知》（财农〔2018〕46号）要求，将2017年7月14日后承接贷款中已使用的10亿元资金，追加预算资金拨付到县级，做好县级易地扶贫搬迁还款保障工作。按照

《新疆维吾尔自治区南疆四地州深度贫困地区荒漠化区域贫困群众搬迁工程2018年度实施计划》，完成弥补县市返还专项建设基金的资金缺口任务，财政厅安排下达2018年支持易地扶贫搬迁脱贫攻坚项目一般债务资金20.5亿元，确保做好易地扶贫搬迁工作，完成年度投资计划。二是抓好贴息工作。按照《新疆维吾尔自治区易地扶贫搬迁贷款财政贴息管理办法》（新财扶〔2017〕15号）要求，制定贴息审核管理制度，加强与金融部门对接，对贴息资金使用严格做到逐笔审核：做到审核记录、账目清楚，每笔贷款和贴息可复核、可追溯，保障财政贴息资金使用安全。三是抓好整改工作。按照清理地方债务工作要求，督促自治区发展改革委、自治区扶贫公司修订政府购买服务协议和地方用款协议。清理向国家开发银行、中国农业发展银行提供的资料文件，将涉及政府担保的协议、批复等相关材料，统一收回。按照《国家发展改革委关于印发全国“十三五”易地扶贫搬迁规划的通知》（发改地区〔2016〕2022号）中资金运作流程和信贷资金运作模式，协助自治区发改委修订相关政策文件，制定资金偿还方案，做到自治区“统贷统还”。

【扶贫资金动态监控工作】 一是建立扶贫资金总台账。根据财政部工作要求，财政厅将中央41项、自治区21项扶贫资金纳入动态监控范围，建立自治区扶贫资金动态监控总台账，印发《自治区财政厅关于全面加强脱贫攻坚期内各级各类扶贫资金管理的意见》（新财办〔2018〕31号），明确自治区动态监控扶贫资金目录，要求各级财政部门建立和完善财政扶贫资金动态监控管理制度，严格要求落实工作责任、抓好工作落实。二是搭建扶贫资金监控平台。完成动态监控平台的部署、与财政部系统调试、与国库支付平台端口对接等技术保障工作，录入设定各级财政部门总收发人员、经办人员、审核人员1 400多人的基本信息和岗位。研究制订《新疆维吾尔自治区财政扶贫资金动态监控工作实施方案》（新财扶〔2018〕31号），明确扶贫资金动态监控工作程序，完成自治区财政到县级财政动态监控系统的联通，实现动态监控系统的正常运转，各级财政部门录入完成2018年1月1日起收到的各级各类扶贫资金预算指标和安排的扶贫资金项目。三是开展业务指导培训。根据财政厅党组《关于聚焦打好精准脱贫攻坚战开展扶贫资金管理使用干部教育培训实施方案》（新财党组〔2018〕34号），保障动态监控系统在自治区全方位的开展，9月21—23日举办自治区财政扶贫资金管理使用干部培训班，从扶贫资金管理、涉农资金整合、扶贫项目资金绩效管理、动态监控四个方面，对8个地（州、市）、42个贫困县、94位各级财政干部进行培训。采用理论授课和上机操作相结合的方式，对扶贫资金动态监控工作进行系统培训，为自治区全面开展扶贫资金动态监控打下基础。

（自治区财政厅扶贫资金管理办公室供稿，王雷明执笔）

乡镇财政管理

【概况】2018年，乡镇财政管理局强化乡村财政财务资金监管，认真开展县级财政管理绩效综合评价，加大对乡镇财政干部的培训力度，乡镇财政管理水平稳步提升。

【乡镇财政资金监管】针对村级财务监管缺失等问题，会同自治区党委农办、编办和农业农村厅等单位到阿克苏地区新和县、库车县，塔城地区额敏县、塔城市等4个县（市）开展村级财务监管情况调研。研究提出《关于进一步加强乡村财务管理的意见》，明确工作规程，强化乡村财务监督。研究制定《关于进一步规范和完善惠农补贴资金发放管理的通知》（新财乡财〔2018〕10号），因地制宜选择惠农补贴资金发放方式，进一步完善和规范惠农补贴资金发放。

【专题调研县、乡财政资金管理】自治区财政厅党组成员、副厅长白宗青带领乡镇财政管理局、国库处相关人员到喀什地区岳普湖县和疏勒县及1乡3村开展县、乡财政资金管理情况专题调研，并征求了伊犁州、塔城地区、巴州、克州等6个地州工作意见，对全区县、乡财政资金管理情况存在的资金监管意识薄弱、监管制度落实不力、内控机制执行不严等六类问题进行了认真梳理和分析，提出了下一步工作措施。

【县级财政管理绩效综合评价】根据财政部《关于印发2018年县级财政管理绩效综合评价方案及结果的通知》（财预［2018］100号），与厅预算处共同研究制定《自治区县级财政管理绩效综合评价方案》。组织开展自治区第三季度县级财政管理绩效评估工作，对全区96个县（市、区）"规范预算编制、强化预算执行、提高收入质量、优化支出结构、增强财政可持续性、加大预决算公开"等六个方面内容进行综合评估，综合得分85分以上的县市有4个，综合得分60分以下的县市有10个，平均得分70.3，通过评估促进各地加快建立全面、规范、透明，标准、科学、约束有力的预算制度。

【乡镇财政干部培训】举办自治区、地、县的乡镇财政管理局局长和自治区乡镇财政所所长2期示范性培训，在博州、吐鲁番市、阿勒泰地区、哈密市、巴州等地（州、市）举办5期"送教下乡"专题培训，主要从预算管理制度改革、国库集中支付改革、财经法规和财经纪律、村集体经济组织财务管理、行政事业单位会计实务及法规和涉农资金监管等方面加强培训，培训各级乡镇财政干部686人次。发挥财政部"财政基层培训信息管理系统"作用，采集自治区各级乡镇财政干部培训基础信息，统计汇总各级培训人数，并分析查询培训工作开展情况，逐步规范乡镇财政干部培训管理工作。

【荣誉】自治区乡镇财政干部培训工作在财政部2018年度财政基层培训工作考评中获得优秀奖。

（自治区财政厅乡镇财政管理局供稿，杜转执笔）

财政监督检查

【概况】 2018年，财政监督检查局深入开展会计监督、会计师事务所和资产评估机构行政监管、自治区本级财政资金使用跟踪反馈和绩效目标下达情况检查，以及中央专项转移支付资金拨付情况督查工作，在保障重大财税政策落实、严肃财经纪律、规范市场秩序、防范财政风险等方面发挥积极作用。

【会计评估监督检查工作】 采取"上下联动"的方式，全区财政监督部门共检查各类企事业单位、会计师事务所和资产评估机构441户，其中：自治区本级对2家重点行业单位、18家非证券资格会计师事务所和9家非证券资格资产评估机构实施重点检查。通过检查，对全区存在各类违规问题的227户会计师事务所发出整改通知，涉及资金4.87亿元，要求立即整改。处理处罚165户、相关责任人35人，补缴税款50.15万元，追缴财政资金3 348.41万元，罚款20.1万元。

【中央专项转移支付资金拨付情况督查工作】 2018年，财政监督检查局持续组织开展中央专项转移支付资金拨付情况督查工作，各资金管理处室按月填报资金拨付督查台账，财政监督检查局核查中央和自治区拨款文件，及时通报核查情况，对存在的问题，深入分析原因并提出整改意见和建议，督促处室加以整改，切实提高资金拨付进度。共计核查中央专项转移支付资金272笔，涉及金额1 494.06亿元；累计通报未及时拨付的资金31笔，涉及金额40.61亿元。

【自治本级财政资金使用跟踪反馈和绩效目标下达情况检查工作】 按月对本厅各资金管理处室财政资金使用跟踪反馈单及绩效目标下达的真实性、及时性进行核查汇总，通报存在的问题，跟踪督促问题整改，切实规范资金使用规程，加快预算执行进度。抽取了57家自治区本级预算单位，重点检查财政资金使用跟踪反馈和绩效目标下达情况，发现各类问题27条，逐一提出整改意见和建议，督促处室会同预算单位限期整改落实。

【督促指导各地（州、市）开展财政资金管理自查自纠工作】 牵头组织和全程指导各地（州、市）财政部门开展财政资金管理情况自查自纠工作，明确自查自纠方向和主要内容，严格审核把关各地（州、市）上报的自查自纠材料，多举措保障自查自纠质量。全区财政部门共清理撤销各类账户599个，多个地（州、市）制定了有效措施，进一步加强乡镇财政资金管理，严格国库集中支付制度，完善内部管理规程。

【预（决）算公开检查处理工作】 在财政部处理口径和标准下达前，财政监督检查局提前将2017年度地方预（决）算公开检查查处的问题及整改意见下发各地（州、市）财政局，要求各地举一反三，先行整改，杜绝同类问题在2018年度地方预（决）算公开中再次出现。财政部处理口径和标准下达后，正式向各地（州、市）下达处理决定，要求各地（州、市）财政部门就政府预决算公开存在问题，查找原因，落实责任，牵头并协调相关部门加强问题整改，督促各部门就自身问题进行剖析，深入学习《预算法》和财政部、自治区财政厅关于预（决）算公开的具体要求，充分认识预（决）算公开工作的重要性。

【扶贫资金专项检查工作】根据财政部《关于提供财政扶贫资金专项检查中有关问题线索处置及整改情况的通知》（财办监〔2018〕16号）提供的检查发现问题线索，对察布查尔县、巴里坤县、阿克陶县3个县2类15条（其中，虚报冒领8条，挤占挪用7条）问题，进行核查，并将涉及的违规资金全部上缴国库；同时问责处理有关责任人，其中：给予2人开除党籍处分，1人留党察看两年处分，13人全县通报批评，4人戒勉谈话。

（自治区财政厅财政监督检查局供稿，包海平执笔）

自治区本级政府集中采购

【概况】2018年，自治区本级政府集中采购工作通过完善基础设施、提升工作效率，发挥政策功能、促进经济发展，加强联动采购、提升规模效应，规范运行管理、提升信息化水平，不断提高政府采购工作水平，各项工作取得新成效。

【自治区本级政府集中采购规模】2018年实施政府采购390余次，完成采购预算25亿余元，采购资金节约率10%，其中保障和改善民生、科技教育、医疗卫生、社会保障等方面的采购项目占比达到80%。

【增强政府采购执行能力　不断推进政府采购项目流程完善】一是落实《政府采购货物和服务招标投标管理办法》（财政部令第87号令）、《财政部关于进一步做好政府采购信息公开工作有关事项的通知》要求，依法依规全面公示相关信息。二是完善内控建设。重新梳理政府采购业务流程，编制岗位说明书，对每个岗位的岗位职责、工作标准、岗位风险点等作出说明。三是加强政府采购项目档案管理，按照档案管理要求，认真做好档案的归类和储存，确保资料完备、可查。四是认真落实投标保证金及履约保证金收取、退还等相关要求，保证在法律、法规规定时间内应收尽收、该退尽退，保证政府采购活动的顺利开展。五是强化过程控制，建立纠错机制。审核招标文件的规范性，杜绝不合理资质要求和倾向性参数；认真复核评委评分情况，避免评委自由裁量权的使用不当；认真对待供应商的有效质疑，按法律规定时限予以答复。

【推进政府采购政策落实】一是加大信息公开力度，严格按照政府采购法律法规发布采购信息，对预算500万元以上的项目在国家指定网络平台进行公示，做到不涉密的信息（包括采购文件）100%进行公开。二是坚持绿色采购，优先购买节能环保产品。落实政策导向，在政府采购活动中，对绿色、节能、环保产品优先购买，倡导“政府采购政策引导绿色生活”。三是坚持提供网上免费下载采购文件服务，提高服务能力和效率，降低供应商参与成本。

【支持自治区经济社会事业的发展】完成2018—2019学年全疆义务教科书和南疆四地州普通高中阶段免费教科书项目采购。完成2018年自治区棉花“价格保险+期货”试点保险承办服务机构项目的招标工作，涉及预算额2.55亿元。落实自治区扶持新疆纺织服装产业发展战略，确保制服、校服、警服等采购计划以非招标采购方式（邀请）实行定向采购，优先采购疆内企业的服装。2018年6月，对疆内服装生产企业进行摸底调研，选出79家疆内企业进入疆内服装企业供应商信息库。

【规范政府采购评审专家使用】一是规范专家抽取与保密措施，按照“统一建设、分级管理、资源共享、管用分离、随机抽取”的原则，加强政府采购评审专家抽取管理，严格按照自治区政府采购专家抽取工作流程从评审专家库中随机抽取评审专家。二是严格政府采购评审专家评审，提高政府采购工作质量，严格遵守《自治区政府采购中心评委评标须知》中评审专家的职责、权利与义务。三是出台《自治区财政厅政府采购评审工作用餐管理办法》，严格专家就餐审核和专家劳务费发放制度，对评审时间超过规定时间确需就餐的项目严控人数、严格标准、严格审查。

【加强宣传培训】通过新闻媒体和网络及时发布本级政府采购工作的动态信息、理论研究成果，宣传政府集中采购工作的政策法规，加大政府采购工作的宣传力度，及时对事关民生、教育、促进社会事业发展的项目进行宣传报道。2018年，在《政府采购信息报》、《中国政府采购报》发表文章6篇。

【荣誉】2018年由中国政府采购报和中国政府采购新闻网举办的中国政府采购奖评选活动中，《新疆安全生产“一张网”（安监云）工程项目》荣获“精品项目奖”，政府采购中心干部张文成荣获“实战精英奖”。

（自治区财政厅政府采购中心供稿，商春光执笔）

财政票据管理

【概况】2018年，财政票据管理中心以深入推进财政电子票据管理改革工作为重点，以强化财政票据监管为目标，以转变工作作风，提升服务水平为抓手，切实做好财政票据管理的各项工作。

【财政票据发售工作】2018年，印制财政票据14种，其中手工票据6种22万本，机打票据8种3 760万份；发售财政票据29种，其中手工票据15种20万本，机打票据14种3 374万份。财政票据印刷费支出2 504万元，比上年减少145万元；财政票据款收入2 483万元，比上年减少217万元。

【财政票据监督销毁工作】2018年，阿克苏地区、阿拉尔市、乌鲁木齐市、克拉玛依市向财政票据管理中心提出申请，监督销毁保存到期的财政票据存根。财政票据管理中心按照《新疆维吾尔自治区财政票据核验、销毁工作规程》（新财办〔2013〕43号）对以上四个地（市）保存到期的财政票据存根进行监督销毁。

【深化财政票据电子化管理改革】在全疆范围内加快推进财政票据电子化改革步伐，扩大“智能卡”安装使用范围，不断规范财政票据的使用和管理。全区共有13 283家行政机关、事业单位、具有公共管理或者公共服务职能的社会团体及其他组织安装使用财政票据管理“智能卡”，比2017年增加84家，为深化财政电子票据管理改革，实施财政电子票据奠定了基础。按照财政部关于印发《关于稳步推进财政电子票据管理改革的试点方案》的通知（财综〔2017〕32号），要求开展财政电子票据试点工作。2018年3月，第12次厅长办公会通过并下发《新疆维吾尔自治区财政电子票据管理实施方案》（新财办〔2018〕47号），在全疆范围内正式启动财政电子票据管理改革工作。5月，完成财政电子票据管理系统财政端升级改造及实施安装服务费的政府采购工作。

【财政电子票据改革培训工作】2018年11月，财政票据管理中心在乌鲁木齐市举办“财政电子票据管理改革工作视频培训班”，全疆各地、州（市）、县（区、市）财政票据管理部门150余名工作人员和自治区本级40家财政票据领用单位票据专管员参加此次培训。财政电子票据管理改革工作视频培训班由副厅长甫拉提·玉素甫江主持，培训班就改革工作的背景、重要意义、改革的目标、改革工作的步骤进行讲解和具体安排。

【实地调研】2018年4—8月，财政票据管理中心选取乌鲁木齐市、阿勒泰地区、塔城地区、喀什地区、和田地区、克州6个地、州（市）开展“民办非赢利性医疗机构医疗票据使用现状及如何规范管理”调研工作。通过调研，规范各非营利性医疗机构申请、领购、使用、管理财政票据行为，为在非营利性医疗机构中推进财政电子票据改革做好了宣传和前期准备工作。

（自治区财政厅财政票据管理中心供稿，马晶执笔）

财政投资评审

【概况】2018年，自治区财政投资评审工作，全年共完成评审项目24个，评审金额11.94亿元，审减不合理支出14 880万元，为提高财政资金使用效益发挥积极作用。

【项目评审工作】发挥投资评审职能作用，利用专业技术优势，严把评审质量关，认真做好自治区本级项目预、结算评审工作，当好政府投资“守门员”。通过项目评审，及时发现和剔除报审项目中的不合理因素，节约财政资金，提高资金使用效益。

【预算评审工作】加强预算评审是财政评审工作发展趋势，2018年投资评审中心将工作重点向预算评审转变，完成自治区会计干部培训中心围墙维修工程等9个项目预算评审工作，建设单位送审6.18亿元，审减不合理预算4 832万元。项目预算评审占评审金额的51.8%。

【规范评审流程】对内部管理制度和工作流程进行梳理，将各项制度细化为1张或多张表格，并将职责落实到人，使各评审环节都有人执行和把关。通过规范评审流程，进一步明晰评审各环节从中心领导、项目负责人到评审人员的职责，理顺从交接评审资料到人员安排，再到出具评审意见、项目复核，直至资料归档各个环节，使评审各环节环环相扣、无缝连接，确保评审工作高效、稳步开展。

【参加业务培训】根据财政部预算评审中心培训计划，组织自治区本级及地、州（市）业务骨干6人次，分3次参加财政部预算评审中心开展的评审业务培训班。

【用好中介力量】2018年，从社会中介机构库中抽选7家机构中专业技术人才21人次，参与4个工程项目评审工作，审减不合理支出7 381万元，借助社会力量为评审工作服务，提高评审工作质量和效率。

【开展调查研究】组织骨干力量，开展题为《积极发挥财政投资评审优势 补足项目支出绩效管理短板》的专题调研。通过与财政厅部门预算审核中心、兵团财政局预算编审中心交流、电话询问、查阅资料等方式，认真梳理自治区项目绩效管理现状，结合自治区评审机构工作实际，针对自治区项目支出绩效管理存在的不足，提出利用投资评审中心专业技能、实践经验、管理经验三个方面的优势，填补自治区项目支出绩效管理短板的建议。

（自治区财政厅投资评审中心供稿，汪永治执笔）

财政科研工作

【概况】2018年，新疆财政科研工作坚持按照为现实服务、为自治区财政中心工作服务这条主线，加大政策研究力度，利用《新疆财会》平台积极宣传，不断提高队伍素质和综合能力，切实做好各项工作。

【工作研究】一是组织完成《基于新疆现实特殊性的事权与支出责任划分研究》课题研究，查找新疆事权与支出责任划分中存在的问题，从界定中央与地方、各级政府间的事权和支出责任，完善地方税体系，改革和完善转移支付制度等方面提出相关建议，为新疆事权与支出责任划分提供参考。二是组织完成《新疆建立综合与分类相结合的个人所得税制度研究》课题研究，从建立综合与分类相结合的个人所得税制度，应从合理划分综合所得与分类所得、调整费用扣除标准和综合所得税率、构建现代化征管机制等三个方面入手提出相关建议，为健全地方税体系提供决策参考。三是完成《2018—2019年新疆财政运行形势分析与预测》，在对新疆内外经济形势进行初步研究分析的基础上，通过对2018年前三个季度新疆财政收支情况的剖析，对2019年全区财政经济形势进行分析和展望并提出相关对策建议。四是加强兵地财经研究合作，参与由兵团财科所牵头的重点课题《兵团职工基本养老保险可持续发展研究》，该课题是兵团财政局主要领导（财政部社会保障司援疆干部）主抓的课题，根据研究需要及分工情况，科研所积极参与并协助提供自治区相关资料和数据，以期为自治区的相关研究工作打下基础。

【专题调研】一是组织协调好中国财政科学研究院调研组“降成本”专题调研工作。4月23日至28日，中国财政科学研究院院长刘尚希一行5人来新疆开展“深化供给侧结构性改革降低企业成本负担”专题调研。根据财政厅主要领导的指示，科研所认真做好相关的接待协调工作，并根据调研组要求收集提供相关资料。期间召开了由自治区人民政府副秘书长梁勇主持，自治区人民政府研究室、发改委、经信委等12个单位参加的座谈会。各单位分别从本部门角度畅谈企业降成本方面的意见和建议。财政厅总经济师郭瑛及科研所人员陪同调研组前往乌鲁木齐高新区（新市区）2家企业进行实地调研，并与乌鲁木齐市发改委等单位及4家企业相关人员举行座谈，了解相关情况。随后又陪同调研组一行先后前往昌吉州和哈密市开展调研活动。二是认真完成“降成本”在线问卷调查工作。根据财政部办公厅《关于支持开展“降成本”在线问卷调查的通知》的要求，科研所抓紧起草并协调厅办公室转发各地（州、市）财政部门部署工作，督促其协助安排本地企业及时登录中国财政科学研究院官网填写调查问卷，按期圆满完成企业“降成本”在线问卷调查工作，得到中国财政科学研究院表扬。

【学术交流】一是加强与其他省区的交流学习。2018年6月参加由财政部干教中心和中国财政科学研究院组织的“政府债务管理与公共风险防控”研讨班，不断充实研究人员理论知识。二是加强与自治区经济综合部门的联系。2018年5月参加由自治区人民政府研究室（发展研究中心）组织召集自治区8个研究机构负责人座谈会，根据要求结合当前经济运行中的热点问题、敏感问题和前瞻性问题，上报梳理出需要研究的课题和政策。

【宣传服务】一是编印内部资料《新疆财会》汉文6期、维文6期，一方面加大约稿力度，着重围绕财政管理与改革中的重点问题和热点问题，与相关处室和地（州）、市（县）财政局合作，有针对性地组织稿件，使每期的主题宣传贴近改革实践和基层现实工作。另一方面根据自治区新闻出版广电局对内部资料提出的规范编印要求，《新疆财会》认真做出相应规范调整，并按照要求做好内部资料审读自查工作。二是跟踪了解财税理论和政策研究最前沿的趋势，深入广泛地搜集资料，增强服务领导决策的针对性，全年共摘编《财经视角》30期。

【社会活动】2018年8月，参加“全国财政科研宣传工作会议”。新疆财科所荣获2018年度全国财经科研成果宣传工作二等奖。

（自治区财政厅财政科学研究所供稿，赵珍执笔）

新疆财政学会

【概况】2018年，新疆财政学会牢固树立社会稳定和长治久安是新疆工作总目标的思想，按照为现实服务、为自治区财政中心工作服务这条主线，依托学会平台活跃学术氛围，切实做好各项工作。

【理论和政策研究】根据中国财政学会民研会要求，做好2017年结项课题《新时期促进民族地区发展政策研究》的精华提炼和宣传推广工作。

【学术交流】一是积极参与自治区第十一届哲学社会科学奖评奖活动，组织申报自治区软科学项目《新疆新型城镇化过程中财政支出测算及责任划分》和中国财政学会民族地区财政研究专业委员会2015－2016年度重点研究课题《新时期促进民族地区发展的政策研究》两项优秀成果。二是加强与自治区社科联、民政厅社团处的沟通联系，积极开展学术活动交流与合作。5月参加2018年新疆社会科学普及周活动；6月参加自治区社科联在新疆财经大学举办的主题为“贯彻新发展理念，打好三大攻坚战”的2018年新疆社会科学界学术年会活动。

（新疆财政学会秘书处供稿，赵珍执笔）

财政信息化建设

【概况】2018年，自治区财政网络安全和信息化建设紧紧围绕财政中心工作，进一步完善基础设施建设，强化网络安全管理，推进资源综合利用，提高软件正版化普及，着力自主软件项目开发和应用投入，全面提升信息化建设和技术保障水平，适应新形势下财政事业改革和发展需要。

【网络安全建设与管理】开展2018年财政系统信息网络安全检查工作。梳理重点检查内容，制定下发全区检查方案，完善网络安全管理体系，积极开展地州抽查，指导督促落实整改，并先后通过了自治区网信办、自治区公安厅、自治区国家安全办公室、自治区保密局等相关机构4次实地检查，在财政部开展的全国15省网络安全和保密工作实地抽查中，被评价为“做得最好的省（区）”。推进全区 Ukey 使用全覆盖，收集、审核、更新数字证书 40 595 个。加强网络终端安全管理，终端安全注册率由上年的 78% 提升至 98%，全面升级防病毒系统，有效预防“勒索病毒”、网络病毒爆发。加强网络边界安全管理，规划财政业务专网信息资源共享交换网络安全，建设完成财政厅业务专网接入安全系统，有效防护各类攻击行为 3 万余次。

【基础设施建设】 建成由 30 台服务器、1 台存储、10 台交换机构成的财政云平台，实现资源大集中式管理及灵活应用，充分发挥硬件设备整体性能，减少重复投入。对网络线路进行优化调整，提升门户网站访问速度至 0.1 秒。开展财政厅涉密电子政务内网改造，配备专业屏蔽设备、干扰设备等保密设施，打造安全、可靠的涉密网络。

【网络安全宣传教育】 邀请资深专家讲座，解读国家安全法律法规，介绍真实案例，制作网络安全宣传板报，开展全区防病毒系统专题在线视频培训，提高网络安全重视程度。

【软件应用开发】 整合升级短信平台，为全疆 7 万多名会计考生推送“准考证打印”通知短信。开发部门预算项目目标绩效审核系统、会计诚信平台体系统、社会保险基金管理系统、财政厅机关党建管理系统、党员考试系统和财政展馆大屏展示系统，适应新形势下政务管理和业务发展多方位需要。应用推广财政系统即时通讯软件，在财政与预算单位之间、上下级财政之间、预算单位之间建立起安全、可靠的即时交流、信息共享、数据传输途径。

【大数据应用】 发挥财政系统各类数据资源优势，推进大数据在财政领域的实施应用，汇集各类数据累计 4.78T。以财政部基础数据标准为依托，细化新疆本地基础数据标准，梳理财政要素 13 大类、基础信息要素 90 多项。

【软件正版化】 落实《国务院办公厅关于进一步做好政府机关使用正版软件工作的通知》（国办发〔2010〕47 号）要求，收集计算机增补信息，更新工作台账，查缺补漏，完成 617 台计算机正版化，较上年增加 135 台，实现正版化覆盖率 100%。

【维护保障】 解决财政收支信息化问题1 490 起，处理网络、软（硬）件等各类故障 1 913 起，开展全面信息安全检查，检查计算机 622 台次。

【荣誉】 2018 年，自治区直属机关工会工委授予信息网络中心“自治区劳模和工匠人才创新工作室”称号。在 2018 年全国财政系统网络安全检查情况通报中，9 项检查中有 7 项获通报表扬。

（自治区财政厅信息网络中心（网信办）供稿，张小欢执笔）

注册会计师行业管理

【概况】 2018 年，自治区共有 129 家会计师事务所，执业注册会计师 1 141 人，非执业注册会计师775人；资产评估机构58家，执业资产评估师487人，非执业资产评估师32人。2018年，新疆“两师”行业年度业务收入7.9亿元，其中会计师事务所收入6.6亿元，评估机构收入1.3亿元。新疆驰远天合、新疆宏昌天圆会计师事务所分列全国百强事务所87名和97名；新疆天合资产评估有限责任公司、新疆华盛资产评估与不动产估价有限公司分列全国百强评估机构82名和95名。

【注册会计师考试】综合阶段及专业阶段报名人数共计14 489人，较上年增长33.03%，报考科目41 908科次，较上年增长34.49%。专业阶段（6科）应考总人数40 763人次，实考总人数13 205人次，综合参考率32.39%。综合阶段实考86人，出考率77.5%。全科滚动合格136人。

【资产评估师考试】资产评估师职业资格全国统一考试报考人数786人，累计报考科目2 205人次，实际出考968人次，综合出考率46.21%，滚动合格35人。

【注册会计师注册（登记）管理】一是新注册执业会员49人，办理转所、转会119人，注销22人；新注册非执业会员44人，办理转会8人。二是与财政厅会计处联合印发《关于开展注册会计师行业专项检查的通知》（新财会〔2018〕8号），完成1 141名注册会计师的任职资格检查工作，其中通过1 126人，不予通过12人，已故3人；在《新疆经济报》（2018年5月30日）、《新疆注册会计师》期刊（2018年第2期）、新疆财政厅网站、新疆注协网站等媒体公布年检结果。三是印发《关于开展2018年注册会计师非执业会员年检工作的通知》（新会协〔2018〕39号），完成775名非执业会员的年检工作，414名会员通过年检，在新疆注协网站公布年检结果。

【资产评估师注册（登记）管理】一是新登记执业会员9人，转所、转会53人，注销6人；新登记非执业会员4人，转会2人。二是印发《关于开展2018年资产评估师年检工作的通知》（新会协〔2018〕10号），完成487名资产评估师的年检工作，其中，通过480人，不予通过7人。在《新疆经济报》（2018年5月30日）、《新疆注册会计师》期刊（2018年第2期）、新疆财政厅网站、新疆注协网站等媒体公布年检结果。

【人才培养】以网络培训和面授培训相结合，强化分层次人才培养工作，全年共举办各类后续教育培训班12期，培训注册会计师1 500余人次，评估师600余人次，从业人员500余人次。

【业务监管】一是开展事务所、评估机构执业质量检查工作。印发《关于开展2018年度新疆会计师事务所执业质量检查的通知》（新会协〔2017〕36号），抽调14名业内专家，对23家会计师事务所进行执业质量检查。根据《中注协会员执业违规行为惩戒办法》，针对检查中存在质量控制体系不完整、审计程序不到位、证据不充分等问题，经行业惩戒委员会审议，对2家事务所给予通报批评，对4家事务所进行训诫，向23家被检查的事务所发出整改通知。印发《2018年新疆资产评估行业执业质量自律检查工作方案》（新会协〔2018〕29号），抽调9名业内专家，对16家评估机构进行执业质量检查。针对检查中存在评估程序不到位、证据不充分等问题，经行业惩戒委员会审议，对16家机构下发检查意见书。二是为杜绝虚假业务报告产生，保护社会公众利益，业务报告通过业务防伪报备系统自动生成防伪条码，供社会公众查询。全年共报备36 756份，其中会计师事务所报备32 990份，资产评估机构报备3 766份，社会公众查询记录18 531条。三是受理投诉举报10件事项，全部妥善处理完毕。

【行业宣传】一是出版《新疆注册会计师》期刊6期，稿件165篇，信息54条，图片53幅，近60万字。组织报送各类信息40余条，上级部门采用32条。二是编辑《党建》专刊14

期，信息71条，宣传行业基层党建工作动态，定期向自治区新兴组织工委、财政厅党组、中注协行业党委、中评协行业党委、各基层党组织推送，起到了“上级了解工作动态，下级比学赶超”的良好氛围。

【行业调研】2018年10月，完成《加强新疆注册会计师资产评估师行业人才队伍建设的思考》调研报告，结合行业实际，直面行业人才流失问题，充分思考未来新疆“两师”行业如何培养壮大专业人才队伍，如何留住优秀人才，减少人才流失等问题，为进一步推动行业人才队伍建设提供理论依据。

【荣誉】2018年度，获财政厅“文明处室”“先进工会组织”“优秀党组织”等荣誉称号，获全国“资产评估行业宣传工作先进单位”称号。在中国注册会计师行业党委开展的全国注册会计师行业党建工作评比中，新疆“两师”行业党委荣获二等奖。

（自治区财政厅注册会计师管理中心供稿，孙莉执笔）

财政融资担保工作

【概况】2018年，财政融资担保公司积极贯彻国家及自治区支持中小微企业健康发展的有关决策部署和相关产业政策精神，按照“做强主业、控制风险、优化结构、创新发展”工作思路，不断调整经营思路，创新业务品种，重点对符合自治区经济发展要求的科技创新型中小企业、绿色环保型企业，特别是南疆贫困地区的中小微企业提供担保支持，助力精准扶贫攻坚战。截至2018年年末，财政融资担保公司在保项目142笔100户，金额16.54亿元，其中：融资类89户108笔、金额8.32亿元，非融资类11户34笔、金额8.22亿元。当年累计解除担保责任137笔85户，金额90 214.09万元。成立至今，公司已累计为全疆1 504户中小微企业提供2 157笔、近215亿元贷款担保，项目涉及农业、工业及制造业、商贸流通、能源及矿产、服务业等多个领域。

【支持科技型企业】为科技型企业打造“知疆通”专属产品。公司与自治区知识产权局、北京银行乌鲁木齐分行以及自治区知识产权研究与发明协会，四方共同签署《科技型小微企业专利技术质押风险补偿金业务（知疆通）合作协议》。通过政府引导、金融参与、市场运作的形式搭建融资平台，让发明创造成果与资本实现对接，加快自治区发明创造成果的转化应用，帮助小微企业破解融资难题，推动企业创新发展。

【拓展担保业务品种】在大力开展原有融资类担保业务的同时，加大非融资类担保业务力度。截至2018年年末，非融资工程履约类担保项目新增26笔，金额69 975.52万元，占新增担保业务总金额53.64%；非融资高新技术担保类项目新增3笔，金额194.59万元，占比0.15%；非融资其他类担保项目新增1笔，金额50万元，占比0.04%。在保项目34笔，金额

82 226.92万元，占在保项目总金额49.7%；其中，非融资工程履约类项目在保31笔，金额82 082.33万元，占比49.61%。

【开展政府采购担保】 贯彻落实《国务院关于进一步促进中小企业发展的若干意见》和《财政部关于开展政府采购信用担保试点工作的通知》精神，按照《新疆维吾尔自治区政府采购信用担保及支持中小企业质押融资试点工作实施方案（试行）》具体要求，不断加强与自治区政府采购办、银行、采购人及企业多方沟通联系，认真研究项目推广及落实方案。2018全年共开展政府采购担保项目3笔，金额2 350万元。

【推进军队采购担保项目】 军队援疆被装物资采购于2016年正式纳入援疆项目，为响应国家支援新疆经济社会发展总方针，鼓励新疆本土纺织服装企业积极参与军用物资采购竞标，2018年公司进一步推进军队采购担保项目拓展，全年共开展军队采购担保项目8笔，金额4 197万元。

【支持绿色企业发展】 积极响应国家绿色金融政策，落实大力扶持创新、绿色、环保等类型的第三产业中小微企业发展的有关要求，2018年起公司不再为高污染、高耗能、高耗水的“三高”企业提供担保服务，全年共为74家绿色产业企业提供担保贷款，落实贷款资金47 897.26万元。

【支持防止服装产业发展】 根据新疆纺织服装产业扶持政策，择优支持纺织下游服装加工企业、特色民族纺织服装生产企业。2018年，共为全疆11家纺织服装厂商提供5 097万元的融资贷款担保，其中8家位于南疆四地州，项目金额达到4 200余万元。

【推进全疆担保体系建设】 按照自治区经济工作会议精神，再担保公司牵头，联合全疆金融机构、担保公司共同推动建立新疆“政银担”贷款风险比例分担机制。截至2018年年末，“政银担”业务已基本实现全疆全覆盖，与昌吉、伊犁、巴州、博州、克州、哈密、阿克苏、塔城、喀什、和田、阿勒泰、克拉玛依等全疆12个地州签署业务合作框架协议，全疆参与合作的金融机构95家、各地州政策性融资担保机构17家，为全区293户中小微企业和“三农”发放贷款近40 984万元。

【拨付自治区担保机构风险补偿资金】 作为风险补偿资金托管机构，公司按要求组织开展2018年自治区担保机构风险补偿资金申报、评审等工作，并将评审通过的10家担保机构3 974.82万元补偿资金及时拨付到位。截至2018年年末，公司累计为全疆符合条件的39家担保机构拨付风险补偿资金9 591.24万元。各类中小微企业新增就业岗位近13万个，企业上缴税金总额约25亿元，实现利润总额约39亿元，资产总额约2 100亿元。

【财政融资担保风险控制管理】 一是为进一步降低业务风险，公司科学梳理分类企业客户，不断优化担保业务结构，重点对融资需求在1 000万元以下的中小微企业提供担保支持，并将担保业务领域从传统产业向第三产业等新兴产业延伸。截至2018年年末，1 000万元以下担保项目新增67户，占比75.3%，在保项目共70户，占比70%，第三产业项目新增49 091.85万元，占比37.6%，在保项目56 300.49万元，占比34%。二是修订完善风控制度，强化基础工作，规范风控流程，加大保后跟踪力度，重点关注大额担保项目，形成即将到期项目每日报、近期到期项目每周报的监管机制，强化在保项目监控，加强保后管理。三是公司通过完善担保业务台账统计、加强受保企业行业分布分析及合作金融机构分析等，及时掌握行业现状及发展动态。掌握企业经营动态，2018年风险控制现场考察项目97户、金额16.65亿元，完成89个项目的前期合规性检查和100个项目的后期跟踪检查工作。

【内部管理与对外交流合作】 一是全年召开67次总经理办公会、4次董事会、4次股东会和38次项目评审会，坚持集体领导和个人分工负责机制，发挥班子成员主观能动性。二是按照中共中央组织部、国务院国资委党委《关于扎实推动国有企业党建工作要求写入公司章程的通知》（组通字［2017］11号）要求，积极落实党组织在公司法人治理结构中法定地位的重要制度安排，把加强党的领导和完善公司治理统一起来，及时修订章程，将党建工作纳入公司章程，并完成工商备案。三是公司结合实际，积极调整内部部门和岗位设置，公司现设有风险控制及战略研发部、法律法务部、担保业务一部、业务二部、业务三部、财务审计部和综合行政部等7个部门；同时邀请分管厅领导参与指导公司中层干部竞聘及全员“双选”竞聘上岗工作。四是全面修订不适应公司发展实际需求的规章制度，强化内部管理。五是开展2018年招聘工作，制订《2018年员工业务培训实施方案》，开展为期两个月的专题业务培训，组织专题业务培训14次，全年共组织员工外出培训30余人次。六是开展专题主题学习教育活动，全年共组织学习会议70余次，专题学习讨论会19次，报送心得体会80余篇，专题党建信息18篇。七是公司党支部全年共组织开展党员大会5次、支委会12次、党小组会25次、主题党日活动13次、专题组织生活会3次和“党的政治建设”专题党课6次。八是加强与合作机构的沟通联系，2018年共与20余家金融机构签订合作协议。

（新疆融资担保有限责任公司供稿，韩兆祥执笔）

财政农业信贷担保工作

【概况】 2018年，财政农业信贷担保公司着力拓展农业担保业务，新增担保项目3 108笔，新增担保额10.75亿元。其中：种养大户2 723户，担保额99 369.4万元；合作社4个，担保额970万元；农业企业11家，担保额4 750万元。“双控”额度指标占比82.44%，农业项目占比100%。累计实现担保总额16.55亿元，在保项目2 479笔，在保余额9.45亿元。

【机构建设】 按照《关于做好全国农业信贷担保工作的通知》（财农〔2017〕40号）要求，加快推进农业信贷担保分支机构建设，新组建分支机构17家，分支机构总数达到32家，业务覆盖50余个县市（涵盖30余个团场），基本覆盖农业大县。分3批招聘员工39人，员工总数80人，其中硕士研究生4名，取得高级以上职称5名。2018年7月成立党总支，并相继成立第一、第二党支部，选举配齐了党总支书记、支委和支部书记，现有党员20名。

【银担合作】 围绕新型经营主体需求，本着“互惠互利、合作共赢”的原则，与23家合作金融机构签订合作协议，总数达到35家。与农业银行等国有股份制银行创新合作模式，实现了农业企业、合作社和社会化服务组织的风险分担比例8∶2，种养大户、家庭农场、农家乐、牧家乐的风险分担比例6∶4；与农信社等地方金融机构建立了1.5%的最高代偿率批量业务模式，制订操作流程，强化风险项目审核管理。

【业务管理】在着力控制风险的前提下，按照“双控”指标，围绕种养大户、家庭农场、合作社和农业企业发展，不断拓展业务广度和深度，开发“富农担”“鑫农担”“易农担”“金穗农担贷”“快农贷”等产品，缓解农业新型经营主体融资难题。不断创新反担保措施，对符合产业支持政策的种养大户、农民合作社给予一定的信用额度。通过林权、取水权、土地承包经营权抵押、存货质押、生物资产质押监管等反担保措施，缓解新型经营主体的融资瓶颈，提高农业经营主体的贷款获得率。积极与合作银行沟通对接，优化担保贷款业务流程，业务人员与银行信贷员共同受理农户业务，基本实现一站式服务。

【风险管理】从完善风控制度、强化全员培训、加强监督管理入手，不断培养和提升全员风控意识，构建全员、全程风险防控机制。修订《风险控制管理办法》《业务合同管理办法》等16项制度，从资料审查、实地尽调、项目评审、贷前审核、保后管理、风险处置等方面，进一步明确风控管理流程和职责。严格执行业务操作规程，落实项目评审制度，严审细查每笔业务。

【内部管理】一是不断建立健全内控机制，完善财务、人事、综合等管理制度，制（修）订内控管理制度、操作规程、实施细则33项，初步建立了涵盖内部管理、业务运营等制度体系。二是不断强化制度的执行力和落实力，坚持“用制度管人，按程序办事”，通过完善内部管控机制，推进条线管理，用制度约束方式和手段推进工作。三是建立内部考评管理机制，制定考试管理制度，提高制度的执行力和落实力。

【业务调研】将业务人员下沉基层开展行业调研作为一项常态化工作，围绕促进种养大户、新型农业经营主体、农业产业化发展、产业扶贫等开展实地调研。先后赴全疆40余个县市、团场，200余个村镇、连队和新型经营组织，开展业务推介60余次，向农牧民2万余人做好宣传工作。

【宣传培训】注重员工业务知识和技能培训工作，不断优化员工业务知识结构，提高业务理论水平和行业融入度。举办全体职工参加的业务培训班4期，组织开展和参加相关讨论、交流学习50余人次。同时，加大对农担政策背景、运作机制、工作成效和担保优势的宣传力度，印发《工作简报》28期、开展业务宣讲20余次。

（新疆农业信贷融资担保有限责任公司供稿，赵前程执笔）

机关党建

【概况】2018年，财政厅机关党建工作坚持以习近平新时代中国特色社会主义思想为指导，全面落实新时代党的建设总要求，聚焦服务新疆工作总目标，始终坚持以党的政治建设为统领，以提升组织力为重点，深入推进政治建设、思想建设、组织建设、作风建设、纪律建设，完善党建工作制度，深入推进反腐败斗争，深入推进全面从严治党向纵深发展，不断提升机关党建工作质量和水平，切实为财政改革发展提供坚强保证。

【推进机关党的政治建设】组织全厅党员干部学习习近平总书记关于党的政治建设重要指示精神，贯彻落实机关党的政治建设会议精神。一是制定《财政厅党组关于落实自治区党委贯彻习近平总书记“一个带头”“三个表率”要求 全面推进机关党的政治建设的意见》（新财党组〔2018〕36号），明确工作任务和工作要求，将政治建设落到实处。二是制定《自治区财政厅落实厅级党员干部双重组织生活制度实施办法》（新财党组〔2018〕36号），对厅级党员干部落实民主集中制、“三会一课”制度、民主生活会制度、党支部组织生活“五+X”计划等组织生活作出明确规范和要求。三是制定《自治区财政厅落实“抓全面从严治党 创平安和谐机关”活动实施意见》（新财党组〔2018〕8号），提出创建学习型、服务型、创新型、廉洁型、效能型机关具体要求和量化指标。四是组织开展“树牢四个意识，发挥财政职能，坚定坚决贯彻落实中央和自治区决策部署”大讨论活动。

【强化党员干部思想理论武装】一是厅党组坚持落实理论学习中心组学习计划，全年共开展集中学习19次；对标对表党的十九大关于经济建设、财政金融和全面从严治党等各项任务要求谈体会、谈思路、谈举措。二是厅机关党委坚持每半月向各党组织下达财政厅机关干部理论学习清单，明确学习内容、学习时间和学习要求。按季度组织理论测试，不定期抽查学习掌握情况。三是开展“理论学习周”集中学习活动，全厅300多名党员干部全程脱产分专题学习习近平新时代中国特色社会主义思想。四是围绕学习内容，结合财政职能任务，在全厅组织开展征文、评比、交流和通报表彰。

【聚焦聚力新疆工作总目标】组织开展新疆工作总目标学习教育，安排厅机关各党组织围绕《高扬总目标的旗帜》深入展开学习。组织开展以正确认识新疆“四史”为主题的发声亮剑活动，撰写发声亮剑材料1 000余份。成立“访惠聚”驻村工作队和深度贫困村第一书记临时党委，明确党员日常教育管理监督责任，落实多重组织生活制度。按要求开展持续整顿软弱涣散基层党组织活动，及时转接党员党组织关系。开展“一联双促”活动，推动落实维护稳定、群众工作、脱贫攻坚、建强组织四项任务。

【全面提升党组织组织力】一是深入贯彻落实《中国共产党支部工作条例（试行）》，从党支部整体作用、党员管理、组织设置、工作机制、组织生活、责任落实等方面开展全面深入的自查自纠工作。二是厅机关党委指导各党组织严格落实“三会一课”、党费收缴等基础工作及组织生活会、主题党日活动、民主评议党员、党建述职评议等基本制度。三是厅党组制定印发机关党建“灯下黑”问题整治实施方案，明确整治目标，细化整治措施，压实整治责任，各党组织对整治活动进行专题研究部署，集中攻坚、盘点销号。四是研究成立农担公司党总支，健全企业党的组织机构；根据驻村人员变化情况，补充调整厅机关各党支部委员；指导厅属各党组织根据实际情况设立党小组。五是指导各党组织动态抓好新党员的培养发展工作，落实党员发展“一体化联合作战平台”核查全覆盖。“七一”期间，接收预备党员3名。六是压实党建工作政治责任，厅党组先后2次听取8个2017年度党建考核排名靠后的党组织工作改进情况汇报。

【持续抓好作风纪律建设】一是召开全区财政系统的廉政工作会议2次，传达中央和自治区有关廉政工作会议精神，就做好财政系统廉政工作提出要求，地州和财政厅机关廉政建设先进单位和处室进行经验介绍。二是组织党员干部学习习近平总书记关于进一步纠正“四风”、加强作风建设重要批示精神。三是组织厅机关和驻村工作队全体党员干部分别签订“全面从严治党责任书”，推动党建工作责任制落实。四是开展经常性反腐倡廉教育，促使党员干部始终做到警钟长鸣，严守纪律。五是厅机关纪委会同驻厅纪检组在元旦、春节、五一、端午、中秋、国庆等节日假期开展作风纪律监督检查。

【加强群团组织建设】 一是厅工会联合会组织开展民族团结一家亲“恒爱行动”献真情活动，为南疆贫困儿童编织爱心毛衣、捐赠爱心衣物600余件；组织参加财政部“不忘初心、牢记使命”书法征集活动和自治区妇联爱在新疆——“我的美好家园”书画摄影及微视频网络大赛。二是厅团委深入落实共青团新疆维吾尔自治区第十三次代表大会精神，大力推进从严治团，严格按照章程开展工作。三是厅妇委会在全厅干部职工中开展各类评选表彰工作，涉外处百合蒂亚·伊明家庭被自治区授予“五好家庭”荣誉称号，信息网络中心荣获区直机关劳模和工匠人才创新工作室。

【提升机关党建工作质量】 按月召开机关党委委员会议研究机关党建具体工作，组织各党组织书记集体学习，开展全覆盖督导检查5次，通报讲评10次。加强党建研究，向自治区党建研究会和区直机关党委研究会报送《增强基层党组织政治功能研究》。联合信息网络中心共同研发“党建信息网上报送系统”，搭建厅机关党建信息交流平台，全年共采编印发《财政工作简报（机关党建专刊）》29期，对外宣传30多次，在新疆电视台、新疆人民广播电台、《新疆日报》、自治区党建微信平台、区直机关工委《机关党建信息》、“最后一公里”微信平台等各信息媒体展现新疆财政党建形象。

（自治区财政厅机关党委供稿，李永刚执笔）

机关干部管理

【思想政治教育】 一是打造模范政治机关。树牢“四个意识”，坚定“四个自信”，做到“两个维护”，研究制定《财政厅加强政治建设 着力打造政治过硬财政干部队伍的意见》，深入贯彻新时代党的建设总要求，坚决维护习近平总书记党中央的核心、全党的核心地位，坚决维护党中央权威和集中统一领导，在学习贯彻习近平新时代中国特色社会主义思想上做表率，在始终同党中央保持高度一致上做表率，在坚决贯彻落实党中央各项决策部署上做表率，努力建设模范政治机关。二是开展民族团结教育。印发《自治区财政厅深入开展第36个民族团结教育月活动方案》，围绕“民族团结一家亲”活动主题，通过举行民族团结联谊会形式，引导干部职工弘扬民族团结精神，促进民族之间团结。三是开展法治宣传教育。做好“七五”普法中期检查评估工作，继续开展网络学法、用法，全厅333人参加“法宣在线”学习并参加年度考试。组织开展“全民国家安全教育日”、“12·4”国家宪法日、应急法律法规无纸化答题和“与法同行”宣讲等活动，提升全厅机关干部依法行政、依法理财的能力和水平，形成用法治思维解决问题的“自觉守法、遇事找法、解决问题靠法”的学法、用法氛围。

【“访惠聚”驻村工作】2018年，财政厅党组充分发挥后盾作用，研究制定《自治区财政厅关于持续用力推进驻村工作的意见》《自治区财政厅驻村人员接替办法》《关于进一步明确驻村干部配偶探亲费用报销相关事宜的通知》等工作机制，指导97名（其中：保留2017年驻村干部38名，2018年新派干部38名、新派深度贫困村第一书记21名）驻村干部围绕总目标推进“访惠聚”驻村工作。各驻村工作队全年走访群众2.62万户9.88万人次（其中贫困户1.22万户），帮助化解矛盾纠纷367件；发展引领中小微企业13个，成立农民专业合作社13个，转移就业4 043人，其中贫困人口就业1 409人次；帮助贫困人口脱贫1 021户4 290人（次）；引进和投入资金33.2万元发展庭院经济，涉及1 144户；开展宣传教育活动2 561场（次）42.82万人（次），普法宣传364场（次）6.3万人（次）；举办各类文化体育活动491场（次），参与人数达13.1余万人（次）；开展“发声亮剑活动”380场3.77万人（次）、“四项活动”381场（次），组织村干部培训82人（次），发展党员86人，培养村入党积极分子171人，推动“访惠聚”驻村工作全面提升和拓展。

【“民族团结一家亲”和民族团结联谊活动】2018年，财政厅坚持把“民族团结一家亲”和民族团结联谊活动作为贯彻落实社会稳定和长治久安总目标的一项重大政治任务，研究制定《关于进一步加强财政厅“民族团结一家亲”活动长效机制的通知》《自治区财政厅“民族团结一家亲”走访活动管理办法》《自治区财政厅2018年“民族团结一家亲”联谊活动计划》等制度机制，常态化组织六轮43批（次）1 643人（次）结亲干部赴和田地区洛浦县开展结亲走访活动，组织了28名结对亲戚来乌鲁木齐参观学习、10名结对亲戚子女来乌鲁木齐参加夏令营活动，举办了12场（次）亮点纷呈、主题鲜明的民族团结联谊活动；各结亲干部捐款27.35万元，捐物6 347件，帮助就医58件，就学54件，就业23件，发展生产322件；结亲干部与结对亲戚共同参与升国旗活动900余次，座谈报告会537场（次），联欢会514场（次），文体活动341场（次），双语学习575次，参观学习542次，各类媒体刊发活动宣传信息新闻16篇，积极营造“民族团结一家亲”的浓厚氛围。

【南疆学前双语教育干部支教工作】2018年，安排9名财政厅2018年面向社会招录公务员参加南疆学前双语教育支教工作，厅党组主动关心支教干部的工作、学习、生活，各处室建立“一对一”服务机制，帮助解决支教干部的家庭生活困难，解决后顾之忧。

【持续发声亮剑】一是落实意识形态主体责任。成立财政厅意识形态工作领导小组，厅主要领导任组长，其他厅领导任副组长，各处室单位负责人为成员。厅党组召开会议分析研判意识形态领域情况，专题学习研究意识形态工作，对重大事件、重要情况、干部职工中的苗头性倾向性的问题，有针对性地进行引导。二是扎实开展“发声亮剑”活动。组织开展以正确认识新疆“四史”为主题的发声亮剑活动，厅领导率先在《新疆日报》等媒体发声亮剑，带动100多名处级干部在全厅大会或支部会议上发声亮剑，400多名干部职工撰写发声亮剑材料1 000余份，旗帜鲜明地与“三股势力”和“两面派”“两面人”作最坚决的斗争。三是推动意识形态工作落实。严格落实《新疆财会》内部刊物编审制度，重点做好维文版翻译，强化刊物审读，决不给错误思想提供传播渠道。开展内部刊物（出版物）清查清理工作，审查清理涉及12家出版社的问题图书114本184册，及时上缴自治区教育工委问题出版物清查领导小组办公室统一销毁。对新修订的《新疆维吾尔自治区去极端化条例》《新疆维吾尔自治区实施〈中华人民共和国反恐怖主义法〉办法》进行专题辅导解读，教育全厅干部职工准确判断识别极端化行为，弘扬主旋律、传播正能量。

【干部教育培训】 按照《2010—2020 年干部教育培训改革纲要》要求，印发《2018 年财政厅干部教育培训计划》，指导厅内各处室业务培训工作。2018 年，组织培训班 37 期，其中集中培训 34 期，专题讲座 3 期，培训干部 4 957 人次，共计 1 004 学时。组织厅机关干部参加中央、自治区党校（行政学院），疆外各类干部学院、院校调训 15 人次。

【干部选拔任用】 认真落实干部选拔任用条例，严格执行干部选拔任用程序，将政治坚定作为首要标准。2018 年年初，面向驻村干部选拔任用 9 名正处级领导干部，营造干部主动到基层一线锻炼成长、在基层一线提拔使用的良好氛围。

【事业单位岗位管理】 根据自治区事业单位岗位管理规定和财政厅事业单位工作人员工勤技术等级情况，在机构改革工作开展前，结合工作中的德、才表现，通过制定方案、会议研究等程序，机关服务中心 1 名工作人员顺利晋升岗位等级。

（自治区财政厅人事教育处供稿，代宗松执笔）

离退休干部管理

【概况】 2018 年，自治区财政离退休干部管理工作坚持以习近平新时代中国特色社会主义思想为指导，围绕财政工作中心积极推进离退休干部工作创新发展，注重发挥离退休干部的独特优势，激励离退休干部为决战脱贫攻坚，推动经济高质量发展，维护社会稳定和长治久安贡献智慧和力量。

【加强政治建设】 坚持把学习贯彻习近平新时代中国特色社会主义思想和党的十九大精神作为重大政治任务，按照“学懂、弄通、做实”的要求，坚持利用每周五理论学习和每月例会时间，多形式、多渠道组织离退休老同志学习以习近平同志为核心的党中央的治疆方略，宣讲党的十八大以来取得的历史性成就、历史性变革，教育引导广大离退休干部牢固树立“四个意识”，坚定“四个自信”，做到“两个维护”。结合老干部实际，采取知识竞答、支部学习、主题党日、座谈讨论、撰写学习心得、举办学习体会交流等多种学习形式。加强服务保障，对高龄党员，送书上门；对于在外地党员，要求通过报纸、电视、互联网等媒体开展学习。充分利用“新疆财政”“新疆民族团结一家亲”“新疆老干部”等微信公众号组织老干部学习，及时将学习资料传到老干部微信群中，方便大家学习。

【丰富文化活动】 开展“党旗映天山 庆祝建党 97 周年”“庆祝八一建军节”“忆往昔 颂传统 促团结”等一系列丰富的正能量活动。以“增添正能量 共筑中国梦”为主题，组织部分退休老同志前往和田洛浦开展“我看改革开放新成就”专题调研活动，亲身体会发展变化，感受“访惠聚”工作的开展情况。组织金财女子合唱团参加 2018 年乌鲁木齐群众文化艺术展评

“喝彩新时代”比赛，演唱的京剧《忆秦娥·娄山关》获得金奖，同时受邀参加由自治区老龄工作委员会办公室在新疆人民会堂举办的“夕阳无限美——庆祝改革开放40周年中老年文艺演出”，展现了财政人的风采。

【加大信息宣传】 利用《财老园地》，陆续刊登部分老同志的学习心得、感悟，掀起学习热潮。积极开展由自治区老干部局、自治区老龄委等五家单位联合主办的“回首40年·聚力新时代”有奖征文活动。加强信息宣传，向财政厅党建信息平台报送党建信息15条，内网信息120条，新闻媒体采用信息15条。全年结合春节、五一民族团结月和七一党的生日等重大节点出刊6期书画园地。通过书法、绘画、摄影，歌颂民族团结、歌颂祖国、歌颂党。

【做好服务保障管理】 注重做到“三心”（听意见和建议“耐心”，开展工作“细心”，服务“贴心”），开展活动要求细心设计、精心安排、用心实施，力争把工作做到最实、最优。注重做到“三清”（信息清，重点关注人员清，动态情况掌握清），建立老干部基本信息卡，实行动态管理。每季度梳理一次老干部身体及家庭等状况，列出特需人员，指定专人负责。注重做到“三勤”（走访慰问勤，生日祝福勤，联系探病勤），逢年过节看望慰问老干部，为老干部过生日，实时关注特困老干部。经常联系异地老干部，利用出差机会看望慰问，表达组织的关心关怀。

（自治区财政厅离退休干部工作处供稿，邹森执笔）

机关后勤服务

【概况】 2018年，自治区财政厅机关服务中心（以下简称“中心”）在厅党组坚强领导下，紧贴机关后勤服务保障工作面临的新形势、新任务、新要求，牢固树立“四个意识”，逐步完善制度机制，着力强化日常管理，坚决服务财政大局，各项工作齐头并进、稳步提升。

【强化基础管理】 一是引入劳务派遣机制。完善聘用人员管理办法，将2016年1月以后入职的聘用员工全部转入劳务派遣公司，妥善解决劳动用工纠纷，合理规避聘用人员管理使用中可能出现的法律和经济风险。二是强化设备和工程维修采购管理。严格按照国家规定标准核定、评审物资和工程采购，降低采购成本，强化采购监管，构筑抵御廉政风险的“防火墙”。三是完善财务管理机制。严把审批权限、严守报批流程、严格支出管理、严明财务纪律、严查违规票据，完成厅农场、金榆泉公司和原房管所财务整改工作。四是建立第三方安全评估机制。聘请专业安全技术服务机构，对办公区和厅属家属楼（院）进行安全隐患排查和安全风险评估，出具专业评估报告，为厅机关安全生产工作提供科学、规范资料。

【做好后勤保障】 一是中心全年共完成各类维修2 240项，上门维修2 163人次，一、二食堂保障就餐18.45万人次，保障各类会议、培训895次，铺设沥青道路3 600平方米，种植花卉、苗木18 467株，清理垃圾630余吨，清运积雪220余吨，保障厅机关高质顺畅运转。二是主动靠前，上门服务。全年累计为“访惠聚”工作队员家庭维修水、电、暖80余次；配合厅办公室、人事教育处、机关党委组织各类大项活动8次，举办厅机关趣味运动会暨“民族团结一家亲”联谊活动。

【加强企业监管】 按照国家和自治区有关要求，根据厅党组具体安排部署，聘请第三方机构对玛丽艳宾馆和厅印刷厂进行清产核资、专项审计，并经行政事业资产处审批后，办理相关产权变更，签订委托监管责任书，顺利完成厅属企业委托监管的相关工作。

【荣誉】 第二批自治区级节能示范单位考核取得总分92.5分的优异成绩，财政厅被评为自治区“节约型公共机构示范单位”。

（自治区财政厅机关服务中心供稿，陈学文执笔。）

会计干部培训

【概况】 新疆维吾尔自治区会计干部培训中心、财政厅干部教育中心、新疆中华会计函授学校（以下简称“中心”）实行“三块牌子，一套人马”的管理模式。围绕财政中心工作，认真履行工作职责，圆满完成财政干部教育、会计人员培训、财政人员培训、财政民生（支农）政策培训等各项工作任务。

【财政干部教育】 改进教学方式，充实培训内容，提升培训质量，拓展整合培训师资，充实案例教学力量，不断增强培训服务意识，提高培训管理质量。

【会计培训】 规范培训流程，针对行业特点制定培训内容，明确培训方向，以问题为导向，理清工作思路，加强会计行业培训。2018年为46家企事业单位举办39期会计人员继续教育培训班，共计培训4 320余人次。

【考试培训】 发挥信息平台优势，完成2018年度全国会计专业技术初、中级资格无纸化考试3 735人次。开展农资集团、自治区计生委、自治区安监局、自治区教育厅、新华书店、云图软件公司等单位各类软件培训及管理服务257人次。

（新疆会计干部培训中心供稿，石玉佳执笔）

新疆会计学会

【自治区会计领军（后备）人才培养】 组织2018年度自治区第七期会计领军人才选拔考试工作，经各地（州、市）及自治区各厅（局）逐级申报，通过笔试、面试两轮选拔，从120名申报人员中录取50名优秀学员，作为自治区第七期会计领军人才。组织自治区第六期会计领军（后备）人才38人开展2018年集中培训，通过撰写读书笔记、记录学习心得和读书心得、进行开题汇报、开展调查研究报告、鼓励个人自学成果汇报、组织红色基地参观、编辑《学习简报》等方式完成培训。

【高层次会计人才培训】 制订年度高级会计人才培训方案，完成继续教育网上、面授机构备案。继续实施自治区大中型企事业单位总会计师素质提升培养工程，在北京、上海、厦门国家会计学院分三期培训114人。

【调查研究工作】 跟踪了解各项会计改革贯彻实施情况及存在问题，采取有效措施，促进会计改革各项措施在自治区顺利实施；围绕当前经济社会发展与会计改革热点，开展会计重点课题研究。组织会计领军人才开展课题研究16个，其中第六期班6个课题，第七期班9个课题。

【学术交流】 结合“一带一路”主题，邀请上海国家会计学院联合开展“一带一路”钢铁去库存、中欧班列等调研。与北京国家会计学院联合举办“新时期管理会计转型”高峰论坛，全疆450名来自各行各业会计人才齐聚一堂，聆听专家演讲，开展交流互动。

（自治区财政厅会计处供稿，夏菲执笔）

第四部分

地、州、市财政工作

伊犁哈萨克自治州

【概况】 2018年，伊犁哈萨克自治州直（以下简称“伊犁州直”）实现地区生产总值954亿元，同比增长6.5%，其中，第一产业增加值176.8亿元，同比增长3.8%；第二产业增加值295.3亿元，同比增长5.5%；第三产业增加值467.8亿元，同比增长8.3%。全社会固定资产投资同比下降43.1%。社会消费品零售总额242亿元，同比增长8%。外贸进出口总额54.5亿美元，同比增长10%。农民人均纯收入13 767元，同比增长7.7%。旅游人次4 118万人次、收入488.5亿元，同比分别增长41.7%、70%。

【财政收入】 2018年，伊犁州直一般公共预算收入完成88.92亿元，同比增长1.82%；政府性基金预算收入18.82亿元，同比增长27.77%；国有资本经营预算收入880万元，同比增长23%；社会保险基金预算收入140.39亿元。

伊犁州财政局把完成组织收入目标作为政治任务，健全责任机制，将组织收入任务量化分解到县（市）和征管部门，并强化财政收入动态监管。加强税收收入征管，做到依法征税、应收尽收、坚决不收过头税。严格执行财经纪律，抓好财政收入质量检查，防止弄虚作假的行为，严守杜绝虚收空转的底线、红线。

【财政支出】 2018年，伊犁州直一般公共预算支出完成342.74亿元，同比下降0.58%；上解上级支出4.98亿元，调出资金0.22亿元，债务还本支出9.68亿元，安排预算稳定调节基金2.72亿元，年终结余0.97亿元；政府性基金预算支出30.09亿元，同比增长104.58%；调出资金4.63亿元，债务还本支出9.66亿元，年终结余1.76亿元；国有资本经营预算支出489万元，同比增长2 026.09%，年终结余517万元；社会保险基金预算支出132.69亿元，上年结余56.49亿元，年终结余64.19亿元。

伊犁州财政局深入贯彻以“人民为中心”的发展思想，大力支持九项惠民工程，切实保障各族群众“幼有所育、学有所教、劳有所得、病有所医、老有所养、住有所居、弱有所扶”的民生支出。其中，全民免费健康体检支出2.1亿元，就业、医疗等社保支出67亿元，州本级财力安排脱贫攻坚摘帽奖励资金648万元，积极推进涉农资金统筹整合工作，累计整合资金5.29亿元，集中财力支持脱贫攻坚。

【财政管理】 制定《州本级部门单位向上争取政策资金考核办法》，争取到位重点生态功能区转移支付资金4.23亿元，同比增长30.8%；争取到位县级基本财力保障机制奖补资金12.5亿元；争取到位自治区转贷地方政府债券资金57.5亿元。加快建成全方位、全过程、全覆盖的预算绩效管理体系，推动预算和绩效管理一体化。健全绩效评价结果反馈和整改制度，与预算安排和政策调整挂钩。稳步推进重大政策和项目绩效目标、绩效评价结果向同级人大报告，并随同预（决）算向社会公开。规范地方政府举债融资行为，稳妥化解地方政府隐性债务风险，全年各级政府零违规举债，依法开好地方政府规范举债融资的“前门”，通过积极争取地方政府新增债券资金，保障合理融资需求。开展乡镇财政干部培训2期，不断提升乡镇财政干部监管能力；持续开展县、乡财政资金监督检查工作，加强对乡镇财政资金监管，不断提升资金使用效益。积极推行惠农补贴“三结合”现金发放方式，将“四老”“四类”人员生活补贴、农村低保等七类惠农补贴资金列入发放范围。积极盘活存量资金，加大结余结转资金收回力度，筹集资金6.93亿元支持县市兑现2017年绩效奖等基本支出。

【财政改革】 一是加强全口径预算管理，完善政府预算体系，编制“四本预算”。政府性基金收入、国有资本经营预算收入按比例调入一般公共财政预算，预算信息公开力度进一步加大。二是加强国库管理制度改革，不断完善财政国库单一账户体系，实现“纵向到底，横向到边”的改革目标，州直本级和11个县市的1 176个预算单位已全部实行国库集中支付。三是积极推进非税收入管理，推进司法、教育等部门行政事业性收费电子收缴改革，推进财政票据管理“智能卡”改革，重点推进医疗机构智能卡的安装启用工作，在医疗机构智能卡试点工作取得了良好的效果。四是规范政府采购行为，创新管理模式，优化管理流程，推进政府采购制度改革向纵深发展，着力构建放管结合、权责清晰、规范透明、运行高效、监管有力、服务优化的政府采购监管新机制。

【干部教育】 选优配强党支部书记和支委会委员，扎实开展党支部换届选举工作。组织开展“庆祝中国共产党成立九十七周年暨‘一先双优’‘民族团结一家亲’表彰会”，对3个先进党支部、10名优秀党务工作者和22名优秀共产党员予以表彰。着力完善干部人事管理机制，加强财政干部队伍建设，从严加强思想政治建设、从严加强干部队伍建设、从严改进干部作风、从严加强自身建设，扎实完成各项工作。选派34名干部深入伊宁市、特克斯县、霍城县4个村（社区）开展“访惠聚”活动。对8名驻村干部予以提拔重用或是列为后备干部，推荐1名副县级干部赴伊犁州新源县喀拉布拉镇任党委书记，对1名干部进行轮岗。认真做好因私出国（境）证件专项治理工作，严格落实《自治州共产党员、国家公职人员出国（境）相关问题管理办法》，对局及所属单位230名在职干部及离退休职工的信息进行采集备案，定期与相关部门协调更新名册，实行动态管理。按时完成局及所属单位42名县级以上干部、56名副科级以上干部个人有关事项报告。不断完善财政局干部考核评价机制，按照公正、公平、公开原则，依据局部门考核办法、干部考核办法，分季度做好22个处室（中心）和102名干部的业绩考评基础工作。按期顺利完成2011年10月—2016年9月期间的组织史及佐证材料报送工作，人事、编制、老干、援疆干部服务管理等工作扎实有效开展。

【荣誉】 伊犁州财政局先后荣获全国文明单位、自治区最佳文明单位、自治区先进基层党组织、自治州民族团结进步模范示范单位称号，社保处荣获2017年度自治区社会保险基金统一预决算先进单位称号，涉外处荣获2018年自治区财政支持普惠金融发展工作先进单位、2018年度自治区农业保险保费财政补贴先进单位称号。

（伊犁哈萨克自治州财政局供稿，戴君燕执笔）

乌鲁木齐市

【概况】2018年，乌鲁木齐市实现地区生产总值3 099.77亿元，同比增长7.8%。其中，第一产业增加值35.32亿元，同比增长2.9%；第二产业增加值948.18亿元，同比增长2.9%；第三产业增加值2 126.27亿元，同比增长9.9%。实现社会消费品零售总额1 353.99亿元，同比增长2.8%。城镇居民人均可支配收入40 101元，同比增长8.3%。农村居民人均可支配收入19 623元，同比增长10.0%。外贸进出口总额77.59亿美元，同比增长14.8%。

【财政收入】2018年，完成地方财政收入800.31亿元，同比增长27.5%。其中，一般公共预算收入458.28亿元，同比增长14.4%；政府性基金预算收入342.04亿元，同比增长50.6%。在一般公共预算收入中，企业所得税、个人所得税、城市维护建设税和契税分别同比增长6.2%、20.2%、0.7%和75.9%；增值税（含改征增值税）和营业税分别同比下降4.0%和76.4%。国有资本经营预算收入9 157万元，全部为利润收入。社会保险基金收入211.6亿元。其中：保险费收入196.9亿元、财政补贴收入9.1亿元、其他各项收入5.6亿元。乌鲁木齐市依托实体经济发展，以供给侧结构性改革为主线，积极构建现代化产业体系，支持国有企业、民营企业、中小微企业发展壮大，强化财源税源建设，通过经济增长拉动财政收入增长。全面推进税收征管体制改革，持续优化税收营商环境，坚持依法征收，加强对重点税源、重点企业和重点税种监管，规范非税收入管理，加大清欠力度，着力盘活土地资源，形成财政收入多点增长的良好局面。

【财政支出】2018年，地方财政支出1 056.83亿元，同比增长89.6%。其中，一般公共预算支出659.78亿元，同比增长43.9%。政府性基金预算支出397.04亿元，同比增长3.0倍。国有资本经营预算支出9 733万元，其中：解决历史遗留问题及改革成本支出2 863万元，国有企业资本金注入6 870万元。社会保险基金支出195.4亿元。财政用于民生领域支出478.04亿元，占一般公共预算支出的比重为72.5%。

【防范化解政府债务风险】制订地方隐性债务化解工作方案，一律不下达可能导致债务风险或隐性债务风险的指标，一律不受理无资金来源的项目，一律不申报无资金来源的项目，一律不上无资金来源的项目，坚决消除风险隐患。

【支持打好脱贫攻坚战】统筹安排财政资金，新增财政投入1.5亿元，健全扶贫资金监管机制，推进扶贫资金绩效考核评价，巩固全市脱贫成果，认真落实对口帮扶政策。

【全力保障污染防治攻坚战】聚焦重点发力，发挥财政政策示范引领作用，安排各类建设及补助资金17.2亿元，重点支持大气、水、土壤污染防治和环境综合整治，推进重点领域节能减排，增强环境监管能力建设，持续推进重大生态工程建设。

【积极推动三项重点工作】支持丝绸之路经济带核心区建设，安排专项资金15.5亿元推进国际陆港区、综合保税区和机场改扩建项目建设，支持乌鲁木齐国际（地区）航线客货运输发展和西行班列运行。支持乡村振兴战略实施，安排专项资金5.2亿元促进农业产业发展、土地治理、草原生态保护奖补、退耕还林、森林植被恢复等工作。大力发展旅游文化产业，安排资金6.4亿元，支持基础设施建设、产业融合发展、公共服务供给等重点领域。

【支持推进供给侧结构性改革】用好“三去一降一补”财税政策，安排专项奖补资金4亿元，支持钢铁、煤炭行业化解过剩产能和纺织服装产业发展。安排各类资金7亿元，支持各类产业园区建设，吸引企业投资兴业，落实振兴工业经济17项政策措施，扶持非公有制经济和民营企业发展壮大，落实普惠金融发展政策，加大财政贴息等支持力度，打造“双创”升级版。

【推进基础设施建设补短板】拨付轨道交通项目资金30亿元，保障轨道交通1号线北段如期通车。统筹安排财政资金、专项债券等64.8亿元，支持河马泉新区道路基础设施建设。安排“树上山、水进城、煤变气、天变蓝、地变绿、城变美”项目资金21.5亿元，持续改善城市面貌。积极推进民生建设十件实事，足额安排各类项目建设资金，确保有关政策落实资金补助到位，增强各族群众获得感、幸福感。

【推进投融资体制改革】用好置换债券政策，自治区2018年下达乌鲁木齐市地方政府置换债券118亿元，累计完成置换政府债务781亿元，有效缓解还贷支出压力。坚持“举债必问效、无效必问责”原则，加强地方政府债券管理使用，全年争取到位新增债券资金140.5亿元，主要用于土地征收、棚户区改造、重点水利工程等项目。

【规范推进PPP项目】有效激发社会资本投资参与核心区“五大中心”建设、环境生态治理、重点民生工程等基础设施建设，并向医养综合服务、文化体育场馆等公共服务领域拓展，项目推广工作示范效应日益显著。

【加强预算编制管理】增强一般公共预算、政府性基金预算、国有资本经营预算、社会保险基金预算“四本预算”统筹能力，提升预算编制的科学性、准确性、规范性。

【加强预算执行管理】坚持“先有预算、后有支出，未列入预算的项目不得支出，未经审批的项目不得调整”的原则，严格控制预算追加。对确需解决的重大支出事项，原则上通过调整本单位部门预算解决。

【强化财政绩效管理】加强财政监督检查，推动建立全面规范透明、标准科学、约束有力的预算制度，提高财政资金使用效益。推进预（决）算公开透明，明确预（决）算信息公开的主体、范围、内容和时间，实现预（决）算和“三公经费”公开全覆盖。

（乌鲁木齐市财政局供稿，薄桉执笔）

克拉玛依市

【概况】2018年，克拉玛依市实现地区生产总值898.1亿元，同比增长6.7%。其中，第一产业增加值5亿元，同比增长0.3%；第二产业增加值654.7亿元，同比减少1.1%；第三产业增加值238.4亿元，同比增长23.1%。全社会固定资产投资322.6亿元，同比增长28.4%。实现社会消费品零售总额70.4亿元，同比增长6.5%。居民消费价格同比上涨1.3%，商品零售价格同比上涨1.2%。居民消费价格总指数为101.3。城镇居民人均可支配收入41 850元，同比增长7.3%。进出口企业共完成外贸进出口13 319.3万美元，同比增长45.6%。

【财政收入】2018年，全口径财政收入269.4亿元，减收0.6亿元，与上年基本持平，其中上划中央157.2亿元。一般公共预算收入100.5亿元，增收9.3亿元，同比增长10.0%，其中，非税收入21.5亿元，同比增长61.0%；税收收入79.0亿元，同比增长6.0%。政府性基金预算收入3.7亿元，减收0.1亿元，同比下降2.0%。国有资本经营收入0.3亿元。社会保险基金收入30.8亿元。一是依法合规组织收入，加强对重点税源、重点企业和重点税种的征管，确保应收尽收。紧跟国家财税改革动向，强化分析，服务经济发展。二是规范非税收入管理，强化资产、资源类收入征管，挖掘非税收入增收潜力。三是加大资金统筹力度，积极盘活存量资金，合理优化资金配置，压缩市级各部门一般性支出10%，统筹资金聚焦重点项目支出，把每一笔钱都花在实处，用在“刀刃”上。

【财政支出】2018年，一般公共预算支出132.0亿元，增支11.8亿元，同比增长18.0%；政府性基金预算支出9.9亿元，增支6.6亿元，同比增长200.0%。国有资本经营支出0.1亿元。社会保险基金支出33.8亿元。用于民生方面的支出114.0亿元，占一般公共预算支出的86.0%。主要项目情况：教育支出10.6亿元，同比下降4.4%；一般公共服务支出6.6亿元，同比增长8.3%；公共安全支出4亿元，同比下降31.7%；医疗卫生和计划生育支出4.9亿元，同比下降17.1%；社会保障和就业支出3.1亿元，同比增长20.1%；文化体育与传媒支出2.1亿元，同比下降45.5%；城乡社区支出19.8亿元，同比增长613.6%；交通运输支出2.4亿元，同比增长28.4%；资源勘探信息支出0.5亿元，同比下降81.6%；农林水支出0.9亿元，同比下降25.4%；节能环保支出0.8亿元，同比下降25.1%；科学技术支出1.0亿元，同比增长4.1%。支出下降主要原因是，集中财力保债务还本支出和部分支出责任转移至各区。

【财政管理】一是启动全面预算绩效管理工作，制定贯彻落实全面预算绩效管理意见及实施方案。二是强化财税部门协作机制，落实增值税税率调整、小型微利企业税收优惠、印花税优惠等减税政策，全年为企业减税54.35亿元；落实国家降低政府性基金和行政事业性收费政策，累计为企业和社会减负约0.17亿元；继续实施降低社会保险费率政策，降低企业用工成本。三是通过召开金融企业座谈会、制定降低企业获得信贷难度和成本行动方案、引导金融机构加大信贷投放力度等办法，缓解地方企业融资难、融资贵问题，指导和帮助企业化解困难和风险。全年全市银行金融机构小微企业贷款余额72.53亿元，同比增速18.6%。四是促进营商环境持续优化，组织符合条件的企业申报中小企业发展、外经贸发展等专项资金，累计为43户（次）企业争取上级资金支持0.16亿元。五是成立债务风险化解处置工作领导小组，制定市本级政府债务风险化解规划，推进存量债务置换，督促整改政府投资基金、PPP、政府购买服务中的不规范行为，严格落实债务属地管理责任，科学指导各区防范化解债务风险，有序、有效化解2017年7月14日前后地方政府隐性债务风险，做到2018年零违规举债。六是组织开展整治互联网金融、非法集资等金融乱象，全年共查处非法集资案件1起，消除潜在非法集资风险3例，处置化解P2P网贷平台风险5家。

【财政改革】 一是推进绿色金融改革创新试验区建设，建立绿色项目库，发行新疆首单绿色金融债券5亿元，引导金融资源助力绿色产业发展。全年金融产业实现增加值27.48亿元，同比增长1.02%。二是自2018年1月1日起执行新的市与区财政管理体制，从全年情况来看，各区财政收入平均增长达40%，保障能力不断增强，基本实现了体制调整设定的目标。三是根据自治区和市政府统一安排，梳理适宜划转的非税收入项目，按照“成熟一批，划转一批”的原则，确保非税收入划转工作平稳、有序推进；进一步加强社会保险基金预算管理，积极发挥财政职能，确保社会保险费划转过程中预算执行有序，基金管理安全。四是全面摸清政府经营性国有资产家底及现状，首次向人大常委会报告国有资产管理情况和金融企业国有资产管理情况。

【荣誉】 克拉玛依市财政局荣获2018年度财政预算执行分析自治区二等奖，2017年度财政总决算工作自治区三等奖，2018年度各地州财政管理工作绩效评价前十名地州表彰，2017年度地方金融企业财务决算报表自治区先进单位。

（克拉玛依市财政局供稿，执笔人李惠敏）

塔城地区

【概况】 2018年，塔城地区实现地区生产总值533.53亿元，同比增长5%。其中，第一产业增加值165.22亿元，同比增长5.6%；第二产业增加值169.97亿元，同比增长4.7%；第三产业增加值198.34亿元，同比增长4.7%。三次产业比例为30.9∶31.9∶37.2。全社会固定资产投资同比下降35.8%。完成进出口贸易总额5.09亿美元，同比下降17.6%。全地区实现社会消费品零售总额93.2亿元，同比增长7.7%。商品零售价格指数100.5，居民消费价格指数102.6。城镇居民人均可支配收入、农牧民人均纯收入分别达到2.88万元、1.61万元，分别增加 1 002 元、800 元，各族群众生活水平不断提高。全地区地方财政收入完成 55.41 亿元，同比增长 9.08%。全地区一般公共预算收入总量 202.8 亿元，一般公共预算支出总量完成 198.12 亿元，收支相抵，年终结余 4.68 亿元。政府性基金收入完成 24.67 亿元，政府性基金支出完成 24.12 亿元，收支相抵，年终结余 0.55 亿元。社会保险基金收入完成 77.08 亿元，社会保险基金支出完成 68.96 亿元，收支相抵，年终结余 8.12 亿元。

【财政收入】 认真贯彻落实“依法征收、堵塞漏洞、大力清欠、应收尽收、不收过头税”的要求，严格落实组织收入牵头责任，抓好资源开发涉及的各类税、费清收工作，确保无遗漏、无死角。2018 年全地区一般公共预算收入完成 47.85 亿元，同比增长 5.24%。充分利用涉资源类经济信息共享平台，清查了新疆油田公司原油，进一步规范非税收入管理。督促县（市）全面开展国有土地、集体土地出租清查工作，对资源资产类非税收入严格管理，确保应收尽收。

【财政支出】 一是优化支出结构。严格按照“保基本、保民生、保稳定、压一般”的支出原则，保障工资、机构运转，优化支出结构，地委、行署确定的重点项目和重大支出资金按要求全部落实，财政资金的“四两拨千斤”作用进一步显现。2018 年，全地区一般公共预算支出完成 178.8 亿元，同比增长 4.3%。二是“保工资、保运转、保民生”支出责任全面落实。坚持将“三保”作为防风险的一项重大政治任务来抓，全面落实“三保”支出兜底责任。全地区人员支出 76.43 亿元，公用经费支出 13.3 亿元。在财政面临诸多困难情况下，机关事业单位运行正常，各项社保缴费得到全面保障。三是重点工作扎实推进。地、县财政及有关部门紧密配合、积极沟通对接，全面完成了国务院大督查、国家审计署兰州特派办及自治区重大政策专项审计和中央巡视反馈意见整改落实工作。四是规范政府债券资金管理。争取新增债券资金 26.51 亿元，重点支持克塔铁路、机场改（扩）建、“1 +3”项目、棚户区改造以及“三大攻坚战”等地区重点民生项目。

【财政管理】 一是完善政府债务管理机制，制定政府债务管理制度办法 13 余项，规范举债行为，实现了 2017 年 7 月 14 日以来零违规举债，2018 年政府隐性债务全部化解完毕。二是硬化预算约束，严格落实预算法等相关法律法规的规定，坚持先预算后支出，年初预算一经批准，除中央、自治区、地区确定的重点支出外，一律不得调整。三是加强预（决）算信息公开力度，及时公开政府预（决）算和“三公经费”预算。四是强化国有金融资本管理，切实履行国有金融资本出资人职责，对国有金融资本实施基础管理、经营管理、绩效考核、负责人薪酬管理等，积极盘活水权、土地等资源资产，增强国有金融机构活力，促进国有资产保值增值。五是全面实施贫困县涉农资金整合工作，整合涉农资金全部用于脱贫攻坚。六是加强乡镇财政预算管理，乡（镇）财政管理体制机制更加健全。

【财政改革】 完善预算管理制度，建立健全全口径政府预算管理，规范预算编制、执行、监督相互制约、相互协调机制。完善政府预算体系，政府性基金预算、国有资本经营预算、社会保险基金预算与一般公共预算相衔接。加快实施跨年度预算平衡机制和编制中期财政规划管理，建立权责发生制政府综合财务报告制度。健全国库集中支付动态监控机制，国库管理体系进一步完善。全力支持配合国税、地税征管体制改革，逐步推进、有序划转中央和自治区设立的非税收入项目征管职能，配合做好社会保险费征管职能划转工作。积极推进资源税费、环境保护税、个人所得税改革，完成了兵团税收征管体制改革。建立部门（单位）落实政府预算绩效管理工作主体责任机制，初步构建了“预算编制有目标、预算执行有监控、预算完成有评价、评价结果有反馈、反馈结果有应用”的预算绩效管理机制。

【干部教育】 一是理论学习意识明显增强。

坚持以“两学一做”学习教育为抓手，深入学习习近平新时代中国特色社会主义思想，党的十九大及十九届二中、三中全会精神，认真学习《习近平新时代中国特色社会主义思想三十讲》《习近平总书记脱贫攻坚重要论述摘编》，以及新修订的《中国共产党纪律处分条例》等，强化对自治区党委和地委一系列重要会议精神、重要文件精神的学习领会、贯彻落实，切实筑牢信仰之基、把稳思想之舵。二是群众工作能力明显提升。按照“两个全覆盖”、民族团结一家亲活动的要求，财政干部讲政治、顾大局，发扬艰苦奋斗精神，深入基层、下沉一线，坚持“六步工作法”，认真开展下沉基层包户、住户及“民族团结一家亲”结对认亲活动，围绕“八必讲、八必问”，坚持“同吃、同住、同学习、同劳动”，做好进村入户、结对认亲、帮扶解困工作，制定“两个全覆盖、双提升”计划，深入了解住户经济发展、生产经营状况，农牧民群众对党和国家的认同感进一步提升。三是财政干部作风明显转好。财政部门认真贯彻落实中央八项规定及自治区党委贯彻落实的实施办法，严格执行“十改进、十不准”，组织完善《绩效考核实施细则》和《党员干部日常监督管理办法》，深入集中整治形式主义、官僚主义，整治领导干部利用名贵特产类特殊资源谋取私利问题，在防范化解政府债务风险、脱贫攻坚及审计工作中强化作风纪律保障，进一步严肃财经纪律，切实整治防范化解重大风险和脱贫攻坚领域“四风”“四气”，干部作风明显好转。

（塔城地区财政局供稿，詹文文执笔）

阿勒泰地区

【概况】2018 年，阿勒泰地区实现地区生产总值 284.09 亿元，同比增长 5.4%，其中：第一产业增加值 51.36 亿元，同比增长 5.1%；第二产业增加值 103.61 亿元，同比增长 4.8%；第三产业增加值 129.12 亿元，同比增长 6.2%。第一、二、三产业增加值占地区生产总值的比重分别为 18.1%、36.4% 和 45.5%。城镇居民人均可支配收入 30 263 元，同比增长 8.5%；农村居民人均可支配收入 12 185 元，同比增长 10.0%。全年完成地方固定资产投资 90.17 亿元，同比下降 39.6%。全年地区完成外贸进出口总额 95 434 万美元，同比下降 11.5%。全年累计完成社会消费品零售总额 79.85 亿元，同比增长 9.1%。居民消费价格总指数同比上涨 2.8%；商品零售价格指数同比上涨 1.5%；农业生产资料价格指数同比上涨 2.9%。

【财政收入】2018 年，阿勒泰地区完成全口径财政收入 58.04 亿元，同比增长 12.26%，其中：一般公共预算收入 35.06 亿元，同比增长 3.21%；政府基金预算收入 6.59 亿元，同比增长 120.82%；国有资本预算收入 0.04 亿元，同比增长 4.91%；社会保险基金收入 44.3646 亿元，同比增长 0.23%；税收收入 24.10 亿元，同比增长 4.19%；非税收收入 10.96 亿元，同比增长 1.13%；上划中央、自治区税收收入 16.35 亿元，同比增长 11.17%。

阿勒泰地区财政局认真做好组织收入工作。一是完善财政经济形势分析研判机制。地区每 10 天、县（市）每 7 天召开财政重点工作调度会，分析研究宏观经济形势，及时协调解决存在的问题。深入各重点税源企业和重点项目工程企业调研，摸清企业生产经营情况和纳税情况，了解运营中存在的问题及困难，分析经济运行、政策调整对各行业、各税种及非税收入各项目的影响。二是逐级压实工作责任。年初将组织收入任务，科学分解到各县（市）和地区部门（单位），以旬保月、以月保季、以季保年，层层落实责任、传导压力。地、县两级税务部门紧盯组织收入任务，加强征管，依法征税，做到了应收尽收、坚决不收过头税。三是抓牢重点收入。积极克服经济下行、减税降费政策等因素压力，通过扩大有效投资、挖掘土地潜力、盘活国有资产、扩大进口贸易，努力实现增收。四是加大综合治税工作力度，支持税务和行业主管部门加强重点行业、企业和税种的税源监控及比对分析，精准查找税收征管漏洞和薄弱环节，杜绝“跑冒滴漏”现象。

【财政支出】2018 年，阿勒泰地区财政支出 186.83 亿元，同比增长 4.3%。其中：公共财政预算支出 174.07 亿元，同比下降 1.16%；政府性基金支出 12.75 亿元，同比增长 323.47%；国有资本经营预算支出 70 万元，同比增长 289.47%。一是保稳定。坚持把维护稳定作为压倒一切的政治任务，安排一般新增债券 9.7 亿元，支持项目全面开工建设，推动反恐维稳常态化、长效化。二是保工资。建立工资预警机制，协调县（市）做好资金调度工作。三是支持生态建设。安排环保资金 1.32 亿元，用于污染防治及电气化阿勒泰建设。主动对标《阿勒泰地区贯彻落实中央环境保护督察反馈意见整改方案》《中央环境保护督察反馈问题对照自查问题的整改方案》，加强与牵头单位沟通联系，及时提供资金拨付凭证及文件等基础台账材料，促进环保督察整改落实到位。四是支持旅游业发展。按照“以旅游业为主体、牵动一产、托举两产”发展格局，提出航线专项补贴资金 6 340 万元筹资方案，为实现旅游 2 100 万人次全年目标打下基础。多方筹集地区旅游产业发展资金 1 500 万元，撬动相关旅游产业投资建设。提出喀纳斯景区门票收入分配建议，支持地区泰旅集团发展，增强景区融资能力。加强旅游业 PPP 项目政策指导，协同有关部门加快旅游产业 PPP 项目审批进程。

【财政改革】一是全面推行预算公开。坚持“公开为常态，不公开为例外”原则，研究制定《阿勒泰地区本级部门预算公开工作实施方案》，从公开范围、公开时间和形式、公开内容、涉密事项管理、公开职责分工、工作要求以及部门预算公开模板等 7 个方面对财政预算公开做出明确规定，确保“阳光”财政落到实处。二是强化财政资金绩效管理。不断扩大绩效评价范围，建立绩效评价结果与预算调整、政策调整挂钩机制，紧盯执行进度、收入质量、存量资金盘活、国库库款管理等 6 个方面，先审绩效、再定额度，绩效不好就收回财政资金。实行重大资金拨付审批制，强化绩效责任硬约束，消减低效、无效资金。三是规范财政专户管理。各县（市）共撤销县级财政专户 6 个、乡镇村级账户 76 个，确保除国务院规定应保留账户外其余财政专户包括扶贫专户一律撤销。四是规范项目资金审批程序。制定《地区本级工程项目财政管理办法》，将投资评审纳入建设项目资金管理环节，有效避免建设项目不履行政府采购程序和招投标程序，化整为零规避公开招标等违法违规行为。五是建立财政扶贫资金统一管理机制。发挥资金整合作用，地区拨付到县的扶贫资金一律实行专账管理，切实改变财政资金分散、管理分治的碎片化现象，助力脱贫攻坚。六是推进结构性减税降费，切实减轻企业负担。

【财政监管】不断完善财政部门监督机构与

预算管理机构共同实施监督的责任制度和工作协调机制，确保财政资金用在“刀刃”上。一是开展财政收支情况自查。组织地、县两级部门（单位）开展政府债务、脱贫攻坚、环境保护、矿产资源开发、国有资产管理、贯彻中央“八项规定”等六大方面资金管理使用效益和财务管理情况自查自纠，进一步规范财政资金管理，严肃财经纪律。二是开展2016年政府及部门决算、2017年政府及部门预算公开情况专项检查。对检查中发现的公开内容不完整、公开不及时、公开信息细化程度不够等问题，要求立查立改，促进预（决）算公开合法、规范、及时、完整。三是开展财政资金管理自查。对地、县（市）涉及财政往来资金的账户和账务进行全面排查，切实规范财政资金拨付流程，确保财政资金使用安全。四是开展边境管控项目资金自查。核实2016—2018年地区边境管控设施项目建设内容和资金投入情况，针对项目资料不齐全、政府采购手续不完备等7个大方面21个问题，要求限期整改，确保手续合法合规。

【干部教育】一是集中学习制度化。党组带头学、支部领着学、干部全员学，深入学习贯彻习近平新时代中国特色社会主义思想，认真学习贯彻《党章》《中国共产党廉洁自律准则》《中国共产党纪律处分条例》等一系列党纪条规，局党组理论学习中心组集中学习23次，书记讲廉政党课2次。二是警示教育常态化。专题召开廉政教育视频会议，教育干部知敬畏、守底线；观摩地区反腐倡廉教育基地和党建图书馆，观看并研讨《永远在路上》《巡视利剑》等系列专题片4次；持续紧盯以案示教，组织全体党员干部传达学习各级各类违纪违法案件通报。三是意识领域斗争鲜明化。参加社区及“访惠聚”驻村工作队周一升国旗，开展同“两面人”斗争发声亮剑集中宣讲、签订承诺书，坚决与“三股势力”斗争到底。在做好政治理论教育的同时，加强财政干部经济理论和业务知识的学习，提高新的财经政策解读能力和操作能力，先后组织30名干部参加外派培训，科室自行组织财政业务培训11次，参训人数4 224人次。

（阿勒泰地区财政局供稿，孙仲权执笔）

博尔塔拉蒙古自治州

【概况】2018年，博尔塔拉蒙古自治州（以下简称“博州”）地区生产总值330.34亿元，同比增长6%。其中：第一产业增加值63.85亿元，同比增长6.1%；第二产业增加值88.57亿元，同比增长4.8%；第三产业增加值177.92亿元，同比增长6.7%。地方固定资产投资（不含农户）87.2亿元，同比下降48.4%。实现社会消费品零售总额50.23亿元，同比增长8.4%。居民消费价格上涨3.5%，商品零售价格上涨1.6%。城镇居民人均可支配收入31 280元，同比增长7%；农村居民人均可支配收入16 361元，同比增长7.9%。进出口贸易总额118亿美元，同比增长10.1%。

【财政收入】2018年，全口径财政收入

39.9 亿元，增收 4.49 亿元，同比增长 12.7%。其中：上划中央 11.07 亿元。地方财政收入 28.83 亿元，增收 3.89 亿元，同比增长 15.6%。其中：一般公共预算收入 23.81 亿元，增收 2.18 亿元，同比增长 10.06%。非税收入 8.48 亿元，增收 2.43 亿元，同比增长 40.18%。税收收入 15.32 亿元，同比下降 1.7%。政府性基金收入 5.02 亿元，增收 1.71 亿元，同比增长 51.7%。国有资本经营收入 50 万元。社会保险基金收入 24.29 亿元。

坚持完善组织收入工作机制，严格落实组织收入责任，按照“依法征收、应收尽收、不征过头税、严禁虚收空转”的原则，加强对重点税源、重点企业和重点税种的征管，最大限度挖掘非税收入的增收潜力，重点抓好草场补偿费征管、国有资产处置收入的征管，不断推动财政收入有质量、可持续。制定收入组织方案，将任务分解到日、周、旬，确保按时完成财税收入任务。加大税收清查力度，充分发挥综合治税平台和以地控税平台作用，加强对重点行业、重点区域和重点税源的监控。

【财政支出】 2018 年，地方财政支出 119.03 亿元，增支 9.28 亿元，同比增长 8.46%。其中：一般公共预算支出 106.73 亿元，增支 3 200 万元，同比增长 0.3%；政府性基金预算支出 12.3 亿元，增支 8.96 亿元，同比增长 268.26%；国有资本经营支出 50 万元；社会保险基金支出 21.27 亿元；用于民生方面的支出 78.38 亿元，占一般公共预算支出的 73.43%；教育支出 17 亿元，同比增长 0.04%；社会保障和就业支出 12.34 亿元，同比增长 21%；住房保障支出 6.41 亿元，同比下降 3.11%；医疗卫生支出 5.83 亿元，同比下降 0.72%；科技支出 2.01 亿元，同比增长 11.29%；文化支出 1.63 亿元，同比下降 68.12%。收支预计平衡情况：2018 年全州一般公共预算总收入 115.23 亿元，一般公共预算总支出 115.05 亿元。收支相抵，一般公共预算结余 1 800 万元，结转下年支出 1 800万元。政府性基金总收入 15.7 亿元，总支出 15.7 亿元，收支基本平衡。社会保险基金收入 24.29 亿元，社会保险基金支出 21.27 亿元，收支相抵，当年结余 3.02 亿元，年终滚存结余 20.07 亿元。

注重兜底线、补短板、强弱项，确保地方财政可持续，严控“三公经费”和财政供养人员，大力压缩一般性支出 5%，在严守“三保”支出底线基础上，全力保障自治州“1+3+3+改革开放”各项支出。建立预算执行和通报机制，限时分配、下达和支付财政资金，重点加强扶贫资金监管和支出进度，按照自治区财政扶贫资金动态监控和绩效管理的政策要求，做好扶贫资金筹集、分配和下达、支出和使用、监管和绩效工作，支出进度显著加快。健全透明预算制度，明确预（决）算公开主体、范围、内容和时间，各级政府和预算单位全部将预（决）算向社会进行公开。盘活财政存量资金，统筹收回两年及以上结余结转资金，用于自治州党委、人民政府安排的维稳、重点和民生项目支出。

【财政管理】 健全预算执行管理运行机制，加快资金拨付进度，全力推进项目建设进度，支出进度位居全疆前列。严格按照《预算法》规定和自治州人大常委会要求，及时上报预算执行情况和预算草案、预算调整报告、决算报告等。配合支持审计部门做好预算执行审计工作，及时反馈审计报告的意见。对人大和审计部门提出的问题，认真分析研究，及时落实整改。加强政府债务管理，严格执行《预算法》及政府债务管理规定，建立债务风险预警机制，强化底线思维，坚决做到 2018 年以来违规零负债，对 2017 年 7 月 14 日以前的隐性债务积极稳妥化解，化解期限严格按照上报自治区党委的《博州隐性债务化解方案》执行，5—10 年化解完毕，严守红线、底线，坚持做到终身问责、倒查责任。完善乡镇财政管理体制，强化乡镇财政资金监管，完善乡镇财政所内部管理制度，加强乡镇财政干部培训，建立健全乡镇财政基础信息数据库，确保乡镇财政基础信息真实、完整。落实中央和自治区全面预算绩效管理规定，制定《自治州党委、人民政府关于全面实施预算绩效管理的实施意见》，构建全方位、全过程、全覆盖的绩效管理体系，逐步树立“花钱必问效、无效必问责”的预算绩效管理理念，提升财政资源配置效率和使用效益，提高预算管理水平和政策实施效果。将 2017 年州本级 157 个项目 4.19 亿元纳入绩效考评，并向社会进行公开，增强绩效评价的客观性和科学性。

【财政改革】 一是完善预算管理制度。全面实施“四本预算”编制工作，增强国有资本预算完整性，实现所有资金通过一个“出口”安排，推进预算科学精准编制，增强预算执行刚性约束，提升预（决）算管理水平。二是完善国库集中支付改革。规范国库单一账户体系，在不改变预算单位管理权与会计核算权的前提下，取消预算单位原有基本存款等账户，确保所有财政资金在单一账户体系中运行。加强预算执行动态监控体系建设，形成事前、事中有效控制，事后跟踪问效的资金使用监控模式。三是加快推进金财工程改革。先后上线新版地方债务管理软件、扶贫资金监管平台、国库收支旬月报管理系统。加强社会综合治税工作，推进社会综合治税信息平台在金财专网的接入工作，提高税收征管社会化水平，实现地方财政收入稳定增长。四是强化非税收入管理改革。按照“横向到底、纵向到边”的改革目标要求，实现全州所有非税收入执收单位和收费项目全部纳入非税收入收缴管理体系；推进简政放权、放管结合、转变政府职能工作向纵深发展，坚决贯彻国家“减税降费”政策，对取消、停征的行政收费项目加强监管，切实减轻社会和企业负担，优化经济发展环境。五是全面推进县、乡财政管理改革。所有乡镇全部推行部门预算改革和国库集中支付改革，各乡镇通过部门预算软件编制年初预算以及财政一体化平台，将所有乡镇财政资金纳入国库（银行）单一账户体系管理，切实规范乡镇财政资金支付行为，促进财政资金运行安全、高效、透明。六是推进政府采购改革。巩固完善各项政府采购制度，严格按预算执行，进一步扩大政府采购范围，规范政府采购行为。进一步细化公平竞争审查的内容、程序、方法，加大政府采购的透明度，切实提高采购质量、服务水平和工作效率。

【财政干部队伍建设】 树牢“四个意识”、增强“四个自信”、做到“两个维护”。落实全面从严治党主体责任，党组书记履行管党治党第一责任人责任，班子成员严格履行“一岗双责”，把党风廉政建设融入分管工作，同步推进落实。支持派驻州财政局纪检组履行监督职责。抓好意识形态反分裂斗争，敢于发声亮剑，把坚决同“两面人”作斗争贯穿于财政干部教育培养、监督管理、选拔任用的全过程。通过在职培训、外出考察学习、专业辅导等方式，加强会计人才队伍建设。

（博尔塔拉蒙古自治州财政局供稿，陈俊执笔）

昌吉回族自治州

【概况】2018年，昌吉回族自治州（以下简称"昌吉州"）地区生产总值1 367.30亿元，比上年增长5.1%。其中，第一产业增加值226.19亿元，同比增长4.5%；第二产业增加值700.97亿元，同比增长3.7%；第三产业增加值440.14亿元，同比增长7.4%。三次产业占比结构为16.5∶51.3∶32.2。全社会完成固定资产投资同比下降46.2%。全州实现社会消费品零售总额284.17亿元，同比增长6.8%。城镇居民家庭人均可支配收入3 2617元，同比增长8.0%。农村居民人均可支配收入18 206元，增加890元。

2018年，昌吉州预算收入总计296.5亿元。其中：一般公共预算收入135.8亿元（其中，税收收入82.9亿元，增长3.8%；非税收入52.9亿元，下降2.2%），比上年增长1.37%。上级补助收入121.8亿元，自治区地方政府债券转贷收入23.1亿元，上年结余9.7亿元，调入资金4.2亿元，调入预算稳定调节基金1.9亿元。

2018年，昌吉州预算支出总计296.5亿元。其中：一般公共预算支出263.5亿元，比上年增长0.5%。上解上级支出4.5亿元，地方政府债券还本支出16亿元，安排预算稳定调节基金5.4亿元。收支相抵，年终结余7.1亿元，其中：结转下年支出7.1亿元，净结余为零。

【保障社会稳定】一是保障严打专项斗争。坚定不移落实维稳"组合拳"，推进便民警务站、反恐维稳信息化等维稳基础设施建设。支持自治州"打防管控建"五位一体维稳工作。二是保障做好群众工作。为"访惠聚"驻村工作、"民族团结一家亲""两个全覆盖"活动及驻村管寺工作提供资金保障。拨付村级惠民生项目资金2.36亿元、为民办实事经费4 000万元，解决群众的生产生活困难和问题。三是保障加强边境管控。通过预算安排、盘活存量等方式筹集资金，实现边境铁丝网、视频监控、口岸孔道查控全覆盖。落实提高边民、护边员补贴标准政策，边民每人每年补助达到1 495元、护边员每人每月补助达到2 000元，实现边民守边职业化。

【支持经济发展】一是打好"三大攻坚战"。打好防范化解重大风险攻坚战。按照2017年7月14日之前、2017年7月14日之后、2018年以后三个节点，全面梳理统计自治州政府债务。2017年7月14日之后产生的政府隐性债务全部化解完毕。2017年7月14日之前产生的政府隐性债务，分年度编制隐性债务偿还计划，有序进行偿还。打好精准脱贫攻坚战。保障落实12项脱贫攻坚专项行动。筹集资金1.05亿元实施兴边富民行动，落实产业帮扶项目222个。筹集资金3 138万元，实施土地整治等扶贫项目，受益贫困户3 474户次，受益贫困人员11 116人次。筹集资金6 400万元，实现全州政策性农业保险全覆盖。筹集资金982万元，开展建档立卡贫困劳动力精准就业技能培训。打好污染防治攻坚战。落实退耕还林还草补贴资金8 195万元，完成退耕还林 30 万亩。落实森林生态效益补偿资金 4 347 万元，草原补奖资金 26 047 万元，实施草原禁牧 2 000 万亩。持续推进头屯河综合整治等河道治理和防洪工程等重大生态工程建设。二是推动经济高质量发展。拨付 1.03 亿元，落实“三去一降一补”重点任务。全面落实中小微企业的税收优惠政策，累计为企业减税降费 38.8 亿元。设立人才发展专项资金，吸引高层次人才和紧缺人才进驻昌吉州。成立昌吉州诚鑫优选股权投资基金，主要以股权投资形式投资于昌吉州内（或拟迁入）享受 IPO 绿色通道的企业。推进 PPP 项目建设，对 PPP 项目库进行全面清理，保留 31 个项目，投资额 496.07 亿元。三是推进乡村振兴战略实施。安排乡村振兴战略资金 1.55 亿元，对人才培养、基础设施建设和人居环境改善等方面给予优先保障。安排资金 7 300 万元，完成 26 个乡镇、165 个村“三边三化四治理两改造”任务，实施 14 个乡镇、97 个村生活垃圾专项治理工作，完成 185 个村庄绿化美化。

【保障和改善民生】全州财政支出的 70% 以上用于民生建设。一是落实积极就业政策。安排社会保障和就业资金 19.29 亿元，开展实用技能培训 3.8 万人次，转移农村富余劳动力 16.5 万人次，新增城镇就业 3.3 万人。二是推动教育优先发展。教育支出 41.60 亿元，农村学前三年免费教育和普通高中学费补助政策全面落实，初、高中毕业未升学人员实现职业教育“双兜底”，“全面改薄”“双九成”任务按时完成。三是提高医疗服务水平。医疗卫生支出 23.31 亿元，完善政府对公立医院投入政策，加强乡镇卫生院建设，建立强化全民免费健康体检长效机制。四是强化住房保障。住房保障支出 19.75 亿元，完成城镇棚户区改造 3.86 万套、农村安居工程 6 232 户，分配困难群众公租房 515 套。

【深化财税改革】一是强化收入征管。健全完善组织收入工作机制，严格落实组织收入责任。加强对重点税源、重点企业和重点税种的征管，确保应收尽收。严格执行国家税收优惠政策，严禁擅自减免税和缓税，坚决防止和纠正“虚收空转”行为。二是强化支出保障。对州党委确定的各项重大决策部署、重大工作、重点工程支出给予全额保障。坚持勤俭办一切事业，做到“三公经费”只减不增。公款出国（境）支出实行零基预算，停止办理一切车辆购置审批手续，持续压减公务接待经费，从严控制会议规模和天数。三是推进预算管理制度改革。按照政府性基金不低于 20% 的比例、国有资本经营 25% 的比例，调入一般公共预算。开展中期财政规划编制，制定出台州本级财政专项资金管理清单。启用预算综合管理系统及财政支出政策库、财政项目库建设。州本级 195 个部门单位全部公开部门预决算。完成 2017 年全州权责发生制政府综合财务报告试编。开展自治州本级涉改部门和单位经费、资产、债权债务清理清查登记工作。

【财政监督管理】按照州党委安排，开展“小金库”专项清理工作，重点检查面达 60%。州、县（市）两级财政共发现问题 257 个，涉及金额 1.86 亿元。撤销各级财政部门、乡镇及村银行专户 733 个。开展专项资金监督检查工作，对扶贫、社保等惠民资金进行核查，对发现问题进行整改。完善财政资金拨付跟踪检查监督制度，拨付每一笔资金同时下达跟踪监管单，对资金拨付使用情况进行全程监管。抽取 5 家政府采购代理机构进行检查。完成 20 家州本级财政内网财政票据使用单位智能卡升级工作。接受国家审计署和自治区审计厅对政府债务、预算执行情况等工作的审计，认真做好审计整改工作。

【财政干部队伍建设】一是发挥党组核心领导作用。局党组始终坚持把方向、抓大事、议大事。2018 年召开党组会议 11 次，研究议题 62 个。完善党组中心组学习制度，组织学习 16 次。二是开展理想信念教育。引导干部职工原原本本、反反复复学习习近平新时代中国特色社会主义思想，集体学习共计 47 次。持续加强“两学一做”学习教育常态化制度化。三是加强党组织建设。认真落实从严治党“七个一”工作机制，以“五创三促”活动为抓手，对4个党支部工作进行全面规范。严格落实“三会一课”制度，每月开展一次主题党日活动。认真填报机关党建信息化管理服务平台数据。州财政局党组织获州级党建示范点。四是落实从严治党主体责任。采取集体学、集体讨论、讲党课、观看电教片等多种形式学习党纪法规。组织干部职工参加“纪法知识微考堂”答题1.01万人次。自查资金风险防控问题49个，且全部整改完毕。认真整改纪检组反馈的14条问题。积极配合做好州党委第四巡察组巡察工作。五是扎实开展群众工作。全面做好在木垒县沙吾仑村、河东村“民族团结一家亲”“两个全覆盖”工作。共组织干部职工住户走访6轮24批次，开展文体、慰问、联谊等活动48场次，累计参加2 300多人次。六是做好“访惠聚”工作。抽调13名干部，赴木垒县沙吾仑村、河东村和呼图壁县二十里店村驻村驻寺。投资1 000多万元，解决群众期盼问题。“访惠聚”脱贫攻坚工作获选自治区“访惠聚”“五个一百”精准扶贫案例。

【荣誉】 2018年，州财政局荣获自治区“访惠聚”驻村工作优秀组织单位。

（昌吉回族自治州财政局，顾军执笔）

吐鲁番市

【概况】 2018年，吐鲁番市地区生产总值完成310.59亿元，同比增长7.4%。分产业看：第一产业增加值59.54亿元，同比增长5.5%；第二产业增加值157.06亿元，同比增长7.1%；第三产业增加值103.99亿元，同比增长8.8%。三次产业增加值比重为16.0∶50.5∶33.5。按户籍人口计算，人均生产总值49 279元，同比增长7.3%。城镇居民人均可支配收入33 177元，同比增长8.6%。全年全社会固定资产投资同比下降55.1%。出口总额858.6万美元，同比增长34.5%；进口总额2 385.1万美元，同比增长7.3倍。2018年居民消费价格同比上涨2.6%，商品零售价格同比上涨3.6%。

【财政收入】 加强对重点企业、重点税源的监控，做到依法征收，应收尽收；认真落实国家出台的各种税收减免政策，切实减轻企业负担，支持实体经济发展，涵养税源。同时，加大清理欠税征缴力度。加强非税收入管理，加大非税收入征缴力度，坚决剔除收入中不合理部分，不断提高收入质量，确保形成可支配财力。2018年，吐鲁番市全口径财政收入73.26亿元，同比增收12.54亿元，增长20.65%。一般公共预算收入完成41.92亿元，同比增收5.74亿元，增长15.88%；基金收入7.57亿元，同比增长47.02%。税收收入30.49亿元，同比增长21.99%。非税收入11.43亿元，同比增长2.2%。国有资本经营预算收入3 155万元。社会保险基金收入完成41.36亿元。同比增加

11.85 亿元，增长 40.17%。

【财政支出】2018 年，吐鲁番市一般公共预算支出完成 110.15 亿元，同比增支 21.55 亿元，增长 24.32%。基金支出 19.15 亿元，同比增长 817.67%。国有资本经营预算支出 3 155 万元。社会保险基金支出完成 37.83 亿元，同比增加 9.68 亿元，增长 34.41%。全市投入民生建设资金 79.93 亿元，占一般公共预算支出的 72.59%，进一步提升人民群众的获得感。“三农”支出 7.94 亿元，乡村建设支出 5 561 万元，教育、文化、体育支出 20.71 亿元，社会保障和就业支出 7.80 亿元，保障性住房建设支出 7.45 亿元。

【收支平衡情况】全市收入总计 116.64 亿元，其中：一般公共预算收入完成 41.92 亿元，上级补助收入 58.49 亿元，地方政府一般债券转贷收入 11.46 亿元，区县上解收入 1.09 亿元，调入资金 1.42 亿元，上年结转结余资金 2.25 亿元。支出总计 116.2 亿元，其中：一般公共预算支出完成 110.15 亿元（含新增一般债券支出 6.8 亿元），一般债券还本支出 4.69 亿元，专项上解支出 1.37 亿元。结转结余资金 4 392 万元（含自治区专项）。

【防范化解重大风险】全面加强政府债务管理，成立政府债务管理领导小组，制定并印发《吐鲁番市地方政府性债务风险应急处置预案》《吐鲁番市政府性债务风险化解规划》《吐鲁番市政府债务管理联动机制》，认真做好地方政府隐性债务化解工作，按照“一项目、一方案、一对策”工作原则，以高度的政治责任感和认真负责的态度，坚守三个时间界限，逐项逐笔，积极稳妥化解政府隐性债务，切实打赢、打好防风险攻坚战，坚决做到 2018 年和今后“零违规举债”。

【精准脱贫攻坚】贯彻落实自治区党委脱贫攻坚“三个加大力度”和“七个一批”战略部署，紧紧围绕“两不愁、三保障、一接近”目标，落实市委防范贫困人口因病返贫措施，市财政出资为全市建档立卡贫困人口代缴补充医疗保险，使贫困患者享受补充医疗保险赔付 243 万元，有效缓解了全市建档立卡贫困人口“因病致贫，因病返贫”的问题。2018 年全市共投入扶贫资金 5 700 万元，确保了财政扶贫项目当年全部实施完毕。

【推动地方经济发展】一是深入推进“放管服”改革，加快政府职能转变，优化营商环境，最大限度激发市场活力，为企业和老百姓提供良好的服务条件，保护企业和群众的合法权益。二是做好航线培育。投入机场保障能力建设、航线补贴专项资金 7 053 万元。加强机场航线建设，助推吐鲁番市旅游事业发展。三是争取新疆纺织服装产业发展专项资金 2 880 万元，支持新疆旅游纺织品服装产业基地二期 10 万平方米标准厂房项目建设，推动吐鲁番纺织服装产业发展。四是积极争取自治区地方政府债券资金 24.14 亿元，其中：新增一般债券资金 6.8 亿元，置换一般债券转贷资金 4.66 亿元，新增专项债券资金 12.5 亿元，置换专项债券资金 1 800 万元，极大缓解了财政支出压力，有力拉动了地方经济的发展。

【深化财政改革】一是加强预算绩效考核。制定《吐鲁番市本级部门预算绩效管理暂行办法》《吐鲁番市对区县财政管理绩效考核与奖励暂行办法》，将绩效目标设定、绩效跟踪、绩效评价及结果应用纳入预算编制、执行、考核全过程，确保有限的资金用在“刀刃”上。二是加强财政资金拨付管理。印发《关于严格财政资金拨付管理的通知》《吐鲁番市本级财政结转和结余资金管理办法》《吐鲁番市本级基本支出预算管理办法》《吐鲁番市本级项目支出预算管理办法》《关于进一步规范自治区地方财政收入秩序的通知》，将除对区县的补助及向自治区上解资金之外的全部资金均纳入国库集中支付管理，加强财政资金拨付管理。三是全面推进预（决）算信息公开工作，市本级 123 家预算单位的 2018 年部门预算信息和 2017 年部门决算信息全部予以公开，并按要求细化公开到支出功能分类的项级科目，公开率达到100%。

【推进供给侧结构性改革】一是支持大众创业、万众创新。市本级安排支持中小企业发展和科技专项资金600万元，推动企业转型升级和技术创新。二是投入资金8.77亿元，用于农村水利、综合交通、社会事业、城镇基础设施建设、商品流通产业等领域。三是继续推进政府和社会资本合作（PPP）模式项目实施。2018年已入库PPP项目12个，项目总投资55.62亿元。已完成PPP合同签署落地项目10个，总投资额38.67亿元。四是推进“三去一降一补”，争取中央化解过剩产能专项奖补资金6 248万元，积极化解过剩产能。五是继续支持纺织服装企业发展，拨付纺织服装产业专项资金4 918万元，用于纺织服装企业岗前培训、厂房建设、社保补贴、贷款贴息、出疆运费补贴和电费补贴，促进纺织服装产业发展。

【强化财政监督】对全市17个单位的会计质量信息进行检查，不断规范会计行为，提高会计信息质量。规范财政专户管理，全市各级财政部门、乡镇和村（社区）撤销银行账户280个，保留合规目录内财政专户数量为50个，乡镇保留账户54个（27个乡镇）。清理2007年以来暂存暂付性款项余额6 521.43万元，增强财政预算的完整性、严肃性，强化预算执行约束。盘活存量资金2 768.89万元，统筹用于市委决定的重大事项和经济社会发展亟须资金支持的领域，提高财政资金使用效益。对区县乡财资金管理、全市扶贫资金和2017年度农业综合开发项目资金开展综合性检查验收，确保资金和干部安全。依法接受人大、审计、群众监督，确保财政工作安全。

【加强干部队伍建设】组织干部职工学习贯彻习近平新时代中国特色社会主义思想和习近平总书记系列重要讲话精神，严守政治纪律和政治规矩。注重财政业务、财政政策和法律法规学习，主动学经济、干经济，提升财政干部研究财政政策、推进财政工作和深化财政改革的能力。开展“两学一做”学习教育、“访惠聚”、“民族团结一家亲”和民族团结一家亲联谊活动。落实党风廉政建设主体责任和监督责任，发挥基层党组织战斗堡垒作用和党员先锋模范作用，增强财政干部服务经济发展的能力。

（吐鲁番市财政局供稿，王新虎执笔）

哈密市

【概况】2018年，哈密市全年实现地区生产总值536.61亿元，按可比价同比增长5.5%。其中，第一产业增加值40.59亿元，同比增长2.8%；第二产业增加值322.35亿元，同比增长5.7%；第三产业增加值173.67亿元，同比增长5.9%。全年城镇居民人均可支配收入达35 205元，同比名义增长7.0%；农村居民人均可支配收入达16 556元，名义增长7.6%。全社会固定资产投资（不含农户）同比下降56%。其中，第一产业投资同比下降83.9%；第二产业投资同比下降 16.9%；第三产业投资同比下降 67.7%。全年货物进出口总额 12 808.6 万美元，同比增长 10.9%。其中，货物出口总额 612.8 万美元，同比下降 88.1%；货物进口总额 12 195.8万美元，同比增长 90.0%。全年实现社会消费品零售总额 98.56 亿元，同比增长 5.6%。全年居民消费价格同比上涨 0.6%。

【财政收入】2018 年，哈密市一般公共预算收入完成 46.67 亿元，同比下降 6.31%；政府性基金收入完成 7.11 亿元，同比增长 3.57%；国有资本经营预算收入完成 0.02 亿元，同比下降 31.56%；社会保险基金收入完成 25.99 亿元，同比增长 14.6%。一般公共预算收入中，税收收入完成 37.38 亿元，同比增长 7.4%；非税收入完成 9.29 亿元，同比下降 38.1%。

哈密市财政面对收支矛盾依然突出、防范化解政府债务压力不减、财政收支平衡难度加大的形势，更加注重提升财政收入质量。通过强化财税收支政策研究，分析解决影响财政收入问题；增强财税部门沟通联系，强化部门征税、协税责任，凝聚征管合力；进一步健全涉税信息共享机制，加大税收稽查力度和清理欠税力度；强化非税收入执收工作责任等税收征管措施，依法依规组织财政收入，努力做到应收尽收，税收收入占比达 80.1%，较上年提高 10.2 个百分点，收入结构进一步优化，收入质量明显提升。

【财政支出】2018 年，哈密市一般公共预算支出 107.06 亿元，同比下降 8.9%；政府性基金支出 17.32 亿元，同比增长 193.08%；国有资本经营预算支出 0.04 亿元，同比增长 93.85%；社会保险基金支出 31.91 亿元，同比增长 11.26%。一般公共预算支出中，教育支出 17.5 亿元，同比增长 7.49%；社会保障和就业支出 15.85 亿元，同比增长 5.19%；医疗卫生支出 7.5 亿元，同比增长 5.66%；科学技术支出 0.52 亿元，同比增长 24.46%；文化体育和传媒支出 2.23 亿元，同比增长 2.91%；公共安全支出 13.86 亿元，同比增长 21.23%。

哈密市财政局严格遵循“保基本、保运转、保重点、保民生、压一般”的基本原则，牢固树立“过紧日子”的思想，不断优化支出结构，大力压缩一般性支出，把有限的资金用在市委、市政府确定的重大决策部署上。全市当年一般公共预算收入总计 132.69 亿元（含税收返还、各类补助、转移支付等），财政支出总计 132.69 亿元，收支相抵，年终无净结余。全市政府基金收入总计 23.28 亿元，支出总计 23.06 亿元，收支相抵，基金结余 0.22 亿元。

【财政管理】一是财政预算执行。2018 年，全市地方财政收入累计完成 53.78 亿元，同比下降 5.11%，为年初预算的 82.66%。其中：一般公共预算收入累计完成 46.67 亿元，同比下降 6.31%，为年初预算的 85.18%。基金收入累计完成 7.11 亿元，同比增长 3.57%，为年初预算的 69.25%。2018 年，全市地方财政总支出累计完成 123.48 亿元，同比增长 0.77%，为年初预算的 109.95%。其中：一般公共预算支出累计完成 107.06 亿元，同比下降 8.9%；基金支出累计完成 17.32 亿元，同比增长 193.08%。二是政府债务管理。贯彻落实中央、自治区党委和市委关于加强政府债务管理的系列决策部署，严守政府性债务风险“三条红线”，依法开好地方政府规范举债融资的“前门”，严堵违法违规举债融资的“后门”，着力加强风险源头管控，积极、稳妥地整改化解 2015 年至 2018 年底政府隐性债务，实现 2018 年 7 月 14 日以后零负债，实现 2018 年违规债务零增长。全年共争取用于重大公益性项目建设和棚户区改造项目建设新增债券资金 24.96 亿元，其中：新增一般债券资金 9.96 亿元，新增专项债券资金 15 亿元，完成全部可置换的存量政府债务置换，支持地方经济及各项社会事业的发展。三是乡镇财政管理。在全面规范乡镇财政的组织机构、业务工作、基础设施和内部管理的基础上，着力构建以“预算编制、预算执行、监督检查、绩效评价”为一体的乡镇财政管理新机制，完善补助性资金“一卡通”发放制度，规范乡镇会计核算，严肃财经纪律，认真落实强农惠农富农政策。四是涉农资金整合。整合使用各类涉农资金1.23亿元，推动精准扶贫，精准脱贫。大力发展改善农村基础设施。推动乡村旅游业、特色种植业、助力贫困户发展庭院经济、劳动力转移、小额贷款贴息、异地扶贫搬迁、大病救助、贫困大学生救助等各项扶贫政策。五是盘活存量资金。严格执行结转结余资金管理办法，通过采取对结转结余资金定期清理的办法，清理、盘活各类财政沉淀资金，统筹使用。六是支出绩效管理。加快推进预算绩效管理，全方位开展财政预算绩效评价，初步建立起覆盖所有财政性资金的预算绩效管理机制。

【财政改革】一是预算管理改革。健全完善预算管理制度，推进预算科学、精准编制，增强预算执行刚性约束，提高财政资源配置效率。加快建立现代国库管理体系，初步搭建起以国库集中收付制度为特征的预算执行机制和动态监控机制。二是国库集中支付改革。提升国库集中支付水平，全年国库集中支付金额59.41亿元，同比增长30.24%。三是非税收入管理改革。落实降费政策，清理政府性基金和行政事业性收费，严格实行收费目录清单制，全市降费约7 500万元。四是金财工程改革。哈密市金财工程已经涵盖财政预算、指标管理、国库集中支付、工资统发、非税收缴、资产管理、乡财县管、农综系统、国库账户管理等系统，其中财政预算、指标管理、国库集中支付、工资统发已覆盖各级预算单位。五是政府采购管理改革。持续深化政府采购改革，全年政府采购规模达10.48亿元，资金节约率达23.96%。国库集中支付系统覆盖率达100%。六是预（决）算公开。及时、全面公开哈密市2018年各级财政预算草案以及2018年各级政府部门预算。同时，2018年财政决算和部门决算经各级人大审议批复后，除涉密单位按规定不予公开外，其他全部按时予以公开，公开率达100%。七是PPP项目推进。严格规范PPP项目运作，对部分项目进行退库和缩减规模，将39个PPP项目调整为30个，推进PPP项目规范、科学、有序落地。

【干部教育】哈密市财政局内设科室15个，局属事业单位9个，其中：副县级事业单位1个（哈密市财政监督检查办公室），科级事业单位8个，代管单位1个（地区政府采购中心）。局机关行政科室、事业单位及代管单位共有行政、参公、事业等各类编制94名，实有干部职工83名，其中：实有县处级领导10名（含县处级援疆干部2名，挂职干部1名），男女比例39∶44，民汉比例59∶24，大专以上文化程度81人，占比97.59%。设有一个党总支和两个党支部，共有党员73名，其中在职党员47名。

2018年，哈密市财政局党组紧紧围绕社会稳定和长治久安总目标，围绕市委、市政府中心工作大局，持续完善干部学习教育制度，强化干部职工教育，提升干部职工思想政治水平和业务技能，增强干部队伍整体活力，持续改善干部队伍精神面貌和工作作风，规范干部理财行为，严格按照政策、制度、程序、规矩办理财政业务，有效堵塞财政管理漏洞。

【荣誉】2018年，哈密市财政局获自治区以上奖励的集体荣誉有：自治区“访民情 惠民生 聚民心”驻村工作优秀组织单位、自治区“访民情 惠民生 聚民心”驻村工作先进工作队。

（哈密市财政局供稿，白昌林执笔）

巴音郭楞蒙古自治州

【概况】2018年，巴音郭楞蒙古自治州（以下简称“巴州”）实现地区生产总值1 027.5亿元，同比增长4%。其中：第一产业实现增加值155.3亿元，同比下降2.2%；第二产业实现增加值560.1亿元，同比增长5.5%（工业实现增加值457亿元，同比增长6%，建筑业实现增加值114.4亿元，同比增长5.8%）；第三产业实现增加值312.1亿元，同比增长5.1%。全年投资500万元以上项目完成固定资产投资（不含农户）460.9亿元，同比下降34%。全年实现进出口总值2.26亿美元，同比下降39.7%。其中：实际出口总值1.99亿美元，同比增长3.5%；进口总值0.27亿美元，同比下降85.2%。全年城镇居民人均可支配收入3.24万元，同比增长4.9%。全州农村居民人均可支配收入1.71万元，同比增长4.5%。

【财政收入】2018年，巴州财政部门坚持稳字当头，紧扣经济形势，加强收入目标管理，积极应对减税降费和税收结构性矛盾等因素的影响，加强收入预测研判，进一步严格征管、依法组织各类财税收入，与税务等征管部门共同努力，在全面落实减税降费政策前提下保持财政收入稳定增长。地方财政收入104.55亿元，首次突破百亿元大关。其中：全州公共财政预算收入完成82.91亿元，同比增长2.9%；全州政府性基金预算收入完成21.64亿元，同比增长23%；全州国有资本经营预算收入完成2.00亿元，同比增长84.7%；全州社会保险基金总收入71.26亿元，同比增长14.3%。

【财政支出】2018年，巴州财政部门把优化财政支出结构作为财政管理的重要抓手，加大重点支出保障力度，压减非必需项目，严控“三公经费”支出，严格一般性支出管理，加大财政资金统筹盘活力度，使有限资金用于稳增长、调结构、惠民生等重点领域和关键环节，努力提高财政资金使用效益。全州公共财政预算支出完成238.31亿元，同比下降2.6%；全州政府性基金预算支出完成45.35亿元，同比增长150%；全州国有资本经营预算支出完成7 784万元，同比增长42.8%；全州社会保险基金总支出预计64.34亿元，同比增长11.47%。

【一般公共预算收支平衡】2018年，自治州公共财政预算收入82.91亿元，加中央、自治区转移支付收入138.69亿元，转贷地方政府债券收入19.36亿元，调入预算稳定调节基金888万元，调入资金9.78亿元，上年结余－7 334万元，收入总量为250.09亿元。自治州公共财政支出238.31亿元，加上解自治区财政支出2.47亿元，债务还本支出5.98亿元，补充预算稳定调节基金1.98亿元，支出总量为248.74亿元。公共财政收支总量相抵，年终滚存结余为1.35亿元。

【政府性基金收支平衡】2018年，自治州政府性基金预算收入21.64亿元，加中央、自治区转移支付收入8 237万元，转贷地方政府专项债券收入26.17亿元，上年结余5 493万元，收入总量为49.19亿元。全州政府性基金支出45.35亿元，加上解自治区财政支出396万元，政府性基金预算调出资金2.19亿元，地方政府专项债务还本支出1.17亿元，支出总量为48.76亿元。公共财政收支总量相抵，年终滚存结余为4 287万元。

【加强预算管理】 制定自治州关于全面实施预算绩效管理实施意见，成立工作领导小组，做好各项具体工作的安排和部署，加强预算绩效知识培训，努力实现预算绩效的全方位、全过程、全覆盖管理，提高预算管理水平。

【政府债务管理工作】 成立自治州防范和化解地方政府债务风险领导小组，明确成员单位职责。制定打赢"三大攻坚战"、防范和化解地方政府债务风险的实施方案，开展地方政府隐性债务清理，摸清政府隐性债务家底，建立隐性债务监测平台，将政府债务及政府隐性债务全部纳入监测范围。落实政府债务管理和地方政府违规举债问责办法，对债务率超标的县市进行风险预警，将防范债务风险工作纳入政府绩效考核，遏制新增违规债务。2018年底，全州地方政府性债务余额184.88亿元，对2018年到期债券实行借新还旧，平均拉长债务期限3年，缓解县市债务还本压力。新增债券全部纳入预算管理，主要对各县市维稳、上库石化产业园基础设施、棚户区改造、土地储备等项目进行支持。

【乡镇财政管理工作】 认真编制乡镇年度财政预算草案，督促乡镇严格执行预算，编制财政预算。组织协调乡镇财政收入，加强乡镇非税收入的征收与管理。贯彻"厉行节约，量入为出"的原则，进一步优化支出结构，集中财力，保证乡镇正常运转和社会公共支出需要，确保乡镇财政收支平衡。宣传涉农政策，及时发放各项财政惠农资金和优抚救助资金。监督审核乡镇政府预算单位会计核算及村级账务，切实履行乡镇财政监督检查职能。

【深化预算管理改革】 完善全口径预算管理，加大政府性基金预算、国有资本经营预算调入公共财政预算力度，建立从福彩、体彩资金中提取财政专项公益金制度。细化部门预算编制，继续按5%压缩各单位项目支出，加强财政专项资金统筹管理。加大存量资金盘活和统筹使用力度，统筹安排各方面资金缓解公共财政收支压力。加大预决算信息公开力度，全面落实预决算公开各项规定，提高财政资金透明度。

【国库集中支付改革】 结合各县、乡镇财政管理特点，健全工作制度，推进和规范乡镇国库集中支付改革，做好督查促进工作。推进县、乡财政资金运行动态监控工作，健全资金运行监控业务运行规程和岗位职责，完善监控系统及相关规则，严格县、乡财政资金管理，确保财政资金安全、规范、高效运行。加强盘活存量资金工作。认真做好清理收回历年结余与往来资金核算工作，严格将年底结余结转、额度结余，以及往来资金规模控制在规定范围内，保证财政资金发挥出应有效益。

【金财工程改革】 升级改造高清视频会议系统，区、地、县三级视频会议效果得到明显改观。实现库尔勒经济技术开发区按照财政区划进行财政一体化系统平台与州本级分隔独立运行。在全州范围内开展网络安全与保密大检查工作，排查安全隐患，堵塞安全漏洞，进一步巩固财政专网安全。对全州预算单位财政E线带宽进行全面升级，由原来的2M、8M升级到100M光纤，有效改善预算单位用网环境。

【非税收入管理改革】 严格执行国家和自治区取消、免收、降低收费标准的政策，全面清理规范涉企行政事业性收费和政府性基金。认真落实收费公开报告制度，实行收费公示、目录清单管理制度。加强监督举报力度，强化企业和个人对乱收费问题的举报查处。自2018年4月1日起，对残疾人保障金项目征收标准上限由当地社会平均工资的3倍降低至2倍，并停征首次申领居民身份证工本费。7月1日起，质量技术监督管理部门按照特种设备安全检验收费项目基准价格的新核定标准执行。

【县乡财政管理改革】清理乡镇站所实有资金账户，实行建立国库单一账户体系管理，积极推行公务卡支付改革，从源头上进行有效监管。采取“送教下乡”方式开展县、乡财政干部培训，2018年全州累计开展乡镇财政干部培训班7期，培训学员450人。加快推进自治区财政涉农惠民补贴资金管理系统（新“一卡通”）应用，进一步加大财政涉农补贴信息公开查询力度，在全州推广财政涉农补贴信息查询系统。

【政府采购改革】加大政府采购政策扶持中小微企业力度，制定自治州政府采购信用担保实施方案，帮助规模小、担保困难的中小微企业获得优质授信，切实解决中小微企业融资难的问题，增强中小微企业参与政府采购的机会。加大政府采购预算、采购公告、采购文件、中标、成交结果、采购合同等信息公开力度，强化政府采购监管信息公开，完善违法违规案件和投诉处理案件处理结果信息发布机制，公开代理机构、供应商、评审专家的严重违法失信行为信息记录，落实联合信用奖惩，加强政府采购诚信体系建设，推动构建规范、公正的政府采购环境。对政府采购中心组织的公开招标、竞争性谈判等采购活动进行“两随机一公开”监督检查。

【干部教育】一是加强干部思想政治教育，制定切实可行的学习年度计划并加以落实，逐步强化和增强干部的政治敏锐性和政治鉴别力，打造一支政治理论强、觉悟高的干部队伍。二是优化干部队伍结构，从基层选调优秀的年轻干部充实财政干部队伍。加强干部轮岗交流，充分调动干部的工作积极性和热情。注重年轻干部培养，用关键岗位锻炼年轻干部，激发年轻干部的活力和创造力，保证财政事业后继有人。在强化干部理论基础上，强调理论与实践相结合，选派19名党员干部深入基层开展“访惠聚”工作。三是充分调动工会、妇联、共青团等团体积极性，丰富干部职工业余文化体育生活。四是认真做好离退休干部管理服务工作，不折不扣地落实离退休干部政治、生活待遇，引导支持离退休干部老有所为、老有所乐。

（巴音郭楞蒙古自治州财政局供稿，文亚妮执笔）

阿克苏地区

【概况】2018年，阿克苏地区实现生产总值1 027.4亿元（含农一师），同比增长6.6%。其中：第一产业增加值259.4亿元，同比增长6.7%；第二产业增加值388.2亿元，同比增长5.0%；第三产业增加值379.9亿元，同比增长7.9%。三次产业结构比为25∶38∶37。城镇居民人均可支配收入30 637元，同比增长8.6%；农村居民人均可支配收入11 915元，同比增长8.5%。全年全社会固定资产投资464.84亿元，同比下降9.24%。全年货物进出口总额2.87亿美元，同比下降7.1%。居民消费价格指数同比上涨0.5%；商品零售价格指数同比上涨2.3%。

【财政收入】2018年，阿克苏地区完成地方财政收入124.18亿元，同比增收21.3亿元，增长 20.7%。其中：一般公共预算收入 108.88 亿元，同比增长 15.9%。政府性基金预算收入 13.86 亿元，同比增长 57.9%。国有资本经营预算收入 1.44 亿元，同比增长 1 022%。全地区社会保险基金收入 81.09 亿元。其中：保险费收入 59.99 亿元，财政补贴收入 13.96 亿元，其他收入 7.14 亿元。

【财政支出】 2018 年，阿克苏地区完成地方财政支出 425.88 亿元，同比增支 63.09 亿元，增长 17.4%。其中：一般公共预算支出完成 409.06 亿元，同比增支 54.66 亿元，增长 15.4%；政府性基金预算支出完成 15.96 亿元，同比增支 7.62 亿元，增长 91.4%。国有资本经营预算支出 0.86 亿元，同比增支 0.8 亿元，增长 1 389%。全年社会保险基金支出 66.4 亿元。全地区民生支出 293.56 亿元，占一般公共预算支出的 71.8%。其中：重点基础设施建设支出 43.23 亿元，教育支出 81.74 亿元，社会保障和就业支出 29.58 亿元，医疗卫生和计划生育支出 30.84 亿元，住房保障支出 40.12 亿元，科技文化支出 5.89 亿元。

【一般公共预算收支平衡】 2018 年，收入总计 450.6 亿元，其中：一般公共预算收入 108.88 亿元，上级补助收入 268.94 亿元，上年结余 2.04 亿元，调入资金 13.81 亿元，债务转贷收入 51.86 亿元，调入预算稳定调节基金 5.07 亿元。支出总计 450.6 亿元。其中：一般公共预算支出 409.06 亿元，上解上级支出 3.4 亿元，债务还本支出 27.13 亿元，补充预算稳定调节基金 7.05 亿元。收支相抵，年终结余 3.96 亿元，结转下年支出 3.96 亿元，净结余为零。

【政府性基金收支平衡】 2018 年，政府性基金收入总计 20.41 亿元，其中：政府性基金预算收入 13.86 亿元，上级补助收入 1.85 亿元，上年结余 0.09 亿元，债务转贷收入 4.61 亿元。支出总计 20.41 亿元。其中：政府性基金预算支出 15.96 亿元，同比增支 7.62 亿元，增长 91.4%；上解上级支出 0.07 亿元，调出资金 3.42 亿元；债务还本支出 0.92 亿元。收支相抵，年终结余 0.04 亿元。

【国有资本经营收支平衡】 2018 年，国有资本经营收入总计 1.77 亿元。其中：国有资本经营预算收入 1.44 亿元；上级补助收入 0.15 亿元，上年结余 0.12 亿元。支出总计 1.71 亿元。其中：国有资本经营预算支出 0.86 亿元，同比增支 0.8 亿元，增长 1 389%；调出资金 0.65 亿元。收支相抵，年终结余 0.2 亿元。

【社会保险基金收支平衡】 2018 年，全地区社会保险基金收入总计 137.76 亿元。其中：社会保险基金预算收入 81.09 亿元，上年结余 56.67 亿元。全地区社会保险基金支出 66.4 亿元。收支相抵，年终结余 71.36 亿元。

【组织财政收入】 一是健全和完善组织收入工作机制，建立以旬保月、以月保季、以季保年的组织收入工作职责，定期对各县（市）及征管单位收入履职情况进行考核、通报；定期召开财税库联席会议，分析当前经济形势对组织收入的不利因素，提出对策和措施，提升工作合力。二是加强对重点企业、重点项目、重点行业的税源分析监控和税收监管，及时掌握税源、税收、税负动态变化情况，制定应对措施，确保税收足额入库。三是完善非税收入征收激励和约束机制，重点抓好国有资源和资产有偿使用收益等收入的征缴入库工作。

【财政支出管理】 完善财政资金投入机制，全力保障重点支出。坚持“四保一压”支出原则，大力压缩一般性、消费性支出，集中财力防风险、保民生、保稳定。一是涉及工资和基本运转支出全部得到保障。对全地区行政事业单位干部职工的工资性支出、各类社会保险缴费、离退休人员养老金全额予以保障，对按照政策规定给各类人员发放的补贴支出全额予以保障。二是对涉及国计民生、社会和谐健康发展、贯彻新发展理念、落实“三大攻坚战”、“三项重点”工作、推进改革开放等重点支出全额予以保障。三是对各项重大民生支出，特别是涉及“幼有所育、学有所教、劳有所得、病有所医、老有所养、住有所居、弱有所扶”的民生支出全额予以保障。四是硬化预算约束，规范预算执行，全地区一般性支出压缩5%以上；对“三公经费”实行年初预算源头管控，全地区“三公经费”决算支出1.57亿元，同比压缩4.4%，兑现只减不增的承诺，节约资金用于民生项目。

【打好三大攻坚战】一是打好精准脱贫攻坚战。抓好扶贫资金支付进度工作。2018年，全年争取上级扶贫专项资金21.27亿元，争取专项债券6.83亿元，统筹整合涉农专项资金用于脱贫攻坚2.47亿元；强化扶贫资金管理，制定扶贫资金管理实施办法、扶贫项目政府采购管理办法等，定期对专项扶贫资金预算执行情况进行分析，确保扶贫资金发挥最大效益。二是打好防范化解重大风险攻坚战。通过压减预算、盘活存量等方式自筹财力68.55亿元化解隐性债务，按照“一案一策一对应”的原则，做好隐性债务档案资料整理归档工作；严格按照隐性债务认定细则，开展全口径债务清查统计工作，并制定5－10年化解方案。三是打好污染防治攻坚战。优先安排资金支持生态环境保护重点环保项目，加大对区域性污染防治支持力度。2018年，安排各类环境保护工作经费2 195万元，争取上级环保专项资金2.21亿元。

【支持经济高质量发展】一是落实国务院8 000亿元减税政策（清退税金工作），全地区共清退税款9 466万元。二是全面落实党中央、国务院降费政策。取消、停征和减免4项行政事业性收费，全地区共降费494.86万元。三是积极促进实体经济发展。支持地区纺织服装产业发展，拨付纺织服装补贴资金1.72亿元，拨付纺织服装产业发展专项中央基建投资资金2.29亿元；支持中小企业发展，拨付中小企业发展专项资金等4批专项资金2 919.77万元，受益企业98家；积极支持外贸企业发展，对新疆玉象胡杨等10家外贸企业一次性奖励资金136.27万元；加快培育地区规模骨干企业，安排180万元用于36家企业“小升规”奖励。四是支持地区旅游业发展。本级财政筹集资金5 163万元，用于阿克苏旅游集散中心建设，支持旅游宣传营销和文化展演活动等。五是积极支持乡村振兴战略。支持农业供给侧结构改革，拨付各类专项资金2.23亿元，加大农业产业化资金支持力度；全面落实各项农业补贴政策，共拨付各类农业补贴资金12.34亿元；支持地区农业基础建设，积极争取资金10.44亿元，开展地区水利设施建设；地区本级筹集资金4 283万元，用于支持地区农业重点项目。

【财政管理工作】一是强化部门预算管理。严格预算绩效管理考核，对县（市）预算执行、收入质量、盘活存量资金、预（决）算公开及其他财政管理等各项指标定期进行考核通报。二是强化政府债券管理。截至目前，共争取自治区债券资金56.47亿元，加快地区存量政府债务偿还及消化。三是深入推进国库集中支付管理，明确乡镇所有预算资金要通过国库集中支付。四是清理财政专户，严格遵照财政专户管理相关规定，共撤销财政部门、乡镇和村级账户936个。五是强化监督检查。对地区6个乡镇和43家县（市）预算单位开展财政资金管理使用情况监督检查，纠正违规行为。六是全面实施支出经济分类科目改革。地区本级在2018年部门预算和政府预算编制中新增一套政府支出经济分类科目。七是建立库车经济开发区相对独立的财政管理体制。八是全面实施预算绩效管理。2018年，对地区20个重点项目开展事前绩效评价，委托第三方机构对20个重点项目开展绩效评价，并对评价结果进行公示。对4 770个项目实施绩效目标管理，进行预算执行情况及绩效目标实现程度“双监控”。

【深化财政体制改革】一是探索成立会计核算中心。成立地委办、行署办、统战民宗系统、卫计系统、林业系统、农业系统6个会计核算中心，有效解决当前预算单位会计人员缺失问题，既提高了运行效率，又降低了运行成本。二是推行地区本级工资网上审批。制定了统发工资网上审批流程，便捷统发单位统发工资的审批，“让数据多跑路，让预算单位少跑路”，进一步提升地区本级审批工资效率。三是积极推进政采云平台系统上线。目前政采云系统已在地区本级上线运行，有效解决政府采购中的价位高、品质次、效率低等问题。

【转变工作作风】 2018 年，开展“强、整、提”、“聚焦总目标、作风再整顿”活动和局机关“作风建设提升年”活动，采取“学习 + 教育”提升干部职工能力素质，采取“严管 + 厚爱”管理干部职工队伍，采取“创新 + 精简”提升干部职工工作效率。推行限时办结“销号”制度，明确销号办理事项范围和完成期限，定期对完成情况督察督办，督办情况与年度绩效考评挂钩；完善工作流程，精简办事程序。通过全面梳理日常业务流程，对 61 项工作流程进行优化，绘制出 19 个科室共计 61 张工作流程图，去除繁琐、低效、无效审批环节。全面深化“放管服”改革，实行地区本级单位工资网上审批，各单位财务人员足不出户即可完成工资审批。

【加强群众工作】 一是加强和创新“访惠聚”工作。充分发挥“访惠聚”驻村工作“后盾”作用，把“访惠聚”驻村工作当作自己的“责任田”来经营，各驻村工作队紧紧围绕“总目标”全力做好“1 + 2 + 5”八项任务。二是开展民族团结一家亲活动。制定结亲活动考核办法，根据地委工作要求，统筹安排开展结亲活动，目前全局干部职工共结对认亲 206 户，人均开展结亲活动 8 次以上，每名干部职工每年给予结对认亲户各类援助 2 000 元以上。三是积极落实干部下沉工作。按照“两个全覆盖”工作要求，积极组织全体干部职工入村住户，做好做实群众工作。2018 年，地区财政局 3 个联系村进行了 4 轮全覆盖走访，覆盖 1 016 户 3 168 名群众，累计走访 6 704 次，登记群众困难诉求 86 件，协调解决 80 件，累计办好事、实事 300 余件；先后组织联谊活动 218 场次，参与群众 3. 42 万人次；筹集 117. 2 万元（其中：互助金 53. 5 万元、周转金 63. 7 万元）用于向有意脱贫致富的群众提供无息借款，解决群众燃眉之急，帮助群众发展生产，共计 56 户 188 人受益；积极争取上级专项资金 767. 4 余万元，用于修建防渗渠、砂石路、农业灌溉引水管线、安装路灯以及生态宜居新农村建设。投资 185. 2 万元建设 8 个林下黑木耳种植大棚、20 个日光大棚、2 座冷库，受益贫困群众 285 户。

（阿克苏地区财政局供稿，邢中政执笔）

喀什地区

【概况】 2018 年，喀什地区生产总值 890. 12 亿元，同比增长 4. 2%。其中，第一产业增加值 281. 35 亿元，同比增长 3. 7%；第二产业增加值 220. 81 亿元，同比增长 1. 1%；第三产业增加值 387. 96 亿元，同比增长 6. 5%。全社会固定资产投资（不含农户）完成 320. 2 亿元，同比下降38.3%；外贸进出口总额52.2亿美元，同比增长1%；工业增加值84.48亿元，同比增长2.2%；社会消费品零售总额完成207.5亿元，同比增长8.1%。

【财政收入】2018年，面对复杂、严峻的财政经济形势，财政部门高度重视、积极应对，坚持完善组织收入工作机制，严格落实组织收入责任，加强收入征管，坚决做到依法依规、应收尽收，不断推动财政收入有质量、可持续。全年地方财政收入81.02亿元，同比增长26.29%。其中，一般公共预算收入56.36亿元，同比下降3.1%；政府性基金预算收入24.66亿元，同比增长311%。一般公共预算收入中非税收入比重38.82%，比上年下降1.04个百分点。国有资本经营预算收入824万元。社会保险基金收入112.11亿元。

【财政支出】牢固树立过紧日子思想，有保有压，将有限的财力集中起来，确保自治区党委、人民政府和地委、行署重大工作、重大民生、重大工程等决策部署的贯彻落实，财政综合保障能力进一步提高，财政支出规模持续扩大。2018年，地方财政支出689.9亿元，同比增长13.77%。其中，一般公共预算支出672.14亿元，同比增长11.47%；政府性基金预算支出17.76亿元，同比增长417.78%。

【重点支出】积极保障总目标落实，多方筹措资金，全力支持打好维稳"组合拳"。充分发挥财政职能作用，"一带一路"各项政策措施得到落实。以产业振兴为主线，支持农业产业化发展，农林水事业支出125.82亿元，同比增长30.32%。落实资金6 584万元，支持旅游基础设施、公共服务设施、宣传推介等重点项目建设，推动旅游业快速发展。

【三大攻坚战】一是严格执行政府债务管理各项规定，坚决守住不发生系统性债务风险红线、底线，制定《关于进一步加强喀什地区政府债务管理的通知》，建立健全债务管理制度，规范债务管理工作机制；摸清隐性债务底数，明确工作目标，逐项制订化解方案，设立工作台账，全部录入债务系统管理，实现政府隐性债务化解动态监控，2018年政府隐性债务化解任务全部完成；积极争取自治区代发政府债券资金55.38亿元，其中置换债券1.425亿元、再融资债券1.555亿元、新增债券52.4亿元。二是积极发挥财政投入的主体和主导作用，健全扶贫项目资金决策、管理机制，全面完成扶贫项目资金绩效管理工作，规范扶贫领域涉及财政问题整改，创新扶贫投入方式，从统筹整合涉农资金、推进财政金融扶贫、强化扶贫资金监管等方面发力，为脱贫攻坚提供财力保障，2018年累计到位扶贫资金135.85亿元，支出130.67亿元，支出率96.19%；将中央41项、自治区21项资金全部纳入绩效管理范围，以疏附、麦盖提为示范，经过"七上七下"审核修改，全面完成2018年绩效目标设定和评价工作，扶贫绩效做到全覆盖。三是大力支持打好污染防治攻坚战，落实节能环保支出4.84亿元，推进大气、水、土壤污染防治和农村环境综合整治，支持重点领域节能减排，生态环境质量持续好转。

【民生支出】2018年，全区用于保障改善民生支出504亿元，占一般公共预算支出的75%，各项惠民工程扎实落实。保障落实教育惠民支出156.3亿元，落实科技惠民支出0.75亿元，落实就业惠民支出4.15亿元，落实医疗惠民支出51.5亿元，落实社保惠民支出66亿元，落实扶贫惠民支出87亿元，落实安居惠民支出56.78亿元，落实暖心惠民支出44.43亿元，落实兴边惠民支出3.4亿元，落实安全惠民支出0.11亿元。

【财政改革】以建立和完善科学、规范、完整、透明的财政财务管理制度体系为重点，以强化地、县、乡财政财务管理规范化为抓手，全面实行"地区联系县市、县市联系乡镇、乡镇联系村"的一级抓一级、层层抓落实、横向到边、纵向到底、四级联动的落实、联系和督导工作机制，夯实基层基础。深化"放管服"改革，落实小微企业以及创新创业等税收优惠政策，累计减税2.5亿元以上；清理政府性基金和行政事业性收费7亿元以上。

【财政管理】 一是牢固树立过紧日子思想，抓好预算编制和项目申报工作，从严控制“三公经费”，确保只减不增。二是印发《对县市财政管理工作绩效考核与激励办法》，按月下达县（市）财政重点工作任务清单，次月初考核完成情况并向县（市）委、人民政府反馈，有力推进财政预算执行。年末各县（市）库款余额相对最高时期下降近60亿元，预算执行效率大幅提升。三是强化信息化建设，积极推进地、县财政部门启用预算执行动态监控模块、专户管理模块等，完善细化应用规则，完成大平台新政府会计制度、预算单位账务系统的升级，完成绩效评价信息化系统招标采购工作，逐步建立预算执行事前、事中、事后全程监控的监控体系；推进财政网络带宽提升建设，落实全地区12县（市）财政局、188个乡镇（管委会、街办）财政所财政专线网络带宽从3M提升至30M改造工作。四是规范国库管理，印发《喀什地区本级财政资金对账办法》《关于进一步加强地方财政部门和预算单位资金存放管理的通知》，落实常态化对账工作机制，开展地、县财政部门及其与行业部门、与银行之间的对账；全面完成财政专户清理工作，共撤销银行账户381个（含经济开发区），财政账户管理进一步规范。五是推进预（决）算公开制度化，建立工作专班，坚持以公开为常态，不公开为例外，除涉及国家秘密的信息外，所有使用财政资金的部门和单位都要按规定时限和内容公开预（决）算信息；从“内容完整性、细化程度、及时性、公开方式、真实性”五方面统一公开标准，扩展和规范预决算公开内容、范围和方式。

【财政监督】 抓好资金安全监督管理，持续组织开展财政国库管理自查自纠工作，对全地区46个单位进行会计监督检查，查出违规资金5 733.63万元。充分发挥政府采购、投资评审作用，全地区累计评审项目6 490个，核减金额13.51亿元，平均核减率5.88%；政府采购节约资金5.53亿元，节约率7.95%。

【人事教育】 强化机关党的政治建设，大力开展规矩、纪律教育，严肃党内政治生活，坚持每周三、周五组织干部职工集体学习，不断深化对党的政治建设的认识和理解；抓好机关思想政治工作，定期开展谈心、谈话活动，及时、准确掌握党员的思想状况，做好政治引领、理顺情绪、化解矛盾、解疑释惑工作。抓好干部管理，坚持“不让老实人吃亏”，积极推荐符合条件优秀干部，有3名干部被提拔重用；对部分科室进行合署办公，对部分干部实施内部轮岗，优化人员力量配置，增强干部队伍活力。

【组织建设】 履行党组抓党建第一责任，坚持党建与业务工作同部署、同检查、同考核，健全党建工作督查、考核、问责机制，成立党建办公室，抽调3名干部专职负责党建工作。严格落实“三会一课”“主题党日”等各项活动，开展组织生活会和民主评议党员工作，班子成员以普通党员身份参加支部生活。抓好党员队伍建设，7名预备党员转正、3名积极分子确定为重点培养对象、5名干部递交入党申请书，党员管理更加有力。

【群众工作】 坚持力量下沉，局党组书记带头驻村担任第一书记，30余名干部深入一线开展“访惠聚”、驻村管寺等服务基层、维护稳定工作；机关干部积极开展“四同四送”、对口扶贫等群众工作；做好对口扶贫“两个全覆盖”工作，机关干部与177户贫困群众结成对子，积极协助帮扶村和贫困户制定脱贫规划、计划，引进新疆军企集团鸽类养殖项目；积极争取文化传媒项目资金20万元，开展丰富多彩的文化体育活动。

【党风廉政建设】 坚持落实“两个责任”，始终把党风廉政建设列入重要议事日程，建立具有喀什财政特色的预防腐败制度体系，作风优良、清正廉洁的财政干部队伍建设进一步增强。

（喀什地区财政局供稿，令金柱执笔）

克孜勒苏柯尔克孜自治州

【概况】2018 年，克孜勒苏柯尔克孜自治州（以下简称“克州”）实现地区生产总值 128.89 亿元，同比增长 5.7%。其中：第一产业实现增加值 15.54 亿元，同比增长 3.8%；第二产业实现增加值 49.42 亿元，同比增长 8%；第三产业实现增加值 63.93 亿元，同比增长 4.3%。三次产业结构比为 12.1∶38.3∶49.6。全地区农牧民人均纯收入 8 162 元，同比增长 12.2%。全年固定资产投资（不含农户），同比下降 51.2%。其中，一产投资同比下降 46%；二产投资同比下降 17.8%，工业投资同比下降 18.1%；三产投资同比下降 63%。全年外贸进出口总值 1.62 亿美元，同比下降 59.1%。其中，出口 1.35 亿美元，同比下降 61.7%；进口 0.27 亿美元，同比下降 39.2%。全年全社会消费品零售总额 23.91 亿元，同比增长 8.8%。

【财政收入】2018 年，克州公共财政决算收入完成 139 054 万元，同比决算数增加12 671万元，同比增长 10.03%。税收收入同比增长 13.7%，占公共财政收入的比重由 2017 年的 70.99%提高到 73.36%，主要是铁、铅、锌等矿产资源市场回暖，矿产企业加大产品开采及销售力度，同时矿产品计税由从量计征改为从价计征，也带动了税收收入增收。落实国家和自治区“减税降费”系列措施，加大涉企收费清理力度，非税收入与上年基本持平。

【财政支出】2018 年，公共财政预算支出完成 180.52 亿元，同比增长 25.93%；政府性基金支出完成 1.49 亿元，同比增长 324.55%。认真落实自治州党委工作部署，坚决打好反恐维稳“组合拳”，坚决为严打、严防、严管提供最有力的财力保障。加大扶贫领域投入，筹措各类扶贫资金 28.49 亿元。持续加大民生投入，全年民生支出 130 亿元。通过小额信贷、财政补贴等政策措施，动员社会资本投入的规模逐步增大。

【打好“三大攻坚战”】一是强化政府债务管理，严守政府债务管理红线、底线，防范化解包括 P2P 网贷在内的互联网金融风险。通过工商、网信及其他大数据筛查，防范化解全州线上线下非法集资风险，2018 年整改化解隐性债务 28.43 亿元，并实现零举债。二是主动谋划预测，提前向各县（市）下达资金规模预通知，保障扶贫项目早实施，资金早投入、早见效；结合“放管服”要求，简化审批流程，确保扶贫资金快速、有效使用，制定涉农资金整合流程，进一步规范涉农资金统筹整合使用方案编制、资金拨付使用程序；强化干部培训，提高政策掌握水平，加大对扶贫资金的绩效问责力度，多次深入基层和项目实施地，开展绩效评价，对发现的问题及时督促整改。三是持续打好蓝天、碧水、净土保卫战，积极筹措资金加大环保投入，全州污染防治支出达到 9 223 万元。

【推动高质量发展】一是坚决贯彻落实国务院支持实体经济发展，切实为企业减负。2018 年，全州少征涉企收费约 1 820 万元，减免税收约 13 900 万元。二是按照旅游兴州战略的总体要求，制定《关于贯彻落实加快克州旅游业发展行动方案（2018—2020）的有关措施》，探索推进财政支持“乡村振兴战略”措施，落实资金2 439.46万元确保乡村振兴战略落地生根。三是支持“一带一路”建设，筹措9 000余万元支持物流、园区及口岸建设，推进建设口岸及园区大通道，促进公共服务能力不断提升。四是加大“服务地方经济、服务小微企业、服务城乡居民”的工作力度，扶贫助农贷款累计发放0.92亿元；小微企业贷款累计发放2.65亿元。普惠金融服务覆盖面稳步扩大，全州涉农金融机构支付系统接入率达到100％，“村村通”金融工程覆盖215个行政村，覆盖率为91.88％，同比上升8个百分点。

【财政改革管理】 全面推进预算绩效管理，不断完善全方位、全过程、全覆盖的预算绩效评价体系，提高财政资金使用效益。对2016—2018年预（决）算信息公开工作开展全面自查整改工作，做到应公开尽公开。强化县、乡财政管理，把整治基层财政“乱政”和损害群众利益问题作为突破口，积极组织开展全州财政资金专项整治工作，撤销各类财政专户127个。不断加强乡镇财政资金尤其是惠农补贴资金管理，应纳尽纳“一卡通”发放。加强干部队伍建设，通过择优选拔、招聘财经类专业人才等多种形式，新选配多名专业知识强的基层财务人员，不断夯实乡镇财政干部队伍。

（克孜勒苏柯尔克孜自治州财政局供稿）

和田地区

【概况】 2018年，和田地区全年实现地区生产总值305.57亿元，同比增长7.5％（按可比价计算）。其中：第一产业实现增加值68.66亿元，同比增长3.5％；第二产业实现增加值54.75亿元，同比增长7.8％；第三产业实现增加值182.16亿元，同比增长9.0％。三次产业结构比为22.5∶17.9∶59.6。全地区农牧民人均纯收入8 756元，同比增长12.0％。全年固定资产投资262.72亿元（不含农户、兵团项目投资），同比下降24.9％。其中，一产投资13.92亿元，同比增长13.9％；二产投资54.22亿元，同比增长9.6％；三产投资194.58亿元，同比下降32.5％。全年外贸进出口总值3 336.2万美元（乌鲁木齐海关统计），同比增长238.2％。其中，出口额3 334.5万美元，同比增长248.6％；进口额1.7万美元，同比下降94.3％。全年全社会消费品零售总额45.40亿元，同比增长6.2％。全年居民消费价格总指数（CPI）同比上涨3.7％。

【财政收入】 2018年，和田地区财政高度重视财源建设工作，坚持资金投入与政策引导并行，大力加强财源建设，实施分税种、分部门、分县（市）责任管理，完善收入监管机制，强化收入督促检查，全面落实财政收入增长目标责任制。2018年，和田地区全口径财政收入完成47.71亿元，同比减少4.17亿元，下降8.04％。

其中：上划中央财政收入13.75亿元，上划自治区财政收入1.1亿元；和田地区地方财政收入完成32.86亿元，同比减少4.87亿元，下降12.91%。其中：一般公共预算收入完成27.95亿元，同比增收1.69亿元，增长6.45%。非税收入完成14.30亿元，同比增收2.23亿元，增长18.44%。全地区税收收入完成13.65亿元，同比减少5 340万元，下降3.77%。政府性基金预算收入完成4.91亿元，同比11.47亿元减少6.56亿元，下降57.20%。

【财政支出】2018年，和田地区进一步调整和优化财政支出结构，以改善和保障民生为重点，加大对"三农"、教育、科技、文化、就业和社会保障、医疗卫生等公共服务领域资金投入。2018年，和田地区地方财政支出完成441.28亿元，同比增支64.36亿元，增长17.71%。其中：一般公共预算支出完成435.17亿元，同比增支70.83亿元，增长19.44%；政府性基金预算支出完成6.11亿元，同比减少6.47亿元，下降51.42%。用于民生方面的支出323.34亿元，占全地区公共财政预算支出的73.39%。

【支持地区经济社会发展】2018年，和田地区以教育、文化和科技为重要支撑，将更多财力投入公共服务领域、重大公益项目，促进各项社会事业加速发展。一是支持教育保障。安排资金26.64亿元，主要用于农村义务教育保障，农村中小学生营养改善，农村义务教育薄弱学校改造、校舍维修，农村寄宿制学校标准化建设，乡村教师生活补贴，普通高中国家助学金、普通高中免学费、改善普通高中办学条件等。安排资金6.55亿元，主要用于农村学前教育经费保障、园舍维修改造、支持学前教育发展等。安排资金1.18亿元，主要用于中等职业学校学生住宿费和教材费、免学费、中等职业教育国家助学金等。二是支持科技富民。安排资金423.28万元，主要用于科技专项、"青年千人计划"引进人才科研启动经费、公益性科研院所基本科研业务费、科技馆免费开放等。三是支持城乡公共文化服务提升。安排资金8 635.27万元，主要用于农村文化建设、国家和自治区文物保护、公共文化服务体系建设，美术馆、公共图书馆、文化馆（站）、博物馆、纪念馆免费开放，广播电视发展，中央、自治区节目无线覆盖补助，行政村活动场所建设，国家和自治区非物质文化遗产保护等。安排资金105万元，主要用于地方体育事业和乡镇农民体育健身工程等。

【推进财政改革】一是部门预算改革在地、县两级全面推开，逐步完善定员定额标准，进一步提高编制水平，逐步健全编制体系，逐步优化支出预算结构，经费保障水平不断提高。同时，为强化预算管理，地、县两级财政将人大审核后的预算导入指标系统，预算执行更加严格规范，财政管理的科学化、精细化程度进一步提高。二是国库集中支付改革扩面增量，继续按照"横向到边、纵向到底"的目标要求，从深度和广度上推进国库集中支付改革。三是政府收支分类改革顺利实施，全面实现"体系完整、反映全面、分类明细、口径可比、便于操作"的改革目标，推进依法理财、科学理财和民主理财。四是政府非税收入管理改革工作到位，非税收入改革单位和入网资金规模持续扩大，对拉动地方财政收入增长起到了十分关键的作用。五是全面推开"营改增"改革，增值税扩围改革已全面完成。不断加强与税务部门合作，严肃财经纪律，保障纳税人合法权益，积极应对"营改增"对地方收入的影响。

【政府采购情况】进一步完善政府采购管理制度，严格政府采购法规制度，初步建立起操作规范、执行有序、公平公正的政府采购运行机制。2018年，和田地区政府采购预算金额共计34.54亿元，实际采购金额31.20亿元，节约资金3.34亿元，资金节约率9.67%；地区本级政府采购预算金额4.70亿元，实际采购金额4.24亿元，节约资金0.46亿元，资金节约率9.79%。

【会计管理情况】2018 年会计继续教育培训工作采取集中培训为主、网络远程教育及其他方式相结合方式开展，全地区参加会计继续教育 3 410人，其中：网络继续教育 1 280 人，面授继续教育 2 130 人。2018 年举办为期 2 个月的和田地区乡镇财政人员培训，共培训 192 人。全地区助理会计师 351 人，会计师 97 人，高级会计师 8 人。

【干部教育】2018 年，和田地区财政局以习近平新时代中国特色社会主义思想为指导，聚焦维护社会稳定和长治久安总目标，以打造政治过硬、本领高强的高素质专业化财政干部队伍为重点，着力推进财政干部教育培训深化改革，为财政中心工作提供有效支撑。一是制定有系统特色和操作性强的干部培训管理办法，强化多岗位锻炼，把轮岗、交流、学习培训、基层挂职等方式有效结合起来，提高岗位适应能力。二是高度重视政治理论学习，积极举办专业技术培训班，不断提高干部队伍思想政治素质。三是建立激励机制，把干部参加自主选学的考核结果、考核成绩作为干部考核的重要内容。

（和田地区财政局供稿，陈靖执笔）

第五部分

财政机构与人员

自治区财政厅机构设置及职能

根据新疆维吾尔自治区党委办公厅、自治区人民政府办公厅关于印发《新疆维吾尔自治区财政厅职能配置、内设机构和人员编制规定》的通知（新党厅字〔2018〕151号）文件规定，财政厅主要职责：

1. 根据自治区国民经济和社会发展战略，拟定自治区财政发展战略、中长期财政规划和改革方案并组织实施；分析预测宏观经济形势，参与制定宏观经济政策，提出运用财税政策实施宏观经济调控和综合平衡社会财力的建议；拟订自治区与各地、财政与企业的分配政策，制定调节收入分配的财税政策，完善促进社会事业发展的财税政策。

2. 承担自治区各项财政收支管理责任；负责编制自治区本级预（决）算草案并组织执行；受自治区人民政府委托向自治区人民代表大会报告预算及其执行情况，向自治区人大常委会报告决算；组织制定经费开支标准、定额，负责财政预决算工作；完善自治区对下转移支付制度。

3. 负责组织起草地方性税收立法计划、行政法规草案及实施细则和税收政策调整方案，按照管理权限制定减免税规定和对自治区预算影响较大的临时和特殊的地方税减免事项；负责政府非税收入和政府性基金管理；负责行政事业性收费立项和标准管理；制定彩票管理政策和有关办法，按规定管理彩票资金。

4. 组织制定自治区国库管理制度、国库集中收付制度，按规定开展自治区国库现金管理工作，监督管理地方国库资金缴拨使用；负责制定自治区政府采购制度并监督管理；研究制定政府购买服务制度和政策并组织实施；管理自治区财政统一发放工资工作。

5. 拟定和执行地方政府性债务管理制度和办法，负责组织自治区地方政府债券发行工作；按规定开展地方政府债券管理工作，防范财政风险；负责管理政府外债，组织实施外国政府、国际金融组织贷款项目和审核、申报、转贷、签订贷款协定以及资金管理工作；开展中亚区域经济合作工作。

6. 参与拟定自治区建设投资的有关政策，制定自治区基本建设财务管理制度，负责中央和自治区政府性投资项目财政资金管理工作；制定自治区政府和社会资本合作（PPP）有关政策制度，承担相关规范管理工作；承担有关政策性补贴和专项储备资金财政管理工作；管理各项扶贫资金。

7. 贯彻执行国家行政事业单位国有资产管理法规、制度和方针政策，制定自治区行政事业单位国有资产管理政策制度并组织实施，按规定管理行政事业单位国有资产，履行行政事业单位国有资产购置、使用、处置监督审核职责；牵头编制自治区国有资产管理情况报告，拟定和执行需要全区统一规定的开支标准和支出政策；负责自治区区属国有文化资产监管工作。

8. 会同自治区有关部门管理中央和自治区财政社会保障和就业及医疗卫生资金管理工作，

会同自治区有关部门研究制定社会保障资金（基金）政策和有关的财务管理制度，编制自治区社会保障预决算草案。

9. 负责审核和汇总编制全区国有资本经营预决算草案，制定国有资本经营预算的制度和办法，收取自治区本级企业国有资本收益；组织实施企业财务制度，参与制定企业国有资产管理相关制度。

10. 管理和指导会计工作，规范会计行为；组织执行国家统一的会计制度，制定补充规定并贯彻执行；组织管理会计人员的业务培训；指导和监督注册会计师和会计师事务所的业务；依法管理资产评估工作；指导和管理社会审计。

11. 监督检查财税法规、政策的执行情况，反映财政收支管理中的重大问题，提出加强财政管理的政策建议；贯彻落实财政绩效管理相关政策制度，组织指导自治区本级和各地预算绩效管理工作；组织实施专项资金绩效考核工作；研究建立财政支出绩效评价制度和评价体系并组织实施；负责自治区财政系统信息化建设规划并组织实施。

12. 享有收益等出资人权利；负责制定全区统一的国有金融资本管理规章制度；承担地方金融企业的国有资产和财务的监管工作；依法依规履行国有金融资本管理职责，负责组织实施基础管理、经营预算、绩效考核、负责人薪酬管理等工作。

13. 完成自治区党委、自治区人民政府交办的其他任务。

（自治区财政厅人事教育处供稿，代宗松执笔）

自治区财政厅领导干部名录

一、财政厅领导名录

（一）财政厅党组成员

党组书记：夏代提·海木都拉（2018.01.01—2018.11.23）

自治区人民政府党组成员、财政厅党组副书记：穹海川

党组成员：王彦楼（2018.01.01—2018.12.29）、张小庚、方章荣、甫拉提·玉素甫江（2018.01.01—2018.11.20）、郑军、白宗青（财政部援疆）、艾新鲁（2018.05.02—2018.12.30）

纪检组长：方章荣

（二）财政厅行政领导

自治区政协副主席、自治区人民政府党组成员，财政厅党组副书记、厅长：穹海川

副厅长：王彦楼、张小庚（2018.01.01—2018.05.07）、甫拉提·玉素甫江（2018.01.01—2018.11.20）、郑军、白宗青、艾新鲁（2018.05.02—2018.12.30）

总经济师：郭瑛（2018.01.01—2018.11.20）

总会计师：朱洁（2018.01.01—2018.11.20）

副厅长级干部：郭瑛（2018.11.20—2018.12.30）、朱洁（2018.11.20—2018.12.30）

自治区农村综合改革领导小组办公室专职副主任（副厅长级）：艾新鲁（2018.01.01—2018.05.07）

巡视员：张小庚（2018.04.28—2018.12.30）

副巡视员：李刚、代万斌（2018.01.01—2018.07.17）

二、财政厅机关各处室及领导名录

办公室

主任：赵晓文

调研员：周萍、黄团结

副主任：吾其坤·伊沙木丁、陈岩岭

副调研员：苏建霞

人事教育处

处长：刘伊芬

副处长：刘艳、阿巴拜克力·买买提

副调研员：徐淑宝

综合处

处长：吴兰香

调研员：迪丽拜尔·米吉提、牛芸

副处长：胡剑荣、拉依夫

法制税政处

处长：赵永乖

副处长：刘凯

副调研员：马亚萍、马东升

预算处

处长：崔洪波

调研员：姜波

副处长：金星

国库处

副处长：邓光利、拜冬冬

行政政法处

调研员：许纪华

副处长：马新华、卡米里江·玉素甫

副调研员：卢良

教科文处

调研员：朱瑞鸿

副处长：王琼、罗曼

副调研员：段志强

经济建设处

调研员：赵欣春

副处长：伟力·阿西木、蒋硕

副调研员：陈殊

农业处

处长：杜强

调研员：盛文秀

副处长：牙生·吾斯曼、宋君、朱黎

社会保障处

处长：王智栋

副处长：刘玉剑、阿布力克木·吐尔逊

副调研员：李红

企业处

副处长：牛玉明、迪丽努尔·阿瓦提

副调研员：俞晓刚

涉外处

处长：百合蒂亚·伊明

副处长：阿米提江·铁力瓦尔德、汪亚军

副调研员：洪涛

行政事业资产监督管理处

处长：吕文平

调研员：蔡湘平

副处长：李红霞、吾曼尔·热介浦

会计处

副处长：田雨鑫、闫海涛

机关党委

专职副书记：刘艳（正处长级）

副书记：李庆江

离退休干部工作处

处长：杨虎

副处长：热合曼·伊明、邹淼

自治区农村综合改革领导小组办公室

综合体制处

处长：蓝海

调研员：木合塔尔·吐尔地

副处长：王运、芦芳

副调研员：邓立夫

经济处

处长：蔡琦

副处长：多里昆、白合提亚·白克力

副调研员：施卫星

社会处

处长：卡哈尔·牙生

调研员：阿尔达克·亚森

副处长：曾涛、杨磊

非税收入管理处

处长：李咏

副处长：赵恺、刘单立

副调研员：努尔尼沙·阿布都热西提

金融工作处

处长：刘海燕

调研员：白西荣

副处长：努斯莱提·吾甫尔、段学军

三、财政厅所属参照公务员法管理事业单位及领导名录

自治区财政扶贫资金管理办公室

主任：地里夏提·买买提

调研员：王新宇

副主任：赛锦莲

副调研员：陈继梅

自治区政府采购管理办公室

主任：井斌

副主任：贾晶晶

副调研员：赵建军

自治区财政监督检查局

局长：王青春

调研员：阿尔达克·阿勒同别克

副局长：齐同帅、马磊

副调研员：张蓉

自治区乡镇财政管理局

局长：胡新元

调研员：刘秀

副局长：张延辉、古丽娜西·苏理坦哈孜、桑田、库尔班·斯地克

副调研员：郑胜利

自治区中亚区域经济合作工作处（自治区“塔二”项目办公室综合处）

处长：刘晓星

调研员：闫晓胜

副处长：卫峄鹏、刘芊

自治区财政厅投资评审中心

副主任：胡方毅、李润东

副调研员：甘勇

自治区社会保障基金管理中心

主任：张宏兵

副调研员：王艳茹

自治区财政统发工资管理中心

主任：郭玉清

副主任：周姿淇

自治区财政厅部门预算审核中心

主任：帕尔哈提·艾合买提

调研员：夏学军

副调研员：帕尔哈提·吐尔干

自治区财政厅国库支付中心

主任：卢同

调研员：宋学庆

副主任：刘虹、段卉

副调研员：米热古力·阿西木

四、财政厅所属和代管事业单位及领导名录

自治区政府采购中心

主任：董信军

副主任：商春光、木卡地玛·艾比布拉

副调研员：戎占斌

自治区财政票据管理中心

副主任：颜艳丽、黄真

副调研员：陈卫东、冯保铭

自治区财政科学研究所

所长：刘振林

副所长：李骞、王绍华

自治区注册会计师管理中心

主任：祖力甫哈尔·阿布都热甫

副主任：芮鸿斌、迪丽达尔·依沙木丁

自治区财政厅信息网络中心

主任：杨林

副主任：木合塔尔·台外库力、赵重光、陈海滨

自治区会计事务服务中心

副主任：浦拉提·马木提

自治区财政厅机关服务中心

书记：保拉提·巴拉提（正处长级）

主任：张彦辉

副主任：申海涛

自治区会计干部培训中心（新疆中华会计函授学校、自治区财政厅干部教育中心）

党委书记、副主任：达木·马苏提汗

主任：张礼霞

副主任：张荣光、艾尼瓦尔·艾克帕尔

五、财政厅所属企业及领导名录

自治区融资担保有限责任公司

副总经理：周军、王秦军

总会计师：阿曼古丽·阿迪力

自治区农业信贷融资担保有限责任公司

党总支书记、副总经理：李海滨（总经理级）

副总经理：秦晓辉

（自治区财政厅人事教育处供稿，代宗松执笔）

自治区财政厅机构设置及人员编制变动情况

一、厅级领导班子变动情况

2018 年 4 月 28 日，《关于张小庚同志任职的通知》（新党干字〔2018〕311 号），自治区党委决定：张小庚同志任自治区财政厅巡视员。

2018 年 5 月 2 日，《关于艾新鲁同志任职的通知》（新党干字〔2018〕271 号），自治区党委决定：艾新鲁同志任自治区财政厅党组成员。

2018 年 5 月 7 日，《新疆维吾尔自治区人民政府干部任免通知》（新政任字〔2018〕77 号），自治区人民政府决定：免去张小庚同志自治区财政厅副厅长职务。

2018 年 5 月 7 日，《新疆维吾尔自治区人民政府干部任免通知》（新政任字〔2018〕61 号），自治区人民政府决定：任命艾新鲁同志为自治区财政厅副厅长，免去其自治区农村综合改革领导小组办公室专职副主任职务。

2018 年 11 月 20 日，《关于郭瑛等 3 名同志职务任免的通知》（新党干字〔2018〕744 号），自治区党委决定：郭瑛同志任自治区财政厅副厅长级干部；朱洁同志任自治区财政厅副厅长级干部；免去夏代提·海木都拉同志自治区财政厅党组书记职务。

2018 年 11 月 23 日，《新疆维吾尔自治区人民政府干部任免通知》（新政任字〔2018〕244 号），自治区人民政府决定：免去夏代提·海木都拉同志自治区财政厅副厅长职务。自治区政府机构改革中更名、撤销单位干部职务自行免除。

2018 年 11 月 20 日，《关于甫拉提·玉素甫江同志职务任免的通知》（新党干字〔2018〕783 号），自治区党委决定：甫拉提·玉素甫江同志任自治区财政厅巡视员，免去其自治区财政厅党组成员职务。

2018 年 11 月 23 日，《新疆维吾尔自治区人民政府干部任免通知》（新政任字〔2018〕209 号），自治区人民政府决定：免去甫拉提·玉素甫江同志自治区财政厅副厅长职务；免去马建国同志自治区农业综合开发办公室主任职务。

2018 年 11 月 20 日，《关于马建国同志任职的通知》（新党干字〔2018〕805 号），自治区党委决定：马建国同志任自治区财政厅巡视员。

二、处级领导班子变动情况

2018 年 2 月 12 日，《关于赵晓文等同志职务任免的通知》（新财党组〔2018〕5 号），财政厅党组 2018 年 1 月 31 日会议研究决定：赵晓文同志任自治区财政厅办公室主任（试用期 1 年），免去自治区财政厅办公室副主任职务；泰来提·赛依夫拉同志任自治区农业综合开发办公室副主任（处长级，试用期 1 年），免去自治区政府采购管理办公室副主任职务；郭玉清同志任自治区财政统发工资管理中心主任（试用期 1 年），免去自治区政府采购管理办公室副主任职务；李海滨同志任自治区农业信贷融资担保有限责任公司党总支书记（总经理级，试用期 1 年）；施卫星同志任自治区农业综合改革领导小组办公室经济处调研员，免去自治区农业综合改革领导小组办公室副调研员职务；吴双园同志任自治区农业综合开发办公室综合计划财务处调研员，免去自治区农业综合开发办公室项目管理处副调研员职务；夏淑惠同志任自治区农业综合开发办公室农发项目评审处调研员，免去自治区农业综合开发办公室农发项目管理处副处长职务；夏学军同志任自治区财政厅部门预算审核中心调研员，免去自治区财政厅预算处副处长职务；宋学庆同志任自治区财政厅国库支付中心调研员，免去自治区财政厅国库处副调研员职务。

2018 年 7 月 11 日，《关于胡方毅同志职务任免的通知》（新财党组〔2018〕27 号），财政厅党组 2018 年 7 月 2 日会议研究决定：免去胡方毅同志经济建设处副处长职务，任投资评审中心副主任。

2018 年 9 月 27 日，《关于李咏等同志任职的通知》（新财党组〔2018〕37 号），财政厅党组 2018 年 9 月 15 日会议研究决定：李咏同志任非税收入管理处处长；蓝海同志任农业综合改革领导小组办公室综合体制处处长；胡新元同志任乡镇财政管理局局长。任职时间自 2017 年 1 月算起。

三、厅机关及事业单位人员变动情况

2018 年退休厅级干部 5 人：艾拉提・艾山、奥曲尔、居来提・买买提明、王自芳、代万斌

2018 年退休处级干部 5 人：其中在职干部退休 4 人，分别是李喜洲、保拉提・巴拉提、杨有斌、杨兆光；提前退休 1 人，尹希斌。

2018 年，自治区财政厅面向“985”高校硕士及以上毕业生招录公务员 5 人，面向基层遴选公务员 5 人，面向社会公开考试录用公务员 9 人，因机构改革转隶至审计厅 6 人，转隶至农业农村厅 15 人，调出 7 人，调入 0 人，退休 10 人，辞职 2 人。

（自治区财政厅人事教育处供稿，代宗松执笔）

自治区财政厅机关职工基本情况

【概述】 截至 2018 年年底，财政厅机关职工 477 人（不含会培、融资担保公司、农业信贷融资担保公司）。其中：男 298 人，女 179 人；汉族 353 人，其他民族 124 人；行政机关 163 人，事业单位 211 人（含参照公务员法管理的事业单位 112 人）；中共党员 324 人，共青团员 36 人，民主党派 1 人，其他 116 人。

按职务结构分：厅级及以上 12 人，处级 155 人，科级 115 人，一般干部 160 人，工勤人员 35 人。

按文化结构分：研究生 103 人，具有大学本科文化程度 315 人，大学专科 28 人，中专及以下 31 人。

按年龄结构分：25 岁以下 30 人，35 岁以下人员 125 人，36—45 岁人员 167 人，46—54 岁人员 103 人，55—59 岁人员 50 人，60 岁以上

2 人。

按参加工作时间分：1971 年至 1980 年参加工作的人员 27 人，1981 年至 1990 年参加工作的人员 91 人，1991 年至 2000 年参加工作的人员 123 人，2001 年至 2010 年参加工作的人员 142 人，2011 年以后参加工作的人员 94 人。

【新疆维吾尔自治区会计干部培训中心】 截至 2018 年年底，新疆会计干部培训中心职工 87 人。其中：男 50 人，女 37 人；汉族 59 人，其他民族 28 人；中共党员 32 人，民主党派 1 人，其他 54 人。

按职务结构分：处级 4 人，科级 25 人，一般干部 42 人，工勤人员 16 人。

按文化结构分：研究生 18 人，具有大学本科文化程度 39 人，大学专科 20 人，中专及以下 10 人。

按年龄结构分：35 岁以下人员 6 人，36—45 岁人员 15 人，46—54 岁人员 52 人，55—59 岁人员 14 人。

按参加工作时间分：1971 年至 1980 年参加工作的人员 10 人，1981 年至 1990 年参加工作的人员 47 人，1991 年至 2000 年参加工作的人员 21 人，2001 年至 2010 年参加工作的人员 7 人，2011 年以后参加工作的人员 2 人。

【自治区融资担保有限责任公司】 截至 2018 年年底，融资担保公司职工 38 人。其中：男 21 人，女 17 人；汉族 30 人，其他民族 8 人；中共党员 14 人，共青团员 6 人，其他 18 人。

按职务结构分：企业领导 3 人，员工 35 人。

按文化结构分：研究生 4 人，具有大学本科文化程度 32 人，大学专科 2 人。

按年龄结构分：25 岁以下人员 5 人，26—35 岁人员 21 人，36—45 岁人员 6 人，46—54 岁人员 5 人，55—59 岁人员 1 人。

按参加工作时间分：1971 年至 1980 年参加工作的人员 0 人，1981 年至 1990 年参加工作的人员 2 人，1991 年至 2000 年参加工作的人员 10 人，2001 年至 2010 年参加工作的人员 3 人，2011 年以后参加工作的人员 23 人。

【自治区农业信贷融资担保有限责任公司】 截至 2018 年年底，农业信贷融资担保公司职工 65 人。其中：男 44 人，女 21 人；汉族 56 人，其他民族 9 人；中共党员 20 人，共青团员 14 人，其他 31 人。

按职务结构分：企业领导 2 人，员工 63 人。

按文化结构分：研究生 4 人，具有大学本科文化程度 54 人，大学专科 7 人。

按年龄结构分：25 岁以下人员 17 人，26—35 岁人员 31 人，36—45 岁人员 9 人，46—54 岁人员 6 人，55—59 岁人员 2 人。

按参加工作时间分：1971 年至 1980 年参加工作的人员 2 人，1981 年至 1990 年参加工作的人员 4 人，1991 年至 2000 年参加工作的人员 5 人，2001 年至 2010 年参加工作的人员 10 人，2011 年以后参加工作的人员 44 人。

（自治区财政厅人事教育处供稿，代宗松执笔）

自治区财政系统职工基本情况

截至2018年年底，自治区财政系统职工9 835人。其中，自治区级567人，地（州、市）级1 557人，县（市、区）级5 098人，乡（镇）级2 613人；男4 371人，女5 464人；汉族6 213人，其他民族3 622人；中共党员4 775人，共青团员522人，民主党派6人，其他4 532人。

按职务结构分：厅级及以上15人，处级286人，科级1 343人，一般干部7 650人，工勤人员541人。

按文化结构分：研究生274人，具有大学本科文化程度4 866人，大学专科3 472人，中专及以下1 223人。

按年龄结构分：25岁以下人员551人，26—35岁人员2 967人，36—45岁人员4 038人，46—54岁人员2 037人，55—59岁人员240人，60岁以上人员2人。

按参加工作时间分：1971年至1980年参加工作的人员126人，1981年至1990年参加工作的人员1 465人，1991年至2000年参加工作的人员3 428人，2001年至2010年参加工作的人员2 387人，2011年以后参加工作的人员2 429人。

（自治区财政厅人事教育处供稿，代宗松执笔）

自治区各地、州、市财政系统领导干部名单

伊犁哈萨克自治州财政局

王建强	男	汉族	50 岁	党组书记、副局长
多里坤·堆山拜	男	哈萨克族	49 岁	党组副书记、局长
胡诏发	男	汉族	58 岁	党组成员、副局长
董　明	男	汉族	54 岁	党组成员、副局长
龚云峰	男	汉族	49 岁	党组成员、副局长（援疆干部）
李　坤	男	汉族	47 岁	党组成员、副局长（援疆干部）

乌鲁木齐市财政局

张新平	男	汉族	59 岁	党组副书记、局长
韩　枫	男	汉族	55 岁	党组书记、副局长
杨　静	女	汉族	52 岁	党组成员、调研员
牛　嘉	男	汉族	44 岁	党组成员、副局长
刘　坤	男	汉族	53 岁	党组成员、乌鲁木齐市纪委驻市财政局纪检监察组组长
王志俊	男	汉族	46 岁	党组成员、副局长
申建强	男	汉族	43 岁	党组成员、总会计师
尹绍斌	男	汉族	43 岁	党组成员、副局长（援疆干部）

克拉玛依市财政局

王新民	男	汉族	54 岁	党组书记、副局长
苏　伟	男	汉族	45 岁	党组副书记、局长
丁建东	男	汉族	45 岁	党组成员、总会计师
蒋斌华	女	汉族	51 岁	党组成员、国库支付中心副主任
任庆伟	男	汉族	46 岁	党组成员、副局长

昌吉州财政局

王国勋	男	汉族	56 岁	党组书记、副局长
周　恒	男	汉族	57 岁	党组副书记、局长
王　军	男	汉族	55 岁	党组成员

童祥斌	男	汉族	46 岁	党组成员、副局长（援疆干部）
冯　岗	男	汉族	46 岁	党组成员、副局长（援疆干部）
王　泓	女	汉族	50 岁	党组成员、副局长
蔡　文	男	汉族	50 岁	党组成员、总会计师
李　忠	男	汉族	50 岁	党组成员、总经济师
绕　君	女	维吾尔族	50 岁	乡财局局长
刘　瑾	男	汉族	57 岁	副调研员
骆　龙	男	汉族	54 岁	副调研员
马建福	男	回族	55 岁	副调研员
塔城地区财政局				
陈长青	男	汉族	53 岁	地委副秘书长，党组副书记、局长
王新立	男	汉族	55 岁	党组书记、副局长
薛建彬	男	汉族	51 岁	党组成员、总会计师
刘中原	男	汉族	57 岁	党组成员、农业综合开发领导小组办公室主任
李新忠	男	汉族	43 岁	党组成员、副局长
田　明	男	汉族	42 岁	党组成员、副局长（援疆干部）
徐旅何	男	汉族	42 岁	党组成员、乡镇财政管理局局长
阿勒泰地区财政局				
赵淑英	女	汉族	55 岁	党组书记、副局长（2018 年 5 月任职）
茅景龙	男	汉族	42 岁	党组副书记、副局长（2018 年 5 月任职）
梁　汀	男	锡伯族	45 岁	党组成员、金融办主任
王清丽	女	汉族	44 岁	党组成员、派驻纪检监察组组长
张凤智	男	汉族	46 岁	党组成员、金融办副主任
布力布丽·木哈提别克	女	哈萨克族	46 岁	党组成员、副局长
陈丽湘	女	汉族	45 岁	党组成员、副局长
王志强	男	汉族	45 岁	党组成员、副局长（援疆干部）
张孟林	男	汉族	44 岁	党组成员、副局长（援疆干部）
唐　华	女	汉族	54 岁	地区金融办副主任
博州财政局				
汤　毅	男	汉 族	54 岁	党组书记、局长
金才福	男	汉 族	56 岁	党组成员、副局长、调研员
达　拉	男	蒙古族	58 岁	党组成员、副局长、调研员
王新建	男	汉族	50 岁	党组成员、纪检组长
高学斌	男	汉族	41 岁	党组成员、财政监督监察局局长
杨洪文	男	汉族	53 岁	农业综合开发办主任
周效军	男	汉族	54 岁	副调研员
刘贵林	男	汉族	47 岁	副调研员

吐鲁番市财政局

杜汉伟	男	汉 50 岁		党组副书记、局长
王旭红	男	汉 49 岁		党组成员、副局长
黄　平	男	汉族	42 岁	副局长（援疆干部）
玉素甫·杜尕买提	男	维吾尔族	59 岁	副处级调研员

哈密市财政局

玉苏甫·瓦依提	男	维吾尔族	56 岁	党组书记、副局长
陈友辉	男	汉族	56 岁	党组副书记、局长
茹　飚	男	汉族	49 岁	党组成员、副局长
李东升	男	汉族	52 岁	党组成员、副局长
杨　军	男	汉族	48 岁	党组成员、副局长
李尚刚	男	汉族	44 岁	党组成员、副局长（援疆干部）
茂　路	男	汉族	44 岁	党组成员、副局长（挂职干部）
刘　洋	男	汉族	38 岁	党组成员、金融办副主任（援疆干部）
赵红岩	女	汉族	46 岁	金融办副主任
闫新勇	女	汉族	52 岁	副调研员

巴州财政局

才　仁	男	蒙古族	54 岁	党组书记、副局长
张会疆	男	汉族	54 岁	党组副书记、局长
刘清亮	男	汉族	48 岁	党组成员、副局长（援疆干部）
梁正全	男	汉族	43 岁	党组成员、州纪委监委驻州财政局纪检组长
华正禄	男	汉族	55 岁	党组成员、总会计师
李江河	男	汉族	49 岁	党组成员、乡财局局长
华　珊	女	汉族	44 岁	党组成员、副局长

阿克苏地区财政局

吾麦尔江·乃麦提	男	维吾尔族	56 岁	党组书记、副局长
张晓东	男	汉族	50 岁	党组副书记、局长
张海汇	男	汉族	47 岁	党组成员、副局长
陈红玮	女	汉族	51 岁	党组成员、副局长
张经民	男	汉族	55 岁	党组成员、农业综合开发办主任
刘国新	男	汉族	40 岁	外资贷款项目管理办公室主任
周　霞	女	汉族	38 岁	农村综合改革办公室主任

克孜勒苏柯尔克孜自治州财政局

加克甫别克·木尔扎库勒	男	柯尔克孜族	54 岁	党组书记、副局长
卢兴伟	男	汉族	48 岁	党组副书记、局长、金融办主任
周　健	女	汉族	48 岁	党组成员、副局长
阿力甫·库尔班	男	维吾尔族	49 岁	副局长

马江红	女	汉族	47 岁	党组成员、国资办主任
孜拉耶提·阿不力米提	女	维吾尔族	55 岁	党组成员、公积金管理中心党支部书记
杜　鹏	男	汉族	39 岁	党组成员、公积金管理中心主任
蒋洪前	男	汉族	45 岁	投资开发集团公司董事长
臧玉淼	男	汉族	44 岁	党组成员、副局长（援疆干部）
余　彦	男	汉族	46 岁	党组成员、副局长（援疆干部）
曹　阳	男	汉族	36 岁	金融办副主任（援疆干部）
罗海水	男	汉族	39 岁	金融办副主任（援疆干部）

和田地区财政局

阿布都喀地尔·艾海提	男	维吾尔族	51 岁	党组书记、副局长
蒋成章	男	汉族	50 岁	党组副书记、局长
聂建康	男	汉族	56 岁	党组成员、调研员
艾斯卡尔·托合提	男	维吾尔族	51 岁	党组成员、副局长
邱海虎	男	汉族	44 岁	党组成员、副局长
马建疆	男	汉族	53 岁	党组成员、副调研员
雍　玲	女	汉族	53 岁	副调研员
艾则孜艾力	男	维吾尔族	44 岁	国资主任
纪　祥	男	汉族	34 岁	金融办党组书记、国资副主任
海　燕	女	回族	51 岁	国资委纪委书记

喀什地区财政局

吐鲁洪·麦麦提	男	维吾尔族	49 岁	党组书记、副局长
王绍华	男	汉族	39 岁	党组副书记、局长
韩己峰	男	汉族	47 岁	党组成员、副局长（援疆干部）
苏永军	男	汉族	44 岁	党组成员、副局长（援疆干部）
李广文	男	汉族	46 岁	党组成员、副局长（援疆干部）
吾布力卡斯木·玉麦尔	男	维吾尔族	54 岁	党组成员、副局长
付阳旭	女	汉族	49 岁	党组成员、总会计师
陈　军	男	汉族	49 岁	党组成员、副局长（挂职干部）

（自治区财政厅人事教育处供稿，代宗松执笔）

关于表彰2018年度“先进党组织”“优秀共产党员”和“优秀党务工作者”的决定

（2019年1月28日　新财机党〔2019〕3号）

新疆会计干部培训中心党委，各党总支、党支部：

2018年，厅属各党组织和广大党员高举中国特色社会主义伟大旗帜，深入学习贯彻习近平新时代中国特色社会主义思想，深入贯彻落实习近平总书记关于新疆工作的重要讲话精神和重要指示精神，坚决落实自治区党委工作部署，坚持把党的政治建设摆在首位，树牢“四个意识”，坚定“四个自信”，坚决做到“两个维护”，着力在服务总目标上聚力用劲，认真贯彻自治区党委“1+3+3+改革开放”决策部署，支持打好维稳“组合拳”，全力推进“三战一仗”，为推动自治区经济社会发展和社会和谐稳定提供了坚实的财力保障。一年来，广大党员的政治素质、理论水平和业务能力都得到显著提高，基层党组织组织力得到明显提升，圆满完成了各项财政工作任务，涌现出了一批先进集体和先进个人。

为表彰先进、树立典型，经基层党组织民主推荐、机关党委综合考评、机关党委研究并报厅党组审批，决定对以下15个“先进党组织”、名“优秀共产党员”和15名“优秀党务工作者”予以通报表彰。

一、先进党组织

1. 机关服务中心党总支
2. 厅机关第十四党支部（注册会计师管理中心）
3. 厅机关第十二党支部（信息网络中心）
4. 厅机关第一党支部（办公室）
5. 厅机关第四党支部（国库处、财政统发工资管理中心、国库支付中心）
6. 厅机关第十七党支部（新疆再担保集团有限公司、融资担保有限责任公司）
7. 厅机关第十六党支部（财政监督检查局）
8. 厅机关第二党支部（综合处、票据管理中心、非税收入管理处）
9. 厅机关第七党支部（社会保障处、社会保障基金管理中心）
10. 厅机关第五党支部（人事教育处、经济建设处、投资评审中心）
11. 厅机关第三党支部（预算处、部门预算审核中心）
12. 离退休干部工作处党总支
13. 厅机关第九党支部（涉外处、金融工作处、中亚区域经济合作工作处）
14. 厅机关第六党支部（行政政法处、教科

文处）

15. 驻厅纪检监察组党支部

二、优秀共产党员

1. 会计培训中心党委（11 名）：

王枫、杨依强、王海军、刘更新、张伟、高晋新、艾合买提·克里木、刘冰、高嘉艳、王百智、吾斯曼·巴克

2. 离退休干部工作处党总支（16 名）：

张宪印、王能芳、敖海林、胡志江、高桂珍、尤玲、哈斯木·托乎提、童秀珍、武际华、刘炳文、常戈平、朱玉香、赵国萍、贾玲霞、王新莉、热合曼·伊明

3. 机关服务中心党总支（3 名）：

刘斌、顾小丽、郝星慧

4. 农业信贷融资担保有限公司党总支（3 名）：

江丽丽、唐新、张煜

5. 厅机关第一党支部（办公室）6 名：

桑田、王晓江、赵成、赵丽君、何志明、毛海平

6. 厅机关第二党支部（综合处、票据管理中心、非税收入管理处）3 名：

迪丽拜尔·米吉提、彩才巴特、董亮

7. 厅机关第三党支部（预算处、部门预算审核中心）2 名：

刘湘华、刘大军

8. 厅机关第四党支部（国库处、财政统发工资管理中心、国库支付中心）2 名：

戴文菁、热娜古丽·吾买尔

9. 厅机关第五党支部（人事教育处、经济建设处、投资评审中心）3 名：

陶俭舟、陈秀娟、马俊林

10. 厅机关第六党支部（行政政法处、教科文处）2 名：

朱瑞鸿、马新华

11. 厅机关第七党支部（社会保障处、社会保障基金管理中心）1 名：

阿不都热依木江·普拉提

12. 厅机关第八党支部（行政事业资产监督管理处、会计处、会计事务服务中心）1 名：

刘晓娜

13. 厅机关第九党支部（涉外处、金融工作处、中亚区域经济合作工作处）3 名：

汪亚军、贾晓倩、白西荣

14. 厅机关第十党支部（企业处、机党党委（工会）财政扶贫资金管理办公室）4 名：

陈继梅、李庆江、石华、于定宏

15. 厅机关第十一党支部（农业处、政府采购管理办公室、乡镇财政管理局）3 名：

阿布都拉·里提甫、宋江梅、郑胜利

16. 厅机关第十二党支部（信息网络中心）1 名：

彭爱民

17. 厅机关第十三党支部（法制税政处、财政科学研究所）2 名：

贾燕燕、阿依古丽·祖尔冬

18. 厅机关第十四党支部（注册会计师管理中心）1 名：

蒲建军

19. 厅机关第十五党支部（农业综合开发办公室：综合计划财务处、项目管理处、项目评审处）2 名：

岳军峰、施向前

20. 厅机关第十六党支部（财政监督检查局）1 名：

齐同帅

21. 厅机关第十七党支部（新疆再担保集团有限公司、融资担保有限责任公司）2 名：

王秦军、李迎辉

22. 厅机关第十八党支部（政府采购中心）1 名：

戎占斌

23. 厅机关第十九党支部（农村综合改革领导小组办公室：综合体制处、经济处、社会处）1 名：

白合提亚·白克力

24. 驻厅纪检监察组党支部（驻厅纪检监察组）1名：

魏英奇

三、优秀党务工作者

1. 机关服务中心党总支：

申海涛

2. 厅机关第十四党支部（注册会计师管理中心）：

迪丽达尔·依沙木丁

3. 厅机关第十二党支部（信息网络中心）：

木合塔尔·台外库力

4. 厅机关第一党支部（办公室）：

苏建霞

5. 厅机关第四党支部（国库处、统发工资管理中心、国库支付中心）：

邓光利

6. 厅机关第十七党支部（新疆再担保集团有限公司、融资担保有限责任公司）：

郭静

7. 厅机关第十六党支部（财政监督检查局）：

阿尔达克·阿勒同别克

8. 厅机关第二党支部（综合处、票据管理中心、非税收入管理处）：

闫海涛

9. 厅机关第七党支部（社会保障处、社会保障基金管理中心）：

沙力曼·达拉力汗

10. 厅机关第五党支部（人事教育处、经济建设处、投资评审中心）：

马晓蓉

11. 厅机关第三党支部（预算处、部门预算审核中心）：

杨静

12. 离退休干部工作处党总支：

邹淼

13. 厅机关第九党支部（涉外处、金融工作处、中亚区域经济合作工作处）：

刘晓星

14. 厅机关第六党支部（行政政法处、教科文处）：

王琼

15. 驻厅纪检监察组党支部：

哈尼古丽·买买提

希望受到表彰的集体和个人珍惜荣誉、再接再厉，“百尺竿头，更进一步”，立足本职，勇创佳绩。厅属各党组织和广大党员要以受到表彰的集体和个人为榜样，立足本职，稳中求进、改革创新，努力完成2019年各项财政工作任务，在新时代谱写好中华民族伟大复兴中国梦的新疆篇章。

关于表彰2018年度财政厅“文明处室”的决定

（2019年1月28日　新财精〔2019〕1号）

新疆会计干部培训中心，各处室、单位：

2018年，财政厅机关精神文明建设在自治区文明办、区直机关工委文明办的具体指导下，在财政厅党组的正确领导下，深入贯彻落实习近平新时代中国特色社会主义思想和党的十九大精神，坚决贯彻落实中央新疆工作会议精神和自治区党委九届六次全体会议部署，不断强化“四个意识”，坚定“四个自信”，坚决做到“两个维护”，紧紧围绕社会稳定和长治久安总目标，深入开展群众性精神文明创建活动。一年来，机关各处室、厅属各单位在抓好财政业务工作的同时，圆满完成机关党建、精神文明建设、社会治安综合治理等各项任务。机关作风进一步改进，服务水平进一步提高，创建工作的质量和层次进一步提升，为推进财政各项事业全面发展打牢思想基础和提供强大的精神动力，涌现出一批工作成绩突出、全面建设过硬的先进单位。

根据《财政厅“文明处室”评选考核办法》等有关规定，经各处室、单位民主推荐、相关部门联合考评、厅精神文明建设领导小组综合评议，并报请财政厅党组批准，决定对评选出的31个“文明处室”进行通报表彰。

希望受到表彰的处室和单位珍惜荣誉、戒骄戒躁、开拓进取、再创佳绩。全厅各处室、厅属各单位和全体干部职工要以受到表彰的处室和单位为榜样，自觉践行社会主义核心价值观、增强宗旨、服务意识，弘扬社会正能量，以更加优异的成绩迎接中华人民共和国成立70周年。

附件：2018年度财政厅“文明处室”名单

附件：

2018年度财政厅“文明处室”名单

1. 办公室
2. 机关党委（机关纪委、工会联合会）
3. 人事教育处
4. 信息网络中心
5. 社会保障处、社会保障基金管理中心
6. 注册会计师管理中心
7. 综合处
8. 财政科学研究所
9. 非税收入管理处
10. 财政票据管理中心
11. 法制税政处
12. 国库处、国库支付中心、财政统发工资管理中心
13. 新疆融资担保有限责任公司（新疆再担保集团有限公司）
14. 行政政法处
15. 涉外处
16. 机关服务中心
17. 财政监督检查局
18. 新疆农业信贷融资担保有限责任公司
19. 乡镇财政管理局
20. 政府采购管理办公室
21. 预算处、部门预算审核中心
22. 中亚区域经济合作工作处
23. 企业处
24. 行政事业资产监督管理处
25. 离退休干部工作处
26. 农村综合改革领导小组办公室综合体制处
27. 金融工作处
28. 农村综合改革领导小组办公室经济处
29. 农村综合改革领导小组办公室社会处
30. 财政扶贫资金管理办公室
31. 农业处

关于表彰2018年度考核优秀职工的通知

（2019年1月28日　新财人〔2019〕6号）

本厅各处室、厅属各单位：

2018年，在自治区党委、人民政府坚强领导下，财政厅党组团结带领全厅干部职工，以习近平新时代中国特色社会主义思想为指导，贯彻落实党的十九大和十九届二中、三中全会精神，贯彻落实中央经济工作会议、特别是习近平总书记在中央经济工作会议上的重要讲话精神，贯彻落实以习近平同志为核心的党中央治疆方略，认真落实自治区党委九届六次全体会议、自治区党委经济工作会议、全国财政工作会议各项工作部署，聚焦社会稳定和长治久安总目标，坚持稳中求进工作总基调，牢固树立新发展理念，全面做好稳增长、促改革、调结构、惠民生、防风险各项工作，推动自治区呈现出社会大局和谐稳定、经济平稳健康发展、人民生活持续改善、各项事业全面进步的良好局面。

为表彰先进，树立典型，激励干部职工奋发向上的决心和信心，按照自治区年度考核工作要求，经考核评比，厅党组2019年1月27日会议研究，决定对财政厅2018年度考核优秀的赵晓文等89名同志予以表彰。

希望受到表彰的同志珍惜荣誉，再接再厉，不断进取，争取更大的成绩。同时，号召全厅干部职工学习先进、立足本职、扎实工作、再创佳绩。

2018年度厅机关考核优秀人员：

赵晓文、李润东、刘伊芬、吴兰香、刘海燕、段学军、卢同、许纪华、盛文秀、王智栋、蔡琦、百合蒂亚·伊明、吕文平、李咏、刘艳、杨虎、地里夏提·买买提、王青春、杨林、芮鸿斌、任守德、王娟、邓寒翌、代宗松、周云龙、杨洪卿、肖蕊、王媛、李荔、田嘉琪、刘丹、张曼、钱玲玲、齐淑琴、施健英、董文、姑丽扎尔·依明、李永刚、李玺、李正勇、夏乙文、马晶、阿娜尔·胡拜都拉、晏斌、叶斐、赵珍、陈昭辉、木合塔尔·热西提、丁小明、邢国建、阿丽牙·阿布来孜、朱成立、唐平、李军、周红、李静、井助华、马丽亚木·木拉克、辛萍、徐开宣、张文书、木合塔尔·买合木提、艾合买提·达吾提、李华、李万新、艾斯坎尔江·吾甫尔、周军、阿曼古丽·阿迪力、李鑫、张文婷、王玲、金泽、李煜、郭庆翔、秦晓辉、唐新、张煜、赵前程、刘晓晨、聂文甲、赵辉、汪淑娟、唐丽、杨鹏、高小渌、张天泸、常钰莹、王猛、谢热娜依·麦合木提。

2019年1月28日

第六部分

附　　录

2018 年度新疆维吾尔自治区国民经济和社会发展统计公报

新疆维吾尔自治区统计局　国家统计局新疆调查总队

2019 年 3 月 22 日

2018 年，在以习近平同志为核心的党中央坚强领导下，自治区党委团结带领全区各族人民以习近平新时代中国特色社会主义思想为指导，全面贯彻落实党的十九大和十九届二中、三中全会精神，贯彻落实习近平总书记关于新疆工作的重要讲话和重要指示精神，贯彻落实党中央治疆方略，聚焦社会稳定和长治久安总目标，按照“1+3+3+改革开放”工作部署，坚持稳中求进工作总基调，坚持新发展理念，牢牢把握高质量发展要求，以供给侧结构性改革为主线，统筹稳增长、促改革、调结构、惠民生、防风险，做好稳就业、稳金融、稳外贸、稳外资、稳投资、稳预期工作，社会大局保持稳定，经济发展稳中有进，“三大攻坚战”开局良好，改革开放成效显著，人民生活持续改善，朝着实现全面建成小康社会的目标迈出了新的步伐。

一、综合

初步核算，全年实现地区生产总值（GDP）12 199.08 亿元，比上年增长 6.1%（见图 1）。其中，第一产业增加值 1 692.09 亿元，增长 4.7%；第二产业增加值 4 922.97 亿元，增长

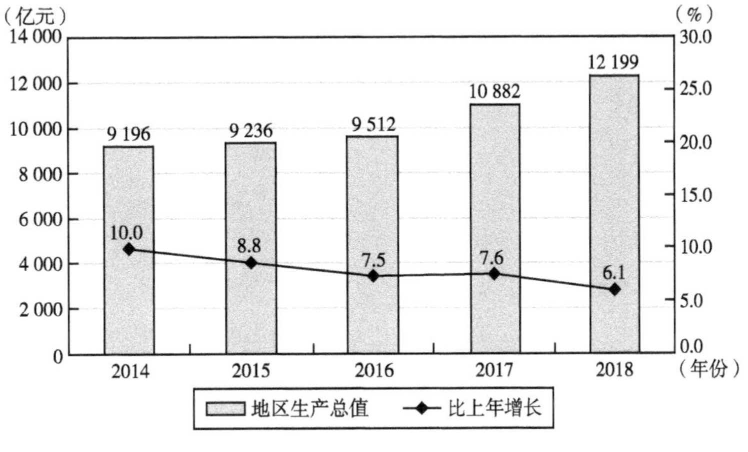

图 1　2014—2018 年地区生产总值（GDP）及增速

4.2%；第三产业增加值 5 584.02 亿元，增长 8.0%。第一产业增加值占地区生产总值的比重为 13.9%，第二产业增加值比重为 40.3%，第三产业增加值比重为 45.8%（见图 2）。全年人均地区生产总值 49 475 元，比上年增长 4.1%（见图 3）。

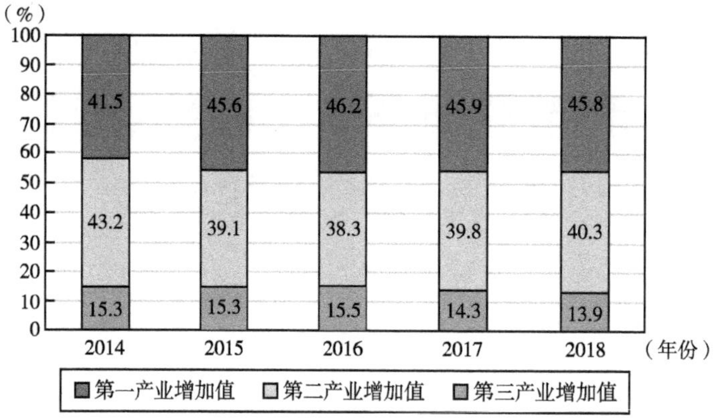

图 2　2014—2018 年全区三次产业增加值占地区生产总值比重

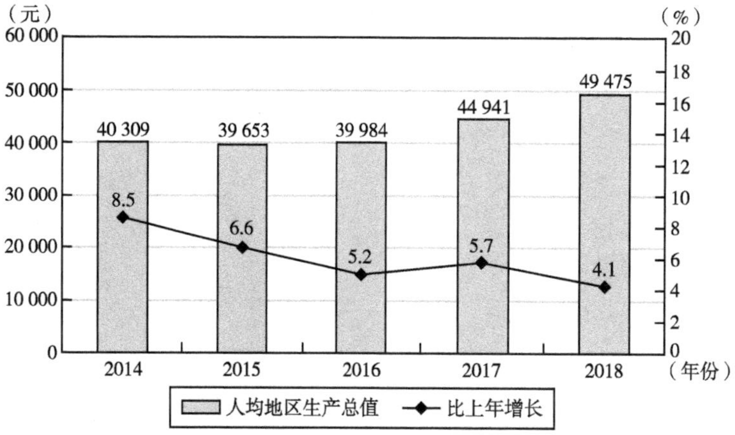

图 3　2014—2018 年人均地区生产总值及增速

年末全区常住人口 2 486.76 万人，比上年末增加 42.09 万人，其中，城镇常住人口 1 266.01万人，占总人口比重（常住人口城镇化率）为 50.91%，比上年末提高 1.53 个百分点。全年出生率为 10.69‰，死亡率为 4.56‰，自然增长率为 6.13‰。

全年城镇新增就业 47.58 万人，就业困难人员实现就业 5.24 万人。全区城镇登记失业率为 3.3%。

全年居民消费价格（CPI）比上年上涨 2.0%（见图 4）。工业生产者出厂价格（PPI）上涨 11.2%。工业生产者购进价格上涨 9.2%。固定资产投资价格上涨 3.7%。农业生产资料价格上涨 4.9%。

供给侧结构性改革扎实推进。全年全区化解钢铁产能 215 万吨，煤炭 462 万吨，关停 133.1 万千瓦单位能耗高的煤电机组。全年规模以上工业企业产成品存货周转天数 10.4 天，比上年减少 0.3 天。商品房待售面积 1 305.28 万平方米，比上年末减少 163.44 万平方米。其中，商品住宅待售面积 566.04 万平方米，减少 135.80 万平方米。年末规模以上工业企业资产负债率 59.5%，比上年下降 3.2 个百分点。全年规模以上工业企业每百元主营业务收入中的成本 78.88

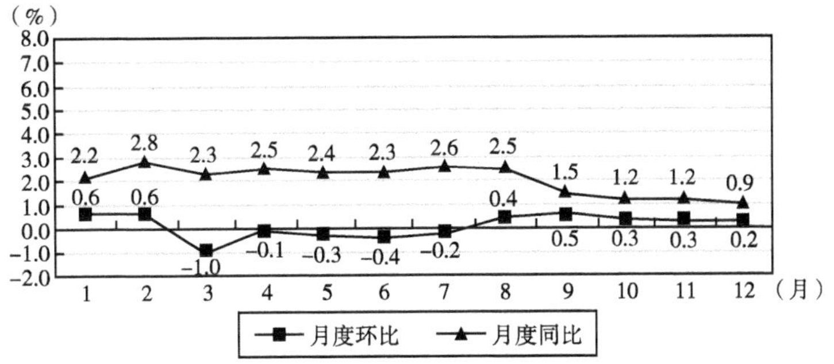

图 4　2018 年全区居民消费价格月度变化情况

元，比上年降低 0.02 元。全年航空、铁路和管道运输业投资分别比上年增长 1.8 倍、22.4% 和 20.7%。

新动能加快发展。全年全区规模以上工业战略性新兴产业增加值比上年增长 15.1%，高技术制造业增加值增长 32.1%，分别占规模以上工业增加值的比重为 4.9% 和 1.5%。全年规模以上服务业中，战略性新兴服务业营业收入 253.70 亿元，比上年增长 7.1%。高技术服务业营业收入 490.68 亿元，增长 5.4%。全年疆内企业通过网络（国内第三方电子商务交易平台）出售商品实现的零售额为 159.70 亿元，比上年增长 44.8%。新疆本地消费者通过网购实现的网上零售额为 720.60 亿元，增长 17.7%，占同期新疆社会消费品零售总额 22.6%，比上年提高 3.9 个百分点。

脱贫攻坚迈出坚实步伐。全年全区 53.7 万人实现脱贫，513 个贫困村退出，3 个贫困县摘帽，贫困发生率降至 6.51%。年末全区未脱贫人口 81.71 万人。全区投入扶贫资金 334.11 亿元，92.3% 用于南疆四地州。

二、农业

全年粮食种植面积 2 219.64 千公顷，比上年下降 3.3%。其中，小麦种植面积 1 031.47 千公顷，下降 8.5%；玉米种植面积 1 033.29 千公顷，增长 1.3%。棉花种植面积 2 491.30 千公顷，增长 12.4%。油料种植面积 224.13 千公顷，下降 6.7%。甜菜种植面积 57.25 千公顷，下降 21.5%。

全年粮食产量 1 504.23 万吨，比上年增产 1.3%（见图 5）。其中，夏粮产量 574.20 万吨，减产 6.4%；秋粮产量 930.03 万吨，增产 6.8%。全年小麦产量 571.89 万吨，减产 6.6%；玉米产量 827.57 万吨，增产 7.1%。

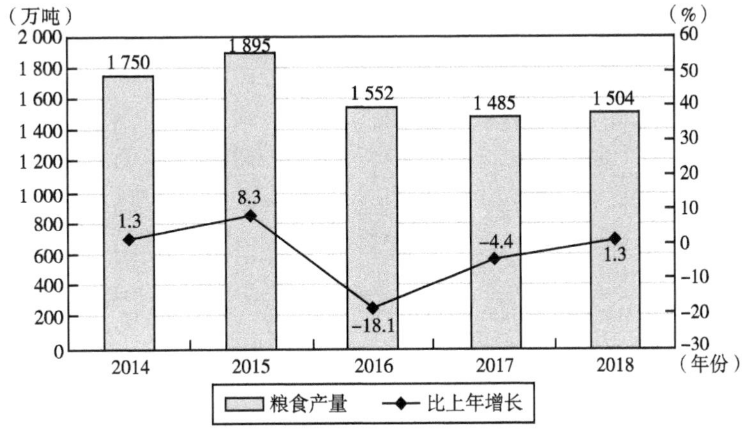

图 5　2014—2018 年全区粮食产量及增速

第六部分　附　录

全年全区棉花产量511.09万吨，增产11.9%，产量占全国的83.8%。油料产量67.81万吨，减产4.8%。甜菜产量424.73万吨，减产19.9%。

全年特色林果产量1 604.69万吨（见表1），比上年减产6.7%。其中，园林水果产量1 059.00万吨，增产1.8%；坚果产量106.84万吨，增产3.2%；果用瓜产量438.85万吨，减产23.7%。

表1　2018年特色林果产量及变动情况

指标	产量（万吨）	比上年增长（%）
特色林果	1 604.69	-6.7
#园林水果	1 059.00	1.8
红枣	361.19	4.1
香梨	116.19	-17.4
葡萄	293.45	8.5
苹果	163.26	6.4
坚果	106.84	3.2
果用瓜	438.85	-23.7

年末牲畜存栏5 047.93万头（只），比上年增长2.1%；牲畜出栏4 508.39万头（只），增长1.4%。全年猪牛羊禽肉产量155.45万吨，比上年增长1.1%。其中，羊肉产量59.38万吨，增长2.0%；牛肉产量41.97万吨，下降2.5%；猪肉产量38.10万吨，增长6.4%；禽肉产量16.01万吨，下降3.9%。禽蛋产量37.27万吨，下降0.3%。生牛奶产量194.85万吨，增长1.6%。

全年水产品产量17.43万吨，比上年增长5.4%。其中，捕捞产量1.40万吨，增长11.0%；养殖产量16.03万吨，增长4.9%。全年水产养殖面积120.49千公顷，比上年增长33.6%。

年末农业机械总动力2 688.96万千瓦，比上年增长0.5%。农作物耕种收综合机械化水平84.68%，机耕率97.62%，机播率94.35%，机收率57.77%。

三、工业和建筑业

全年全部工业增加值3 743.85亿元，比上年增长3.9%。其中，规模以上工业增加值3 564.05亿元（见图6），增长4.1%。在规模以上工业中，分经济类型看，国有控股企业增加值2 409.81亿元，增长5.1%；股份制企业增加值3 321.22亿元，增长3.1%；外商及港澳台商投资企业增加值72.40亿元，增长8.4%；私营企业增加值468.10亿元，增长5.2%。

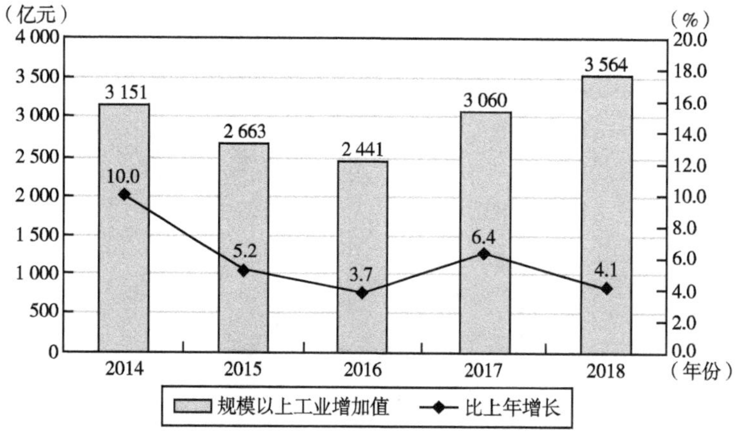

图6　2014—2018年全区规模以上工业增加值及其增速

分工业门类看，采矿业增加值1 120.21亿元，增长8.6%；制造业增加值1 924.86亿元，下降0.9%；电力、热力、燃气及水的生产和供应业增加值518.98亿元，增长15.7%。分轻重工业看，轻工业增加值359.31亿元，增长0.6%；重工业增加值3 204.74亿元，增长4.5%。2018年全区工业企业主要产品产量及变动情况见表2。

表2　2018年全区工业企业主要产品产量及变动情况

产品名称	单位	产量	比上年增长（%）
原油	万吨	2 647.39	2.1
原煤	万吨	21 317.36	19.9
天然气	亿立方米	321.85	4.8
原油加工量	万吨	2 349.56	-5.4
发电量	亿千瓦时	3 283.25	8.1
成品糖	万吨	54.81	-4.6
卷烟	亿支	176.85	0.8
罐头	万吨	62.55	-29.1
#番茄酱	万吨	59.74	-29.8
纱	万吨	185.36	19.1
布	万米	30 327.20	9.7
服装	万件	7 830.10	2.3
轻革	万平方米	48.13	-84.2
机制纸及纸板	万吨	24.21	-17.1
化肥	万吨	280.51	-6.2
十种有色金属	万吨	642.13	-3.3
电解铝	万吨	622.29	-3.6
粗钢	万吨	1 155.30	4.1
钢材	万吨	1 324.10	1.8
生铁	万吨	1 120.99	6.2
水泥	万吨	3 592.60	-21.6
变压器	万千伏安	7 538.10	31.9
化学纤维	万吨	78.11	9.5

自治区重点监测的十大产业中，石油工业增加值1 360.07亿元，比上年增长4.1%；有色工业334.88亿元，下降3.0%；电力工业443.44亿元，增长18.0%；化学工业382.58亿元，增长6.9%；钢铁工业81.22亿元，增长4.2%；建材工业153.00亿元，下降9.8%；煤炭工业184.96亿元，增长13.5%；纺织工业108.14亿元，增长14.5%；农副食品加工工业65.26亿元，下降15.4%；装备制造工业62.33亿元，增长2.4%。六大高耗能行业增加值增长2.9%，占规模以上工业增加值比重为54.3%。2018年全区规模以上工业增加值中十大重点产业增加值比重情况见图7。

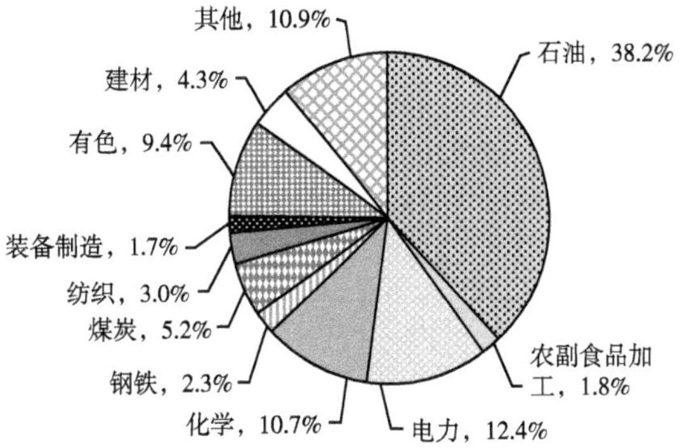

图7　2018年全区规模以上工业增加值中十大重点产业增加值比重

全年规模以上工业企业实现利润788.76亿元，比上年增长11.4%。分经济类型看，国有控股企业实现利润498.51亿元，增长29.9%；股份制企业350.49亿元，增长35.9%；外商及港澳台商投资企业29.57亿元，下降9.6%；私营企业126.21亿元，下降11.6%。分工业门类看，采矿业实现利润315.52亿元，增长66.3%；制造业406.03亿元，下降8.0%；电力、热力、燃气及水的生产和供应业69.21亿元，下降11.1%。

全年规模以上工业企业产品销售率98.3%；完成工业品出口交货值111.24亿元，增长18.1%。

全年实现建筑业增加值1 274.38亿元，比上年增长5.2%。

四、服务业

全年批发和零售业增加值739.84亿元，比上年增长4.4%；交通运输、仓储和邮政业增加值835.26亿元，增长23.9%；住宿和餐饮业增加值192.84亿元，增长3.4%；金融业增加值645.36亿元，增长0.6%；其他服务业增加值2 830.16亿元，增长7.8%。全年规模以上服务业企业实现营业收入1 747.49亿元，比上年增长11.7%；营业利润182.74亿元，下降8.1%。

全年货物运输量9.76亿吨，比上年增长15.4%（见表3）。货物运输周转量2 601.84亿吨公里，增长13.7%。

表3　2018年全区各种运输方式完成货物运输量及其增长速度

指标	单位	绝对数	比上年增长（%）
货物运输量	亿吨	9.76	15.4
铁路	亿吨	1.25	28.5
公路	亿吨	8.50	13.7
民航	万吨	19.19	2.3
货物运输周转量	亿吨公里	2 601.84	13.7
铁路	亿吨公里	1 123.05	14.6
公路	亿吨公里	1 476.70	13.0
民航	亿吨公里	2.09	21.3

全年旅客运输量24 573.49万人次，比上年下降18.4%。旅客运输周转量659.05亿人公里，增长2.3%（见表4）。

表4　2018年全区各种运输方式完成旅客运输量及其增长速度

指标	单位	绝对数	比上年增长（%）
旅客运输量	万人次	24 573.49	-18.4
铁路	万人次	3 811.50	8.1
公路	万人次	17 394.00	-26.2
民航	万人次	3 367.99	11.7
旅客运输周转量	亿人公里	659.05	2.3
铁路	亿人公里	304.65	3.8
公路	亿人公里	123.15	-21.8
民航	亿人公里	231.25	19.7

年末全区民用汽车保有量396.61万辆（包括三轮汽车和低速货车），比上年末增长8.5%。其中，私人汽车保有量328.99万辆，增长9.0%。

全年邮政行业业务总量38.03亿元，比上年增长16.9%。邮政业全年邮政函件业务1 264.20万件，包裹业务100.02万件，快递业务量11 121.41万件，快递业务收入23.90亿元。全年电信业务总量867.00亿元，比上年增长1.6倍。年末全区固定电话用户数415.00万户，下降12.6%；移动电话用户2 703.80万户，增长20.0%。电话普及率127.5部/百人，其中，固定电话普及率17.0部/百人，移动电话普及率110.6部/百人。互联网宽带用户647.30万户，增长13.6%。全年软件和信息技术服务业营业收入74.31亿元，比上年增长16.2%。

五、国内贸易

全年社会消费品零售总额3 186.97亿元，比上年增长5.2%（见图8）。按经营地统计，城镇消费品零售额2 882.25亿元，增长4.9%；乡村消费品零售额304.72亿元，增长7.3%。按消费类型统计，商品零售2 742.48亿元，增长4.5%；餐饮收入444.49亿元，增长9.3%。

在限额以上单位商品零售额中，粮油、食品类零售额比上年增长4.6%，饮料类增长10.2%，烟酒类下降0.5%，服装、鞋帽、针纺织品类下降4.8%，化妆品类增长3.5%，金银珠宝类下降0.1%，日用品类下降3.8%，家用电器和音像器材类下降7.4%，中西药品类增长5.8%，家具类增长9.6%，通讯器材类增长18.0%，建筑及装潢材料类增长5.6%，石油及制品类增长8.1%，汽车类下降10.1%。

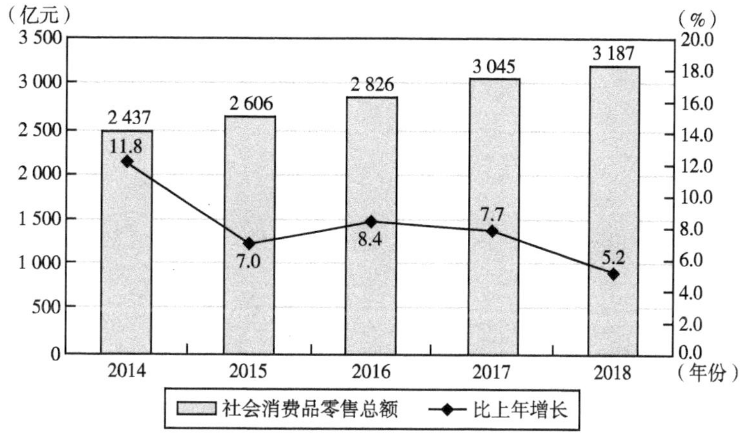

图 8　2014—2018 年全区社会消费品零售总额及增速

六、固定资产投资

全年固定资产投资（不含农户）比上年下降 25.2%。在固定资产投资中，第一产业投资下降 42.1%；第二产业投资下降 5.9%；第三产业投资下降 32.6%。

全年固定资产投资中，基础设施投资下降 36.6%，占固定资产投资的比重为 36.0%；民间投资下降 17.4%，占固定资产投资的比重为 34.3%；民生投资下降 15.8%，占固定资产投资的比重为 27.7%。六大高耗能行业投资下降 5.9%，占固定资产投资的比重为 15.2%。

全年房地产开发投资 1 033.44 亿元，比上年下降 0.4%。其中，住宅投资 642.48 亿元，增长 9.2%；办公楼投资 44.03 亿元，下降 33.4%；商业营业用房投资 195.43 亿元，下降 31.4%。

七、对外经济

全年货物进出口总额 200.10 亿美元，比上年下降 2.7%（见图 9）。其中，进口 35.91 亿美元，增长 22.4%；出口 164.19 亿美元，下降 6.9%（见表 5）。货物进出口顺差（出口减进口）128.28 亿美元，比上年减少 19.70 亿美元。

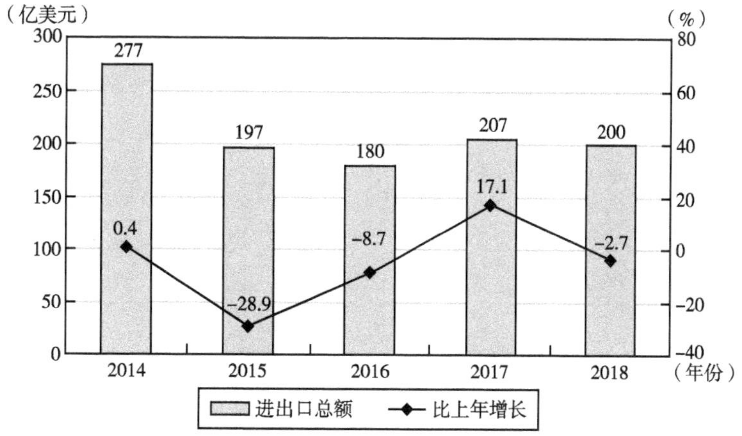

图 9　2014—2018 年全区货物进出口总额及增速

表 5 2018 年全区货物进出口总额及变动情况

指标	绝对数（亿美元）	比上年增长（%）
货物进出口总额	200.10	-2.7
货物出口额	164.19	-6.9
其中：一般贸易	43.77	28.5
加工贸易	0.35	-39.1
边境小额贸易	116.82	-13.2
其中：机电产品	41.84	12.8
高新技术产品	5.46	37.2
货物进口额	35.91	22.4
其中：一般贸易	27.40	21.8
加工贸易	0.86	16.0
边境小额贸易	3.76	30.2
其中：机电产品	5.79	-0.5
高新技术产品	1.02	46.1

全年拥有 169 个贸易伙伴国家和地区，其中，对俄罗斯进出口额 17.29 亿美元，增长 43.7%；美国 8.17 亿美元，增长 74.3%；哈萨克斯坦 85.16 亿美元，下降 9.2%；吉尔吉斯斯坦 28.74 亿美元，下降 31.3%；塔吉克斯坦 9.23 亿美元，下降 12.9%。

按登记注册类型统计，国有企业进出口 39.17 亿美元，比上年增长 48.5%；外商投资企业 1.67 亿美元，增长 15.5%；集体企业 0.98 亿美元，下降 58.2%；私营企业 158.18 亿美元，下降 9.8%。

全年外商直接投资新设立企业（项目）数 125 个，比上年下降 24.2%；外商直接投资合同金额 15.65 亿美元，增长 1.1 倍；实际利用外商直接投资 2.05 亿美元，增长 0.2%。

八、财政和金融

全年全区一般公共预算收入 1 531.46 亿元，比上年增长 4.5%。其中，税收收入 1 051.76 亿元，增长 11.4%。一般公共预算支出 4 985.57 亿元，增长 9.8%。其中，民生财政支出3 512.80 亿元，增长 70.5%。

年末金融机构（含外资）人民币各项存款余额 22 011.49 亿元，比上年增长 3.6%。其中，非金融企业存款余额 5 574.65 亿元，下降 12.3%；住户存款余额 9 381.01 亿元，增长 11.7%。年末金融机构（含外资）人民币各项贷款余额 18 203.14 亿元，比上年增长 7.9%。其中，短期贷款 4 983.11 亿元，增长 0.5%；中长期贷款 10 997.56 亿元，增长 8.8%。个人消费贷款 2 365.68 亿元，增长 10.9%。其中，个人住房贷款 1 802.71 亿元，增长 12.5%。

年末拥有境内上市公司 55 家，比上年增长 5.8%。总股本 931.75 亿股，增长 7.5%；股票市价总值 5 474.00 亿元，下降 27.2%。全年通过发行、配售股票共筹集资金 200.50 亿元，下降 54.8%。拥有法人证券公司 2 家，证券营业部 105 家，证券交易额 13 694.74 亿元，下降 22.6%。拥有期货公司 2 家，期货营业部 8 家，期货交易额 7 933.68 亿元，下降 10.9%。

全年保险公司各项保费收入 577.26 亿元，比上年增长 10.2%。其中，寿险收入 271.25 亿元，增长 4.4%；财产险收入 191.11 亿元，增长 12.5%；健康险收入 96.26 亿元，增长 23.7%；意外伤害险收入 18.65 亿元，增长 15.0%。

全年各类保险赔款及给付支出 206.62 亿元，增长 19.2%。其中，财产险赔款 104.37 亿元，增长 17.2%；寿险给付 61.84 亿元，增长 22.1%；健康险赔款及给付 33.85 亿元，增长 26.7%；意外伤害险赔款及给付 6.56 亿元，下降 5.2%。

九、居民收入消费和社会保障

全年城乡居民人均可支配收入 21 500 元，比上年增长 7.6%，扣除价格因素，实际增长 5.5%。按常住地分，城镇居民人均可支配收入 32 764 元，比上年增长 6.5%（见图 10），扣除价格因素，实际增长 4.6%。其中，工资性收入 21 953 元，增长 6.0%；经营净收入 3 414 元，增长7.4%；财产净收入1 434元，增长6.1%；转移净收入5 963元，增长7.9%。农村居民人均可支配收入11 975元，比上年增长8.4%（见图11），扣除价格因素，实际增长5.9%。其中，工资性收入2 945元，增长5.3%；经营净收入6 624元，增长9.7%；财产净收入235元，增长1.0%；转移净收入2 170元，增长9.7%。

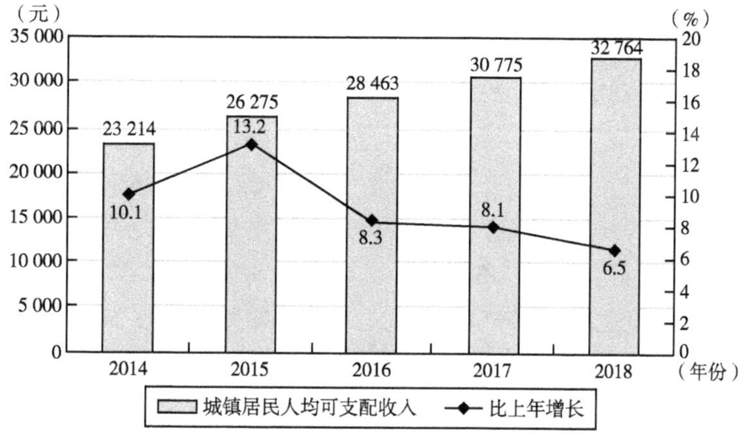

图10　2014—2018年城镇居民人均可支配收入及增速

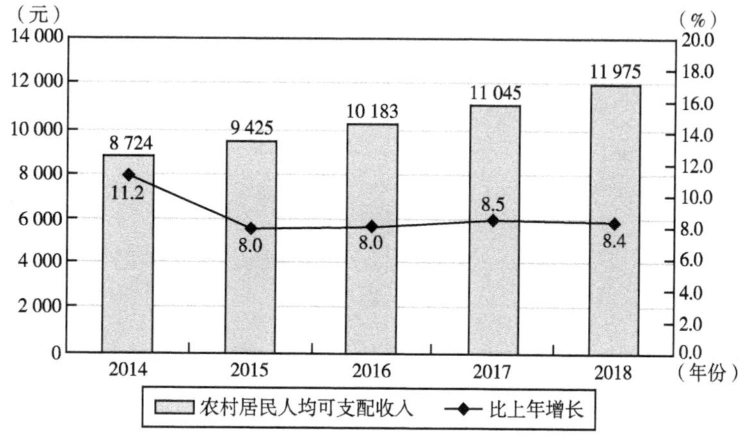

图11　2014—2018年农村居民人均可支配收入及增速

城乡居民人均消费支出16 189元，比上年增长7.3%，扣除价格因素，实际增长5.2%。按常住地分，城镇居民人均消费支出24 191元，增长6.1%，扣除价格因素，实际增长4.2%；农村居民人均消费支出9 421元，增长8.1%，扣除价格因素，实际增长5.6%。城乡居民恩格尔系数为31.84%，其中城镇为31.63%，农村为32.27%。

年末全区参加城镇职工基本养老保险人数523.27万人，比上年末增加59.09万人。参加城乡居民基本养老保险人数713.18万人，增加122.55万人。参加基本医疗保险人数1 998.95万人，增加132.06万人。其中，参加职工基本医疗保险人数441.59万人，增加42.39万人；参加城乡居民基本医疗保险人数1 557.37万人，增加89.68万人。参加失业保险人数261.78万人，增加27.16万人。参加工伤保险人数292.01万人，增加26.89万人，其中，参加工伤保险的农民工41.98万人。参加生育保险人数289.36万人，增加28.94万人。年末全区共有

45.90 万人享受城市居民最低生活保障，201.60 万人享受农村居民最低生活保障。

年末全区共有各类社会服务机构和设施 2 381个，拥有床位数 5.56 万张，收养救助人数 3.36 万人。社区服务机构和设施 1 929 个，其中，社区服务中心 205 个。全年销售福利彩票 52.20 亿元，增长 13.0%；筹集公益金 15.40 亿元，增长 12.7%。

十、科学技术和教育

全年自治区科技计划新立项项目 1 232 个，自治区重大科技专项 4 个，自治区重点研发专项 23 个，自治区科技成果转化示范专项 26 个。年末拥有县以上部门属研究与技术开发机构 113 个。其中，自然科学研究与技术开发机构 90 个，科技信息与文献机构 6 个，社会与人文科学领域研究与技术开发机构 6 个，转制科学研究与技术开发机构 11 个。重点实验室 56 个，其中，国家重点实验室 2 个。已挂牌的工程技术研究中心 96 个，其中，国家级 5 个。拥有高新技术企业 599 个；高新技术产业园区 19 个，其中，国家级 2 个，自治区级 17 个。生产力促进中心 72 个，其中，国家级示范中心 9 个。星创天地 42 个，其中，国家级 35 个。众创空间 49 个，其中，国家级 23 个。科技企业孵化器 23 个，其中，国家级 9 个。

全年受理专利申请 14 647 项，其中，受理发明专利申请 3 665 项。获得专利授权 9 658 项，其中，获得发明专利授权 923 项。登记技术合同 453 项，技术合同成交金额 5.21 亿元，其中，技术交易额 5.13 亿元。

年末共有普通高等学校 45 所。全年研究生教育招生 9 049 人，比上年增长 12.6%；在学研究生 23 807 人，增长 11.6%；毕业生 6 151 人，增长 9.1%。普通本专科招生 11.97 万人，增长 10.8%；在校生 37.49 万人，增长 8.4%；毕业生 8.13 万人，增长 3.3%。

中等职业教育学校 158 所，全年招生 10.08 万人；在校生 25.37 万人，比上年增长 6.3%；毕业生 6.85 万人，增长 6.5%。

普通高中 343 所，全年招生 16.52 万人；在校生 54.97 万人，比上年下降 3.1%；毕业生 17.79 万人，增长 9.9%。

初中 935 所，全年招生 32.16 万人，比上年增长 4.1%；在校生 92.45 万人，增长 2.5%；毕业生 29.68 万人，下降 1.2%。

普通小学 3 368 所，全年招生 46.85 万人，比上年增长 8.1%；在校生 242.68 万人，增长 6.2%；毕业生 32.37 万人，增长 4.8%。

特殊教育学校 28 所，全年招生 807 人，比上年下降 3.5%；在校生 3974 人，增长 13.2%；毕业生 362 人，下降 6.2%。

幼儿园 7 685 所，全年招生 55.54 万人；在校生 155.76 万人，比上年增长 7.6%；毕业生 46.59 万人，增长 13.7%。

小学学龄儿童净入学率 99.94%；小学毕业生升入初中升学率 99.35%；初中阶段适龄少年净入学率 99.32%；初中毕业升入高中阶段升学率 97.30%。

十一、文化旅游、卫生健康和体育

年末全区文化系统共有艺术表演团体 110 个，博物馆 87 个，公共图书馆 107 个，群众艺术馆、文化馆 119 个。年末广播节目综合人口覆盖率为 97.83%，电视节目综合人口覆盖率为 98.07%。

全年全区接待游客 15 024.89 万人次，比上年增长 40.1%；旅游总消费 2 579.71 亿元，增长 41.6%。其中，接待国内游客 14 762.30 万人次，增长 40.7%；国内旅游消费 2 497.00 亿元，增长 42.6%。入境游客 262.60 万人次，增长 11.8%；入境旅游消费 12.23 亿美元，增长 16.0%。

年末全区共有医疗卫生机构 15 484 个，其中，医院、卫生院 1 621 个，妇幼保健院（所、站）90 个，专科疾病防治院（所、站）3 个。

医院、卫生院拥有床位14.32万张。卫生技术人员15.19万人，其中，执业（助理）医师5.43万人，注册护士6.17万人。疾病预防控制中心113个，疾病预防控制中心卫生技术人员3 839人。乡镇卫生院924个，拥有床位2.87万张，乡镇卫生院卫生技术人员2.16万人。

全年我区运动员在国际比赛中荣获金牌24枚，银牌19枚，铜牌21枚。在全国比赛中荣获金牌194枚，银牌131枚，铜牌151枚。

十二、资源、环境和应急管理

全区已发现矿种142种。查明资源储量的矿种98种，其中，能源矿产7种，金属矿产34种，非金属矿产57种。新增查明资源储量26种。

全年完成造林面积22.80万公顷，其中，退耕还林面积5.94万公顷。森林覆盖率4.87%。自治区级以上自然保护区29个，其中，国家级自然保护区15个，自治区级自然保护区14个，保护区总面积1 968万公顷。

全年规模以上工业企业综合能源消费量比上年增长0.8%，增速比上年回落6.2个百分点，其中，六大高耗能行业能源消费量增长1.1%，增速回落7.1个百分点。重点耗能工业企业单位吨原煤生产综合能耗下降14.0%，炼焦工序单位能耗下降8.1%，单位烧碱生产综合能耗下降4.0%，吨水泥综合能耗下降5.2%，单位铝锭综合交流电耗下降0.7%，每千瓦时火力发电标准煤耗下降2.2%。全区水、风、太阳能等清洁能源发电量占全部发电量的21.7%。

全年在监测的19个城市中，空气质量达到Ⅱ级以上标准城市4个；城市空气质量好于Ⅱ级的优良天数占67.2%，首府乌鲁木齐市空气质量好于Ⅱ级的优良天数占69.9%。在监测的78条河流169个断面中，Ⅰ～Ⅲ类优良水质断面比例为97.6%，比上年降低0.6个百分点；Ⅳ～Ⅴ类轻中度污染水质断面比例为1.2%，升高0.6个百分点；劣Ⅴ类重度污染水质断面比例为1.2%，与上年持平。在监测的31座湖库中，Ⅰ～Ⅲ类优良水质的湖库比例为74.2%，Ⅳ～Ⅴ类轻中度污染水质湖库比例为9.7%，劣Ⅴ类重度污染水质的湖库比例为16.1%。

全年共发生各类生产经营性安全事故889起，比上年下降19.3%；死亡472人，下降22.8%。亿元GDP生产安全事故死亡人数0.039人，下降30.4%；道路交通万车死亡人数3.113人，下降19.5%；煤矿百万吨死亡人数0.043人，下降15.7%。

注：

1. 本公报中数据为初步统计数。部分数据因四舍五入的原因，存在总计与分项合计不等的情况。

2. 地区生产总值（GDP）、各产业增加值、人均生产总值绝对数按现价计算，增长速度按不变价格计算。

3. 近年来，随着人们出行方式的变化，居民自驾出行、网络约车及拼车人数增长较快，分流了公路客运量，导致旅客运输量下降。

4. 科技、卫生、文化、环境、劳动就业、社会保障及林业数据不含兵团。

资料来源：

本公报中主要经济指标数据来源于自治区统计局和国家统计局新疆调查总队，其他数据来源于相关部门。其中，农业机械动力来源于自治区农机局；林业数据来源于自治区林业和草原局；利用外资数据来源于自治区商务厅；货物进出口数据来源于乌鲁木齐海关；铁路客货运输量来源于中国铁路乌鲁木齐局集团有限公司；公路客货运输量来源于自治区交通运输厅；民航客货运输量来源于新疆机场集团有限责任公司，民航客货周转量来源于中国南方航空股份有限公司新疆分公司、乌鲁木齐航空有限责任公司；民用汽车数据来源于自治区公安厅；邮政业务数据来源于自治区邮政管理局；电信业务数据来源于自治区通信管理局；旅游数据来源于自治区文化和旅游厅；财政数据来源于自治区财政厅；金融信贷数据来源于中国人民银行乌鲁木齐中心支行；上市公司数据来源于中国证券监督管理委员会新疆监管局；保险业数据来源于中国银行保险监督管理委员会新疆监管局；教育数据来源于自治区教育厅；科技数据来源于自治区科学技术厅；卫生数据来源于自治区卫生健康委员会；脱贫数据来源于自治区扶贫办；体育数据来源于自治区体育局；就业与社会保障数据来源于自治区人力资源和社会保障厅；医疗保险数据来源于自治区医疗保障局；电视、广播数据来源于自治区广播电视局；城乡低保、福利彩票、筹集公益金数据来源于自治区民政厅；矿产资源数据来源于自治区自然资源厅；环境监测及自然保护区数据来源于自治区生态环境厅；安全生产数据来源于自治区应急管理厅。

2017 年度新疆维吾尔自治区一般公共财政预算收支决算总表

单位：万元

预算科目	预算数	调整预算数	决算数	预算科目	预算数	调整预算数	决算数
一、税收收入	9 579 316	9 579 316	9 443 839	一、一般公共服务支出	3 483 930	4 360 469	4 334 682
增值税	4 114 729	4 114 729	4 091 506	二、外交支出	1 543	3 817	3 817
企业所得税	1 143 046	1 143 046	1 142 704	三、国防支出	37 871	64 701	63 775
个人所得税	696 426	696 426	647 804	四、公共安全支出	2 625 627	5 798 718	5 763 869
资源税	580 400	580 400	690 587	五、教育支出	6 187 748	7 288 759	7 225 933
城市维护建设税	571 458	571 458	598 776	六、科学技术支出	373 779	430 659	428 140
房产税	361 924	361 924	371 239	七、文化体育与传媒支出	605 571	812 552	804 010
印花税	145 695	145 695	165 139	八、社会保障和就业支出	3 601 018	5 488 165	5 260 047
城镇土地使用税	454 552	454 552	433 926	九、医疗卫生与计划生育支出	2 202 232	2 688 748	2 667 093
土地增值税	444 184	444 184	332 577	十、节能环保支出	287 519	610 702	546 583
车船税	144 511	144 511	147 868	十一、城乡社区支出	2 407 247	3 313 350	3 293 009
耕地占用税	519 592	519 592	482 833	十二、农林水支出	2 900 198	6 259 053	6 124 893
契税	402 799	402 799	338 880	十三、交通运输支出	1 945 982	2 739 789	2 619 001
烟叶税				十四、资源勘探信息等支出	656 023	2 412 652	2 365 236
其他税收收入				十五、商业服务业等支出	266 109	405 127	363 216
二、非税收入	3 563 859	3 563 859	5 221 350	十六、金融支出	144 912	44 306	44 256
专项收入	879 219	879 219	1 233 152	十七、援助其他地区支出		300	300
行政事业性收费收入	697 118	697 118	747 618	十八、国土海洋气象等支出	169 974	503 159	495 905
罚没收入	258 432	258 432	358 488	十九、住房保障支出	692 746	2 391 978	2 344 777
国有资本经营收入	197 471	197 471	184 604	二十、粮油物资储备支出	65 976	133 443	104 838
国有资源（资产）有偿使用收入	1 158 478	1 158 478	2 326 880	二十一、预备费	268 699		
其他收入	373 141	373 141	370 608	二十二、其他支出	1 087 510	1 027 930	659 387
				二十三、债务付息支出	732 403	850 854	850 854
				二十四、债务发行费用支出	1 553	8 814	8 814
本年收入合计	13 143 175	13 143 175	14 665 189	本年支出合计	30 746 170	47 638 045	46 372 435

2017 年度新疆维吾尔自治区一般公共财政预算收支决算总表（续）

单位：万元

项目	决算数	项目	决算数
本年收入合计	14 665 189	本年支出合计	46 372 435
上级补助收入	26 129 395	上解上级支出	145 937
返还性收入	1 260 093		
一般性转移支付收入	15 106 150		
专项转移支付收入	9 763 152		
待偿债置换一般债券上年结余			
上年结余	1 394 517		
调入资金	1 819 184	调出资金	
债务（转贷）收入	9 037 731	债务还本支出	4 841 519
		增设预算周转金	-909
国债转贷收入、上年结余及转补助数		国债转贷拨付数及年终结余	
调入预算稳定调节基金	1 432 550	补充预算稳定调节基金	1 913 558
接受其他地区援助收入	300	援助其他地区支出	200
省补助计划单列市收入		计划单列市上解省支出	
		待偿债置换一般债券结余	
		年终结余	1 206 126
		减：结转下年的支出	1 265 610
		净结余	-59 484
收入总计	54 478 866	支出总计	54 478 866

2018 年度新疆维吾尔自治区一般公共财政预算收支决算总表

单位：万元

预算科目	调整预算数	决算数	预算科目	调整预算数	决算数
一、税收收入	10 968 475	10 517 998	一、一般公共服务支出	4 747 600	4 591 142
增值税	4 943 388	4 264 807	二、外交支出	650	650
企业所得税	1 342 989	1 271 307	三、国防支出	41 631	39 861
个人所得税	759 247	741 943	四、公共安全支出	5 712 529	5 669 604
资源税	740 705	879 728	五、教育支出	8 221 830	8 128 811
城市维护建设税	672 089	666 438	六、科学技术支出	423 170	422 468
房产税	435 818	429 340	七、文化体育与传媒支出	751 485	733 888
印花税	186 865	186 804	八、社会保障和就业支出	5 864 227	5 790 592
城镇土地使用税	493 932	486 443	九、医疗卫生与计划生育支出	2 906 736	2 861 387
土地增值税	379 502	338 463	十、节能环保支出	1 002 480	943 276
车船税	165 303	162 001	十一、城乡社区支出	3 214 404	3 178 118
耕地占用税	435 609	633 196	十二、农林水支出	7 747 968	7 532 460
契税	363 892	424 457	十三、交通运输支出	2 841 199	2 764 894
烟叶税			十四、资源勘探信息等支出	1 893 553	1 787 059
环境保护税	49 136	33 071	十五、商业服务业等支出	348 704	323 121
其他税收收入			十六、金融支出	867	704
二、非税收入	3 746 593	4 796 231	十七、援助其他地区支出		
专项收入	1 129 457	1 499 958	十八、国土海洋气象等支出	413 319	372 744
行政事业性收费收入	642 200	776 943	十九、住房保障支出	3 176 667	3 059 572
罚没收入	321 049	499 077	二十、粮油物资储备支出	125 922	124 100
国有资本经营收入	168 340	197 488	二十一、预备费		
国有资源（资产）有偿使用收入	1 110 930	1 263 479	二十二、其他支出	1 238 825	837 891
其他收入	374 617	559 286	二十三、债务付息支出	955 256	955 256
			二十四、债务发行费用支出	6 920	6 920
本年收入合计	14 715 068	15 314 229	本年支出合计	51 635 942	50 124 518

2018年度新疆维吾尔自治区一般公共财政预算收支决算总表（续）

单位：万元

项目	决算数	项目	决算数
本年收入合计	15 314 229	本年支出合计	50 124 518
上级补助收入	30 220 065	上解上级支出	895 383
返还性收入	1 260 093		
一般性转移支付收入	17 216 067		
专项转移支付收入	11 743 905		
待偿债置换一般债券上年结余			
上年结余	1 207 728		
调入资金	2 605 586	调出资金	2 225
从政府性基金预算调入	1 708 863		
从国有资本经营预算调入	31 318		
从其他资金调入	865 405		
债务（转贷）收入	6 915 000	债务还本支出	3 209 847
		增设预算周转金	
国债转贷收入、上年结余及转补助数		国债转贷拨付数及年终结余	
调入预算稳定调节基金	1 115 197	补充预算稳定调节基金	1 634 408
接受其他地区援助收入		援助其他地区支出	
省补助计划单列市收入		计划单列市上解省支出	
		待偿债置换一般债券结余	
		年终结余	1 511 424
		减：结转下年的支出	1 511 424
		净结余	
收入总计	57 377 805	支出总计	57 377 805

2017 年度新疆维吾尔自治区一般公共财政预算收入决算明细表

单位：万元

预算科目	决算数
税收收入	9 443 839
增值税	4 048 314
国内增值税	2 380 894
国有企业增值税	120 078
集体企业增值税	4 490
股份制企业增值税	1 738 910
联营企业增值税	557
港澳台和外商投资企业增值税	74 652
私营企业增值税	364 324
其他增值税	76 486
增值税税款滞纳金、罚款收入	8 027
残疾人就业增值税退税	-7 302
软件增值税退税	-1 610
宣传文化单位增值税退税	-3 943
森工综合利用增值税退税	
核电站增值税退税	
水电增值税退税	
资源综合利用增值税退税	-24 474
其他增值税退税	-1 253
免抵调增增值税	31 908
成品油价格和税费改革增值税划出	44
营改增试点国内增值税划出（地方）	
营改增试点国内增值税划入（地方）	
改征增值税（项）	1 667 420
改征增值税（目）	1 691 054
中国铁路总公司改征增值税收入	
改征增值税税款滞纳金、罚款收入	1 808
改征增值税国内退税	-25 617
免抵调增改征增值税	175
营改增试点改征增值税划出（地方）	
营改增试点改征增值税划入（地方）	
营业税	43 192
金融保险业营业税（中央）	
金融保险业营业税（地方）	5 161
交强险营业税	
其他金融保险业营业税（地方）	5 161
一般营业税	29 802
营业税税款滞纳金、罚款收入	8 229

续表

预算科目	决算数
营业税退税	
营业税划出（地方）	
营业税划入（地方）	
企业所得税	1 142 704
国有冶金工业所得税	
国有有色金属工业所得税	
国有煤炭工业所得税	
国有电力工业所得税	625
国有石油和化学工业所得税	1 767
国有机械工业所得税	
国有汽车工业所得税	
国有核工业所得税	2
国有航空工业所得税	
国有航天工业所得税	
国有电子工业所得税	
国有兵器工业所得税	
国有船舶工业所得税	
国有建筑材料工业所得税	1
国有烟草企业所得税	15 010
国有纺织企业所得税	
国有铁道企业所得税	31
中国铁路总公司集中缴纳的铁路运输企业所得税	
其他国有铁道企业所得税	31
国有交通企业所得税	23
国有民航企业所得税	16
国有外贸企业所得税	
国有银行所得税	68
其他国有银行所得税	68
国有非银行金融企业所得税	
其他国有非银行金融企业所得税	
国有保险企业所得税	13
国有文教企业所得税	
国有电影企业所得税	
国有出版企业所得税	

续表

预算科目	决算数
其他国有文教企业所得税	
国有水产企业所得税	
国有森林工业企业所得税	
国有电信企业所得税	431
国有农垦企业所得税	2 535
其他国有企业所得税	30 326
集体企业所得税	24 801
股份制企业所得税	500 712
跨省合资铁路企业所得税	
其他股份制企业所得税	500 712
联营企业所得税	19
港澳台和外商投资企业所得税	25 452
其他港澳台和外商投资企业所得税	25 452
私营企业所得税	140 563
其他企业所得税	199 757
分支机构预缴所得税	79 563
国有企业分支机构预缴所得税	6 737
股份制企业分支机构预缴所得税	70 256
港澳台和外商投资企业分支机构预缴所得税	2 241
其他企业分支机构预缴所得税	329
总机构预缴所得税	34 300
国有企业总机构预缴所得税	1 717
股份制企业总机构预缴所得税	25 328
港澳台和外商投资企业总机构预缴所得税	6 455
其他企业总机构预缴所得税	800
总机构汇算清缴所得税	3 271
国有企业总机构汇算清缴所得税	1 967
股份制企业总机构汇算清缴所得税	1 196
港澳台和外商投资企业总机构汇算清缴所得税	107
其他企业总机构汇算清缴所得税	1
跨市县分支机构预缴所得税	21 597
国有企业分支机构预缴所得税	1 029
股份制企业分支机构预缴所得税	19 904
港澳台和外商投资企业分支机构预缴所得税	446

续表

预算科目	决算数
其他企业分支机构预缴所得税	218
跨市县总机构预缴所得税	19 085
国有企业总机构预缴所得税	1 635
股份制企业总机构预缴所得税	15 320
港澳台和外商投资企业总机构预缴所得税	1 342
其他企业总机构预缴所得税	788
跨市县总机构汇算清缴所得税	12 211
国有企业总机构汇算清缴所得税	4 527
股份制企业总机构汇算清缴所得税	6 620
港澳台和外商投资企业总机构汇算清缴所得税	402
其他企业总机构汇算清缴所得税	662
跨市县分支机构汇算清缴所得税	6 279
国有企业分支机构汇算清缴所得税	428
股份制企业分支机构汇算清缴所得税	5 692
港澳台和外商投资企业分支机构汇算清缴所得税	58
其他企业分支机构汇算清缴所得税	101
分支机构汇算清缴所得税	12 095
国有企业分支机构汇算清缴所得税	311
股份制企业分支机构汇算清缴所得税	10 728
港澳台和外商投资企业分支机构汇算清缴所得税	963
其他企业分支机构汇算清缴所得税	93
企业所得税税款滞纳金、罚款、加收利息收入	12 151
内资企业所得税税款滞纳金、罚款、加收利息收入	12 059
港澳台和外商投资企业所得税税款滞纳金、罚款、加收利息收入	92
企业所得税退税	
国有冶金工业所得税退税	
国有有色金属工业所得税退税	
国有煤炭工业所得税退税	
国有电力工业所得税退税	
国有石油和化学工业所得税退税	
国有机械工业所得税退税	
国有汽车工业所得税退税	
国有核工业所得税退税	
国有航空工业所得税退税	

续表

预算科目	决算数
国有航天工业所得税退税	
国有电子工业所得税退税	
国有兵器工业所得税退税	
国有船舶工业所得税退税	
国有建筑材料工业所得税退税	
国有烟草企业所得税退税	
国有纺织企业所得税退税	
国有铁道企业所得税退税	
国有交通企业所得税退税	
国有民航企业所得税退税	
国有外贸企业所得税退税	
国有银行所得税退税	
其他国有银行所得税退税	
国有非银行金融企业所得税退税	
其他国有非银行金融企业所得税退税	
国有保险企业所得税退税	
国有文教企业所得税退税	
国有电影企业所得税退税	
国有出版企业所得税退税	
其他国有文教企业所得税退税	
国有水产企业所得税退税	
国有森林工业企业所得税退税	
国有电信企业所得税退税	
其他国有企业所得税退税	
集体企业所得税退税	
股份制企业所得税退税	
其他股份制企业所得税退税	
联营企业所得税退税	
私营企业所得税退税	
跨省市总分机构企业所得税退税	
国有跨省市总分机构企业所得税退税	
股份制跨省市总分机构企业所得税退税	
港澳台和外商投资跨省市总分机构企业所得税退税	
其他跨省市总分机构企业所得税退税	

续表

预算科目	决算数
跨市县总分机构企业所得税退税	
国有跨市县总分机构企业所得税退税	
股份制跨市县总分机构企业所得税退税	
港澳台和外商投资跨市县总分机构企业所得税退税	
其他跨市县总分机构企业所得税退税	
其他企业所得税退税	
个人所得税（款）	647 804
个人所得税（项）	646 062
储蓄存款利息所得税	27
其他个人所得税	646 035
个人所得税税款滞纳金、罚款收入	1 742
资源税	690 587
水资源税收入	
其他资源税	689 855
资源税税款滞纳金、罚款收入	732
城市维护建设税	598 776
国有企业城市维护建设税	85 242
中国铁路总公司集中缴纳的铁路运输企业城市维护建设税	565
其他国有企业城市维护建设税	84 677
集体企业城市维护建设税	2 015
股份制企业城市维护建设税	333 652
联营企业城市维护建设税	2
港澳台和外商投资企业城市维护建设税	3 882
私营企业城市维护建设税	40 524
其他城市维护建设税	213 711
城市维护建设税税款滞纳金、罚款收入	1 915
成品油价格和税费改革城市维护建设税划出	-82 167
房产税	371 239
国有企业房产税	47 161
集体企业房产税	5 662
股份制企业房产税	210 687
联营企业房产税	3
港澳台和外商投资企业房产税	12 423
私营企业房产税	56 135

续表

预算科目	决算数
其他房产税	33 686
房产税税款滞纳金、罚款收入	5 482
印花税	165 139
其他印花税	163 293
印花税税款滞纳金、罚款收入	1 846
城镇土地使用税	433 926
国有企业城镇土地使用税	55 846
集体企业城镇土地使用税	1 303
股份制企业城镇土地使用税	274 592
联营企业城镇土地使用税	5
私营企业城镇土地使用税	59 797
港澳台和外商投资企业城镇土地使用税	6 975
其他城镇土地使用税	25 079
城镇土地使用税税款滞纳金、罚款收入	10 329
土地增值税	332 577
国有企业土地增值税	38 062
集体企业土地增值税	241
股份制企业土地增值税	219 946
联营企业土地增值税	
港澳台和外商投资企业土地增值税	5 439
私营企业土地增值税	43 824
其他土地增值税	21 506
土地增值税税款滞纳金、罚款收入	3 559
车船税（款）	147 868
车船税（项）	147 794
车船税税款滞纳金、罚款收入	74
耕地占用税（款）	482 833
耕地占用税（项）	466 972
耕地占用税退税	
耕地占用税税款滞纳金、罚款收入	15 861
契税（款）	338 880
契税（项）	335 184
契税税款滞纳金、罚款收入	3 696
烟叶税（款）	

续表

预算科目	决算数
烟叶税（项）	
烟叶税税款滞纳金、罚款收入	
其他税收收入	
非税收入	5 221 350
专项收入	1 233 152
教育费附加收入（项）	282 439
教育费附加收入（目）	323 307
成品油价格和税费改革教育费附加收入划出	-41 208
中国铁路总公司集中缴纳的铁路运输企业教育费附加	339
教育费附加滞纳金、罚款收入	1
场外核应急准备收入	
地方教育附加收入	214 967
文化事业建设费收入	11 360
残疾人就业保障金收入	72 882
教育资金收入	261 321
农田水利建设资金收入	260 605
育林基金收入	
森林植被恢复费	71 943
水利建设专项收入	315
其他专项收入（项）	57 320
广告收入	37 416
其他专项收入（目）	19 904
行政事业性收费收入	747 618
公安行政事业性收费收入	77 956
外国人签证费	156
外国人证件费	246
公民出入境证件费	5 591
中国国籍申请手续费	
口岸以外边防检查监护费	
户籍管理证件工本费	49
居民身份证工本费	5 559
机动车号牌工本费	60 838
机动车行驶证工本费	
机动车登记证书工本费	2

续表

预算科目	决算数
机动车抵押登记费	
机动车安全技术检验费	4 142
驾驶证工本费	
驾驶许可考试费	121
临时入境机动车号牌和行驶证工本费	
临时机动车驾驶证工本费	
保安员资格考试费	51
消防职业技能鉴定考务考试费	
其他缴入国库的公安行政事业性收费	1 201
法院行政事业性收费收入	68 319
诉讼费	67 756
其他缴入国库的法院行政事业性收费	563
司法行政事业性收费收入	3 327
公证费	3 028
司法考试考务费	275
其他缴入国库的司法行政事业性收费	24
外交行政事业性收费收入	49
护照费	
认证费	
签证费	3
驻外使领馆公证翻译费	
其他缴入国库的外交行政事业性收费	46
工商行政事业性收费收入	
商标注册收费	
其他缴入国库的工商行政事业性收费	
商贸行政事业性收费收入	8
证书工本费	
其他缴入国库的商贸行政事业性收费	8
财政行政事业性收费收入	6 278
证书工本费	5 455
考试考务费	593
其他缴入国库的财政行政事业性收费	230
税务行政事业性收费收入	
其他缴入国库的税务行政事业性收费	

续表

预算科目	决算数
审计行政事业性收费收入	
考试考务费	
其他缴入国库的审计行政事业性收费	
人口和计划生育行政事业性收费收入	152 701
社会抚养费	152 527
其他缴入国库的人口和计划生育行政事业性收费	174
外专局行政事业性收费收入	
出国培训备选人员外语考务费、考试费	
其他缴入国库的外专局行政事业性收费	
保密行政事业性收费收入	131
其他缴入国库的保密行政事业性收费	131
质量监督检验检疫行政事业性收费收入	27 517
客运索道运营审查检验和定期检验费	9
压力管道安装审查检验和定期检验费	
压力管道元件制造审查检验费	
特种劳动防护用品检验费	
一般劳动防护用品检验费	
棉花监督检验费	95
锅炉、压力容器检验费	79
考试考务费	
计量收费	5 072
特种设备检验检测费	19 663
产品质量监督检验费	2 471
其他缴入国库的质检行政事业性收费	128
出版行政事业性收费收入	
计算机软件著作权登记费	
考试考务费	
其他缴入国库的出版行政事业性收费	
安全生产行政事业性收费收入	10
其他缴入国库的安全生产行政事业性收费	10
档案行政事业性收费收入	24
其他缴入国库的档案行政事业性收费	24
贸促会行政事业性收费收入	
其他缴入国库的贸促会行政事业性收费	

续表

预算科目	决算数
宗教行政事业性收费收入	
其他缴入国库的宗教行政事业性收费	
人防办行政事业性收费收入	17 698
防空地下室易地建设费	17 533
其他缴入国库的人防办行政事业性收费	165
文化行政事业性收费收入	249
其他缴入国库的文化行政事业性收费	249
教育行政事业性收费收入	19 481
教师资格考试费	341
普通话水平测试费	179
其他缴入国库的教育行政事业性收费	6 625
公办幼儿园保育费	12 255
公办幼儿园住宿费	81
科技行政事业性收费收入	149
其他缴入国库的科技行政事业性收费	149
体育行政事业性收费收入	55
兴奋剂检测费	
体育特殊专业招生考务费	
外国团体来华登山注册费	55
其他缴入国库的体育行政事业性收费	
发展与改革（物价）行政事业性收费收入	223
非刑事案件财物价格鉴定费	32
其他缴入国库的发展与改革（物价）行政事业性收费	191
统计行政事业性收费收入	
统计专业技术资格考试考务费	
其他缴入国库的统计行政事业性收费	
国土资源行政事业性收费收入	57 313
土地复垦费	762
土地闲置费	691
耕地开垦费	20 984
地质成果资料费	33
不动产登记费	4 849
其他缴入国库的国土资源行政事业性收费	29 994
建设行政事业性收费收入	62 703

续表

预算科目	决算数
城市道路占用挖掘费	10 972
白蚁防治费	
考试考务费	1
城镇垃圾处理费	28 577
住房转让手续费	2 637
其他缴入国库的建设行政事业性收费	20 516
知识产权行政事业性收费收入	838
专利收费	838
专利代理人资格考试报名考务费	
集成电路布图设计保护收费	
其他缴入国库的知识产权行政事业性收费	
环保行政事业性收费收入	66 375
核安全技术审评费	
化学品进口登记费	
城市放射性废物送贮费	
环境监测服务费	551
排污费收入	65 455
其他缴入国库的环保行政事业性收费	369
旅游行政事业性收费收入	51
导游人员资格考试费和等级考核费	11
其他缴入国库的旅游行政事业性收费	40
海洋行政事业性收费收入	
海洋废弃物收费	
海洋工程排污费收入	
其他缴入国库的海洋行政事业性收费	
测绘行政事业性收费收入	3 546
测绘成果成图资料收费	684
测绘产品质量监督检验费	1 507
测绘仪器检测收费	31
其他缴入国库的测绘行政事业性收费	1 324
交通运输行政事业性收费收入	11 905
证书工本费	
考试考务费	271
船舶登记费	

续表

预算科目	决算数
船舶及船用产品设施检验费	
其他缴入国库的交通运输行政事业性收费	11 634
工业和信息产业行政事业性收费收入	943
考试考务费	
无线电频率占用费	943
其他缴入国库的工业和信息产业行政事业性收费	
农业行政事业性收费收入	56 794
农药登记费	
生产审批费	
渔业资源增殖保护费	625
海洋渔业船舶船员考试费	
农机产品测试检验费	60
新饲料添加剂质量复核检验费	11
进口饲料添加剂质量复核检验费	
饲料及饲料添加剂委托检验费	2
进口兽药质量标准复核检验费	5
进口兽药检验费	
出口兽药检验费	
新兽药质量复核检验费	
兽药委托检验费	3
农作物委托检验费	
渔业船舶和船用产品检验费	
档案保管费	2
工人技术等级考核或职业技能鉴定费	5
农药实验费	6
执业兽医资格考试考务费	
草原植被恢复费收入	14 524
其他缴入国库的农业行政事业性收费	41 551
林业行政事业性收费收入	1 147
其他缴入国库的林业行政事业性收费	1 147
水利行政事业性收费收入	52 939
河道采砂管理费	59
河道工程修建维护管理费	
长江河道砂石资源费	

续表

预算科目	决算数
考试考务费	
水土保持补偿费	10 658
其他缴入国库的水利行政事业性收费	42 222
卫生行政事业性收费收入	9 629
卫生监测费	1 591
卫生质量检验费	6
预防性体检费	1 504
预防接种劳务费	38
委托性卫生防疫服务费	1
疫情处理费	46
医疗事故鉴定费	54
考试考务费	1 077
预防接种异常反应鉴定费	23
职业病诊断鉴定费	
其他缴入国库的卫生行政事业性收费	5 289
食品药品监管行政事业性收费收入	163
药品注册费	
医疗器械产品注册费	
GMP 认证费	13
GSP 认证费	25
药品行政保护费	
中药品种保护费	
药品检验费	53
医疗器械产品检验费	
其他缴入国库的食品药品监管行政事业性收费	72
民政行政事业性收费收入	27 961
婚姻登记证书工本费	302
收养登记费	3
学费	
殡葬收费	27 590
其他缴入国库的民政行政事业性收费	66
人力资源和社会保障行政事业性收费收入	17 478
职业技能鉴定考试考务费	4 951
专业技术人员职业资格考试考务费	5 064

续表

预算科目	决算数
其他缴入国库的人力资源和社会保障行政事业性收费	7 463
仲裁委行政事业性收费收入	
仲裁收费	
其他缴入国库的仲裁委行政事业性收费	
编办行政事业性收费收入	
其他缴入国库的编办行政事业性收费	
党校行政事业性收费收入	43
其他缴入国库的党校行政事业性收费	43
监察行政事业性收费收入	
其他缴入国库的监察行政事业性收费	
外文局行政事业性收费收入	
中国国际化人才外语考试考务费	
其他缴入国库的外文局行政事业性收费	
国资委行政事业性收费收入	
考试考务费	
其他缴入国库的国资委行政事业性收费	
其他行政事业性收费收入	3 615
其他缴入国库的行政事业性收费	3 615
罚没收入	358 488
一般罚没收入	358 472
公安罚没收入	146 737
检察院罚没收入	17 207
法院罚没收入	18 096
工商罚没收入	3 434
新闻出版罚没收入	44
技术监督罚没收入	1 991
税务部门罚没收入	4 464
海关罚没收入	223
食品药品监督罚没收入	2 093
卫生罚没收入	3 604
检验检疫罚没收入	52
证监会罚没收入	
保监会罚没收入	
交通罚没收入	21 989

续表

预算科目	决算数
铁道罚没收入	
审计罚没收入	5 034
渔政罚没收入	32
交强险罚没收入	
物价罚没收入	188
其他一般罚没收入	133 284
缉毒罚没收入	16
罚没收入退库	
国有资本经营收入	184 604
利润收入	59 955
金融企业利润收入	
其他企业利润收入	59 955
股利、股息收入	5 329
金融业公司股利、股息收入	104
其他股利、股息收入	5 225
产权转让收入	31 868
其他产权转让收入	31 868
清算收入	9
其他清算收入	9
国有资本经营收入退库	
国有企业计划亏损补贴	
工业企业计划亏损补贴	
农业企业计划亏损补贴	
其他国有企业计划亏损补贴	
其他国有资本经营收入	87 443
国有资源（资产）有偿使用收入	2 326 880
海域使用金收入	
地方海域使用金收入	
场地和矿区使用费收入	
陆上石油矿区使用费	
中央和地方合资合作企业场地使用费收入	
地方合资合作企业场地使用费收入	
港澳台和外商独资企业场地使用费收入	
专项储备物资销售收入	

续表

预算科目	决算数
利息收入	116 896
国库存款利息收入	22 384
财政专户存款利息收入	8 271
有价证券利息收入	
其他利息收入	86 241
非经营性国有资产收入	630 899
行政单位国有资产出租、出借收入	59 721
行政单位国有资产处置收入	195 691
事业单位国有资产处置收入	73 784
事业单位国有资产出租出借收入	52 271
其他非经营性国有资产收入	249 432
出租车经营权有偿出让和转让收入	11 674
无居民海岛使用金收入	
地方无居民海岛使用金收入	
转让政府还贷道路收费权收入	
矿产资源专项收入	1 235 670
矿产资源补偿费收入	3 616
探矿权、采矿权使用费收入	2 032
探矿权、采矿权价款收入	1 140 714
探矿权、采矿权出让收益	89 308
排污权出让收入	1 365
农村集体经营性建设用地土地增值收益调节金收入	
新增建设用地土地有偿使用费收入	80 665
水资源费收入	70 067
三峡电站水资源费收入	
其他水资源费收入	70 067
其他国有资源（资产）有偿使用收入	179 644
捐赠收入	63 867
国外捐赠收入	
国内捐赠收入	63 867
政府住房基金收入	129 965
上缴管理费用	18 129
计提公共租赁住房资金	81 927
公共租赁住房租金收入	26 264

续表

预算科目	决算数
配建商业设施租售收入	197
其他政府住房基金收入	3 448
其他收入（款）	176 776
主管部门集中收入	1 886
基本建设收入	13 638
差别电价收入	3
南水北调工程基金收入	
其他收入（项）	161 249
本年收入合计	14 665 189

2018年度新疆维吾尔自治区一般公共财政预算收入决算明细表

单位：万元

预算科目	决算数
税收收入	10 517 998
增值税	4 247 535
国内增值税	2 412 561
国有企业增值税	-62 556
集体企业增值税	3 772
股份制企业增值税	1 854 296
联营企业增值税	371
港澳台和外商投资企业增值税	79 787
私营企业增值税	447 346
其他增值税	85 222
增值税税款滞纳金、罚款收入	8 448
残疾人就业增值税退税	-6 734
软件增值税退税	-1 045
宣传文化单位增值税退税	-3 135
森工综合利用增值税退税	
核电站增值税退税	
水电增值税退税	
资源综合利用增值税退税	-25 922
其他增值税退税	-686
免抵调增增值税	33 397
成品油价格和税费改革增值税划出	
改征增值税（项）	1 834 974
改征增值税（目）	1 855 102
中国铁路总公司改征增值税收入	
改征增值税税款滞纳金、罚款收入	3 798
改征增值税国内退税	-23 972
免抵调增改征增值税	46
营业税	17 272
金融保险业营业税（中央）	
金融保险业营业税（地方）	-214
交强险营业税	
其他金融保险业营业税（地方）	-214
一般营业税	13 205
营业税税款滞纳金、罚款收入	4 281
营业税退税	

续表

预算科目	决算数
企业所得税	1 271 307
国有冶金工业所得税	48
国有有色金属工业所得税	
国有煤炭工业所得税	63
国有电力工业所得税	777
国有石油和化学工业所得税	484
国有机械工业所得税	
国有汽车工业所得税	
国有核工业所得税	10
国有航空工业所得税	
国有航天工业所得税	
国有电子工业所得税	9
国有兵器工业所得税	
国有船舶工业所得税	
国有建筑材料工业所得税	6
国有烟草企业所得税	14 184
国有纺织企业所得税	
国有铁道企业所得税	16
中国铁路总公司集中缴纳的铁路运输企业所得税	
其他国有铁道企业所得税	16
国有交通企业所得税	4
国有民航企业所得税	24
国有外贸企业所得税	
国有银行所得税	4
其他国有银行所得税	4
国有非银行金融企业所得税	
其他国有非银行金融企业所得税	
国有保险企业所得税	1
国有文教企业所得税	
国有电影企业所得税	
国有出版企业所得税	
其他国有文教企业所得税	
国有水产企业所得税	
国有森林工业企业所得税	

续表

预算科目	决算数
国有电信企业所得税	695
国有农垦企业所得税	2 853
其他国有企业所得税	30 878
集体企业所得税	28 577
股份制企业所得税	546 108
跨省合资铁路企业所得税	
其他股份制企业所得税	546 108
联营企业所得税	29
港澳台和外商投资企业所得税	35 458
其他港澳台和外商投资企业所得税	35 458
私营企业所得税	200 361
其他企业所得税	194 420
分支机构预缴所得税	92 950
国有企业分支机构预缴所得税	4 143
股份制企业分支机构预缴所得税	86 039
港澳台和外商投资企业分支机构预缴所得税	2 090
其他企业分支机构预缴所得税	678
总机构预缴所得税	34 204
国有企业总机构预缴所得税	1 518
股份制企业总机构预缴所得税	24 579
港澳台和外商投资企业总机构预缴所得税	7 115
其他企业总机构预缴所得税	992
总机构汇算清缴所得税	1 038
国有企业总机构汇算清缴所得税	922
股份制企业总机构汇算清缴所得税	240
港澳台和外商投资企业总机构汇算清缴所得税	-113
其他企业总机构汇算清缴所得税	-11
跨市县分支机构预缴所得税	19 185
国有企业分支机构预缴所得税	1 065
股份制企业分支机构预缴所得税	17 498
港澳台和外商投资企业分支机构预缴所得税	285
其他企业分支机构预缴所得税	337
跨市县总机构预缴所得税	21 288
国有企业总机构预缴所得税	1 472

续表

预算科目	决算数
股份制企业总机构预缴所得税	17 278
港澳台和外商投资企业总机构预缴所得税	1 257
其他企业总机构预缴所得税	1 281
跨市县总机构汇算清缴所得税	8 808
国有企业总机构汇算清缴所得税	4 236
股份制企业总机构汇算清缴所得税	3 833
港澳台和外商投资企业总机构汇算清缴所得税	174
其他企业总机构汇算清缴所得税	565
跨市县分支机构汇算清缴所得税	3 685
国有企业分支机构汇算清缴所得税	10
股份制企业分支机构汇算清缴所得税	3 419
港澳台和外商投资企业分支机构汇算清缴所得税	140
其他企业分支机构汇算清缴所得税	116
分支机构汇算清缴所得税	26 832
国有企业分支机构汇算清缴所得税	255
股份制企业分支机构汇算清缴所得税	24 434
港澳台和外商投资企业分支机构汇算清缴所得税	2 134
其他企业分支机构汇算清缴所得税	9
企业所得税税款滞纳金、罚款、加收利息收入	8 308
内资企业所得税税款滞纳金、罚款、加收利息收入	8 133
港澳台和外商投资企业所得税税款滞纳金、罚款、加收利息收入	175
企业所得税退税	
国有冶金工业所得税退税	
国有有色金属工业所得税退税	
国有煤炭工业所得税退税	
国有电力工业所得税退税	
国有石油和化学工业所得税退税	
国有机械工业所得税退税	
国有汽车工业所得税退税	
国有核工业所得税退税	
国有航空工业所得税退税	
国有航天工业所得税退税	
国有电子工业所得税退税	
国有兵器工业所得税退税	

续表

预算科目	决算数
国有船舶工业所得税退税	
国有建筑材料工业所得税退税	
国有烟草企业所得税退税	
国有纺织企业所得税退税	
国有铁道企业所得税退税	
国有交通企业所得税退税	
国有民航企业所得税退税	
国有外贸企业所得税退税	
国有银行所得税退税	
其他国有银行所得税退税	
国有非银行金融企业所得税退税	
其他国有非银行金融企业所得税退税	
国有保险企业所得税退税	
国有文教企业所得税退税	
国有电影企业所得税退税	
国有出版企业所得税退税	
其他国有文教企业所得税退税	
国有水产企业所得税退税	
国有森林工业企业所得税退税	
国有电信企业所得税退税	
其他国有企业所得税退税	
集体企业所得税退税	
股份制企业所得税退税	
其他股份制企业所得税退税	
联营企业所得税退税	
私营企业所得税退税	
跨省市总分机构企业所得税退税	
国有跨省市总分机构企业所得税退税	
股份制跨省市总分机构企业所得税退税	
港澳台和外商投资跨省市总分机构企业所得税退税	
其他跨省市总分机构企业所得税退税	
跨市县总分机构企业所得税退税	
国有跨市县总分机构企业所得税退税	
股份制跨市县总分机构企业所得税退税	

续表

预算科目	决算数
港澳台和外商投资跨市县总分机构企业所得税退税	
其他跨市县总分机构企业所得税退税	
其他企业所得税退税	
个人所得税（款）	741 943
个人所得税（项）	739 176
储蓄存款利息所得税	9
其他个人所得税	739 167
个人所得税税款滞纳金、罚款收入	2 767
资源税	879 728
水资源税收入	
其他资源税	878 785
资源税税款滞纳金、罚款收入	943
城市维护建设税	666 438
国有企业城市维护建设税	91 054
中国铁路总公司集中缴纳的铁路运输企业城市维护建设税	614
其他国有企业城市维护建设税	90 440
集体企业城市维护建设税	2 153
股份制企业城市维护建设税	385 314
联营企业城市维护建设税	6
港澳台和外商投资企业城市维护建设税	5 289
私营企业城市维护建设税	54 259
其他城市维护建设税	201 576
城市维护建设税税款滞纳金、罚款收入	2 228
成品油价格和税费改革城市维护建设税划出	-75 441
房产税	429 340
国有企业房产税	58 053
集体企业房产税	5 936
股份制企业房产税	230 559
联营企业房产税	2
港澳台和外商投资企业房产税	12 632
私营企业房产税	70 111
其他房产税	39 559
房产税税款滞纳金、罚款收入	12 488
印花税	186 804

续表

预算科目	决算数
其他印花税	184 669
印花税税款滞纳金、罚款收入	2 135
城镇土地使用税	486 443
国有企业城镇土地使用税	56 553
集体企业城镇土地使用税	1 348
股份制企业城镇土地使用税	319 316
联营企业城镇土地使用税	5
私营企业城镇土地使用税	67 775
港澳台和外商投资企业城镇土地使用税	6 787
其他城镇土地使用税	14 633
城镇土地使用税税款滞纳金、罚款收入	20 026
土地增值税	338 463
国有企业土地增值税	36 719
集体企业土地增值税	104
股份制企业土地增值税	222 656
联营企业土地增值税	
港澳台和外商投资企业土地增值税	15 084
私营企业土地增值税	50 921
其他土地增值税	10 079
土地增值税税款滞纳金、罚款收入	2 900
车船税（款）	162 001
车船税（项）	161 968
车船税税款滞纳金、罚款收入	33
耕地占用税（款）	633 196
耕地占用税（项）	619 608
耕地占用税退税	
耕地占用税税款滞纳金、罚款收入	13 588
契税（款）	424 457
契税（项）	423 380
契税税款滞纳金、罚款收入	1 077
烟叶税（款）	
烟叶税（项）	
烟叶税税款滞纳金、罚款收入	
环境保护税（款）	33 071

续表

预算科目	决算数
环境保护税（项）	33 016
环境保护税税款滞纳金、罚款收入	55
其他税收收入	
非税收入	4 796 231
专项收入	1 499 958
教育费附加收入（项）	314 179
教育费附加收入（目）	348 202
成品油价格和税费改革教育费附加收入划出	-34 414
中国铁路总公司集中缴纳的铁路运输企业教育费附加	369
教育费附加滞纳金、罚款收入	22
场外核应急准备收入	
地方教育附加收入	231 293
文化事业建设费收入	13 533
残疾人就业保障金收入	93 809
教育资金收入	369 652
农田水利建设资金收入	365 560
育林基金收入	3
森林植被恢复费	60 515
水利建设专项收入	
其他专项收入（项）	51 414
广告收入	35 135
其他专项收入（目）	16 279
行政事业性收费收入	776 943
公安行政事业性收费收入	72 455
外国人签证费	128
外国人证件费	161
公民出入境证件费	4 763
中国国籍申请手续费	
户籍管理证件工本费	120
居民身份证工本费	7 424
机动车号牌工本费	37 610
机动车行驶证工本费	552
机动车登记证书工本费	213
机动车安全技术检验费	847

续表

预算科目	决算数
驾驶证工本费	610
驾驶许可考试费	19 220
临时入境机动车号牌和行驶证工本费	
临时机动车驾驶证工本费	
保安员资格考试费	23
消防职业技能鉴定考务考试费	
其他缴入国库的公安行政事业性收费	784
法院行政事业性收费收入	72 386
诉讼费	68 960
其他缴入国库的法院行政事业性收费	3 426
司法行政事业性收费收入	1 839
公证费	1 679
司法考试考务费	160
其他缴入国库的司法行政事业性收费	
外交行政事业性收费收入	1
护照费	
认证费	
签证费	1
驻外使领馆公证翻译费	
其他缴入国库的外交行政事业性收费	
工商行政事业性收费收入	
商标注册收费	
其他缴入国库的工商行政事业性收费	
商贸行政事业性收费收入	
证书工本费	
其他缴入国库的商贸行政事业性收费	
财政行政事业性收费收入	5 642
证书工本费	4 898
考试考务费	537
其他缴入国库的财政行政事业性收费	207
税务行政事业性收费收入	
其他缴入国库的税务行政事业性收费	
审计行政事业性收费收入	
考试考务费	

续表

预算科目	决算数
其他缴入国库的审计行政事业性收费	
人口和计划生育行政事业性收费收入	205 136
社会抚养费	205 112
其他缴入国库的人口和计划生育行政事业性收费	24
外专局行政事业性收费收入	
出国培训备选人员外语考务费、考试费	
其他缴入国库的外专局行政事业性收费	
保密行政事业性收费收入	121
其他缴入国库的保密行政事业性收费	121
质量监督检验检疫行政事业性收费收入	19 330
客运索道运营审查检验和定期检验费	
压力管道安装审查检验和定期检验费	
压力管道元件制造审查检验费	
特种劳动防护用品检验费	
一般劳动防护用品检验费	
棉花监督检验费	
锅炉、压力容器检验费	
考试考务费	
计量收费	380
特种设备检验检测费	18 434
其他缴入国库的质检行政事业性收费	516
新闻出版广电部门行政事业性收费收入	
计算机软件著作权登记费	
考试考务费	
其他缴入国库的新闻出版广电部门行政事业性收费	
安全生产行政事业性收费收入	
其他缴入国库的安全生产行政事业性收费	
档案行政事业性收费收入	27
其他缴入国库的档案行政事业性收费	27
贸促会行政事业性收费收入	
其他缴入国库的贸促会行政事业性收费	
宗教行政事业性收费收入	
其他缴入国库的宗教行政事业性收费	
人防办行政事业性收费收入	16 634

续表

预算科目	决算数
防空地下室易地建设费	16 634
其他缴入国库的人防办行政事业性收费	
文化行政事业性收费收入	152
其他缴入国库的文化行政事业性收费	152
教育行政事业性收费收入	16 269
教师资格考试费	394
普通话水平测试费	385
其他缴入国库的教育行政事业性收费	5 243
公办幼儿园保育费	10 226
公办幼儿园住宿费	21
科技行政事业性收费收入	54
其他缴入国库的科技行政事业性收费	54
体育行政事业性收费收入	61
体育特殊专业招生考务费	
外国团体来华登山注册费	61
其他缴入国库的体育行政事业性收费	
发展与改革（物价）行政事业性收费收入	125
其他缴入国库的发展与改革（物价）行政事业性收费	125
统计行政事业性收费收入	1
统计专业技术资格考试考务费	
其他缴入国库的统计行政事业性收费	1
国土资源行政事业性收费收入	78 353
土地复垦费	2 265
土地闲置费	17 110
耕地开垦费	14 029
地质成果资料费	
不动产登记费	7 988
其他缴入国库的国土资源行政事业性收费	36 961
建设行政事业性收费收入	40 629
城市道路占用挖掘费	3 453
考试考务费	
城镇垃圾处理费	33 738
其他缴入国库的建设行政事业性收费	3 438
知识产权行政事业性收费收入	

续表

预算科目	决算数
专利收费	
专利代理人资格考试报名考务费	
集成电路布图设计保护收费	
其他缴入国库的知识产权行政事业性收费	
环保行政事业性收费收入	6 349
化学品进口登记费	
城市放射性废物送贮费	
排污费收入	6 190
其他缴入国库的环保行政事业性收费	159
旅游行政事业性收费收入	693
导游人员资格考试费和等级考核费	
其他缴入国库的旅游行政事业性收费	693
海洋行政事业性收费收入	
海洋废弃物收费	
海洋工程排污费收入	
其他缴入国库的海洋行政事业性收费	
测绘行政事业性收费收入	47
测绘成果成图资料收费	
其他缴入国库的测绘行政事业性收费	47
交通运输行政事业性收费收入	9 416
证书工本费	
考试考务费	259
船舶登记费	
船舶及船用产品设施检验费	
其他缴入国库的交通运输行政事业性收费	9 157
工业和信息产业行政事业性收费收入	1 040
考试考务费	
无线电频率占用费	1 040
其他缴入国库的工业和信息产业行政事业性收费	
农业行政事业性收费收入	61 873
农药登记费	
生产审批费	
渔业资源增殖保护费	1 026
海洋渔业船舶船员考试费	

续表

预算科目	决算数
农机产品测试检验费	30
新饲料添加剂质量复核检验费	
进口饲料添加剂质量复核检验费	
饲料及饲料添加剂委托检验费	
进口兽药质量标准复核检验费	
进口兽药检验费	
出口兽药检验费	
新兽药质量复核检验费	
兽药委托检验费	
农作物委托检验费	
渔业船舶和船用产品检验费	
档案保管费	2
工人技术等级考核或职业技能鉴定费	
农药实验费	
执业兽医资格考试考务费	21
草原植被恢复费收入	17 495
其他缴入国库的农业行政事业性收费	43 299
林业行政事业性收费收入	507
其他缴入国库的林业行政事业性收费	507
水利行政事业性收费收入	54 680
河道采砂管理费	524
河道工程修建维护管理费	
长江河道砂石资源费	
考试考务费	
水土保持补偿费	16 196
其他缴入国库的水利行政事业性收费	37 960
卫生行政事业性收费收入	63 198
卫生监测费	2
卫生质量检验费	
预防接种劳务费	187
委托性卫生防疫服务费	
疫情处理费	
医疗事故鉴定费	54
考试考务费	904

续表

预算科目	决算数
预防接种异常反应鉴定费	16
职业病诊断鉴定费	
其他缴入国库的卫生行政事业性收费	62 035
食品药品监管行政事业性收费收入	3
药品注册费	
医疗器械产品注册费	
GMP 认证费	
GSP 认证费	
药品行政保护费	
中药品种保护费	
药品检验费	3
医疗器械产品检验费	
其他缴入国库的食品药品监管行政事业性收费	
民政行政事业性收费收入	30 853
婚姻登记证书工本费	26
收养登记费	
学费	
殡葬收费	30 648
其他缴入国库的民政行政事业性收费	179
人力资源和社会保障行政事业性收费收入	14 210
职业技能鉴定考试考务费	2 714
专业技术人员职业资格考试考务费	5 115
其他缴入国库的人力资源和社会保障行政事业性收费	6 381
仲裁委行政事业性收费收入	
仲裁收费	
其他缴入国库的仲裁委行政事业性收费	
编办行政事业性收费收入	
其他缴入国库的编办行政事业性收费	
党校行政事业性收费收入	19
其他缴入国库的党校行政事业性收费	19
监察行政事业性收费收入	
其他缴入国库的监察行政事业性收费	
外文局行政事业性收费收入	
中国国际化人才外语考试考务费	

续表

预算科目	决算数
其他缴入国库的外文局行政事业性收费	
国资委行政事业性收费收入	2
考试考务费	
其他缴入国库的国资委行政事业性收费	2
其他行政事业性收费收入	4 838
其他缴入国库的行政事业性收费	4 838
罚没收入	499 077
一般罚没收入	499 032
公安罚没收入	166 147
检察院罚没收入	5 875
法院罚没收入	28 386
工商罚没收入	2 468
新闻出版罚没收入	141
技术监督罚没收入	2 045
税务部门罚没收入	3 298
海关罚没收入	594
食品药品监督罚没收入	2 155
卫生罚没收入	2 236
检验检疫罚没收入	15
证监会罚没收入	
保监会罚没收入	
交通罚没收入	25 204
铁道罚没收入	
审计罚没收入	16 797
渔政罚没收入	3 041
交强险罚没收入	
物价罚没收入	
其他一般罚没收入	240 630
缉毒罚没收入	45
罚没收入退库	
国有资本经营收入	197 488
利润收入	100 809
金融企业利润收入	
其他企业利润收入	100 809

续表

预算科目	决算数
股利、股息收入	26 503
金融业公司股利、股息收入	447
其他股利、股息收入	26 056
产权转让收入	13 100
其他产权转让收入	13 100
清算收入	584
其他清算收入	584
国有资本经营收入退库	
国有企业计划亏损补贴	
工业企业计划亏损补贴	
农业企业计划亏损补贴	
其他国有企业计划亏损补贴	
其他国有资本经营收入	56 492
国有资源（资产）有偿使用收入	1 263 479
海域使用金收入	
地方海域使用金收入	
场地和矿区使用费收入	
陆上石油矿区使用费	
中央和地方合资合作企业场地使用费收入	
地方合资合作企业场地使用费收入	
港澳台和外商独资企业场地使用费收入	
专项储备物资销售收入	
利息收入	84 951
国库存款利息收入	22 617
财政专户存款利息收入	1 794
有价证券利息收入	
其他利息收入	60 540
非经营性国有资产收入	441 906
行政单位国有资产出租、出借收入	59 836
行政单位国有资产处置收入	133 184
事业单位国有资产处置收入	57 070
事业单位国有资产出租出借收入	50 448
其他非经营性国有资产收入	141 368
出租车经营权有偿出让和转让收入	12 226

续表

预算科目	决算数
无居民海岛使用金收入	
地方无居民海岛使用金收入	
转让政府还贷道路收费权收入	
矿产资源专项收入	346 070
矿产资源补偿费收入	2 575
探矿权、采矿权使用费收入	889
探矿权、采矿权出让收益	342 530
探矿权、采矿权占用费收入	76
排污权出让收入	
农村集体经营性建设用地土地增值收益调节金收入	
新增建设用地土地有偿使用费收入	95 543
水资源费收入	84 627
三峡电站水资源费收入	
其他水资源费收入	84 627
其他国有资源（资产）有偿使用收入	198 156
捐赠收入	36 456
国外捐赠收入	
国内捐赠收入	36 456
政府住房基金收入	195 993
上缴管理费用	20 370
计提公共租赁住房资金	140 081
公共租赁住房租金收入	32 819
配建商业设施租售收入	1 805
其他政府住房基金收入	918
其他收入（款）	326 837
主管部门集中收入	2 307
基本建设收入	7 264
差别电价收入	
南水北调工程基金收入	
其他收入（项）	317 266
本年收入合计	15 314 229

2017 年度新疆维吾尔自治区一般公共财政预算支出决算功能分类明细表

单位：万元

预算科目	决算数
一般公共服务支出	4 334 682
人大事务	65 529
行政运行	49 652
一般行政管理事务	3 659
机关服务	1 753
人大会议	3 311
人大立法	163
人大监督	393
人大代表履职能力提升	125
代表工作	1 183
人大信访工作	28
事业运行	1 782
其他人大事务支出	3 480
政协事务	48 026
行政运行	38 551
一般行政管理事务	2 317
机关服务	544
政协会议	2 291
委员视察	550
参政议政	95
事业运行	76
其他政协事务支出	3 602
政府办公厅（室）及相关机构事务	1 405 927
行政运行	938 604
一般行政管理事务	143 589
机关服务	65 305
专项服务	1 651
专项业务活动	1 462
政务公开审批	529
法制建设	1 252
信访事务	12 575
参事事务	257
事业运行	87 711
其他政府办公厅（室）及相关机构事务支出	152 992

续表

预算科目	决算数
发展与改革事务	91 971
行政运行	52 774
一般行政管理事务	9 619
机关服务	950
战略规划与实施	693
日常经济运行调节	40
社会事业发展规划	332
经济体制改革研究	208
物价管理	3 316
应对气候变化管理事务	41
事业运行	3 453
其他发展与改革事务支出	20 545
统计信息事务	37 749
行政运行	21 903
一般行政管理事务	792
机关服务	234
信息事务	5 612
专项统计业务	1 881
统计管理	140
专项普查活动	2 637
统计抽样调查	392
事业运行	3 051
其他统计信息事务支出	1 107
财政事务	186 244
行政运行	105 706
一般行政管理事务	14 764
机关服务	1 596
预算改革业务	114
财政国库业务	1 835
财政监察	103
信息化建设	2 936
财政委托业务支出	5 109
事业运行	21 541
其他财政事务支出	32 540
税收事务	203 169
行政运行	117 898
一般行政管理事务	13 727

续表

预算科目	决算数
机关服务	1 955
税务办案	1 922
税务登记证及发票管理	
代扣代收代征税款手续费	9 783
税务宣传	2 146
协税护税	2 586
信息化建设	6 947
事业运行	595
其他税收事务支出	45 610
审计事务	52 909
行政运行	31 231
一般行政管理事务	3 214
机关服务	281
审计业务	11 757
审计管理	35
信息化建设	510
事业运行	1 416
其他审计事务支出	4 465
海关事务	1 677
行政运行	189
一般行政管理事务	28
机关服务	
收费业务	
缉私办案	
口岸电子执法系统建设与维护	
信息化建设	
事业运行	
其他海关事务支出	1 460
人力资源事务	321 206
行政运行	45 630
一般行政管理事务	6 876
机关服务	977
政府特殊津贴	
资助留学回国人员	
军队转业干部安置	241 970
博士后日常经费	
引进人才费用	86
公务员考核	120

续表

预算科目	决算数
公务员履职能力提升	9
公务员招考	40
公务员综合管理	20
事业运行	7 372
其他人力资源事务支出	18 106
纪检监察事务	82 718
行政运行	57 904
一般行政管理事务	8 782
机关服务	696
大案要案查处	1 606
派驻派出机构	105
中央巡视	
事业运行	556
其他纪检监察事务支出	13 069
商贸事务	157 799
行政运行	46 980
一般行政管理事务	20 163
机关服务	1 415
对外贸易管理	1 624
国际经济合作	
外资管理	
国内贸易管理	561
招商引资	30 137
事业运行	6 012
其他商贸事务支出	50 907
知识产权事务	3 931
行政运行	1 487
一般行政管理事务	103
机关服务	
专利审批	52
国家知识产权战略	
专利试点和产业化推进	1 767
专利执法	15
国际组织专项活动	
知识产权宏观管理	416
事业运行	22
其他知识产权事务支出	69
工商行政管理事务	104 251

续表

预算科目	决算数
行政运行	90 777
一般行政管理事务	2 100
机关服务	53
工商行政管理专项	1 638
执法办案专项	1 377
消费者权益保护	1 075
信息化建设	2 785
事业运行	1 535
其他工商行政管理事务支出	2 911
质量技术监督与检验检疫事务	109 839
行政运行	26 740
一般行政管理事务	2 205
机关服务	947
出入境检验检疫行政执法和业务管理	446
出入境检验检疫技术支持	
质量技术监督行政执法及业务管理	46 069
质量技术监督技术支持	75
认证认可监督管理	71
标准化管理	12
信息化建设	
事业运行	27 196
其他质量技术监督与检验检疫事务支出	6 078
民族事务	21 336
行政运行	14 480
一般行政管理事务	941
机关服务	160
民族工作专项	847
事业运行	571
其他民族事务支出	4 337
宗教事务	47 568
行政运行	9 040
一般行政管理事务	2 099
机关服务	
宗教工作专项	18 512
事业运行	1 117
其他宗教事务支出	16 800
港澳台侨事务	2 679
行政运行	1 182

续表

预算科目	决算数
一般行政管理事务	41
机关服务	
港澳事务	
台湾事务	
华侨事务	1 399
事业运行	49
其他港澳台侨事务支出	8
档案事务	27 783
行政运行	13 995
一般行政管理事务	465
机关服务	
档案馆	9 967
其他档案事务支出	3 356
民主党派及工商联事务	9 678
行政运行	7 872
一般行政管理事务	802
机关服务	5
参政议政	211
事业运行	22
其他民主党派及工商联事务支出	766
群众团体事务	65 693
行政运行	33 710
一般行政管理事务	4 843
机关服务	320
厂务公开	46
工会疗养休养	564
事业运行	5 339
其他群众团体事务支出	20 871
党委办公厅（室）及相关机构事务	294 879
行政运行	199 733
一般行政管理事务	31 174
机关服务	3 240
专项业务	16 972
事业运行	7 419
其他党委办公厅（室）及相关机构事务支出	36 341
组织事务	586 076
行政运行	58 207
一般行政管理事务	40 649

续表

预算科目	决算数
机关服务	
事业运行	1 794
其他组织事务支出	485 426
宣传事务	72 991
行政运行	27 862
一般行政管理事务	11 779
机关服务	
事业运行	3 995
其他宣传事务支出	29 355
统战事务	120 488
行政运行	17 382
一般行政管理事务	6 354
机关服务	206
事业运行	529
其他统战事务支出	96 017
对外联络事务	113
行政运行	113
一般行政管理事务	
机关服务	
事业运行	
其他对外联络事务支出	
其他共产党事务支出（款）	135 629
行政运行	49 919
一般行政管理事务	11 217
机关服务	14
事业运行	1 840
其他共产党事务支出（项）	72 639
其他一般公共服务支出（款）	76 824
国家赔偿费用支出	327
其他一般公共服务支出（项）	76 497
外交支出	3 817
外交管理事务	325
行政运行	316
一般行政管理事务	5
机关服务	
专项业务	4
事业运行	
其他外交管理事务支出	

续表

预算科目	决算数
驻外机构	
驻外使领馆（团、处）	
其他驻外机构支出	
对外援助	
对外成套项目援助	
对外一般物资援助	
对外科技合作援助	
对外优惠贷款援助及贴息	
对外医疗援助	
其他对外援助支出	
国际组织	
国际组织会费	
国际组织捐赠	
维和摊款	
国际组织股金及基金	
其他国际组织支出	
对外合作与交流	3 142
在华国际会议	
国际交流活动	
其他对外合作与交流支出	3 142
对外宣传（款）	
对外宣传（项）	
边界勘界联检	
边界勘界	
边界联检	
边界界桩维护	
其他支出	
其他外交支出（款）	350
其他外交支出（项）	350
国防支出	63 775
现役部队（款）	
现役部队（项）	
国防科研事业（款）	
国防科研事业（项）	
专项工程（款）	
专项工程（项）	
国防动员	23 344
兵役征集	201

续表

预算科目	决算数
经济动员	
人民防空	7 589
交通战备	20
国防教育	82
预备役部队	1 021
民兵	5 757
其他国防动员支出	8 674
其他国防支出（款）	40 431
其他国防支出（项）	40 431
公共安全支出	5 763 869
武装警察	167 400
内卫	16 055
边防	69 757
消防	55 148
警卫	3 448
黄金	55
森林	5 032
水电	
交通	4 377
其他武装警察支出	13 528
公安	3 083 085
行政运行	1 272 210
一般行政管理事务	184 984
机关服务	568
治安管理	241 040
国内安全保卫	3 056
刑事侦查	3 287
经济犯罪侦查	90
出入境管理	3 377
行动技术管理	26 963
防范和处理邪教犯罪	
禁毒管理	8 914
道路交通管理	46 108
网络侦控管理	13 805
反恐怖	77 847
居民身份证管理	154
网络运行及维护	4 860
拘押收教场所管理	149 372

续表

预算科目	决算数
警犬繁育及训养	751
信息化建设	44 081
事业运行	91 446
其他公安支出	910 172
国家安全	70 580
行政运行	59 473
一般行政管理事务	334
机关服务	767
安全业务	1 699
事业运行	
其他国家安全支出	8 307
检察	136 549
行政运行	100 128
一般行政管理事务	3 149
机关服务	187
查办和预防职务犯罪	1 054
公诉和审判监督	421
侦查监督	65
执行监督	233
控告申诉	119
“两房”建设	3 250
事业运行	106
其他检察支出	27 837
法院	224 999
行政运行	163 344
一般行政管理事务	4 029
机关服务	
案件审判	2 266
案件执行	103
“两庭”建设	5 016
事业运行	370
其他法院支出	49 871
司法	188 980
行政运行	65 966
一般行政管理事务	20 836
机关服务	
基层司法业务	1 964
普法宣传	1 366

续表

预算科目	决算数
律师公证管理	113
法律援助	1 553
司法统一考试	110
仲裁	506
社区矫正	1 293
司法鉴定	122
事业运行	13 436
其他司法支出	81 715
监狱	465 103
行政运行	158 401
一般行政管理事务	
机关服务	
犯人生活	39 570
犯人改造	12 524
狱政设施建设	201 583
事业运行	
其他监狱支出	53 025
强制隔离戒毒	85 446
行政运行	32 443
一般行政管理事务	
机关服务	
强制隔离戒毒人员生活	3 713
强制隔离戒毒人员教育	1 203
所政设施建设	35 039
事业运行	
其他强制隔离戒毒支出	13 048
国家保密	912
行政运行	813
一般行政管理事务	20
机关服务	
保密技术	
保密管理	41
事业运行	
其他国家保密支出	38
缉私警察	
行政运行	
一般行政管理事务	
专项缉私活动支出	

续表

预算科目	决算数
缉私情报	
禁毒及缉毒	
网络运行及维护	
其他缉私警察支出	
海警	
公安现役基本支出	
行政运行	
一般管理事务	
维权执法业务	
装备建设和运行维护	
信息化建设及运行维护	
基础设施建设及维护	
其他海警支出	
其他公共安全支出（款）	1 340 815
其他公共安全支出（项）	1 340 243
其他消防	572
教育支出	7 225 933
教育管理事务	133 288
行政运行	81 484
一般行政管理事务	12 232
机关服务	5 216
其他教育管理事务支出	34 356
普通教育	6 108 005
学前教育	978 147
小学教育	2 111 465
初中教育	1 434 313
高中教育	652 038
高等教育	389 646
化解农村义务教育债务支出	
化解普通高中债务支出	
其他普通教育支出	542 396
职业教育	411 250
初等职业教育	1 548
中专教育	197 476
技校教育	49 676
职业高中教育	31 091
高等职业教育	111 312
其他职业教育支出	20 147

续表

预算科目	决算数
成人教育	10 296
成人初等教育	232
成人中等教育	982
成人高等教育	4 335
成人广播电视教育	2 879
其他成人教育支出	1 868
广播电视教育	7 767
广播电视学校	7 738
教育电视台	
其他广播电视教育支出	29
留学教育	24
出国留学教育	
来华留学教育	19
其他留学教育支出	5
特殊教育	19 293
特殊学校教育	16 203
工读学校教育	
其他特殊教育支出	3 090
进修及培训	125 217
教师进修	28 778
干部教育	76 945
培训支出	1 894
退役士兵能力提升	
其他进修及培训	17 600
教育费附加安排的支出	261 051
农村中小学校舍建设	11 649
农村中小学教学设施	7 975
城市中小学校舍建设	36 861
城市中小学教学设施	11 293
中等职业学校教学设施	7 246
其他教育费附加安排的支出	186 027
其他教育支出（款）	149 742
其他教育支出（项）	149 742
科学技术支出	428 140
科学技术管理事务	33 456
行政运行	21 659
一般行政管理事务	6 523
机关服务	652

续表

预算科目	决算数
其他科学技术管理事务支出	4 622
基础研究	11 327
机构运行	339
重点基础研究规划	
自然科学基金	10 953
重点实验室及相关设施	35
重大科学工程	
专项基础科研	
专项技术基础	
其他基础研究支出	
应用研究	38 005
机构运行	18 336
社会公益研究	17 993
高技术研究	1 376
专项科研试制	
其他应用研究支出	300
技术研究与开发	219 642
机构运行	1 797
应用技术研究与开发	103 107
产业技术研究与开发	27 126
科技成果转化与扩散	33 434
其他技术研究与开发支出	54 178
科技条件与服务	21 926
机构运行	2 785
技术创新服务体系	6 337
科技条件专项	8 656
其他科技条件与服务支出	4 148
社会科学	12 627
社会科学研究机构	1 737
社会科学研究	5 485
社科基金支出	
其他社会科学支出	5 405
科学技术普及	25 706
机构运行	4 626
科普活动	4 381
青少年科技活动	819
学术交流活动	419
科技馆站	10 951

续表

预算科目	决算数
其他科学技术普及支出	4 510
科技交流与合作	5 342
国际交流与合作	5 314
重大科技合作项目	
其他科技交流与合作支出	28
科技重大项目	4 560
科技重大专项	2 685
重点研发计划	1 875
其他科学技术支出（款）	55 549
科技奖励	1 381
核应急	
转制科研机构	
其他科学技术支出（项）	54 168
文化体育与传媒支出	804 010
文化	265 457
行政运行	32 848
一般行政管理事务	3 442
机关服务	1 730
图书馆	20 662
文化展示及纪念机构	3 522
艺术表演场所	1 534
艺术表演团体	54 740
文化活动	6 101
群众文化	44 606
文化交流与合作	5 420
文化创作与保护	4 325
文化市场管理	1 664
其他文化支出	84 863
文物	60 452
行政运行	3 689
一般行政管理事务	1 225
机关服务	142
文物保护	12 409
博物馆	37 551
历史名城与古迹	
其他文物支出	5 436
体育	84 387
行政运行	3 954

续表

预算科目	决算数
一般行政管理事务	609
机关服务	
运动项目管理	9 912
体育竞赛	1 406
体育训练	2 252
体育场馆	15 829
群众体育	27 608
体育交流与合作	
其他体育支出	22 817
新闻出版广播影视	285 246
行政运行	18 743
一般行政管理事务	202
机关服务	2 212
广播	76 690
电视	69 370
电影	4 784
新闻通讯	850
出版发行	44 203
版权管理	678
其他新闻出版广播影视支出	67 514
其他文化体育与传媒支出（款）	108 468
宣传文化发展专项支出	3 675
文化产业发展专项支出	6 480
其他文化体育与传媒支出（项）	98 313
社会保障和就业支出	5 260 047
人力资源和社会保障管理事务	173 182
行政运行	72 362
一般行政管理事务	13 720
机关服务	393
综合业务管理	1 261
劳动保障监察	679
就业管理事务	807
社会保险业务管理事务	4 176
信息化建设	681
社会保险经办机构	35 356
劳动关系和维权	12
公共就业服务和职业技能鉴定机构	5 682
劳动人事争议调解仲裁	201

续表

预算科目	决算数
其他人力资源和社会保障管理事务支出	37 852
民政管理事务	274 387
行政运行	46 451
一般行政管理事务	7 719
机关服务	1 930
拥军优属	12 353
老龄事务	9 962
民间组织管理	90
行政区划和地名管理	4 079
基层政权和社区建设	172 015
部队供应	1 217
其他民政管理事务支出	18 571
行政事业单位离退休	2 069 081
归口管理的行政单位离退休	25 098
事业单位离退休	15 798
离退休人员管理机构	16 998
未归口管理的行政单位离退休	46 887
机关事业单位基本养老保险缴费支出	1 162 993
机关事业单位职业年金缴费支出	69 766
对机关事业单位基本养老保险基金的补助	675 131
其他行政事业单位离退休支出	56 410
企业改革补助	49 210
企业关闭破产补助	2 340
厂办大集体改革补助	317
其他企业改革发展补助	46 553
就业补助	375 013
就业创业服务补贴	5 312
职业培训补贴	5 141
社会保险补贴	41 696
公益性岗位补贴	74 753
职业技能鉴定补贴	30
就业见习补贴	105
高技能人才培养补助	
求职创业补贴	460
其他就业补助支出	247 516
抚恤	79 585
死亡抚恤	21 191
伤残抚恤	25 193

续表

预算科目	决算数
在乡复员、退伍军人生活补助	19 813
优抚事业单位支出	4 983
义务兵优待	5 282
农村籍退役士兵老年生活补助	287
其他优抚支出	2 836
退役安置	119 193
退役士兵安置	13 461
军队移交政府的离退休人员安置	96 856
军队移交政府离退休干部管理机构	6 099
退役士兵管理教育	884
其他退役安置支出	1 893
社会福利	121 803
儿童福利	19 140
老年福利	41 463
假肢矫形	180
殡葬	26 693
社会福利事业单位	23 679
其他社会福利支出	10 648
残疾人事业	83 471
行政运行	13 257
一般行政管理事务	1 950
机关服务	620
残疾人康复	9 710
残疾人就业和扶贫	5 559
残疾人体育	502
残疾人生活和护理补贴	24 842
其他残疾人事业支出	27 031
自然灾害生活救助	188 719
中央自然灾害生活补助	59 926
地方自然灾害生活补助	8 629
自然灾害灾后重建补助	120 047
其他自然灾害生活救助支出	117
红十字事业	6 193
行政运行	4 865
一般行政管理事务	604
机关服务	37
其他红十字事业支出	687
最低生活保障	230 241

续表

预算科目	决算数
城市最低生活保障金支出	93 884
农村最低生活保障金支出	136 357
临时救助	14 020
临时救助支出	8 512
流浪乞讨人员救助支出	5 508
特困人员救助供养	9 078
城市特困人员救助供养支出	1 064
农村特困人员救助供养支出	8 014
补充道路交通事故社会救助基金	
交强险营业税补助基金支出	
交强险罚款收入补助基金支出	
其他生活救助	14 938
其他城市生活救助	5 662
其他农村生活救助	9 276
财政对基本养老保险基金的补助	991 550
财政对企业职工基本养老保险基金的补助	798 222
财政对城乡居民基本养老保险基金的补助	192 009
财政对其他基本养老保险基金的补助	1 319
财政对其他社会保险基金的补助	1 633
财政对失业保险基金的补助	173
财政对工伤保险基金的补助	18
财政对生育保险基金的补助	
其他财政对社会保险基金的补助	1 442
其他社会保障和就业支出（款）	458 750
其他社会保障和就业支出（项）	458 750
医疗卫生与计划生育支出	2 667 093
医疗卫生与计划生育管理事务	84 615
行政运行	57 871
一般行政管理事务	10 566
机关服务	1 360
其他医疗卫生与计划生育管理事务支出	14 818
公立医院	563 731
综合医院	394 573
中医（民族）医院	80 736
传染病医院	7 753
职业病防治医院	1 108
精神病医院	5 944
妇产医院	

续表

预算科目	决算数
儿童医院	110
其他专科医院	7 028
福利医院	
行业医院	
处理医疗欠费	28
其他公立医院支出	66 451
基层医疗卫生机构	331 203
城市社区卫生机构	49 534
乡镇卫生院	241 375
其他基层医疗卫生机构支出	40 294
公共卫生	456 108
疾病预防控制机构	88 352
卫生监督机构	14 662
妇幼保健机构	57 923
精神卫生机构	
应急救治机构	2 619
采供血机构	16 020
其他专业公共卫生机构	158
基本公共卫生服务	122 229
重大公共卫生专项	100 007
突发公共卫生事件应急处理	1 833
其他公共卫生支出	52 305
中医药	7 409
中医（民族医）药专项	5 266
其他中医药支出	2 143
计划生育事务	214 080
计划生育机构	31 104
计划生育服务	16 814
其他计划生育事务支出	166 162
食品和药品监督管理事务	37 400
行政运行	25 712
一般行政管理事务	1 211
机关服务	
药品事务	650
化妆品事务	174
医疗器械事务	20
食品安全事务	1 062
事业运行	6 063

续表

预算科目	决算数
其他食品和药品监督管理事务支出	2 508
行政事业单位医疗	107 309
行政单位医疗	47 232
事业单位医疗	38 736
公务员医疗补助	17 501
其他行政事业单位医疗支出	3 840
财政对基本医疗保险基金的补助	745 974
财政对城镇职工基本医疗保险基金的补助	9 108
财政对城乡居民基本医疗保险基金的补助	42 482
财政对新型农村合作医疗基金的补助	534 083
财政对城镇居民基本医疗保险基金的补助	132 100
财政对其他基本医疗保险基金的补助	28 201
医疗救助	72 044
城乡医疗救助	69 075
疾病应急救助	1 689
其他医疗救助支出	1 280
优抚对象医疗	2 818
优抚对象医疗补助	2 807
其他优抚对象医疗支出	11
其他医疗卫生与计划生育支出（款）	44 402
其他医疗卫生与计划生育支出（项）	44 402
节能环保支出	546 583
环境保护管理事务	62 487
行政运行	33 415
一般行政管理事务	4 878
机关服务	4 078
环境保护宣传	927
环境保护法规、规划及标准	717
环境国际合作及履约	
环境保护行政许可	498
其他环境保护管理事务支出	17 974
环境监测与监察	6 718
建设项目环评审查与监督	1 338
核与辐射安全监督	500
其他环境监测与监察支出	4 880
污染防治	107 847
大气	1 918
水体	79 373

续表

预算科目	决算数
噪声	
固体废弃物与化学品	3 982
放射源和放射性废物监管	472
辐射	
其他污染防治支出	22 102
自然生态保护	38 671
生态保护	4 445
农村环境保护	19 031
自然保护区	4 468
生物及物种资源保护	
其他自然生态保护支出	10 727
天然林保护	15 306
森林管护	9 847
社会保险补助	
政策性社会性支出补助	
天然林保护工程建设	1 533
其他天然林保护支出	3 926
退耕还林	130 058
退耕现金	43 147
退耕还林粮食折现补贴	
退耕还林粮食费用补贴	
退耕还林工程建设	51 192
其他退耕还林支出	35 719
风沙荒漠治理	
京津风沙源治理工程建设	
其他风沙荒漠治理支出	
退牧还草	34 332
退牧还草工程建设	34 097
其他退牧还草支出	235
已垦草原退耕还草（款）	
已垦草原退耕还草（项）	
能源节约利用（款）	23 910
能源节约利用（项）	23 910
污染减排	45 274
环境监测与信息	12 528
环境执法监察	3 578
减排专项支出	27 570
清洁生产专项支出	394

续表

预算科目	决算数
其他污染减排支出	1 204
可再生能源（款）	5 506
可再生能源（项）	5 506
循环经济（款）	6 923
循环经济（项）	6 923
能源管理事务	284
行政运行	
一般行政管理事务	
机关服务	
能源预测预警	
能源战略规划与实施	
能源科技装备	
能源行业管理	
能源管理	
石油储备发展管理	
能源调查	
信息化建设	
农村电网建设	
事业运行	274
其他能源管理事务支出	10
其他节能环保支出（款）	69 267
其他节能环保支出（项）	69 267
城乡社区支出	3 293 009
城乡社区管理事务	500 949
行政运行	162 958
一般行政管理事务	65 856
机关服务	7 634
城管执法	27 469
工程建设标准规范编制与监管	1 018
工程建设管理	5 486
市政公用行业市场监管	397
国家重点风景区规划与保护	44 396
住宅建设与房地产市场监管	5 665
执业资格注册、资质审查	
其他城乡社区管理事务支出	180 070
城乡社区规划与管理（款）	32 465
城乡社区规划与管理（项）	32 465
城乡社区公共设施	2 161 055

续表

预算科目	决算数
小城镇基础设施建设	242 267
其他城乡社区公共设施支出	1 918 788
城乡社区环境卫生（款）	307 025
城乡社区环境卫生（项）	307 025
建设市场管理与监督（款）	4 435
建设市场管理与监督（项）	4 435
其他城乡社区支出（款）	287 080
其他城乡社区支出（项）	287 080
农林水支出	6 124 893
农业	1 787 757
行政运行	106 976
一般行政管理事务	10 123
机关服务	2 640
事业运行	308 799
农垦运行	972
科技转化与推广服务	75 276
病虫害控制	45 178
农产品质量安全	2 087
执法监管	10 235
统计监测与信息服务	2 210
农业行业业务管理	233
对外交流与合作	10
防灾救灾	13 520
稳定农民收入补贴	11
农业结构调整补贴	562
农业生产支持补贴	397 599
农业组织化与产业化经营	2 650
农产品加工与促销	8 045
农村公益事业	12 178
综合财力补助	
农业资源保护修复与利用	299 103
农村道路建设	139 704
成品油价格改革对渔业的补贴	454
对高校毕业生到基层任职补助	31 680
其他农业支出	317 512
林业	518 827
行政运行	43 271
一般行政管理事务	6 897

续表

预算科目	决算数
机关服务	1 212
林业事业机构	82 657
森林培育	87 237
林业技术推广	8 382
森林资源管理	801
森林资源监测	21
森林生态效益补偿	80 000
林业自然保护区	3 452
动植物保护	1 389
湿地保护	9 550
林业执法与监督	6 888
林业检疫检测	171
防沙治沙	16 485
林业质量安全	104
林业工程与项目管理	2 709
林业对外合作与交流	
林业产业化	62
信息管理	
林业政策制定与宣传	9
林业资金审计稽查	
林区公共支出	25
林业贷款贴息	5 242
成品油价格改革对林业的补贴	
林业防灾减灾	11 698
其他林业支出	150 565
水利	1 926 537
行政运行	44 279
一般行政管理事务	1 494
机关服务	5 341
水利行业业务管理	24 028
水利工程建设	1 140 132
水利工程运行与维护	37 988
长江黄河等流域管理	
水利前期工作	4 203
水利执法监督	2 173
水土保持	2 637
水资源节约管理与保护	15 264
水质监测	451

续表

预算科目	决算数
水文测报	14 116
防汛	16 951
抗旱	1 402
农田水利	280 453
水利技术推广	3 895
国际河流治理与管理	6 956
江河湖库水系综合整治	139 908
大中型水库移民后期扶持专项支出	727
水利安全监督	8
砂石资源费支出	58
信息管理	525
水利建设移民支出	88
农村人畜饮水	24 046
其他水利支出	159 414
南水北调	
行政运行	
一般行政管理事务	
机关服务	
南水北调工程建设	
政策研究与信息管理	
工程稽查	
前期工作	
南水北调技术推广	
环境、移民及水资源管理与保护	
其他南水北调支出	
扶贫	1 004 386
行政运行	5 491
一般行政管理事务	1 567
机关服务	28
农村基础设施建设	230 380
生产发展	454 957
社会发展	18 042
扶贫贷款奖补和贴息	14 793
“三西”农业建设专项补助	
扶贫事业机构	272
其他扶贫支出	278 856
农业综合开发	139 508
机构运行	3 166

续表

预算科目	决算数
土地治理	67 466
产业化经营	13 807
科技示范	2
其他农业综合开发支出	55 067
农村综合改革	256 340
对村级一事一议的补助	112 916
国有农场办社会职能改革补助	6 379
对村民委员会和村党支部的补助	46 523
对村集体经济组织的补助	29 567
农村综合改革示范试点补助	5 367
其他农村综合改革支出	55 588
普惠金融发展支出	183 599
支持农村金融机构	1 516
涉农贷款增量奖励	7 194
农业保险保费补贴	131 412
创业担保贷款贴息	5 623
补充创业担保贷款基金	41
其他普惠金融发展支出	37 813
目标价格补贴	282 554
棉花目标价格补贴	282 200
大豆目标价格补贴	
其他目标价格补贴	354
其他农林水支出（款）	25 385
化解其他公益性乡村债务支出	24
其他农林水支出（项）	25 361
交通运输支出	2 619 001
公路水路运输	1 043 513
行政运行	62 440
一般行政管理事务	9 713
机关服务	2 669
公路建设	461 280
公路养护	298 531
交通运输信息化建设	324
公路和运输安全	60
公路还贷专项	103 557
公路运输管理	31 049
公路和运输技术标准化建设	
港口设施	

续表

预算科目	决算数
航道维护	
船舶检验	
救助打捞	
内河运输	
远洋运输	
海事管理	
航标事业发展支出	
水路运输管理支出	
口岸建设	6 150
取消政府还贷二级公路收费专项支出	
其他公路水路运输支出	67 740
铁路运输	51 930
行政运行	
一般行政管理事务	
机关服务	
铁路路网建设	44 980
铁路还贷专项	
铁路安全	5 920
铁路专项运输	
行业监管	
其他铁路运输支出	1 030
民用航空运输	95 394
行政运行	
一般行政管理事务	
机关服务	
机场建设	56 086
空管系统建设	
民航还贷专项支出	
民用航空安全	
民航专项运输	
其他民用航空运输支出	39 308
成品油价格改革对交通运输的补贴	72 140
对城市公交的补贴	17 496
对农村道路客运的补贴	52 078
对出租车的补贴	1 875
成品油价格改革补贴其他支出	691
邮政业支出	3 444
行政运行	3

续表

预算科目	决算数
一般行政管理事务	64
机关服务	
行业监管	
邮政普遍服务与特殊服务	3 043
其他邮政业支出	334
车辆购置税支出	1 197 692
车辆购置税用于公路等基础设施建设支出	737 482
车辆购置税用于农村公路建设支出	441 633
车辆购置税用于老旧汽车报废更新补贴支出	497
车辆购置税其他支出	18 080
其他交通运输支出（款）	154 888
公共交通运营补助	100 323
其他交通运输支出（项）	54 565
资源勘探信息等支出	2 365 236
资源勘探开发	1 411 738
行政运行	4 129
一般行政管理事务	1 810
机关服务	236
煤炭勘探开采和洗选	23 437
石油和天然气勘探开采	
黑色金属矿勘探和采选	
有色金属矿勘探和采选	6 206
非金属矿勘探和采选	
其他资源勘探业支出	1 375 920
制造业	465 910
行政运行	3 821
一般行政管理事务	8 346
机关服务	464
纺织业	320 793
医药制造业	1
非金属矿物制品业	
通信设备、计算机及其他电子设备制造业	
交通运输设备制造业	
电气机械及器材制造业	
工艺品及其他制造业	65
石油加工、炼焦及核燃料加工业	
化学原料及化学制品制造业	
黑色金属冶炼及压延加工业	

续表

预算科目	决算数
有色金属冶炼及压延加工业	
其他制造业支出	132 420
建筑业	2 344
行政运行	89
一般行政管理事务	5
机关服务	
其他建筑业支出	2 250
工业和信息产业监管	84 084
行政运行	2 002
一般行政管理事务	948
机关服务	10
战备应急	
信息安全建设	2 730
专用通信	843
无线电监管	59 984
工业和信息产业战略研究与标准制定	
工业和信息产业支持	1 060
电子专项工程	904
行业监管	8
技术基础研究	
其他工业和信息产业监管支出	15 595
安全生产监管	54 863
行政运行	24 429
一般行政管理事务	4 730
机关服务	635
国务院安委会专项	
安全监管监察专项	5 760
应急救援支出	1 700
煤炭安全	3 682
其他安全生产监管支出	13 927
国有资产监管	68 573
行政运行	6 829
一般行政管理事务	10 239
机关服务	209
国有企业监事会专项	
中央企业专项管理	
其他国有资产监管支出	51 296
支持中小企业发展和管理支出	224 654

续表

预算科目	决算数
行政运行	539
一般行政管理事务	1 487
机关服务	136
科技型中小企业技术创新基金	918
中小企业发展专项	97 290
其他支持中小企业发展和管理支出	124 284
其他资源勘探信息等支出（款）	53 070
黄金事务	46
建设项目贷款贴息	
技术改造支出	150
中药材扶持资金支出	
重点产业振兴和技术改造项目贷款贴息	
其他资源勘探信息等支出（项）	52 874
商业服务业等支出	363 216
商业流通事务	251 391
行政运行	5 671
一般行政管理事务	412
机关服务	
食品流通安全补贴	46
市场监测及信息管理	
民贸企业补贴	890
民贸民品贷款贴息	7 642
事业运行	6 224
其他商业流通事务支出	230 506
旅游业管理与服务支出	65 870
行政运行	17 214
一般行政管理事务	2 758
机关服务	655
旅游宣传	2 923
旅游行业业务管理	1 949
其他旅游业管理与服务支出	40 371
涉外发展服务支出	38 819
行政运行	195
一般行政管理事务	100
机关服务	
外商投资环境建设补助资金	
其他涉外发展服务支出	38 524
其他商业服务业等支出（款）	7 136

续表

预算科目	决算数
服务业基础设施建设	
其他商业服务业等支出（项）	7 136
金融支出	44 256
金融部门行政支出	307
行政运行	28
一般行政管理事务	
机关服务	25
安全防卫	
事业运行	189
金融部门其他行政支出	65
金融部门监管支出	339
货币发行	
金融服务	
反假币	
重点金融机构监管	
金融稽查与案件处理	5
金融行业电子化建设	
从业人员资格考试	
反洗钱	
金融部门其他监管支出	334
金融发展支出	19 180
政策性银行亏损补贴	
商业银行贷款贴息	
补充资本金	
风险基金补助	
其他金融发展支出	19 180
金融调控支出	
中央银行亏损补贴	
其他金融调控支出	
其他金融支出（款）	24 430
其他金融支出（项）	24 430
援助其他地区支出	300
一般公共服务	
教育	
文化体育与传媒	
医疗卫生	
节能环保	
农业	

续表

预算科目	决算数
交通运输	
住房保障	
其他支出	300
国土海洋气象等支出	495 905
国土资源事务	438 378
行政运行	64 946
一般行政管理事务	11 270
机关服务	775
国土资源规划及管理	2 897
土地资源调查	7 906
土地资源利用与保护	1 222
国土资源社会公益服务	300
国土资源行业业务管理	1 084
国土资源调查	94
国土整治	100 252
地质灾害防治	17 297
土地资源储备支出	2 127
地质及矿产资源调查	1 819
地质矿产资源利用与保护	148 122
地质转产项目财政贴息	
国外风险勘查	
地质勘查基金（周转金）支出	
事业运行	34 962
其他国土资源事务支出	43 305
海洋管理事务	
行政运行	
一般行政管理事务	
机关服务	
海域使用管理	
海洋环境保护与监测	
海洋调查评价	
海洋权益维护	
海洋执法监察	
海洋防灾减灾	
海洋卫星	
极地考察	
海洋矿产资源勘探研究	
海港航标维护	

续表

预算科目	决算数
海水淡化	
无居民海岛使用金支出	
海岛和海域保护	
事业运行	
其他海洋管理事务支出	
测绘事务	23 311
行政运行	1 086
一般行政管理事务	15
机关服务	89
基础测绘	14 102
航空摄影	
测绘工程建设	15
事业运行	6 497
其他测绘事务支出	1 507
地震事务	6 827
行政运行	3 310
一般行政管理事务	95
机关服务	
地震监测	727
地震预测预报	49
地震灾害预防	56
地震应急救援	1 049
地震环境探察	1
防震减灾信息管理	47
防震减灾基础管理	8
地震事业机构	1 239
其他地震事务支出	246
气象事务	13 384
行政运行	811
一般行政管理事务	228
机关服务	
气象事业机构	4 471
气象探测	
气象信息传输及管理	9
气象预报预测	153
气象服务	6 242
气象装备保障维护	174
气象基础设施建设与维修	272

续表

预算科目	决算数
气象卫星	
气象法规与标准	
气象资金审计稽查	
其他气象事务支出	1 024
其他国土海洋气象等支出（款）	14 005
其他国土海洋气象等支出（项）	14 005
住房保障支出	2 344 777
保障性安居工程支出	2 103 156
廉租住房	4 186
沉陷区治理	
棚户区改造	501 098
少数民族地区游牧民定居工程	42 531
农村危房改造	327 412
公共租赁住房	176 019
保障性住房租金补贴	671
其他保障性安居工程支出	1 051 239
住房改革支出	207 713
住房公积金	207 555
提租补贴	
购房补贴	158
城乡社区住宅	33 908
公有住房建设和维修改造支出	1 629
住房公积金管理	11 073
其他城乡社区住宅支出	21 206
粮油物资储备支出	104 838
粮油事务	81 019
行政运行	6 896
一般行政管理事务	503
机关服务	713
粮食财务与审计支出	
粮食信息统计	
粮食专项业务活动	113
国家粮油差价补贴	600
粮食财务挂账利息补贴	10 872
粮食财务挂账消化款	
处理陈化粮补贴	
粮食风险基金	54 436
粮油市场调控专项资金	

续表

预算科目	决算数
事业运行	1 135
其他粮油事务支出	5 751
物资事务	179
行政运行	
一般行政管理事务	
机关服务	
铁路专用线	
护库武警和民兵支出	
物资保管与保养	
专项贷款利息	
物资转移	
物资轮换	
仓库建设	135
仓库安防	
事业运行	
其他物资事务支出	44
能源储备	
石油储备支出	
天然铀能源储备	
煤炭储备	
其他能源储备	
粮油储备	18 512
储备粮油补贴	1 336
储备粮油差价补贴	86
储备粮（油）库建设	6 756
最低收购价政策支出	
其他粮油储备支出	10 334
重要商品储备	5 128
棉花储备	
食糖储备	
肉类储备	567
化肥储备	494
农药储备	
边销茶储备	
羊毛储备	
医药储备	
食盐储备	
战略物资储备	

续表

预算科目	决算数
其他重要商品储备支出	4 067
其他支出（类）	659 387
其他支出（款）	659 387
其他支出（项）	659 387
债务付息支出	850 854
地方政府一般债务付息支出	850 854
地方政府一般债券付息支出	539 174
地方政府向外国政府借款付息支出	958
地方政府向国际组织借款付息支出	349
地方政府其他一般债务付息支出	310 373
债务发行费用支出	8 814
地方政府一般债务发行费用支出	8 814
本年支出合计	46 372 435

2018 年度新疆维吾尔自治区一般公共财政预算支出决算功能分类明细表

单位：万元

预算科目	决算数
一般公共服务支出	4 591 142
人大事务	63 344
行政运行	48 520
一般行政管理事务	3 000
机关服务	4 174
人大会议	2 692
人大立法	140
人大监督	396
人大代表履职能力提升	58
代表工作	874
人大信访工作	37
事业运行	1 202
其他人大事务支出	2 251
政协事务	46 351
行政运行	38 216
一般行政管理事务	1 397
机关服务	636
政协会议	1 921
委员视察	221
参政议政	385
事业运行	82
其他政协事务支出	3 493
政府办公厅（室）及相关机构事务	1 510 682
行政运行	1 029 548
一般行政管理事务	145 307
机关服务	74 699
专项服务	1 549
专项业务活动	1 686
政务公开审批	1 165
法制建设	2 734
信访事务	10 269
参事事务	271
事业运行	108 018
其他政府办公厅（室）及相关机构事务支出	135 436
发展与改革事务	112 546

续表

预算科目	决算数
行政运行	54 439
一般行政管理事务	6 149
机关服务	801
战略规划与实施	645
日常经济运行调节	35
社会事业发展规划	2 050
经济体制改革研究	201
物价管理	2 888
应对气候变化管理事务	
事业运行	3 980
其他发展与改革事务支出	41 358
统计信息事务	35 462
行政运行	21 227
一般行政管理事务	915
机关服务	223
信息事务	4 651
专项统计业务	1 632
统计管理	133
专项普查活动	2 140
统计抽样调查	262
事业运行	3 270
其他统计信息事务支出	1 009
财政事务	188 667
行政运行	106 182
一般行政管理事务	9 899
机关服务	1 043
预算改革业务	59
财政国库业务	834
财政监察	92
信息化建设	2 989
财政委托业务支出	2 860
事业运行	22 592
其他财政事务支出	42 117
税收事务	202 984
行政运行	120 126
一般行政管理事务	11 478
机关服务	1 966
税务办案	1 927

续表

预算科目	决算数
税务登记证及发票管理	80
代扣代收代征税款手续费	11 509
税务宣传	1 948
协税护税	3 483
信息化建设	7 630
事业运行	513
其他税收事务支出	42 324
审计事务	56 968
行政运行	30 520
一般行政管理事务	12 107
机关服务	292
审计业务	9 076
审计管理	35
信息化建设	204
事业运行	1 647
其他审计事务支出	3 087
海关事务	2 206
行政运行	122
一般行政管理事务	12
机关服务	
收费业务	
缉私办案	
口岸电子执法系统建设与维护	
信息化建设	
事业运行	
其他海关事务支出	2 072
人力资源事务	358 475
行政运行	46 418
一般行政管理事务	8 156
机关服务	1 013
政府特殊津贴	
资助留学回国人员	505
军队转业干部安置	27 4957
博士后日常经费	
引进人才费用	578
公务员考核	298
公务员履职能力提升	
公务员招考	22

续表

预算科目	决算数
公务员综合管理	33
事业运行	8 210
其他人力资源事务支出	18 285
纪检监察事务	140 595
行政运行	67 191
一般行政管理事务	18 366
机关服务	460
大案要案查处	2 064
派驻派出机构	361
中央巡视	
事业运行	803
其他纪检监察事务支出	51 350
商贸事务	164 075
行政运行	46 498
一般行政管理事务	12 965
机关服务	1 466
对外贸易管理	1 391
国际经济合作	
外资管理	
国内贸易管理	36
招商引资	29 945
事业运行	6 002
其他商贸事务支出	65 772
知识产权事务	3 431
行政运行	1 491
一般行政管理事务	102
机关服务	
专利审批	63
国家知识产权战略	
专利试点和产业化推进	119
专利执法	14
国际组织专项活动	
知识产权宏观管理	1 556
事业运行	26
其他知识产权事务支出	60
工商行政管理事务	106 795
行政运行	94 856
一般行政管理事务	4 064

续表

预算科目	决算数
机关服务	
工商行政管理专项	1 203
执法办案专项	342
消费者权益保护	277
信息化建设	1 867
事业运行	2 185
其他工商行政管理事务支出	2 001
质量技术监督与检验检疫事务	90 948
行政运行	21 720
一般行政管理事务	955
机关服务	807
出入境检验检疫行政执法和业务管理	191
出入境检验检疫技术支持	
质量技术监督行政执法及业务管理	38 676
质量技术监督技术支持	57
认证认可监督管理	
标准化管理	
信息化建设	
事业运行	26 936
其他质量技术监督与检验检疫事务支出	1 606
民族事务	21 293
行政运行	13 884
一般行政管理事务	817
机关服务	170
民族工作专项	1 524
事业运行	581
其他民族事务支出	4 317
宗教事务	26 569
行政运行	7 996
一般行政管理事务	3 546
机关服务	
宗教工作专项	1 260
事业运行	1 541
其他宗教事务支出	12 226
港澳台侨事务	2 025
行政运行	1 133
一般行政管理事务	25
机关服务	

续表

预算科目	决算数
港澳事务	
台湾事务	
华侨事务	854
事业运行	5
其他港澳台侨事务支出	8
档案事务	21 593
行政运行	14 429
一般行政管理事务	729
机关服务	
档案馆	3 371
其他档案事务支出	3 064
民主党派及工商联事务	9 150
行政运行	7 841
一般行政管理事务	586
机关服务	
参政议政	280
事业运行	25
其他民主党派及工商联事务支出	418
群众团体事务	60 745
行政运行	31 184
一般行政管理事务	2 852
机关服务	71
厂务公开	46
工会疗养休养	
事业运行	6 039
其他群众团体事务支出	20 553
党委办公厅（室）及相关机构事务	40 3679
行政运行	208 014
一般行政管理事务	35 609
机关服务	10 160
专项业务	15 133
事业运行	83 389
其他党委办公厅（室）及相关机构事务支出	51 374
组织事务	530 161
行政运行	70 547
一般行政管理事务	43 444
机关服务	
事业运行	2 009

续表

预算科目	决算数
其他组织事务支出	414 161
宣传事务	86 613
行政运行	29 533
一般行政管理事务	7 604
机关服务	
事业运行	4 872
其他宣传事务支出	44 604
统战事务	55 529
行政运行	17 060
一般行政管理事务	3 329
机关服务	
事业运行	971
其他统战事务支出	34 169
对外联络事务	165
行政运行	69
一般行政管理事务	3
机关服务	
事业运行	55
其他对外联络事务支出	38
其他共产党事务支出（款）	126 636
行政运行	62 158
一般行政管理事务	8 268
机关服务	
事业运行	26 067
其他共产党事务支出（项）	30 143
其他一般公共服务支出（款）	163 455
国家赔偿费用支出	535
其他一般公共服务支出（项）	162 920
外交支出	650
外交管理事务	
行政运行	
一般行政管理事务	
机关服务	
专项业务	
事业运行	
其他外交管理事务支出	
驻外机构	
驻外使领馆（团、处）	

续表

预算科目	决算数
其他驻外机构支出	
对外援助	
援外优惠贷款贴息	
对外援助	
国际组织	
国际组织会费	
国际组织捐赠	
维和摊款	
国际组织股金及基金	
其他国际组织支出	
对外合作与交流	450
在华国际会议	
国际交流活动	
其他对外合作与交流支出	450
对外宣传（款）	
对外宣传（项）	
边界勘界联检	
边界勘界	
边界联检	
边界界桩维护	
其他支出	
其他外交支出（款）	200
其他外交支出（项）	200
国防支出	39 861
现役部队（款）	
现役部队（项）	
国防科研事业（款）	
国防科研事业（项）	
专项工程（款）	
专项工程（项）	
国防动员	28 847
兵役征集	469
经济动员	
人民防空	6 106
交通战备	
国防教育	9
预备役部队	2 172
民兵	16 757

续表

预算科目	决算数
边海防	2 820
其他国防动员支出	514
其他国防支出（款）	11 014
其他国防支出（项）	11 014
公共安全支出	5 669 604
武装警察	123 725
内卫	9 073
边防	38 027
消防	59 300
警卫	2 329
黄金	
森林	7 711
水电	
交通	4 376
其他武装警察支出	2 909
公安	3 109 622
行政运行	1 562 616
一般行政管理事务	162 092
机关服务	1 301
治安管理	233 398
国内安全保卫	1 544
刑事侦查	1 798
经济犯罪侦查	90
出入境管理	1 361
行动技术管理	10 464
防范和处理邪教犯罪	
禁毒管理	10 175
道路交通管理	43 965
网络侦控管理	14 628
反恐怖	25 798
居民身份证管理	346
网络运行及维护	10 318
拘押收教场所管理	157 968
警犬繁育及训养	761
信息化建设	35 580
事业运行	140 542
其他公安支出	694 877
国家安全	78 989

续表

预算科目	决算数
行政运行	69 624
一般行政管理事务	355
机关服务	769
安全业务	3 471
事业运行	14
其他国家安全支出	4 756
检察	129 766
行政运行	96 387
一般行政管理事务	3 380
机关服务	191
查办和预防职务犯罪	1 336
公诉和审判监督	420
侦查监督	60
执行监督	231
控告申诉	51
“两房”建设	7 611
事业运行	138
其他检察支出	19 961
法院	219 479
行政运行	162 451
一般行政管理事务	3 793
机关服务	
案件审判	1 704
案件执行	106
“两庭”建设	8 054
事业运行	402
其他法院支出	42 969
司法	190 036
行政运行	66 373
一般行政管理事务	28 961
机关服务	4
基层司法业务	4 104
普法宣传	658
律师公证管理	97
法律援助	1 953
司法统一考试	106
仲裁	477
社区矫正	17 113

续表

预算科目	决算数
司法鉴定	136
事业运行	5 856
其他司法支出	64 198
监狱	629 920
行政运行	201 601
一般行政管理事务	16 447
机关服务	
犯人生活	101 160
犯人改造	15 950
狱政设施建设	222 122
事业运行	
其他监狱支出	72 640
强制隔离戒毒	94 573
行政运行	41 089
一般行政管理事务	
机关服务	
强制隔离戒毒人员生活	4 072
强制隔离戒毒人员教育	1 198
所政设施建设	37 058
事业运行	
其他强制隔离戒毒支出	11 156
国家保密	799
行政运行	737
一般行政管理事务	13
机关服务	
保密技术	
保密管理	37
事业运行	
其他国家保密支出	12
缉私警察	
行政运行	
一般行政管理事务	
专项缉私活动支出	
缉私情报	
禁毒及缉毒	
网络运行及维护	
其他缉私警察支出	
海警	

续表

预算科目	决算数
公安现役基本支出	
行政运行	
一般管理事务	
维权执法业务	
装备建设和运行维护	
信息化建设及运行维护	
基础设施建设及维护	
其他海警支出	
其他公共安全支出（款）	1 092 695
其他公共安全支出（项）	1 091 932
其他消防	763
教育支出	8 128 811
教育管理事务	173 847
行政运行	88 584
一般行政管理事务	10 662
机关服务	4 121
其他教育管理事务支出	70 480
普通教育	6 510 749
学前教育	979 357
小学教育	2 320 661
初中教育	1 501 025
高中教育	667 646
高等教育	408 164
化解农村义务教育债务支出	23 575
化解普通高中债务支出	
其他普通教育支出	610 321
职业教育	742 885
初等职业教育	1 877
中专教育	206 193
技校教育	66 445
职业高中教育	35 367
高等职业教育	156 984
其他职业教育支出	276 019
成人教育	14 842
成人初等教育	190
成人中等教育	831
成人高等教育	4 637
成人广播电视教育	2 996

续表

预算科目	决算数
其他成人教育支出	6 188
广播电视教育	8 109
广播电视学校	8 099
教育电视台	
其他广播电视教育支出	10
留学教育	
出国留学教育	
来华留学教育	
其他留学教育支出	
特殊教育	44 915
特殊学校教育	17 371
工读学校教育	
其他特殊教育支出	27 544
进修及培训	88 380
教师进修	9 409
干部教育	72 937
培训支出	2 065
退役士兵能力提升	
其他进修及培训	3 969
教育费附加安排的支出	286 778
农村中小学校舍建设	11 075
农村中小学教学设施	12 103
城市中小学校舍建设	34 041
城市中小学教学设施	13 595
中等职业学校教学设施	13 073
其他教育费附加安排的支出	202 891
其他教育支出（款）	258 306
其他教育支出（项）	258 306
科学技术支出	422 468
科学技术管理事务	35 603
行政运行	19 611
一般行政管理事务	1 637
机关服务	840
其他科学技术管理事务支出	13 515
基础研究	11 692
机构运行	119
重点基础研究规划	
自然科学基金	11 026

续表

预算科目	决算数
重点实验室及相关设施	547
重大科学工程	
专项基础科研	
专项技术基础	
其他基础研究支出	
应用研究	41 496
机构运行	21 390
社会公益研究	19 626
高技术研究	
专项科研试制	
其他应用研究支出	480
技术研究与开发	220 007
机构运行	1 998
应用技术研究与开发	88 651
产业技术研究与开发	22 390
科技成果转化与扩散	28 798
其他技术研究与开发支出	78 170
科技条件与服务	11 853
机构运行	2 901
技术创新服务体系	5 309
科技条件专项	1 675
其他科技条件与服务支出	1 968
社会科学	12 770
社会科学研究机构	1 769
社会科学研究	4 556
社科基金支出	
其他社会科学支出	6 445
科学技术普及	28 150
机构运行	4 546
科普活动	6 328
青少年科技活动	560
学术交流活动	567
科技馆站	11 248
其他科学技术普及支出	4 901
科技交流与合作	4 984
国际交流与合作	4 958
重大科技合作项目	
其他科技交流与合作支出	26

续表

预算科目	决算数
科技重大项目	8 752
科技重大专项	6 646
重点研发计划	2 106
其他科学技术支出（款）	47 161
科技奖励	1 535
核应急	
转制科研机构	
其他科学技术支出（项）	45 626
文化体育与传媒支出	733 888
文化	228 312
行政运行	31 895
一般行政管理事务	3 485
机关服务	1 671
图书馆	18 743
文化展示及纪念机构	12 206
艺术表演场所	878
艺术表演团体	53 221
文化活动	1 971
群众文化	46 659
文化交流与合作	264
文化创作与保护	3 636
文化市场管理	1 535
其他文化支出	52 148
文物	55 694
行政运行	3 758
一般行政管理事务	183
机关服务	83
文物保护	35 254
博物馆	12 776
历史名城与古迹	3
其他文物支出	3 637
体育	59 005
行政运行	3 588
一般行政管理事务	527
机关服务	10
运动项目管理	10 986
体育竞赛	119
体育训练	281

续表

预算科目	决算数
体育场馆	10 478
群众体育	6 408
体育交流与合作	
其他体育支出	26 608
新闻出版广播影视	264 226
行政运行	19 988
一般行政管理事务	465
机关服务	2 001
广播	63 536
电视	78 393
电影	4 222
新闻通讯	12 454
出版发行	35 785
版权管理	95
其他新闻出版广播影视支出	47 287
其他文化体育与传媒支出（款）	126 651
宣传文化发展专项支出	635
文化产业发展专项支出	2 032
其他文化体育与传媒支出（项）	123 984
社会保障和就业支出	5 790 592
人力资源和社会保障管理事务	186 115
行政运行	74 532
一般行政管理事务	14 843
机关服务	526
综合业务管理	11 525
劳动保障监察	518
就业管理事务	643
社会保险业务管理事务	1 869
信息化建设	721
社会保险经办机构	37 285
劳动关系和维权	205
公共就业服务和职业技能鉴定机构	2 901
劳动人事争议调解仲裁	146
其他人力资源和社会保障管理事务支出	40 401
民政管理事务	341 808
行政运行	52 256
一般行政管理事务	13 184
机关服务	2 377

续表

预算科目	决算数
拥军优属	12 977
老龄事务	6 752
民间组织管理	44
行政区划和地名管理	2 392
基层政权和社区建设	222 225
部队供应	1 234
其他民政管理事务支出	28 367
行政事业单位离退休	2 041 765
归口管理的行政单位离退休	26 773
事业单位离退休	16 118
离退休人员管理机构	17 284
未归口管理的行政单位离退休	55 033
机关事业单位基本养老保险缴费支出	1 192 755
机关事业单位职业年金缴费支出	49 682
对机关事业单位基本养老保险基金的补助	617 841
其他行政事业单位离退休支出	66 279
企业改革补助	44 502
企业关闭破产补助	2 047
厂办大集体改革补助	230
其他企业改革发展补助	42 225
就业补助	411 454
就业创业服务补贴	1 009
职业培训补贴	1 213
社会保险补贴	64 330
公益性岗位补贴	90 341
职业技能鉴定补贴	146
就业见习补贴	84
高技能人才培养补助	
求职创业补贴	21
其他就业补助支出	254 310
抚恤	80 340
死亡抚恤	24 425
伤残抚恤	31 608
在乡复员、退伍军人生活补助	9 548
优抚事业单位支出	5 356
义务兵优待	6 646
农村籍退役士兵老年生活补助	339
其他优抚支出	2 418

续表

预算科目	决算数
退役安置	119 772
退役士兵安置	11 862
军队移交政府的离退休人员安置	75 595
军队移交政府离退休干部管理机构	4 408
退役士兵管理教育	1 228
其他退役安置支出	26 679
社会福利	117 016
儿童福利	11 250
老年福利	38 083
假肢矫形	
殡葬	29 505
社会福利事业单位	29 755
其他社会福利支出	8 423
残疾人事业	75 638
行政运行	13 298
一般行政管理事务	1 199
机关服务	573
残疾人康复	14 263
残疾人就业和扶贫	3 626
残疾人体育	234
残疾人生活和护理补贴	26 303
其他残疾人事业支出	16 142
自然灾害生活救助	69 680
中央自然灾害生活补助	31 494
地方自然灾害生活补助	493
自然灾害灾后重建补助	37 431
其他自然灾害生活救助支出	262
红十字事业	6 116
行政运行	5 076
一般行政管理事务	408
机关服务	19
其他红十字事业支出	613
最低生活保障	156 824
城市最低生活保障金支出	48 611
农村最低生活保障金支出	108 213
临时救助	25 934
临时救助支出	23 218
流浪乞讨人员救助支出	2 716

续表

预算科目	决算数
特困人员救助供养	7 735
城市特困人员救助供养支出	1 571
农村特困人员救助供养支出	6 164
补充道路交通事故社会救助基金	
交强险营业税补助基金支出	
交强险罚款收入补助基金支出	
其他生活救助	8 273
其他城市生活救助	2 636
其他农村生活救助	5 637
财政对基本养老保险基金的补助	1 089 346
财政对企业职工基本养老保险基金的补助	847 278
财政对城乡居民基本养老保险基金的补助	229 759
财政对其他基本养老保险基金的补助	12 309
财政对其他社会保险基金的补助	2 890
财政对失业保险基金的补助	208
财政对工伤保险基金的补助	12
财政对生育保险基金的补助	
其他财政对社会保险基金的补助	2 670
其他社会保障和就业支出（款）	1 005 384
其他社会保障和就业支出（项）	1 005 384
医疗卫生与计划生育支出	2 861 387
医疗卫生与计划生育管理事务	77 195
行政运行	53 836
一般行政管理事务	7 698
机关服务	824
其他医疗卫生与计划生育管理事务支出	14 837
公立医院	669 448
综合医院	470 109
中医（民族）医院	81 803
传染病医院	5 573
职业病防治医院	1 186
精神病医院	6 358
妇产医院	13
儿童医院	100
其他专科医院	8 719
福利医院	2
行业医院	1 371
处理医疗欠费	

续表

预算科目	决算数
其他公立医院支出	94 214
基层医疗卫生机构	350 019
城市社区卫生机构	52 936
乡镇卫生院	261 700
其他基层医疗卫生机构支出	35 383
公共卫生	399 572
疾病预防控制机构	76 672
卫生监督机构	13 049
妇幼保健机构	60 282
精神卫生机构	20
应急救治机构	2 821
采供血机构	14 470
其他专业公共卫生机构	318
基本公共卫生服务	123 872
重大公共卫生专项	96 253
突发公共卫生事件应急处理	1 731
其他公共卫生支出	10 084
中医药	9 657
中医（民族医）药专项	9 598
其他中医药支出	59
计划生育事务	206 661
计划生育机构	32 269
计划生育服务	27 575
其他计划生育事务支出	146 817
食品和药品监督管理事务	34 624
行政运行	18 800
一般行政管理事务	1 386
机关服务	
药品事务	449
化妆品事务	8
医疗器械事务	2 008
食品安全事务	1 562
事业运行	6 934
其他食品和药品监督管理事务支出	3 477
行政事业单位医疗	112 194
行政单位医疗	47 900
事业单位医疗	46 049
公务员医疗补助	14 118

续表

预算科目	决算数
其他行政事业单位医疗支出	4 127
财政对基本医疗保险基金的补助	814 691
财政对职工基本医疗保险基金的补助	91 627
财政对城乡居民基本医疗保险基金的补助	657 541
财政对新型农村合作医疗基金的补助	379
财政对城镇居民基本医疗保险基金的补助	28
财政对其他基本医疗保险基金的补助	65 116
医疗救助	173 513
城乡医疗救助	140 920
疾病应急救助	1 634
其他医疗救助支出	30 959
优抚对象医疗	2 150
优抚对象医疗补助	2 130
其他优抚对象医疗支出	20
其他医疗卫生与计划生育支出（款）	11 663
其他医疗卫生与计划生育支出（项）	11 663
节能环保支出	943 276
环境保护管理事务	62 809
行政运行	33 505
一般行政管理事务	5 688
机关服务	4 266
环境保护宣传	814
环境保护法规、规划及标准	217
环境国际合作及履约	
环境保护行政许可	477
其他环境保护管理事务支出	17 842
环境监测与监察	5 086
建设项目环评审查与监督	371
核与辐射安全监督	
其他环境监测与监察支出	4 715
污染防治	220 815
大气	10 130
水体	150 152
噪声	
固体废弃物与化学品	11 732
放射源和放射性废物监管	515
辐射	
其他污染防治支出	48 286

续表

预算科目	决算数
自然生态保护	60 412
生态保护	16 345
农村环境保护	18 920
自然保护区	3 625
生物及物种资源保护	171
其他自然生态保护支出	21 351
天然林保护	9 798
森林管护	4 228
社会保险补助	4 635
政策性社会性支出补助	762
天然林保护工程建设	78
停伐补助	95
其他天然林保护支出	
退耕还林	114 544
退耕现金	65 624
退耕还林粮食折现补贴	
退耕还林粮食费用补贴	
退耕还林工程建设	4 158
其他退耕还林支出	44 762
风沙荒漠治理	6 486
京津风沙源治理工程建设	
其他风沙荒漠治理支出	6 486
退牧还草	31 436
退牧还草工程建设	30 096
其他退牧还草支出	1 340
已垦草原退耕还草（款）	
已垦草原退耕还草（项）	
能源节约利用（款）	12 063
能源节约利用（项）	12 063
污染减排	33 414
环境监测与信息	12 227
环境执法监察	1 821
减排专项支出	13 656
清洁生产专项支出	76
其他污染减排支出	5 634
可再生能源（款）	3 142
可再生能源（项）	3 142
循环经济（款）	2 990

续表

预算科目	决算数
循环经济（项）	2 990
能源管理事务	154 588
行政运行	
一般行政管理事务	
机关服务	
能源预测预警	
能源战略规划与实施	
能源科技装备	
能源行业管理	154 294
能源管理	
石油储备发展管理	
能源调查	
信息化建设	
农村电网建设	20
事业运行	267
其他能源管理事务支出	7
其他节能环保支出（款）	225 693
其他节能环保支出（项）	225 693
城乡社区支出	3 178 118
城乡社区管理事务	458 641
行政运行	160 193
一般行政管理事务	38 490
机关服务	18 881
城管执法	25 394
工程建设标准规范编制与监管	2 369
工程建设管理	5 560
市政公用行业市场监管	170
国家重点风景区规划与保护	28 541
住宅建设与房地产市场监管	3 284
执业资格注册、资质审查	1
其他城乡社区管理事务支出	175 758
城乡社区规划与管理（款）	20 488
城乡社区规划与管理（项）	20 488
城乡社区公共设施	2 062 828
小城镇基础设施建设	205 926
其他城乡社区公共设施支出	1 856 902
城乡社区环境卫生（款）	272 693
城乡社区环境卫生（项）	272 693

续表

预算科目	决算数
建设市场管理与监督（款）	3 348
建设市场管理与监督（项）	3 348
其他城乡社区支出（款）	360 120
其他城乡社区支出（项）	360 120
农林水支出	7 532 460
农业	1 591 297
行政运行	101 837
一般行政管理事务	5 965
机关服务	1 583
事业运行	311 838
农垦运行	781
科技转化与推广服务	52 734
病虫害控制	47 224
农产品质量安全	1 490
执法监管	8 202
统计监测与信息服务	2 169
农业行业业务管理	445
对外交流与合作	
防灾救灾	18 012
稳定农民收入补贴	10
农业结构调整补贴	8 758
农业生产支持补贴	112 217
农业组织化与产业化经营	3 468
农产品加工与促销	559
农村公益事业	6 375
农业资源保护修复与利用	285 913
农村道路建设	117 073
成品油价格改革对渔业的补贴	1 141
对高校毕业生到基层任职补助	33 100
其他农业支出	470 403
林业	489 497
行政运行	46 573
一般行政管理事务	16 385
机关服务	945
林业事业机构	79 442
森林培育	76 506
林业技术推广	8 085
森林资源管理	48 588

续表

预算科目	决算数
森林资源监测	701
森林生态效益补偿	75 670
林业自然保护区	1 806
动植物保护	730
湿地保护	7 239
林业执法与监督	6 861
林业检疫检测	177
防沙治沙	6 914
林业质量安全	94
林业工程与项目管理	2 342
林业对外合作与交流	
林业产业化	
信息管理	792
林业政策制定与宣传	
林业资金审计稽查	30
林区公共支出	92
林业贷款贴息	7 165
成品油价格改革对林业的补贴	
林业防灾减灾	18 896
其他林业支出	83 464
水利	2 239 029
行政运行	46 747
一般行政管理事务	5 947
机关服务	4 406
水利行业业务管理	22 556
水利工程建设	1 393 045
水利工程运行与维护	36 663
长江黄河等流域管理	
水利前期工作	16 635
水利执法监督	1 317
水土保持	21 357
水资源节约管理与保护	14 609
水质监测	691
水文测报	13 759
防汛	21 557
抗旱	259
农田水利	249 568
水利技术推广	14 624

续表

预算科目	决算数
国际河流治理与管理	
江河湖库水系综合整治	117 041
大中型水库移民后期扶持专项支出	333
水利安全监督	357
砂石资源费支出	14
信息管理	457
水利建设移民支出	953
农村人畜饮水	64 571
其他水利支出	191 563
南水北调	
行政运行	
一般行政管理事务	
机关服务	
南水北调工程建设	
政策研究与信息管理	
工程稽查	
前期工作	
南水北调技术推广	
环境、移民及水资源管理与保护	
其他南水北调支出	
扶贫	2 425 151
行政运行	8 958
一般行政管理事务	3 512
机关服务	60
农村基础设施建设	947 057
生产发展	832 095
社会发展	6 860
扶贫贷款奖补和贴息	34 725
“三西”农业建设专项补助	
扶贫事业机构	783
其他扶贫支出	591 101
农业综合开发	117 323
机构运行	2 946
土地治理	40 372
产业化发展	11 767
创新示范	
其他农业综合开发支出	62 238
农村综合改革	217 702

续表

预算科目	决算数
对村级一事一议的补助	81 859
国有农场办社会职能改革补助	5 449
对村民委员会和村党支部的补助	61 758
对村集体经济组织的补助	27 974
农村综合改革示范试点补助	855
其他农村综合改革支出	39 807
普惠金融发展支出	214 736
支持农村金融机构	164
涉农贷款增量奖励	315
农业保险保费补贴	159 695
创业担保贷款贴息	742
补充创业担保贷款基金	
其他普惠金融发展支出	53 820
目标价格补贴	175 504
棉花目标价格补贴	175 501
大豆目标价格补贴	
其他目标价格补贴	3
其他农林水支出（款）	62 221
化解其他公益性乡村债务支出	
其他农林水支出（项）	62 221
交通运输支出	2 764 894
公路水路运输	831 610
行政运行	71 360
一般行政管理事务	5 946
机关服务	1 881
公路建设	159 077
公路养护	309 871
交通运输信息化建设	360
公路和运输安全	74
公路还贷专项	130 373
公路运输管理	16 599
公路和运输技术标准化建设	
港口设施	
航道维护	
船舶检验	
救助打捞	
内河运输	
远洋运输	

续表

预算科目	决算数
海事管理	
航标事业发展支出	
水路运输管理支出	
口岸建设	8 379
取消政府还贷二级公路收费专项支出	
其他公路水路运输支出	127 690
铁路运输	131 717
行政运行	
一般行政管理事务	
机关服务	
铁路路网建设	28 889
铁路还贷专项	85 528
铁路安全	5 920
铁路专项运输	
行业监管	
其他铁路运输支出	11 380
民用航空运输	93 410
行政运行	
一般行政管理事务	
机关服务	
机场建设	48 837
空管系统建设	
民航还贷专项支出	8 129
民用航空安全	
民航专项运输	
其他民用航空运输支出	36 444
成品油价格改革对交通运输的补贴	138 429
对城市公交的补贴	39 236
对农村道路客运的补贴	91 739
对出租车的补贴	20
成品油价格改革补贴其他支出	7 434
邮政业支出	512
行政运行	16
一般行政管理事务	23
机关服务	
行业监管	
邮政普遍服务与特殊服务	150
其他邮政业支出	323

续表

预算科目	决算数
车辆购置税支出	1 441 656
车辆购置税用于公路等基础设施建设支出	1 050 379
车辆购置税用于农村公路建设支出	390 713
车辆购置税用于老旧汽车报废更新补贴	4
车辆购置税其他支出	560
其他交通运输支出（款）	127 560
公共交通运营补助	98 560
其他交通运输支出（项）	29 000
资源勘探信息等支出	1 787 059
资源勘探开发	366 609
行政运行	3 101
一般行政管理事务	924
机关服务	234
煤炭勘探开采和洗选	19 694
石油和天然气勘探开采	
黑色金属矿勘探和采选	
有色金属矿勘探和采选	5 170
非金属矿勘探和采选	
其他资源勘探业支出	337 486
制造业	322 112
行政运行	3 860
一般行政管理事务	3 602
机关服务	428
纺织业	258 347
医药制造业	1
非金属矿物制品业	
通信设备、计算机及其他电子设备制造业	
交通运输设备制造业	
电气机械及器材制造业	2 600
工艺品及其他制造业	61
石油加工、炼焦及核燃料加工业	
化学原料及化学制品制造业	
黑色金属冶炼及压延加工业	
有色金属冶炼及压延加工业	
其他制造业支出	53 213
建筑业	3 598
行政运行	373
一般行政管理事务	

续表

预算科目	决算数
机关服务	
其他建筑业支出	3 225
工业和信息产业监管	56 461
行政运行	3 325
一般行政管理事务	1 866
机关服务	
战备应急	1 217
信息安全建设	1 164
专用通信	
无线电监管	44 863
工业和信息产业战略研究与标准制定	
工业和信息产业支持	527
电子专项工程	
行业监管	3
技术基础研究	
其他工业和信息产业监管支出	3 496
安全生产监管	54 913
行政运行	25 469
一般行政管理事务	4 999
机关服务	577
国务院安委会专项	
安全监管监察专项	5 781
应急救援支出	2 077
煤炭安全	2 606
其他安全生产监管支出	13 404
国有资产监管	66 198
行政运行	7 592
一般行政管理事务	10 294
机关服务	223
国有企业监事会专项	
中央企业专项管理	
其他国有资产监管支出	48 089
支持中小企业发展和管理支出	847 488
行政运行	202
一般行政管理事务	64
机关服务	380
科技型中小企业技术创新基金	
中小企业发展专项	105 350

续表

预算科目	决算数
其他支持中小企业发展和管理支出	741 492
其他资源勘探信息等支出（款）	69 680
黄金事务	70
建设项目贷款贴息	
技术改造支出	
中药材扶持资金支出	
重点产业振兴和技术改造项目贷款贴息	
其他资源勘探信息等支出（项）	69 610
商业服务业等支出	323 121
商业流通事务	204 357
行政运行	5 927
一般行政管理事务	397
机关服务	26
食品流通安全补贴	
市场监测及信息管理	
民贸企业补贴	
民贸民品贷款贴息	179
事业运行	6 301
其他商业流通事务支出	191 527
旅游业管理与服务支出	65 302
行政运行	14 051
一般行政管理事务	8 451
机关服务	647
旅游宣传	4 527
旅游行业业务管理	1 789
其他旅游业管理与服务支出	35 837
涉外发展服务支出	49 105
行政运行	184
一般行政管理事务	
机关服务	
外商投资环境建设补助资金	
其他涉外发展服务支出	48 921
其他商业服务业等支出（款）	4 357
服务业基础设施建设	1 422
其他商业服务业等支出（项）	2 935
金融支出	704
金融部门行政支出	292
行政运行	60

续表

预算科目	决算数
一般行政管理事务	5
机关服务	
安全防卫	
事业运行	227
金融部门其他行政支出	
金融部门监管支出	33
货币发行	
金融服务	
反假币	
重点金融机构监管	
金融稽查与案件处理	9
金融行业电子化建设	
从业人员资格考试	
反洗钱	
金融部门其他监管支出	24
金融发展支出	205
政策性银行亏损补贴	
商业银行贷款贴息	
补充资本金	
风险基金补助	
其他金融发展支出	205
金融调控支出	
中央银行亏损补贴	
其他金融调控支出	
其他金融支出（款）	174
其他金融支出（项）	174
援助其他地区支出	
一般公共服务	
教育	
文化体育与传媒	
医疗卫生	
节能环保	
农业	
交通运输	
住房保障	
其他支出	
国土海洋气象等支出	372 744
国土资源事务	263 821

续表

预算科目	决算数
行政运行	63 369
一般行政管理事务	5 563
机关服务	567
国土资源规划及管理	2 654
土地资源调查	7 895
土地资源利用与保护	6 160
国土资源社会公益服务	500
国土资源行业业务管理	1 598
国土资源调查	3 362
国土整治	76 964
地质灾害防治	8 579
土地资源储备支出	575
地质矿产资源与环境调查	445
地质矿产资源利用与保护	19 192
地质转产项目财政贴息	
国外风险勘查	
地质勘查基金（周转金）支出	
事业运行	36 843
其他国土资源事务支出	29 555
海洋管理事务	
行政运行	
一般行政管理事务	
机关服务	
海域使用管理	
海洋环境保护与监测	
海洋调查评价	
海洋权益维护	
海洋执法监察	
海洋防灾减灾	
海洋卫星	
极地考察	
海洋矿产资源勘探研究	
海港航标维护	
海水淡化	
无居民海岛使用金支出	
海岛和海域保护	
事业运行	
其他海洋管理事务支出	

续表

预算科目	决算数
测绘事务	16 390
行政运行	1 150
一般行政管理事务	10
机关服务	98
基础测绘	6 638
航空摄影	
测绘工程建设	295
事业运行	6 844
其他测绘事务支出	1 355
地震事务	6 400
行政运行	3 238
一般行政管理事务	55
机关服务	
地震监测	775
地震预测预报	26
地震灾害预防	23
地震应急救援	753
地震环境探察	
防震减灾信息管理	15
防震减灾基础管理	32
地震事业机构	1 232
其他地震事务支出	251
气象事务	12 683
行政运行	1 353
一般行政管理事务	185
机关服务	
气象事业机构	3 751
气象探测	
气象信息传输及管理	18
气象预报预测	23
气象服务	6 758
气象装备保障维护	50
气象基础设施建设与维修	59
气象卫星	
气象法规与标准	
气象资金审计稽查	
其他气象事务支出	486
其他国土海洋气象等支出（款）	73 450

续表

预算科目	决算数
其他国土海洋气象等支出（项）	73 450
住房保障支出	3 059 572
保障性安居工程支出	2 820 468
廉租住房	600
沉陷区治理	
棚户区改造	781 426
少数民族地区游牧民定居工程	3 597
农村危房改造	535 696
公共租赁住房	142 935
保障性住房租金补贴	1 500
其他保障性安居工程支出	1 354 714
住房改革支出	220 594
住房公积金	220 594
提租补贴	
购房补贴	
城乡社区住宅	18 510
公有住房建设和维修改造支出	59
住房公积金管理	12 095
其他城乡社区住宅支出	6 356
粮油物资储备支出	124 100
粮油事务	67 725
行政运行	5 318
一般行政管理事务	447
机关服务	817
粮食财务与审计支出	
粮食信息统计	46
粮食专项业务活动	339
国家粮油差价补贴	600
粮食财务挂账利息补贴	11 413
粮食财务挂账消化款	265
处理陈化粮补贴	
粮食风险基金	43 383
粮油市场调控专项资金	
事业运行	927
其他粮油事务支出	4 170
物资事务	7 689
行政运行	2
一般行政管理事务	

续表

预算科目	决算数
机关服务	
铁路专用线	
护库武警和民兵支出	
物资保管与保养	
专项贷款利息	
物资转移	
物资轮换	
仓库建设	5 687
仓库安防	
事业运行	
其他物资事务支出	2 000
能源储备	
石油储备支出	
天然铀能源储备	
煤炭储备	
其他能源储备	
粮油储备	39 542
储备粮油补贴	1 982
储备粮油差价补贴	
储备粮（油）库建设	3 057
最低收购价政策支出	
其他粮油储备支出	34 503
重要商品储备	9 144
棉花储备	
食糖储备	
肉类储备	2 519
化肥储备	2 096
农药储备	254
边销茶储备	
羊毛储备	
医药储备	
食盐储备	
战略物资储备	
其他重要商品储备支出	4 275
其他支出（类）	837 891
其他支出（款）	837 891
其他支出（项）	837 891
债务付息支出	955 256

续表

预算科目	决算数
地方政府一般债务付息支出	955 256
地方政府一般债券付息支出	838 917
地方政府向外国政府借款付息支出	1 280
地方政府向国际组织借款付息支出	2 667
地方政府其他一般债务付息支出	112 392
债务发行费用支出	6 920
地方政府一般债务发行费用支出	6 920
本年支出合计	50 124 518

2017 年度新疆维吾尔自治区一般公共财政预算收支决算分级表

单位：万元

预算科目	决算数合计	省级	地级	其中：地级直属乡镇	县级	乡镇级	预算科目	决算数合计	省级	地级	其中：地级直属乡镇	县级	乡镇级
一、税收收入	9 443 839	439 661	2 361 403		6 642 775		一、一般公共服务支出	4 334 682	803 084	720 987		2 810 611	
增值税	4 091 506	7 639	1 164 483		2 919 384		二、外交支出	3 817	3 452	365			
企业所得税	1 142 704	39 659	389 450		713 595		三、国防支出	63 775	19 549	28 909		15 317	
个人所得税	647 804		112 438		535 366		四、公共安全支出	5 763 869	974 826	948 225		3 840 818	
资源税	690 587	391 798	67 322		231 467		五、教育支出	7 225 933	655 257	948 677		5 621 999	
城市维护建设税	598 776	565	156 052		442 159		六、科学技术支出	428 140	104 146	112 290		211 704	
房产税	371 239		68 404		302 835		七、文化体育与传媒支出	804 010	277 539	198 809		327 662	
印花税	165 139		43 880		121 259		八、社会保障和就业支出	5 260 047	1 423 171	799 536		3 037 340	
城镇土地使用税	433 926		100 275		333 651		九、医疗卫生与计划生育支出	2 667 093	190 998	465 278		2 010 817	
土地增值税	332 577		74 787		257 790		十、节能环保支出	546 583	32 844	124 289		389 450	
车船税	147 868		2 089		145 779		十一、城乡社区支出	3 293 009	6 210	1 005 849		2 280 950	
耕地占用税	482 833		43 260		439 573		十二、农林水支出	6 124 893	1 491 311	510 060		4 123 522	
契税	338 880		138 963		199 917		十三、交通运输支出	2 619 001	1 518 918	514 873		585 210	
烟叶税							十四、资源勘探信息等支出	2 365 236	1 510 666	356 109		498 461	
其他税收收入							十五、商业服务业等支出	363 216	190 151	52 435		120 630	
二、非税收入	5 221 350	1 746 562	1 315 732		2 159 056		十六、金融支出	44 256	5 448	24 294		14 514	
专项收入	1 233 152	131 713	599 767		501 672		十七、援助其他地区支出	300		300			
行政事业性收费收入	747 618	136 467	200 208		410 943		十八、国土海洋气象等支出	495 905	262 547	103 677		129 681	
罚没收入	358 488	57 909	92 786		207 793		十九、住房保障支出	2 344 777	17 967	348 811		1 977 999	
国有资本经营收入	184 604	58	114 623		69 923		二十、粮油物资储备支出	104 838	70 725	8 462		25 651	
国有资源（资产）有偿使用收入	2 326 880	1 365 287	139 764		821 829		二十一、其他支出	659 387	68 849	56 933		533 605	
其他收入	370 608	55 128	168 584		146 896		二十二、债务付息支出	850 854	332 782	311 442		206 630	
							二十三、债务发行费用支出	8 814	3 624	1 689		3 501	
本年收入合计	14 665 189	2 186 223	3 677 135		8 801 831		本年支出合计	46 372 435	9 964 064	7 642 299		28 766 072	

2018 年度新疆维吾尔自治区一般公共财政预算收支决算分级表

单位：万元

预算科目	决算数合计	省级	地级	其中：地级直属乡镇	县级	乡镇级	预算科目	决算数合计	省级	地级	其中：地级直属乡镇	县级	乡镇级
一、税收收入	10 517 998	1 535 485	2 614 248		6 368 265		一、一般公共服务支出	4 591 142	850 726	765 962		2 974 454	
增值税	4 264 807	428 313	1 152 605		2 683 889		二、外交支出	650	650				
企业所得税	1 271 307	243 976	364 033		663 298		三、国防支出	39 861	9 450	17 621		12 790	
个人所得税	741 943	75 152	150 487		516 304		四、公共安全支出	5 669 604	1 164 215	973 809		3 531 580	
资源税	879 728	510 561	85 767		283 400		五、教育支出	8 128 811	722 959	1 060 917		6 344 935	
城市维护建设税	666 438	71 892	144 691		449 855		六、科学技术支出	422 468	118 191	118 413		185 864	
房产税	429 340	47 729	75 284		306 327		七、文化体育与传媒支出	733 888	250 288	221 472		262 128	
印花税	186 804	20 216	52 007		114 581		八、社会保障和就业支出	5 790 592	1 939 077	811 398		3 040 117	
城镇土地使用税	486 443	43 830	95 646		346 967		九、医疗卫生与计划生育支出	2 861 387	235 753	581 936		2 043 698	
土地增值税	338 463	33 126	69 553		235 784		十、节能环保支出	943 276	231 515	151 744		560 017	
车船税	162 001	12 481	1 671		147 849		十一、城乡社区支出	3 178 118	115 329	1 257 737		1 805 052	
耕地占用税	633 196	14 796	156 263		462 137		十二、农林水支出	7 532 460	1 557 240	603 374		5 371 846	
契税	424 457	30 024	237 853		156 580		十三、交通运输支出	2 764 894	1 549 068	595 262		620 564	
烟叶税							十四、资源勘探信息等支出	1 787 059	435 504	988 919		362 636	
环境保护税	33 071	3 389	28 388		1 294		十五、商业服务业等支出	323 121	166 419	58 718		97 984	
其他税收收入							十六、金融支出	704	130	440		134	
二、非税收入	4 796 231	1 090 772	1 540 605		2 164 854		十七、援助其他地区支出						
专项收入	1 499 958	192 459	748 386		559 113		十八、国土海洋气象等支出	372 744	131 179	63 460		178 105	
行政事业性收费收入	776 943	111 911	140 871		524 161		十九、住房保障支出	3 059 572	21 015	795 041		2 243 516	
罚没收入	499 077	123 609	135 606		239 862		二十、粮油物资储备支出	124 100	87 384	16 250		20 466	
国有资本经营收入	197 488	300	128 985		68 203		二十一、其他支出	837 891	72 661	73 460		691 770	
国有资源（资产）有偿使用收入	1 263 479	475 943	132 117		655 419		二十二、债务付息支出	955 256	390 148	210 168		354 940	
其他收入	559 286	186 550	254 640		118 096		二十三、债务发行费用支出	6 920	1 987	1 552		3 381	
本年收入合计	15 314 229	2 626 257	4 154 853		8 533 119		本年支出合计	50 124 518	10 050 888	9 367 653		30 705 977	

2017 年度新疆维吾尔自治区政府性基金收支决算总表

决算 10 表

单位：万元

预算科目	调整预算数	决算数	预算科目	调整预算数	决算数
政府性基金收入	3 083 611	4 409 076	文化体育与传媒支出	4 828	3 069
			社会保障和就业支出	13 139	6 538
			节能环保支出		
			城乡社区支出	2 782 600	2 058 553
			农林水支出	260	
			交通运输支出	787 572	713 295
			资源勘探信息等支出	2 733	1 805
			商业服务业等支出	8 612	2 979
			其他支出	246 258	136 366
			债务付息支出	117 936	117 936
			债务发行费用支出	1 669	1 669
本年收入合计	3 083 611	4 409 076	本年支出合计	3 965 607	3 042 210
上级补助收入		144 424	上解上级支出		
待偿债置换专项债券上年结余					
上年结余		467 642			
调入资金		917	调出资金		1 334 192
债务（转贷）收入		1 756 000	债务还本支出		1 478 260
省补助计划单列市收入			计划单列市上解省支出		
			待偿债置换专项债券结余		
			年终结余		923 397
收入总计		6 778 059	支出总计		6 778 059

2018 年度新疆维吾尔自治区政府性基金收支决算总表

单位：万元

预算科目	调整预算数	决算数	预算科目	调整预算数	决算数
政府性基金收入	3 950 377	6 143 013	科学技术支出		
专项债券对应项目专项收入			文化体育与传媒支出	3 957	1 483
			社会保障和就业支出	13 110	9 376
			节能环保支出	6 484	6 484
			城乡社区支出	6 896 598	6 550 187
			农林水支出		
			交通运输支出	986 171	788 834
			资源勘探信息等支出		
			商业服务业等支出	10 365	7 996
			其他支出	455 976	362 976
			债务付息支出	169 119	169 119
			债务发行费用支出	3 734	3 734
本年收入合计	3 950 377	614 3013	本年支出合计	8 545 514	7 900 189
上级补助收入		232 444	上解上级支出		
待偿债置换专项债券上年结余					
上年结余		914 490			
调入资金		8 249	调出资金		1 708 863
债务（转贷）收入		3 813 000	债务还本支出		856 819
省补助计划单列市收入			计划单列市上解省支出		
			待偿债置换专项债券结余		
			年终结余		645 325
收入总计		11 111 196	支出总计		11 111 196

2017 年度新疆维吾尔自治区政府性基金收支决算分级表

单位：万元

收入项目	决算数合计	省级	地级	其中：地级直属乡镇	县级	乡镇级	支出项目	决算数合计	省级	地级	其中：地级直属乡镇	县级	乡镇级
国有土地使用权出让相关收入	3 267 693		1 767 894		1 499 799		国有土地使用权出让相关支出	1 993 466		700 503		1 292 963	
城市公用事业附加收入	18 583		9 566		9 017		城市公用事业附加相关支出	15 301		4 030		11 271	
国有土地收益基金收入	324				324		国有土地收益基金相关支出	303				303	
农业土地开发资金收入	24 007	3 463	4 028		16 516		农业土地开发资金相关支出	9 835	1 109	1 389		7 337	
城市基础设施配套费收入	189 313		102 731		86 582		城市基础设施配套费相关支出	145 452		74 592		70 860	
车辆通行费	736 661	736 653	8				车辆通行费相关支出	676 200	676 200				
彩票公益金收入	110 810	61 804	46 603		2 403		彩票公益金相关支出	107 929	30 282	30 734		46 913	
其他各项政府性基金收入	61 685	34 993	17 440		9 252		其他各项政府性基金相关支出	93 724	62 532	14 843		16 349	
本年收入合计	4 409 076	836 913	1 948 270		1 623 893		本年支出合计	3 042 210	770 123	826 091		1 445 996	

2018 年度新疆维吾尔自治区政府性基金收支决算分级表

单位：万元

收入项目	决算数合计	省级	地级	其中：地级直属乡镇	县级	乡镇级	支出项目	决算数合计	省级	地级	其中：地级直属乡镇	县级	乡镇级
国有土地使用权出让相关收入	4 773 707		2 585 370		2 188 337		国有土地使用权出让相关支出	6 507 581	200 000	3 516 367		2 791 214	
国有土地收益基金相关收入	107				107		国有土地收益基金相关支出	107				107	
农业土地开发资金收入	23 362	6 480	6 774		10 108		农业土地开发资金相关支出	10 980	1 039	3 364		6 577	
城市基础设施配套费收入	281 111		176 906		104 205		城市基础设施配套费相关支出	177 281		80 242		97 039	
污水处理费收入	30 763		23 822		6 941		污水处理费相关支出	22 893		15 938		6 955	
车辆通行费相关收入	867 391	867 391					车辆通行费相关支出	665 600	665 600				
彩票公益金收入	121 478	62 317	59 005		156		彩票公益金相关支出	189 191	46 113	41 560		101 518	
其他各项政府性基金相关收入	45 094	37 299	5 137		2 658		其他各项政府性基金相关支出	326 556	178 201	114 536		33 819	
本年收入合计	6 143 013	973 487	2 857 014		2 312 512		本年支出合计	7 900 189	1 090 953	3 772 007		3 037 229	

2017年度新疆维吾尔自治区预算资金年终资产负债表

单位：万元

资产部类					负债部类				
会计科目	期初数		期末数		会计科目	期初数		期末数	
	合计	其中：本级	合计	其中：本级		合计	其中：本级	合计	其中：本级
资产	8 519 606	19 440 264	11 080 157	28 296 509	负债	22 211 984	20 569 503	32 652 604	30 884 048
国库存款	4 698 088	3 480 110	5 462 004	3 970 713	应付短期政府债券	814 326	814 326		
国库现金管理存款					应付国库集中支付结余	1 855 861	624 520	1 826 067	563 610
其他财政存款	522 050	13 172	281 555	8 930	与上级往来	171 435	171 435	429 542	429 542
有价证券	12		12		其中：上级拨付国债转贷资金	13 172	13 172	8 930	8 930
在途款	84	84	445	445	计划单列市与省往来				
预拨经费	95 164	3 290	391 271	3 279	其他应付款	402 207	95 435	507 260	78 511
借出款项	505 767		465 200		应付代管资金	5 838		21 800	
应收股利	641		641		应付长期政府债券	18 863 787	18 863 787	29 812 385	29 812 385
与下级往来		116 926		-69 796	借入款项			55 550	
其中：省与计划单列市往来					应付地方政府债券转贷款				
其他应收款	225 808	15 721	566 930	6 103	应付主权外债转贷款				
应收地方政府债券转贷款		13 487 141		20 618 099	其他负债	98 530			
应收主权外债转贷款					净资产	-13 692 378	-1 129 239	-21 572 447	-2 587 539
股权投资	2 471 992	2 323 820	3 912 099	3 758 736	一般公共预算结转结余	1 394 517	1 148 045	1 206 126	728 149
待发国债					政府性基金预算结转结余	467 642	268 870	923 397	661 803
					国有资本经营预算结转结余	38 384	37 412	62 037	59 473
					专用基金结余	524		524	
					预算稳定调节基金	1 686 494	1 276 086	2 167 502	1 391 086
					预算周转金	24 071	7 500	23 162	7 500
					资产基金	2 472 633	15 810 961	3 912 740	24 376 835
					待偿债净资产	-19 776 643	-19 678 113	-29 867 935	-29 812 385
总计	8 519 606	19 440 264	11 080 157	28 296 509	总计	8 519 606	19 440 264	11 080 157	28 296 509

2018 年度新疆维吾尔自治区预算资金年终资产负债表

单位：万元

资产部类					负债部类				
会计科目	期初数		期末数		会计科目	期初数		期末数	
	合计	其中：本级	合计	其中：本级		合计	其中：本级	合计	其中：本级
资产	10 891 849	27 892 081	12 250 583	34 920 912	负债	32 512 638	30 884 048	41 472 151	39 800 488
国库存款	5 379 795	3 970 713	4 943 453	2 170 215	应付短期政府债券				
国库现金管理存款					应付国库集中支付结余	1 791 248	563 610	2 131 665	341 299
其他财政存款	196 396	8 930	214 889	5 134	与上级往来	429 542	429 542	447 515	447 515
有价证券	12		12		其中：上级拨付国债转贷资金	8 930	8 930	5 134	5 134
在途款	445	445	402	402	计划单列市与省往来				
预拨经费	391 271	3 279	1 152 631	150 000	其他应付款	396 714	78 511	526 648	85 082
借出款项	458 162		371 409		应付代管资金	21 800		32 784	
应收股利	641		641		应付长期政府债券	29 812 385	29 812 385	38 326 592	38 926 592
与下级往来		-71 387		863 005	借入款项	60 949		6 947	
其中：省与计划单列市往来					应付地方政府债券转贷款				
其他应收款	553 028	7 694	1 305 129	-660	应付主权外债转贷款				
应收地方政府债券转贷款		20 213 671		27 642 738	其他负债				
应收主权外债转贷款					净资产	-21 620 789	-2 991 967	-29 221 568	-4 879 576
股权投资	3 912 099	3 758 736	4 262 017	4 090 078	一般公共预算结转结余	1 207 728	728 149	1 511 424	452 809
待发国债					政府性基金预算结转结余	914 490	661 803	645 325	236 633
					国有资本经营预算结转结余	62 037	59 473	17 784	2 872
					专用基金结余	489		508	
					预算稳定调节基金	2 131 999	1 391 086	2 651 216	1 614 386
					预算周转金	23 062	7 500	23 056	7 500
					资产基金	3 912 740	23 972 407	4 262 658	31 732 816
					待偿债净资产	-29 873 334	-29 812 385	-38 333 539	-38 926 592
总计	10 891 849	27 892 081	12 250 583	34 920 912	总计	10 891 849	27 892 081	12 250 583	34 920 912

2018 年度新疆维吾尔自治区财政总决算收支完成情况表

单位：万元

预算科目	2017 年决算数	2018 年预算数	2018 年决算情况			预算科目	2017 年决算数	2018 年预算数	2018 年决算情况		
			决算数	为预算的%	比上年±%				决算数	为预算的%	比上年±%
一、税收收入	9 443 839	10 968 475	10 517 998	95.9	11.4	一般公共服务支出	4 334 682	4 747 600	4 591 142	96.7	5.9
国内增值税（含改征增值税）	4 048 314	4 943 388	4 247 535	85.9	4.9	外交支出	3 817	650	650	100.0	-83.0
企业所得税（含退税 40%）	1 142 704	1 342 989	1 271 307	94.7	11.3	国防支出	63 775	41 631	39 861	95.7	-37.5
个人所得税（40%）	647 804	759 247	741 943	97.7	14.5	公共安全支出	5 763 869	5 712 529	5 669 604	99.2	-1.6
资源税	690 587	740 705	879 728	118.8	27.4	教育支出	7 225 933	8 221 830	8 128 811	98.9	12.5
城市维护建设税	598 776	672 089	666 438	99.2	11.3	科学技术支出	428 140	423 170	422 468	99.8	-1.3
房产税	371 239	435 818	429 340	99.5	15.7	文化旅游体育与传媒支出	804 010	751 485	733 888	97.7	-8.7
印花税	165 139	186 865	186 804	100.0	13.1	社会保障和就业支出	5 260 047	5 864 227	5 790 592	98.7	10.1
城镇土地使用税	433 926	493 932	486 443	98.5	12.1	医疗卫生与计划生育支出	2 667 093	2 906 736	2 861 387	98.4	7.3
土地增值税	332 577	379 502	338 463	89.2	1.8	节能保护支出	546 583	1 002 480	943 276	94.1	72.6
车船税	147 868	165 303	162 001	98.0	9.6	城乡社区支出	3 293 009	3 214 404	3 178 118	98.9	-3.5
耕地占用税	482 833	435 609	633 196	145.4	31.1	农林水支出	6 124 893	7 747 968	7 532 460	97.2	23.0
契税	338 880	363 892	424 457	116.6	25.3	交通运输支出	2 619 001	2 841 199	2 764 894	97.3	5.6
其他税收收入	43 192	49 136	17 272	35.2	-60.0	资源勘探信息等支出	2 365 236	1 893 553	1 787 059	94.4	-24.4
二、非税收入	5 221 350	3 746 593	4 796 231	128.0	-8.1	商业服务业等支出	363 216	348 704	323 121	92.7	-11.0
专项收入	1 233 152	1 129 457	1 499 958	133.8	21.6	金融支出	44 256	867	704	81.2	-98.4
行政性收费收入	747 618	642 200	776 943	121.0	3.9	援助其他地区支出	300				-100.0
罚没收入	358 488	321 049	499 077	155.5	39.2	国土海洋气象等支出	495 905	413 319	372 744	90.2	-24.8
国有资本经营收入	184 604	168 340	197 488	117.3	7.0	住房保障支出	2 344 777	3 176 667	3 059 572	96.3	30.5
国有资源（资产）有偿使用收入	2 326 880	1 110 930	1 263 479	113.7	-45.7	粮油物资储备支出	104 838	125 922	124 100	98.6	18.4
捐赠收入	63 867	23 405	36 456	155.8	-42.9	其他支出	659 387	1 238 825	837 891	67.6	27.1
政府住房基金收入	129 965	201 282	195 993	97.4	50.8	债务付息支出	850 854	955 256	955 256	100.0	12.3
其他收入	176 776	149 930	326 837	218.0	84.9	债务发行费用支出	8 814	6 920	6 920	100.0	-21.5
一般公共预算收入	14 665 189	14 715 068	15 314 229	104.1	4.4	一般公共预算支出	46 372 435	51 635 942	50 124 518	97.1	8.1
政府性基金预算收入	4 409 076	3 950 377	6 143 013	155.8	39.3	政府性基金预算支出	3 042 210	8 545 514	7 900 189	92.4	159.7
国有资本经营预算收入	67 619	80 823	81 961	101.4	21.2	国有资本经营预算支出	71 149	105 265	98 535	93.6	38.5
地方财政收入合计	19 141 884	18 746 268	21 539 203	114.9	12.5	地方财政支出合计	49 485 794	60 286 721	58 123 242	96.4	17.5

2018 年度新疆维吾尔自治区分地区公共财政预算收支完成情况表

单位：万元

地区	一般公共预算收入				一般公共预算支出			
	2018 年决算数	2017 年决算数	比上年 ± %	增减额	2018 年决算数	2017 年预算数	比上年 ± %	增减额
合计	12 687 972	11 693 155	8. 5	994 817	40 073 630	35 424 405	13. 1	4 649 225
乌鲁木齐市	4 582 753	4 007 781	14. 3	574 972	6 597 858	4 585 812	43. 9	2 012 046
克拉玛依市	1 004 860	874 499	14. 9	130 361	1 319 907	1 112 898	18. 6	207 009
伊犁州	889 193	883 889	0. 6	5 304	3 421 900	3 407 566	0. 4	14 334
塔城地区	478 452	454 632	5. 2	23 820	1 787 957	1 713 511	4. 3	74 446
阿勒泰地区	350 657	339 737	3. 2	10 920	1 740 774	1 761 241	-1. 2	-20 467
博尔塔拉州	238 065	216 304	10. 1	21 761	1 067 289	1 064 093	0. 3	3 196
昌吉州	1 358 028	1 339 619	1. 4	18 409	2 617 182	2 623 069	-0. 2	-5 887
巴音郭楞州	829 103	806 606	2. 8	22 497	2 383 139	2 448 628	-2. 7	-65 489
阿克苏地区	1 088 814	939 721	15. 9	149 093	4 090 567	3 543 943	15. 4	546 624
克孜勒苏州	139 054	126 383	10. 0	12 671	1 805 186	1 433 515	25. 9	371 671
喀什地区	563 608	581 559	-3. 1	-17 951	6 721 394	6 029 633	11. 5	691 761
和田地区	279 498	262 568	6. 4	16 930	4 351 670	3 639 304	19. 6	712 366
吐鲁番市	419 208	361 769	15. 9	57 439	1 098 218	885 991	24. 0	212 227
哈密市	466 679	498 088	-6. 3	-31 409	1 070 589	1 175 201	-8. 9	-104 612

2018 年新疆财政收入分征收部门完成情况表

单位：万元

项目	地方财政收入				上划中央“四税”收入				全口径财政收入			
	2018 年	2017 年	增减额	比上年 ± %	2018 年	2017 年	增减额	比上年 ± %	2018 年	2017 年	增减额	比上年 ± %
一般公共预算收入小计	15 314 229	14 665 189	649 040	4.43	7 693 796	7 272 593	421 203	5.79	23 008 025	21 937 782	1 070 243	4.88
一、税务部门征收	10 517 998	9 443 839	1 074 159	11.37	7 693 796	7 272 593	421 203	5.79	18 211 794	16 716 432	1 495 362	8.95
增值税	4 247 535	4 048 314	199 221	4.92	4 267 807	4 098 314	169 493	4.14	8 515 342	8 146 628	368 714	4.53
国内消费税					406 115	404 789	1 326	0.33	406 115	404 789	1 326	0.33
营业税	17 272	43 192	−25 920	−60.01					17 272	43 192	−25 920	−60.01
企业所得税	1 271 307	1 142 704	128 603	11.25	1 906 960	1 797 785	109 175	6.07	3 178 267	2 940 489	237 778	8.09
个人所得税	741 943	647 804	94 139	14.53	1 112 914	971 705	141 209	14.53	1 854 857	1 619 509	235 348	14.53
资源税	879 728	690 587	189 141	27.39					879 728	690 587	189 141	27.39
城市维护建设税	666 438	598 776	67 662	11.30					666 438	598 776	67 662	11.30
房产税	429 340	371 239	58 101	15.65					429 340	371 239	58 101	15.65
印花税	186 804	165 139	21 665	13.12					186 804	165 139	21 665	13.12
城镇土地使用税	486 443	433 926	52 517	12.10					486 443	433 926	52 517	12.10
土地增值税	338 463	332 577	5 886	1.77					338 463	332 577	5 886	1.77
车船税	162 001	147 868	14 133	9.56					162 001	147 868	14 133	9.56
耕地占用税	633 196	482 833	150 363	31.14					633 196	482 833	150 363	31.14
契税	424 457	338 880	85 577	25.25					424 457	338 880	85 577	25.25
其他税收	33 071		33 071						33 071	0	33 071	
二、非税收入	4 796 231	5 221 350	−425 119	−8.14					4 796 231	5 221 350	−425 119	−8.14
基金预算收入小计	6 143 013	4 409 076	1 733 937	39.33					6 143 013	4 409 076	1 733 937	39.33
国有资本经营预算收入	81 961	67 619	14 342	21.21					81 961	67 619	14 342	21.21
地方财政收入合计	21 539 203	19 141 884	2 397 319	12.52	7 693 796	7 272 593	421 203	5.79	29 232 999	26 414 477	2 818 522	10.67

2018年度新疆维吾尔自治区县级公共财政预算收入排序表

单位：万元

序号	县市名称	数额
1	天山区	538 102
2	米东区	443 833
3	昌吉市	419 421
4	库车县	386 296
5	沙依巴克区	354 688
6	水磨沟区	351 513
7	库尔勒市	340 268
8	伊州区	291 806
9	霍尔果斯市	253 770
10	伊宁市	218 050
11	阿克苏市	204 349
12	阜康市	204 028
13	克拉玛依区	181 407
14	鄯善县	154 216
15	沙雅县	153 829
16	拜城县	152 190
17	托克逊县	149 688
18	乌苏市	148 779
19	新市区	137 755
20	喀什市	131 984
21	独山子区	125 540
22	和布克赛尔蒙古自治县	121 753
23	奎屯市	109 496
24	博乐市	108 241
25	呼图壁县	102 297
26	伊吾县	101 846
27	玛纳斯县	100 401
28	高昌区	95 131
29	富蕴县	88 170
30	轮台县	86 651
31	沙湾县	81 441
32	和田市	75 833
33	若羌县	72 271

续表

序号	县市名称	数额
34	奇台县	69 728
35	吉木萨尔县	62 278
36	新源县	60 405
37	和静县	59 080
38	乌鲁木齐县	57 943
39	莎车县	56 169
40	阿拉山口市	54 839
41	巴里坤哈萨克自治县	54 269
42	哈巴河县	54 006
43	叶城县	52 591
44	墨玉县	51 811
45	新和县	50 016
46	白碱滩区	49 349
47	温宿县	48 561
48	乌恰县	46 817
49	伊宁县	45 735
50	阿勒泰市	44 537
51	塔城市	42 647
52	精河县	41 684
53	阿图什市	39 407
54	木垒哈萨克自治县	38 231
55	布尔津县	37 602
56	尼勒克县	37 366
57	霍城县	36 936
58	伽师县	36 788
59	达坂城区	36 612
60	疏勒县	34 023
61	阿克陶县	34 021
62	察布查尔锡伯自治县	33 918
63	焉耆回族自治县	32 493
64	巴楚县	32 214
65	和田县	29 967
66	且末县	29 061

续表

序号	县市名称	数额
67	尉犁县	29 005
68	洛浦县	28 586
69	福海县	27 921
70	额敏县	27 831
71	泽普县	25 759
72	青河县	24 609
73	于田县	24 419
74	疏附县	23 921
75	阿瓦提县	23 638
76	皮山县	23 429
77	特克斯县	22 482
78	乌尔禾区	20 726
79	巩留县	20 054
80	麦盖提县	19 550
81	昭苏县	19 289
82	英吉沙县	18 410
83	托里县	18 346
84	和硕县	17 813
85	岳普湖县	17 012
86	博湖县	16 956
87	吉木乃县	15 593
88	乌什县	15 100
89	塔什库尔干塔吉克自治县	14 052
90	温泉县	13 999
91	策勒县	12 367
92	民丰县	11 919
93	阿合奇县	9 000
94	裕民县	8 673
95	柯坪县	6 513
96	头屯河区	
合计		8 533 119

2018 年度新疆维吾尔自治区县级公共财政预算支出排序表

单位：万元

序号	县市名称	数额
1	莎车县	1 074 474
2	墨玉县	839 258
3	叶城县	833 053
4	库车县	736 466
5	喀什市	676 393
6	昌吉市	619 915
7	阿克苏市	617 938
8	伽师县	615 394
9	米东区	596 777
10	阿克陶县	581 206
11	库尔勒市	564 556
12	和田市	559 665
13	巴楚县	543 411
14	疏勒县	523 843
15	和田县	523 837
16	伊宁市	509 176
17	洛浦县	498 953
18	于田县	491 081
19	皮山县	488 560
20	伊州区	474 747
21	阿图什市	466 428
22	天山区	440 026
23	沙雅县	439 001
24	疏附县	417 274
25	英吉沙县	394 383
26	伊宁县	368 936
27	策勒县	361 392
28	霍尔果斯市	355 856
29	拜城县	355 261
30	温宿县	354 554
31	水磨沟区	354 242
32	麦盖提县	350 504
33	乌什县	350 109

续表

序号	县市名称	数额
34	博乐市	338 449
35	阿瓦提县	334 886
36	乌苏市	328 138
37	高昌区	322 071
38	沙依巴克区	316 802
39	托克逊县	314 407
40	鄯善县	313 522
41	新和县	301 531
42	阜康市	298 279
43	乌恰县	297 624
44	泽普县	296 210
45	克拉玛依区	294 502
46	岳普湖县	286 506
47	奇台县	284 123
48	阿勒泰市	280 822
49	奎屯市	280 551
50	新源县	278 787
51	吉木萨尔县	273 968
52	富蕴县	271 256
53	精河县	265 807
54	霍城县	259 275
55	塔什库尔干塔吉克自治县	242 444
56	玛纳斯县	238 983
57	察布查尔锡伯自治县	234 437
58	和静县	228 050
59	沙湾县	227 984
60	呼图壁县	224 963
61	轮台县	222 437
62	特克斯县	219 358
63	塔城市	219 313
64	尼勒克县	212 564
65	青河县	211 938
66	额敏县	211 693

续表

序号	县市名称	数额
67	昭苏县	202 999
68	巴里坤哈萨克自治县	200 911
69	巩留县	198 882
70	福海县	198 514
71	哈巴河县	191 462
72	和布克赛尔蒙古自治县	191 238
73	阿合奇县	189 551
74	布尔津县	184 594
75	木垒哈萨克自治县	177 047
76	若羌县	176 599
77	焉耆回族自治县	170 870
78	独山子区	166 566
79	吉木乃县	166 266
80	尉犁县	158 254
81	托里县	152 910
82	柯坪县	149 999
83	阿拉山口市	148 821
84	乌鲁木齐县	147 616
85	温泉县	146 195
86	且末县	145 521
87	伊吾县	145 312
88	白碱滩区	141 717
89	民丰县	132 455
90	和硕县	128 831
91	博湖县	110 833
92	裕民县	106 800
93	乌尔禾区	88 486
94	达坂城区	78 379
95	新市区	
96	头屯河区	
合计		30 705 977

2018年度乌鲁木齐市一般公共预算收支决算总表

单位：万元

预算科目	决算数	预算科目	决算数	预算科目	决算数	预算科目	决算数
一、税收收入	3 213 658	一、一般公共服务支出	381 095	本年收入合计	4 582 753	本年支出合计	6 597 858
增值税	1 149 823	二、外交支出		上级补助收入	1 845 912	上解上级支出	532 368
企业所得税	518 948	三、国防支出	2 137	返还性收入	340 530		
个人所得税	290 951	四、公共安全支出	601 268	一般性转移支付收入	288 615		
资源税	6 817	五、教育支出	830 951	专项转移支付收入	1 216 767		
城市维护建设税	208 819	六、科学技术支出	102 287	待偿债置换一般债券上年结余			
房产税	188 304	七、文化体育与传媒支出	86 172	上年结余	33 809		
印花税	76 468	八、社会保障和就业支出	705 511	调入资金	667 810	调出资金	
城镇土地使用税	75 777	九、医疗卫生与计划生育支出	203 747	从政府性基金预算调入	652 858		
土地增值税	199 200	十、节能环保支出	147 140	从国有资本经营预算调入	2 287		
车船税	44 472	十一、城乡社区支出	1 138 163	从其他资金调入	12 665		
耕地占用税	203 405	十二、农林水支出	344 565	债务（转贷）收入	576 579	债务还本支出	549 801
契税	248 350	十三、交通运输支出	121 849			增设预算周转金	
烟叶税		十四、资源勘探信息等支出	774 476	国债转贷收入、上年结余及转补助数		国债转贷拨付数及年终结余	
环境保护税	2 324	十五、商业服务业等支出	27 359	调入预算稳定调节基金	216 091	补充预算稳定调节基金	187 429
其他税收收入		十六、金融支出		接受其他地区援助收入		援助其他地区支出	
二、非税收入	1 369 095	十七、援助其他地区支出		省补助计划单列市收入		计划单列市上解省支出	
专项收入	909 604	十八、国土海洋气象等支出	12 689			待偿债置换一般债券结余	
行政事业性收费收入	113 553	十九、住房保障支出	969 966			年终结余	55 498
罚没收入	72 806	二十、粮油物资储备支出	6 191			减：结转下年的支出	55 498
国有资本经营收入	98 439	二十一、预备费				净结余	
国有资源（资产）有偿使用收入	77 685	二十二、其他支出	16 407				
其他收入	97 008	二十三、债务付息支出	125 291				
		二十四、债务发行费用支出	594				
本年收入合计	4 582 753	本年支出合计	6 597 858	收入总计	7 922 954	支出总计	7 922 954

2018 年度克拉玛依市一般公共预算收支决算总表

单位：万元

预算科目	决算数	预算科目	决算数	预算科目	决算数	预算科目	决算数
一、税收收入	790 202	一、一般公共服务支出	141 550	本年收入合计	1 004 860	本年支出合计	1 319 907
增值税	439 528	二、外交支出		上级补助收入	179 325	上解上级支出	74 226
企业所得税	51 615	三、国防支出	372	返还性收入	34 718		
个人所得税	41 807	四、公共安全支出	186 102	一般性转移支付收入	80 753		
资源税	37 057	五、教育支出	237 292	专项转移支付收入	63 854		
城市维护建设税	99 049	六、科学技术支出	16 272	待偿债置换一般债券上年结余			
房产税	19 133	七、文化体育与传媒支出	30 525	上年结余			
印花税	8 901	八、社会保障和就业支出	73 814	调入资金	143 111	调出资金	
城镇土地使用税	51 430	九、医疗卫生与计划生育支出	98 425	从政府性基金预算调入	1 121		
土地增值税	4 982	十、节能环保支出	27 796	从国有资本经营预算调入	1 981		
车船税	6 850	十一、城乡社区支出	363 534	从其他资金调入	128 009		
耕地占用税	19 673	十二、农林水支出	24 255	债务（转贷）收入	407 200	债务还本支出	338 034
契税	8 841	十三、交通运输支出	29 517			增设预算周转金	
烟叶税		十四、资源勘探信息等支出	11 025	国债转贷收入、上年结余及转补助数		国债转贷拨付数及年终结余	
环境保护税	1 336	十五、商业服务业等支出	2 051	调入预算稳定调节基金	5 240	补充预算稳定调节基金	4 898
其他税收收入		十六、金融支出	126	接受其他地区援助收入		援助其他地区支出	
二、非税收入	214 658	十七、援助其他地区支出		省补助计划单列市收入		计划单列市上解省支出	
专项收入	84 296	十八、国土海洋气象等支出	3 708			待偿债置换一般债券结余	
行政事业性收费收入	15 404	十九、住房保障支出	4 648			年终结余	2 671
罚没收入	8 798	二十、粮油物资储备支出	855			减：结转下年的支出	2 671
国有资本经营收入	10 009	二十一、预备费				净结余	
国有资源（资产）有偿使用收入	37 731	二十二、其他支出	4 386				
其他收入	58 420	二十三、债务付息支出	63135				
		二十四、债务发行费用支出	519				
本年收入合计	1 004 860	本年支出合计	1 319 907	收入总计	1 739 736	支出总计	1 739 736

2018年度伊犁州一般公共预算收支决算总表

单位：万元

预算科目	决算数	预算科目	决算数	预算科目	决算数	预算科目	决算数
一、税收收入	687 325	一、一般公共服务支出	291 939	本年收入合计	889 193	本年支出合计	3 421 900
增值税	348 415	二、外交支出		上级补助收入	2 210 135	上解上级支出	49 759
企业所得税	59 897	三、国防支出	2 695	返还性收入	101 897		
个人所得税	64 276	四、公共安全支出	369 400	一般性转移支付收入	1 256 537		
资源税	12 419	五、教育支出	751 020	专项转移支付收入	851 701		
城市维护建设税	45 927	六、科学技术支出	22 494	待偿债置换一般债券上年结余			
房产税	28 537	七、文化体育与传媒支出	56 193	上年结余	16 163		
印花税	17 238	八、社会保障和就业支出	376 414	调入资金	50 684	调出资金	2 225
城镇土地使用税	32 365	九、医疗卫生与计划生育支出	292 637	从政府性基金预算调入	46 266		
土地增值税	18 049	十、节能环保支出	61 869	从国有资本经营预算调入	606		
车船税	16 409	十一、城乡社区支出	270 231	从其他资金调入	3 812		
耕地占用税	15 720	十二、农林水支出	384 310	债务（转贷）收入	342 850	债务还本支出	96 815
契税	26 124	十三、交通运输支出	137 360			增设预算周转金	
烟叶税		十四、资源勘探信息等支出	94 862	国债转贷收入、上年结余及转补助数		国债转贷拨付数及年终结余	
环境保护税	1 949	十五、商业服务业等支出	23 227	调入预算稳定调节基金	98 549	补充预算稳定调节基金	27 183
其他税收收入		十六、金融支出		接受其他地区援助收入		援助其他地区支出	
二、非税收入	201 868	十七、援助其他地区支出		省补助计划单列市收入		计划单列市上解省支出	
专项收入	42 291	十八、国土海洋气象等支出	18 633			待偿债置换一般债券结余	
行政事业性收费收入	58 386	十九、住房保障支出	166 767			年终结余	9 692
罚没收入	37 588	二十、粮油物资储备支出	4 880			减：结转下年的支出	9 692
国有资本经营收入	117	二十一、预备费				净结余	
国有资源（资产）有偿使用收入	47 855	二十二、其他支出	53 961				
其他收入	15 631	二十三、债务付息支出	42 657				
		二十四、债务发行费用支出	351				
本年收入合计	889 193	本年支出合计	3 421 900	收入总计	3 607 574	支出总计	3 607 574

2018 年度塔城地区一般公共预算收支决算总表

单位：万元

预算科目	决算数	预算科目	决算数	预算科目	决算数	预算科目	决算数
一、税收收入	296 873	一、一般公共服务支出	178 752	本年收入合计	478 452	本年支出合计	1 787 957
增值税	119 928	二、外交支出		上级补助收入	1 154 322	上解上级支出	17 947
企业所得税	27 695	三、国防支出	1 613	返还性收入	37 842		
个人所得税	15 173	四、公共安全支出	158 614	一般性转移支付收入	582 870		
资源税	22 729	五、教育支出	262 941	专项转移支付收入	533 610		
城市维护建设税	14 276	六、科学技术支出	23 359	待偿债置换一般债券上年结余			
房产税	7 898	七、文化体育与传媒支出	24 618	上年结余	51 977		
印花税	3 675	八、社会保障和就业支出	178 859	调入资金	94 880	调出资金	
城镇土地使用税	22 309	九、医疗卫生与计划生育支出	99 780	从政府性基金预算调入	6 422		
土地增值税	5 200	十、节能环保支出	24 763	从国有资本经营预算调入	7		
车船税	5 802	十一、城乡社区支出	84 553	从其他资金调入	88 451		
耕地占用税	42 561	十二、农林水支出	350 707	债务（转贷）收入	222 400	债务还本支出	106 412
契税	8 835	十三、交通运输支出	171 252			增设预算周转金	
烟叶税		十四、资源勘探信息等支出	13 265	国债转贷收入、上年结余及转补助数		国债转贷拨付数及年终结余	
环境保护税	792	十五、商业服务业等支出	7 680	调入预算稳定调节基金	26 325	补充预算稳定调节基金	69 234
其他税收收入		十六、金融支出	17	接受其他地区援助收入		援助其他地区支出	
二、非税收入	181 579	十七、援助其他地区支出		省补助计划单列市收入		计划单列市上解省支出	
专项收入	17 897	十八、国土海洋气象等支出	14 126			待偿债置换一般债券结余	
行政事业性收费收入	25 327	十九、住房保障支出	91 414			年终结余	46 806
罚没收入	20 459	二十、粮油物资储备支出	3 523			减：结转下年的支出	46 806
国有资本经营收入	19 025	二十一、预备费				净结余	
国有资源（资产）有偿使用收入	76 577	二十二、其他支出	65 768				
其他收入	22 294	二十三、债务付息支出	31 981				
		二十四、债务发行费用支出	372				
本年收入合计	478 452	本年支出合计	1 787 957	收入总计	2 028 356	支出总计	2 028 356

2018 年度阿勒泰地区一般公共预算收支决算总表

单位：万元

预算科目	决算数	预算科目	决算数	预算科目	决算数	预算科目	决算数
一、税收收入	241 049	一、一般公共服务支出	181 803	本年收入合计	350 657	本年支出合计	1 740 774
增值税	85 712	二、外交支出		上级补助收入	1 224 961	上解上级支出	11 514
企业所得税	32 887	三、国防支出	1 636	返还性收入	8 966		
个人所得税	11 650	四、公共安全支出	171 567	一般性转移支付收入	557 192		
资源税	29 706	五、教育支出	289 479	专项转移支付收入	658 803		
城市维护建设税	9 485	六、科学技术支出	13 426	待偿债置换一般债券上年结余			
房产税	5 510	七、文化体育与传媒支出	24 216	上年结余	19 993		
印花税	1 821	八、社会保障和就业支出	162 386	调入资金	83 977	调出资金	
城镇土地使用税	4 183	九、医疗卫生与计划生育支出	95 073	从政府性基金预算调入	8 829		
土地增值税	3 938	十、节能环保支出	53 029	从国有资本经营预算调入	97		
车船税	3 675	十一、城乡社区支出	79 633	从其他资金调入	75 051		
耕地占用税	47 678	十二、农林水支出	323 463	债务（转贷）收入	243 700	债务还本支出	89 196
契税	4 147	十三、交通运输支出	61 982			增设预算周转金	
烟叶税		十四、资源勘探信息等支出	12 263	国债转贷收入、上年结余及转补助数		国债转贷拨付数及年终结余	
环境保护税	657	十五、商业服务业等支出	8 489	调入预算稳定调节基金	4 148	补充预算稳定调节基金	28 747
其他税收收入		十六、金融支出	11	接受其他地区援助收入		援助其他地区支出	
二、非税收入	109 608	十七、援助其他地区支出		省补助计划单列市收入		计划单列市上解省支出	
专项收入	13 736	十八、国土海洋气象等支出	83 696			待偿债置换一般债券结余	
行政事业性收费收入	9 253	十九、住房保障支出	59 306			年终结余	57 205
罚没收入	9 887	二十、粮油物资储备支出	2 123			减：结转下年的支出	57 205
国有资本经营收入	252	二十一、预备费				净结余	
国有资源（资产）有偿使用收入	18 775	二十二、其他支出	87 607				
其他收入	57 705	二十三、债务付息支出	29 334				
		二十四、债务发行费用支出	252				
本年收入合计	350 657	本年支出合计	1 740 774	收入总计	1 927 436	支出总计	1 927 436

2018 年度博尔塔拉州一般公共预算收支决算总表

单位：万元

预算科目	决算数	预算科目	决算数	预算科目	决算数	预算科目	决算数
一、税收收入	153 224	一、一般公共服务支出	91 178	本年收入合计	238 065	本年支出合计	1 067 289
增值税	70 505	二、外交支出		上级补助收入	672 003	上解上级支出	3 686
企业所得税	13 343	三、国防支出	2 378	返还性收入	22 346		
个人所得税	10 134	四、公共安全支出	114 685	一般性转移支付收入	328 168		
资源税	1 188	五、教育支出	170 117	专项转移支付收入	321 489		
城市维护建设税	9 716	六、科学技术支出	20 099	待偿债置换一般债券上年结余			
房产税	3 226	七、文化体育与传媒支出	16 282	上年结余	500		
印花税	2 396	八、社会保障和就业支出	123 421	调入资金	32 647	调出资金	
城镇土地使用税	3 364	九、医疗卫生与计划生育支出	58 281	从政府性基金预算调入	28 920		
土地增值税	2 322	十、节能环保支出	75 669	从国有资本经营预算调入			
车船税	3 227	十一、城乡社区支出	106 183	从其他资金调入	3 727		
耕地占用税	29 772	十二、农林水支出	111 765	债务（转贷）收入	204 900	债务还本支出	34 366
契税	3 602	十三、交通运输支出	35 921			增设预算周转金	
烟叶税		十四、资源勘探信息等支出	10 947	国债转贷收入、上年结余及转补助数		国债转贷拨付数及年终结余	
环境保护税	429	十五、商业服务业等支出	7 990	调入预算稳定调节基金	4 224	补充预算稳定调节基金	45 216
其他税收收入		十六、金融支出		接受其他地区援助收入		援助其他地区支出	
二、非税收入	84 841	十七、援助其他地区支出		省补助计划单列市收入		计划单列市上解省支出	
专项收入	8 405	十八、国土海洋气象等支出	6 039			待偿债置换一般债券结余	
行政事业性收费收入	15 931	十九、住房保障支出	64 090			年终结余	1 782
罚没收入	11 483	二十、粮油物资储备支出	1 935			减：结转下年的支出	1 782
国有资本经营收入	12 914	二十一、预备费				净结余	
国有资源（资产）有偿使用收入	31 330	二十二、其他支出	28 002				
其他收入	4 778	二十三、债务付息支出	22 098				
		二十四、债务发行费用支出	209				
本年收入合计	238 065	本年支出合计	1 067 289	收入总计	1 152 339	支出总计	1 152 339

2018 年度昌吉州一般公共预算收支决算总表

单位：万元

预算科目	决算数	预算科目	决算数	预算科目	决算数	预算科目	决算数
一、税收收入	828 659	一、一般公共服务支出	255 643	本年收入合计	1 358 028	本年支出合计	2 617 182
增值税	355 938	二、外交支出		上级补助收入	1 218 629	上解上级支出	42 963
企业所得税	85 978	三、国防支出	2 918	返还性收入	49 663		
个人所得税	50 290	四、公共安全支出	290 587	一般性转移支付收入	583 585		
资源税	29 346	五、教育支出	416 013	专项转移支付收入	585 381		
城市维护建设税	40 976	六、科学技术支出	31 335	待偿债置换一般债券上年结余			
房产税	45 307	七、文化体育与传媒支出	43 052	上年结余	97 274		
印花税	16 732	八、社会保障和就业支出	191 688	调入资金	40 323	调出资金	
城镇土地使用税	64 290	九、医疗卫生与计划生育支出	224 671	从政府性基金预算调入	25 077		
土地增值税	25 176	十、节能环保支出	86 729	从国有资本经营预算调入	940		
车船税	14 472	十一、城乡社区支出	328 464	从其他资金调入	14 306		
耕地占用税	55 874	十二、农林水支出	301 062	债务（转贷）收入	230 600	债务还本支出	159 782
契税	34 679	十三、交通运输支出	53 314			增设预算周转金	
烟叶税		十四、资源勘探信息等支出	92 828	国债转贷收入、上年结余及转补助数		国债转贷拨付数及年终结余	
环境保护税	9 601	十五、商业服务业等支出	11 068	调入预算稳定调节基金	21 244	补充预算稳定调节基金	52 541
其他税收收入		十六、金融支出		接受其他地区援助收入		援助其他地区支出	
二、非税收入	529 369	十七、援助其他地区支出		省补助计划单列市收入		计划单列市上解省支出	
专项收入	46 685	十八、国土海洋气象等支出	19 997			待偿债置换一般债券结余	
行政事业性收费收入	130 357	十九、住房保障支出	198 600			年终结余	93 630
罚没收入	47 201	二十、粮油物资储备支出	5 477			减：结转下年的支出	93 630
国有资本经营收入	31 801	二十一、预备费				净结余	
国有资源（资产）有偿使用收入	256 816	二十二、其他支出	18 376				
其他收入	16 509	二十三、债务付息支出	45 167				
		二十四、债务发行费用支出	193				
本年收入合计	1 358 028	本年支出合计	2 617 182	收入总计	2 966 098	支出总计	2 966 098

2018 年度巴音郭楞州一般公共预算收支决算总表

单位：万元

预算科目	决算数	预算科目	决算数	预算科目	决算数	预算科目	决算数
一、税收收入	605 666	一、一般公共服务支出	227 836	本年收入合计	829 103	本年支出合计	2 383 139
增值税	253 632	二、外交支出		上级补助收入	1 386 871	上解上级支出	24 697
企业所得税	48 795	三、国防支出	2 994	返还性收入	40 348		
个人所得税	43 940	四、公共安全支出	313 267	一般性转移支付收入	601 462		
资源税	65 126	五、教育支出	446 537	专项转移支付收入	745 061		
城市维护建设税	31 557	六、科学技术支出	33 670	待偿债置换一般债券上年结余			
房产税	24 531	七、文化体育与传媒支出	28 631	上年结余	-7 334		
印花税	9 546	八、社会保障和就业支出	234 761	调入资金	97 784	调出资金	
城镇土地使用税	54 774	九、医疗卫生与计划生育支出	177 382	从政府性基金预算调入	21 896		
土地增值税	11 356	十、节能环保支出	37 742	从国有资本经营预算调入	7 081		
车船税	13 393	十一、城乡社区支出	91 044	从其他资金调入	68 807		
耕地占用税	34 046	十二、农林水支出	352 515	债务（转贷）收入	193 600	债务还本支出	59 787
契税	13 879	十三、交通运输支出	97 383			增设预算周转金	
烟叶税		十四、资源勘探信息等支出	94 074	国债转贷收入、上年结余及转补助数		国债转贷拨付数及年终结余	
环境保护税	1 091	十五、商业服务业等支出	8 280	调入预算稳定调节基金	888	补充预算稳定调节基金	19 761
其他税收收入		十六、金融支出		接受其他地区援助收入		援助其他地区支出	
二、非税收入	223 437	十七、援助其他地区支出		省补助计划单列市收入		计划单列市上解省支出	
专项收入	43 069	十八、国土海洋气象等支出	12 033			待偿债置换一般债券结余	
行政事业性收费收入	36 044	十九、住房保障支出	105 916			年终结余	13 528
罚没收入	32 954	二十、粮油物资储备支出	2 713			减：结转下年的支出	13 528
国有资本经营收入	10 966	二十一、预备费				净结余	
国有资源（资产）有偿使用收入	78 012	二十二、其他支出	78 723				
其他收入	22 392	二十三、债务付息支出	37 420				
		二十四、债务发行费用支出	218				
本年收入合计	829 103	本年支出合计	2 383 139	收入总计	2 500 912	支出总计	2 500 912

2018 年度克孜勒苏州一般公共预算收支决算总表

单位：万元

预算科目	决算数	预算科目	决算数	预算科目	决算数	预算科目	决算数
一、税收收入	102 012	一、一般公共服务支出	196 692	本年收入合计	139 054	本年支出合计	1 805 186
增值税	48 491	二、外交支出		上级补助收入	1 395 428	上解上级支出	3 976
企业所得税	14 169	三、国防支出		返还性收入	8 109		
个人所得税	7 995	四、公共安全支出	232 474	一般性转移支付收入	797 393		
资源税	15 438	五、教育支出	326 122	专项转移支付收入	589 926		
城市维护建设税	4 587	六、科学技术支出	2 108	待偿债置换一般债券上年结余			
房产税	1 568	七、文化体育与传媒支出	20 731	上年结余	-161		
印花税	1 147	八、社会保障和就业支出	176 945	调入资金	32 810	调出资金	
城镇土地使用税	686	九、医疗卫生与计划生育支出	104 249	从政府性基金预算调入	2 790		
土地增值税	1 450	十、节能环保支出	9 506	从国有资本经营预算调入			
车船税	2 073	十一、城乡社区支出	66 500	从其他资金调入	30 020		
耕地占用税	2 224	十二、农林水支出	461 232	债务（转贷）收入	294 435	债务还本支出	65 660
契税	1 830	十三、交通运输支出	70 505			增设预算周转金	
烟叶税		十四、资源勘探信息等支出	2 710	国债转贷收入、上年结余及转补助数		国债转贷拨付数及年终结余	
环境保护税	354	十五、商业服务业等支出	3 809	调入预算稳定调节基金	15 375	补充预算稳定调节基金	2 119
其他税收收入		十六、金融支出		接受其他地区援助收入		援助其他地区支出	
二、非税收入	37 042	十七、援助其他地区支出		省补助计划单列市收入		计划单列市上解省支出	
专项收入	6 034	十八、国土海洋气象等支出	5 641			待偿债置换一般债券结余	
行政事业性收费收入	12 625	十九、住房保障支出	65 427			年终结余	
罚没收入	8 846	二十、粮油物资储备支出	539			减：结转下年的支出	
国有资本经营收入		二十一、预备费				净结余	
国有资源（资产）有偿使用收入	5 412	二十二、其他支出	44 466				
其他收入	4 125	二十三、债务付息支出	15 223				
		二十四、债务发行费用支出	307				
本年收入合计	139 054	本年支出合计	1 805 186	收入总计	1 876 941	支出总计	1 876 941

2018 年度阿克苏地区一般公共预算收支决算总表

单位：万元

预算科目	决算数	预算科目	决算数	预算科目	决算数	预算科目	决算数
一、税收收入	903 859	一、一般公共服务支出	449 441	本年收入合计	1 088 814	本年支出合计	4 090 567
增值税	426 076	二、外交支出		上级补助收入	2 689 366	上解上级支出	34 013
企业所得税	59 509	三、国防支出	3 218	返还性收入	26 228		
个人所得税	33 874	四、公共安全支出	461 030	一般性转移支付收入	1 078 868		
资源税	82 011	五、教育支出	817 431	专项转移支付收入	1 584 270		
城市维护建设税	62 829	六、科学技术支出	16 927	待偿债置换一般债券上年结余			
房产税	16 806	七、文化体育与传媒支出	41 984	上年结余	20 449		
印花税	8 391	八、社会保障和就业支出	295 812	调入资金	138 121	调出资金	
城镇土地使用税	31 679	九、医疗卫生与计划生育支出	308 438	从政府性基金预算调入	34 220		
土地增值税	15 438	十、节能环保支出	83 711	从国有资本经营预算调入	6 466		
车船税	12 056	十一、城乡社区支出	146 996	从其他资金调入	97 435		
耕地占用税	138 047	十二、农林水支出	699 001	债务（转贷）收入	518 550	债务还本支出	271 287
契税	14 044	十三、交通运输支出	121 257			增设预算周转金	
烟叶税		十四、资源勘探信息等支出	86 998	国债转贷收入、上年结余及转补助数		国债转贷拨付数及年终结余	
环境保护税	3 099	十五、商业服务业等支出	24 198	调入预算稳定调节基金	50 716	补充预算稳定调节基金	70 546
其他税收收入		十六、金融支出	259	接受其他地区援助收入		援助其他地区支出	
二、非税收入	184 955	十七、援助其他地区支出		省补助计划单列市收入		计划单列市上解省支出	
专项收入	61 295	十八、国土海洋气象等支出	21 162			待偿债置换一般债券结余	
行政事业性收费收入	43 912	十九、住房保障支出	401 154			年终结余	39 603
罚没收入	26 326	二十、粮油物资储备支出	2 933			减：结转下年的支出	39 603
国有资本经营收入	4 100	二十一、预备费				净结余	
国有资源（资产）有偿使用收入	39 322	二十二、其他支出	55 742				
其他收入	10 000	二十三、债务付息支出	52 402				
		二十四、债务发行费用支出	473				
本年收入合计	1 088 814	本年支出合计	4 090 567	收入总计	4 506 016	支出总计	4 506 016

2018 年度喀什地区一般公共预算收支决算总表

单位：万元

预算科目	决算数	预算科目	决算数	预算科目	决算数	预算科目	决算数
一、税收收入	344 808	一、一般公共服务支出	582 943	本年收入合计	563 608	本年支出合计	6 721 394
增值税	164 027	二、外交支出		上级补助收入	5 718 767	上解上级支出	18 518
企业所得税	30 316	三、国防支出	3 997	返还性收入	37 437		
个人所得税	41 990	四、公共安全支出	841 045	一般性转移支付收入	2 951 299		
资源税	3 039	五、教育支出	1 563 104	专项转移支付收入	2 730 031		
城市维护建设税	22 998	六、科学技术支出	7 500	待偿债置换一般债券上年结余			
房产税	12 748	七、文化体育与传媒支出	38 693	上年结余	171 405		
印花税	7 505	八、社会保障和就业支出	701 489	调入资金	382 925	调出资金	
城镇土地使用税	22 633	九、医疗卫生与计划生育支出	514 996	从政府性基金预算调入	91 053		
土地增值税	7 730	十、节能环保支出	48 444	从国有资本经营预算调入	599		
车船税	10 480	十一、城乡社区支出	184 611	从其他资金调入	291 273		
耕地占用税	6 189	十二、农林水支出	1 258 228	债务（转贷）收入	552 100	债务还本支出	29 733
契税	14 495	十三、交通运输支出	151 804			增设预算周转金	
烟叶税		十四、资源勘探信息等支出	69 364	国债转贷收入、上年结余及转补助数		国债转贷拨付数及年终结余	
环境保护税	658	十五、商业服务业等支出	17 778	调入预算稳定调节基金	37 070	补充预算稳定调节基金	228 892
其他税收收入		十六、金融支出	64	接受其他地区援助收入		援助其他地区支出	
二、非税收入	218 800	十七、援助其他地区支出		省补助计划单列市收入		计划单列市上解省支出	
专项收入	26 310	十八、国土海洋气象等支出	15 343			待偿债置换一般债券结余	
行政事业性收费收入	78 593	十九、住房保障支出	568 385			年终结余	427 338
罚没收入	36 057	二十、粮油物资储备支出	3 985			减：结转下年的支出	427 338
国有资本经营收入		二十一、预备费				净结余	
国有资源（资产）有偿使用收入	40 656	二十二、其他支出	120 190				
其他收入	37 184	二十三、债务付息支出	28 879				
		二十四、债务发行费用支出	552				
本年收入合计	563 608	本年支出合计	6 721 394	收入总计	7 425 875	支出总计	7 425 875

2018 年度和田地区一般公共预算收支决算总表

单位：万元

预算科目	决算数	预算科目	决算数	预算科目	决算数	预算科目	决算数
一、税收收入	136 473	一、一般公共服务支出	529 191	本年收入合计	279 498	本年支出合计	4 351 670
增值税	58 923	二、外交支出		上级补助收入	3 945 667	上解上级支出	135 072
企业所得税	17 728	三、国防支出	3 998	返还性收入	14 876		
个人所得税	19 916	四、公共安全支出	498 228	一般性转移支付收入	2 011 020		
资源税	2 820	五、教育支出	935 139	专项转移支付收入	1 919 771		
城市维护建设税	9 340	六、科学技术支出	7 561	待偿债置换一般债券上年结余			
房产税	4 619	七、文化体育与传媒支出	28 694	上年结余	42 311		
印花税	2 673	八、社会保障和就业支出	384 951	调入资金	90	调出资金	
城镇土地使用税	3 386	九、医疗卫生与计划生育支出	288 701	从政府性基金预算调入	90		
土地增值税	3 276	十、节能环保支出	21 711	从国有资本经营预算调入			
车船税	7 001	十一、城乡社区支出	34 453	从其他资金调入			
耕地占用税	2 640	十二、农林水支出	1 131 813	债务（转贷）收入	533 465	债务还本支出	9 960
契税	3 731	十三、交通运输支出	126 456			增设预算周转金	
烟叶税		十四、资源勘探信息等支出	34 666	国债转贷收入、上年结余及转补助数		国债转贷拨付数及年终结余	
环境保护税	420	十五、商业服务业等支出	4 834	调入预算稳定调节基金	4 710	补充预算稳定调节基金	11 493
其他税收收入		十六、金融支出		接受其他地区援助收入		援助其他地区支出	
二、非税收入	143 025	十七、援助其他地区支出		省补助计划单列市收入		计划单列市上解省支出	
专项收入	11 086	十八、国土海洋气象等支出	16 379			待偿债置换一般债券结余	
行政事业性收费收入	73 231	十九、住房保障支出	209 105			年终结余	297 546
罚没收入	34 593	二十、粮油物资储备支出	763			减：结转下年的支出	297 546
国有资本经营收入		二十一、预备费				净结余	
国有资源（资产）有偿使用收入	19 469	二十二、其他支出	70 053				
其他收入	4 646	二十三、债务付息支出	24 399				
		二十四、债务发行费用支出	575				
本年收入合计	279 498	本年支出合计	4 351 670	收入总计	4 805 741	支出总计	4 805 741

2018 年度吐鲁番市一般公共预算收支决算总表

单位：万元

预算科目	决算数	预算科目	决算数	预算科目	决算数	预算科目	决算数
一、税收收入	304 882	一、一般公共服务支出	118 711	本年收入合计	419 208	本年支出合计	1 098 218
增值税	136 161	二、外交支出		上级补助收入	586 285	上解上级支出	14 077
企业所得税	22 657	三、国防支出	662	返还性收入	8 981		
个人所得税	16 283	四、公共安全支出	128 363	一般性转移支付收入	209 148		
资源税	28 089	五、教育支出	184 714	专项转移支付收入	368 156		
城市维护建设税	15 329	六、科学技术支出	2 043	待偿债置换一般债券上年结余			
房产税	9 886	七、文化体育与传媒支出	21 501	上年结余	22 536		
印花税	4 084	八、社会保障和就业支出	86 981	调入资金	19 364	调出资金	
城镇土地使用税	50 529	九、医疗卫生与计划生育支出	84 219	从政府性基金预算调入	17 864		
土地增值税	3 666	十、节能环保支出	20 997	从国有资本经营预算调入	1 500		
车船税	3 984	十一、城乡社区支出	62 131	从其他资金调入			
耕地占用税	8 077	十二、农林水支出	86 358	债务（转贷）收入	114 600	债务还本支出	47 310
契税	3 503	十三、交通运输支出	15 175			增设预算周转金	
烟叶税		十四、资源勘探信息等支出	47 061	国债转贷收入、上年结余及转补助数		国债转贷拨付数及年终结余	
环境保护税	2 634	十五、商业服务业等支出	6 086	调入预算稳定调节基金		补充预算稳定调节基金	
其他税收收入		十六、金融支出	48	接受其他地区援助收入		援助其他地区支出	
二、非税收入	114 326	十七、援助其他地区支出		省补助计划单列市收入		计划单列市上解省支出	
专项收入	16 182	十八、国土海洋气象等支出	5 162			待偿债置换一般债券结余	
行政事业性收费收入	38 982	十九、住房保障支出	103 279			年终结余	2 388
罚没收入	17 595	二十、粮油物资储备支出	260			减：结转下年的支出	2 388
国有资本经营收入	15	二十一、预备费				净结余	
国有资源（资产）有偿使用收入	29 896	二十二、其他支出	110 126				
其他收入	11 656	二十三、债务付息支出	14 234				
		二十四、债务发行费用支出	107				
本年收入合计	419 208	本年支出合计	1 098 218	收入总计	1 161 993	支出总计	1 161 993

2018 年度哈密市一般公共预算收支决算总表

单位：万元

预算科目	决算数	预算科目	决算数	预算科目	决算数	预算科目	决算数
一、税收收入	373 823	一、一般公共服务支出	113 642	本年收入合计	466 679	本年支出合计	1 070 589
增值税	179 335	二、外交支出		上级补助收入	498 263	上解上级支出	12 848
企业所得税	43 794	三、国防支出	1 793	返还性收入	34 610		
个人所得税	18 512	四、公共安全支出	138 759	一般性转移支付收入	272 527		
资源税	33 382	五、教育支出	174 992	专项转移支付收入	191 126		
城市维护建设税	19 658	六、科学技术支出	5 196	待偿债置换一般债券上年结余			
房产税	13 538	七、文化体育与传媒支出	22 308	上年结余	10 657		
印花税	6 011	八、社会保障和就业支出	158 483	调入资金	83 703	调出资金	
城镇土地使用税	25 208	九、医疗卫生与计划生育支出	75 035	从政府性基金预算调入	54 442		
土地增值税	3 554	十、节能环保支出	12 655	从国有资本经营预算调入	30		
车船税	5 626	十一、城乡社区支出	106 293	从其他资金调入	29 231		
耕地占用税	12 494	十二、农林水支出	145 946	债务（转贷）收入	258 550	债务还本支出	191 055
契税	8 373	十三、交通运输支出	22 051			增设预算周转金	
烟叶税		十四、资源勘探信息等支出	7 016	国债转贷收入、上年结余及转补助数		国债转贷拨付数及年终结余	
环境保护税	4 338	十五、商业服务业等支出	3 853	调入预算稳定调节基金	9 003	补充预算稳定调节基金	41 435
其他税收收入		十六、金融支出	49	接受其他地区援助收入		援助其他地区支出	
二、非税收入	92 856	十七、援助其他地区支出		省补助计划单列市收入		计划单列市上解省支出	
专项收入	20 609	十八、国土海洋气象等支出	6 957			待偿债置换一般债券结余	
行政事业性收费收入	13 434	十九、住房保障支出	30 500			年终结余	10 928
罚没收入	10 875	二十、粮油物资储备支出	539			减：结转下年的支出	10 928
国有资本经营收入	9 550	二十一、预备费				净结余	
国有资源（资产）有偿使用收入	28 000	二十二、其他支出	11 423				
其他收入	10 388	二十三、债务付息支出	32 888				
		二十四、债务发行费用支出	211				
本年收入合计	466 679	本年支出合计	1 070 589	收入总计	1 326 855	支出总计	1 326 855

2018 年度新疆维吾尔自治区各地、州、市财政收入完成预算表

单位：万元

序号	单位名称	预算数	决算数	超（+）短（-）收	决算数为预算数的%
	合计	12 722 052	12 687 972	-34 080	99.73
1	乌鲁木齐市	4 313 040	4 582 753	269 713	106.25
2	克拉玛依市	962 000	1 004 860	42 860	104.46
3	伊犁州	962 899	889 193	-73 706	92.35
4	塔城地区	473 525	478 452	4 927	101.04
5	阿勒泰地区	377 100	350 657	-26 443	92.99
6	博尔塔拉州	237 936	238 065	129	100.05
7	昌吉州	1 474 000	1 358 028	-115 972	92.13
8	巴音郭楞州	879 830	829 103	-50 727	94.23
9	阿克苏地区	1 054 300	1 088 814	34 514	103.27
10	克孜勒苏州	139 018	139 054	36	100.03
11	喀什地区	608 355	563 608	-44 747	92.64
12	和田地区	294 071	279 498	-14 573	95.04
13	吐鲁番市	398 092	419 208	21 116	105.30
14	哈密市	547 886	466 679	-81 207	85.18

注：本表财政收入为一般公共预算收入。

2018 年度新疆维吾尔自治区各地、州、市财政支出完成预算表

单位：万元

序号	单位名称	预算数	决算数	超（+）短（-）收	决算数为预算数的%
	合计	41 132 245	40 073 630	-1 058 615	97.43
1	乌鲁木齐市	6 653 356	6 597 858	-55 498	99.17
2	克拉玛依市	1 322 578	1 319 907	-2 671	99.80
3	伊犁州	3 431 592	3 421 900	-9 692	99.72
4	塔城地区	1 834 763	1 787 957	-46 806	97.45
5	阿勒泰地区	1 797 979	1 740 774	-57 205	96.82
6	博尔塔拉州	1 069 071	1 067 289	-1 782	99.83
7	昌吉州	2 710 812	2 617 182	-93 630	96.55
8	巴音郭楞州	2 396 667	2 383 139	-13 528	99.44
9	阿克苏地区	4 130 170	4 090 567	-39 603	99.04
10	克孜勒苏州	1 805 186	1 805 186		100.00
11	喀什地区	7 148 732	6 721 394	-427 338	94.02
12	和田地区	4 649 216	4 351 670	-297 546	93.60
13	吐鲁番市	1 100 606	1 098 218	-2 388	99.78
14	哈密市	1 081 517	1 070 589	-10 928	98.99

注：本表财政支出为一般公共预算支出。

2018 年度新疆维吾尔自治区各地、州、市人均财政收支表

单位：万元

序号	地州市	财政收入				财政支出			
		财政收入（万元）	按财政收入排序	每人平均（元/人）	按人平均排序	财政支出（万元）	按财政支出排序	每人平均（元/人）	按人平均排序
1	乌鲁木齐市	4 582 753	1	20 643	2	6 597 858	2	29 720	1
2	克拉玛依市	1 004 860	4	22 330	1	1 319 907	11	29 331	2
4	伊犁州	889 193	5	3 571	11	3 421 900	5	13 743	14
5	塔城地区	478 452	8	5 090	8	1 787 957	9	19 021	7
6	阿勒泰地区	350 657	11	5 313	7	1 740 774	10	26 375	4
7	博尔塔拉州	238 065	13	4 761	9	1 067 289	14	21 346	5
8	昌吉州	1 358 028	2	8 435	3	2 617 182	6	16 256	12
9	巴音郭楞州	829 103	6	6 477	6	2 383 139	7	18 618	8
10	阿克苏地区	1 088 814	3	4 338	10	4 090 567	4	16 297	11
11	克孜勒苏州	139 054	14	2 173	12	1 805 186	8	28 206	3
12	喀什地区	563 608	7	1 217	13	6 721 394	1	14 517	13
13	和田地区	279 498	12	1 105	14	4 351 670	3	17 200	9
14	吐鲁番市	419 208	10	6 550	5	1 098 218	12	17 160	10
15	哈密市	466 679	9	8 334	4	1 070 589	13	19 118	6

注：本表财政收支为一般公共预算收支。

2014—2018 年新疆维吾尔自治区各地、州、市地方财政收入完成表

单位：万元

序号	地州市	2014 年			2015 年			2016 年			2017 年			2018 年		
		地方财政收入	一般公共预算收入	政府性基金预算收入	地方财政收入	一般公共预算收入	政府性基金预算收入	地方财政收入	一般公共预算收入	政府性基金预算收入	地方财政收入	一般公共预算收入	政府性基金预算收入	地方财政收入	一般公共预算收入	政府性基金预算收入
1	乌鲁木齐市	4 529 667	3 406 243	1 123 424	4 650 895	3 686 663	964 232	4 669 058	3 696 734	972 324	6 279 186	4 007 781	2 271 405	8 003 110	4 582 753	3 420 357
2	克拉玛依市	856 215	735 481	120 734	830 777	749 926	80 851	838 384	791 422	46 962	912 045	874 499	37 546	1 042 311	1 004 860	37 451
3	石河子市	379 484	330 848	48 636	413 595	368 259	45 336	448 210	388 815	59 395	453 264	440 073	13 191			
4	伊犁州	1 332 894	758 424	574 470	849 827	672 568	177 259	909 905	731 819	178 086	1 031 348	883 889	147 459	1 077 391	889 193	188 198
5	塔城地区	505 066	417 002	88 064	461 749	404 123	57 626	494 423	438 264	56 159	507 975	454 632	53 343	554 095	478 452	75 643
6	阿勒泰地区	390 066	330 053	60 013	347 097	304 198	42 899	368 410	313 570	54 840	369 571	339 737	29 834	416 535	350 657	65 878
7	博尔塔拉州	202 025	152 430	49 595	216 367	171 261	45 106	239 276	200 671	38 605	249 396	216 304	33 092	288 268	238 065	50 203
8	昌吉州	1 509 507	1 000 320	509 187	1 476 005	1 104 442	371 563	1 626 705	1 214 010	412 695	1 696 564	1 339 619	356 945	1 886 479	1 358 028	528 451
9	巴音郭楞州	1 006 035	745 149	260 886	941 949	700 081	241 868	940 737	750 847	189 890	982 520	806 606	175 914	1 045 527	829 103	216 424
10	阿克苏地区	944 530	763 032	181 498	839 476	769 712	69 764	931 566	848 378	83 188	1 027 484	939 721	87 763	1 227 381	1 088 814	138 567
11	克孜勒苏州	120 211	96 758	23 453	121 391	109 721	11 670	126 379	115 945	10 434	134 054	126 383	7 671	144 906	139 054	5 852
12	喀什地区	636 798	508 040	128 758	756 764	573 702	183 062	788 055	637 550	150 505	641 552	581 559	59 993	810 228	563 608	246 620
13	和田地区	194 749	157 966	36 783	248 907	186 119	62 788	281 401	210 873	70 528	377 283	262 568	114 715	328 592	279 498	49 094
14	吐鲁番市	414 769	318 212	96 557	372 607	302 628	69 979	373 711	327 874	45 837	413 267	361 769	51 498	494 918	419 208	75 710
15	哈密市	585 864	495 269	90 595	616 947	545 273	71 674	658 019	567 109	90 910	566 718	498 088	68 630	537 757	466 679	71 078
16	五家渠市	103 168	98 089	5 079	119 319	117 059	2 260	177 654	174 298	3 356	212 253	194 707	17 546			
17	阿拉尔市	80 787	50 831	29 956	88 599	66 882	21 717	83 468	62 997	20 471	98 929	72 283	26 646			
18	图木舒克市	35 518	23 514	12 004	36 396	31 040	5 356	36 078	28 959	7 119	39 410	33 992	5 418			
19	北屯市	18 123	17 483	640	23 754	22 634	1 120	29 479	22 709	6 770	38 822	26 130	12 692			
20	铁门关市	10	10		4 833	4 833		36 616	13 151	23 465	16 015	15 153	862			

注：地方财政收入为一般公共预算收入加政府性基金收入。

2014—2018 年新疆维吾尔自治区各地、州、市地方财政支出完成表

单位：万元

序号	地州市	2014 年			2015 年			2016 年			2017 年			2018 年		
		地方财政支出	一般公共预算支出	政府性基金预算支出	地方财政支出	一般公共预算支出	政府性基金预算支出	地方财政支出	一般公共预算支出	政府性基金预算支出	地方财政支出	一般公共预算支出	政府性基金预算支出	地方财政支出	一般公共预算支出	政府性基金预算支出
1	乌鲁木齐市	5 158 531	4 048 053	1 110 478	5 442 545	4 466 709	975 836	5 207 606	4 175 602	1 032 004	5 574 466	4 585 812	988 654	10 568 266	6 597 858	3 970 408
2	克拉玛依市	1 041 691	938 698	102 993	957 546	896 640	60 906	1 033 162	995 636	37 526	1 145 903	1 112 898	33 005	1 418 790	1 319 907	98 883
3	石河子市	480 127	395 872	84 255	479 158	445 888	33 270	544 282	498 628	45 654	536 293	511 568	24 725			
4	伊犁州	2 921 934	2 322 625	599 309	2 778 540	2 536 964	241 576	2 943 967	2 744 664	199 303	3 545 178	3 407 566	137 612	3 721 832	3 421 900	299 932
5	塔城地区	1 349 951	1 226 806	123 145	1 469 295	1 370 425	98 870	1 626 504	1 564 463	62 041	1 771 243	1 713 511	57 732	2 010 359	1 787 957	222 402
6	阿勒泰地区	1 230 185	1 156 948	73 237	1 272 024	1 204 579	67 445	1 492 511	1 422 994	69 517	1 791 348	1 761 241	30 107	1 868 248	1 740 774	127 474
7	博尔塔拉州	668 895	610 144	58 751	828 938	758 226	70 712	921 484	869 417	52 067	1 097 470	1 064 093	33 377	1 190 280	1 067 289	122 991
8	昌吉州	2 494 935	1 941 090	553 845	2 586 891	2 163 946	422 945	3 172 200	2 749 708	422 492	3 032 920	2 623 069	409 851	3 352 665	2 617 182	735 483
9	巴音郭楞州	1 977 609	1 703 665	273 944	2 086 023	1 797 775	288 248	2 367 551	2 129 360	238 191	2 631 424	2 448 628	182 796	2 836 674	2 383 139	453 535
10	阿克苏地区	2 309 581	2 110 512	199 069	2 661 708	2 527 768	133 940	2 991 189	2 868 840	122 349	3 627 343	3 543 943	83 400	4 250 205	4 090 567	159 638
11	克孜勒苏州	875 735	843 127	32 608	1 023 598	1 008 315	15 283	1 204 474	1 191 001	13 473	1 437 047	1 433 515	3 532	1 820 181	1 805 186	14 995
12	喀什地区	3 787 789	3 632 508	155 281	4 398 047	4 201 329	196 718	5 117 204	4 902 979	214 225	6 063 948	6 029 633	34 315	6 899 019	6 721 394	177 625
13	和田地区	1 999 130	1 881 776	117 354	2 435 776	2 331 481	104 295	2 634 241	2 536 008	98 233	3 765 920	3 639 304	126 616	4 412 810	4 351 670	61 140
14	吐鲁番市	784 756	668 669	116 087	792 926	716 703	76 223	808 133	762 089	46 044	907 052	885 991	21 061	1 289 759	1 098 218	191 541
15	哈密市	1 000 166	894 468	105 698	1 095 988	1 007 135	88 853	1 212 705	1 120 440	92 265	1 234 293	1 175 201	59 092	1 243 778	1 070 589	173 189
16	五家渠市	121 267	120 625	642	139 519	139 434	85	160 593	157 840	2 753	258 854	251 296	7 558			
17	阿拉尔市	93 678	64 215	29 463	96 346	83 578	12 768	106 647	88 160	18 487	127 920	107 615	20 305			
18	图木舒克市	50 227	38 960	11 267	58 929	53 854	5 075	60 504	53 452	7 052	60 100	55 790	4 310			
19	北屯市	23 248	22 183	1 065	31 576	30 456	1 120	41 600	34 852	6 748	52 563	39 871	12 692			
20	铁门关市	138	138		5 010	5 010		36 794	34 525	2 269	15 669	14 322	1 347			

注：地方财政支出为一般公共预算支出加政府性基金支出。

2018 年度新疆维吾尔自治区各地、州、市财政总收入和一般公共预算收入占 GDP 比重表

单位：万元

序号	地区	地方财政总收入	一般公共预算收入	地区生产总值（GDP）	财政总收入占 GDP 比重	一般公共预算收入占 GDP 比重
	合计	17 911 099	12 687 972	128 168 463	14.0%	9.9%
1	乌鲁木齐市	8 012 267	4 582 753	30 997 659	25.8%	14.8%
2	克拉玛依市	1 045 223	1 004 860	8 981 420	11.6%	11.2%
4	伊犁州	1 078 271	889 193	19 172 199	5.6%	4.6%
5	塔城地区	554 095	478 452	6 932 729	8.0%	6.9%
6	阿勒泰地区	416 941	350 657	2 840 945	14.7%	12.3%
7	博尔塔拉州	288 318	238 065	3 303 350	8.7%	7.2%
8	昌吉州	1 889 712	1 358 028	13 673 032	13.8%	9.9%
9	巴音郭楞州	1 065 567	829 103	10 275 027	10.4%	8.1%
10	阿克苏地区	1 241 780	1 088 814	10 274 290	12.1%	10.6%
11	克孜勒苏州	144 952	139 054	1 288 916	11.2%	10.8%
12	喀什地区	811 052	563 608	8 901 180	9.1%	6.3%
13	和田地区	328 592	279 498	3 055 693	10.8%	9.1%
14	吐鲁番市	496 418	419 208	3 105 938	16.0%	13.5%
15	哈密市	537 911	466 679	5 366 085	10.0%	8.7%

第七部分

文件选编

关于印发《新疆维吾尔自治区彩票公益金管理办法》的通知

（2018 年 7 月 17 日　自治区财政厅、民政厅、体育局　新财综〔2018〕1 号）

伊犁哈萨克自治州财政局、民政局、体育局，各地州市财政局、民政局、体育局：

为规范和加强自治区彩票公益金使用管理，根据《预算法》、《彩票管理条例》（国务院令第 554 号）、《彩票管理条例实施细则》（财政部 民政部 国家体育总局令第 67 号）、《彩票公益金管理办法》（财综〔2012〕15 号）和《自治区财政支出绩效评价管理暂行办法》（新财预〔2011〕307 号）有关规定，结合自治区实际，我们重新修订了《新疆维吾尔自治区彩票公益金管理办法》，现印发给你们，请遵照执行。原办法同时废止。

附件：新疆维吾尔自治区彩票公益金管理办法

附件：

新疆维吾尔自治区彩票公益金管理办法

第一章　总　则

第一条　为规范和加强自治区彩票公益金筹集、分配和使用管理，健全彩票公益金监督机制，提高资金使用效益，坚持以习近平新时代中国特色社会主义思想为指导，以党中央的治疆方略和以人民为中心的发展思想为原则，按照创新、协调、绿色、开放、共享的发展理念，紧紧围绕维护新疆社会稳定和长治久安总目标，以政策为依据，以制度为抓手，根据《预算法》、《彩票管理条例》（国务院令第 554 号）、《彩票管理条例实施细则》（财政部 民政部 国家体育总局令第 67 号）、《彩票公益金管理办法》（财综〔2012〕15 号）和《自治区财政支出绩效评价管理暂行办法》（新财预〔2011〕307 号）有关规定，结合自治区实际，制定本办法。

第二条　本办法所称彩票公益金，是指从彩票销售收入中按规定比例提取的彩票公益金留归自治区部分和逾期未兑奖的彩票奖金，包括：自治区福利彩票公益金、体育彩票公益金和财政专项彩票公益金。

第三条 自治区财政专项公益金，是指为拓宽彩票公益金使用领域，按照一定比例分别从自治区本级福利彩票、体育彩票公益金收入中提取的彩票公益金。

第四条 彩票公益金纳入政府性基金预算管理，专款专用，结余结转下年继续使用。

第五条 彩票公益金，应当遵循公益性、公开透明、规范管理和专款专用的原则。

第六条 财政部门负责彩票公益金的管理和监督。具体职责：

（一）会同民政、体育等彩票公益金使用部门（单位）提出彩票公益金分配政策建议；

（二）负责制定彩票公益金管理办法；

（三）负责审核、汇总彩票公益金年度收支预算、审批决算；

（四）负责对资助项目是否符合公益金的使用范围、资金分配原则、安排项目依据及相关材料进行审核；

（五）负责办理彩票公益金资金拨付手续；

（六）负责对彩票公益金使用部门（单位）提交的绩效评价报告进行复核，提出复核意见；

（七）负责组织实施对彩票公益金使用管理情况的监督检查。

第七条 彩票公益金使用部门（单位）负责具体项目的实施与管理。具体职责：

（一）负责制定彩票公益金项目管理办法；

（二）负责建立本部门彩票公益金资助项目库；

（三）负责编制本部门彩票公益金年度收支预算和决算；

（四）负责报送项目申报材料及相关依据；

（五）负责审核申报项目的必要性、科学性；

（六）负责组织实施项目建设与管理；

（七）负责项目资金绩效评价工作。

第二章 收缴管理

第八条 彩票公益金由新疆维吾尔自治区福利彩票发行中心、新疆维吾尔自治区体育彩票管理中心（以下简称“彩票销售机构”）根据国务院批准的彩票公益金分配政策和财政部批准的提取比例，按照彩票月销售额据实结算后分别缴入中央财政、自治区财政和各地（州、市）财政。

逾期未兑奖的彩票奖金由彩票销售机构缴入自治区财政。

第九条 上缴中央财政的彩票公益金，彩票销售机构按照财政部有关规定及时、足额上缴。

第十条 上缴自治区财政的彩票公益金，缴纳程序如下：

（一）自治区彩票销售机构于每月 10 日前将上月应缴自治区彩票公益金，按照自治区非税收入收缴管理相关规定，缴入非税收入财政专户，自治区财政及时划缴国库。

（二）自治区彩票销售机构于每月 10 日前向自治区财政部门报送《新疆维吾尔自治区彩票机构月度汇总报表》并附《新疆维吾尔自治区非税收入一般缴款书》复印件。

（三）若遇节假日，彩票销售机构缴款时间和报送报表时间可相应顺延。

第十一条 缴入地（州、市）财政的彩票公益金，缴纳程序如下：

（一）自治区彩票销售机构于每月 10 日前将上月应划缴各地（州、市）的彩票公益金，按照自治区非税收入收缴管理相关规定，缴入各地（州、市）非税收入财政专户，各地（州、市）财政部门及时划缴金库。

（二）自治区彩票销售机构向各地（州、市）财政部门申购当地《新疆维吾尔自治区非税收入一般缴款书》，划缴各地（州、市）彩票公益金时，开具相应地（州、市）的非税收入缴款书。

（三）若遇节假日，彩票销售机构缴款时间可相应顺延。

第十二条 地（州、市）财政部门应于每年1月底前，完成本地区上年度彩票公益金的清算和收缴工作。

第三章 分配使用

第十三条 自治区彩票公益金在自治区本级与各地（州、市）之间的分成比例，由自治区财政部门商自治区民政、体育行政主管部门后报自治区人民政府批准确定。

第十四条 自治区本级彩票公益金分配使用的原则：

（一）符合本办法规定的彩票公益金使用方向；

（二）符合党中央确定的治疆方略、自治区经济社会发展方向和重点扶持领域；

（三）向南疆四地州等困难地区的社会公益事业发展给予一定政策倾斜；

（四）具有指向明确、具体细化、合理可行的绩效目标和依据充分、内容完整、数据准确、分析透彻、逻辑清晰的绩效评价报告。

第十五条 自治区本级彩票公益金使用方向

（一）本级福利彩票公益金

1. 为老年人、残疾人、孤儿、伤残军人等特殊群体服务的社会福利、优抚事业；支持社区公益服务；资助其他社会公益性慈善事业；

2. 新建、改建和维修社会福利事业单位的设施；

3. 引起社会公众关注、有利于弘扬社会主义精神文明、能体现扶弱济困宗旨的其他社会公益事业，以及对特殊困难人群给予专项资助；

4. 经自治区党委、人民政府批准的其他社会公益事业支出。

（二）本级体育彩票公益金

1. 开展全民健身活动，主要用于群众性体育活动、国民体质监测和培训社会体育指导员等支出；

2. 弥补大型体育运动会比赛经费不足，主要用于国际、全国和自治区最高级别的大型综合性运动会及重大国际单项体育比赛；

3. 新建、改建和维修体育设施，主要用于全区大众体育设施及专业体育比赛、训练场馆的新建和维修；

4. 体育扶贫工程专项支出；

5. 经自治区党委、人民政府批准的其他社会公益事业支出。

（三）自治区财政专项彩票公益金使用方向

1. 支持农村社会公益事业发展；

2. 用于教育、红十字、残疾人、文化、扶贫、法律援助、城乡医疗救助等社会公益事业；

3. 资助自治区重大民生项目支出；

4. 资助地（州、市）重点社会公益项目支出；

5. 资助非营利性社会公益活动支出；

6. 培训社会公益事业的管理人员和骨干人员；

7. 其他社会公益事业支出。

第十六条 各地（州、市）彩票公益金，应按照国家和自治区规定的彩票公益金使用方向，用于社会福利、体育、教育、城乡医疗救助、红十字、残疾人、文化、扶贫、法律援助等社会公益事业。

第四章 项目管理

第十七条 彩票公益金使用部门（单位），要建立彩票公益金资助项目库，按照自治区彩票公益金项目库建设管理办法的相关规定，做好项目管理和申报工作。

第十八条 财政部门应会同有关部门对申请使用彩票公益金项目进行立项审查，逐步建立彩票公益金项目库，实行项目管理，提高资金使用效益。

第十九条 自治区本级彩票公益金项目申报程序：

（一）申请使用自治区本级彩票公益金的本级部门（单位），应按照彩票公益金使用方向和用途，做好项目支出可行性研究，科学编制绩效目标，收集整理项目申报资料，于每年3月1日至8月31日期间向自治区财政部门提交资助项目申请。

（二）申请使用自治区本级彩票公益金项目资金的自治区区级以下部门（单位），应由当地彩票公益金使用部门（单位）会同同级财政部门共同研究确定申报项目，联合行文逐级上报自治区主管部门和财政部门，由自治区主管部门对申报项目进行汇总、审核、组织评审，提出项目资助意见，于每年3月1日至8月31日期间向自治区财政部门提交资助项目申请。

（三）自治区财政部门对各部门（单位）申报的项目进行审核、汇总，将符合资助要求的项目纳入自治区彩票公益金项目库实施管理；凡没有纳入项目库的项目，除因重大政策调整或不可预见因素而增加的临时性项目外，原则上不予安排资金预算。

第二十条 彩票公益金使用部门（单位）申请使用彩票公益金时，应当向同级财政部门提交项目申报材料，项目申报材料应当包括以下内容：

（一）项目申报书；

（二）项目可行性研究报告；

（三）项目实施方案；

（四）项目投资额测算依据及资金来源；

（五）发改委对基建项目立项批准文件；

（六）项目绩效目标；

（七）同级财政部门要求报送的其他材料。

第二十一条 彩票公益金资助项目确定并下达后，财政部门要按有关规定及时拨付项目资金，对资金使用情况进行跟踪问效。项目主管部门要明确项目承担单位和项目实施责任人，确保项目进度和工程质量。

第二十二条 使用彩票公益金购置列入政府采购目录的设备、工程和服务，按照政府采购有关规定执行。

第二十三条 使用彩票公益金建设和购置的公益设施、设备、器材等，应由使用部门（单位）按照国有资产管理有关规定进行管理。若改变用途和变动产权，所取得的收入，需全额上缴同级财政。

第二十四条 彩票公益金资助项目凡能通过政府购买服务方式组织实施的，都应以政府购买服务方式向社会力量购买。

第二十五条 彩票公益金资助项目完成后，项目承担单位要向同级财政部门和主管部门报送彩票公益金使用情况报告和相关验收材料。

第二十六条 彩票公益金资助的基本建设设施、设备或者社会公益活动，应当以显著方式标明“彩票公益金资助－中国福利彩票和中国体育彩票”标识。

第五章 预（决）算编制

第二十七条 彩票公益金预算编制应遵循“收支两条线管理、专款专用、结余结转下年安排使用”的原则。

第二十八条 自治区本级彩票公益金收支预算，按照自治区本级部门预算编制流程，经自治区人民代表大会批准后，组织实施和管理。

第二十九条 自治区本级彩票公益金收支预算按照以下程序编制：

（一）收入预算管理

自治区本级彩票公益金收入预算，根据彩票销售情况和事业发展情况，由自治区财政部门会同民政、体育部门编制确定。

（二）支出预算管理

自治区本级彩票公益金支出预算，由申请使用自治区本级彩票公益金的部门（单位），按照彩票公益金使用方向和原则，科学编制下一年度预算和三年支出项目规划预算，按照自治区本级部门预算编制流程，送自治区财政部门进行审核，自治区财政部门审核汇总后，上报自治区人民政府审定，经自治区人民代表大会批准后，彩票公益金使用部门（单位）依据自治区财政部门的年度部门预算批复，组织实施和管理。

第三十条 彩票公益金支出预算应细化到部

门（单位）或地（州、市）、县（市），未细化的项目原则上不予安排预算。

第三十一条 彩票公益金支出预算应与一般公共预算统筹衔接，对于投资额度较大需要多渠道资金安排的项目，除彩票公益金资助外，其他渠道安排资金不得留有缺口，否则不得纳入项目库，不予安排预算。

第三十二条 彩票公益金使用部门（单位）编制彩票公益金支出预算时，按规定实行政府采购的项目，应同时编制政府采购预算。

第三十三条 彩票公益金使用部门（单位）编制彩票公益金支出预算时，按规定实行政府购买服务的项目，应同时编制政府购买服务预算。

第三十四条 彩票公益金收支预算一经批复，执行中原则上不做调整，确需调整的，按预算调整的有关政策规定执行。

第三十五条 财政部门应建立预算编制有目标、预算执行有监控、预算完成有评价、评价结果有反馈、反馈结果有应用的全过程预算绩效管理机制。

第三十六条 彩票公益金使用部门（单位）按照财政部门统一要求，根据年度彩票公益金预算执行情况，编制彩票公益金决算，报同级财政部门审核。

第六章 资金拨付

第三十七条 自治区本级部门（单位）申请拨付彩票公益金，由自治区财政部门审核后直接拨付；自治区区级以下部门（单位）使用彩票公益金，由自治区财政部门按预算管理级次逐级拨付到财政部门，再由同级财政部门拨付到资金使用部门（单位）。

第三十八条 属于基建项目的，财政部门根据预算及项目建设进度拨付资金。

第三十九条 财政部门应对彩票公益金项目资金实行专项管理、分账核算，并严格按照规定用途使用，不得截留、挤占、挪用。

第四十条 彩票公益金资助项目承担单位对彩票公益金项目资金要专款专用，不得随意改变资金使用用途。

第四十一条 彩票公益金项目资金支付管理按照财政国库管理制度有关规定执行。

第四十二条 彩票公益金使用部门应充分发挥资金使用效益，减少资金结转结余规模，结转结余资金由财政部门按照自治区结转结余资金相关规定进行收回和调整使用。

第七章 绩效评价管理

第四十三条 彩票公益金资助项目资金支出绩效评价（以下简称绩效评价）是指财政部门和彩票公益金使用部门（单位）根据设定的绩效目标，运用科学、合理的绩效评价指标、评价标准和评价方法，对财政支出的经济性、效率性和效益性进行客观、公正的评价。

第四十四条 绩效评价的主体是财政部门和彩票公益金使用部门（单位）。

财政部门负责组织、指导本级彩票公益金使用部门（单位）和下级财政部门的绩效评价工作；根据需要对本级彩票公益金使用部门（单位）、下级财政部门支出实施绩效评价或再评价；提出改进预算支出管理意见并督促落实。

彩票公益金使用部门（单位）负责具体组织实施本部门绩效评价工作；向同级财政部门报送绩效报告和绩效评价报告；落实财政部门整改意见；根据绩效评价结果改进预算支出管理。

第四十五条 绩效评价应当遵循以下基本原则：

（一）科学规范原则。绩效评价应当严格执行规定的程序，按照科学可行的要求，采用定量与定性分析相结合的方法。

（二）公正公开原则。绩效评价应当符合真实、客观、公正的要求，依法公开并接受监督。

（三）分级分类原则。绩效评价由各级财政部门、彩票公益金使用部门根据评价对象的特点分类组织实施。

（四）绩效相关原则。绩效评价应当针对具

体支出及其产出绩效进行，评价结果应当清晰反映支出和产出绩效之间的紧密对应关系。

第四十六条 绩效评价的基本内容：

（一）绩效目标的设定情况；

（二）资金投入和使用情况；

（三）为实现绩效目标制定的制度、采取的措施等；

（四）绩效目标的实现程度及效果；

（五）绩效评价的其他内容。

第四十七条 彩票公益金使用部门（单位）应当按照自治区财政资金绩效评价相关政策制度，在规定的时限内向同级财政部门报送彩票公益金资助项目绩效目标和绩效评价报告。

第四十八条 绩效评价报告应当依据充分、真实完整、数据准确、分析透彻、逻辑清晰、客观公正。

彩票公益金使用部门（单位）应当对绩效评价报告涉及基础资料的真实性、合法性、完整性负责。

财政部门应当对彩票公益金使用部门（单位）提交的绩效评价报告进行复核，提出审核意见。

第四十九条 被评价的彩票公益金使用部门（单位）应当对绩效评价发现的问题及时提出整改措施，报评价部门备案，并根据评价结果和评价部门的意见，及时改进，加强资金使用和安全管理，提高资金的使用效益。

第五十条 财政部门应加强对绩效结果的运用，建立绩效奖惩机制，将绩效评价结果作为下一年度安排彩票公益金预算的重要依据。对绩效好的单位和项目在编制预算时对同等条件下予以优先考虑；对决策不科学、管理混乱、绩效水平较低甚至产生负面影响的单位和项目，在编制预算时对同类支出给予必要的控制。

第八章 宣传公告

第五十一条 彩票公益金使用部门（单位）应在每年3月底前，按规定向同级财政部门报送上一年度公益金使用情况。具体包括：

（一）资助项目组织实施情况；

（二）资助项目资金使用及结余情况；

（三）资助项目社会效益和经济效益；

（四）资助项目绩效评价报告；

（五）同级财政部门要求报送的其他材料。

第五十二条 各地（州、市）财政部门应当于每年3月底前，向当地人民政府和自治区财政部门提交上一年度本行政区域内彩票公益金的筹集、分配和使用情况报告；每年4月底前，向社会公告上一年度本行政区域内彩票公益金的筹集、分配和使用情况。

自治区财政部门应当于每年4月底前，向自治区人民政府和财政部提交上一年度自治区彩票公益金的筹集、分配和使用情况报告；每年6月底前，向社会公告上一年度自治区彩票公益金的筹集、分配和使用情况。

第五十三条 自治区本级彩票公益金使用部门（单位），于每年6月底前，向社会公告上一年度本部门（单位）彩票公益金的使用规模、资助项目、执行情况和实际效果等。

第九章 审计和监督

第五十四条 彩票公益金使用部门（单位）应当自觉接受财政、审计、监察等部门和社会监督。

第五十五条 自治区彩票销售机构应严格按照本办法规定缴纳彩票公益金，不得拒缴、拖欠彩票公益金。

第五十六条 彩票公益金的使用部门（单位），应当按照同级财政部门批准的项目资金使用计划和预算执行，不得挤占挪用彩票公益金，也不得改变彩票公益金使用范围。

第五十七条 财政部门和彩票公益金的使用部门（单位）应按照“谁拨付、谁使用，谁受益，谁负责”的原则，加强彩票公益金跟踪管理，充分发挥资金使用效益。

第五十八条 财政部门应采取“双随机、

一公开”的监管方式，加强对彩票公益金分配、使用的监督检查，也可以通过政府购买服务方式聘请有资质的社会中介机构对本辖区上一年度彩票公益金使用情况进行审计，并向社会公告。

第五十九条 对于审计发现的问题，各级财政部门应监督同级彩票公益金使用部门进行整改，并逐级向自治区财政部门报送整改落实情况。拒不整改或整改落实不力的，自治区不再安排该部门彩票公益金项目资金。

第六十条 违反本办法规定，拒缴、拖欠、截留、挤占、挪用彩票公益金，以及改变彩票公益金使用范围的，依照《财政违法行为处罚处分条例》（国务院令第427号）和《彩票管理条例》（国务院令554号）的有关规定处理。

第十章 附 则

第六十一条 本办法自公布之日起30日后实施。自治区财政部门2016年9月18日发布的《新疆维吾尔自治区彩票公益金管理办法》（新财综〔2016〕45号）同时废止。

第六十二条 本办法由自治区财政部门负责解释。

关于印发《新疆维吾尔自治区“十三五”时期中央专项彩票公益金管理办法》的通知

（2018年7月17日 自治区财政厅、民政厅、体育局
新财综〔2018〕2号）

伊犁哈萨克自治州财政局、民政局、体育局，各地州市财政局、民政局、体育局：

为规范和加强中央专项彩票公益金支持我区社会公益事业发展，根据《预算法》、《彩票管理条例》（国务院令第554号）、《彩票公益金管理办法》（财综〔2012〕15号）、《财政部关于“十三五”时期中央专项彩票公益金支持地方社会公益事业发展安排以及下达2017年资金的通知》（财综〔2017〕47号）和《自治区彩票公益金管理办法》（新财综〔2018〕1号）、《自治区财政支出绩效评价管理暂行办法》（新财预〔2011〕307号）的有关规定，结合自治区实际，制定本办法，现印发给你们，请遵照执行。

附件：新疆维吾尔自治区“十三五”时期中央专项彩票公益金管理办法

附件：

新疆维吾尔自治区“十三五”时期
中央专项彩票公益金管理办法

第一章 总 则

第一条 为规范和加强中央专项彩票公益金支持我区社会公益事业发展，坚持以习近平新时代中国特色社会主义思想为指导，以党中央的治疆方略和以人民为中心的发展思想为原则，按照创新、协调、绿色、开放、共享的发展理念，紧紧围绕维护新疆社会稳定和长治久安总目标，以政策为依据，以制度为抓手，根据《预算法》、《彩票管理条例》（国务院令第554号）、《彩票公益金管理办法》（财综〔2012〕15号）、《财政部关于“十三五”时期中央专项彩票公益金支持地方社会公益事业发展安排以及下达2017年资金的通知》（财综〔2017〕47号）和《自治区彩票公益金管理办法》（新财综〔2018〕1号）、《自治区财政支出绩效评价管理暂行办法》（新财预〔2011〕307号）的有关规定，结合自治区实际，制定本办法。

第二条 本办法所称中央专项彩票公益金，是指2017年至2020年由财政部安排的“十三五”时期中央专项彩票公益金支持新疆社会公益事业发展的资金。

第三条 本办法所称社会公益事业，是指社会福利、体育事业、教育事业、红十字事业、残疾人事业、文化事业、扶贫、法律援助、城乡医疗救助等社会公益事业。

第四条 中央专项彩票公益金支持新疆社会公益事业的项目资金（以下简称专项资金），应当遵循公益性、公开透明、规范管理和专款专用的原则。

第五条 专项资金资助的基本建设设施、设备或者社会公益活动，应当以显著方式标明“彩票公益金资助—中国福利彩票和中国体育彩票”标识。

第二章 使用范围

第六条 专项资金的使用应当遵循彩票发行销售的根本宗旨，充分彰显社会公益性。主要用于以下方面：

1. 资助社会福利、体育事业、教育、红十字、残疾人、文化、扶贫、法律援助、城乡医疗救助等社会公益事业发展。

2. 资助中央、自治区明确提出的重大民生项目支出；

3. 资助农村、社区的社会公益事业发展；

4. 其他社会公益事业。

第七条 专项资金不得用于因公出国（境）费、公务接待费、公务用车购置及运行费、行政事业单位的基本支出、营利活动以及其他不符合规定用途的支出。

第三章 分配和使用管理

第八条 专项资金的使用应重点向党中央、自治区明确提出要求的重大民生项目倾斜，向南疆四地州和贫困地区、困难行业和弱势群体倾斜，向补“短板”的社会公益事业倾斜，切实为维护新疆社会稳定和长治久安，构建社会主义和谐社会做出贡献。

第九条 专项资金采用项目法分配使用，资助项目实行项目库管理，自治区财政厅负责会同专项资金使用部门（单位）建立专项资金项目库。凡没有纳入项目库的项目，除因重大政策调整或不可预见因素而增加的临时性项目外，原则上不予安排资金。

各地（州、市）财政部门应会同同级专项资金使用部门（单位），建立本地区专项资金项目库，对资助项目实行项目库管理。

第十条 项目申报程序：

（一）申请使用专项资金的本级部门（单位），应按照本办法规定的专项资金使用范围，做好项目支出可行性研究，科学编制绩效目标，收集整理项目申报资料，于每年3月1日至8月31日期间向自治区财政厅提交资助项目申请。

（二）申请使用专项资金的自治区区级以下部门（单位），应会同同级财政部门共同研究确定申报项目，联合行文逐级上报自治区主管部门和财政部门，由自治区主管部门将申报项目汇总、审核、组织评审，提出项目资助意见，于每年3月1日至8月31日期间向自治区财政厅提交资助项目申请。

（三）自治区财政厅对各部门（单位）申报的项目进行审核、汇总，将符合资助要求的项目纳入自治区彩票公益金项目库实施管理。

第十一条 项目申报材料应当包括以下内容：

（一）项目申报书；

（二）项目可行性研究报告；

（三）项目实施方案；

（四）项目绩效目标；

（五）项目投资额测算依据及资金来源；

（六）发改委对基建项目立项批准文件；

（七）财政部门要求报送的其他材料。

第十二条 专项资金资助项目应与自治区一般公共预算统筹衔接，应与地方留成彩票公益金统筹安排使用，对于投资额度较大需要多渠道资金安排的项目，除专项资金资助外，其他渠道安排资金不得留有缺口，否则不得纳入项目库，不予安排资金。

第十三条 纳入项目库的项目立项和资金申报应当严格执行自治区预算管理有关规定，不得与一般公共预算安排的项目重复申报资金。

第十四条 中央支持自治区的专项资金下达后，自治区财政厅应会同专项资金使用部门（单位）按照本办法，研究提出项目规划和资金分配方案，报经自治区人民政府审批同意后，按照程序拨付下达资金。

第十五条 专项资金支出预算一经批准，执行中原则上不做调整，确需调整的，按预算调整的有关政策规定执行。

第十六条 地（州、市）财政部门收到自治区分配下达的专项资金后，属于市（县）资金应于10个工作日内将资金下达各市（县），属于本级项目资金应按项目实施进度及时拨付资金。

第十七条 各级财政部门要对专项资金实行专项管理，分账核算，并严格按照规定用途使用，不得截留、挤占、挪用资金，不得用于平衡一般公共预算。

第十八条 专项资金支付，按照国库集中支付制度有关规定执行。

第十九条 专项资金的结转结余资金使用管理，按照财政部门有关结转结余资金的使用和管理办法执行。

第二十条 专项资金使用过程中涉及政府采购和政府购买服务的，按照国家有关政府采购和政府购买服务的规定执行。

第二十一条 各级财政部门、专项资金使用部门（单位）应当根据预算绩效管理相关要求，对专项资金实施全过程预算绩效管理。

财政部门负责组织、指导专项资金使用部门（单位）和下级财政部门的绩效评价工作；根据需要对本级彩票公益金使用部门（单位）、下级财政部门支出实施绩效评价或再评价；提出改进预算支出管理意见并督促落实。

专项资金使用部门（单位）负责具体组织实施本部门绩效评价工作；向同级财政部门报送绩效报告和绩效评价报告；落实财政部门整改意见；根据绩效评价结果改进预算支出管理。

第二十二条 各地（州、市）财政部门、自治区本级专项资金使用部门，应对照确定的绩效目标组织开展绩效评价，形成相应的绩效评价结果，并根据工作要求和实际需要形成绩效报告，于9月30日前，报送自治区财政厅备案。自治区财政厅将绩效评价结果作为下一年度调整政策、改进管理、分配资金的重要依据。

第四章 公告和监督检查

第二十三条 专项资金资助的基本建设设施、设备或者社会公益活动，应当以显著方式标明“彩票公益金资助－中国福利彩票和中国体育彩票”标识。

第二十四条 地（州、市）级财政部门、自治区本级专项资金使用部门（单位）应当于每年3月31日前，向自治区财政厅报送上一年度专项资金使用情况。具体包括：

（一）资助项目组织实施情况；

（二）资助项目资金使用及结余情况；

（三）资助项目社会效益和经济效益；

（四）其他要求报送的材料。

第二十五条 各地（州、市）财政部门、自治区本级专项资金使用部门（单位）应于每年6月30日前，向社会公告上一年度项目实施等情况，接受社会监督。

第二十六条 各级财政部门和专项资金使用部门（单位）应按照“谁拨付、谁使用，谁受益，谁负责”的原则，加强专项资金使用管理，严格执行资金跟踪反馈制度，确保专款专用，充分发挥资金使用效益。

第二十七条 各级财政部门应采取“双随机、一公开”等监管方式，加强对专项资金的监督检查，也可以通过政府购买服务方式聘请有资质的社会中介机构对本辖区上一年度彩票公益金使用情况进行审计，并向社会公告。

第二十八条 各级财政部门、专项资金使用部门（单位）及其工作人员，在专项资金管理活动中，存在违反本办法规定的行为，依照《中华人民共和国预算法》《中华人民共和国公务员法》《财政违法行为处罚处分条例》《彩票管理条例》等国家有关规定追究相应责任。

第五章 附 则

第二十九条 本办法由自治区财政厅负责解释。

第三十条 本办法自公布之日起30日后实施。

关于印发自治区跨省域补充耕地资金使用管理办法和自治区城乡建设用地增减挂钩节余指标跨省域调剂资金使用管理办法的通知

（2018 年 12 月 10 日　自治区财政厅　新财综〔2018〕39 号）

伊犁哈萨克自治州财政局，各地州市财政局：

为贯彻落实《财政部关于印发跨省域补充耕地资金收支管理办法和城乡建设用地增减挂钩节余指标跨省域调剂资金收支管理办法的通知》（财综〔2018〕40 号）和自治区人民政府办公厅《关于印发〈自治区跨省域补充耕地国家统筹管理实施办法〉和〈自治区城乡建设用地增减挂钩节余指标跨省域调剂管理实施办法〉的通知》（新政办发〔2018〕119 号），推动相关工作顺利实施，财政厅制定了《自治区跨省域补充耕地资金使用管理办法》和《自治区城乡建设用地增减挂钩节余指标跨省域调剂资金使用管理办法》。现印发你们，请遵照执行。

附件：1. 自治区跨省域补充耕地资金使用管理办法

2. 自治区城乡建设用地增减挂钩节余指标跨省域调剂资金使用管理办法

附件 1：

自治区跨省域补充耕地资金使用管理办法

第一章　总　则

第一条　为有序实施自治区承担跨省域补充耕地国家统筹任务，规范跨省域补充耕地资金使用管理工作，根据《中华人民共和国预算法》《财政部关于印发跨省域补充耕地资金收支管理办法和城乡建设用地增减挂钩节余指标跨省域调剂资金收支管理办法的通知》（财综〔2018〕40 号）和自治区人民政府办公厅《关于印发〈自治区跨省域补充耕地国家统筹管理实施办法〉和〈自治区城乡建设用地增减挂钩节余指标跨省域调剂管理实施办法〉的通知》（新政办发

〔2018〕119号）有关规定，制定本办法。

第二条 本办法所称跨省域补充耕地资金（以下简称补充耕地资金），是指经国务院批准，自治区承担国家统筹补充耕地任务时，中央财政下达的国家统筹补充耕地经费。

第三条 补充耕地资金的使用管理，以习近平新时代中国特色社会主义思想为指导，紧紧围绕维护新疆社会稳定和长治久安总目标，按照加快建立现代财政制度要求，贯彻落实绩效管理的理念，依法依规使用补充耕地资金，巩固脱贫攻坚成果和支持实施乡村振兴战略。

第二章 资金下达

第四条 依照国务院办公厅《跨省域补充耕地国家统筹管理办法》规定，自治区为承担国家统筹补充耕地任务省份。中央财政下达的国家统筹补充耕地经费通过转移支付下达自治区财政。

第五条 中央下达自治区的国家统筹补充耕地经费规模按照国务院批准的自治区当年承担国家统筹补充耕地规模和国家统筹补充耕地经费标准确定。

第六条 国家统筹补充耕地经费标准依据补充耕地类型和粮食产能两个因素确定。补充耕地每亩5万元（其中水田每亩10万元），补充耕地标准粮食产能每亩每百公斤1万元，两项合计确定国家统筹补充耕地经费标准。

第七条 国家统筹补充耕地经费标准由财政部会同自然资源部制定，并根据补充耕地国家统筹实施情况适时调整，自治区下达补充耕地资金时严格依照国家确定的经费标准执行。

第八条 申请承担国家统筹补充耕地任务的地（州、市），当地财政部门应会同自然资源等相关部门认真研究制定补充耕地资金使用安排意见。按照《自治区跨省域补充耕地资金使用管理办法》的相关要求，由所在地（州、市）人民政府于10月31日前将承担国家统筹补充耕地任务的申请文件上报自治区人民政府，并抄送自治区财政厅、自然资源厅。

第九条 跨省域补充耕地任务申请文件包括：申请理由、申请承担规模、补充耕地项目情况、新增耕地后期管护措施、资金使用安排等主要内容。

资金使用安排的内容包括：补充耕地经费的安排使用方向、具体用途、管理措施、绩效目标等主要内容。

第十条 自治区财政厅会同自然资源厅、农业农村厅等部门对有关地（州、市）补充耕地资金使用安排进行审核论证。

第十一条 自治区财政厅配合自然资源厅，在对有关地（州、市）承担国家统筹跨省域补充耕地任务申请进行审核论证的基础上，综合考虑自治区落实脱贫攻坚任务和实施乡村振兴战略等实际需要，于每年12月底前向自治区人民政府提出拟申请承担国家统筹补充耕地任务建议，内容包括：拟承担新增耕地数量、水田规模和粮食产能任务，承担国家统筹任务的区域分布情况，国家统筹补充耕地经费的安排使用计划等。

第十二条 中央下达补充耕地资金后，自治区财政厅会同自然资源厅按照本办法，研究提出资金拨付下达方案，报请自治区人民政府审批同意后，按照程序拨付下达。

第十三条 自治区财政厅收到中央下达补充耕地资金后，按预算管理级次在30日内将资金下达到地（州、市）财政部门。地（州、市）财政部门收到自治区下达的专项资金后，应于10个工作日内将资金下达到县（市、区）财政部门，并由县（市、区）财政部门拨付到补充耕地资金使用部门（单位）。

第三章 资金使用管理

第十四条 补充耕地资金全部用于巩固脱贫攻坚成果和支持实施乡村振兴战略，优先用于高标准农田建设等补充耕地任务。

第十五条 补充耕地资金下达后，各级财政部门要对资金使用情况进行跟踪问效，按月逐级向自治区财政厅报送财政资金跟踪单。

第十六条 补充耕地资金支付管理按照财政国库管理制度有关规定执行。

第十七条 各地组织实施的补充耕地资金支出项目中，凡属于政府采购范围的，均应按照政府采购程序组织实施；凡能通过政府购买服务方式实施的，均应以政府购买服务方式向社会力量购买。

第四章 绩效评价管理

第十八条 补充耕地资金支出绩效评价（以下简称绩效评价）是指财政部门和资金使用部门（单位）根据设定的绩效目标，运用科学、合理的绩效评价指标、评价标准和评价方法，对财政资金使用的经济性、效率性和效益性进行客观、公正的评价。

第十九条 绩效评价的基本内容：

（一）绩效目标的设定情况；

（二）资金投入和使用情况；

（三）为实现绩效目标制定的制度、采取的措施等；

（四）绩效目标的实现程度及效果；

（五）绩效评价的其他内容。

第二十条 补充耕地资金使用部门（单位）应当按照自治区财政资金绩效评价相关政策制度，在规定的时限内向同级财政部门报送补充耕地资金绩效目标和绩效评价报告。

第二十一条 绩效评价报告应当依据充分、真实完整、数据准确、分析透彻、逻辑清晰、客观公正。

补充耕地资金使用部门（单位）应当对绩效评价报告涉及基础资料的真实性、合法性、完整性负责。

财政部门应当对补充耕地资金使用部门（单位）提交的绩效评价报告进行复核，提出审核意见。

第二十二条 被评价的补充耕地资金使用部门（单位）应当对绩效评价发现的问题及时提出整改措施，报评价部门备案，并根据评价结果和评价部门的意见，及时改进，加强资金使用和安全管理，提高资金的使用效益。

第二十三条 财政部门应加强对绩效结果的运用，建立绩效奖惩机制，将绩效评价结果作为下一年度安排补充耕地资金预算的重要依据。

第五章 附 则

第二十四条 各级财政部门应当加强补充耕地资金收支监管，对存在违反规定分配或使用资金以及其他滥用职权、玩忽职守、徇私舞弊等违法违纪行为的，按照《监察法》《预算法》《公务员法》《财政违法行为处罚处分条例》等国家有关规定追究相应责任。

第二十五条 本办法由自治区财政厅负责解释。

第二十六条 本办法自印发之日起实施。

附件2：

自治区城乡建设用地增减挂钩节余指标跨省域调剂资金使用管理办法

第一章 总 则

第一条 为有序实施深度贫困地区城乡建设用地增减挂钩节余指标跨省域调剂，规范深度贫困地区城乡建设用地增减挂钩节余指标跨省域调剂资金收支管理工作，根据《中华人民共和国预算法》《财政部关于印发跨省域补充耕地资金收支管理办法和城乡建设用地增减挂钩节余指标跨省域调剂资金收支管理办法的通知》（财综〔2018〕40 号）和自治区人民政府办公厅《关于印发〈自治区跨省域补充耕地国家统筹管理实施办法〉和〈自治区城乡建设用地增减挂钩节余指标跨省域调剂管理实施办法〉的通知》（新政办发〔2018〕119 号）有关规定，制定本办法。

第二条 本办法所称城乡建设用地增减挂钩节余指标跨省域调剂资金（以下简称调剂资金），是指经国务院批准，南疆四地州所属县市城乡建设用地增减挂钩节余指标（以下简称节余指标）由国家统筹跨省域调剂使用时，中央财政下达的资金。

第三条 调剂资金的使用管理，以习近平新时代中国特色社会主义思想为指导，紧紧围绕维护新疆社会稳定和长治久安总目标，按照加快建立现代财政制度要求，贯彻落实绩效管理的理念，依法依规使用调剂资金，巩固脱贫攻坚成果和支持实施乡村振兴战略。

第二章　资金下达

第四条 依照国务院办公厅《城乡建设用地增减挂钩节余指标跨省域调剂管理办法》规定，节余指标跨省域调剂只适用于南疆四地州深度贫困地区。中央财政下达的调剂资金通过一般公共预算转移支付下达自治区财政。

第五条 中央下达自治区的调剂资金规模按照国家下达并经自然资源部核定的自治区调出节余指标任务，以及节余指标调出价格确定。

第六条 跨省域调剂节余指标调出价格标准由国家统一制定。调出价格根据复垦土地的类型和质量确定，复垦为一般耕地或其他农用地的每亩 30 万元，复垦为高标准农田的每亩 40 万元。

第七条 各地（州、市）财政部门应会同当地自然资源部门根据自治区下达的节余指标跨省域调剂任务，于每年 10 月 31 日前将可调出节余指标和调剂资金使用安排意见报送自治区财政厅、自然资源厅。

资金使用安排意见包括：资金安排使用方向、具体用途、绩效目标等内容。

第八条 自治区财政厅会同自然资源厅对有关地（州、市）调剂资金使用安排进行审核论证。

第九条 中央下达调剂资金后，自治区财政厅会同自然资源厅按照本办法，研究提出资金拨付下达方案，报请自治区人民政府审批同意后，按照程序拨付下达。

第十条 自治区财政厅收到中央下达调剂资金后，按预算管理级次在 30 日内将资金下达到地（州、市）财政部门。地（州、市）财政部门收到自治区下达的专项资金后，应于 10 个工作日内将资金下达到县（市、区）财政部门，并由县（市、区）财政部门拨付到调剂资金使用部门（单位）。

第十一条 地（州、市）财政将自治区下达调剂资金列入政府收支分类科目“1100208 结算补助收入”科目。

第三章　资金使用管理

第十二条 调剂资金全部用于巩固脱贫攻坚成果和支持实施乡村振兴战略，优先和重点保障产生节余指标深度贫困地区的安置补偿、易地扶贫搬迁、拆旧复垦、基础设施和公共服务设施建设、生态修复、耕地保护、高标准农田建设、农业农村发展建设等。

第十三条 调剂资金下达后，财政部门要对资金使用情况进行跟踪问效，按月向自治区财政厅报送财政资金跟踪单。

第十四条 调剂资金支付管理按照财政国库管理制度有关规定执行。

第十五条 各地组织实施的调剂资金支出项目中，凡属于政府采购范围的，均应按照政府采购程序组织实施；凡能通过政府购买服务方式实施的，均应以政府购买服务方式向社会力量购买。

第十六条 已核定的调出节余指标，满3年未完成拆旧复垦验收的，财政部门扣回未完成部分对应的调剂指标资金。

第四章 绩效评价管理

第十七条 调剂资金支出绩效评价（以下简称绩效评价）是指财政部门和资金使用部门（单位）根据设定的绩效目标，运用科学、合理的绩效评价指标、评价标准和评价方法，对财政支出的经济性、效率性和效益性进行客观、公正的评价。

第十八条 绩效评价的基本内容：

（一）绩效目标的设定情况；

（二）资金投入和使用情况；

（三）为实现绩效目标制定的制度、采取的措施等；

（四）绩效目标的实现程度及效果；

（五）绩效评价的其他内容。

第十九条 调剂资金使用部门（单位）应当按照自治区财政资金绩效评价相关政策制度，在规定的时限内向同级财政部门报送调剂资金绩效目标和绩效评价报告。

第二十条 绩效评价报告应当依据充分、真实完整、数据准确、分析透彻、逻辑清晰、客观公正。

调剂资金使用部门（单位）应当对绩效评价报告涉及基础资料的真实性、合法性、完整性负责。

财政部门应当对调剂资金使用部门（单位）提交的绩效评价报告进行复核，提出审核意见。

第二十一条 被评价的调剂资金使用部门（单位）应当对绩效评价发现的问题及时提出整改措施，报评价部门备案，并根据评价结果和评价部门的意见，及时改进，加强资金使用和安全管理，提高资金的使用效益。

第二十二条 财政部门应加强对绩效结果的运用，建立绩效奖惩机制，将绩效评价结果作为下一年度安排调剂资金预算的重要依据。

第五章 附 则

第二十三条 各级财政部门应当加强调剂资金收支监管，对存在违反规定分配或使用资金以及其他滥用职权、玩忽职守、徇私舞弊等违法违纪行为的，按照《监察法》《预算法》《公务员法》《财政违法行为处罚处分条例》等国家有关规定追究相应责任。

第二十四条 本办法由自治区财政厅负责解释。

第二十五条 本办法自印发之日起实施。

关于印发《新疆维吾尔自治区政府购买服务绩效管理暂行办法》的通知

（2018 年 12 月 26 日　自治区财政厅　新财综〔2018〕48 号）

自治区各部、委、办、厅、局，自治区高级法院，自治区人民检察院，有关人民团体，伊犁哈萨克自治州财政局、各地州市财政局：

为加强政府购买服务管理，建立科学规范的政府购买服务绩效管理体系，提高财政资金使用效益，提升公共服务水平，根据《自治区党委　自治区人民政府关于全面实施预算绩效管理的实施意见》（新党发〔2018〕30 号）、《自治区全面实施预算绩效管理的工作方案》（新财预〔2018〕158 号）和《政府购买服务管理办法（暂行）》（财综〔2014〕96 号）等有关规定，自治区财政厅制定了《新疆维吾尔自治区政府购买服务绩效管理暂行办法》。现印发你们，请遵照执行。

附件：新疆维吾尔自治区政府购买服务绩效管理暂行办法

附件：

新疆维吾尔自治区政府购买服务绩效管理暂行办法

第一章　总　则

第一条　为深入贯彻落实党的十九大关于全面实施绩效管理的决策部署，建立科学规范的政府购买服务绩效管理体系，提高资金使用效益，根据《预算法》、《政府购买服务管理办法（暂行）》（财综〔2014〕96 号）、《自治区党委 自治区人民政府关于全面实施预算绩效管理的实施意见》（新党发〔2018〕30 号）和《自治区全面实施预算绩效管理的工作方案》（新财预〔2018〕158 号）等法律法规和制度办法，制定本办法。

第二条　本办法适用于自治区各级行政机关、党的机关、具有行政管理职能的事业单位和纳入行政编制管理且经费由财政负担的群团组织（以下简称购买主体部门）使用财政资金向社会力量购买服务开展的绩效管理工作。

第三条　本办法所称政府购买服务绩效管理（以下简称绩效管理）是指财政部门和购买主体部门对政府购买服务支出开展绩效目标管理、绩效监控、绩效评价、评价结果运用等全过程绩效管理工作。

第四条 绩效管理应当遵循以下原则：

（一）科学规范原则。绩效管理应当严格执行规定的程序，按照科学可行的要求，与预算管理紧密结合，实施事前编制绩效目标、事中绩效跟踪监控和评价、事后结果运用和绩效考核的全过程管理；

（二）公开透明原则。绩效管理要符合真实、客观、公正要求，依法公开并接受监督；

（三）分级推进原则。绩效管理由财政部门和购买主体部门根据管理对象的特点分类组织实施；

（四）绩效相关原则。绩效管理应当针对具体的政府购买服务项目支出及产出绩效进行，清晰反映支出和产出绩效之间的紧密对应关系。

第二章 绩效管理职责

第五条 财政部门的主要职责：

（一）研究制定绩效管理规章制度；

（二）审核绩效目标、评价指标和标准，组织评审论证；

（三）建立包含绩效评价数据与指标体系、行业标准、第三方机构库等在内的绩效管理信息系统，实行动态化管理，并与部门预算滚动项目库对接；

（四）组织、协调、督促购买主体部门设定绩效目标、实施绩效监控、开展绩效评价和落实结果应用工作；

（五）指导下级财政部门开展绩效管理工作；

（六）对购买主体部门、下级财政部门绩效管理工作开展情况进行考核；

（七）其他应由财政部门承担的工作。

第六条 购买主体部门的主要职责：

（一）组织实施本部门绩效管理工作；

（二）编制本部门绩效目标，制订评价指标，撰写可行性报告；

（三）配合开展绩效监控管理和绩效评价工作，按时提交绩效自评价报告；

（四）落实财政部门整改意见，根据绩效管理结果改进项目实施和资金使用管理；

（五）组织和指导实施单位开展绩效管理工作；

（六）其他应承担的绩效管理工作。

第三章 绩效目标管理

第七条 绩效目标是指政府购买服务项目计划在一定期限内达到的产出和效果。绩效目标是编制政府购买服务预算、实施绩效监控、开展绩效评价的重要基础和依据。

第八条 绩效目标由购买主体部门按照“谁申请资金，谁编制目标”的原则和规定的方法、程序科学合理编制，在申请和编制部门预算时，一同提交财政部门。

第九条 绩效目标应当指向明确、具体细化、合理可行，尽量用可量化的标准、数值或比率表示，不能定量表示的，可采用定性的分级分档或其他分析方式表述。

第十条 绩效目标应当包括以下主要内容：

（一）预期产出，包括提供服务的数量目标、质量目标、时效目标等；

（二）预期效果，包括经济效益、社会效益、环境效益和可持续影响等；

（三）达到预期产出所需要的成本资源；

（四）衡量预期产出、预期效果和服务对象满意程度的绩效指标。

第十一条 绩效目标审核。按照“谁分配资金，谁审核目标”的原则，财政部门和购买主体部门按照各自职责相互配合，共同推进做好审核工作。

（一）部门审核机制。购买主体部门负责对本部门和所属单位报送的绩效目标进行审核。绩效目标不符合要求的，应及时修改、完善。

（二）财政审核机制。财政部门依据国家相关政策和自治区党委、人民政府重点工作安排、预算支出方向和支出重点等，对购买主体部门申报的绩效目标进行审核，不符合要求的，购买主体部门应及时进行调整或修改。绩效目标审核未通过的，不得安排预算资金。

第十二条 绩效目标批复。按照“谁批复预算，谁批复目标”的原则，财政部门应在批复购买主体部门的部门预算时，一并批复绩效目标。

第十三条 绩效目标调整。批复的绩效目标一般不予调整，确需调整的，应当根据绩效目标管理的要求和审核流程，按照规定程序重新报批。

第四章　绩效监控管理

第十四条 绩效监控管理是指在预算执行过程中，根据设定的绩效目标，对政府购买服务预算执行情况、绩效目标完成情况、效益与预期目标偏差情况等进行跟踪监控和纠偏处理的管理活动。

第十五条 按照“谁使用、谁监管”的原则，购买主体部门是绩效监控的责任主体，负责对本部门政府购买服务项目开展绩效监控。财政部门对绩效监控进行管理、监督。

第十六条 绩效监控的主要内容包括：

（一）预算执行情况。预算安排、调整情况，资金到位情况，资金执行情况，执行进度与政策、项目进度是否匹配等；

（二）绩效目标完成情况。绩效目标阶段性完成情况，项目实施进度与预期目标的契合程度、偏离程度，是否需要调整绩效目标和指标等；

（三）目标偏离及应对情况。绩效目标是否发生偏离、发生偏离的主要原因及采取的应对措施等。

第十七条 绩效监控一般以预算年度为周期，对实施期超过一年的重大项目实行全周期跟踪问效。

第十八条 购买主体部门应参照本办法第十七条内容，按月对政府购买服务项目实施监控，并填写绩效监控情况表，于每月10日前报送同级财政部门。绩效监控情况表由同级财政部门统一制定。

第十九条 购买主体部门应积极配合财政部门实施绩效监控管理，及时纠正项目实施过程中与绩效目标的偏差，保证项目按预定的绩效目标完成。

第二十条 财政部门和购买主体部门应当及时整理、分析绩效监控结果，作为年终开展绩效评价、延续项目年度预算编制和政策制定的重要依据。

第五章　绩效评价管理

第二十一条 绩效评价是指根据设定的绩效目标和评价指标，运用科学、合理的评价方法，按照统一的评价标准和原则，对政府购买服务资金使用效益、效果、运行效率进行客观、公正的比较和综合评判。

第二十二条 购买主体部门对本部门管理的政府购买服务项目实施自评价，财政部门负责组织实施对购买主体部门自评价报告进行审核。

第二十三条 绩效评价方法主要有成本效益分析法、比较法、因素分析法、最低成本法、公众评判法以及综合评价法等。在实施绩效评价时，可采取一种评价方法，也可综合使用多种评价方法。

第二十四条 绩效评价的基本内容：

（一）绩效目标的设定情况。重点评价绩效目标设立的充分性、明确性、合理性以及细化程度；

（二）资金投入和使用情况。重点评价资金分配过程、投入方式、资金到位、预算执行和结果；

（三）为实现绩效目标制定的制度、采取的措施等。包括项目管理制度、财务管理制度、资产管理制度和绩效监控管理措施等；

（四）绩效目标的实现程度和效果。绩效目

标的实现程度包括产出数量、产出质量、产出时效和产出成本。效果包括经济效益、社会效益、生态效益、可持续影响以及服务对象满意度等。

第二十五条 根据需要，绩效评价工作可委托专家、中介机构等第三方实施。财政部门应当对第三方组织参与绩效评价的工作进行规范，并指导其开展工作。

第二十六条 绩效评价工作程序：

（一）准备阶段。确定评价对象，成立评价工作组，下达绩效评价通知，编制绩效评价实施方案，确定绩效评价指标。

（二）实施阶段。采集、整理、审核、汇总评价数据和资料等证据信息，实地现场考察，开展问卷调查，组织专家现场评价和综合评价，编制评价工作底稿。

（三）报告阶段。整理分析评价数据，得出评价结论，撰写绩效评价报告，向被评价单位反馈初步评价结果，核实相关调整事项，向评价组织方提交绩效评价报告，督促被评价单位整改落实，建立绩效评价档案。

第二十七条 购买主体部门应在年度预算执行完毕和项目实施完成后，对照事先确定的绩效目标开展绩效自评，并形成绩效自评报告，送财政部门审核备案。

财政部门应按照年度绩效评价工作方案，成立评价工作组，对购买主体部门提交的绩效评价报告进行复核，提出审核意见。

第二十八条 购买主体部门撰写的绩效自评报告应当包括以下主要内容：

（一）项目概况；

（二）项目资金使用及管理情况；

（三）项目组织实施情况；

（四）项目绩效情况；

（五）项目评价工作情况；

（六）其他需要说明的问题。

第二十九条 绩效自评报告应当依据充分、真实完整、数据准确、分析透彻、逻辑清晰、客观公正。

第三十条 绩效自评报告的格式由财政部门统一制定，提交报告的时间由财政部门在每年度绩效评价工作通知中具体明确。

第六章 绩效结果应用和监督

第三十一条 财政部门、购买主体部门应建立绩效管理信息共享机制，及时整理、分析、反馈绩效目标评审意见、绩效监控意见和绩效评价结果，并将其作为当年预算调整、绩效目标修正、完善项目管理和安排以后年度预算的重要依据。

第三十二条 绩效评价结果实行量化评分和定性评级相结合的形式，一般实施百分制和四级分类，具体是：优秀［90分（含）—100分］、良好［80分（含）—90分］、一般［70分（含）—80分］、较差［60分（含）—70分］。

第三十三条 财政部门应建立绩效管理激励与约束机制，对绩效评价结果为优秀、良好的，财政部门可予以表彰或继续给予支持；对绩效评价结果为较差的，财政部门可予以通报批评，并责令其限期整改。不进行整改或整改不到位的，应当根据情况调整项目或相应调减项目预算，直至取消该项财政支出。

第三十四条 购买主体部门应建立部门整改机制，针对本部门绩效监控和绩效评价中存在的问题，按照财政部门出具的绩效评价结果及建议，及时调整和优化本部门后续项目和以后年度预算支出的方向和结构，合理配置资源，加强财务管理，完善项目管理办法，切实提高绩效管理水平和财政资金使用效益。

第三十五条 购买主体部门和财政部门应按照政府信息公开的要求在一定范围内对绩效评价结果进行公开，接受社会监督。

第三十六条 财政部门、购买主体部门及其工作人员在绩效管理过程中存在严重弄虚作假及其他违规违纪行为的，按照《预算法》《公务员法》《行政监察法》《财政违法行为处罚处分条例》等国家有关规定追究相应责任。

第七章　附　则

第三十七条　自治区本级各部门，各地州市财政部门可根据本办法并结合实际制定本地区本部门的管理办法或实施细则。

第三十八条　本办法由自治区财政厅负责解释，自发布之日起施行。

关于贯彻落实新疆困难地区新办企业“两免三减半”所得税优惠政策执行范围有关问题的补充通知

（2018 年 11 月 21 日　自治区财政厅、税务局
新财法税〔2018〕20 号）

伊犁哈萨克自治州财政局、税务局，各地州市财政局、税务局：

根据《财政部、国家税务总局关于新疆困难地区新办企业所得税优惠政策的通知》（财税〔2011〕53 号）精神，自治区财政厅、自治区发改委、自治区经信委、自治区国税局、自治区地税局研究制定了《关于贯彻落实中央新疆困难地区新办企业“两免三减半”所得税优惠政策有关问题的通知》（新财法税〔2011〕51 号），明确了“新疆困难地区”范围的 50 个县市。2014 年，国务院批复设立霍尔果斯市，经自治区财政厅、国家税务总局新疆维吾尔自治区税务局研究，报自治区人民政府同意，决定将霍尔果斯市列入“新疆困难地区”范围。

各地财政、税务部门对政策执行中发现的问题，要及时向自治区财政厅、国家税务总局新疆维吾尔自治区税务局反映。

关于核定各地州市兵团辖区税收基数的通知

（2018年1月2日　自治区财政厅　新财预〔2018〕2号）

伊犁哈萨克自治州财政局，各地州市财政局：

根据自治区人民政府《关于明确自治区和兵团财政管理体制的通知》（新兵发〔2017〕157号）规定：从2018年1月1日起，兵团辖区内的税收，属于地方收入的部分，由自治区和兵团按照2015年的财政收入划分确定的自治区和兵团收入基数的基础上实行增量分成。为贯彻落实中央深化新疆生产建设兵团（以下简称“兵团”）财政管理体制改革工作要求，现将兵团辖区税收基数及增量分成等相关问题通知如下：

一、兵团辖区税收范围的确定

从2018年1月1日起，新疆兵团地理辖区（以下简称“兵团辖区”）内产生的各项税收，除中央明确规定应缴入中央级国库的税收外，其余税收全部缴入自治区级国库。兵团辖区内由税务部门随同税收征收的非税收入，一并缴入自治区级国库。

兵团辖区外的兵团投资、控股或参股企业缴纳的地方税收仍缴入各地国库，不纳入此次通知规定范围之内。

二、税收基数核定与超基数增量分成办法

（一）税收基数的核定

依据2015年兵团辖区的税收入库相关数据，参照中央财政部核定税收基数办法，自治区核定你地（州、市）兵团辖区税收基数____万元、非税收入基数____万（详见附表）。

（二）超基数增量分成办法

1. 地方主导的3个合作区（即乌鲁木齐经济开发区十二师分区、乌鲁木齐市头屯河工业园十二师合作区、乌鲁木齐综合保税区）税收基数38 993万元，执行税收增量6∶4的分成比例，即地方60%，兵团40%。

2. 除地方主导的3个合作区外，其余兵团辖区税收超过基数时，执行税收增量1∶9的分成比例，即地方10%，兵团90%。

3. 非税收入超过基数时，增量全部归属兵团。

三、税收返还与年终清算

（一）税收返还

由于2018年1月1日起，兵团辖区的税收收入全部缴入自治区级国库，影响到各地州市一部分财力，为了体现预算编制的完整性，自治区将此次核定的兵团辖区税收基数（含非税收入）作为税收返还补助提前下达各地州市，列入2018年“11099其他税收返还收入”科目，资金按进度均衡拨付。

（二）年终清算

2018年度终了后，自治区财政将清算兵团辖区税收作为年终结算项目，根据当年兵团辖区税收完成数据和增量分成办法进行结算，实行多

退少补，调整当年税收返还补助数据。以后年度照此办理，不再另行发文。

附件：自治区核定各地州市兵团辖区税收基数情况表

附件：

自治区核定各地州市兵团辖区税收基数情况表

单位：万元

序号	纳税人名称	基数情况		
		税收基数	非税基数	基数合计
	14 个地州市合计	161 555	18 911	180 466
1	乌鲁木齐市	74 336	12 645	86 981
	高新区（新市区）	7 950	213	8 163
	开发区（头屯河区）	49 405	12 241	61 646
	乌鲁木齐县	13	6	19
	水区	5	1	6
	沙区	16 963	184	17 147
2	克拉玛依市	829	153	982
	克拉玛依区	686	147	833
	乌尔禾区	143	6	149
3	伊犁州	26 906	3 317	30 223
	伊宁市	4 176	240	4 416
	奎屯市	7 027	814	7 841
	霍尔果斯市	1 113	120	1 233
	伊宁县	336	0	336
	察布查尔县	1 348	72	1 420
	霍城县	1 560	208	1 768
	尼勒克县	1 275	87	1 362
	巩留县	622	30	652
	新源县	8 997	1 715	10 712
	特克斯县	22	1	23
	昭苏县	430	30	460
4	塔城地区	22 491	1 233	23 724
	塔城市	1 455	44	1 499
	额敏县	7 136	125	7 261
	乌苏市	5 378	593	5 971
	沙湾县	6 345	296	6 641

续表

序号	纳税人名称	基数情况		
		税收基数	非税基数	基数合计
	裕民县	95	8	103
	和丰县	2 082	167	2 249
5	阿勒泰地区	172	2	174
	阿勒泰市	54	1	55
	哈巴河县	29	0	29
	吉木乃县	25	1	26
	福海县	61	0	61
	青河县	3	0	3
6	博州	8 408	218	8 626
	博乐市	7 654	188	7 842
	精河县	648	21	669
	温泉县	106	9	115
7	昌吉州	5 412	306	5 718
	玛纳斯县	2 656	160	2 816
	呼图壁县	638	-13	625
	昌吉市	105	4	109
	阜康市	207	21	228
	吉木萨尔县	177	7	184
	奇台县	1 629	127	1 756
8	巴州	2 715	243	2 958
	尉犁县	600	33	633
	且末县	368	1	369
	若羌县	23	2	25
	焉耆县	292	36	328
	和静县	1 186	135	1 321
	和硕县	187	8	195
	博湖县	59	28	87
9	克州	16	0	16
	阿图什市	16	0	16
10	阿克苏地区	2 304	117	2 421
	温宿县	1 969	58	2 027
	乌什县	335	59	394
11	喀什地区	1 494	33	1 527

续表

序号	纳税人名称	基数情况		
		税收基数	非税基数	基数合计
	莎车县	5		5
	疏勒县	42		42
	伽师县	105	3	108
	巴楚县	840	11	851
	麦盖提县	437	16	453
	英吉沙县	11		11
	岳普湖县	54	3	57
12	和田地区	1 283	47	1 330
	皮山县	184	3	187
	墨玉县	1 088	44	1 132
	策勒县	11	0	11
13	吐鲁番市	122	5	127
	高昌区	122	5	127
14	哈密市	15 067	592	15 659
	伊州区	14 298	583	14 881
	巴里坤县	328	-13	315
	伊吾县	441	22	463

关于印发《自治区本级部门预算绩效目标管理暂行办法》的通知

（2018年3月8日 自治区财政厅 新财预〔2018〕21号）

自治区各部、委、办、厅、局，自治区高级人民法院、自治区人民检察院，伊犁哈萨克自治州财政局、各地州市财政局：

为全面实施预算绩效管理工作，我们制定了《自治区本级部门预算绩效目标管理暂行办法》，现予印发，请遵照执行。执行中有意见和建议及时反馈自治区财政厅。

各地财政部门应参照本办法，于2018年4月30日前制定本地区的部门预算绩效目标管理暂行办法，并抄送自治区财政厅。

附件：自治区本级部门预算绩效目标管理暂行办法

附件：

自治区本级部门预算绩效目标管理暂行办法

第一章 总 则

第一条 为贯彻落实党的十九大“建立全面透明、标准科学、约束有力的预算制度，全面实施绩效管理。”的部署，制定本办法。

第二条 绩效目标是指财政预算资金计划在一定期限内达到的产出和效果。绩效目标是建设项目库、编制部门预算、实施绩效监控、开展绩效评价的重要基础和依据。

（一）按照预算支出的范围和内容划分，包括基本支出绩效目标、项目支出绩效目标和部门整体支出绩效目标。

基本支出绩效目标，是指自治区本级部门预算中安排的基本支出在一定期限内对本部门正常运转的预期保障程度。基本支出绩效目标纳入部门整体支出绩效目标统筹考虑，不单独编制。

项目支出绩效目标，是指自治区本级部门依据部门职责和事业发展要求，使用预算安排的项目资金在一定期限内预期达到的产出和效果。包括部门预算项目绩效目标和专项预算项目绩效目标。

部门整体支出绩效目标，是指自治区本级部门及其所属单位按照确定的职责，使用全部部门预算资金在一定期限内预期达到的总体产出和效果。

（二）按照时效性划分，包括中长期绩效目标和年度绩效目标。

中长期绩效目标是指自治区本级部门预算资金在跨度多年的计划期内预期达到的产出和效果。年度绩效目标是指自治区本级部门预算资金在一个预算年度内预期达到的产出和效果。

第三条 绩效目标管理是指自治区财政厅、自治区本级部门及其所属单位以绩效目标的编制、审核、批复和应用为内容所开展的管理活动。

第四条 绩效目标管理对象是纳入自治区本级预算管理的全部资金。

第五条 自治区财政厅、自治区本级部门及其所属单位按其职能组织实施预算绩效目标管理，建立分工明确的预算绩效目标管理机制。

（一）自治区财政厅负责研究制定绩效目标管理办法，建立并完善绩效目标管理信息系统；负责组织和指导自治区本级部门绩效目标的编制和审核，并批复绩效目标；负责组织、指导和监督自治区本级部门开展绩效运行监控（以下简称绩效监控）和绩效评价。

（二）自治区本级部门负责本部门管理的预算资金绩效目标的编制、申报、审核和汇总，组织实施绩效监控和绩效评价；组织、指导本部门所属单位绩效目标的编制和审核，并批复绩效目标；组织、指导和监督本部门所属单位开展绩效监控和绩效评价；负责绩效目标的公开工作。

（三）自治区本级部门所属单位负责本单位绩效目标的编制、调整和实施完成；按照批复的绩效目标，组织实施绩效监控和绩效评价。

第二章 绩效目标的编制

第六条 绩效目标由自治区本级部门及其所属单位按照“谁申请资金，谁编制目标”的原则和规定的方法、程序科学合理编制。绩效目标要能清晰反映预算资金的预期产出和效果，并以相应的绩效指标予以细化、量化描述。

第七条 绩效目标编制内容，主要包括设定预期目标、制定绩效指标和确定绩效指标值。

预期目标要能清晰反映预算资金的预期产出和预期效果，并以相应的绩效指标予以细化和量化。

绩效指标是对预期目标的细化和量化描述，主要包括完成指标、效益指标和满意度指标等。

绩效指标值是绩效指标的具体表现，通常用可衡量的标准、数值、比率等来表示，确定指标值时主要依据或参考历史标准、行业标准、计划标准等绩效标准。

第八条 绩效目标编制要求

（一）指向明确。绩效目标要符合国民经济和社会发展规划、部门职能及事业发展规划等要求，并与相应的资金使用内容、范围、方向、效果等紧密相关。

（二）细化量化。绩效目标应当从数量、质量、成本、时效以及经济效益、社会效益、生态效益、可持续影响、满意度等方面进行细化，尽量进行定量表述。不能量化表述的，可采用定性表述，但应具有可衡量性。

（三）合理可行。设定绩效目标时要经过调查研究和科学论证，符合客观实际，能够在一定期限内如期实现。

（四）相应匹配。绩效目标要与计划期内的任务数或计划数相对应，与预算确定的投资额或资金量相匹配。

第九条 绩效目标编制依据

（一）国家相关法律、法规和规章制度，自治区党委、自治区人民政府国民经济和社会发展规划和方针政策；

（二）部门职能、中长期发展规划、年度工作计划、项目规划；

（三）中期财政规划及年度预算管理要求；

（四）相关历史数据、行业标准、计划标准等；

（五）符合财政部门要求的其他依据。

第十条 绩效目标编制方法

（一）项目支出绩效目标的编制。

1. 对项目的功能进行梳理，包括政策依据、资金性质、支持范围、实施内容、工作任务、政策对象等，明确项目的功能特性。

2. 依据项目的功能特性，预计项目实施在一定时期内所要达到的总体产出和效果，确定项目所要实现的目标，并以定量和定性相结合的方式进行表述。

3. 对项目支出目标进行细化分解，从中概括、提炼出最能反映总体目标预期实现程度的关键性指标，并将其确定为相应的绩效指标。部门预算项目应明确年度绩效目标，专项预算项目应同时明确中长期绩效目标和年度绩效目标。

4. 通过收集相关基准数据，确定绩效标准，结合项目预期进展、预计投入等情况，确定绩效指标的具体数值，填列《部门预算项目支出绩效目标申报表》（附件 1）、《专项预算项目支出绩效目标申报表》（附件 2）。

（二）部门整体支出绩效目标的编制。

1. 对自治区本级部门的职能进行梳理，确定部门的各项具体工作职责。

2. 结合部门中长期规划和年度工作计划，明确年度主要工作任务，预计部门在本年度内履职所要达到的总体产出和效果，将其确定为部门整体支出绩效目标，以定量和定性相结合的方式进行表述。

3. 通过收集相关基准数据，确定绩效标准，结合职责履行和履职效果，确定绩效指标的具体数值，填列《部门整体支出绩效目标申报表》（附件 3）。

第十一条 绩效目标编报程序

（一）自治区本级部门所属单位编制绩效目标。申请预算资金的部门所属单位按照要求编制绩效目标，随同本单位预算提交自治区本级部门；根据自治区本级部门审核意见，对绩效目标进行修改完善，按程序上报。

（二）自治区本级部门编制绩效目标。自治区本级部门按要求编制本部门绩效目标，审核、汇总所属单位绩效目标，随同本部门预算提交自治区财政厅，根据自治区财政厅审核意见对绩效目标进行修改完善后报送自治区财政厅。

第三章 绩效目标的审核

第十二条 绩效目标按照“谁分配资金，谁审核目标”的原则，由自治区财政厅和自治区本级部门按照预算管理职能职责和预算管理级次进行审核。绩效目标审核是部门预算审核的重要组成部分。根据工作需要，绩效目标可委托第三方予以审核。审核符合要求后，绩效目标方可进入项目库，并进入预算编审流程。

第十三条 绩效目标审核内容

（一）相关性审核，包括目标相关性和指标科学性。审核总体目标是否符合国家法律法规、国民经济和社会发展规划要求，与本部门职能、发展规划和工作计划是否密切相关；绩效指标是否全面、充分、细化、量化，难以量化的，定性描述是否充分、具体，是否选取了最能体现总体目标实现程度的关键指标并明确了具体指标值。

（二）完整性审核，包括规范完整性和明确清晰性。审核绩效目标填报格式是否规范，内容是否完整、准确、详实，是否无缺项、错项；绩效目标是否明确、清晰，是否能够反映项目主要情况，是否对项目预期产出和效果进行了充分、恰当的描述。

（三）适当性审核，包括绩效合理性和资金匹配性。审核预期绩效是否显著，是否能够体现实际产出和效果的明显改善，是否符合行业正常水平或事业发展规律；与其他同类项目相比，预期绩效是否合理；绩效目标与项目资金量、使用方向等是否匹配，在既定资金规模下，绩效目标是否过高或过低；或要完成既定绩效目标，资金规模是否过大或过小。

（四）可行性审核，包括实现可能性和条件充分性。审核绩效目标是否经过充分调查研究、论证和合理测算，实现的可能性是否充分；项目实施方案是否合理，项目实施单位的组织实施能力和条件是否充分，内部控制是否规范，管理制度是否健全。

第十四条 绩效目标审核程序

（一）自治区本级部门及其所属单位审核。自治区本级部门对其所属单位报送的绩效目标从相关性、完整性、适当性和可行性等方面进行实质性审核，提出审核意见并反馈，确保绩效目标相关内容及指标值的科学、准确和合理。所属单位根据审核意见进行修改完善，重新提交自治区本级部门，审核通过后按程序报送财政厅。

（二）财政厅审核。自治区财政厅对自治区本级部门报送的绩效目标进行科学性、合理性和规范性审核，提出审核意见并反馈。自治区本级部门根据自治区财政厅审核意见进行修改完善，重新报送自治区财政厅审核。自治区财政厅根据绩效目标审核情况研究提出预算安排意见和建议。

第四章 绩效目标的批复、调整与应用

第十五条 自治区人大及常委会批准自治区本级预算后，按照“谁批复预算，谁批复目标”的原则，自治区财政厅在批复部门预算时，一并批复绩效目标。自治区本级部门在批复所属单位预算时，按预算管理级次批复绩效目标。

第十六条 预算及绩效目标确定后，一般不予调整。预算执行中因特殊原因确需调整的，应按照绩效目标管理要求和预算调整流程报批。

第十七条 自治区本级部门及其所属单位应按照批复的绩效目标组织预算执行、开展绩效监控、绩效自评和绩效评价。

（一）绩效监控。预算执行中，自治区财政厅、自治区本级部门及其所属单位应对资金运行状况和绩效目标预期实现程度开展绩效监控，及时发现并纠正绩效运行中存在的问题，确保绩效目标如期实现。对绩效监控中发现绩效目标无法实现的项目，要通过中期评估予以及时调整。

（二）绩效自评。预算执行结束后，自治区本级部门应按要求开展绩效自评，填报《项目支出绩效目标自评表》（附件4）、《部门整体支出绩效目标自评表》（附件5），如实反映预算执行情况、目标实际完成情况、实际完成指标值等，并形成相应的自评结果，作为部门预、决算的组成内容和以后年度预算申请、安排的重要基础。

（三）绩效评价。自治区财政厅在自治区本级部门绩效自评的基础上，根据需要，选择部分重点项目或部门开展绩效评价。绩效评价要将实际取得的绩效与绩效目标进行对比，若未实现绩效目标的，自治区本级部门应当说明理由；若绩效目标制定不够科学合理的，自治区本级部门应当在下一年度予以调整。绩效评价结果作为自治区本级部门以后年度预算申请、安排的重要依据。

第十八条 自治区本级部门应按照有关法律、法规要求，逐步将有关绩效目标随同部门预算予以公开。

第五章 附 则

第十九条 各部门可根据本办法，结合实际制定本部门具体绩效目标管理办法和实施细则，报自治区财政厅备案。

第二十条 本办法由自治区财政厅负责解释。

第二十一条 本办法自印发之日起施行。

附：1. 部门预算项目支出绩效目标申报表

2. 专项预算项目支出绩效目标申报表

3. 部门整体支出绩效目标申报表

4. 项目支出绩效目标自评表

5. 部门整体支出绩效目标自评表

6. 绩效目标管理流程图

附 1：

部门预算项目支出绩效目标申报表

（　　　年度）

项目名称				
预算单位				
项目资金（万元）		年度资金总额：		
		其中：财政拨款		
		其他资金		
总体目标	年度目标			
	一级指标	二级指标	三级指标	指标值（包含数字及文字描述）
绩效指标	项目完成	数量指标	指标 1：	
			指标 2：	
			……	
		质量指标	指标 1：	
			指标 2：	
			……	
		时效指标	指标 1：	
			指标 2：	
			……	
		成本指标	指标 1：	
			指标 2：	
			……	
		……		
	项目效益	经济效益指标	指标 1：	
			指标 2：	
			……	
		社会效益指标	指标 1：	
			指标 2：	
			……	
		生态效益指标	指标 1：	
			指标 2：	
			……	
		可持续影响指标	指标 1：	
			指标 2：	
			……	
		……		
	满意度指标	满意度指标	指标 1：	
			指标 2：	
			……	
		……		

附 2：

专项预算项目支出绩效目标申报表

（　　　年度）

<table>
<tr><td colspan="2">项目名称</td><td colspan="4"></td></tr>
<tr><td colspan="2">预算单位</td><td colspan="4"></td></tr>
<tr><td colspan="2">项目类型</td><td>产业发展 □</td><td>民生保障 □</td><td>基础设施 □</td><td>行政运行 □</td></tr>
<tr><td rowspan="7">项目概况</td><td colspan="2">中长期规划（名称、文号，仅指常年项目）</td><td colspan="3"></td></tr>
<tr><td colspan="2">资金管理办法（名称、文号）</td><td colspan="3"></td></tr>
<tr><td colspan="2">绩效分配方式</td><td colspan="3">因素法 □　项目法 □　据实据效 □　因素法与项目法相结合 □</td></tr>
<tr><td colspan="2">立项依据</td><td colspan="3"></td></tr>
<tr><td colspan="2">使用范围</td><td colspan="3"></td></tr>
<tr><td colspan="2">申报（补助）条件</td><td colspan="3"></td></tr>
<tr><td colspan="2">项目起止年限</td><td colspan="3"></td></tr>
<tr><td colspan="2" rowspan="3">项目资金
（万元）</td><td>中长期资金总额：</td><td></td><td>年度资金总额：</td><td></td></tr>
<tr><td>其中：财政拨款</td><td></td><td>其中：财政拨款</td><td></td></tr>
<tr><td>其他资金</td><td></td><td>其他资金</td><td></td></tr>
<tr><td rowspan="2">总体目标</td><td colspan="2">中长期目标（20××年度—20××+n 年）</td><td colspan="3">年度目标</td></tr>
<tr><td colspan="2"></td><td colspan="3"></td></tr>
</table>

续表

	一级指标	二级指标	三级指标	指标值（包含数字及文字描述）	二级指标	三级指标	指标值（包含数字及文字描述
绩效指标	项目完成	数量指标	指标1：		数量指标	指标1：	
			指标2：			指标2：	
			……			……	
		质量指标	指标1：		质量指标	指标1：	
			指标2：			指标2：	
			……			……	
		时效指标	指标1：		时效指标	指标1：	
			指标2：			指标2：	
			……			……	
		成本指标	指标1：		成本指标	指标1：	
			指标2：			指标2：	
			……			……	
		……			……		
	项目效益	经济效益指标	指标1：		经济效益指标	指标1：	
			指标2：			指标2：	
			……			……	
		社会效益指标	指标1：		社会效益指标	指标1：	
			指标2：			指标2：	
			……			……	
		生态效益指标	指标1：		生态效益指标	指标1：	
			指标2：			指标2：	
			……			……	
		可持续影响指标	指标1：		可持续影响指标	指标1：	
			指标2：			指标2：	
			……			……	
		……			……		
	满意度指标	满意度指标	指标1：		满意度指标	指标1：	
			指标2：			指标2：	
			……			……	
		……			……		

附 3：

部门整体支出绩效目标申报表

（　　年度）

部门名称						
年度主要任务	任务名称	主要内容	预算金额（万元）			
			总额	财政拨款	其他资金
	任务 1				
	任务 2				
	任务 3				
	……				
	金额合计				
总体目标	目录 1：………………………… 目录 2：………………………… 目录 3：…………………………				

	一级指标	二级指标	三级指标	指标值（包含数字及文字描述）
年度绩效指标	完成指标	数量指标	指标 1：	
			指标 2：	
			……	
		质量指标	指标 1：	
			指标 2：	
			……	
		时效指标	指标 1：	
			指标 2：	
			……	
		成本指标	指标 1：	
			指标 2：	
			……	
		……		
	效益指标	经济效益指标	指标 1：	
			指标 2：	
			……	
		社会效益指标	指标 1：	
			指标 2：	
			……	
		生态效益指标	指标 1：	
			指标 2：	
			……	
		可持续影响指标	指标 1：	
			指标 2：	
			……	
		……		
	满意度指标	满意度指标	指标 1：	
			指标 2：	
			……	
		……		

附 4：

项目支出绩效目标自评表

（　　　年度）

项目名称					
预算单位					
预算执行情况（万元）	预算数：			执行数：	
	其中：财政拨款			其中：财政拨款	
	其他资金			其他资金	
年度目标完成情况	预期目标			实际完成目标	
	一级指标	二级指标	三级指标	预期指标值（包含数字及文字描述）	实际完成指标值（包含数字及文字描述）
年度绩效指标完成情况	项目完成指标	数量指标	指标 1：		
			指标 2：		
			……		
		质量指标	指标 1：		
			指标 2：		
			……		
		时效指标	指标 1：		
			指标 2：		
			……		
		成本指标	指标 1：		
			指标 2：		
			……		
		……			
	项目效果指标	经济效益指标	指标 1：		
			指标 2：		
			……		
		社会效益指标	指标 1：		
			指标 2：		
			……		
		生态效益指标	指标 1：		
			指标 2：		
			……		
		可持续影响指标	指标 1：		
			指标 2：		
			……		
		……			
	满意度指标	满意度指标	指标 1：		
			指标 2：		
			……		
		……			

注：项目支出包括部门预算支出和专项预算支出。

附 5：

部门整体支出绩效目标自评表

（　　年度）

<table>
<tr><td colspan="3">部门名称</td><td colspan="6"></td></tr>
<tr><td rowspan="9">年度主要任务</td><td rowspan="2">任务名称</td><td rowspan="2">主要内容</td><td colspan="3">预算金额（万元）</td><td colspan="3">实际执行（万元）</td></tr>
<tr><td>总额</td><td>财政拨款</td><td>其他资金</td><td>总额</td><td>财政拨款</td><td>其他资金</td></tr>
<tr><td>任务 1</td><td></td><td></td><td></td><td></td><td></td><td></td><td></td></tr>
<tr><td>任务 2</td><td></td><td></td><td></td><td></td><td></td><td></td><td></td></tr>
<tr><td>任务 3</td><td></td><td></td><td></td><td></td><td></td><td></td><td></td></tr>
<tr><td>……</td><td></td><td></td><td></td><td></td><td></td><td></td><td></td></tr>
<tr><td></td><td></td><td></td><td></td><td></td><td></td><td></td><td></td></tr>
<tr><td colspan="4">金额合计</td><td colspan="2"></td><td></td><td></td></tr>
</table>

<table>
<tr><td></td><td colspan="3">预期目标</td><td colspan="2">实际完成目标</td></tr>
<tr><td>年度总体目标</td><td colspan="3"></td><td colspan="2"></td></tr>
<tr><td></td><td>一级指标</td><td>二级指标</td><td>三级指标</td><td>预期指标值（包含数字及文字描述）</td><td>实际完成指标值（包含数字及文字描述）</td></tr>
<tr><td rowspan="30">年度绩效指标</td><td rowspan="13">完成指标</td><td rowspan="3">数量指标</td><td>指标 1：</td><td></td><td></td></tr>
<tr><td>指标 2：</td><td></td><td></td></tr>
<tr><td>……</td><td></td><td></td></tr>
<tr><td rowspan="3">质量指标</td><td>指标 1：</td><td></td><td></td></tr>
<tr><td>指标 2：</td><td></td><td></td></tr>
<tr><td>……</td><td></td><td></td></tr>
<tr><td rowspan="3">时效指标</td><td>指标 1：</td><td></td><td></td></tr>
<tr><td>指标 2：</td><td></td><td></td></tr>
<tr><td>……</td><td></td><td></td></tr>
<tr><td rowspan="3">成本指标</td><td>指标 1：</td><td></td><td></td></tr>
<tr><td>指标 2：</td><td></td><td></td></tr>
<tr><td>……</td><td></td><td></td></tr>
<tr><td>……</td><td></td><td></td><td></td></tr>
<tr><td rowspan="13">效益指标</td><td rowspan="3">经济效益指标</td><td>指标 1：</td><td></td><td></td></tr>
<tr><td>指标 2：</td><td></td><td></td></tr>
<tr><td>……</td><td></td><td></td></tr>
<tr><td rowspan="3">社会效益指标</td><td>指标 1：</td><td></td><td></td></tr>
<tr><td>指标 2：</td><td></td><td></td></tr>
<tr><td>……</td><td></td><td></td></tr>
<tr><td rowspan="3">生态效益指标</td><td>指标 1：</td><td></td><td></td></tr>
<tr><td>指标 2：</td><td></td><td></td></tr>
<tr><td>……</td><td></td><td></td></tr>
<tr><td rowspan="3">可持续影响指标</td><td>指标 1：</td><td></td><td></td></tr>
<tr><td>指标 2：</td><td></td><td></td></tr>
<tr><td>……</td><td></td><td></td></tr>
<tr><td>……</td><td></td><td></td><td></td></tr>
<tr><td rowspan="4">满意度指标</td><td rowspan="3">满意度指标</td><td>指标 1：</td><td></td><td></td></tr>
<tr><td>指标 2：</td><td></td><td></td></tr>
<tr><td>……</td><td></td><td></td></tr>
<tr><td>……</td><td></td><td></td><td></td></tr>
</table>

附 6：

绩效目标管理流程图

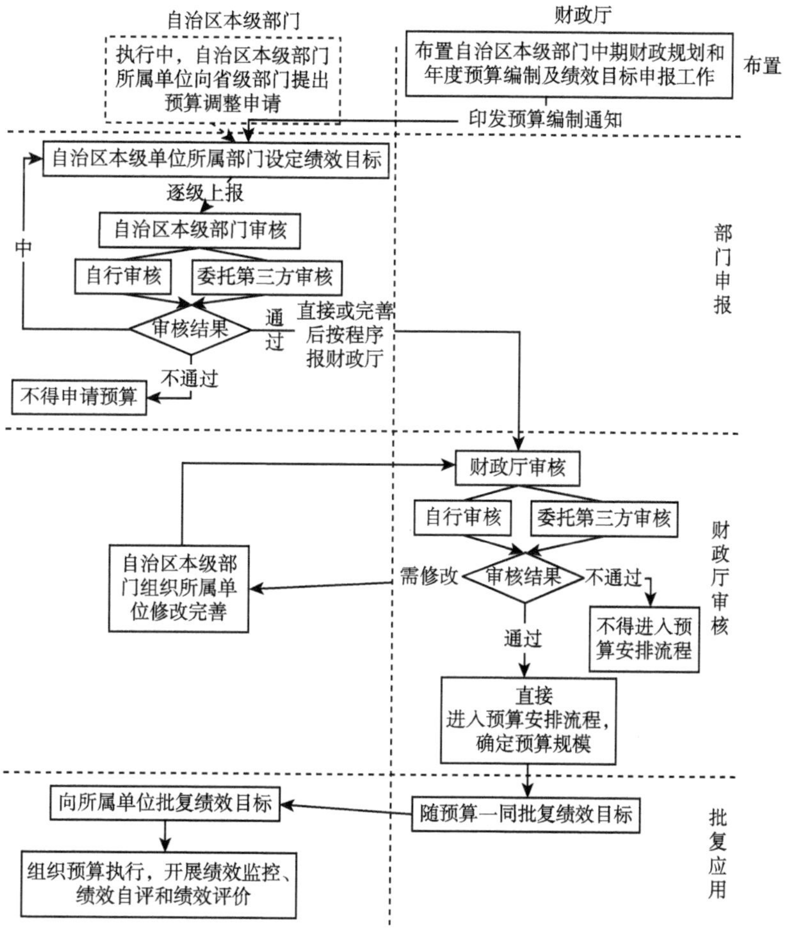

关于印发《试点发行自治区地方政府棚户区改造专项债券管理办法》的通知

（2018 年 4 月 12 日　自治区财政厅、住房和城乡建设厅
新财预〔2018〕37 号）

伊犁哈萨克自治州财政局、住房和城乡建设局，各地州市财政局、住房和城乡建设局：

根据《中华人民共和国预算法》、《关于加强自治区地方政府性债务管理的意见》（新政发〔2014〕82 号）和《财政部 住房城乡建设部关于印发〈试点发行地方政府棚户区改造专项债券管理办法〉的通知》（财预〔2018〕28 号）等有关规定，为完善自治区地方政府专项债券管理，规范棚户区改造融资行为，坚决遏制地方政府隐性债务增量，2018 年在棚户区改造领域开展试点，有序推进试点发行自治区地方政府棚户区改造专项债券工作，探索建立棚户区改造专项债券与项目资产、收益相对应的制度，发挥政府规范适度举债改善群众住房条件的积极作用。我们研究制订了《试点发行自治区地方政府棚户区改造专项债券管理办法》，现予以印发，请遵照执行。

附件：试点发行自治区地方政府棚户区改造专项债券管理办法

附件：

试点发行自治区地方政府棚户区改造专项债券管理办法

第一章　总　则

第一条　为完善自治区地方政府专项债券管理，规范棚户区改造融资行为，坚决遏制地方政府隐性债务增量，有序推进试点发行自治区地方政府棚户区改造专项债券工作，探索建立棚户区改造专项债券与项目资产、收益相对应的制度，发挥政府规范适度举债改善群众住房条件的积极作用，根据《中华人民共和国预算法》、《关于加强自治区地方政府性债务管理的意见》（新政发〔2014〕82 号）和《财政部 住房城乡建设部关于印发〈试点发行地方政府棚户区改造专项债券管理办法〉的通知》（财预〔2018〕28 号）等有关规定，制定本办法。

第二条 本办法所称棚户区改造，是指纳入国家棚户区改造计划，依法实施棚户区征收拆迁、居民补偿安置以及相应的腾空土地开发利用等的系统性工程，包括城镇棚户区（含城中村、城市危房）、国有工矿（含煤矿）棚户区、国有林区（场）棚户区和危旧房、国有垦区危房改造项目等。

第三条 本办法所称自治区地方政府棚户区改造专项债券（以下简称棚改专项债券）是自治区地方政府专项债券的一个品种，是指遵守自愿原则、纳入试点的地县政府为推进棚户区改造发行，以项目对应并纳入政府性基金预算管理的国有土地使用权出让收入、专项收入偿还的自治区地方政府专项债券。

前款所称专项收入包括属于政府的棚改项目配套商业设施销售、租赁收入以及其他收入。

第四条 试点期间地县政府为棚户区改造举借、使用、偿还专项债务适用本办法。

第五条 自治区人民政府为棚改专项债券的发行主体。试点期间地县政府确需棚改专项债券的，由自治区人民政府统一发行并转贷给地县政府。

第六条 试点发行棚改专项债券的棚户区改造项目应当有稳定的预期偿债资金来源，对应的纳入政府性基金的国有土地使用权出让收入、专项收入应当能够保障偿还债券本金和利息，实现项目收益和融资自求平衡。

第七条 棚改专项债券纳入地县政府专项债务限额管理。棚改专项债券收入、支出、还本、付息、发行费用等纳入政府性基金预算管理。

第八条 棚改专项债券资金由财政部门纳入政府性基金预算管理，并由本级棚改主管部门专项用于棚户区改造，严禁用于棚户区改造以外的项目，任何单位和个人不得截留、挤占和挪用，不得用于经常性支出。

本级棚改主管部门是指各级住房和城乡建设部门以及地县级政府确定的棚改主管部门。

第二章 额度管理

第九条 自治区财政厅在财政部下达的自治区棚户区改造专项债券限额内，根据地县近三年纳入政府性基金预算管理的国有土地使用权出让收入和专项收入情况、申报的棚改项目融资需求、专项债务风险、项目期限、项目收益和融资平衡情况等因素，提出地县政府年度棚户区改造专项债券额度分配方案，报自治区人民政府批准后，将各地额度下达地县财政部门，并抄送自治区住房和城乡建设厅。

第十条 各地县财政部门应当在自治区财政厅下达的棚户区改造专项债券额度内，会同本级住房和城乡建设部门提出具体项目安排建议，编制预算调整方案，经同级人大及其常委会批准，连同年度棚户区改造专项债券预算调整方案报告、人大批准的决议一同报自治区财政厅备案，抄送自治区住房和城乡建设厅。

第十一条 预算执行中，各地县年度棚改专项债券额度不足或者不需使用的部分，由各地财政部门会同住房和城乡建设部门于每年8月10日前向财政厅提出申请。自治区财政厅将在自治区人民政府批准的该地区专项债务限额内统筹调剂额度并予批复，同时抄送自治区住房和城乡建设厅。

第十二条 各地县财政部门应当加强对本地区棚改专项债券额度使用情况的监督管理。

第三章 预算编制

第十三条 地县棚改主管部门应当根据本地区棚户区改造规划和分年改造任务等，结合项目收益与融资平衡情况等因素，测算提出下一年度棚改专项债券资金需求，报本级财政部门复核。地县财政部门将复核后的下一年度棚改专项债券资金需求，经本级政府批准后，由各地政府于每年9月底前报自治区财政厅和自治区住房和城乡建设厅。

第十四条 自治区财政厅会同自治区住房和

城乡建设厅汇总审核自治区下一年度棚改专项债券需求，随同增加举借专项债务和安排公益性资本支出项目的建议，经自治区人民政府批准后于每年10月31日前报送财政部。

第十五条 增加举借的棚改专项债券收入应当列入政府性基金预算调整方案。包括：

（一）自治区人民政府在财政部下达的年度棚改专项债券额度内发行专项债券收入。

（二）地县政府使用的上级政府转贷棚改专项债券收入。

第十六条 增加举借棚改专项债券安排的支出应当列入预算调整方案，包括本级支出和转贷下级支出。棚改专项债券支出应当明确到具体项目，在地方政府债务管理系统中统计，纳入财政支出预算项目库管理。

地县各级棚改主管部门应当建立试点发行地方政府棚户区改造专项债券项目库，项目库信息应当包括项目名称、棚改范围、规模（户数或面积）、标准、建设期限、投资计划、预算安排、预期收益和融资平衡方案等情况，并做好与地方政府债务管理系统的衔接。

第十七条 棚改专项债券还本支出应当根据当年到期棚改专项债券规模、棚户区改造项目收益等因素合理预计、妥善安排，列入年度政府性基金预算草案。

第十八条 棚改专项债券利息和发行费用应当根据棚改专项债券规模、利率、费率等情况合理预计，列入政府性基金预算支出统筹安排。

第十九条 棚改专项债券收入、支出、还本付息、发行费用应当按照《自治区地方政府专项债务预算管理办法》（新财预〔2016〕143号）规定列入相关预算科目。

第四章 预算执行和决算

第二十条 自治区财政厅应当根据自治区人大常委会批准的预算调整方案，结合地县财政部门会同本级棚改主管部门提出的年度棚改专项债券发行建议，审核确定年度棚改专项债券发行方案，明确债券发行时间、批次、规模、期限等事项。

地县财政部门应当会同本级棚改主管部门做好棚改专项债券发行准备工作。

第二十一条 各地县棚改主管部门应当配合做好本地区棚改专项债券试点发行准备工作，及时准确提供相关材料，配合做好项目规划、信息披露、信用评级、资产评估等工作。

第二十二条 发行棚改专项债券应当披露项目概况、项目预期收益和融资平衡方案、第三方评估信息、专项债券规模和期限、分年投资计划、本金利息偿还安排等信息。项目实施过程中，棚改主管部门应当根据实际情况及时披露项目进度、专项债券资金使用情况等信息。

第二十三条 棚改专项债券应当遵循公开、公平、公正原则采取市场化方式发行，在银行间债券市场、证券交易所市场等交易场所发行和流通。

第二十四条 棚改专项债券应当统一命名格式，冠以“××年新疆维吾尔自治区（本级或××地、县）棚改专项债券（×期）—××年新疆维吾尔自治区政府专项债券（×期）”名称。

第二十五条 棚改专项债券的发行和使用应当严格对应到项目。根据项目地理位置、征拆户数、实施期限等因素，棚改专项债券可以对应单一项目发行，也可以对应同一地区多个项目集合发行，具体由地县财政部门会同本级棚改主管部门提出建议，报自治区财政厅确定。

第二十六条 棚改专项债券期限应当与棚户区改造项目的征迁和土地收储、出让期限相适应，原则上不超过15年，可根据项目实际适当延长，避免期限错配风险。具体由地县财政部门会同本级棚改主管部门根据项目实施周期、债务管理要求等因素提出建议，报自治区财政厅确定。

棚改专项债券发行时，可以约定根据项目收

入情况提前偿还债券本金的条款。

第二十七条 棚户区改造项目征迁后腾空土地的国有土地使用权出让收入、专项收入，应当结合该项目对应的棚改专项债券余额统筹安排资金，专门用于偿还到期债券本金，不得通过其他项目对应的国有土地使用权出让收入、专项收入偿还到期债券本金。因项目对应的专项收入暂时难以实现，不能偿还到期债券本金时，可在专项债务限额内发行棚改专项债券周转偿还，项目收入实现后予以归还。

第二十八条 年度终了，各地县财政部门应当会同本级棚改主管部门编制棚改专项债券收支决算，在政府性基金预算决算报告中全面、准确反映当年棚改专项债券收入、安排的支出、还本付息和发行费用等情况。

第五章 监督管理

第二十九条 各地县财政部门应当会同本级棚改主管部门建立和完善相关制度，加强对本地区棚改专项债券发行、使用、偿还的管理和监督。

第三十条 各地县棚改主管部门应当加强对使用棚改专项债券项目的管理和监督，确保项目收益和融资自求平衡。各地县棚改主管部门应当会同有关部门严格按照政策实施棚户区改造项目范围内的征迁工作，腾空的土地及时交由国土资源部门按照有关规定统一出让。

第三十一条 各地县政府及其部门不得通过发行地方政府债券以外的任何方式举借债务，除法律另有规定外不得为任何单位和个人的债务以任何方式提供担保。

第三十二条 各地县财政部门应当会同本级棚改主管部门等，将棚改专项债券对应项目形成的国有资产，纳入本级国有资产管理，建立相应的资产登记和统计报告制度，加强资产日常统计和动态监控。各地县棚改主管部门应当认真履行资产运营维护责任，并做好资产的会计核算管理工作。棚改专项债券对应项目形成的国有资产，应当严格按照棚改专项债券发行时约定的用途使用，不得用于抵押、质押。

第三十三条 各地财政部门对棚改专项债券额度、使用、偿还等进行监督，发现违反法律法规和财政管理、棚户区改造资金管理等政策规定的行为，及时报告自治区财政厅，并抄送自治区住房和城乡建设厅。

第三十四条 违反本办法规定情节严重的，自治区财政厅可以暂停其发行棚改专项债券。

第三十五条 各地县财政部门、棚改主管部门在地方政府棚改专项债券监督和管理工作中，存在滥用职权、玩忽职守、徇私舞弊等违法违纪行为的，按照《中华人民共和国预算法》《公务员法》《行政监察法》《财政违法行为处罚处分条例》等国家有关规定追究相应责任；涉嫌犯罪的，移送司法机关处理。

第六章 职责分工

第三十六条 自治区财政厅负责牵头制定和完善自治区试点发行棚改专项债券管理办法，下达分地县棚改专项债券额度，对地方棚改专项债券管理实施监督。负责本地区棚改专项债券额度管理和预算管理、组织做好债券发行、还本付息等工作，并按照专项债务风险防控要求审核项目资金需求。

第三十七条 自治区住房和城乡建设厅负责审核本地区棚改专项债券项目和资金需求，组织做好试点发行棚户区改造专项债券项目库与地方政府债务管理系统的衔接，配合做好本地区棚改专项债券发行准备工作。

第三十八条 各地县财政部门负责按照政府债务管理要求并根据本级试点发行棚改专项债券项目，以及本级专项债务风险、政府性基金收入等因素，复核本地区试点发行棚改专项债券需求，做好棚改专项债券额度管理、预算管理、发行准备、资金使用监管等工作。

各地县棚改主管部门负责按照棚户区改造工作要求并根据棚户区改造任务、成本等因素，建立本地区试点发行棚户区改造专项债券项目库，做好入库棚改项目的规划期限、投资计划、收益和融资平衡方案、预期收入等测算，做好试点发行棚户区改造专项债券年度项目库与政府债务管理系统的衔接，配合做好棚改专项债券发行各项准备工作，加强对项目实施情况的监控，并统筹协调相关部门保障项目建设监督，如期实现专项收入。

第七章　附　则

第三十九条　各地财政部门可以根据本办法规定，结合本地区实际制定实施细则。

第四十条　本办法由自治区财政厅会同自治区住房和城乡建设厅负责解释。

第四十一条　本办法自2018年4月12日起实施。

关于印发《自治区财政农业转移人口市民化奖励资金管理办法》的通知

（2018年6月7日　自治区财政厅　新财预〔2018〕60号）

伊犁哈萨克自治州财政局、各地州市财政局：

按照财政部《中央财政农业转移人口市民化奖励资金管理办法》（财预〔2016〕162号），为支持农业转移人口市民化，推进新型城镇化，结合我区实际情况，财政厅研究制定了《自治区财政农业转移人口市民化奖励资金管理办法》，现予印发，请遵照执行。

附件：自治区财政农业转移人口市民化奖励资金管理办法

附件：

自治区财政农业转移人口市民化奖励资金管理办法

根据财政部《中央财政农业转移人口市民化奖励资金管理办法》（财预〔2016〕162号），为建立农业转移人口市民化奖励机制，现制定自治区财政农业转移人口市民化奖励资金管理办法。

一、目标和原则

推动落实中央确定的1亿左右农业转移人口和其他常住人口在城镇落户的目标任务，实施农业转移人口市民化奖励机制，增强自治区以下各级政府落实农业转移人口市民化政策的财政保障能力，逐步使农业转移人口与当地户籍人口享受同等基本公共服务，促进基本公共服务均等化。自治区财政奖励资金按如下原则进行分配：

（一）突出重点。以各地农业转移人口实际进城落户数为核心因素，加大对农业转移人口进城落户较多地区的支持。

（二）促进均等。通过激励手段对财政困难地区给予倾斜，缩小地区间在提供基本公共服务能力上的差距，推进地区间基本公共服务均衡化和进城落户农业转移人口与当地户籍居民享受同等基本公共服务“两个均等化”。

（三）积极引导。结合户籍制度改革有关要求，引导部分城市加大支出结构调整力度，加大对已进城落户和尚不具备落户条件的农业转移人口提供基本公共服务的力度。

二、分配计算办法

自治区财政奖励资金根据农业转移人口实际进城落户以及地方财力情况，向吸纳农业转移人口较多和财政困难地区倾斜。奖励资金采取因素法分配，主要考虑因素和测算办法依据如下：

一是农业转移人口实际进城落户人数。主要以公安部门审核汇总的各地农业转移人口落户数据为主。

二是各地财政困难程度。参考各地财政困难程度系数，对财政较为困难的地区奖励力度更大，有利于推进公共服务均等化。

三是财政奖励资金分配占比按照农业转移人口落户人数占60%（其中：内地省区在自治区落户人数占24%，自治区内跨地县落户人数占18%，各县市农业人口在本县市落户人数占18%），财政困难程度占40%。

三、资金使用和管理

各地财政部门可以结合自治区资金安排情况，结合自身财力，建立对下农业转移人口市民化奖励机制。基层财政部门要统筹上级奖励资金和自有财力，安排用于农业转移人口基本公共服务、增强社区能力以及支持城市基础设施运行维护等方面。各级财政部门要加强资金监管，提高资金使用效益，确保财政农业转移人口市民化支持政策落实到位。

本办法自发布之日起30日后施行。

关于印发《自治区地方财政预算执行支出进度考核办法》的通知

（2018 年 6 月 22 日　自治区财政厅　新财预〔2018〕73 号）

伊犁哈萨克自治州财政局、各地州市财政局：

为充分发挥财政职能作用，督促自治区各地加快预算执行进度，积极盘活财政存量资金，促进财政可持续发展，提高财政资金使用效益，现将《自治区地方财政预算执行支出进度考核办法》印发给你们，请遵照执行。

附件：自治区地方财政预算执行支出进度考核办法

附件：

自治区地方财政预算执行支出进度考核办法

第一章　总　则

第一条　考核依据。为充分发挥财政职能作用，督促自治区各地加快预算执行进度，积极盘活财政存量资金，促进财政可持续发展，提高财政资金使用效益，根据《财政部关于印发〈地方财政预算执行支出进度考核办法〉的通知》（财预〔2018〕69 号）的有关规定，制定本办法。

第二条　考核对象。本办法考核对象为各地、州、市（以下统称各地）级财政部门。各地对所辖区县（市）级的考核工作，由各地财政部门按照本办法的精神，统一部署。

第三条　考核时间。地方财政预算执行支出进度考核为月度考核，考核月份为每年 2 月至 12 月。

第二章　考核内容及考核结果运用

第四条　考核内容。

（一）一般公共预算支出进度考核：

$$\frac{\text{当年截至当月底的一般公共预算支出}}{\text{当年一般公共预算支目标}}\times 100\%$$

当年一般公共预算支出目标 = 当年本级一般公共预算收入 + 税收返还收入 + 转移支付收入 - 地方上解支出 + 新增地方政府一般债券。

（二）政府性基金预算支出进度考核：

$$\frac{\text{当年截至当月底的政府性基金预算支出}}{\text{当年政府性基金预算支出目标}}\times 100\%$$

当年政府性基金预算支出目标 = 当年本级政

府性基金预算支出＋新增地方政府专项债券。

（三）盘活一般公共预算结转结余考核：

$$\frac{\text{当年截至当月底的一般公共预算结转结余}+\text{转移支付结转结余}}{\text{上年一般公共预算支出}}\times 100\%$$

（四）盘活政府性基金预算结转结余考核：

$$\frac{\text{当年截至当月底的政府性基金预算结转结余}}{\text{上年政府性基金预算支出}}\times 100\%$$

（五）盘活部门预算结转结余考核：

$$\frac{\text{当年截至当月底的部门预算结转结余}}{\text{上年部门决算财政拨款收入}}\times 100\%$$

（六）各地财政运行分析考核：

$$\frac{\text{某地上报材料}}{\text{各地上报材料总数}}\times 60\% + \frac{\text{某地被采用材料数}}{\text{各地被采用材料总数}}\times 40\%$$

其中：上报材料数为当年截至当月底上报财政厅的地方财政运行分析材料篇数，被采用数为财政厅采用上报或作为参考材料的篇数。

第五条 考核结果运用

（一）一般公共预算支出进度、政府性基金预算支出进度、地方财政运行分析按考核结果从高到低排名，盘活一般公共预算结转结余、盘活政府性基金预算结转结余、盘活部门预算结转结余按考核结果从低到高排名。考核结果将按月向各地财政部门公布，同时抄送各州（市）人民政府、各行政公署。

（二）同一项考核结果连续3次排名居后5位的地区，财政厅将视情况提出整改要求或约谈。

（三）按照《关于印发〈自治区对各地州市财政管理工作绩效考核与激励办法（试行）〉的通知》（新财预〔2018〕15号）规定，上述考核结果将作为每年财政管理工作绩效考核相关指标的数据来源和重要依据。同时，自治区财政厅在分配转移支付资金时，将结合各地月度考核结果统筹考虑。

第三章　工作要求

第六条 数据来源。执行本办法需地方配合提供的数据，由各地财政部门统一汇总、核实，并对本级数据准确性负责。自治区财政厅将采取统一检查或个别抽查等方式进行督查。

第七条 质量保证。各级财政部门及有关工作人员在地方财政预算执行支出进度考核中存在弄虚作假、徇私舞弊等行为的，应当按照《中华人民共和国预算法》《中华人民共和国公务员法》《中华人民共和国监察法》《财政违法行为处罚处分条例》等国家有关规定追究相应责任。涉嫌犯罪的，移送司法机关处理。

第八条 附则。本办法由自治区财政厅负责解释，自公布之日起执行。2017年6月，自治区财政厅《关于印发〈自治区地方财政收入和盘活财政存量资金考核暂行办法〉通知》（新财预〔2017〕70号）同时废止。

关于印发《新疆维吾尔自治区重点生态功能区转移支付办法》的通知

（2018年8月7日　自治区财政厅　新财预〔2018〕81号）

伊犁哈萨克自治州财政局、各地州市财政局：

为维护国家生态安全，引导各地政府加强生态环境保护，提高重点生态功能区所在地政府基本公共服务保障能力，促进经济社会可持续发展，现将《新疆维吾尔自治区重点生态功能区转移支付办法》印发给你们，请遵照执行。

附件：新疆维吾尔自治区重点生态功能区转移支付办法

附件：

新疆维吾尔自治区重点生态功能区转移支付办法

第一条　为维护国家生态安全，促进生态文明建设，引导各地政府加强生态环境保护，提高国家重点生态功能区等生态重要地区所在地政府基本公共服务保障能力，根据财政部《中央对地方国家重点生态功能区转移支付办法》（财预〔2018〕86号），制定本办法。

第二条　重点生态功能区转移支付支持范围

（一）限制开发的国家重点生态功能区所属县市。

（二）国家级禁止开发区域所属县市。

（三）国家生态文明试验区等试点示范和重大生态工程建设地区所属县（市）。

（四）南疆四地州等深度贫困县市。

（五）选聘建档立卡人员为生态护林员的地区。

第三条　重点生态功能区转移支付资金的分配原则

（一）公平公正，公开透明。选取人口、土地、自然生态、财力水平等客观因素，按照统一公式进行测算分配。转移支付测算办法和分配结果公开。

（二）分类处理，突出重点。根据生态类型、财力水平、贫困状况等因素，对转移支付对象等实施分类分档补助，体现差异，突出重点。

（三）注重激励，强化约束。根据转移支付资金使用绩效和县域生态环境质量监测考核评估结果，实施奖优惩劣，强化政策引导作用。

第四条　重点生态功能区转移支付的补助类

型和补助对象

（一）重点补助：补助对象是限制开发的国家重点生态县域和南疆四地州深度贫困县市。

（二）禁止开发补助：补助对象是国家级禁止开发区域。

（三）引导性补助：补助对象是国家生态文明试验区等试点示范和重大生态工程建设地区。

（四）生态护林员补助：补助对象是选聘建档立卡贫困人口为生态护林员的地区。

（五）奖惩资金：奖惩对象是国家重点生态县域。

第五条 重点生态功能区转移支付的测算因素和分配权重

（一）重点补助（限制开发的国家重点生态县域）、禁止开发补助和引导性补助。

1. 综合指标（30%）：人口规模（25%），土地面积（5%）。

2. 自然生态指标（40%）：有林地面积（20%），水域湿地面积（20%）。

3. 财政指标（30%）：人均财力水平（15%），人均公共财政预算支出水平（15%）。

某县重点生态功能区转移支付补助数

＝该县人口规模/总人口规模×权重（25%）×补助额

＋该县土地面积/总土地面积×权重（5%）×补助额

＋该县有林地面积/总林地面积×权重（20%）×补助额

＋该县水域湿地面积/总水域湿地面积×权重（20%）×补助额

＋（Max人均财力水平－该县人均财力水平）/总人均财力水平×权重（15%）×补助额

＋（Max人均公共财政预算支出水平－该县人均公共财政预算支出水平）/总人均公共财政预算支出水平×权重（15%）×补助额）

（二）重点补助（南疆四地州深度贫困县）

1. 贫困人口（50%）。

2. 人均转移支付（50%）。

某县重点生态功能区转移支付补助数（深度贫困县补助）

＝该县贫困人口规模/总贫困人口规模×权重（50%）×补助额

＋（Max人均一般性转移支付水平－该县一般性转移支付水平）/总一般性转移支付水平×权重（50%）×补助额）

（三）生态护林员补助：选聘建档立卡贫困人口为生态护林员的人数。

某县重点生态功能区转移支付补助数（生态护林员补助）

＝该县选聘建档立卡贫困人口生态护林员人数×补助标准

第六条 自治区重点生态功能区转移支付算帐到县，下达到各地（州、市），各地（州、市）按照自治区分配数额下达所辖县（市）。

某地（州、市）转移支付应补助额＝重点补助＋禁止开发补助＋引导性补助＋生态护林员补助＋奖惩资金

第七条 自治区对享受转移支付的县市资金使用情况进行绩效考核，并根据考核情况实施奖惩。

对属于重点补助范围的县市，考核结果优秀的地区按财政部标准予以奖励，对生态环境质量变差、发生重大环境污染事件、主要污染物排放超标、实行产业准入负面清单不力和生态扶贫工作成效不佳的地区，根据实际情况对转移支付资金予以扣减。

对禁止开发区和引导性补助中轻微变好、一般变好和明显变好的县市予以奖励；对于轻微变差、一般变差的县市扣减其当年预告知转移支付指标，有增量资金的扣减其当年转移支付增量。对于生态环境明显变差或连续两年变差的县市全额扣减其转移支付，待其生态环境恢复到变差前的水平予以拨付资金。

第八条 享受转移支付的县市应当切实增强生态环境保护意识，将转移支付资金用于保护生态环境和改善民生，不得用于楼堂馆所及形象工

程建设，不得用于竞争性领域，同时，要做好县域生态环境质量的考核和资金的绩效管理工作。

第九条 各级财政部门在重点生态功能区转移支付管理中存在违法行为的，按照《预算法》《财政违法行为处罚处分条例》等国家有关规定予以处理，涉嫌犯罪的，移交有关部门。

第十条 本办法由自治区财政厅负责解释。

第十一条 本办法自下发之日起执行。自治区财政厅下发的《新疆维吾尔自治区重点生态功能区转移支付办法》（新财预〔2015〕128号）同时废止。

关于印发《自治区重大公益性演出项目支出预算方案编制规范和预算编制标准暂行办法》的通知

（2018年12月21日 自治区财政厅 新财办预〔2018〕13号）

自治区各部、委、办、厅、局财务部门，自治区高级人民法院、自治区高级人民检察院财务部门：

为建立健全自治区本级部门预算管理体系，推进自治区本级部门项目支出预算标准化管理，提高财政预算管理的科学性、规范性和合理性，参照财政部《重大公益性演出项目支出预算方案编制规范和预算编制标准试行办法》（财办预〔2018〕257号），我们研究制定了《自治区重大公益性演出项目支出预算方案编制规范和预算编制标准暂行办法》（以下简称《暂行办法》），现印发各本级单位试行。

一、本办法所称公益性演出指的是通过演出的形式参与到公益中，不以营利为目的，即不以追求利润最大化作为根本目标的非营利性演出。财政投入在100万元以上的公益性演出，属于重大公益性演出，适用于本办法。

二、自治区本级部门重大公益性演出项目支出预算及年度中间预算追加事项，应按照《暂行办法》的要求编制预算。

三、试行期间，《暂行办法》未做规定的内容或标准，部门可根据行业规定、规范编制预算。预算执行中，对按照《暂行办法》编制的预算，在不突破项目支出预算的情况下，部门可结合实际情况按照相关规定调剂使用。

四、演出任务确定后，部门单位按照本通知规范编制演出方案及演出预算，连同上级部门批复文件一并送自治区财政厅。自治区财政厅审核通过后，在年初预算中安排或通过追加预算方式安排。

五、《暂行办法》于2019年1月1日起试行。试行中遇到的问题，请及时向自治区财政厅反馈。自治区财政厅将根据经济社会发展及市场价格变化等因素，适时对《暂行办法》进行调整。

特此通知。

附件：自治区重大公益性演出项目支出预算方案编制规范和预算编制标准暂行办法

附件：

自治区重大公益性演出项目支出预算方案编制规范和预算编制标准暂行办法

一、适用范围

《自治区重大公益性演出项目支出预算方案编制规范和预算编制标准暂行办法》（以下简称《暂行办法》）适用于自治区本级财政支持的重大公益性演出项目，主要是自治区党委、自治区人民政府决定的重大庆典、纪念活动、重要外事活动中的大型文艺演出。

二、方案编制规范

（一）基本情况

1. 项目单位情况

简要阐述项目单位的职能、机构、人员和主要业务等基本情况。

2. 项目名称

项目名称应规范表述为"×××重大公益性演出项目"。

3. 项目实施依据

简要列出项目实施的主要依据，包括有关政策文件的要求和规定、上级部门或主管部门的批复文件及内容等。

4. 项目实施内容

简述演出主题、地点、场次、时间、受众对象等。

（二）必要性分析

1. 阐述本项目落实国家及自治区文化建设总体要求、公共文化服务相关规划、重大文化工程实施安排、对外交流活动相关需求等情况。

2. 从弘扬新疆传统文化、唱响时代主旋律、满足民众精神需求等方面，阐述项目的重要性。

（三）总体方案

1. 项目团队

阐述演出指挥部、剧组及主创团队组成情况，具体详见下表。

重大公益性演出项目人员情况表

序号	岗位	主要职责	工作人员总数	工作期间	备注

2. 节目设计

简述节目计划编排情况，具体详见下表。

重大公益性演出项目节目计划表

序号	节目类型	演出时长（分钟）	节目创作（创作/成品）	承担单位	演职人员数		
					主要演员	一般演员	演出随行人数
演出总时长			演职人员总人数				

3. 合成排练、彩排、审查及正式演出

阐述合成排练、彩排、审查、正式演出的场次、时间、场地等情况。

4. 演出场地及舞台环境营造

（1）阐述演出场地条件，包括既有舞台对演出的适应性、观众席数、场地改建、舞台搭建等内容。

（2）阐述正式演出现场的舞美、灯光、音响、视频、LED等设计方案概要和保障计划（需购置的应说明采购方式），并附相关设计文件。

5. 实施进度

阐述指挥部成立、剧组主要人员到位、节目单确定、演出任务下达、合成排练及正式演出等关键节点时间计划。

（四）可行性分析

1. 简述与演出相对应的重大庆典、纪念活动、重要外事活动的协调情况。

2. 简述参演机构与演出相匹配的资质和能力。

3. 简述项目实施的演出后勤保障、现场观众组织、现场医疗、安保等组织保障能力。

（五）资金预算

简述创作策划费、场馆费用、演出费用、行政管理费用等资金预算内容。

（六）项目绩效管理

简述项目绩效目标，以及产出、效益、满意度等细化的绩效指标。

三、预算编制标准

（一）编制方法

根据重大公益性演出项目的特点，通过项目任务分解和成本要素分析，进而确定项目预算编制格式标准及有关费用标准。具体方法是：一是将项目任务逐级分解为任务类、支出项及支出细目；二是对支出细目进行成本要素分析；三是对支出细目或成本要素明确控制标准。

（二）项目预算分解和成本要素分析

根据重大公益性演出项目综合任务活动的参与者和阶段属性，将项目预算分解为策划创作、场馆使用、演出、行政管理和其他等五项任务。任务项下进一步分解为10个支出项、28个支出细目，并进行成本要素分析。具体内容如下：

1. 策划创作费用

包括前期策划和作品创作2个支出项，共6个支出细目。主要费用支出包括会议费，外出采风、观摩、甄选节目，城市间住宿费、交通费，专家咨询费，作品创作费，音乐著作费等。

2. 场馆费用

包括场馆使用和安全保卫2个支出项，共7个支出细目。主要费用支出包括场地租赁、场地设备使用、广告费、公安消防、交通、安检员及安检设备使用等。

3. 演出费用

包括宣传、薪酬和服装道具等3个支出项，共9个支出细目。主要费用支出包括信息宣传、新闻发布、印刷、艺人薪酬、舞美制作、嘉宾薪酬、服装、道具、演员化妆等费用。

4. 行政管理费用

包括嘉宾、艺人招待费及日常办公费用2个支出项，共5个支出细目。主要费用支出包括艺人餐饮、嘉宾餐饮、艺人机船票、嘉宾机船票及日常办公费用。

5. 不可预见费

包括演出中其他不可预见的支出项目。

（三）项目预算标准

针对重大公益性演出项目方案细化程度的不同，确定相应的控制标准。

1. 成本要素控制标准

由于演出项目的具体内容、形式不同，成本要素的消耗数量差异较大，原则上实行单价标准控制。

（1）已有财政支出标准的，执行已有标准。

（2）市场价格较为确定且只能采取市场方式取得的货物及服务，根据市场询价确定标准。此外，对市场化支出要素，考虑到可选技术规格繁多、价格差别悬殊，不核定单价标准。

2. 任务细目控制标准

对尚处于概念期或筹备早期的项目，演出组织管理和技术条件未明确，项目方案未成型，无法编制结构鲜明、费用清晰的预算，采用任务细目控制标准确定项目预算。支出细目预算作为对应成本要素预算的汇总数，给定支出细目控制标准的，应以控制标准为上限，汇总数超出上限时，应通过压减成本要素数量或单价调整。

附：——重大公益性演出项目预算及预算标准表

附：

________重大公益性演出项目预算及预算标准表

任务项目及成本要素		内容	预算标准	单位	数量	费用（RMB）
总合计						
一、策划创作费用						
1. 前期策划	会议费		按有效会议标准控制	次		
	外出采风、观摩、甄选节目		实行总额控制，50 000 元以内	项		
	城市间交通费、住宿费		按有效差旅费标准控制	次		
2. 作品创作	专家咨询费		2 000 元/人·天	人·天		
	作品创作费		总额控制，100 000 元以内	项		
	音乐著作费	支付中国音乐著作权协会音乐版权费	据实结算	人·天		
二、场馆费用						
3. 演出场馆	场租	彩排，演出场馆的租赁、搭建费用	主管部门协调，原则上不计此项费用			
	场地设备使用	包括 LED 屏、水电暖、灯光音响等	20 000 元以内/场	场		
	场地广告费	在内场地或看台为广告客户安放的广告牌	10 000 元以内/场	场		
4. 安全保卫	公安、消防保安		主管部门协调，原则上不计此项费用			
	交警		主管部门协调，原则上不计此项费用			
	安检员		主管部门协调，原则上不计此项费用			
	安检设备		主管部门协调，原则上不计此项费用			
三、演出费用						
5. 宣传	基本宣传	报纸	按行业管理规定			
		路牌、广告牌	按行业管理规定			

续表

任务项目及成本要素		内容	预算标准	单位	数量	费用（RMB）
5. 宣传		地铁海报	按行业管理规定			
		电视、广告	按行业管理规定			
	新闻发布会	艺人及随行吃、住、行	按有效接待费标准控制	人·天		
		场租、背景板、媒体等费用	按行业管理规定			
		工作人员吃、行	不计此项费用	人·天		
	印刷费	印制宣传册费用	按行业管理规定			
6. 薪酬	演员薪酬		主要演员 500 元/场，一般演员 300 元/场，最多计 6 场	人·场		
	舞美制作	含灯光、音响	预算单位细化，总额 20 万元以内			
	嘉宾薪酬		2000 元/人·场	人·场		
7. 服装道具	服装		不超过 600 元/场	人·场		
	道具		不超过 100 元/场	人·场		
	演员化妆		不超过 300 元/场	人·场		
四、行政管理费用						
8. 嘉宾、艺人招待	艺人部分餐饮	部分艺人招待费	按接待费标准执行	人·次		
	嘉宾部分餐饮	部分嘉宾招待费	按接待费标准执行	人·次		
	艺人部分机船票	部分艺人往来机船票	据实核报			
	嘉宾部分机船票	部分嘉宾往来机船票	据实核报			
9. 日常办公		日常办公支出、剧务	总额控制，100 000 元以内			
五、不可预见费						
10. 不可预见费		费用以演出当地具体所发生未在上述费用中开列的事项计算				

关于严格财政资金拨付管理的通知

（2018年5月30日　自治区财政厅　新财库〔2018〕29号）

伊犁哈萨克自治州财政局，各地州市财政局，自治区各委、办、厅、局，各直属单位，各国库集中支付代理银行：

为进一步加强财政资金拨付管理，杜绝风险隐患，有效避免管理制度不完善、落实制度不到位等问题，确保财政资金安全、规范、高效运行，现就有关事项通知如下：

一、明确工作目标

2018年是全面贯彻落实党的十九大精神和习近平新时代中国特色社会主义思想的开局之年。各级财政部门各预算单位要聚焦总目标，按照十九大报告提出的“建立全面规范透明、标准科学、约束有力的预算制度，全面实施绩效管理”要求，以不出问题为底线，以不违反政策制度为红线，强化资金支付管理，严肃财经纪律，切实堵塞管理漏洞，防范资金风险，提高财政资金运行的效率和效益，为社会稳定和长治久安做出积极贡献。

二、风险防控原则

财政国库资金安全是国库管理的生命线。通过十多年的不懈努力，自治区现代财政国库管理制度体系已经建立。以单一账户体系为基础、以国库集中收付为核心的管理理念得到贯彻落实，各项制度已较为完备。综合各项制度，国库资金风险防控原则为：

（一）坚持财政国库集中支付制度。除国家另有规定外，所有预算单位、所有财政预算资金都要纳入国库集中支付范围，充分利用国库管理制度和国库集中支付信息技术手段控制风险。

（二）严格控制财政专户。严格控制新设财政专户，未经财政部审核批准的财政专户一律撤销。严禁将国库资金违规转入财政专户，减少财政国库资金风险点。建立健全财政专户拨款制度，强化稽核监管。

（三）合理设置资金拨付关键岗位。切实落实资金拨付、稽核等内控制度，资金拨付关键岗位不得长期交由临时、聘用或借调人员办理。

（四）严禁违规将零余额账户资金转入预算单位实有资金账户。确需转款的要严格按规定履行审批程序，防止财政资金脱离国库单一账户体系监控。

三、规范资金拨付程序

（一）财政国库集中支付资金管理

国库集中支付信息化业务流程必须按照国库管理制度规定设置，不得擅自更改。严格落实预算指标控制用款计划，用款计划控制支付额度，支付额度控制支付资金的硬性要求，严格各环节控制，未经本环节审核的数据，不得自动进入下一环节。

1. 细化预算编制下达管理，提高预算编制下达的准确性。各部门单位在编制部门预算时，必须将预算指标细化到底级科目、具体项目和基层预算单位。年初预算由财政预算部门导入国库支付系统执行，年中追加预算由财政业务部门录入国库支付系统执行。财政业务部门下达预算指标时，预算编制下达未到底级科目和基层预算单位的，必须进行预算调整后方可执行。

2. 强化预算执行事前规划，提高用款计划编报的合理性。

（1）预算安排的基本支出由财政国库部门根据经济科目用途统一编制用款计划，人员经费按月提前下达，公用经费按季度提前下达，取暖费每年9月份提前下达，会议费根据财政业务部门审核情况下达，预算单位不再申报。

（2）预算安排的项目支出由基层预算单位逐级申报汇总编报用款计划，由主管部门报经财政业务部门和国库部门审核后下达。预算单位要按照财政部门相关规定，对大额支付编报直接支付用款计划，对小额零星支付编报授权支付用款计划，项目支出要按资金使用进度分月编报。

3. 提高财政资金支付效率，规范资金支付方式。

（1）财政直接支付资金。预算单位提交财政直接支付申请书，经逐级审核汇总，由主管部门报送财政业务管理部门和财政国库部门审核后，财政国库部门开具直接支付凭证送代理银行办理。

（2）财政授权支付资金。预算单位开具授权支付凭证，送代理银行办理。

（3）坚持国库直拨制度。财政国库集中支付资金应直达商品和劳务供应者账户，严禁违规将零余额账户资金转入本级部门及所属预算单位、同级预算单位和下级财政预算单位实有资金账户，影响国库单一账户体系建设，干扰预算单位账户清理工作。确有特殊情况需要转款的，以及新财库〔2014〕7号文件规定可以转款的，必须严格按照新财库〔2014〕7号文件规定程序，向财政对口业务部门提交书面申请报告，并附预算安排等相关资料，经审核同意后方可办理。授权支付财政国库部门出具同意转款的复函后，送代理银行办理。

（二）财政专户资金管理

1. 财政业务管理部门安排财政专户预算并提出拨款申请。财政业务管理部门根据支出预算和项目进度，科学合理安排专户拨款，提出拨款申请时要准确填制财政专项资金拨款申请书，列明收款账户信息、付款专户信息、项目名称、金额、日期等各项要素，附预算资金拨款文件等资料送财政国库部门。

2. 财政国库部门办理资金拨付。财政国库部门审核拨款申请书和拨款文件等附件资料，开具财政专用拨款凭证，送代理银行办理拨款。

3. 严格资金拨付管理。财政业务管理部门不得采取“以拨代支”方式，超进度将财政国库资金调入专户，虚列财政支出，形成专户资金沉淀，不得挪用财政专户资金。除账务调整和上缴国库利息外，没有财政国库业务部门的拨款申请，财政国库部门不得办理资金支付业务。

（三）非税收入资金管理

1. 非税收入资金划库。各级财政部门和各部门单位要进一步加强非税收入收缴管理，严格非税收入财政专户使用管理，按照《关于进一步规范自治区国库资金和财政专户资金管理的通知》（新财库〔2014〕87号）规定的缴库方式和时限及时办理收缴业务，不得以任何理由拖延不缴，确保非税收入应收尽收、足额入库。

2. 非税收入资金退付及分成。非税收入退付及分成资金由预算单位提出申请，并填写退付或分成申请书，列明金额、科目和收款人账户信息等，经财政业务管理部门进行政策审核，财政国库部门核实数据后，开具财政专用拨款凭证送代理银行办理。非税收入退付和分成资金的收款人仅限于接收预算单位和上级部门，严禁向企业、公司和个人付款。

四、严格落实管理责任

各级财政部门和各部门单位主要负责人要高

度重视财政资金支付工作，增强风险防控意识，严格按照制度规定和审批程序加强对本部门资金支付的监督管理。要落实责任主体，明确责任要求，建立追责问责制度，做到资金支付运行透明、监督有力。

财政各业务部门职责。建立预算指标台账，及时与财政预算部门核对指标账，解决预算指标下达中有关问题。建立财政专户资金台账，及时核对财政专户账目和银行存款余额，发现问题及时商相关部门协调解决。督促对口预算单位开展财政资金收支对账工作，及时协调解决预算单位执行中存在的问题。

在国库支付信息系统下达预算指标时，要分别设置经办、稽核等岗位，处（科、股、室）领导及相关岗位要根据资金分配文件认真核对，正确选择指标来源、分类、用途、科目等要素信息，确保资金支付源头上准确无误。

在审核单位用款计划和直接支付时，要按照“谁安排资金，谁承担责任”的要求，依据下达预算资金文件，核对资金用途与预算安排是否相符，是否有违规违法行为，对不符合预算安排的应予退回，并责成预算单位整改纠正。在办理财政专户拨款和非税收入退付和分成时，要认真核实收款账户信息和相关政策规定。

财政国库部门职责。建立和完善财政资金拨付制度体系，规范资金拨付管理流程，制定财政国库集中支付信息化业务流程方案，并监督落实。

审核预算单位用款计划、直接支付财政专户拨款和非税退付和分成资金时，要依据预算资金下达文件核实预算指标、资金使用方向、收款人信息、账户资金余额等，对不符合规定的要予以退回。加强总预算会计核算管理，牵头开展与财政相关业务部门和预算单位的财政收支对账工作，对账中发现的问题，及时解决。

规范代理银行业务办理制度，与代理银行签订国库集中支付，国库电子支付和账户管理协议，督促代理银行建立资金支付预警机制，加强监督监管。加强预算执行动态监控机制建设，及时发现授权资金支付中可能存在的问题。

财政信息网络中心职责。负责国库集中支付系统建设工作，负责信息软件维护管理，解决信息系统运行中存在的技术问题，保障网络安全、畅通。按照国库部门提供夫人业务流程设置方案和需求，进行系统设置和维护，负责财政部门和预算单位零余额账户等信息要素设置及更改。

部门单位职责。严格落实财经纪律和财政制度，按照财政国库集中支付和非税收入收缴管理有关政策规定，办理财政资金支付业务。

认真编制本部门部门预算，合理编报分部门分月用款计划。提交直接支付、授权支付和非税收入分成及退付申请时，按资金用途填写政府预算支出科目，正确填写收款人账户信息，不得违规将零余额账户资金支付到本单位及所属单位、用款预算单位和下级财政预算单位账户中。

建立本单位内控制度，对拨款印章和 UKey 实行分人分印管理，人走章锁，不得一人同时持有多个拨款印章和 UKey，不得由一人办理资金支付所有程序。

依法建账设账，对财政资金收支进行会计核算，按月与代理银行进行账务核对，理清核实未达账项。及时组织本部门及所属单位与财政部门对账并解决发现问题。

加强对所属单位培训指导，健全管理制度，增强风险防控意识，落实各项政策制度。对下属单位不符合规定的支付予以退付，并进行沟通核实。

代理银行职责。与财政部门签订国库集中支付、国库电子支付和账户管理协议，按照协议规定办理资金支付业务。按照财政国库管理制度规定进行资金支付额度控制，在额度范围内办理资金支付业务，并依据清算办法和人民银行签订的财政国库集中支付清算协议进行资金清算。向预算单位提供财政授权支付额度收支余对账单。

加强网点和员工培训，建立风险预警机制。正确识别财政拨款凭证、正确识别各类财政账户支付对象，对非财政票据的拨款、手工填写票据拨款、向个人大额转账、可疑账户支付的拨款予以止付，经与财政国库部门沟通确认后办理。对预算单位通过本单位零余额账户向本单位及所属单位、同级预算单位、下级财政预算单位实有资金账户的拨款，必须依据财政国库通知办理。

本通知自发布之日起执行。

关于进一步加强和规范财政资金存放管理的通知

（2018 年 6 月 14 日　自治区财政厅　新财库〔2018〕33 号）

伊犁哈萨克自治州财政局、各地州市财政局：

为进一步规范自治区财政资金管理，加强财政资金风险防控，确保财政资金安全，根据财政部《关于进一步规范地方国库现金管理的通知》（财办库〔2018〕77 号）规定，现对全区财政资金存放管理提出如下要求，请认真贯彻执行。

一、关于财政国库资金和财政专户资金范围

（一）财政国库资金：财政部门在人民银行开设的国库存款账户中存放的资金。

（二）财政专户资金：财政部门为履行财政管理职能在商业银行开设的银行结算账户中存放的资金。

二、关于财政国库资金和财政专户资金存放管理要求

按照财政部要求，国库现金管理开展范围限于省级财政部门，各地州市不得开展库款转存商业银行操作。在本通知下发前，凡不符合地方国库现金管理规定开展的各类存款操作，限期于2018 年 6 月底前清理完毕，将存款转回国库，并同时将清理结果以书面报送自治区财政厅（国库处）。

财政专户资金的存放管理，必须严格按照《关于转发〈财政部关于进一步加强财政部门和预算单位资金存放管理的指导意见〉的通知》（新财库〔2017〕61 号）规定，转为定期存款、协定存款和通知存款的，一般在开户银行办理。转出开户银行进行定期存款、协定存款和通知存款的，要制定具体操作办法报同级人民政府批准，并应当采取竞争性方式选择定期存款银行。社会保险基金转出开户银行进行定期存款，定期存款银行应当采取竞争性方式选择，在增强资金存放透明度的同时实现资金保值增值。待缴国库非税收入资金不得进行定期存款、协定存款和通知存款。粮食风险基金等国务院批准保留的专项支出类财政专户资金，以及外国政府和国际金融组织贷款和赠款资金，一律不得转出开户银行进行定期存款、协定存款和通知存款。

三、加强资金管理

按照规定纳入财政专户管理的资金外，预算安排的资金全部实行国库集中支付制度，不得转入财政专户。财政专户中用于支出（或退付）的资金，应严格按照预算、用款计划、项目进度和规定程序支付。禁止将非财政专户管理的资金违规调入财政专户，禁止将财政专户资金借出周转使用，禁止违规改变财政专户资金用途，禁止利用财政专户资金对外提供担保质押。

四、明确责任追究

自治区财政厅将组织检查各地财政国库资金和财政专户资金管理情况，进行跟踪监督。对发现的违规行为，及时督促纠正；情节严重的，按照《财政违法行为处罚处分条例》等有关规定处理；相关责任人玩忽职守造成资金损失的，依照《中华人民共和国公务员法》等规定提请有关部门追究领导责任；涉嫌构成犯罪，依法需要追究刑事责任的，按规定移送司法机关。

关于《新疆维吾尔自治区关于免除查验没有问题外贸企业吊装移位仓储费用全面试点工作实施方案》的补充通知

（2018 年 6 月 20 日　自治区财政厅、口岸管理办公室、中华人民共和国乌鲁木齐海关、商务厅、发展和改革委员会
新财行〔2018〕107 号）

伊犁哈萨克自治州财政局、口岸办、发展和改革委、商务局，各地、州、市财政局、口岸办（委）、发展和改革委、商务局，乌鲁木齐海关各隶属海关、办事处：

2016 年 9 月，由自治区财政厅、自治区口岸办等 8 个部门联合下发了《新疆维吾尔自治区关于免除查验没有问题外贸企业吊装移位仓储费用全面试点工作实施方案》（新财行〔2016〕235 号）的通知，各地州市口岸根据《实施方案》也制定了试点工作的实施细则。通过对前期试点工作的深入调研，针对试点工作存在的问题，为了确保国务院惠企政策落到实处，让外贸企业真正享受到改革红利，同时强化资金运用安全、规范管理，现就免除费用的标准及免除费用的申报、审核、审批流程等相关工作做补充说明和要求如下：

一、免除费用核定标准

查验没有问题是以海关部门标识的查验处理结果为核定标准，免除外贸企业查验产生的吊装、移位、仓储等费用（对查验有问题的，相关费用不予免除）。

因海关查验工作需要，产生二次（或多次）吊装、移位、仓储等费用，且经海关部门确认查

验没有问题，纳入免除费用范围。

二、免除费用结算方式

查验没有问题外贸企业吊装、移位、仓储费用的可采取两种结算方式：一种方式是由外贸企业直接支付查验所产生的费用，之后凭票据按申报审核程序申领费用；另一种方式是相对固定的经营服务单位，由经营服务单位垫付查验没有问题外贸企业的吊装、移位、仓储费用，定期按申报审核程序申领费用。

三、免除费用的结算标准

各口岸所在地市物价、口岸、财政部门应综合考虑当地经营服务单位设施设备与人工费用投入、当地企业职工最低工资标准等因素，合理确定免除费用的结算标准，由经营服务单位向社会公开收费标准。

四、免除费用的核定程序

1. 经营服务单位或外贸企业收到海关查验指令后，将集装箱或柜式箱体进行吊装、移位到指定场所，做好查验准备后，及时告知海关。

2. 海关执行查验，完成查验处置后向经营服务单位或外贸企业发出放行指令，企业按规定办理放行离场手续。

3. 经营服务单位或外贸企业应在货物离场前确定查验的吊装、移位、仓储费用。由经营服务单位垫支的应由外贸企业签字确认费用。

4. 海关定期将《口岸监管场所海关查验情况表》（附件3）报所在口岸委（办）。

五、免除费用的申报审核

申报主体：符合试点范围的经营服务单位或外贸企业。

申报程序：

1. 经营服务单位或外贸企业填写《免除查验没有问题外贸企业吊装移位仓储费用委托承诺书》（附件1）和《××口岸免除查验没有问题外贸企业吊装移位仓储费用申请表》（附件2）并附费用清单首先向所在口岸委（办）提出申请免除费用，分别为：

经营服务单位：定期将海关出具的查验没有问题外贸企业查验情况表、委托承诺书、申请表、外贸企业查验确认费用结算垫付单、发票提出申请退费，将所有单据递交口岸委（办）。

外贸企业：定期持海关查验情况表、委托承诺书、申请表、发票提出申请退费，将所有单据递交口岸委（办）。

2. 各口岸委（办）接到经营服务单位或外贸企业的所有申请退费单据后对票据进行初审，要与海关定期提供的《口岸监管场所海关查验情况表》（附件3）进行核对，待信息相符并且企业提交的申请退费手续齐全后，报同级财政部门进行审核。

3. 当地财政部门收到口岸委（办）初审的单据后，对相关票据进行再次审核，对于符合要求的票据，由各地州市财政部门会同当地口岸委（办）将免除费用及时拨付经营服务单位或外贸企业。

口岸所在地口岸委（办）和财政部门于每年1月20日前联合向自治区口岸办和财政厅报送上年度汇总数据（见附件4）。

六、免除费用统计要求

1. 各口岸对2016年4月1日至12月31日、2017年1月1日至12月31日查验没有问题外贸企业可免除吊装移位仓储费用再次进行统计，由口岸所在地口岸委（办）会同财政部门对符合免除费用规定的票据进行认真梳理统计，要求数据真实、票据合规有效。

2. 各地海关负责填报《××口岸监管场所海关查验情况表》（附件3），签字盖章后报送当地口岸管理部门。

3. 各地口岸委（办）负责填报《××口岸××年免除查验没有问题外贸企业吊装、移位、仓储和汇总表》（附件4），并与《口岸监管场所海关查验情况表》（附件3）进行核对，将核对无误的附件3、4和相关票据报送当地财政部门，财政部门审核无误后，与口岸委（办）联合签字盖章，于6月26日前报送自治区口岸办和财政厅。

附件：1. 免除查验没有问题外贸企业吊装、移位、仓储费用委托承诺书

2. ________口岸免除查验没有问题外贸企业吊装、移位、仓储费用申请表

3. ________口岸监管场所海关查验情况表

4. ________口岸________年免除查验没有问题外贸企业吊装、移位、仓储费用汇总表

附件1：

免除查验没有问题外贸企业吊装、移位、仓储费用委托承诺书

____________口岸管理委员会（办公室）：

兹有我________________________公司，委托代理单位________________________公司，申报领取________政府发放的_____年___月___日至_____年___月___日，经_________海关查验没有问题的进出口货物所免除的吊装、移位、仓储费____万元。

在免除查验没有问题外贸企业吊装移位仓储费用申报过程中，我公司郑重承诺：我公司申报过程中，申报的所有文件、凭证和资料是准确、真实、合法和有效的。申报的所有复印件均与原件核对，完全一致，不存在多报、瞒报、错报等情况，如违反，我公司愿意承担由此产生相关责任。

请________口岸管理委员会（办公室）给予办理。

申报企业法定代表人（签字）：

申请企业盖章

年　　月　　日

附件 2：

________口岸免除查验没有问题外贸企业吊装、移位、仓储费用申请表

申报单位名称：　　　　申报时间：　　　　填报人：　　　　填报人联系方式：

报关单号	企业名称	货物品类	货物重量（千克）	运输方式	查验时间（年月日）	查验方式（不包括机检）	吊装费（集装箱）	移位费（元）					仓储费（元）				合计（元）
								短途运输费	装卸费	过磅费	铁路换装场掏箱费	其他费用	暂存费	滞留费	停车费	其他费用	
合计																	

填报说明：1. 运输方式分为：A 为铁路，B 为公路；2. 查验方式分为：A 为抽查，B 为彻查，不包括机检；

财政局（盖章）：　　　　财政审核人：　　　　口岸委（办）（盖章）：　　　　口岸委（办）审核人：

附件3：

________口岸监管场所海关查验情况表

报关单号	查验处理结果	查验方式	查验时间	放行时间

单位负责人签字：　　　　　　　　经办人签字：

附件 4：

________口岸____年免除查验没有问题外贸企业吊装、移位、仓储费用汇总表

序号	企业名称	海关查验数量	吊装费（元）（集装箱）	移位费（元）					仓储费（元）				合计（元）
				短途运输费	装卸费	过磅费	铁路换装场掏箱费	其他费用	暂存费	滞留费	停车费	其他费用	
合计													

注：此表汇总表 2 全年数据。

财政局（盖章）：　　财政审核人：　　口岸委（办）（盖章）：　　口岸委（办）审核人：

关于印发《新疆维吾尔自治区高等学校毕业生学费和国家助学贷款代偿办法》的通知

（2018 年 5 月 22 日　自治区财政厅、教育厅　新财教〔2018〕16 号）

伊犁哈萨克自治州财政局、教育局，各地州市财政局、教育局，各高等学校：

为了贯彻落实党的十九大精神，紧紧围绕新疆的社会稳定和长治久安总目标，健全学生资助制度，鼓励和引导高校毕业生面向基层就业，减轻家庭经济困难学生的经济负担，吸引人才为基层一线服务，根据国家和自治区相关文件精神，结合自治区区情，自治区财政厅、教育厅联合制定了《新疆维吾尔自治区高等学校毕业生学费和国家助学贷款代偿办法》。现予以印发，请遵照执行。

附件：新疆维吾尔自治区高等学校毕业生学费和国家助学贷款代偿办法

附件：

新疆维吾尔自治区高等学校毕业生学费和国家助学贷款代偿办法

第一条　为引导和鼓励高校毕业生面向基层和艰苦边远地区就业，减轻家庭经济困难学生负担，根据《国务院办公厅关于加强普通高等学校毕业生就业工作的通知》（国办发〔2009〕3 号）、《财政部 教育部关于印发〈高等学校毕业生学费和国家助学贷款代偿暂行办法〉的通知》（财教〔2009〕15 号）、《财政部 教育部 中国人民银行 银监会〈关于调整完善国家助学贷款相关政策措施的通知〉》（财教〔2014〕180 号）、《财政部 教育部关于〈高等学校毕业生学费和国家助学贷款代偿暂行办法〉的补充通知》（财科教〔2016〕44 号）以及自治区人民政府办公厅《关于贯彻落实国办发 3 号文件抓好大专院校毕业生就业工作的通知》（新政办发〔2009〕23 号）精神，制定本办法。

第二条　高校毕业生到自治区艰苦边远地区基层单位就业，服务期在 3 年以上（含 3 年），其学费由自治区本级财政代偿。在校学习期间获得国家助学贷款、生源地信用助学贷款的（以下简称国家助学贷款），代偿的学费优先用于偿还国家助学贷款本金及其全部偿还之前产生的利息。

第三条 本办法中高校毕业生是指国家承认学历的普通高等学校中的全日制本专科生（含高职）、研究生、第二学士学位应届毕业生。定向、委培以及在校期间已享受免除学费政策的学生除外。

第四条 本办法中的基层单位是指：

（一）工作单位地处县以下机关、事业单位（不含企业），包括乡（镇）政府机关各部门、村级各行政部门和农村中小学、幼儿园以及教育、扶贫、民政、司法、公安、气象、水文、地震、草业、林业、畜牧业等基层第一线部门；

（二）塔什库尔干塔吉克自治县各级各类单位均视同基层单位。

第五条 符合以下全部条件的高校毕业生可申请自治区学费和国家助学贷款代偿：

（一）拥护中国共产党的领导，热爱祖国，维护祖国统一，反对民族分裂，遵守宪法和法律；

（二）本人和直系亲属在学习和工作期间未参加过任何宗教活动；

（三）在校期间遵守学校各项规章制度，诚实守信，道德品质良好，学习成绩合格。

第六条 自治区党委组织部招聘的“天池计划人员”、“内地高校优秀毕业生”、“选调生”，且符合第五条（一）至（三）条件高校毕业生均可申请自治区学费和国家助学贷款代偿。

第七条 凡符合代偿条件的高校毕业生每学年代偿的学费和国家助学贷款的金额最高不超过8 000元（毕业生在校学习期间每年实际缴纳的学费或获得的国家助学贷款低于8 000元的，按照实际缴纳的学费或获得的国家助学贷款金额实行代偿；高于8 000元的，按照每年8 000元的金额实行代偿）。

本专科生（含高职）、研究生、第二学士学位毕业生代偿的学费和国家助学贷款的年限，分别按照国家规定的相应学制计算。

第八条 自治区本级财政对获得学费和国家助学贷款代偿资格的高校毕业生采取分年度代偿的办法，学生毕业后每年代偿学费或国家助学贷款总额的1/3，3年代偿完毕。

“天池计划”人员在村（社区）工作第一年考核合格，代偿学费或国家助学贷款总额的1/3；两年服务期满考核合格，代偿学费或国家助学贷款总额的1/3。第三年转为公务员或者事业编制后，如仍在基层单位工作，工作一年考核合格后，代偿学费或国家助学贷款剩余的1/3。如离开基层单位，则不予代偿剩余的资金。

第九条 中央部属院校毕业生到我区基层单位就业的，按照《财政部 教育部关于印发〈高等学校毕业生学费和国家助学贷款代偿暂行办法〉的通知》（财教〔2009〕15号）以及《财政部 教育部 中国人民银行 银监会〈关于调整完善国家助学贷款相关政策措施的通知〉》（财教〔2014〕180号）文件规定执行，学生本人向所就读高校申请，其学费或国家助学贷款代偿资金由中央财政承担。

符合本办法规定的非中央部属院校毕业生，学生本人向管辖所在工作单位的地（州、市）教育局学生资助管理中心申请，其学费或国家助学贷款代偿资金由自治区本级财政承担。

第十条 符合条件的非中央部属院校毕业生按以下程序申请学费和国家助学贷款代偿：

（一）高校毕业生本人在办理离校手续后，在次年的3月31日前向所就业的地（州、市）学生资助管理中心递交《新疆维吾尔自治区高校毕业生学费和国家助学贷款代偿资助申请表》（见附1）和毕业证复印件、身份证复印件、在校表现、国家助学贷款借款合同、助学贷款还款确认书、就业协议、录用通知书、缴纳学费的发票原件等材料。

（二）在校学习期间获得国家助学贷款的高校毕业生，如果获得代偿资格，应先自行向银行还款，并提供还款确认书。

（三）各地（州、市）学生资助管理中心根据上述材料，按本办法规定，审查毕业学生的申请资格，在次年的6月底之前，将符合条件的高校毕业生汇总表报送自治区学生资助管理中心审批。自治区学生资助管理中心在30个工作日内将审批确定的学生名单通知各地（州、市）学生资助管理中心。

（四）“天池计划”人员在岗前培训期间，由各地（州、市）党委组织部门统一办理学费和国家助学贷款代偿手续，按本办法规定，审查毕业学生的申请资格，在次年的6月底之前，将符合条件的高校毕业生汇总表由自治区党委组织部报送自治区学生资助管理中心审批。自治区学生资助管理中心在30个工作日内将审批确定的学生名单反馈自治区党委组织部门。

第十一条　符合代偿条件的毕业生必须在每年的7月31日之前向所属地（州、市）学生资助管理中心递交《申请代偿学生在职在岗情况调查表》（见附2）。各地（州、市）学生资助管理中心在当年8月31日前将《学费代偿汇总表》（见附3）报自治区学生资助管理中心，自治区学生资助管理中心在当年的9月31日前完成审核，并确认资助学生名单及代偿经费额度。自治区学生资助管理中心将所需经费列入次年预算，并在次年的3月31日之前将上一年度的代偿资金打入毕业生本人银行卡。

第十二条　各地（州、市）学生资助管理中心要为获得学费和国家助学贷款代偿资助资格的高校毕业生建立完整准确的档案，定期加强与毕业生本人、就业单位人事部门联系，加强信息交流，动态掌握毕业生就业情况，并将有关信息情况及时反馈自治区学生资助管理中心。

第十三条　除因正常调动、提拔、工作需要换岗而离开艰苦边远地区基层单位外，对于未满服务年限（含内地生源）提前离开上述艰苦边远地区基层单位的高校毕业生取消代偿资格。

第十四条　各相关单位要严格执行国家相关财经法规和本办法规定，对代偿资金实行项目核算，专款专用，不得截留、挤占、挪用，同时接受财政、审计、纪检监察、主管机关等部门的检查和监督。

第十五条　各单位及其工作人员在资金审核、分配工作中，存在违反规定分配资金、向不符合条件的毕业生分配资金、擅自超出规定的范围或标准分配资金以及其他滥用职权、玩忽职守、徇私舞弊等违法违纪行为的，除收回自治区代偿资金外，将按照《预算法》、《公务员法》、《财政违法行为处罚处分条例》等国家有关规定追究相应责任；涉嫌犯罪的，移送司法机关处理。

第十六条　本办法自公布之日起执行，自治区财政厅、自治区教育厅联合印发的《新疆维吾尔自治区高等学校毕业生学费和国家助学贷款代偿暂行办法的通知》（新财教〔2009〕223号）和《新疆维吾尔自治区高等学校毕业生学费和国家助学贷款代偿暂行办法的补充规定》（新财教〔2012〕344号）同时废止。

附：1. 新疆维吾尔自治区高校毕业生学费和国家助学贷款代偿资助申请表
2. 申请代偿学生在职在岗情况调查表
3. 学费代偿汇总表

附 1：

新疆维吾尔自治区高校毕业生学费和国家助学贷款代偿资助申请表

填表日期：　　年　　月　　日

<table>
<tr><td>姓名</td><td></td><td>性别</td><td></td><td>政治面貌</td><td></td><td>民族</td><td></td><td>出生年月</td><td></td><td rowspan="2">照片</td></tr>
<tr><td>毕业学校</td><td colspan="3"></td><td>所学专业</td><td colspan="2"></td><td></td><td>毕业时间</td><td></td></tr>
<tr><td rowspan="2">身份证号</td><td rowspan="2" colspan="2"></td><td rowspan="2">邮箱地址</td><td rowspan="2"></td><td rowspan="2" colspan="3">本人联系电话</td><td>固定电话</td><td colspan="2"></td></tr>
<tr><td>手机</td><td colspan="2"></td></tr>
<tr><td rowspan="2">家庭地址及邮编</td><td rowspan="2" colspan="4"></td><td rowspan="2" colspan="3">父母联系电话</td><td>固定电话</td><td colspan="2"></td></tr>
<tr><td>手机</td><td colspan="2"></td></tr>
<tr><td colspan="2">就业单位名称、地址</td><td colspan="6"></td><td>就业单位电话</td><td colspan="2"></td></tr>
<tr><td rowspan="2">已签订的服务年限</td><td rowspan="2" colspan="2"></td><td rowspan="2" colspan="2">申请代偿资助金额（元）</td><td>学费</td><td colspan="2"></td><td rowspan="2" colspan="2">是否已于银行签订还款方式</td><td rowspan="2"></td></tr>
<tr><td>助学贷款</td><td colspan="2"></td></tr>
<tr><td colspan="11">毕业院系审查意见：

经办人：　　　　负责人签字：　　　　单位公章：　　　　年　　月　　日</td></tr>
<tr><td colspan="11">毕业学校财务部门审查意见：

经办人：　　　　负责人签字：　　　　单位公章：　　　　年　　月　　日</td></tr>
<tr><td colspan="11">毕业学校学生资助管理中心审查意见：

负责人签字：　　　　单位公章：　　　　年　　月　　日</td></tr>
<tr><td colspan="11">地（州、市）学生资助管理中心审核意见：
经审核，同意办理自治区代偿本息或学费金额为人民币　　　　元。

经办人：　　　　学生资助管理中心负责人：

单位公章：　　　　年　　月　　日</td></tr>
</table>

附 2：

申请代偿学生在职在岗情况调查表

填表日期：　　年　　月　　日

<table>
<tr><td>姓名</td><td></td><td>性别</td><td></td><td>族别</td><td></td><td>学历</td><td colspan="2"></td><td rowspan="2">照片</td></tr>
<tr><td>出生年月</td><td colspan="2"></td><td>毕业时间</td><td></td><td>政治面貌</td><td colspan="3"></td></tr>
<tr><td>毕业院校</td><td colspan="2"></td><td>就业时间</td><td colspan="2"></td><td>所学专业</td><td colspan="3"></td></tr>
<tr><td rowspan="2">身份证号</td><td rowspan="2" colspan="2"></td><td rowspan="2">邮箱地址</td><td rowspan="2" colspan="2"></td><td rowspan="2">本人联系电话</td><td>固话</td><td colspan="2"></td></tr>
<tr><td>手机</td><td colspan="2"></td></tr>
<tr><td rowspan="2">已签订的服务年限</td><td rowspan="2"></td><td rowspan="2">申请代偿资助金额（元）</td><td>学费</td><td></td><td rowspan="2">银行卡号</td><td rowspan="2" colspan="2"></td><td rowspan="2">是否已与银行签订还款方式</td><td rowspan="2"></td></tr>
<tr><td>助学贷款</td><td></td></tr>
<tr><td>就业单位名称</td><td colspan="2"></td><td>就业单位地址</td><td colspan="2"></td><td>邮编</td><td></td><td>就业单位电话</td><td></td></tr>
<tr><td>从事或分管工作</td><td colspan="4"></td><td>职务</td><td></td><td colspan="2">年终考核结果</td><td></td></tr>
<tr><td rowspan="2">就业单位意见</td><td colspan="9"></td></tr>
<tr><td colspan="9">经办人：　　　　负责人签字：　　　　单位公章：　　　　年　月　日</td></tr>
<tr><td rowspan="2">就业单位主管部门意见</td><td colspan="9"></td></tr>
<tr><td colspan="9">经办人：　　　　负责人签字：　　　　单位公章：　　　　年　月　日</td></tr>
<tr><td rowspan="2">地（州、市）学生资助管理中心意见</td><td colspan="9"></td></tr>
<tr><td colspan="9">经办人：　　　　负责人签字：　　　　单位公章：　　　　年　月　日</td></tr>
</table>

附 3：

学费代偿汇总表

报送单位：　　　　　　　　　　　　（加章公章）　　　　　　　　　　　　单位：元

序号	姓名	毕业院校	毕业时间	就业单位	联系电话	卡号	学费总额	本次代偿金额

关于印发《新疆维吾尔自治区城乡义务教育“两免一补”资金管理办法》的通知

（2018年10月18日　自治区财政厅、教育厅
新财教〔2018〕251号）

伊犁哈萨克自治州财政局、教育局，各地、州、市、县（区）财政局、教育局，区属中小学校：

为进一步推进义务教育健康持续发展，切实解决家庭经济困难学生就学，确保国家资助政策落实到位，提高“两免一补”资金使用效益，自治区财政厅、教育厅根据《关于印发新疆维吾尔自治区进一步完善城乡义务教育经费保障机制实施方案的通知》（新政发〔2016〕102号）精神，结合我区实际，制定了《新疆维吾尔自治区城乡义务教育“两免一补”资金管理办法》，现予以印发，请遵照执行。执行中如有问题，请及时反馈。

附件：新疆维吾尔自治区城乡义务教育“两免一补”资金管理办法

附件：

新疆维吾尔自治区城乡义务教育“两免一补”资金管理办法

第一章　总　则

第一条　为进一步推进义务教育健康持续发展，切实解决家庭经济困难学生就学，确保国家资助政策落实到位。根据《关于印发新疆维吾尔自治区进一步完善城乡义务教育经费保障机制制实施方案的通知》（新政发〔2016〕102号）、《教育部 财政部关于全面实施城乡义务教育教科书免费提供和做好部分免费教科书循环使用工作的意见》（教材〔2017〕1号）等有关规定，特制定本办法。

第二条　本办法所称“两免一补”是指对城乡义务教育学生（含民办学校学生）免除学杂费、免费提供教科书，对家庭经济困难寄宿生补助生活费。民办学校学生免除学杂费标准按照中央确定的生均公用经费基准定额标准执行。

第三条　城乡义务教育学生是指在我区就读的城市和农村（含县镇、市辖区所属农村和农垦、林场）义务教育阶段学校的学生，包括初级中学、职业初中、普通小学、完全中学初中

部、九年一贯制学校和特殊教育学校。

第二章　免除学杂费

第四条　中央统一确定全国义务教育学校生均公用经费基准定额，我区按照中央政策规定适时对基准定额进行调整。城乡义务教育学生免除学杂费采取直接免除方式，民办学校不得“先收后返”。

第五条　城乡义务教育生均公用经费基准定额为：普通小学每生每年600元、普通初中每生每年800元；特殊教育学校和随班就读残疾学生按照每生每年6 000元标准补助公用经费；在此基础上，对寄宿制学校按照寄宿生年生均200元标准增加公用经费补助，继续落实好农村地区不足100人的规模较小学校按100人核定公用经费；按照每生每年120元落实城乡中小学取暖费，具体根据各地采暖期的长短和采暖温度高低按照85元、105元、140元、180元、220元标准划分层级补助。公用经费补助资金由中央、自治区本级、各地（县、市、区）财政按比例共同承担。

第六条　城乡义务教育学生全部免除学杂费，由各级财政按照基准定额、学生人数和分担比例足额予以落实，保证公办义务教育学校正常运转。民办学校学生免除学杂费按照中央确定的生均公用经费基准定额、生均取暖公用经费、寄宿生补助标准和教育事业统计基数的学生人数予以补助，民办学校开学前要公布本校实际收费标准，按照补助标准直接减少学生相关收费，切实减轻人民群众教育负担。民办学校收费标准高于补助标准的部分，学校可以按规定继续向学生收取。民办学校对相应减少收费的学生名单、项目、金额和签字表要登记造册，存档备查。

第七条　各地（县、市、区）级教育、财政部门加强区域内公办中小学校公用经费的统筹安排和使用，兼顾不同规模学校运转的实际情况，适当向寄宿制学校、小规模学校、薄弱学校倾斜，保障小规模学校和教学点的基本需求。

第三章　免费教科书

第八条　向城乡义务教育学生免费提供国家课程教科书、自治区规定的配套辅助学习资源、地方课程教材及小学一年级新生提供学生字典。并推行部分教科书循环使用制度，循环使用的免费教科书不属学生个人所有。循环使用的免费教科书版本要保持相对稳定，确需更换教科书版本的，应严格按照中小学教材选用有关规定进行，并从起始年级开始更换。

第九条　免费教科书选用范围按照教育部和自治区教育厅印发的《中小学教学用书目录（义务教育部分）》进行选购。免费教科书资金国家规定课程由中央财政全额承担，地方课程由自治区本级和各地（县、市、区）按比例共同承担。

第十条　免费教科书的采购工作要按照政府采购有关法律制度执行。国家规定课程和自治区规定配套辅助学习资源等由自治区教育厅、财政厅结合自治区实际，按照政府采购有关规定统一组织采购，免费发放。政府采购应在各地（县、市、区）教科书选用的基础上进行，同时要尽最大限度提高财政资金使用效益，综合考虑供货质量、适用性和价格等因素。

第十一条　纳入循环使用的国家课程免费教科书包括小学《科学》《音乐》《美术》（或艺术）《信息技术》，初中《音乐》《美术》（或艺术）《信息技术》和《体育与健康》。省确定的地方课程教材纳入循环教科书使用范围。循环教科书原则上省按每年在校生人数的三分之一左右比例补充和更新，各学校要严格按照循环教科书相关管理办法要求，做好循环教科书登记、发放、回收、保管和消毒等工作，保障正常教学的开展。

第十二条　各地（县、市、区）教育行政部门和学校要安排专人负责免费教科书征订、发放和结算工作。校长是第一责任人，对学校免费教科书发放和结算工作负主要责任。各地教育行政部门要切实加强学校免费教科书的监督和管理，严格按照实际在校学生人数免费提供教科书，确保免费教科书发放和结算金额真实、准确，防止发生违纪和浪费行为。对弄虚作假、虚报人数、擅自扩大提供范围和管理不善造成严重浪费等行为，将追究相关部门领导的责任，并对当事人进行严肃处理。

第十三条 加强对免费教科书征订和发放环节的监管。各地和学校要认真做好免费教科书征订工作，要按照义务教育阶段学籍注册在校人数，并充分考虑小学、初中一年级招生人数和学生转学等因素，合理确定免费教科书预订数量，不得将学前班学生等用书纳入免费提供范围。开学后，学校要及时将免费教科书发放到每个学生手中，并认真做好教科书清点和验收工作。征订数量不足的，要及时通知供应商补充教材（自治区在签订教科书采购合同中已要求供应商备存一定数量教材），以保证正常教学的开展；征订数量多于实际在校生人数的免费教科书不得纳入结算范围，也不得由学生负担，应及时退还供应商。

第十四条 对因年龄、转学等原因暂未注册学籍且开学实际在校就读的学生，应免费提供教科书。学籍注册结束后未注册的学生，学校要实名登记学生姓名、班级、家庭住址、联系方式等详细信息留存备查。

第十五条 加强免费教科书结算工作的管理。各地（县、市、区）教育部门要按照要求认真做好免费教科书验收和结算工作，各地（县、市、区）对所属学校上报的免费教科书人数、科目和结算金额进行认真审核，并与义务教育阶段学生学籍注册和教育事业统计学生人数及供应商供书数量进行核对，确保教科书数量和结算金额准确无误。各地（州、市）教育行政部门也要根据各县（市、区）各年级开设科目、版本和在校生人数，对各县（市、区）上报的免费教科书学生人数和结算金额等内容认真审核，并与供应商进行核对，防止发生多报、漏报等行为。

第四章 补助家庭经济困难寄宿生生活费

第十六条 补助家庭经济困难寄宿生生活费的资助对象为城乡义务教育阶段学校中家庭经济困难的寄宿学生。符合下列情况的应优先纳入资助范围：经扶贫办、民政、残联等部门确认的建档立卡家庭学生、孤儿、烈士子女、城乡低保和城乡特困救助供养范围的家庭子女、家庭经济困难的残疾学生和残疾家庭学生、单亲家庭经济困难学生以及因突发事件导致家庭经济特别困难学生。

第十七条 家庭经济困难学生寄宿生生活费生均补助标准为：小学每生每年 1 250 元，初中每生每年 1 500 元，特教每生每年 1 750 元（含自治区提标资金 250 元）。补助家庭经济困难学生寄宿生生活费资金主要用于受助学生的生活费开支。国家和自治区调整补助范围和标准时，按相关政策执行。

第十八条 各地要认真落实家庭经济困难寄宿生生活费补助政策，全区平均资助面为 96%，农村寄宿生 100%、城市寄宿生 39%。

第十九条 家庭经济困难寄宿生生活费补助资金由中央、自治区本级、各地（县、市、区）财政按比例共同承担。扩大享受寄宿生生活费补助的学生比例和调高补助标准部分所需资金由各地（县、市、区）政府负责解决。

第二十条 补助贫困寄宿生生活费的资助对象原则上按学年申请和评定，按学期发放。资助资金可采取打入银行卡和充值饭卡等形式，具体发放形式由各地（县、市）根据当地实际情况自行确定，要确保学生足额享受资助资金。

第二十一条 有关学校于每年 9 月 30 日前受理家庭经济困难学生提出的申请，学生需提交《新疆维吾尔自治区家庭经济困难寄宿生生活费资助申请表》（见附件 1）及相关证明材料。证明材料包括：家庭所在村或街道等有关部门出具的家庭经济困难证明材料，以及能证明其家庭经济困难的有关材料等。

第二十二条 各地（县、市、区）根据本细则制定具体的实施办法，有关学校要按照公开、公平、公正的原则，对学生提交的申请表及相关材料，组织由学校领导、班主任和学生代表组成的评审小组进行认真评审，提出资助名单，并在学校内进行不少于5个工作日的公示。公示无异议，填报《新疆维吾尔自治区家庭经济困难寄宿生生活费资金领取表》（见附件2）后，即可发放补助资金。每年11月20日前，学校将受资助名单、资助形式和评审公示情况报同级教育、财政部门备案。各地（县、市、区）要逐级填报《新疆维吾尔自治区家庭经济困难寄宿生生活费资助情况汇总表》（见附件3），于每年12月上旬上报自治区教育厅、财政厅。

第二十三条 各学校要把资助家庭经济困难学生作为一项政治工作任务，实行校长负责制，指定专门机构，确定专职人员，具体负责此项工作。要建立专门档案，将学生申请表、受理结果、资金发放等有关凭证和工作情况分年度建档备查。

第五章 预算分配和下达

第二十四条 自治区财政厅、教育厅收到中央补助资金预算后，于30日内按照预算级次合理分配、及时下达预算额度和各单位（地、州、市）绩效目标，各单位（地、州、市）在预算执行中对照绩效目标做好绩效监控，确保年度绩效目标如期实现。同时将预算发文抄送财政部驻新疆财政监察专员办事处。

第六章 资金监督和检查

第二十五条 各级教育、财政部门应将“两免一补”资金管理使用情况列入重点监督检查范围，要对专项资金的使用管理及效果进行定期检查，教育部门要按规定开展专项资金绩效评价和自评工作。各学校要强化内部控制，完善制度建设，切实加强财务管理，自觉接受外部监督。有条件的地方，还可以通过政府购买服务，聘请具备资质的第三方机构组织参与监督检查和绩效评价。

第二十六条 “两免一补”资金应当专款专用，对于挤占、挪用、虚列、套取专项资金等行为，将按照《预算法》《财政违法行为处罚处分条例》等有关规定严肃处理。

第二十七条 各级教育、财政部门及其工作人员在“两免一补”分配方案的制定过程中，违反规定分配专项资金或者向不符合条件的单位分配资金以及滥用职权、玩忽职守、徇私舞弊的，按照《预算法》《公务员法》《行政监察法》《财政违法行为处罚处分条例》等有关规定进行处理；涉嫌犯罪的，移送司法机关处理。

第二十八条 各级教育行政部门和学校要利用好中小学生学籍信息管理系统，并建立完善学生资助信息系统，确保学生资助信息真实、可靠。

第二十九条 各学校在印发招生简章和入学通知书时，要通过致家长一封信等多种形式，向学生和家长宣传“两免一补”等资助政策；同时要充分利用课堂、校园网、广播站、宣传橱窗等载体开展日常宣传。各地教育部门和学校要充分发挥广播、电视、报纸杂志等传统媒体作用，积极运用移动通讯平台、网络平台等新兴媒体多渠道进行宣传，使党和政府的这项惠民政策家喻户晓、深入人心，使广大学生知晓受助的权利，营造良好的社会氛围。

第七章 附 则

第三十条 本办法由自治区财政厅、教育厅负责解释，各地（县、市、区）可依据本细则制定实施办法。并报财政厅、教育厅备案。

第三十一条 本办法自发布起执行。

附：1. 自治区免费提供教科书工作流程及分工

2. 新疆维吾尔自治区家庭经济困难寄宿生生活费资助申请表

3. 新疆维吾尔自治区家庭经济困难寄宿生生活费资金领取表

4. 新疆维吾尔自治区家庭经济困难寄宿生生活费资助情况汇总表

附 1：

自治区免费提供教科书工作流程及分工

一、免费教科书政府采购

【承办单位】：自治区教育条件装备和勤工俭学办公室（以下简称“教育厅条装办”）

【配合单位】：教育厅基础教育处、教材处、学生资助管理中心

【工作程序】：

1. 根据自治区教材审定委员会及教材处确定的教材目录（由教育厅基教处提供），会同自治区财政厅确定免费教科书采购品目（科目及版本）；

2. 教育厅条装办提出申请，由学生资助管理中心审核后，向自治区政府采购办提交《政府集中采购计划申请表》审批，提交《自治区区级单位政府采购项目需求表》，由自治区政府采购中心进入招标采购程序；

3. 按教科书采购目录，各出版社向教育厅条装办报送本社进入采购目录中的各科教材的相关技术指标与价格（非投标价，只是通过公式计算所得价格）由教育厅基教处、教材处审核免费教科书内容后，教育厅条装办根据自治区发展改革委相关文件规定进行价格的初步审核，便于后期招标谈判。

4. 由自治区政府采购中心在自治区政府采购信息网上发布招标公告。各出版社根据招标公告及招标文件内容及要求制作投标文件并在指定时间内交至自治区政府采购中心。内地出版社若不能亲自前来参加投标，需由自治区各出版社代理投标的，必须按自治区政府采购中心发布的招标文件内容备齐相关证明文件。

5. 招标结束并确定中标出版社后，由自治区政府采购中心发布中标公告。各出版社解决招标谈判时的有关问题，并在先前所报教材技术参数表的基础上，填报最终确定的价格（中标价格，也即让利后价格），加盖各出版社公章后与协议书分别交至教育厅学生资助管理中心、教育厅条装办及自治区政府采购中心）。

6. 协议书签订完后由自治区政府采购中心向各出版社发出中标通知书。

【完成时间】：免费教科书政府采购工作每年开展一次，于 3 月 20 日前完成。

二、免费教科书征订

【承办单位】：各级教育条装办、各义务教育阶段学校

【配合单位】：各级新华书店

【工作程序】：

1. 县级教育行政部门根据自治区规定的免费教科书科目表，确定辖区内所需免费教科书科目并印发各义务教育阶段学校；

2. 县级教育条装办会同当地新华书店组织各学校按实际在校人数填报征订教材种类及数量，对免费教科书征订情况进行审核确认后，以正式文件的形式，将正本报送地（州、市）教育条装办，副本报送地（州、市）新华书店；

3. 地（州、市）教育条装办及新华书店分

别抽查审核后，以正式文件的形式，将正本报送教育厅条装办，副本报送自治区新华书店；

4. 教育厅条装办、自治区新华书店对各地报送的免费教科书需求科目及数量进行审核、汇总，报教育厅学生资助管理中心备案。

【完成时间】：为保证课前到书，县级教育条装办及新华书店向地（州、市）一级报送征订数量的时间为：秋季学期每年 3 月 30 日前，春季学期每年 9 月 30 日前；地（州、市）一级教育条装办及新华书店向自治区报送征订数量的时间为秋季学期每年 4 月 15 日前，春季学期每年 10 月 15 日前。非免费教科书（含高中阶段）征订分工、程序及时间要求与免费教科书征订工作一致。

为顺利开展教科书征订工作，非免费教科书（含高中阶段）征订程序及时间与免费教科书征订工作要求一致。

三、免费教科书价格变动的处理

【承办单位】：教育厅学生资助管理中心

【配合单位】：教育厅条装办、自治区新华书店

【工作程序】：

由于各种原因引起的教材最终支付价格与中标价格有出入的，必须报送教育厅条装办审核后，由教育厅学生资助管理中心会商自治区财政厅、发改委有关部门商定。

四、免费教科书发放和验收

【承办单位】：各级新华书店、各级教育条装办

【配合单位】：各义务教育阶段学校

【工作程序】：

1. 各级新华书店按照教育厅条装办、自治区新华书店审核、汇总的各地免费教科书需求科目及数量，将免费教科书直接发往各义务教育阶段学校；

2. 各级教育条装办组织所辖各义务教育阶段学校对免费教科书进行验收并办理收书手续；

3. 验收合格后，各义务教育阶段学校及时将免费教科书发放给学生，并做好循环教科书的管理、使用工作；

4. 各义务教育阶段学校对享受免费教科书资助的学生进行登记造册，报县级教育条装办备案；

5. 地（州、市）教育条装办组织开展对所辖县（市、区）免费教科书发放、验收工作的监督、检查。

五、免费教科书结算

【承办单位】：教育厅学生资助管理中心

【配合单位】：教育厅条装办

【工作程序】：

1. 教育厅条装办分春季学期、秋季学期一年两次对全区免费教科书征订、发放情况进行审核，由教育厅条装办主要领导签字认可后加盖公章，交由教育厅学生资助管理中心办理付款手续；

2. 教育厅学生资助管理中心会同财政厅相关部门按规定支付免费教科书采购款。

附 2：

新疆维吾尔自治区家庭经济困难寄宿生
生活费资助申请表

（　　　　年）

<table>
<tr><td>姓名</td><td></td><td>性别</td><td></td><td>民族</td><td colspan="2"></td><td rowspan="3"></td></tr>
<tr><td>就读学校</td><td></td><td>籍贯</td><td></td><td>年级</td><td colspan="2"></td></tr>
<tr><td>身份证号</td><td></td><td>联系电话</td><td colspan="4"></td></tr>
<tr><td>家庭详细地址</td><td colspan="7">市　　县（区）　　乡（镇、街道办）　　村（居委会）</td></tr>
<tr><td rowspan="3">家庭成员或监护人信息</td><td>姓名</td><td>年龄</td><td>与本人关系</td><td colspan="2">身份证号</td><td colspan="2">联系电话</td></tr>
<tr><td></td><td></td><td></td><td colspan="2"></td><td colspan="2"></td></tr>
<tr><td></td><td></td><td></td><td colspan="2"></td><td colspan="2"></td></tr>
<tr><td rowspan="3">申请受助类型（在对应类型□打“√”）</td><td colspan="3">建档立卡家庭经济困难学生 □</td><td colspan="4">低保家庭学生 □</td></tr>
<tr><td colspan="3">特困救助供养学生 □</td><td colspan="4">孤儿或烈士子女 □</td></tr>
<tr><td colspan="3">残疾学生或残疾家庭学生 □</td><td colspan="4">其他家庭经济特别困难学生 □</td></tr>
<tr><td>提供何种证明材料</td><td colspan="7"></td></tr>
<tr><td>申请理由</td><td colspan="7">本人签字：　　　　年　月　日</td></tr>
<tr><td>学校审核意见</td><td colspan="7">（学校盖章）
年　月　日</td></tr>
</table>

注：此表必须由学生本人填写，不得代填。

附 3：

新疆维吾尔自治区家庭经济困难寄宿生
生活费资金领取表

学校名称：

学生姓名	性别	所在班级	补助贫困寄宿学生生活费金额（元）	经办教师	学生签名	备注

附 4：

新疆维吾尔自治区家庭经济困难寄宿生
生活费资助情况汇总表

填报单位：　　　　　　　　　　　　　　　　　　　　　　　　填报时间：　　年　　月　　日

学校类别	补助寄宿生生活费资助							其他地方资助情况			
	资助人数		发放资助资金（万元）					地方政府资助		学校和社会资助	
	小学	初中	合计	中央资金	省级资金	市级资金	县级资金	资助人数	资金	资助人数	资金
××市合计											
××县（区）											
××县（区）											
××县（区）											
××县（区）											
××县（区）											
××县（区）											
……											

关于印发《新疆维吾尔自治区普通本专科高校、高等职业学校国家励志奖学金管理暂行办法》的通知

（2018 年 10 月 18 日　自治区财政厅、教育厅
新财教〔2018〕252 号）

伊犁哈萨克自治州财政局、教育局，各地（州、市）财政局、教育局，各普通本专科高校、高等职业学校，有关厅局：

为激励普通本专科高校、高等职业学校家庭经济困难学生勤奋学习、努力进取，在德、智、体、美等方面得到全面发展，自治区财政厅、教育厅根据《财政部、教育部〈关于印发普通本科高校、高等职业学校国家励志奖学金管理暂行办法〉》（财教〔2007〕91 号）、《财政部、教育部关于〈普通本科高校、高等职业学校国家励志奖学金管理暂行办法〉的补充通知》（财科教〔2016〕46 号）精神，结合自治区的实际情况，修定了《新疆维吾尔自治区普通本专科高校、高等职业学校国家励志奖学金管理暂行办法》，现印发给你们，请遵照执行。

附件：新疆维吾尔自治区普通本专科高校、高等职业学校国家励志奖学金管理暂行办法

附件：

新疆维吾尔自治区普通本专科高校、高等职业学校国家励志奖学金管理暂行办法

第一章　总　则

第一条　为激励普通本专科高校、高等职业学校家庭经济困难学生勤奋学习、努力进取，在德、智、体、美等方面得到全面发展，根据国家、自治区对高等院校家庭经济困难学生资助政策相关规定，制定本办法。

第二条　本办法所称普通本专科高校、高等职业学校是指根据国家有关规定批准设立、实施高等学历教育的全日制普通本科高等学校、高等职业学校和高等专科学校（含民办高校、以下简称高校）。

第三条　国家励志奖学金用于奖励资助高校

全日制本专科（含高职、第二学士学位）学生（以下简称学生）中品学兼优的家庭经济困难学生。

高校国家励志奖学金的奖励资助名额由自治区财政厅、教育厅根据财政部、教育部确定的总人数，以及高校数量、类别、办学层次、办学质量、在校本专科生人数和生源结构等因素确定。在分配国家励志奖学金名额时，对办学水平较高的高校，以农林水地矿油等国家和自治区需要的特殊学科专业为主的高校予以适当倾斜。

第四条 国家励志奖学金由中央、自治区本级、地（州、市）政府共同出资设立。自治区所属高校国家励志奖学金所需资金，由中央财政和自治区本级财政承担。地（州、市）所属高校国家励志奖学金所需资金，由中央财政、自治区本级财政和地（州、市）财政按比例分担。

第二章 奖励标准与申请条件

第五条 国家励志奖学金的奖励标准为每人每年 5 000 元。

第六条 国家励志奖学金的基本申请条件：

1. 热爱社会主义祖国，拥护中国共产党的领导，维护民族团结，反对民族分裂和非法宗教思想及活动；
2. 遵守宪法和法律，遵守学校规章制度；
3. 诚实守信，道德品质优良；
4. 家庭经济困难，生活俭朴；
5. 在校期间学习成绩优秀。

第三章 名额分配与预算下达

第七条 每年 5 月底前，自治区根据本办法第三条规定，提出自治区高校国家励志奖学金名额分配建议方案，报财政部、教育部。

第八条 自治区财政厅、教育厅接到中央补助资金预算后，于 30 日内按照预算级次合理分配、及时下达当年国家分配的国家励志奖学金名额和预算额度，并同时下达各高校（地、州、市）绩效目标，各高校（地、州、市）在预算执行中对照绩效目标做好绩效监控，确保年度绩效目标如期实现。预算发文抄送财政部驻新疆财政监察专员办事处。各级财政、教育部门在收到资助资金后及时发放到学生手中。

第四章 申请与评审

第九条 国家励志奖学金实行等额评审，坚持公开、公平、公正、择优的原则。

第十条 国家励志奖学金申请与评审工作由高校组织实施。高校要根据本办法的规定，制定具体评审办法，并报自治区教育厅备案。高校在开展国家励志奖学金评审工作中，要对农林水地矿油等国家和自治区需要的特殊学科专业学生予以适当倾斜。

第十一条 国家励志奖学金按学年申请和评审。申请国家励志奖学金的学生为高校在校生中二年级以上（含二年级）的学生。

同一学年内，申请国家励志奖学金的学生可以同时申请并获得国家助学金，但不能同时获得国家奖学金。

试行免费教育的师范院校师范类专业学生不再同时获得国家励志奖学金。

第十二条 每年 9 月 30 日前，学生根据本办法规定的国家励志奖学金的基本申请条件及其他有关规定，向学校提出申请，并递交《普通本专科高校、高等职业学校国家励志奖学金申请表》（见附表）。

第十三条 高校学生资助管理机构负责组织评审，提出本校当年国家励志奖学金获奖学生建议名单，报学校领导集体研究通过后，在校内进行不少于 5 个工作日的公示。公示无异议后，每年 10 月 31 日前，高校评审结果逐级报至自治区学生资助管理中心。

第五章 奖学金发放、管理与监督

第十四条 高校于每年 11 月 30 日前将国家励志奖学金一次性发放给获奖学生，并记入学生的学籍档案。

第十五条 地（州、市）财政部门要按有关规定和自治区下达的预算落实应由地（州、市）承担的资金，及时拨付，加强管理。

第十六条 各高校要切实加强管理，认真做好国家励志奖学金的评审和发放工作，确保国家励志奖学金真正用于资助品学兼优的家庭经济困难学生。

第十七条 各高校、各地州必须严格执行国家和自治区相关财经法规和本办法的规定，对国家励志奖学金实行分账核算，专款专用，不得截留、挤占、挪用，同时应接受财政、审计、纪检监察、主管机关等部门的检查和监督。

第十八条 各级财政、教育部门应当加强资金的监督检查和绩效管理，建立健全全过程预算绩效管理机制，不断提高资金使用效益，并按照规定做好信息公开工作。

第十九条 各级财政、教育部门及其工作人员在资金审核、分配工作中，存在违反规定分配资金、向不符合条件的高校（或个人）分配资金、擅自超出规定的范围或标准分配资金以及其他滥用职权、玩忽职守、徇私舞弊等违法违纪行为的，按照《预算法》《公务员法》《财政违法行为处罚处分条例》等国家有关规定追究相应责任；涉嫌犯罪的，移送司法机关处理。

第六章　附　则

第二十条 高校要按照国家和自治区的有关规定，从事业收入中足额提取5%的经费用于资助家庭经济困难学生。

第二十一条 民办高校（含独立学院）按照国家有关规定规范办学、举办者按照本办法第十八条规定从事业收入中提取5%的经费用于资助家庭经济困难学生，其招收的符合本办法规定申请条件的普通本专科（含高职、第二学士学位）学生，也可以申请国家励志奖学金。

第二十二条 本办法由自治区财政厅、教育厅负责解释。各高校根据本办法制定实施细则，报财政厅、教育厅备案。

第二十三条 本办法自公布之日起实施，原《新疆维吾尔自治区普通本专科高校、高等职业学校国家励志奖学金管理实施办法》（新财教〔2007〕147号）同时废止。

关于印发《新疆维吾尔自治区普通本专科高校、高等职业学校国家助学金管理暂行办法》的通知

（2018年10月18日　自治区财政厅、教育厅
新财教〔2018〕253号）

伊犁哈萨克自治州财政局、教育局，各地（州、市）财政局、教育局：

为体现党和政府对普通本科高校、高等职业学校家庭经济困难学生的关怀，帮助他们顺利完成学业，自治区财政厅、教育厅根据国家、自治区关于建立健全普通本科高校、高等职业学校家庭经济困难学生资助政策体系的意见，及《财政部、教育部〈关于印发普通本科高校、高等职业学校国家助学金管理暂行办法〉》（财教〔2007〕92号）、《财政部、教育部关于〈普通本科高校、高等职业学校国家助学金管理暂行办法〉的补充通知》（财科教〔2016〕45号）精神，结合自治区的实际情况，修定了《新疆维吾尔自治区普通本专科高校、高等职业学校国家助学金管理暂行办法》，现印发给你们，请遵照执行。

附件：新疆维吾尔自治区普通本专科高校、高等职业学校国家助学金管理暂行办法

附件：

新疆维吾尔自治区普通本专科高校、高等职业学校国家助学金管理暂行办法

第一章　总　则

第一条　为体现党和政府对普通本专科高校、高等职业学校家庭经济困难学生的关怀，帮助他们顺利完成学业，根据国家、自治区对家庭经济困难学生资助政策规定，结合自治区实际，制定本办法。

第二条　本办法所称普通本专科高校、高等职业学校是指根据国家有关规定批准设立、实施高等学历教育的全日制普通本科高等学校、高等职业学校和高等专科学校（含民办高校，以下简称高校）。

第三条 国家助学金用于资助高校全日制本专科（含高职、第二学士学位）学生（以下简称学生）中家庭经济困难学生。

高校国家助学金的资助名额由自治区财政厅、教育厅根据财政部、教育部确定的总人数，以及高校数量、类别、办学层次、办学质量、在校本专科生人数和生源结构等因素确定。对农林水地矿油等国家和自治区需要的特殊学科专业为主的高校予以适当倾斜。

第四条 国家助学金由中央、自治区、各地（州、市）政府共同出资设立，自治区所属高校国家助学金所需资金，由中央财政和自治区本级财政承担。地（州、市）所属高校国家助学金所需资合，由中央、自治区本级和地（州、市）财政按比例分担。

第二章 资助标准与申请条件

第五条 国家助学金主要资助家庭经济困难学生的生活费用开支。国家助学金的平均资助标准为每生每年3 000元，具体标准分为三档：一般困难2 000元，困难3 000元，特殊困难4 000元。

第六条 国家助学金的基本申请条件：

1. 热爱社会主义祖国，拥护中国共产党的领导，维护民族团结，反对民族分裂和非法宗教思想及活动。

2. 遵守宪法和法律，遵守学校规章制度。

3. 诚实守信，道德品质优良。

4. 家庭经济困难，生活俭朴。

5. 勤奋学习，积极上进。

第三章 名额分配与预算下达

第七条 每年5月底前，自治区根据本办法第三条规定，提出自治区高校助学金名额分配建议方案，规财政部、教育部。

第八条 自治区财政厅、教有厅接对中央补助资金预算后，于30日内按照预算级次合理分配、及时下达当年国家分配的国家助学金名额和预算额度，并同时下达各高校（地、州、市）绩效目标、各高校（地、州、市）在预算执行中对照绩效目标做好绩效监控、确保年度绩效目标如期实现。预算发文抄送财政部驻新疆财政监察专员办事处。

第四章 申请与评审

第九条 国家助学金的评定工作坚持公开、公平、公正的原则。

第十条 国家助学金申请与评审工作由高校组织实施。高校要根据本办法的规定，制定具体评审办法，并报自治区教育厅备案。

第十一条 国家助学金按学年申请和评审。

第十二条 每年9月30日前，学生根据本办法规定的国家助学金的基本申请条件及其他有关规定，向学校提出申请，并递交《普通本科高校、高等职业学校国家助学金申请表》（见附表）。

在同一学年内，申请并获得国家助学金的学生，可同时申请并获得国家奖学金或国家励志奖学金。

试行免费教育的师范院校师范类专业学生，不再同时获得国家助学金。

第十三条 高校学生资助管理机构结合本校家庭经济困难学生等级认定情况，组织评审，提出享受国家助学金资助初步名单及资助档次，报学校领导集体研究通过后，于每年11月15日前，将本校当年国家助学金政策的落实情况逐级报至教育厅备案。

第五章 助学金发放、管理与监督

第十四条 高校应按月将国家助学金发放到受助学生手中，并记入学生的学籍档案。

第十五条 地（州、市）财政部门要按有关规定和自治区下达的预算落实应由地（州、市）承担的资金，及时拨付，加强管理。

第十六条 各高校要切实加强管理，认真做好国家助学金的评审和发放工作，确保国家助学金真正用于资助家庭经济困难学生。

第十七条 各高校、各地州必须严格执行国家和自治区相关财经法规和本办法的规定，对国家助学金实行分账核算，专款专用，不得截留、挤占、挪用，同时应接受财政、审计、纪检监察、主管机关等部门的检查和监督。

第十八条 各级财政、教育部门应当加强资金的监督检查和绩效管理，建立健全全过程预算绩效管理机制，不断提高资金使用效益，并按照规定做好信息公开工作。

第十九条 各级财政、教育部门及其工作人员在资金审核、分配工作中，存在违反规定分配资金、向不符合条件的高校（或个人）分配资金、擅自超出规定的范围或标准分配资金以及其他滥用职权、玩忽职守、徇私舞弊等违法违纪行为的，按照《预算法》《公务员法》《财政违法行为处罚处分条例》等国家有关规定追究相应责任；涉嫌犯罪的，移送司法机关处理。

第六章 附 则

第二十条 高校要按照国家有关规定，从事业收入中足额提取5%的经费用于资助家庭经济困难学生。

第二十一条 民办高校（含独立学院）按照国家有关规定规范办学、举办者按照本办法第十八条规定从事业收入中提取5%的经费用于资助家庭经济困难学生，其招收的符合本办法规定申请条件的普通本专科（含高职、第二学士学位）学生，也可以申请国家励志奖学金。

第二十二条 本办法由自治区财政厅、教育厅负责解释。各高校根据本办法制定实施细则，报财政厅、教育厅备案。

第二十三条 本办法自发布之日起执行，原《新疆维吾尔自治区普通本专科高校、高等职业学校国家励志奖学金管理实施办法》（新财教〔2007〕148号）同时废止。

关于印发《新疆维吾尔自治区研究生国家助学金管理暂行办法》的通知

（2018年10月18日 自治区财政厅、教育厅
新财教〔2018〕254号）

自治区各高等院校：

为完善自治区高校研究生奖助政策体系，提高研究生待遇水平，根据财政部、教育部《关于做好研究生奖助工作的通知》（财教〔2013〕221号）、《研究生国家助学金管理暂行办法》（财教〔2013〕220号）、《财政部、教育部关于〈研究生国家助学金管理暂行办法〉的补充通知》（财科教〔2016〕41号）、《财政部、教育部关于进一步提高博士生国家助学金资助标准的通知》（财科教〔2017〕5号），及自治区财政厅、发改委、教育厅《关于建立和完善我区研究生教育投入机制的意见》（新财教〔2014〕85号）精神，自治区财政厅、教育厅制定了《新疆维吾尔自治区研究生国家助学金管理暂行办

法》，现印发给你们，请遵照执行。

附件：新疆维吾尔自治区高校研究生国家助学金管理暂行办法

附件：

新疆维吾尔自治区高校研究生国家助学金管理暂行办法

第一章　总　则

第一条　为完善研究生奖助政策体系，提高研究生待遇水平，根据国家、自治区对研究生助学金相关政策规定，为做好研究生工作，结合自治区实际，制定本办法。

第二条　研究生国家助学金用于资助全国普通高等学校纳入全国研究生招生计划的所有全日制研究生（有固定工资收入的除外），专项用于补助研究生的基本生活支出。获得资助的研究生须具有中华人民共和国国籍。

第三条　研究生国家助学金由中央和自治区政府共同出资设立。新疆高校研究生国家助学金所需资金，由中央财政与自治区本级财政按照8：2的比例共同承担。

第二章　资助标准

第四条　博士研究生资助标准每生每年13 000元，硕士研究生资助标准每生每年6 000元。

第五条　自治区财政厅会同教育厅根据国家对研究生助学金资助标准调整要求，建立符合我区实际的研究生国家助学金资助标准动态调整机制。同时，根据我区经济发展水平和物价变动情况，适时调整资助标准。

第三章　预算下达

第六条　自治区财政厅、教育厅接到中央补助资金预算后，于30日内按照预算级次合理分配、及时下达当年国家分配的国家助学金名额和预算额度，并同时下达各高校（地、州、市）绩效目标，各高校（地、州、市）在预算执行中对照绩效目标做好绩效监控，确保年度绩效目标如期实现。预算发文抄送财政部驻新疆财政监察专员办事处。

第四章　发放、管理与监督

第七条　高校应按月将研究生国家助学金发放到符合条件的学生手中。各高校学生资助管理中心会同研究生管理部门负责本校研究生助学金政策的实施工作。

第八条　有下列行为者不得享受研究生国家助学金

（1）违反国家法律、校纪校规受到纪律处分者；

（2）参加暴力恐怖宗教极端、民族分裂活动；穿戴宗教服饰者；

（3）有剽窃、作假、提供虚假信息等学术行为不端者。

第九条　直博生和招生简章中注明不授予中间学位的本硕博、硕博连读学生，根据当年所修课程的层次阶段确定身份参与国家助学金的发放。在选修硕士课程阶段按照硕士研究生身份发放国家助学金；进入选修博士研究生课程阶段按照博士研究生身份发放国家助学金。

第十条　研究生在学制期限内，由于出国、疾病等原因办理保留学籍或休学等手续的，暂停对其发放研究生国家助学金，待其恢复学籍后再行发放。超过规定学制年限的延期毕业生不享受研究生国家助学金。

第十一条 各高校必须严格执行国家相关财经法规和本办法的规定，对研究生国家助学金实行分账核算，专款专用，不得截留、挤占、挪用，并自觉接受财政、审计、纪检监察、主管机关等部门的检查和监督。同时建立健全全过程预算绩效管理机制，不断提高资金使用效益，并按照规定做好信息公开工作。

第十二条 相关工作人员在资金审核、分配工作中，存在违反规定分配资金、向不符合条件的高校（或个人）分配资金、擅自超出规定的范围或标准分配资金以及其他滥用职权、玩忽职守、徇私舞弊等违法违纪行为的，按照《预算法》《公务员法》《财政违法行为处罚处分条例》等国家有关规定追究相应责任；涉嫌犯罪的，移送司法机关处理。

第五章 附 则

第十三条 各高校应根据本办法精神，制定符合本校实际的研究生国家助学金管理办法，并报财政厅、教育厅备案。

第十四条 科研机构等其他研究生培养机构研究生国家助学金管理参照本办法执行。

第十五条 本办法由自治区财政厅、教育厅负责解释。

第十六条 本办法自印发之日起实施。

关于《自治区人民政府励志奖学金和助学金资金管理办法》的补充通知

（2018 年 10 月 18 日 自治区财政厅、教育厅
新财教〔2018〕255 号）

伊犁哈萨克自治州财政局、教育局，各地（州、市）财政局、教育局：

为进一步规范和加强自治区人民政府励志奖学金、助学金管理，现就《关于印发〈新疆维吾尔自治区人民政府高校励志奖学金管理办法〉的通知》（新财教〔2017〕275 号）、《关于印发〈新疆维吾尔自治区人民政府高校助学金管理办法〉的通知》（新财教〔2017〕276 号）有关事项补充通知如下：

各地（州、市）财政、教育部门要加强对自治区人民政府高校励志奖学金和助学金资金使用情况的监督检查和绩效管理。资助使用部门应接受财政、审计和纪检监察部门的检查，同时做好资助资金的绩效考评工作。监督检查、预算监管和绩效评价结果作为资金分配的重要参考。各级财政、教育部门应当建立健全全过程预算绩效管理机制，不断提高资金使用效益，并按照规定做好信息公开工作。

特此通知。

关于印发《新疆维吾尔自治区农村义务教育学生营养改善计划专项资金管理暂行办法》的通知

（2018年10月18日　自治区财政厅、教育厅
新财教〔2018〕259号）

伊犁哈萨克自治州财政局、教育局，各试点地（州、市）财政局、教育局：

为保障我区农村义务教育学生营养改善计划实施，按照国家、自治区相关文件精神，中央财政、自治区财政分别设立专项资金用于国家试点地区、自治区试点地区农村义务教育学生营养膳食补助，根据《财政部、教育部关于印发〈农村义务教育学生营养改善计划专项资金管理暂行办法〉的通知》（财教〔2012〕231号）要求，结合自治区实际，自治区财政厅、自治区教育厅制定了《新疆维吾尔自治区农村义务教育学生营养改善计划专项资金管理暂行办法》，现予以印发，请遵照执行。

附件：新疆维吾尔自治区农村义务教育学生营养改善计划专项资金管理暂行办法

附件：

新疆维吾尔自治区农村义务教育学生营养改善计划专项资金管理暂行办法

第一章　总　则

第一条　为加强和规范农村义务教育学生营养改善计划专项资金管理，提高资金使用效益，根据国家、自治区有关法律制度规定，结合我区区情，制定本办法。

第二条　本办法适用于实施农村义务教育学生营养改善计划（以下简称营养改善计划）国家试点地区、自治区试点地区和学校。

第三条　本办法所称的专项资金，是指中央财政和自治区财政为实施营养改善计划国家试点工作和自治区试点工作而安排用于学生营养膳食补助经费，包括中央财政对地方实施营养改善计划工作的奖补资金。

第四条　专项资金的管理和使用应当遵循“专款专用、公开透明、及时结算、年度平衡”的原则，确保资金使用安全、规范和有效。

第二章　资金安排

第五条　国家试点地区营养改善补助所需资金由中央财政承担；自治区试点地区营养改善补助所需资金由自治区本级财政承担。各地补助资金按照上年度自治区教育事业统计确定学生人数，补助标准为每生每天4元，每生每年补助200天计算。

第六条　鼓励有条件的地方在国家试点地区和自治区试点地区以外开展营养改善计划试点工作（以下简称地方试点）。各地试点应当以边境地区、贫困地区等薄弱地区为重点，所需资金由地方财政统筹安排。

中央财政对国家试点工作开展较好并取得一定成效的省份给予奖励性补助。中央财政根据上一年度地方财政投入、组织管理、实施效果等因素核定当年奖励性补助资金，由地方财政统筹用于地方试点工作。

第七条　各地在实施营养改善计划的同时，应继续落实农村义务教育家庭经济困难学生生活费补助、民族地区民族班学生生活费补助等补助政策。实施营养改善计划的地区不得用资金抵减家庭经济困难学生生活费补助、民族地区民族班学生生活费补助等资金。

第八条　中央财政和自治区财政在农村义务教育薄弱学校改造计划、农村义务教育校舍维修改造长效机制等专项资金就农村学校改善就餐条件进行补助，并向国家试点地区、自治区试点地区进行倾斜。

学校食堂建设应当坚持“节俭、安全、卫生、实用”的原则，严禁铺张浪费、豪华建设。规模较小的学校，可以根据实际改造、配备伙房及相关设施，为学生在校就餐提供基本条件。

第九条　鼓励单位和个人捐资捐助，在各地（州、市）人民政府统筹下，积极开展营养改善工作。

第三章　资金拨付

第十条　专项资金纳入国库管理，实行分账核算，集中支付。

第十一条　自治区财政厅、教育厅收到中央补助资金预算后，于25日内按照预算级次合理分配、及时下达预算额度和各单位（地、州、市）绩效目标，各单位（地、州、市）在预算执行中对照绩效目标做好绩效监控，确保年度绩效目标如期实现。同时将预算发文抄送财政部驻新疆财政监察专员办事处。

第十二条　每年3月30日前，自治区教育厅会同财政厅向教育部和财政部汇总上报当年纳入国家试点地区营养改善计划的学生人数和上一年度专项资金结余情况。教育部对各地报送的国家试点地区学生人数进行审核，并于4月30日前提供给财政部。

财政部根据教育部提供的国家试点地区学生人数核定我区当年国家试点地区专项资金预算数，自治区财政厅根据教育厅提供的自治区试点地区学生人数核定自治区试点地区专项资金预算数。并结合上一年度结余和提前下达额度情况，年中下达预算文件补足当年所需专项资金。

第十三条　县级财政部门收到省级财政部门下达的专项资金后，要制订周密的资金拨付计划，按照财政国库制度有关规订及时支付资金，确保营养改善计划国家试点工作顺利实施。

第四章　资金使用

第十四条　国家试点地区营养改善计划补助资金和自治区试点地区营养改善计划补助资金应当足额用于为营养改善计划试点地区农村义务教育阶段学生提供等值优质的食品，不得以现金形式直接发放给学生个人和家长，不得用于补贴教职工伙食和学校公用经费支出，不得用于劳务费、宣传费、运输费等工作经费，坚决杜绝各种形式的克扣、截留、挤占和挪用。

学校食堂（伙房）的水、电、煤、气等日

常运行经费纳入学校公用经费开支。供餐增加的运营成本、学校食堂聘用人员开支等费用，由地方财政负担。

第十五条 中央财政的奖补资金由地方财政统筹用于地方试点工作，不得用于发放教职工工资福利、个人的奖励和补贴教职工伙食，不得用于学校公用经费支出，不得用于平衡地方财政预算。

第十六条 每年1月30日前，开展自治区试点的地（州、市）教育部门会同财政部门向自治区教育厅和财政厅汇总上报上一年营养改善计划试点工作实施情况（包括试点学校数、试点学生人数、开餐天数、资金结余等资金的使用情况）。自治区教育厅会同省财政厅等有关部门对各地报送的地方试点开展情况进行核查和政策落实情况进行督导检查。

第十七条 专项资金结余应当滚动用于下一年度学生营养改善计划，不得挪作他用。

第十八条 各地应当因地制宜、科学确定供餐模式，并根据不同的供餐模式合理确定经费补助方式。

实行学校食堂（伙房）供餐的，由学校将专项资金直接存入受助学生不能变现和用于其他消费的个人就餐卡、发放餐券或直接提供就餐，并经学生本人或家长签字确认。

实行购买供餐服务的，由学校或相关单位依据采购合同及其履行情况，从专项资金中支付相应费用。

实行个人或家庭托餐的，由县级教育主管部门或学校与个人或家庭签订供餐协议，按照协议及履约情况，从专项资金中支付相应费用。

第十九条 资金使用中，属于政府采购范围的，应当严格按照政府采购有关规定执行。

第五章 信息公开

第二十条 教育厅分别在部门网站上公开资金管理办法和资金分配结果。自治区教育厅按规定在部门网站上公开资金使用和管理信息，包括：资金分配程序和分配方式、资金绩效评价、监督检查、审计结果、公开接受和处理投诉情况等按规定应公开的信息。

第二十一条 各地应当定期公布学生营养改善计划资金总量、学校名单及受益学生人次等信息。试点学校、供餐企业和托餐家庭应定期公布经费账目、配餐标准、带量食谱，以及用餐学生名单等信息，接受学生、家长和社会监督。

第六章 资金管理与监督

第二十二条 在营养改善计划实施中，各相关部门依据部门职责，分级管理，加强监督，确保专项资金使用效益。

第二十三条 财政部门负责专项资金的预算安排、资金拨付、管理和监督。

财政厅负责制定专项资金管理办法和有关制度，安排专项资金预算并按期拨付、及时公开，监督检查专项资金使用情况，对专项资金管理中的重大事项组织调研、核查和处理。

各地财政部门负责制定适合本地实际的专项资金管理办法和有关制度，及时分解下达专项资金并予公开，按照财政国库管理制度办理专项资金支付，会同有关部门和单位按规定实施政府采购，监督检查专项资金使用情况，对本地资金管理中的重大事项组织调研、核查和处理。

第二十四条 教育部门负责专项资金的预算编制、使用管理和监督检查。

教育厅负责指导各地编制专项资金预算，建立健全营养改善计划实名制学生信息系统，审核汇总各地报送的学生人数、资金结余情况等基础数据，督导检查专项资金管理使用情况，参与制定专项资金管理办法和有关制度。

各地教育部门负责指导本地和学校编制专项资金预算和合理的用款计划，建立本地营养膳食补助实名制学生信息系统，监控学生人数、补助标准、受益人数等动态情况，对供餐单位或托餐家庭（个人）实行招投标管理，定期公布学生营养改善计划资金总量、学校名单及受益学生人次等信息，指导督促学校建立健全财务管理制度和专项资金管理办法。

第二十五条 学校负责专项资金日常使用管理。主要职责有：

（一）制定专项资金使用管理办法，建立健全内控制度；

（二）依法健全学校财务、会计制度，配备专（兼）职财会人员，加强对财会管理人员的培训；

（三）健全食堂（伙房）原料采购、入库贮存、领用加工等管理制度，加强食堂（伙房）会计核算；

（四）定期公布营养改善计划资金使用明细账目。

第二十六条 各级财政部门应当将专项资金管理使用情况列入重点监督检查范围，充分发挥财政监督检查部门和社会中介机构的作用，加强专项资金的监督检查。

各级教育部门应当将专项资金的使用管理纳入教育督导的重要内容，定期进行督导。

各学校应当强化内部监管，自觉接受外部监督。

第二十七条 财政厅、教育厅根据工作需要适时开展监督检查和绩效管理。地方各级财政、教育部门应当加强农村义务教育营养改善计划专项资金的监督检查和绩效管理，建立健全过程预算绩效管理机制，不断提高资金使用效益，并按照规定做好信息公开工作。财政部驻各地财政监察专员办事处应当按照工作职责和财政部要求，对营养改善补助资金实施监管。对于挤占、挪用、虚列、套取营养改善补助资金等行为，将按照《预算法》《财政违法行为处罚处分条例》等国家有关法律规定严肃处理。

第二十八条 各级财政、教育部门及其工作人员在农村义务教育营养改善计划专项资金分配方案的制定和复核过程中，违反规定分配营养改善补助资金或者向不符合条件的单位分配营养改善补助资金以及滥用职权、玩忽职守、徇私舞弊的，按照《预算法》《公务员法》《行政监察法》《财政违法行为处罚处分条例》等国家有关法律规定追究责任；涉嫌犯罪的，移送司法机关处理。

第七章 附 则

第二十九条 各地（州、市）级财政和教育部门可参照本办法，制定本地区营养改善计划资金管理办法。

第三十条 本办法由财政厅、教育厅负责解释。

第三十一条 本办法自印发之日起施行。

关于印发《新疆维吾尔自治区中央补助地方科技馆免费开放资金管理暂行办法》的通知

（2018年10月12日　自治区财政厅、科学技术协会
新财教〔2018〕260号）

自治区各委、办、厅、局，伊犁州哈萨克自治区财政局、科协；各地州市财政局、科协：

科技馆免费开放是国家的重要惠民举措，对与科技馆功能相适应、体现科技馆特点的基本科普公共服务项目，实行免费开放。对于非基本公共服务项目，要坚持公益性，降低收费标准，不得以营利为目的。根据《中国科协、中宣部、财政部关于全国科技馆免费开放的通知》（科协发普字〔2015〕20号）精神，为加强资金管理、提高财政资金使用效率，结合我区实际，自治区财政厅、自治区科协联合制定了《新疆维吾尔自治区中央补助地方科技馆免费开放资金管理暂行办法》，现印发给你们，请遵照执行。

附件：新疆维吾尔自治区中央补助地方科技馆免费开放资金管理暂行办法

附件：

新疆维吾尔自治区中央补助地方科技馆免费开放资金管理暂行办法

第一条　根据《中国科协、中宣部、财政部关于全国科技馆免费开放的通知》（科协发普字〔2015〕20号）精神，为加强资金管理、提高财政资金使用效率，结合我区实际，制定免费开放补助资金（以下简称补助资金）管理办法。

第二条　科技馆免费开放是国家的重要惠民举措。对与科技馆功能相适应、体现科技馆特点的基本科普公共服务项目，实行免费开放。对于非基本服务项目，要坚持公益性，降低收费标准，不得以营利为目的。

第三条　补助资金用于补助免费开放的科技馆应是科协系统所属的具备基本常设展览和教育

活动条件，能够正常开展科普工作，符合国家有关规划并由相关部门批准立项建设的县级（含）以上公益性科技馆，原则上常设展厅面积1 000平方米以上，并符合免费开放实施范围的科技馆实行免费开放。

第四条 科技馆免费开放的要求：常年免费开放，不收取常设展厅的门票收费；不收取科普讲座、科普报告等活动门票收费；取消辅助性服务如参观指南、卫生设施、物品寄存及休息查阅等服务收费；降低非基本科普公共服务的收费，如特效影院、高端培训、餐饮、纪念品销售等。

第五条 补助资金实行因素加项目的分配办法，按照扶优扶强与向贫困地区倾斜相结合的原则进行分配、使用和管理。自治区财政厅、自治区科协根据中央年度补助资金总量，各地州、县（市）科技馆的实际需要、场馆面积、免费开放运转补助等因素确定年度补助资金标准。因素包括：馆舍面积（占10%）、地区因素（占10%），观众（占10%），免费开放门票收入减少部分（占30%），运行保障增量部分（占15%），展品更新（占15%），绩效考核奖励（占10%）。

第六条 补助资金开支范围包括：

（一）科技馆免费开放门票收入减少部分。

（二）运行保障增量部分。

（三）常设展厅展品展具维修、维护所需费用。

（四）展品更新所需费用，包括图书资料、专用设备和展品展具研发和更新费。

（五）绩效考核奖励。

（六）其他费用，指除上述各项费用开支以外的、实施免费开放过程中所发生的支出。

第七条 补助资金不得用于以下开支：

（一）日常办公、出国和业务接待支出。

（二）土建工程、非常设展厅办公设备设施的维修改造支出。

（三）组织、协调等各种管理性费用支出。

（四）罚款、还贷、对外投资支出。

（五）与科普活动无关的其他支出。

第八条 补助资金使用中涉及政府采购的，应当按照政

府采购的有关规定执行。使用补助资金形成的资产，承担对象为国有单位的，该资产属于国有资产，按照国家国有资产管理有关规定执行。

第九条 补助资金申报审批程序：

（一）自治区科协组织开展科技馆免费开放经费测算工作。各地州、县（市）符合免费开放条件的科技馆对常设展厅面积、常设展厅展品总资产、近3年常设展厅观众量、上年度收入和支出情况、展品更新计划等数据进行测算，形成资金申请报告、绩效目标和有关测算材料（附件1－4）报请主管单位审核批准后，于当年8月31日前将相关材料一并报送自治区科协。

（二）自治区科协组织专家组或第三方机构对各地州、县（市）资金申请报告、绩效目标和有关测算材料进行审核，提出补助资金安排建议。于每年10月15日报送自治区科协。

（三）根据中央资金安排，自治区财政厅商自治区科协对补助资金分配方案进行审核，按照因素法和展品更新项目确定各地免费开放科技馆补助额度和具体补助项目。

第十条 补助资金的支付，按照财政国库管理制度的有关规定执行。

第十一条 获得补助资金的单位应当严格按照批复的项目预算执行，不得自行调整。执行过程中确因实施条件与项目申报时发生重大变化需调整的，应当按照申报程序履行报批手续。

第十二条 补助资金由免费开放试点科技馆所在的同级科协按照以下程序负责管理。

（一）免费开放试点科技馆在收到科技馆免费开放经费申请的通知后，在规定的时间内，按照批复的项目预算及工作进度，及时将相关凭证资料报所在同级科协审核。

（二）同级科协及时审核免费开放试点科技馆的凭证资料，按照批复的项目预算，向同级财政部门出具审核意见。

（三）同级财政部门对同级科协的审核意见和免费开放试点科技馆的凭证资料进行复核。对复核合格的，按照财政国库管理制度的有关规定拨付补助资金。

第十三条 免费开放试点科技馆自预算批复之日起发生的费用，可以在补助资金中列支。原则上应当自预算批复之日起一年内执行完毕，因特殊原因一年内不能执行完毕的，执行时间从预算批复之日起最长不得超过2年。

第十四条 自治区科协、财政厅对补助资金使用情况进行检查、监督和绩效评价。加强对绩效评估结果的运用，将评估结果作为下一年度免费开放补助资金安排的依据。

第十五条 地州、县（市）财政部门应当会同同级科协按照各自职责建立健全补助资金使用监督检查机制和绩效评价制度。

第十六条 各级科技馆应当建立健全内部监督约束机制，提高专项资金管理和使用的安全性、有效性、规范性。

第十七条 有下列行为之一的，自治区科协、财政厅将追回其相应补助资金，在后续年度相应调减所在地区的支持资金，并追究相关人员的责任。

（一）提供虚假资料。

（二）截留、挤占、挪用补助资金。

（三）失职致使计划无法实施，造成不良影响。

（四）因主观原因经费不能及时支付到用款单位。

（五）其他违反国家有关法律、法规的行为。

第十八条 本办法由自治区财政厅、自治区科协负责解释。

第十九条 本办法自印发之日起实施。

附表1：

×××年科技馆免费开放补助资金申报表

填报单位（盖章）：

序号	科技馆名称（根据公章内容登记）	申请经费合计（万元）	其中：常设展厅门票收入减少部分（万元）	运行保障经费增量部分（万元）	展品更新补助部分（万元）	备注
合计						
1.	馆1					
2.	馆2					
3.	馆3					

填表说明：1. 此表只填报纳入下一年度年免费开放范围的科技馆所需经费。

2. 常设展厅门票收入减少部分：以近三年常设展厅门票收入最高的一年填报。

3. 运行保障经费增量部分：以本年度事业支出扣除基建支出（即基本支出+项目支出-基建支出）的25%测算，西部按照运行经费增量的80%比例填报申请补助金额。

4. 展品更新补助部分：按照实际需求填报。

附表2：

×××年免费开放科技馆基本情况表

填报单位（盖章）：

序号	科技馆名称（根据公章内容登记）	级别	上级主管部门	开馆日期	常设展厅面积（m^2）	常设展厅工作人员数量（人）		常设展厅目前开放情况	全面免费开放起始日期	常设展厅年观众量近三年（万人次）			本年收入（万元）					本年支出（万元）				近3年常设展厅门票收入（万元）			常设展厅展品总资产（万元）	是否为本年全国科技馆免费开放试点单位	备注
						在编人员	聘用（或劳务关系）人员			年	年	年	合计	事业收入	中央财政补助收入	地方财政补助收入	其他收入	合计	基本支出	项目支出	其中：基建支出	年	年	年			
合计																											
	馆1																										
	馆2																										

填表说明：1. 级别分为省级、市级、县级。

2. 开馆日期按××××年×月填写。

3. “常设展厅”指以展品为载体面向广大公众开展科普教育，集中体现本馆展教功能的主要展览场地，不含临时展厅和单独收费的儿童展厅（儿童科学乐园、儿童乐园等）。

4. 常设展厅目前开放情况分为全面免费开放、部分免费开放、未免费开放、新馆未开放四种。其中，全面免费开放是指常设展厅在开馆时间内所有时段对所有人均实行免费。如已全面免费开放，请填写起始时间；如部分免费开放、未免费开放或新馆未开放，请填写预计免费开放日期（不应晚于下一年度的5月1日）。

5. 本年收入、支出根据本年度全套财务决算报表的相关数据填报。其中，未纳入本年全国科技馆免费开放试点单位的科技馆不用填写中央财政补助收入；其他收入是指除财政补助收入和事业收入以外的各项收入。

6. 近3年常设展厅门票收入：如未免费开放，请根据当年门票收入分类明细账目填报。近3年开始免费开放，免费开放后的常设展厅门票收入以未免费开放最后一年门票单价×每年观众量测算填报；部分免费开放或3年前已免费开放的科技馆，请参照同级同类科技馆门票单价×每年观众量测算填报；刚建成开放的新馆，请参照同级同类科技馆门票单价×同级同类科技馆年观众量测算填报。同时，在备注中说明测算过程。

7. 常设展厅展品总资产是指本年度常设展厅内展品目录中的展品资产总额，根据常设展厅固定资产展品明细账目填报。

8. 统计项若无特殊说明均指截至本年8月31日。

附表3：

×××年科技馆免费开放预算表

申报单位名称：

支出内容	金额（元）	测算依据
总计		
同级科协审核意见：		
（公章）		

附表 4：

自治区区级财政预算项目绩效目标申报表

（　　　　年度）

<table>
<tr><td>项目名称</td><td colspan="4"></td></tr>
<tr><td>业务主管部门</td><td></td><td>地区主管部门</td><td colspan="2"></td></tr>
<tr><td>用款单位</td><td></td><td>实施单位</td><td colspan="2"></td></tr>
<tr><td>对应省级财政资金</td><td colspan="4"></td></tr>
<tr><td>项目申报属性</td><td>延续安排/新增安排</td><td>项目类型</td><td colspan="2">运转性支出项目/专项资金项目其他事业发展支出/国资预算/社保基金预算</td></tr>
<tr><td>资金需求（元）</td><td colspan="4">总金额</td></tr>
<tr><td>支出内容</td><td colspan="4"></td></tr>
<tr><td>政策依据</td><td colspan="4"></td></tr>
<tr><td rowspan="3">项目实施内容</td><td>内容 1</td><td>实施时间</td><td colspan="2">（　）年（　）月 -（　）年（　）月</td></tr>
<tr><td>内容 2</td><td>实施时间</td><td colspan="2">（　）年（　）月 -（　）年（　）月</td></tr>
<tr><td>……</td><td>实施时间</td><td colspan="2">（　）年（　）月 -（　）年（　）月</td></tr>
<tr><td>总体绩效目标（概述）</td><td colspan="4"></td></tr>
</table>

续表

<table>
<tr><td rowspan="28">绩效指标</td><td>一级指标</td><td>二级指标</td><td>三级指标</td><td>三级指标目标值</td></tr>
<tr><td rowspan="12">产出指标</td><td rowspan="3">数量指标</td><td>指标 1：</td><td></td></tr>
<tr><td>指标 2：</td><td></td></tr>
<tr><td>……</td><td></td></tr>
<tr><td rowspan="3">质量指标</td><td>指标 1：</td><td></td></tr>
<tr><td>指标 2：</td><td></td></tr>
<tr><td>……</td><td></td></tr>
<tr><td rowspan="3">时效指标</td><td>指标 1：</td><td></td></tr>
<tr><td>指标 2：</td><td></td></tr>
<tr><td>……</td><td></td></tr>
<tr><td rowspan="3">成本指标</td><td>指标 1：</td><td></td></tr>
<tr><td>指标 2：</td><td></td></tr>
<tr><td>……</td><td></td></tr>
<tr><td rowspan="15">效益指标</td><td rowspan="3">经济效益指标</td><td>指标 1：</td><td></td></tr>
<tr><td>指标 2：</td><td></td></tr>
<tr><td>……</td><td></td></tr>
<tr><td rowspan="3">社会效益指标</td><td>指标 1：</td><td></td></tr>
<tr><td>指标 2：</td><td></td></tr>
<tr><td>……</td><td></td></tr>
<tr><td rowspan="3">生态效益指标</td><td>指标 1：</td><td></td></tr>
<tr><td>指标 2：</td><td></td></tr>
<tr><td>……</td><td></td></tr>
<tr><td rowspan="3">可持续影响指标</td><td>指标 1：</td><td></td></tr>
<tr><td>指标 2：</td><td></td></tr>
<tr><td>……</td><td></td></tr>
<tr><td rowspan="3">服务对象满意度指标</td><td>指标 1：</td><td></td></tr>
<tr><td>指标 2：</td><td></td></tr>
<tr><td>……</td><td></td></tr>
<tr><td>负责人</td><td colspan="2"></td><td>联系电话</td><td></td></tr>
</table>

关于印发《新疆维吾尔自治区中等职业学校免学费补助资金管理办法》的通知

（2018年11月14日　自治区财政厅、教育厅、人力资源和社会保障厅　新财教〔2018〕261号）

伊犁哈萨克自治州财政局、教育局、人力资源和社会保障局，各地（州、市）财政局、教育局、人力资源和社会保障局：

为规范和加强中等职业学校免学费补助资金管理（以下简称免学费），提高资金使用效益，根据国家、自治区有关法律制度规定，及《财政部、教育部、人力资源社会保障部关于印发〈中等职业学校免学费补助资金管理办法〉的通知》（财科教〔2016〕36号）、《财政部、教育部、人力资源社会保障部关于新疆南疆四地州实施高中阶段免费政策有关问题的通知》（财教〔2014〕374号）等有关文件要求，结合我区实际，自治区财政厅、教育厅、人力资源和社会保障修订了《新疆维吾尔自治区中等职业学校免学费补助资金管理办法》，现予以印发，请遵照执行。

附件：新疆维吾尔自治区中等职业学校免学费补助资金管理办法

附件：

新疆维吾尔自治区中等职业学校免学费补助资金管理办法

第一条　为了规范和加强中等职业学校免学费补助资金管理，确保免学费政策顺利实施，根据国家、自治区有关法律制度规定，结合我区区情，制定本办法。

第二条　本办法所称中等职业学校是指经政府有关部门依法批准设立，实施全日制中等学历教育的各类职业学校，包括公办和民办普通中专、成人中专、职业高中、技工学校和高等院校附属中专部、中等职业学校等。

第三条　中等职业学校免学费补助资金是指中等职业学校全日制教育学生享受免学费政策后，为弥补学校运转出现的经费缺口，由财政核拨的补助资金。

第四条　中等职业学校免学费补助资金由中央和自治区本级财政共同承担。省和省级以下各级财政根据各省（区、市）人民政府及其价格主管部门批准的公办中等职业学校学费标准予以补助。

第五条 中等职业学校学生免学费补助经费按照每生每年平均2 000元标准测算，中央财政和自治区本级财政按8：2的比例分担。具体补助按价格主管部门批准的中等职业学校各专业原收费标准予以补助。

第六条 中等职业学校免学费资金的补助方式为：第一、二、三学年学校因免除学费导致学校运转出现的经费缺口，由财政按照享受免学费政策学生人数和免学费标准补助学校。免学费年限最长为三年。

对在职业教育行政管理部门依法批准、符合国家标准的民办学校就读的一、二、三年级符合免学费条件的学生，按照当地同类型同专业公办学校免除学费标准给予补助。民办学校经批准的学费标准高于补助的部分，学校可以按规定继续向学生收取。

第七条 自治区财政厅、教育厅、人力资源和社会保障厅接到中央补助资金预算后，于30日内按照预算级次合理分配、及时下达预算额度和各单位（地、州、市）绩效目标，各单位（地、州、市）在预算执行中对照绩效目标做好绩效监控，确保年度绩效目标如期实现。同时将预算发文抄送财政部驻新疆财政监察专员办事处。各级财政、教育、人力资源社会保障部门在收到补助资金后应及时下达学校，确保学校正常运转。

第八条 中等职业学校应当根据本办法和各地制定的免学费实施细则，受理学生申请，组织初审，并通过全国中等职业学校学生管理信息系统和技工学校学生管理信息系统报至同级学生资助管理机构审核、汇总。学生资助管理机构将审核结果在相关学校内进行不少于5个工作日的公示。

第九条 中等职业学校免学费工作实行学校法人代表负责制，校长是第一责任人，对学校免学费工作负主要责任。中等职业学校应当加强财务管理，建立规范的预决算制度，按照预算管理的要求，编制综合预算，收支全部纳入学校预算管理，年终应当编制决算。

第十条 各地职业教育行政管理部门应当加强学生学籍管理，建立健全学生信息档案，保证享受免学费政策的学生信息完整和准确。中等职业学校要强化新生电子学籍注册和在校生学籍异动管理，严格区分学历教育与非学历教育、全日制与非全日制学生，不得以虚假学生信息注册学生学籍，不得将培训性质等非学历教育学生注册为学历教育学籍，不得为同一学生以不同类型的高中阶段教育身份分别注册学籍、或以不同类型职业学校身份分别向教育部门和人力资源社会保障部门注册学生学籍。

第十一条 每年春季学期开学前，各地职业教育行政管理部门应当对中等职业学校办学资质进行全面清查并公示，对年检不合格的学校，取消其享受免学费补助资金的资格。各地职业教育行政管理部门应当根据《民办教育促进法》的规定，加强对民办中等职业学校的监管，纳入免学费补助范围的民办学校名单由自治区教育厅和人力资源社会保障部门负责审定。

第十二条 财政厅、教育厅、人力资源和社会保障厅根据工作需要适时开展监督检查和绩效管理。地方各级财政、教育、人力资源和社会保障部门应当加强免学费补助资金的监督检查和绩效管理，建立健全过程预算绩效管理机制，不断提高资金使用效益，并按照规定做好信息公开工作。财政部驻各地财政监察专员办事处应当按照工作职责和财政部要求，对免学费补助资金实施监管。对于挤占、挪用、虚列、套取免学费补助资金等行为，将按照《预算法》《财政违法行为处罚处分条例》等国家有关法律规定严肃处理。

第十三条 各级财政、教育、人力资源和社会保障部门及其工作人员在免学费补助资金分配方案的制定和复核过程中，违反规定分配免学费补助资金或者向不符合条件的单位分配免学费补助资金以及滥用职权、玩忽职守、徇私舞弊的，按照《预算法》《公务员法》《行政监察法》《财政违法行为处罚处分条例》等国家有关法律规定追究责任；涉嫌犯罪的，移送司法机关处理。

第十四条 本办法由自治区财政厅、教育厅、人力资源和社会保障厅负责解释。各地（州、市）可依据本办法制定实施细则，并报财政厅、教育厅、人力资源和社会保障厅备案。

第十五条 本办法自印发之日起施行。原《新疆维吾尔自治区中等职业学校免学费补助资金管理暂行办法》（新财教〔2016〕290号）同时废止。

关于印发《新疆维吾尔自治区中等职业学校国家助学金管理办法》的通知

（2018年11月14日 自治区财政厅、教育厅、人力资源和社会保障厅 新财教〔2018〕262号）

伊犁哈萨克自治州财政局、教育局、人力资源和社会保障局，各地（州、市）财政局、教育局、人力资源和社会保障：

为规范和加强中等职业学校国家助学金管理（以下简称国家助学金），提高资金使用效益，根据国家有关法律制度规定，及《财政部、教育部、人力资源社会保障部关于印发〈中等职业学校国家助学金管理办法〉的通知》（财科教〔2016〕35号）、《财政部、教育部、人力资源社会保障部关于新疆南疆四地州实施高中阶段免费政策有关问题的通知》（财教〔2014〕374号）等有关文件要求，结合我区实际，自治区财政厅、教育厅、人力资源和社会保障厅修定了《新疆维吾尔自治区中等职业学校国家助学金管理办法》，现予以印发，请遵照执行。

附件：新疆维吾尔自治区中等职业学校国家助学金管理办法

附件：

新疆维吾尔自治区中等职业学校国家助学金管理办法

第一条 为了规范和加强中等职业学校国家助学金的管理（以下简称国家助学金），确保资助工作顺利实施，根据国家、自治区有关法律制度规定，结合我区区情，制定本办法。

第二条 本办法所称中等职业学校是指经政府有关部门依法批准设立，实施全日制中等学历教育的各类职业学校，包括公办和民办的普通中专、成人中专、职业高中、技工学校和高等院校附属的中专部、中等职业学校等。

第三条 国家助学金资助对象是具有中等职业学校全日制学历教育正式学籍的一、二年级在校生。

南疆四地州中等职业学校学生和其他地（州、市）涉农专业学生全部纳入享受国家助学金范围，南疆四地州以外的非涉农专业学生按照在校生20%确定家庭经济困难学生。

第四条 国家助学金由中央、自治区、各地（州、市）政府共同出资设立。主要用于资助受助学生的生活费开支，资助标准每生每年2000元。以后年度，将根据经济发展水平和财力状况适时调整资助标准。

第五条 国家助学金按学期申请和评定，按月发放。学校应将《中等职业学校国家助学金申请表》（附1）及《中等职业学校国家助学金申请指南》（附2）随同入学通知书一并寄发给录取的新生。新生和一年级学生在新学年开学一周内向就读学校提出申请，并递交相关证明材料。

中等职业学校应当根据本办法和各地制定的国家助学金实施细则，受理学生申请，组织初审，并通过全国中等职业学校学生管理信息系统和技工学校学生管理信息系统报至同级学生资助管理机构审核、汇总。学生资助管理机构将审核结果在相关学校内进行不少于5个工作日的公示。

第六条 自治区财政厅、教育厅、人力资源和社会保障厅接到中央补助资金预算后，于30日内按照预算级次合理分配、及时下达预算额度和各单位（地、州、市）绩效目标，各单位（地、州，市）在预算执行中对照绩效目标做好绩效监控，确保年度绩效目标如期实现。同时将预算发文抄送财政部驻新疆财政监察专员办事处。各级财政、教育、人力资源社会保障部门在收到资助资金后及时下达学校，各中等职业学校收到补助资金后30日内发放到学生手中。

第七条 国家助学金通过学生资助卡发放给受助学生。中等职业学校或学生资助管理机构为每位受助学生办理学生资助卡，学生本人持身份证原件和学生证，到发卡银行网点柜台激活资助卡后方可使用。不得向学生收取卡费或押金等费用，也不得以实物或服务等形式，抵顶或扣减国家助学金。

第八条 中等职业学校国家助学金实行学校法人代表负责制，校长是第一责任人，对学校助学工作负主要责任。学校应当制定本校国家助学金具体实施办法，设立专门机构和配备专职人员具体负责助学工作。

中等职业学校应当建立专门档案，将学生申请表、受理结果、资金发放等有关凭证和工作情况分年度建档备查。

第九条 各级教育、人力资源社会保障、财政部门要根据实际情况，对享受资助政策的民办中等职业学校，在办学条件、学费标准、招生就业、资助家庭经济困难学生措施等方面做出明确规定，督促民办中等职业学校依法办学，规范收费。

第十条 国家和自治区鼓励地方政府、行业企业和社会团体设立中等职业学校助学金、奖学金，鼓励和引导金融机构为接受中等职业教育的学生提供助学贷款。

中等职业学校应当开辟“绿色通道”，对携有可证明其家庭经济困难材料的新生，可先办理入学手续，根据核实后的家庭经济情况予以不同方式的资助，再办理学籍注册。

第十一条 各级财政、教育、人力资源和社会保障部门应当加强国家助学金的监督检查和绩效管理，建立健全全过程预算绩效管理机制，不断提高资金使用效益，并按照规定做好信息公开工作。财政部驻各地财政监察专员办事处应当按照工作职责和财政部要求，对国家助学金实施监管。

第十二条 国家助学金应当专款专用、专账核算。对于挤占、挪用、虚列、套取国家助学金等行为，将按照《预算法》《财政违法行为处罚处分条例》等国家有关法律规定严肃处理。

第十三条 各级财政、教育、人力资源和社会保障部门及其工作人员在国家助学金分配方案的制定和复核过程中，违反规定分配国家助学金或者向不符合条件的单位分配国家助学金以及滥用职权、玩忽职守、徇私舞弊的，按照《预算法》《公务员法》《行政监察法》《财政违法行为处罚处分条例》等国家有关法律规定追究责任；涉嫌犯罪的，移送司法机关处理。

第十四条 本办法由财政厅、教育厅、人力资源和社会保障厅负责解释，各地（州、市）可依据本办法制定实施细则，并报财政厅、教育厅、人力资源社会保障厅备案。

第十五条 本办法自印发之日起施行。原《新疆维吾尔自治区中等职业学校国家助学金管理实施办法》（新财教〔2007〕149 号）同时废止。

附：1. 中等职业学校国家助学金申请表

2. 中等职业学校国家助学金申请指南

附 1：

中等职业学校国家助学金申请表

学校名称：

<table>
<tr><td>学生姓名</td><td colspan="2"></td><td>性别</td><td></td><td>出生年月</td><td></td><td>民族</td><td colspan="2"></td></tr>
<tr><td>专业</td><td colspan="4">☐ 涉农　　　☐ 非涉农</td><td>年级班级</td><td></td><td>入学时间</td><td colspan="2"></td></tr>
<tr><td rowspan="6">家庭成员情况</td><td colspan="2">姓名</td><td>年龄</td><td>与本人关系</td><td colspan="5">工作或学习单位</td></tr>
<tr><td colspan="2"></td><td></td><td></td><td></td><td></td><td></td><td colspan="2"></td></tr>
<tr><td colspan="2"></td><td></td><td></td><td></td><td></td><td></td><td colspan="2"></td></tr>
<tr><td colspan="2"></td><td></td><td></td><td></td><td></td><td></td><td colspan="2"></td></tr>
<tr><td colspan="2"></td><td></td><td></td><td></td><td></td><td></td><td colspan="2"></td></tr>
<tr><td colspan="2"></td><td></td><td></td><td></td><td></td><td></td><td colspan="2"></td></tr>
<tr><td rowspan="3">家庭经济状况</td><td colspan="2">户籍所在地</td><td colspan="3">☐农村
☐县镇
☐县城
☐城市</td><td>主要收入来源</td><td colspan="3"></td></tr>
<tr><td colspan="2">家庭地址</td><td colspan="3"></td><td>邮编
联系电话</td><td colspan="3"></td></tr>
<tr><td colspan="2">家庭人口总数</td><td colspan="2"></td><td>家庭年收入</td><td></td><td>人均年收入</td><td colspan="2"></td></tr>
<tr><td>申请助学金的主要理由</td><td colspan="9">申请人签名：　　　　　家长签名：
年　月　日</td></tr>
<tr><td>班级审核意见</td><td colspan="9">班主任：　　　　　签字
年　月　日</td></tr>
<tr><td>学校审核意见</td><td colspan="9">负责人：　　　　　公章
年　月　日</td></tr>
<tr><td>同级资助部门公示结果</td><td colspan="9">负责人：　　　　　公章
年　月　日</td></tr>
</table>

附 2：

中等职业学校国家助学金申请指南

◆ 享受国家助学金政策的学校

享受国家助学金政策的学校是指经政府有关部门依法批准设立，实施全日制中等学历教育的各类职业学校，包括公办和民办的普通中专、成人中专、职业高中、技工学校和高等学校附属的中专部、中等职业学校等。

◆ 国家助学金资助对象

国家助学金资助对象是具有中等职业学校全日制学历教育正式学籍的在校一、二年级在校生。

对涉农专业和南疆四地州学生全部纳入享受助学金范围，其他地（州、市）非涉农专业学生按照在校生 20% 确定家庭经济困难学生。

涉农专业范围根据教育部发布的《中等职业学校专业目录（2010 年修订）》（教职成〔2010〕4 号）及专业设置管理办法等规定，涉农专业范围为：农林牧渔类所有 32 个专业，以及轻纺食品类的粮油饲料加工技术、粮油储运与检验技术和医药卫生类的农村医学专业等 3 个专业。

◆ 国家助学金资助标准

国家助学金主要用于受助学生的生活费开支，资助标准为每生每年 2 000 元。

◆ 国家助学金申请、审批与发放程序

国家助学金按学期申请和评定，按月发放。具体流程如下：

①学生应在入学前办理好身份证。

②学生填写《中等职业学校国家助学金申请表》，在新学年开学一周内向就读学校提交，并递交家庭经济困难相关证明材料；

③学校受理学生申请并组织初审；

④有关部门审批，并将拟资助学生名单在学校内进行不少于 5 个工作日的公示；

⑤学校或学生资助管理机构为每位受助学生办理中职学生资助卡。由有关部门将助学金直接发放到资助卡中，学生凭本人身份证、学生证至相关银行激活资助卡，方可取款。发卡银行不得向学生收取卡费或押金等费用，也不得从学生享受的国家助学金中抵扣。

关于印发《新疆维吾尔自治区中等职业学校免住宿费和教材费补助资金管理办法》的通知

（2018 年 11 月 14 日　自治区财政厅、教育厅、人力资源和社会保障厅　新财教〔2018〕263 号）

伊犁哈萨克自治州财政局、教育局、人力资源和社会保障局，各地（州、市）财政局、教育局、人力资源和社会保障局：

根据财政部、教育部、人力资源社会保障部《关于新疆南疆四地州实施高中阶段免费政策有关问题的通知》（财教〔2014〕374 号）和《关于自治区中等职业教育工作会议的会议纪要》（新政阅〔2010〕151 号）文件精神，自治区对就读于中等职业学校（含技工学校，下同）且生源地为南疆四地州和其他边境县、贫困县的学生给予住宿费和教材费补助。为规范和加强对中等职业学校免住宿费和教材费补助专项资金的管理，结合自治区实际，自治区财政厅、教育厅、人力资源和社会保障厅修订了《新疆维吾尔自治区中等职业学校住宿费和教材费补助资金管理暂行办法》，现予印发，请遵照执行。

附件：新疆维吾尔自治区中等职业学校免住宿费和教材费补助资金管理办法

附件：

新疆维吾尔自治区中等职业学校免住宿费和教材费补助资金管理办法

第一条　为大力发展职业教育，加大对南疆四地州，其他边境县、贫困县的支持力度，中央和自治区财政设立中等职业教育免住宿费和教材费补助专项资金。为规范和加强专项资金管理，根据国家和自治区有关财政财务管理规定，结合我区区情，制定本办法。

第二条　本办法所称中等职业学校是指经政府有关部门依法批准设立并备案，实施全日制中等学历教育的各类职业学校，包括公办和民办的普通中专、成人中专、职业高中、技工学校和高等院校附属的中专部、中等职业学校等。

第三条　中等职业学校学生免住宿费和教材费补助资金用于生源地南疆四地州和其他边境县、贫困县具有全日制正式学籍的一、二、三年级的中等职业学校学生。

住宿费和教材费补助标准为每生每年 900

元，其中，住宿费600元，教材费300元。

第四条 中央财政承担生源地为南疆四地州的中等职业教育学生免费教科书补助资金；南疆四地州学生住宿费补助资金和其他边境县、贫困县学校住宿费和教材费补助资金由自治区本级财政承担。政策实施后，各中等职业学校不得向享受政策的学生收取住宿费和教材费等相关费用，教材费补助资金不足部分，由各学校用财政核拨的免学费补助资金弥补。

第五条 中等职业学校学生免住宿费补助资金用于保障中等职业学校正常运转经费，是学校综合预算的重要组成部分。各中等职业学校要加强对资金的科学化、精细化管理，将资金管理纳入学校的总体预算。

第六条 免教材费补助资金只能用于前述地县接受全日制中等职业教育学生的课本等费用，不得用于其他支出。住宿费用开支范围包括：学生宿舍的建设、修缮、水电、取暖等，不得用于教师福利待遇、偿还债务等方面的开支。

第七条 自治区财政厅、教育厅、人力资源和社会保障厅接到中央补助资金预算后，于30日内按照预算级次合理分配、及时下达预算额度和各单位（地、州、市）绩效目标，各单位（地、州、市）在预算执行中对照绩效目标做好绩效监控，确保年度绩效目标如期实现。同时将预算发文抄送财政部驻新疆财政监察专员办事处。各级财政、教育、人力资源社会保障部门在收到补助资金后及时下达学校，确保学校正常运转。

第八条 各中等职业学校校长是补助资金的第一责任人，对补助工作负主要责任。学校要制定本校住宿费和教材费补助资金管理实施办法，细化支出范围与标准，建立规范的财务管理制度。学校各部门要加强协作，财务部门要加强资金的管理，实行专款专用，专账核算，建立健全会计账簿，规范会计核算；资助部门要结合实际，实事求是地上报本校符合条件的学生人数及相关信息；学籍部门要及时为学生注册学籍，确保学生学籍信息的真实性和准确性。

第九条 各中等职业学校要定期对资金使用情况向校内公布，要对享受免住宿费和教材费补助政策的学生进行不少于5天的公示，使广大学生家长知晓党和政府的惠民政策。学校要自觉接受师生、群众和财政、审计、监察等部门的检查和监督。

第十条 各中等职业学校要对享受免住宿费和教材费补助政策的学生进行毕业跟踪，建立毕业生就业统计和跟踪服务制度。

第十一条 财政厅、教育厅、人力资源和社会保障厅根据资金使用情况，适时开展监督检查和绩效管理。监督检查、预算监管和绩效评价结果作为资金分配的重要参考。

地方各级财政、教育、人力资源和社会保障部门应当加强免住宿费、教材费补助资金的监督检查和绩效管理，建立健全全过程预算绩效管理机制，不断提高资金使用效益，并按照规定做好信息公开工作。

第十二条 免住宿费和教材费应建立“谁使用、谁负责”的责任机制。各级财政、教育、人力资源和社会保障等部门要严格管理，加强监督，定期组织检查，对不按规定使用资金的，要依法严肃查处，并追究相关单位和人员的责任；对资金拨付不到位，管理制度不健全，存在截留、滞留、挤占、挪用经费的地区或学校，将按照《预算法》、《财政违法行为处罚处分条例》等国家有关法律规定严肃处理。

第十三条 各级财政、教育、人力资源和社会保障部门及其工作人员在补助资金分配方案的制定和复核过程中，违反规定分配免住宿费和教材费补助资金或者向不符合条件的单位分配免住宿费、教材费补助资金以及滥用职权、玩忽职守、徇私舞弊的，按照《预算法》《公务员法》《行政监察法》《财政违法行为处罚处分条例》等国家有关法律规定追究责任；涉嫌犯罪的，移送司法机关处理。

第十四条 本办法由财政厅、教育厅、人力资源和社会保障厅负责解释。

第十五条 本办法自发布之日起实施，原《新疆维吾尔自治区中等职业教育学生住宿费和教材费补助资金管理暂行办法》（新财教〔2016〕289号）同时废止。

关于印发《新疆维吾尔自治区教育行政四级专网专项资金使用管理办法》的通知

（2018年11月22日 自治区财政厅、教育厅
新财教〔2018〕268号）

伊犁哈萨克自治州财政局、教育局，各地（州、市）财政局、教育局：

为实现自治区教育信息化发展目标，提升教育行政管理、教育教学、教研改革、学校安全稳定等方面信息化管理水平，自治区建立了教育四级行政专网，实现了从自治区教育厅、地州教育局、区县教育局到全疆中小学、中职学校互联互通的教育信息化应用专属四级行政专用网络。为规范和加强自治区教育行政四级专网专项资金的管理，保障自治区教育四级行政专用网络正常运行，自治区财政厅、教育厅制定了《新疆维吾尔自治区教育行政四级专网运行维护专项补助资金管理办法》，现予以印发，请认真贯彻执行。

附件：新疆维吾尔自治区教育行政四级专网运行维护专项补助资金管理办法

附件：

新疆维吾尔自治区教育行政四级专网运行维护专项补助资金管理办法

第一条 为了规范和加强自治区教育行政四级专网运行维护专项资金使用管理工作，根据国家、自治区相关财经法规，制定本办法。

第二条 本办法所称自治区教育行政四级专网运行维护专项补助资金，是指自治区财政承担的自治区教育行政四级专网运行维护经费。

第三条 本办法所称自治区教育行政四级专网（以下简称“教育专网”），是指自治区教育厅与中国移动通信集团新疆有限公司联合建设的教育行政专网，覆盖从自治区教育厅、地州教育

局、县市教育局到中小学校及职业院校的四级网络，用于保障教育行政管理、教育教学管理、学校校务管理等综合管理工作信息化运用的网络需求。

第四条 自治区教育行政四级专网专项资金，应当坚持公开透明、规范管理和专款专用原则。

第五条 自治区教育厅“教育专网”技术、设备维护等有关费用和南疆三地州、巴里坤哈萨克自治县、乌什县、柯坪县、察布查尔锡伯自治县、尼勒克县、托里县、青河县、吉木乃县等贫困县市“教育专网”运行维护及电路租用费用支出，所需资金由自治区本级财政承担。其他地区“教育专网”电路租用费用由各级学校公用经费承担。2018 年以后南疆三地州及部分贫困县市新增的“专网”需求的相关费用，也由各地自行承担。

第六条 自治区“教育专网”运行维护专项补助资金由自治区教育厅统一支付中国移动通信集团新疆有限公司“教育专网”电路租用费用和“教育专网”技术、设备维护等有关支出。南疆三地州及巴里坤哈萨克自治县、乌什县、柯坪县、察布查尔锡伯自治县、尼勒克县、托里县、青河县、吉木乃县等地之外的“教育专网”运行维护经费由各地教育局或学校向中国移动各地分公司支付。

第七条 各级财政部门、教育行政部门、各中小学校、中国移动通信集团各分公司要各司其职，共同维护好、运用好“教育专网”，发挥“教育专网”在提升教育管理信息化水平，促进网络教育的重要作用，切实提高资金使用效益。

第八条 补助资金要建立“谁使用、谁负责”的责任机制。严禁将资金用于平衡预算、偿还债务、支付利息、对外投资等支出，不得从补助资金中提取工作经费或管理经费，确保资金专款专用。

第九条 自治区财政厅和自治区教育厅对补助资金管理使用情况适时开展监督检查和绩效管理。监督检查、绩效评价和预算监管结果作为补助资金预算安排的重要参考依据。

第十条 各级财政部门和教育部门应当加强专项资金绩效管理和监督检查。各相关单位根据获得的资金额度，填报绩效目标表，绩效目标将作为绩效监控和绩效评价的依据。

第十一条 各相关单位要严格执行国家相关财经法规和本办法规定，对专项资金实行项目核算，专款专用，不得截留、挤占、挪用，同时接受财政、审计、纪检监察、主管机关等部门的检查和监督。单位和个人违反规定的，将按照《预算法》《公务员法》《财政违法行为处罚处分条例》等国家有关规定追究相应责任；涉嫌犯罪的，移送司法机关处理。

第十二条 本办法自公布之日起执行，自治区财政厅、教育厅负责对其解释。

关于印发《丝绸之路经济带创新驱动发展试验区创新基金管理暂行办法》和《丝绸之路经济带创新驱动发展试验区创新基金绩效考核评价管理暂行办法》的通知

（2018 年 12 月 29 日　自治区财政厅、科技厅　新财教〔2018〕330 号）

自治区各委、办、厅、局，伊犁州哈萨克自治区财政局、科技局，各地州市财政局、科技局：

为全面贯彻落实党的十九大精神及自治区党委九届二次会议精神，加快推进丝绸之路经济带创新驱动发展试验区建设，经自治区人民政府同意批复设立丝绸之路经济带创新驱动发展试验区创新基金（以下简称“创新基金”）。

为规范创新基金管理，根据《科技部、国家发展改革委关于支持新疆开展丝绸之路经济带核心区创新驱动发展试验的函》（国科发创〔2017〕349 号）、《丝绸之路经济带创新驱动发展试验区总体规划纲要》《丝绸之路经济带创新驱动发展试验区建设方案》及《自治区关于推进丝绸之路经济带创新驱动发展试验区建设若干政策的意见》（新政发〔2017〕151 号）等文件要求，自治区财政厅、科技厅共同制定了《丝绸之路经济带创新驱动发展试验区创新基金管理暂行办法》《丝绸之路经济带创新驱动发展试验区创新基金绩效考核评价管理暂行办法》，现予印发，请认真贯彻执行。

附件：1. 丝绸之路经济带创新驱动发展试验区创新基金管理暂行办法

2. 丝绸之路经济带创新驱动发展试验区创新基金绩效考核评价管理暂行办法

附件 1：

丝绸之路经济带创新驱动发展试验区创新基金管理暂行办法

第一章　总　则

第一条　为进一步规范丝绸之路经济带创新驱动发展试验区创新基金（以下简称“创新基金”）的运作和管理，发挥政府资金杠杆作用，提高政府资金使用效益，促进政府投资基金持续健康运行，根据《财政部关于印发〈政府投资基金暂行管理办法〉的通知》（财预〔2015〕210号）、《关于财政资金支持政府投资基金支持产业发展的指导意见》（财建〔2015〕1062号）、国家发展改革委关于印发〈政府出资产业投资基金管理暂行办法〉的通知》（发改财金规〔2016〕2800号）和《私募投资基金监督管理暂行办法》（证监会令105号）等文件精神，为规范创新基金管理，制定本办法。

第二条 本办法所称创新基金是指由新疆维吾尔自治区人民政府批复设立，按照“政府引导、市场运作，科学决策、防范风险”的原则运作，通过自治区财政资金投入，引导社会资本支持新疆特别是丝绸之路经济带创新驱动发展试验区（以下简称“试验区”）的战略新兴和关键产业领域发展的政府性基金。

第三条 创新基金的政府出资来源主要包括通过一般公共预算、政府性基金预算等安排的资金、其他政府性资金，以及政府投资基金运行中产生的收益等。

第二章 创新基金的设立

第四条 创新基金设立目的：发挥财政资金撬动功能，调动现有资源再配置，促进科技与产业、科技与金融相结合，引导社会资本支持试验区战略性新兴产业发展，推动试验区自主创新、科技成果转化和产业转型升级，打造区域经济发展新动能，为促进新疆经济社会可持续发展，实现社会稳定和长治久安总目标贡献力量。

第五条 创新基金由政府财政出资1亿元，引导社会资本共同组建设立。

第六条 创新基金可采取母基金、直投基金或以“母基金＋直投”结合的方式进行投资，组织形式采取有限合伙制。

第三章 创新基金管理、运行及监督

第七条 由自治区科技厅牵头，与自治区财政厅共同成立创新基金管理委员会（以下简称管委会），相关负责人担任管委会主任委员、副主任及成员。

第八条 管委会主要职责包括：

（一）确定创新基金投资方向、投资政策等重大事项；

（二）统筹实施政策指导、监督管理、绩效考核评价等；

（三）遴选基金管理人，确定合伙人，审定合伙协议；

（四）按照市场化方式指导组建投资决策委员会，委派观察员；

（五）创新基金其他重大事项的决策和协调。

第九条 管委会下设办公室，办公室设在自治区科技厅（试验区领导小组办公室）。办公室承担基金管委会日常工作，主要职责包括：

（一）做好需管委会审议批准事项的前期工作；

（二）建立管委会成员单位工作协调机制，确保基金管委会高效有序运行，通报情况和对相关工作督促检查落实；

（三）对外联络，新闻宣传及与媒体的沟通合作；

（四）完成管委会交办的其他工作。

第十条 创新基金政府出资部分委托国有创业投资管理公司为受托机构，根据授权代行出资人职责。

第十一条 国有创业投资管理公司的主要职责包括：

（一）经管委会授权，代表政府出资人与其他合伙人签订合伙协议；

（二）按合伙协议约定，履行合伙人权利与义务；

（三）监督创新基金的运营情况，组织基金管理公司开展年中绩效评价工作，定期向管委会报告；

（四）创新基金政府出资部分的退出与清算工作；

（五）其他相关职责。

第十二条 创新基金通过社会公开征集等方式，选择确定基金管理人，进行专业化管理。创新基金管理人申请机构应具备以下资质条件：

（一）申请机构为独立法人单位，注册地位于新疆，实缴注册资本不低于人民币 1 000 万元，管理资产不少于 1 亿元，运营时间不少于 2 年；

（二）具有中国证券投资基金业协会私募股权、创业投资基金管理人资格；

（三）具有本地运营团队，至少有 3 名具备 5 年以上创业投资或相关业务经验的高级管理人员；

（四）申请机构及团队具备较为丰富的项目投资经验，了解新疆本地企业项目实际情况，有至少 3 个对科技型中小企业的成功投资案例；

（五）具有完善的专业管理制度、健全的风险控制流程和规范的投资决策机制；

（六）申请机构及其高级管理人员无重大过失，无受行政主管机关或司法机关处罚的不良记录。

第十三条 创新基金管理人负责基金的募集、设立、备案、投资、管理、退出等具体运营和管理等工作，制定基金的年度工作计划，并定期向受托国有创业投资管理公司报告所管理基金运作情况及其他重大情况。

第十四条 创新基金管理人作为普通合伙人出资应不低于所管理基金出资总额的 1%，出资方式为现金。在未完成基金出资总额的 70% 投资以前，不得募集或管理其他新基金。

第四章 投资运作与收益分配

第十五条 创新基金主要通过间接或直接投资方式，重点支持新疆特别是试验区战略新兴和关键产业领域发展，如信息技术、先进制造、人工智能、节能环保、生物科技、新能源新材料、医药健康、旅游和绿色现代农业等，以及参与设立“五地七区”区域子基金。

第十六条 创新基金全部用于投资新疆区内企业，特别是试验区内相关企业发展。新疆区内企业包括下列情形：

（一）被投资企业的注册地、重要生产经营地或者主要产品研发地位于新疆区域范围内；

（二）与被投资企业生产经营关系紧密的子公司与分公司位于新疆区域范围内；

（三）被投资企业在获得投资时，同意在一定期限内将注册地、重要生产经营地、主要产品研发地或者与生产经营关系紧密的子公司与分公司等设立或迁入新疆区域范围内；

（四）试验区离岸孵化器内企业；

（五）被投资企业的税收缴纳地为新疆区域范围内。

第十七条 创新基金主要投资方式：

（一）未上市企业股权，参与上市公司定向增发、并购重组和私有化等股权交易形成的股份；

（二）根据试验区战略部署，在“五地七区”建立子基金群；

（三）基金合伙协议明确约定的符合国家产业政策的其他投资形式。

基金闲置资金只能投资于银行存款、国债、地方政府债、政策性金融债、政府支持债券等安全性和流动性较好的固定收益类资产。

第十八条 创新基金各合伙人根据合伙协议约定的出资方式及金额以自有资金通过现金形式进行出资，合伙人如未能按要求履行出资义务，应依据合伙协议暂停直至终止其在基金中的相关权利，并根据协议约定承担违约责任。

第十九条 创新基金应在新疆注册，存续期原则上不得超过 8 年。

第二十条 创新基金投资收益应当按照“先回本后分利”的原则进行分配，超额收益部分可按照市场化原则进行分配。

第二十一条 创新基金作为母基金投资部分每年提取管理费比例原则上不超过 0.5%，作为直投基金投资部分每年提取管理费比例原则上不超过 2%。

第二十二条 创新基金参与设立的子基金，应当在合伙协议中约定参照遵守本管理办法的相关规定。

第五章 风险控制

第二十三条 创新基金应当建立有效的风险防范和控制机制，在运作过程中不得从事以下业务：

（一）从事融资担保以外的担保、抵押、委托贷款等业务；

（二）投资二级市场股票、期货、房地产、证券投资基金、评级 AAA 以下的企业债、信托产品、非保本型理财产品、保险计划及其他金融衍生品；

（三）向任何第三方提供赞助、捐赠；

（四）吸收或者变相吸收存款，或者向第三方提供贷款和资金拆借；

（五）进行承担无限连带责任的对外投资；

（六）发行信托或者集合理财产品募集资金；

（七）其他国家法律、法规规定禁止从事的业务。

第二十四条 创新基金在参与设立的子基金中的出资比例不超过基金总规模的 30%，且不能成为第一大出资人；投资单个企业或项目累计不得超过基金总规模的 10%，不超过被投企业总注册资本的 20%，且不能成为第一大股东。

第二十五条 创新基金应当选择具有托管资质的商业银行在新疆境内的总、分支机构进行托管，托管银行依据托管协议负责账户管理、资金清算、资产保管等事务，对投资活动实时动态监督，及时向受托国有创业投资管理公司报告基金运行中的重大事项。

第二十六条 创新基金管理人应当定期向受托国有创业投资管理公司报告基金运行情况，并及时报告运行中的重大事项。

第二十七条 创新基金应在合伙协议中约定，有下列情况之一的，政府出资人可无需其他出资人同意，选择退出：

（一）基金方案确认一年后，仍未按照规定程序和时间要求完成设立手续的；

（二）政府出资拨付投资基金账户一年以上，基金未开展投资业务的；

（三）基金投资领域和方向不符合政策目标的；

（四）基金未按照合伙协议约定投资的；

（五）经创新基金管委会认定的其他不符合合伙协议约定的情形。

第二十八条 创新基金政府出资人退出时，应当按照合伙协议约定的条件退出，没有约定或未按约定退出的，由基金管理人制定退出方案，报创新基金管委会审定，聘请具备资质的中介机构对出资权益进行评估，作为确定退出价格的依据。

第六章 预算管理和资产管理

第二十九条 创新基金政府出资部分由财政部门根据年度预算、项目投资进度或实际用款需要进行资金拨付。

第三十条 创新基金政府应分享的投资损益按权益法进行核算。创新基金应当在年度终了后及时将全年投资收益或亏损情况向本级财政部门报告。

第三十一条 创新基金应当定期向财政部门报告基金运行情况、资产负债情况、投资损益情况及其他可能影响投资者权益的其他重大情况。按季编制并向财政部门报送资产负债表、损益表及现金流量表等报表。

第七章 考核与监督

第三十二条 创新基金应建立基金绩效评价制度，由财政部门和管委会按年度对基金政策目标实现程度、投资运营情况等开展评价，有效应用绩效评价结果。

第三十三条 创新基金应当接受财政、审计部门对基金运行情况的审计、监督。创新基金应委托管委会选聘的第三方评审机构，在次年3月底前完成年度审计工作。

第三十四条 财政部门应会同有关部门对创新基金运作情况进行年度检查。对于检查中发现的问题按照预算法和《财政违法行为处罚处分条例》等有关规定予以处理。涉嫌犯罪的，移送司法机关追究刑事责任。

第三十五条 创新基金管委会对创新基金管理人实施不定期检查考核与监督，对连续考核不达标、出现问题拒不改正或发生重大违规事项，可交合伙人会议建议予以解聘，造成损失的将追究其相应的法律责任。

第三十六条 创新基金应按照《国家发改委办公厅关于印发〈政府出资产业投资基金信用信息登记指引（试行）〉的通知》（发改办财金规〔2017〕571号）的相关规定，在“全国政府出资产业投资基金信用信息登记系统”做好信用信息登记工作。

第八章　附　则

第三十七条 本办法由财政厅、科技厅负责解释。

第三十八条 本办法自印发之日起实施。

附件2：

丝绸之路经济带创新驱动发展试验区创新基金绩效考核评价管理暂行办法

第一章　总　则

第一条 为确保丝绸之路经济带创新驱动发展试验区创新基金（以下简称“创新基金”）政策目标实现及财政资金安全，根据《财政部关于印发〈政府投资基金暂行管理办法〉的通知》（财预〔2015〕210号）、《财政部关于印发〈财政支出绩效评价管理暂行办法〉的通知》（财预〔2011〕285号）等有关法律法规规定，制定本办法。

第二条 创新基金绩效考核评价（以下简称绩效考评或考评），是指根据创新基金的政策目标和要求，运用科学、合理的考评指标和考评方法，对创新基金的经济性、效率性和效益性进行客观、公正的考评。

第三条 创新基金管理委员会（以下简称“管委会”）是创新基金的绩效考评主体，负责组织实施创新基金的考评工作。

第四条 绩效考评应当遵循以下基本原则：

（一）科学规范。考评应当严格执行规定的程序，按照科学规范可行的要求，采用定量分析考评为主，定量与定性分析相结合的方法；

（二）公正公开。考评应当遵循真实、客观、公正、透明的要求，考评结果接受监督；

（三）奖惩分明。通过考评奖优罚劣，督促创新基金规范管理、高效运营，管理团队恪尽职守、勤勉尽责，充分发挥考评对于统筹推进创新基金发展的积极作用。

第二章　考评要求

第五条 创新基金的考评对象为创新基金管理机构。

第六条 绩效考评的主要依据包括：

（一）国家及自治区相关法律、法规和规章制度及行政规章、规范性文件；

（二）基金设立方案及相关实施规定明确的特定政策目标、投资导向及规范性要求；

（三）股权投资基金（母基金）行业历史数

据、行业标准、市场通用的评价指标；

（四）经审计的基金《年度会计报告》及相关资料，以及基金运营机构提供的基金运行情况报告；

（五）基金（直投项目）章程或合伙协议、经审计的《年度会计报告》及相关资料，以及基金运营机构提供的基金运行情况报告；

（六）财政、科技管理部门和行业主管部门要求的其他资料。

第三章　考评指标

第七条　考评指标包括政策评价、管理评价和效益评价等内容。考评指标设置应符合以下要求：

（一）指向明确。考评指标要符合国家政策和创新基金投资导向要求，并与创新基金的特定目标、用途、投资领域、规范性要求等紧密相关。

（二）细化量化。考评指标应当从数量、质量、时效、成本以及经济效益、社会效益、生态效益、可持续影响、社会满意度等方面进行细化，尽可能定量表述。

（三）相应匹配。量化绩效指标应当通过调查研究和科学论证，符合基金运作规律和客观实际，考评结果应当清晰反映创新基金支持的投资基金投入与产出绩效之间的紧密关系。

第八条　考评指标实行百分制，包括基础指标、政策指标、管理指标和财务指标（详见附件1）。

（一）基础指标：主要考评基金设立规模、到位资金情况、工作机制、制度保障、市场化程度等基础性工作情况。

（二）政策指标：主要考评基金的杠杆放大效应、投向区内企业或项目的资金比例、投向特定领域或特定企业的导向效应、促进相关行业发展发挥的作用等。

（三）管理指标：主要考评基金规范管理、目标管理、过程管理等内容。

（四）效益指标：主要考评基金资产保值状况、投资收益水平、带动社会投资及社会效益、生态效益等情况。

第九条　绩效考评指标体系（详见附件）各指标的具体内容及分值权重，由创新基金管委会制定。

第十条　创新基金管委会在制定考评实施方案时，应对本办法所列的考评指标进行量化，对已经量化的指标数值进行规范化处理，确定权重和分值。对无法量化的指标给出评价等级，采取定性审核方式，形成“优”“良”“中”“差”4个等级，并将评价等级转换成量化数值，对所有指标进行加总后得到最终的综合考评分值。

第十一条　为进一步调动基金运营机构加快投资运作的积极性，及早发挥基金投资的综合效益，在实施考评时，投资进度、带动社会投资额、创新基金杠杆率、重大地区重点领域投资比例作为重要考核内容并赋予较高权重。

投资进度＝当年实际投资项目的资金总额÷[基金总规模÷剩余投资期(年数)]×100%，当年超额投资部分可结转至下一年度

带动社会投资额＝创新基金支持的丝路创新投资基金带动的社会资本金额＋实体企业项目接受基金投资后所发生的全部股权融资额和债权融资额＋基金运营机构受托管理的其他符合产业基金投资方向的在管基金投资新疆地区或项目金额＋投资区外企业的总部或子公司等独立法人机构落户新疆发生的投资金额

杠杆率＝[(创新基金支持的丝路创新投资基金带动的社会资本金额＋实体企业项目接受基金投资后所发生的全部股权融资额和债权融资额外)÷创新基金支持的丝路创新投资基金出资金额]×100%

第四章　组织实施

第十二条　绩效考评一般按年度组织实施，并可根据不同投资阶段和投资情况进行综合考评

和专项考评。

第十三条 绩效评价由创新基金管委会组织，相关责任单位实施。绩效评价分年中考评、年度考评和综合考评。年中考评由受托管理机构负责，组织基金管理公司进行，可通过自评或聘请第三方机构实施，于当年7月底前报送创新基金管委会；年度考评创新基金管委会通过自评或聘请第三方机构实施，于次年4月底前完成；综合考评由创新基金管委会聘请第三方机构实施，是对该基金设立以来整体运作管理情况的综合评价，一般应用于基金决定清算时进行，考评时限不超过3个月。

第十四条 年度考评、综合考评情况应定期向自治区财政厅报送。自治区财政厅可以引入第三方机构对创新基金投资情况进行风险评估和重点绩效评价。

第十五条 创新基金与地州市县区合作设立的区域或产业直投基金，由创新基金管理机构按照本办法要求，自行组织开展专项考评，并将考评结果于上报创新基金管委会，作为考评创新基金及合作地州市县区创新基金运作管理情况的重要内容。

第十六条 考评结果在部门预算公开中公开创新基金绩效目标，在部门决算公开中公开创新基金绩效考评结果。

第五章　结果运用

第十七条 创新基金的绩效考评结果是基金管理费率、后续出资以及实施超额业绩奖励政策的重要基础和依据。

第十八条 创新基金年度考评低于60分，管委会应约谈基金管理机构主要负责人提出整改要求，限期进行整改。对连续考核不达标、出现问题拒不改正或发生重大违规事项，管委会必要时可要求收回出资，或对基金管理人建议予以解聘，造成损失的将追究其相应的法律责任。

第十九条 创新基金管委会应结合绩效考评结果，建立健全创新基金支持的丝路创新投资基金的调整、退出、让利、奖惩机制，对于年度考评连续85分以上的，符合绩效目标预期、参股直投基金投资进度快、经济社会效益显著的基金运营机构给予一定奖励。

第二十条 对于考评工作中发现的违规违纪行为，要及时查明情况，依照《财政违法行为处罚处分条例》（国务院令第427号）等有关法律法规依法追究责任；触犯法律的，依法移交司法机关处理。

第六章　附　则

第二十一条 本办法由财政厅、科技厅负责解释。

第二十二条 本办法自公布日起施行。

附：1. 创新基金绩效目标表

2. 创新基金绩效自评表

3. 创新基金绩效考评表

附 1：

创新基金绩效目标表

一级指标	二级指标	考评要点三级指标	预期指标值（包含数字及文字描述）	备注
基础指标	设立规模	是否设立、规模大小、资金到位		
	工作机制	领导重视、组织机构、运作机制		
	制度保障	管理办法、政策集成、统计制度		
	市场化程度	项目搜寻、投资决策、利益分配		
政策指标	政府产业基金杠杆率			
	投向省内企业或项目比例	省内企业个数、投资省内金额、省内外比例		
	投向特定领域或特定企业比例	七大产业及农业比重、分行业投资企业个数、中小（初创期）企业比例		
	促进相关行业发展发挥的作用	行业增加值、增速、营收、利税		
管理指标	规范管理	资金管理能力		
		信息披露、定期报告、风险控制		
	目标管理	年度政府产业资金杠杆率		
		实际投资进度、环比增幅		
		项目推出情况		
	过程管理	资金运作的有效性		
		风险控制的有效性		
		项目决策的有效性		
		投资管理的有效性		
效益指标	资产保值率（母基金内部收益效率 IRR）			
	投资收益率			
	带动社会投资额			
	社会效益	就业、科研、引进人才和技术、可持续影响		
	生态效益	节能、减排、环保、土地集约利用		

附 2：

创新基金绩效自评表

一级指标	二级指标	考评要点三级指标	预期指标值（包含数字及文字描述）	实际完成指标值（包括数字及文字描述）
基础指标	设立规模	是否设立、规模大小、资金到位		
	工作机制	领导重视、组织机构、运作机制		
	制度保障	管理办法、政策集成、统计制度		
	市场化程度	项目搜寻、投资决策、利益分配		
政策指标	政府产业基金杠杆率			
	投向省内企业或项目比例	省内企业个数、投资省内金额、省内外比例		
	投向特定领域或特定企业比例	七大产业及农业比重、分行业投资企业个数、中小（初创期）企业比例		
	促进相关行业发展发挥的作用	行业增加值、增速、营收、利税		
管理指标	规范管理	资金管理能力		
		信息披露、定期报告、风险控制		
	目标管理	年度政府产业基金杠杆率		
		实际投资进度、环比增幅		
		项目推出情况		
	过程管理	资金运作的有效性		
		风险控制的有效性		
		项目决策的有效性		
		投资管理的有效性		
效益指标	资产保值率（母基金内部收益率 IRR）			
	投资收益率			
	带动社会投资额			
	社会效益	就业、科研、引进人才和技术、可持续影响		
	生态效益	节能、减排、环保、土地集约利用		

附 3：

创新基金绩效考核表

一级指标	二级指标	考评要点三级指标	预期指标值（包含数字及文字描述）	实际完成指标值（包含数字及文字描述）	考评完成指标值（包括数字及文字描述）
基础指标	设立规模	是否设立、规模大小、资金到位			
	工作机制	领导重视、组织机构、运作机制			
	制度保障	管理办法、政策集成、统计制度			
	市场化程度	项目搜寻、投资决策、利益分配			
政策指标	政府产业基金杠杆率				
	投向省内企业或项目比例	省内企业个数、投资省内金额、省内外比例			
	投向特定领域或特定企业比例	七大产业及农业比重、分行业投资企业个数、中小（初创期）企业比例			
	促进相关行业发展发挥的作用	行业增加值、增速、营收、利税			
管理指标	规范管理	资金管理能力			
		信息披露、定期报告、风险控制			
	目标管理	年度政府产业基金杠杆率			
		实际投资进度、环比增幅			
		项目推出情况			
	过程管理	资金运作的有效性			
		风险控制的有效性			
		项目决策的有效性			
		投资管理的有效性			
效益指标	资产保值率（母基金内部收益率 IRR）				
	投资收益率				
	带动社会投资额				
	社会效益	就业、科研、引进人才和技术、可持续影响			
	生态效益	节能、减排、环保、土地集约利用			

关于印发《新疆维吾尔自治区城乡道路客运成品油价格补助专项资金管理办法》的通知

（2018年5月24日　自治区财政厅、交通运输厅
新财建〔2018〕101号）

伊犁哈萨克自治州财政局、交通运输局，各地州市财政局、交通运输局：

为了加强和规范我区城乡道路客运成品油价格补助专项资金的管理，根据《关于完善城市公交成品油价格补助政策　加快完善新能源汽车推广应用的通知》（财建〔2015〕159号）和《关于调整农村客运　出租车　远洋渔业　林业等行业油价补贴政策的通知》（财建〔2016〕133号），结合我区实际，制定了《新疆维吾尔自治区城乡道路客运成品油价格补助专项资金管理办法》，现印发你们，请遵照执行。

附件：新疆维吾尔自治区城乡道路客运成品油价格补助专项资金管理办法

附件：

新疆维吾尔自治区城乡道路客运成品油价格补助专项资金管理办法

第一章　总　则

第一条　为加强和规范我区城乡道路客运成品油价格补助专项资金的管理，根据《财政部工业和信息化部交通运输部关于完善城市公交成品油价格补助政策加快完善新能源汽车推广应用的通知》（财建〔2015〕159号）和《财政部、交通运输部、农业部和国家林业局关于调整农村客运出租车远洋渔业林业等行业油价补贴政策的通知》（财建〔2016〕133号），结合我区实际，制定本办法。

第二条　本办法所称的城乡道路客运成品油价格补助专项资金（以下简称“补助资金”），是指中央财政安排的，用于完善城市公交成品油价格补助政策、加快新能源汽车推广应用，以及调整农村客运、出租车行业油价补贴政策的资金。

第三条　按照中央补助资金调整政策，通过调整城乡道路客运成品油价格补助政策，进一步优化财政补助支出结构，明确补助对象，理顺工

作程序，补助资金统筹用于支持自治区公共交通发展，农村客运、新能源出租车补助等。

第四条 调整优化财政补助支出结构，以服务民生、加快新能源汽车推广应用为目标，取消对燃油燃气出租车的补贴，加大对城市公交、农村客运行业的运营补贴，积极推进我区“公交都市”和“城乡交通运输一体化”示范县市建设，调动运输企业购买和使用新能源公交车、农村客运车辆、出租车的积极性，鼓励在新增和更新城市公交、农村客运车辆、出租车时优先选择新能源汽车，推动形成有利于新能源汽车产业发展的政策环境，促进节能减排，为自治区大气污染防治做出贡献。

第二章 部门职责

第五条 建立健全政府统一领导，财政、交通运输等部门各司其职、协同配合的工作机制：

（一）自治区交通运输厅负责组织各地申报城乡道路客运经营者车辆信息、运营里程、燃油消耗等数据，并进行审核；负责提出补助资金分配方案；负责开展补助资金绩效评价工作。

（二）自治区财政厅负责对自治区交通运输厅提出的补助资金分配方案进行审核，并向各地财政部门拨付补助资金。

（三）各地人民政府负责组织领导相关部门开展补助资金申报、审核、发放和总结等工作。

第三章 补助范围

第六条 按照结构优化、突出重点的原则，补助资金主要用于城市公交、农村客运行业运营补助，新能源公交车、农村客运车辆、出租汽车购置补助，“四好农村路”建设城乡交通运输一体化示范县和创建“公交都市”补助，以及根据中央和自治区确定的公共交通发展等方面，取消对燃油燃气出租车的补助。

第七条 补助资金重点支持以下方面：

（一）交通运输主管部门和道路运输管理机构许可并认定经营范围的城乡道路客运经营者。包括：依法取得城市公交经营资格，合法运营，为群众提供公交出行服务的城市公交企业；依法取得道路客运经营资格，在固定的道路客运线路或某一特定区域内运营、其线路起讫点至少有一端在乡村的农村客运经营者。

（二）购置新能源公交车、农村客运车辆、新能源出租汽车。

（三）国家和自治区确定的“四好农村路”建设城乡交通运输一体化示范城市，国家和自治区开展“公交都市”创建专项行动的城市，其他公共交通发展方面。

第四章 补助标准

第八条 城市公交、农村客运行业运营补助，根据中央下达的补助资金总额及各地网上申报的车辆信息、运营里程、燃油消耗等数据，按照重点向南疆四地州倾斜的原则，确定年度补助标准。城市公交车辆参照每年燃油消耗费用的20%左右、农村客运车辆参照每年燃油消耗费用的40%左右给予补助，对南疆四地州农村客运再提高10%。

第九条 新能源公交车运营补助，纯电动车车长8—10米的每车每年补助6万元，插电式混合动力（含增程式）公交车车长大于10米的每车每年补助4万元，非插电式混合动力公交车每车每年补助2万元。

第十条 新能源公交和出租汽车购置补助，纳入工业和信息化部节能与新能源汽车示范推广应用工程推荐车型目录，新购置的新能源纯电动公交车、农村客运车辆每车最高补助6万元，插电式混合动力车每车最高补助3万元；新购置的新能源出租汽车，纯电动车每车最高补助3万元，插电式混合动力车每车最高补助1万元。

第十一条 “四好农村路”建设城乡交通运输一体化示范城市，根据经批准的各地城乡交通运输一体化建设实施方案以及示范城市工作进展情况，给予适当补助。

第十二条 “公交都市”的创建城市，根据经批准的各地公交都市建设实施方案以及创建工作进展情况，给予适当补助。

第十三条 经自治区交通运输厅、财政厅考核后，对补助资金使用效果好，在绩效评价等方面积极开展工作并取得显著成效的有关地州市，自治区在安排补助资金时适当予以奖励，奖励资金由当地统筹用于公共交通发展。

第五章 补助资金审核和发放

第十四条 根据财政部下达的补助资金总额，以及本办法确定的补贴资金支持范围、补助标准，各地落实补助政策的实际情况等，按《预算法》规定的中央财政专项资金下达时限，由自治区交通运输厅在规定时间内提出年度补助资金分配方案，确定各地补助资金额度，报送自治区财政厅审核，经自治区财政厅审核后，将补助资金拨付各地州市财政部门。

第十五条 各地州市财政部门收到补助资金后，会同交通运输部门制定本地补助资金发放实施细则，完善补助资金发放管理制度，明确补助对象、补助资金发放程序等内容。各地实施细则报同级人民政府批准后及时向社会公布，并报自治区财政厅、交通运输厅备案。

第十六条 各地人民政府在补助资金发放工作结束后，将本年度补助资金发放情况进行总结，及时报自治区财政厅、交通运输厅。

第十七条 补助资金必须专款专用，不得挪作他用，结余资金按照财政资金结余管理规定执行。

第六章 监督管理

第十八条 补助政策实行州长（市长、行署专员）负责制。各地要加强组织领导，认真落实地方政府在城乡道路客运行业稳定与健康持续发展的主体责任，健全完善政府统一领导的工作机制，切实做好补助政策的组织实施工作。

第十九条 各地交通运输主管部门要督促运输企业通过具有行驶记录仪功能的卫星定位装置，记录车辆行驶数据，填写车辆营运情况，相关行驶记录保存两年。申报企业和交通运输管理主管部门应严格按照档案管理规定将油价补助相关资料装订成册，存档保管。未申报或未按要求申报的，不予发放补助资金。

第二十条 自治区要加强对成品油价格补助政策调整工作的监督检查，加强资金管理。对弄虚作假，套取补助资金的运输经营者，一经查实，应当追回补助资金，并取消以后年度补助资格。对虚报套取补助资金、扩大补助范围发放补助资金、截留挪用补助资金的部门和管理人员，一经查实，将依法处理，并追究相关责任人的法律责任。对有关工作人员存在违规分配资金或使用资金，以及其他滥用职权、玩忽职守、徇私舞弊等违法违纪行为的，按照国家有关规定，追究相应责任；涉嫌犯罪的，移送司法机关处理。

第二十一条 地方各级人民政府要结合本地实际情况，加强舆论引导，做好宣传工作，及时回应社会关切的问题，争取社会各方理解和支持，确保政策调整平稳实施。

第七章 附 则

第二十二条 本办法自印发之日起施行，自治区财政厅、交通运输厅《关于调整自治区城乡道路客运成品油油价补贴资金拨付方式的通知》（新财建〔2013〕626 号）与本办法不一致之处，按照本办法执行。

第二十三条 本办法由自治区财政厅会同交通运输厅负责解释。

关于印发《新疆维吾尔自治区培育壮大龙头企业提升农业产业化水平专项资金管理暂行办法》的通知

（2018年9月11日　自治区财政厅　新财建〔2018〕295号）

自治区供销社：

今年以来，自治区党委、人民政府坚持以习近平新时代中国特色社会主义思想为指导，认真贯彻习近平总书记的重要指示精神，牢固树立和贯彻落实新发展理念，按照高质量发展要求推动农业供给侧结构性改革，通过支持培育壮大龙头企业，提升农业产业化水平，促进农牧业提质增效、农牧民持续增收，为实现社会稳定和长治久安总目标奠定坚实基础。

按照中央有关政策，自治区抓住机遇、强力推进，带动乡村振兴战略的实施，使新疆林果等农副产品的优势更好地发挥好，形成优势产业，成为广大农民增收致富的支柱。经自治区党委、人民政府批准，以自治区供销社牵头，2018—2020年的发展目标是：织好农产品两张网，一张疆内收购网、一张疆外销售网；实现大发展，销售网点达到5 000个、销售收入突破100亿元、销售农产品500万吨，仓储加工集配能力达到500万吨，促进我区林果业发展，有效推进脱贫攻坚，促进100万农村人口增收。

为了贯彻落实自治区党委、人民政府的重大决策部署，确保实现发展目标，自治区财政筹措资金，设立了自治区培育壮大龙头企业提升农业产业化水平专项资金。为了规范资金管理，提高资金使用效益，自治区财政厅研究制定了《新疆维吾尔自治区培育壮大龙头企业提升农业产业化水平专项资金管理暂行办法》，现印发给你们，请遵照执行。在执行过程中存在的问题和工作建议，请及时向自治区财政厅反馈。

附件：新疆维吾尔自治区培育壮大龙头企业提升农业产业化水平专项资金管理暂行办法

附件：

新疆维吾尔自治区培育壮大龙头企业提升农业产业化水平专项资金管理暂行办法

第一章 总 则

第一条 自治区党委、人民政府坚持以习近平新时代中国特色社会主义思想为指导，认真贯彻习近平总书记的重要指示精神，牢固树立和贯彻落实新发展理念，按照高质量发展要求推动农业供给侧结构性改革，通过支持培育壮大龙头企业，提升农业产业化水平，促进农牧业提质增效、农牧民持续增收，为实现社会稳定和长治久安总目标奠定坚实基础。自治区党委、人民政府批准同意，2018—2020 年全区的发展目标是：织好农产品两张网，一张疆内收购网、一张疆外销售网；实现大发展，销售网点达到 5 000 个、销售收入突破 100 亿元、销售农产品 500 万吨，仓储加工集配能力达到 500 万吨，促进我区林果业发展，有效推进脱贫攻坚，促进 100 万农村人口增收。

为了贯彻落实自治区党委、人民政府的重大决策部署，确保实现发展目标，自治区财政筹措资金，设立了自治区培育壮大龙头企业提升农业产业化水平专项资金（以下简称“专项资金”），为了规范资金管理，提高资金使用效益，结合工作实际，制定本办法。

第二条 专项资金管理和使用的原则是：规划先行，突出重点，专款专用，发挥效益。

第三条 部门主要职责

自治区供销社：审核确定龙头企业发展目标、实施计划、绩效目标，审核企业提出的资金申请及申报资料的真实性、合理性，督促龙头企业实施项目计划和完成绩效目标，牵头开展项目建设和资金使用情况监督检查。

自治区财政厅：筹集落实专项资金，审核拨付专项资金，督促自治区供销社做好专项资金绩效评价工作。

第二章 专项资金支持范围、方式和标准

第四条 按照自治区党委、自治区人民政府的工作部署，2018—2020 年，确定以供销社牵头，新疆果业集团为具体实施的龙头企业，重点支持龙头企业营销网点补助、仓储集配中心建设、农产品收购流动资金贷款贴息，以及自治区党委、自治区人民政府确定的其他支持范围。

第五条 专项资金支持方式：贷款贴息、财政补助、股权投资。

第六条 对新疆果业集团及其控股农产品经营企业的农产品收购流动资金贷款给予贴息，按照人民银行同期贷款基准利率贴息 3 年。

第七条 网点建设补助，用于对社区直营店的房租及装修改造等，包括：店面的购置、租金、装修改造、设备购置及网点并购重组等支出。北京、天津、上海、广州、深圳一线城市每个店补助 30 万元；其他城市每个店补助 20 万元。

第八条 疆内农产品仓储加工集配中心项目，以股权投资方式给予支持。委托自治区供销社作为国有资本的出资人代表，代表自治区人民政府出资，行使出资人的权利和义务。具体支持项目：疆内仓储物流基础设施建设，包括农产品产地、集散地的农产品交易、分拣加工、分拨调度、仓储冷链等设施的新建及改造升级；农产品检验检测系统和质量安全追溯系统建设及设备购置；鼓励企业盘活和整合疆内现有农产品仓储加

工资源。支持资金额度为：新建、整合并购建设项目，按不超过投资总额的50%给予支持。

第三章　资金申请

第九条　企业资金申报应做到资料齐全、真实：

（一）贴息资金申报资料包括：贷款贴息申请报告；银行贷款合同、贷款到位凭证复印件；贷款利息支付凭证复印件；企业营业执照及相关法人证明；其他需要提供的相关资料。

（二）网点建设补助资金申报资料包括：网点建设补助资金申请报告；网点门面租赁合同；网点装修改造、设备采购合同；网点并购重组合同复印件，并购重组协议；其他需要提供的相关资料。

（三）仓储加工集配中心项目扶持资金申报资料包括：仓储加工集配中心项目专项资金申请报告；项目建设实施方案、并购重组方案和协议；项目招投标及有关前期手续复印件；其他需要提供的相关资料。

第十条　自治区供销社负责对新疆果业集团报送的资金申请报告及申报资料进行严格审核，审核无误后，向自治区财政厅提出拨付资金的申请。

第四章　资金拨付

第十一条　自治区供销社向自治区财政厅提出资金申请报告，在报告送达5个工作日内，自治区财政厅审核后将资金拨付自治区供销社，自治区供销社及时足额将资金拨付新疆果业集团，同时负责监督新疆果业集团按规定用途使用资金。

第十二条　贴息资金按季拨付，每季度第一个月10日前，将上季度贴息拨付到位。网点建设资金和仓储加工集配中心项目扶持资金，应当按照实施进度及时拨付到位，确保项目顺利实施。

第五章　资金使用监督和项目绩效评价

第十三条　专项资金必须专款专用，不得以任何形式截留、挤占、挪用，不得用于人员经费、工作经费等经常性开支，严禁用于非实体经济的金融投资等领域。

第十四条　自治区供销社（新疆供销集团）要定期组织对项目建设实施及专项资金的使用情况进行监督检查，按规定进行绩效评价，并报自治区财政厅进行考评。

第十五条　自治区供销社和龙头企业要主动接受自治区财政、审计部门的监督检查，及时发现问题，对检查中发现的虚报、冒领、截留、挤占、挪用、滞留财政资金，有关工作人员存在违规分配资金或使用资金，以及其他滥用职权、玩忽职守、徇私舞弊等违法违纪行为的，按照国家有关规定，追究相应责任；涉嫌犯罪的，移送司法机关处理。

第六章　附　则

第十六条　本办法由自治区财政厅负责解释。

第十七条　本办法自发布之日起实施。

关于印发《自治区建立流域上下游横向生态保护补偿机制的实施意见》的通知

（2018 年 9 月 28 日　自治区财政厅、环境保护厅、发展和改革委员会、水利厅　新财建〔2018〕361 号）

伊犁哈萨克自治州财政局、环境保护局、发展和改革委员会、水利局，各地（州、市）财政局、环境保护局、发展和改革委员会、水利局：

为贯彻落实《财政部 环境保护部 发展改革委 水利部关于加快建立流域上下游横向生态保护补偿机制的指导意见》（财建〔2016〕928 号）和自治区人民政府《关于健全生态保护补偿机制的实施方案》（新政办发〔2017〕164 号）有关规定，结合自治区实际，我们制定了《自治区建立流域上下游横向生态保护补偿机制的实施意见》并印发你们，请遵照执行。执行中遇到问题时，请及时向我们反映。

附件：自治区建立流域上下游横向生态保护补偿机制的实施意见

附件：

自治区建立流域上下游横向生态保护补偿机制的实施意见

根据《财政部 环境保护部 发展改革委 水利部关于加快建立流域上下游横向生态保护补偿机制的指导意见》（财建〔2016〕928 号，以下简称《指导意见》）和自治区人民政府《关于健全生态保护补偿机制的实施方案》（新政办发〔2017〕164 号）有关规定，制定本贯彻落实意见。

一、总体要求

（一）指导思想

以习近平新时代中国特色社会主义思想为指导，全面贯彻党的十九大和十九届二中、三中全会精神，认真贯彻习近平生态文明思想，贯彻落实以习近平同志为核心的党中央治疆方略、特别是社会稳定和长治久安总目标，贯彻落实自治区党委“1+3+3+改革开放”工作部署，切实提高政治站位、牢固树立“四个意识”，始终把生态文明建设和生态环境保护、打好污染防治攻坚战放在突出位置，坚决担负起生态文明的政治责任。坚持“五位一体”总体布局和“四个全面”战略布局，牢固树立创新、协调、绿色、开放、共享的发展理念，按照党中央、国务院决策部署，强化政策引导和沟通协调，充分调动流域上下游地区的积极性，加快形成“成本共担、效益共享、合作共治”的流域保护和治理长效机制，使得保护自然资源、提供良好生态产品的地区得到合理补偿，促进流域生态环境质量不断改善。

（二）基本原则

1. 区际公平、权责对等。流域上游承担保护生态环境的责任，同时享有水质改善、水量保障带来利益的权利。流域下游地区对上游地区为改善生态环境付出的努力做出补偿，同时享有水质恶化、上游过度用水的受偿权利。

2. 地州为主、自治区引导。流域横向生态保护补偿主要由流域上下游地州政府自主协商确定，自治区财政对跨地州流域建立横向生态保护补偿给予引导支持，推动建立长效机制。

3. 试点先行、分步推进。坚持先易后难，在积极推动试点区域建立流域上下游横向生态保护补偿机制的同时，扩大全区流域上下游横向生态保护补偿机制试点范围，并不断探索在其他生态环境要素开展补偿的可行性及实现路径，不断增强横向生态保护补偿机制的政策效能。

（三）工作目标

到2020年，自治区范围内流域上下游横向生态保护补偿机制基本建立。到2025年，流域上下游横向生态保护补偿内容更加丰富、方式更加多样、评价方法更加科学合理、机制基本成熟定型，对流域保护和治理的支撑保障作用明显增强。

二、试点流域范围

（一）建立流域上下游横向生态保护补偿机制的流域需要满足的条件

1. 基本条件为跨行政区，包括跨地州、跨县市。

2. 优先入选条件为上下游或跨流域存在调水情况。

（二）自治区试点流域范围

新疆有大小河流570余条，湖泊197座，水河道600座，地表水年总经流量879亿立方米，分布在22个流域（河区）内，有21个流域满足跨行政区的基本条件，其中：15个流域跨地州，6个流域在地州境内跨县（市）。自治区纳入试点的流域为6个，具体为：白杨河和布克河流域、开都河－孔雀河（博斯腾湖）流域、艾比湖流域、塔里木河流域、喀什噶尔河流域、和田河流域。

三、开展试点工作的要求

本着“由易到难、先试点、后推行”的原则，综合考虑流域上下游既跨地州又含“兵地”，流域上下游区域经济社会发展差异显著，生态补偿政策更易落实等因素，确定白杨河和布克河流域（塔城地区、克拉玛依市）作为自治区2019年开展流域上下游补偿的试点流域。流域断面的水质和水量作为补偿基准，补偿方式和补偿标准由两地政府按照《指导意见》自主协商确定。

1. 塔城地区行署、克拉玛依市政府和有关部门对白杨河和布克河跨界的水质水量进行分析，按照高于国家要求的水质目标，结合上下游用水量等因素，自主协商确定补偿基准和补偿方式，建立相关工作机制，并根据《指导意见》的要求和内容，结合两地实际，制定白杨河和布克河流域上下游横向生态保护补偿的具体实施办法。

2. 塔城地区行署、克拉玛依市政府应于2019年5月30日前签订补偿协议（明确补偿基准、补偿标准、补偿方式和联防共治机制等内容），启动补偿试点工作。补偿协议分别报送自治区财政厅、环保厅、发展改革委、水利厅备案。

3. 请塔城地区、克拉玛依市财政局会同环保局、发改委、水利局2019年10月30日前分别向自治区财政厅、环保厅、发展改革委和水利厅以文件形式报送试点工作开展情况。

四、其他相关要求

请纳入试点流域的开都河－孔雀河（博斯腾湖）流域等其他5个流域所在地（州、市）、兵团师、县市政府、流域管理机构和有关部门，根据《指导意见》和本通知的有关内容，结合本地实际于2020年底前建立流域行政区域内上下游横向生态保护补偿机制，并开展试点工作。

五、自治区财政通过现有专项资金对跨地区流域建立横向生态保护补偿给与引导支持，推动建立长效机制。

关于印发《新疆棉花目标价格改革试点补贴资金监督管理办法》的通知

（2018年10月18日　自治区财政厅　新财建〔2018〕371号）

伊犁哈萨克自治州财政局、各地州市财政局：

为进一步加强棉花目标价格改革补贴资金管理，完善资金监督管理工作程序，健全财政资金绩效评价机制，明确资金违规使用问责罚则。现将修订后的《新疆棉花目标价格改革试点补贴资金监督管理办法》印发你们，请遵照执行。

附件：新疆棉花目标价格改革试点补贴资金监督管理办法

附件：

新疆棉花目标价格改革试点补贴资金监督管理办法

第一章　总　则

第一条　为确保棉花目标价格改革补贴资金（以下简称补贴资金）规范管理、安全有效，严格补贴资金监督管理工作程序，根据《财政部门监督办法》（财政部令第69号）等法规规定，制定本办法。

第二条　本办法所称棉花目标价格改革补贴

资金是指当棉花市场价格低于目标价格时，国家根据棉花目标价格与市场价格的差价、实际种植面积、产量等因素，由中央财政专项安排用于我区棉花实际种植者的补贴资金。

第三条 各级财政部门要按照有关规定，将补贴资金的监督管理作为重大事项进行专项监督检查。在补贴资金拨付和兑付工作中，应同步开展事前、事中和事后财政监督，主动接受上级财政部门、同级审计和纪检监察部门的监督检查。

第二章 监督检查内容和要求

第四条 各级财政部门要按照《新疆棉花目标价格改革试点工作实施方案》和《新疆棉花目标价格改革试点补贴资金使用管理暂行办法》有关规定，分解落实监管责任，做好补贴资金监督检查工作，确保补贴资金按规定时限拨付到位。基层财政部门要明确补贴兑付岗位责任人和工作职责，要在补贴下拨和兑付前建立明确的操作流程。

第五条 上级财政部门要加强对下级财政部门补贴资金管理使用情况的监督检查工作；各级财政监督检查部门要对财政内部具体负责补贴资金管理的部门，重点开展内部监督检查。

第六条 对补贴资金的财政监督工作要事前部署安排，事中同步开展监督，事后重点进行检查，确保各环节严格执行《新疆棉花目标价格改革试点补贴资金使用管理暂行办法》相关规定。发现执行政策不规范时，要立即予以纠正、组织整改。

第七条 财政监督工作要重点对基本农户和农业生产经营单位的棉花实际种植面积、籽棉交售量及补贴公示的内容格式、公示期、公示地点和形式以及棉花目标价格改革补贴与质量挂钩试点方案中要求的满足质量补贴条件的基本农户和农业生产经营单位的籽棉交售信息进行监督检查，要将公示过程及内容以图片、视频等方式留档备查。要采取有效措施定期核查加工企业籽棉收购量，与质检（纤检）部门入库公检的籽棉折算量进行比对，及时向补贴兑付部门提供信息，防止“转圈棉”套取补贴。

第八条 各级财政部门在棉花补贴资金管理工作中，要事前先向同级审计部门通报此项资金的管理要求和工作部署。补贴发放过程中要定期向同级审计部门通报工作进度，主动接受审计部门同步审计。

第九条 县级财政监督检查部门要向社会公布财政监督检查举报电话，及时掌握、受理违纪违规线索。

第三章 绩效管理

第十条 按照《中央对地方专项转移支付绩效目标管理暂行办法》（新财预〔2015〕163号）要求，各级财政部门要扎实开展棉花目标价格改革补贴资金绩效评价工作，建立常态化资金绩效评价机制，切实提高政策执行有效性和资金配置合理性。

第十一条 年度棉花目标价格改革补贴资金绩效目标，由自治区棉花目标价格改革领导小组办公室制定，自治区财政厅在下达预算时，同步将绩效目标同步分解下达至各级财政部门，确保绩效目标按期实现，资金效益充分发挥。

第十二条 预算执行中，各级财政部门负责对资金运行情况和绩效目标实现程度开展绩效监控。预算执行结束后，各级财政部门应对照确定的绩效目标将绩效自评报告上报财政厅。

第四章 罚责

第十三条 财政部门在开展专项监督检查工作中，对违反管理规定的单位和个人，按照《财政部门监督办法》有关规定处理。

第十四条 各级财政部门按照《新疆棉花目标价格改革试点补贴资金使用管理暂行办法》有关规定，做好补贴资金监督管理。严格履行补贴资金兑付程序，采取有效措施，坚决杜绝截留、挤占、挪用、套取补贴资金现象。对违规套取质量补贴的，一律追回补贴资金并依法依纪追究相关人员和领导责任。

第十五条 有关单位或个人违规使用资金的，以及其他滥用职权、玩忽职守、徇私舞弊等违法违纪行为的，按照《预算法》《公务员法》《行政监察法》《财政违法行为处罚处分条例》等有关规定追究相应责任；涉嫌犯罪的，移送司法机关处理。

第五章 附 则

第十六条 各地州要根据本办法和实际情况制定本地区棉花目标价格改革试点补贴资金监督管理细则。

第十七条 本办法自印发之日起施行，《新疆棉花目标价格改革试点补贴资金监督管理办法》（新财建〔2014〕509号）同时废止。

第十八条 本办法由自治区财政厅负责解释。

关于印发《新疆维吾尔自治区农村安居工程补助资金管理办法》的通知

（2018年10月18日 自治区财政厅、住房和城乡建设厅
新财建〔2018〕377号）

伊犁哈萨克自治州财政局、住房城乡建设局，各地州市财政局、住房城乡建设局：

为规范和加强自治区农村安居工程补助资金管理，提高资金使用效益，做好自治区农村困难群众基本住房安全保障工作，根据《中央农村危房改造补助资金管理办法》（财社〔2016〕216号），结合自治区实际，制定《新疆维吾尔自治区农村安居工程补助资金管理办法》。现印发给你们，请遵照执行。

附件：新疆维吾尔自治区农村安居工程补助资金管理办法

附 件：

新疆维吾尔自治区农村安居工程补助资金管理办法

第一章 总 则

第一条 为规范和加强自治区农村安居工程补助资金（以下简称补助资金）管理，提高资金使用效益，做好自治区农村困难群众基本住房安全保障工作，根据《中央农村危房改造补助资金管理办法》（财社〔2016〕216号），结合自治区实际，制定本办法。

第二条 本办法所称补助资金是指自治区财政设立的支持开展农村安居工程的补助资金。

第三条 补助资金的补助对象。

现有住房不抗震和面积、功能不达标，且具有农村户籍、自愿申请建房，经县、乡、村三级公示审核，确需新建或改扩建的农户。

同时，以下人员也应列为农村危房改造补助对象：一是建房户申请建房具有农村户籍，建房后由于种种原因，其本人或家人身份转变为国家公职人员的；二是财政供养的教师、乡镇站所干部等人员，其家庭其他成员均具有农村户籍并从事农业生产活动，现有农村宅基地且在城镇没有享受过保障性住房的；三是建房户祖辈以务农为生，生活比较贫困，村委会为帮助解决实际困难，将其纳入民兵、工役、民间艺人等享受国家补贴，转为非农户籍的。

第四条 补助资金的支持方向：用于中央支持建档立卡贫困户、低保户、分散供养特困人员、贫困残疾人家庭（以下简称四类重点对象）配套补助和对自治区其他一般建房户基本住房安全问题。

第二章 资金分配与下达

第五条 补助资金分配使用原则：

（一）科学合理，公正客观。科学合理分配补助资金，确保公平、公正、公开，充分发挥财政资金使用效益。

（二）补助资金的分配：按照自治区四类重点对象危房建房任务，一般建房户建房任务以及年度中央财政补助资金额度进行分配。

（三）绩效评价，规范管理。定期开展自治区农村安居工程项目绩效评价，健全资金监督管理机制，强化补助对象审核认定等基础管理工作。

第六条 补助资金的下达：自治区住房城乡建设厅制定补助资金的分配建议，自治区财政厅审核后会同住房城乡建设厅在30日内下达各地（州、市）财政、住房城乡建设部门。

第三章 资金使用管理

第七条 各地（州、市）财政、住房城乡建设部门应严格按规定使用补助资金，不得将补助资金用于与基本住房安全保障无关的支出，不得以任何形式挤占、挪用、截留和滞留补助资金，不得向补助对象收取任何管理费用，不得以任何名义从补助资金中提取工作经费、管理费或奖励费等各类费用，不得将补助资金用于平衡地方财力。

第八条 县级财政部门负责本地区自治区农村安居工程补助资金管理。自治区农村安居工程补助资金的支付，按照国库集中支付制度有关规定执行。县级住房城乡建设部门具体负责本地区自治区农村安居工程的实施，应严格执行申请审核程序，确保补助对象认定规范准确，并做好质量安全和农户档案等管理工作。

第四章　绩效管理

第九条　按照自治区绩效管理的有关规定，自治区住房城乡建设厅商财政厅设定补助资金区域绩效目标，明确资金与工作预期达到的效果，自治区财政厅在下达补助资金的同时下达绩效目标。自治区住房城乡建设厅负责指导各地（州、市）住房城乡建设部门开展绩效评价工作，确保绩效目标如期实现。

第十条　预算执行结束后，各地（州、市）住房城乡建设部门要会同财政部门对本地区农村安居工程改造任务落实、政策执行、资金使用情况逐级开展年度绩效评价，定期报送自治区住房城乡建设厅。自治区住房城乡建设厅汇总各地住房城乡建设部门报送绩效评价报告，研究审核后形成全区年终绩效评价报告。将自治区农村安居工程补助资金绩效评价报告送自治区财政厅。

第十一条　绩效评价结果将作为财政厅会同住房城乡建设厅分配以后年度农村安居工程补助资金、制定调整相关政策及加强农村安居工程建设管理的参考依据。

第五章　监督检查

第十二条　各地（州、市）住房城乡建设部门应会同财政部门，建立健全自治区农村安居工程改造工作监管机制。对自治区农村安居工程补助对象的申请、评议、审核、审批和实际补助水平等情况，要实行公示公告制度。

第十三条　各地（州、市）财政、住房城乡建设部门应加强对补助资金的监督检查，对存在违反本办法规定的行为，以及其他滥用职权、玩忽职守、徇私舞弊等行为的，按照《中华人民共和国预算法》《中华人民共和国公务员法》《中华人民共和国行政监察法》《财政违法行为处罚处分条例》等国家有关规定追究相应责任。涉嫌犯罪的，依法移送司法机关处理。

第十四条　各地（州、市）财政、住房城乡建设部门应自觉接受审计、监察等部门和社会的监督。

第十五条　本办法由自治区财政厅、自治区住房和城乡建设厅按职责分工进行解释。

关于印发《新疆维吾尔自治区小麦收购贷款贴息管理暂行办法》的通知

（2018 年 12 月 27 日　自治区财政厅、粮食和物资储备局、中国农业发展银行新疆分行　新财建〔2018〕537 号）

伊犁哈萨克自治州财政局、粮食局，各地州市财政局、粮食局：农发行新疆各二级分行，各直属支行：

现将《新疆维吾尔自治区小麦收购贷款贴息管理暂行办法》印发你们，请遵照执行。各地、各单位要认真贯彻《关于印发〈自治区小麦收储制度改革方案〉的通知》（新政发〔2018〕23号）、《关于印发〈新疆维吾尔自治区粮食收购贷款信用保证基金管理操作规程（试行）的通知〉》（新粮财〔2018〕75号）精神，积极稳妥地推进小麦收购贷款贴息工作，按照小麦收购贷款贴息工作的责任分工以及贴息资金申请、审核拨付的具体流程，精心安排、周密组织，认真做好组织实施工作，确保资金安全高效使用。

附件：新疆维吾尔自治区小麦收购贷款贴息管理暂行办法

附件：

新疆维吾尔自治区小麦收购贷款贴息管理暂行办法

第一章　总　则

第一条　按照新疆维吾尔自治区人民政府《关于印发〈自治区小麦收储制度改革方案〉的通知》（新政发〔2018〕23号）精神和自治区粮食局、自治区财政厅、自治区发改委、中国银监会新疆监管局、中国农业发展银行新疆分行《关于印发〈新疆维吾尔自治区粮食收购贷款信用保证基金管理操作规程（试行）的通知》（新粮财〔2018〕75号）精神，为鼓励订单农业发展，对国有粮食企业和小麦粉加工企业与农民或新型农业经营主体签订小麦种植订单合同，并按照合同履行收购义务的收购贷款利息给予财政补贴。为加强财政贴息资金的管理，确保资金安全高效使用，结合自治区实际，特制定本办法。

第二条　本办法所指国有粮食企业和小麦粉加工企业，是根据《新疆维吾尔自治区粮食收购贷款信用保证基金管理操作规程（试行）》，由自治区粮食局审核发布的符合基金管理准入条件的国有控股粮食购销企业和小麦粉加工企业。（以下简称“小麦收购企业”）

第三条　本办法所指收购贷款是指按照自治区粮食收购贷款信用保证基金管理操作规程，从农业发展银行新疆分行取得的，专项用于年度小麦收购的贷款。

第四条　财政贴息是自治区财政对符合本办法要求的小麦收购企业实际用于收购小麦发生的贷款利息给予定比例的补贴，补贴资金从自治区粮食风险基金中支出。

第二章　贴息政策

第五条　财政贴息按照中国人民银行同期同档次贷款基准利率的50%给予补贴。

第六条　贴息期限以实际贷款期限为准（即贷款发放之日至合同约定的还款日期），最长不超过6个月。逾期贷款从逾期之日起不再给予贴息。

第七条　贴息方式实行先付息后补贴，小麦收购企业提供农业发展银行开具的利息支付凭证和贷款合同等，向同级粮食行政管理部门申请财政贴息资金。

第三章　部门及责任分工

第八条　县（市）粮食行政管理部门受理企业贴息申请，并对申报材料进行审核把关，向地（州、市）粮食行政管理部门汇总上报申请贴息材料，并配合县（市）财政部门对贴息资金进行监督检查。地（州、市）粮食行政管理部门负责对县（市）上报的贴息材料进行复核把关，会同地（州、市）财政部门联合向上级主管部门申请贴息资金。

第九条 自治区粮食局负责对地（州、市）上报的贴息材料进行审核并汇总，向自治区财政厅提出贴息资金申请报告。

第十条 自治区财政厅负责年度全区小麦收购贷款贴息资金筹集，并对自治区粮食局全区小麦收购贷款贴息申请进行终审，拨付贴息资金。

第四章 贴息资金申请、审核拨付的具体流程

第十一条 小麦收购企业按照属地管理原则，每年8月10日前将上一年度贷款贴息申请材料报送至属地粮食行政管理部门。申请材料包括：《自治区小麦收购贷款财政贴息申请表》（附件1）、小麦种植订单复印件、收购发票、贷款合同（原件审核退回，复印件做申报材料）；贷款资金到位及还款凭证、贷款银行出具并盖章的利息计算明细表、利息支付凭证（原件审核退回，复印件做申报材料）、由企业法人签署并加盖公章的申报材料真实性承诺书。

第十二条 小麦收购企业申请材料经县（市）、地（州、市）粮食行政管理部门逐级审核后，于每年8月31日前，由各地（州、市）级粮食行政管理部门会同财政部门填报《自治区小麦收购贷款财政贴息资金汇总表》（附件2），向自治区粮食局申请小麦收购贷款贴息资金。

第十三条 自治区粮食局对地（州、市）贴息资金申请进行审核并汇总后，每年9月15日前向自治区财政厅申请当年贴息资金，自治区财政厅于9月30日前将贴息资金拨付至地州市各级财政部门，地州市各级财政部门按程序拨付至企业。

第五章 贴息资金的监督与管理

第十四条 小麦收购企业对申报材料的真实性负责，自觉接受各级财政、粮食、审计等部门的监督检查。

第十五条 为确保小麦收购贷款贴息资金安全，企业应如实申报。严禁弄虚作假，套取、骗取财政补贴资金。

第十六条 各地（州、市）、县（市）粮食行政管理部门对企业申报材料必须严格审核、严格把关，确保财政资金安全、合理、有效。

第十七条 贴息资金必须专款专用。任何单位和个人不得以任何理由、任何形式截留、挪用。违反相关规定的，将依照《财政违法行为处罚处分条例》（国务院令427号）给予处罚。

第十八条 对弄虚作假、骗取财政贴息资金的企业，一经查实将收回财政贴息资金，由当地粮食主管部门提请相关主管部门将企业列入失信名单，并取消其享受各级财政补贴政策的资格；属于国有及国有控股企业的，由粮食行政管理部门建议企业主管部门依党纪政纪严肃追究企业负责人和直接责任人的责任。触犯刑律的，移交司法机关处理。

第六章 附 则

第十九条 本办法自印发之日起实施。

第二十条 本办法由自治区财政厅会同自治区粮食局负责解释。

附：1. 自治区小麦收购贷款财政贴息申请表

2. 自治区小麦收购贷款财政贴息汇总表

附 1：

自治区小麦收购贷款财政贴息申请表

填制单位（盖章）：××企业　　　　单位：万元

<table>
<tr><th>序号</th><th>企业名称</th><th>贷款合同号</th><th>贷款本金</th><th>贷款利率（%）</th><th>贷款期限</th><th>贷款贴息期间</th><th>当期贷款计息天数</th><th>实际支付贷款利息金额</th><th>申请贴息金额</th></tr>
<tr><td></td><td>合计</td><td></td><td></td><td></td><td></td><td></td><td></td><td></td><td></td></tr>
<tr><td></td><td>……</td><td></td><td></td><td></td><td></td><td></td><td></td><td></td><td></td></tr>
<tr><td></td><td>……</td><td></td><td></td><td></td><td></td><td></td><td></td><td></td><td></td></tr>
<tr><td>审核意见</td><td colspan="6">县（市）粮食行政管理部门
（签署意见并盖公章）

年　月　日</td><td colspan="3">贷款银行（签署意见并盖公章）

年　月　日</td></tr>
</table>

注：1. 本表由申请贴息资金的小麦收购企业填列，并随贷款合同等资料报送属地粮食主管部门。贷款银行、县（市）级粮食行政管理部门审核并签署意见后，报送上级粮食行政管理部门。

2. 贷款合同号、贷款本金、贷款息率、贷款期限按贷款合同的约定填列；贷款实际发放时间指银行拨出贷款资金并开始计息的时间；申请贷款贴息期间指起息日至结息日的时间，如：2018 年 5 月 1 日—2019 年 5 月 1 日；实际支付贷款利息金额按实际支付贷款利息凭证填列。

附 2：

自治区小麦收购贷款财政贴息汇总表

单位：万元

<table>
<tr><th>地州（市）</th><th>贷款企业户数</th><th>贷款本金</th><th>实际支付贷款利息金额</th><th>申请贴息金额</th><th>核定贴息金额</th></tr>
<tr><td>××地州（市）合计</td><td></td><td></td><td></td><td></td><td></td></tr>
<tr><td>其中：××县小计</td><td></td><td></td><td></td><td></td><td></td></tr>
<tr><td>××县小计</td><td></td><td></td><td></td><td></td><td></td></tr>
<tr><td>××地州（市）合计</td><td></td><td></td><td></td><td></td><td></td></tr>
<tr><td>其中：××县小计</td><td></td><td></td><td></td><td></td><td></td></tr>
<tr><td>××县小计</td><td></td><td></td><td></td><td></td><td></td></tr>
<tr><td>……</td><td></td><td></td><td></td><td></td><td></td></tr>
<tr><td colspan="3">县（市）粮食行政管理部门（签署意见并盖公章）

年　月　日</td><td colspan="3">贷款银行（签署意见并盖公章）

年　月　日</td></tr>
</table>

注：本表由地（州、市）粮食主管部门会同同级财政部门审核汇总后，随文报送自治区财政厅和自治区粮食局。

关于印发《新疆维吾尔自治区使用管理中央财政水利发展资金实施细则》的通知

（2018年2月23日　自治区财政厅、水利厅　新财农〔2018〕7号）

伊犁哈萨克自治州财政局、水利（务）局，各地（州、市）财政局、水利（务）局，自治区本级有关单位：

按照《中央对地方专项转移支付管理办法》（财预〔2015〕230号）、《中央财政水利发展资金使用管理办法》（财农〔2016〕181号）等相关要求，为规范中央财政水利发展资金使用管理，自治区财政厅、水利厅制定了《新疆维吾尔自治区使用管理中央财政水利发展资金实施细则》。现予印发，请遵照执行。

附件：新疆维吾尔自治区使用管理中央财政水利发展资金实施细则

附件：

新疆维吾尔自治区使用管理中央财政水利发展资金实施细则

第一章　总　则

第一条　为加强中央财政水利发展资金的使用管理，提高资金使用的规范性、安全性和有效性，促进水利改革发展，依据《预算法》和《中央对地方专项转移支付管理办法》《中央财政水利发展资金使用管理办法》等有关法律法规和制度规定，结合我区实际，制定本办法。

第二条　本办法所称中央财政水利发展资金（以下简称水利发展资金），是指中央财政预算安排用于支持有关水利建设和改革的专项资金。水利发展资金的分配、使用、管理和监督适用本办法。

水利发展资金使用管理遵循科学规范、公开透明；统筹兼顾、突出重点；绩效管理、强化监督的原则。

第三条　水利发展资金由自治区财政厅、水利厅共同管理。自治区财政厅主要负责水利发展资金的预算分解下达、资金审核拨付、资金使用监督检查以及预算绩效管理总体工作等。自治区水利厅主要负责水利发展资金相关规划或实施方案编制、项目审查筛选、项目组织实施和监督等，研究提出资金和工作清单分解安排建议方案，做好预算绩效管理具体工作。

第二章　支出范围

第四条　水利发展资金支出范围包括：

（一）农田水利建设，主要用于农田及牧区饲草料地灌排工程设施建设（含“五小水利”、农村河塘清淤整治等）及配套机耕道、农业灌排电力设施、灌溉计量设施建设。

（二）地下水超采区综合治理，主要用于地下水超采区水利工程建设及体制机制创新等。

（三）中小河流治理及重点县综合整治，主要用于中小河流防洪治理及中小河流重点县的水系综合整治。

（四）小型水库建设及除险加固，主要用于新建小型水库及小型病险水库除险加固。

（五）水土保持工程建设，主要用于水土流失综合治理。

（六）河湖水系连通项目，主要用于江河湖库水系连通工程建设等。

（七）水资源节约与保护，主要用于国家水资源监控能力建设等水资源节约与保护。

（八）山洪灾害防治，主要用于山洪灾害非工程措施建设、重点山洪沟防洪治理等。

（九）水利工程设施维修养护，主要用于补助农田水利设施和县级及以下公益性水利工程维修养护、农业水价综合改革相关支出等。

（十）农业水价改革。用于农业水价改革所需计量水设施、节水设施、末级渠系修建、水价改革补助等。

（十一）根据年度财政部、水利部工作要求，用于其他重大水利工程项目建设。

县级可按照从严从紧的原则，在水利发展资金中列支勘测设计、工程监理、建设管理等费用，取费标准和费用上限、比例，执行国家、自治区相关政策规定。自治区、地州市两级不得在水利发展资金中提取上述费用。

第五条　水利发展资金不得用于征地移民、城市景观、财政补助单位人员经费和运转经费、交通工具和办公设备购置、楼堂馆所建设及维修改造等支出。

水利发展资金原则上不得用于中央基建投资已安排资金的水利项目。

第三章　资金分配下达及管理

第六条　在优先保证完成中央、自治区确定的重点任务、试点项目和工作清单确定任务的基础上，结合自治区实际情况，统筹安排各支出方向的资金额度，制定年度资金分配方案，分解下达预算。

第七条　按照《预算法》规定，在收到中央财政水利发展资金文件后30日内分解下达资金，并将资金下达文件及附表抄送财政部驻新疆自治区财政检查专员办事处。

第八条　各项目承担单位及地州市、县级财政局、水利局，根据财政厅下达资金数额、任务清单，在规定时间内，及时提出本地区（单位）资金绩效目标，并逐级上报自治区财政厅、水利厅。

第九条　自治区财政厅、水利厅要求，联合编制年度自治区水利发展资金绩效目标，在规定时间内报送财政部、水利部，并抄送财政部驻新疆自治区财政监察专员办事处。

第十条　水利发展资金鼓励采取先建后补、以奖代补、民办公助等方式，加大对深度贫困地区和农户、村组集体、农民专业合作组织等新型农业经营主体实施项目的支持力度；鼓励采用政府和社会资本合作（PPP）模式开展项目建设，创新项目投资运营机制；遵循“先建机制、后建工程”原则，坚持建管并重，支持农业水价综合改革和水利工程建管体制机制改革创新。

第十一条　严格执行《国务院办公厅关于支持贫困县开展统筹整合使用财政涉农资金试点的意见》（国办发〔2016〕22号），分配给贫困县的资金一律“切块下达”，不得指定具体项目或提出与脱贫攻坚无关的任务要求。

第十二条　地州市财政部门在收到自治区下达资金文件20个工作日内分解下达资金，资金下达文件及附表报自治区财政厅、水利厅备案。

第四章　监督检查及绩效管理

第十三条　水利发展资金的支付按照国库集中支付制度有关规定执行。属于政府采购管理范围的，按照政府采购有关法律法规规定执行。结转结余的资金，按照《预算法》和《自治区财政存量资金管理暂行办法》及其他有关结转结余资金管理的相关规定处理。属于政府和社会资本合作项目的，按照国家有关规定执行。

第十四条　水利发展资金中分配给贫困县的资金，严格按照《关于印发〈新疆维吾尔自治区财政扶贫资金使用监督管理办法（试行）〉的通知》（新财农〔2016〕74 号）执行。

第十五条　财政部门应当将水利发展资金分配结果在预算下达文件印发后 20 日内向社会公开。

第十六条　财政部门和水利部门都应加强水利发展资金的监督检查。专员办按照工作职责和财政部要求，开展水利发展资金预算监管工作。分配、管理、使用水利发展资金的部门、单位及个人，应当依法接受审计、监察等部门监督，对发现的问题，应及时制定整改措施并落实。

第十七条　水利发展资金申报、使用管理中存在弄虚作假或挤占、挪用、滞留资金等财政违法行为的，对相关单位及个人，按照《预算法》和《财政违法行为处罚处分条例》进行处罚，情节严重的追究法律责任。

各级财政、水利等有关部门及其工作人员在水利发展资金分配、项目安排中，存在违反规定分配或使用资金，以及其他滥用职权、玩忽职守、徇私舞弊等违法违纪行为的，按照《预算法》、《公务员法》、《行政监察法》、《财政违法行为处罚处分条例》等国家有关规定追究相应责任；涉嫌犯罪的，移送司法机关处理。

第五章　附　则

第十八条　各相关单位要加强水利发展资金工作总结和政策宣传。

第十九条　本办法由自治区财政厅、水利厅负责解释。

第二十条　本办法自印发之日起施行。

关于印发《财政农业生产救灾及特大防汛抗旱补助资金管理办法》的通知

（2018 年 10 月 10 日　自治区财政厅、农业厅、畜牧厅、水利厅、国土厅　新财农〔2018〕115 号）

伊犁哈萨克自治州财政局、农业局、畜牧兽医局、水利局、国土资源局，各地（州、市）财政局、农业局、畜牧兽医局、水利局、国土资源局：

为加强和规范财政农业生产救灾及特大防汛抗旱补助资金管理，提高救灾资金使用效益，根据《中华人民共和国预算法》以及《财政部 农业部 水利部 国土资源部关于印发〈中央财政农业生产救灾及特大防汛抗旱补助资金管理办法〉的通知》（财农〔2017〕91 号）等有关规定，财政部门会同农业、畜牧、水利、国土资源部门制定了《财政农业生产救灾及特大防汛抗旱补助资金管理办法》。现印发你们，请遵照执行。

附件：财政农业生产救灾及特大防汛抗旱补助资金管理办法

附件：

财政农业生产救灾及特大防汛抗旱补助资金管理办法

第一章　总　则

第一条　为进一步规范和加强农业防灾救灾资金管理，推进资金统筹使用，提高资金使用效益，保障全区农业生产发展顺利开展，依据《中华人民共和国预算法》、《财政部 农业部 水利部 国土资源部关于印发〈中央财政农业生产救灾及特大防汛抗旱补助资金管理办法〉的通知》（财农〔2017〕91 号）等法律法规和制度规定，结合我区实际，制定本办法。

第二条　救灾资金是中央及自治区财政预算安排的用于支持应对农业灾害的农业生产救灾、应对水旱灾害的特大防汛抗旱和应对突发地质灾害发生后的地质灾害救灾三个支出方向的专项补助资金。其中：农业生产救灾支出用于灾害的预防、控制灾害和灾后救助；特大防汛抗旱支出用于防汛抗洪抢险、修复水毁水利设施和抗旱；地质灾害救灾支出用于已发生的特大型地质灾害应急救灾，不包括灾害发生前的防治支出。

第三条 农业防灾救灾资金使用应遵循前期预防、应急控制、统筹安排、适当补助的原则。

前期预防是指根据农业灾害的危害程度和影响面，区分轻重缓急，对国家和自治区政府有明确要求、农业生产亟需解决的重大农业灾害提前安排预防投入。

应急控制是指在全区一定区域出现突发性、紧急性农业灾害，按照国家和自治区政府要求，及时筹集资金进行应急控制。

统筹安排是指农业防灾救灾资金可按照全区各类农业灾害实际发生情况，统筹安排，集中使用。

适当补助是指农业防灾救灾由各级财政、农业企事业单位和农业生产者共同投入，以地方自筹为主，中央和自治区财政给予适当补助。

第四条 农业防灾救灾资金由自治区财政部门会同农业、畜牧、水利、国土资源部门等自治区级主管部门共同管理。

自治区财政部门负责农业防灾救灾资金年度预算编制，会同自治区级主管部门分配下达资金，对资金使用情况进行监督和绩效管理。

自治区级主管部门负责农业防灾救灾相关规划或实施方案的编制，研究提出资金分配意见，会同财政部门下达年度工作任务（任务清单），财政部门下达资金。

地州（市）级财政、业务主管部门指导市县开展农业防灾救灾工作，对任务完成情况进行监督，组织开展绩效目标制定、绩效监控、绩效评价等绩效管理工作。

市县级财政、业务主管部门在同级人民政府的统一领导下，根据相关规定确定职责分工，确保工作任务按期完成、资金使用安全合规、资金效益充分发挥。县市财政部门主要负责农业防灾救灾资金的预算分解下达、资金审核拨付、资金使用监督检查以及预算绩效管理总体工作等；县市业务主管部门主要负责农业防灾救灾相关规划或实施方案编制、项目组织实施和监督，研究提出资金和工作任务（任务清单）分解安排建议方案，做好预算绩效管理具体工作等。

第五条 在遭受严重农业灾害时，市县财政部门要会同农业生产部门，采取有力措施，切实落实责任，安排资金投入，保障抗灾救灾需要。

第六条 本办法所称农业灾害指对农、牧、渔业生产构成严重威胁、危害和造成重大损失的农业自然灾害和农业生物灾害。其中：农业自然灾害主要包括干旱、洪涝、高温、低温冻害、雪灾、地震、滑坡、泥石流、风雹、寒潮、草原火灾等；农业生物灾害主要包括农作物病、虫、草、鼠害和植物疫情，草原鼠害、病害、虫害、毒害草等。具体灾害种类和范围按照农业农村部和财政部调整结果为准。

本办法所称水旱灾害包括江河洪水、渍涝、山洪（指由降雨引发的山洪、地质灾害等）、冰凌、地震等造成的洪涝灾害以及严重旱灾。具体灾害种类和范围按照水利部和财政部调整结果为准。

本办法所称突发地质灾害是《地质灾害防治条例》明确的因自然因素引发的山体崩塌、滑坡、泥石流和地面塌陷所造成的地质灾害。

第二章 农业生产救灾

第七条 农业生产救灾资金按照因素法进行分配，资金分配因素主要包括农业灾害防治计划、年度工作任务（任务清单）、自然灾害损失情况、生物灾害发生情况、灾害发生紧急情况、农作物种植面积、畜禽水产养殖数量（规模），以及中央和自治区党委、政府确定的重大救灾事项、地方财力状况等。

第八条 农业生产救灾支出的使用范围主要包括：

（一）自然灾害预防措施所需的物资材料补助，包括购买化肥、农膜、植物生长调节剂、燃油、饲草料、小型牧道铲雪机具、草原防扑火机具、灾情监测设施设备及技术指导费、培训费、农机检修费、作业费、渔船应急管理费、渔港应急维护和港池疏浚以及其他相关费用等。

（二）生物灾害防控措施所需的物资材料补助，包括购买药剂、药械、燃油及灾害监测、预报、防控，生物防治、综合防治、生态控制技术应用费、技术指导费、作业费、培训费、有毒有害补助以及其他相关费用等。

（三）恢复农业生产措施所需的物资材料补助，包括购买种子、种苗、鱼苗、种畜禽，农牧渔业生产设施及进排水渠、助航设施修复、功能恢复和渔业机械设备以及其他相关费用等。

（四）灾后死亡动物无害化处理费等。

（五）牧区抗灾保畜所需的储草棚（库），牲畜暖棚和应急调运饲草料补助等。

第三章 防汛抗旱

第九条 防汛抗旱支出主要用于对江河洪水、渍涝、山洪（指由降雨引发的山洪、地质灾害等）、冰凌、地震等造成的洪涝灾害或严重旱灾的防治及区级防汛抗旱工作补助

第十条 防汛抗旱资金按照因素法进行分配，资金分配因素主要包括水旱灾害防治计划、洪涝成灾面积、水利工程设施水毁（震损）损失情况、农作物受旱成灾面积、待播耕地缺墒缺水面积、因旱临时饮水困难人口和牲畜数量，以及中央和自治区党委、政府确定的重大救灾事项、区级防汛抗旱工作需要、地方财力状况等。

第十一条 防汛抗旱支出的使用范围主要包括：

（一）防汛支出，主要用于补助防汛抗洪抢险，应急度汛，水利工程设施（江河湖泊堤坝、水库、受洪水威胁、涵闸、泵站、河道工程）水毁修复，水文测报设施设备修复，防汛通讯设施修复，抢险应急物资及设备购置，组织受洪水威胁群众安全转移，区级防汛工作相关支出。具体开支范围包括伙食费、物资材料费、防汛抢险专用设备费、通信费、水文测报费、运输费、机械使用费、防汛物资储备及其他相关费用。

（二）抗旱支出，主要用于补助遭受严重干旱灾害的区域旱情监测，兴建应急抗旱水源和抗旱设施，添置提运水设备及运行的费用。具体开支范围包括抗旱设备添置费、抗旱应急设施建设费、抗旱用油用电费、抗旱设备应急维修费、旱情信息测报费、抗旱物资储备及区级抗旱相关支出等其他相关费用。

第四章 地质灾害救灾

第十二条 地质灾害救灾支出方向的使用范围如下：

补助遭受地质灾害的地方开展地质灾害救灾，包括灾后人员搜救等应急处置、为避免二次人员伤亡所采取的一定期限内的调查与监测、周边隐患排查、人员紧急疏散转移、排危除险和临时治理措施、现场交通后勤通信保障等。

第五章 资金分配和下达

第十三条 自治区安排用于农业生产救灾资金，自治区级主管部门应根据国家和自治区补助政策、农业灾害防治规划等，科学编制中期发展规划，提出分支出方向的年度工作任务、资金需求和绩效目标，随下年度部门预算申请同步报送自治区财政部门。

第十四条 自治区财政部门根据全区农业防灾救灾需要，商自治区级主管部门，统筹安排中央和自治区财政防灾救灾资金。农业生产救灾支出方向由农口单位对各地州（市）上报的受灾情况进行审核，并向财政部门提出救灾资金分配建议；特大防汛抗旱支出方向，由水利部门对各地州（市）上报的受灾情况进行审核，并向财政部门提出救灾资金分配建议；地质灾害救灾支出方向由国土资源部门对各地州（市）上报的受灾情况进行审核，并向财政部门提出救灾资金分配建议；由自治区人民政府确定的重大救灾事项，由财政部门分别商农口单位落实。

第十五条 对自治区财政部门预算安排的资金，自治区级主管部门应提前做好资金分配的准备工作，于每年自治区人民代表大会批准自治区

级预算后15日内，提出分支出方向的资金分配建议，连同任务清单一并报送自治区财政部门，由自治区财政部门按规定时限审核下达。

第十六条 对用于自治区预算安排的灾后救治的资金，自治区级主管部门负责对本部门支出方向的受灾情况进行审核，并向自治区财政部门提出资金绩效目标和分配建议，由自治区财政部门及时审核下达资金。

第十七条 地州（市）财政部门应会同业务主管部门，在资金下达文件规定时间内落实到位，加快资金分解下达。业务主管部门应督促资金使用单位加快预算执行，提高资金使用效益，确保按期完成任务。

第六章 资金使用和管理

第十八条 自治区级和地州（市）级部门单位使用管理的资金，按照农业受灾具体情况、有关指导意见等要求使用管理。农业防灾救灾资金不得用于兴建楼堂馆所、弥补预算支出缺口等支出。

第十九条 农业防灾救灾资金的支付，按照国库集中支付制度有关规定执行。属于政府采购管理范围的，按照政府采购有关法律法规执行。结转结余资金，按照《中华人民共和国预算法》和其他结转结余资金管理的有关规定处理。

第二十条 各级财政、业务主管部门要按照政府信息公开规定和“谁使用、谁负责、谁公开”的原则，健全完善农业防灾救灾资金的信息公开机制，切实保障好群众的知情权、参与权和监督权。

第二十一条 各级财政、业务主管部门及其工作人员在资金分配、审核等工作中，存在违反规定分配资金，向不符合条件的单位、个人（或项目）分配资金或者擅自超出规定的范围、标准分配或使用资金，以及存在其他滥用职权、玩忽职守、徇私舞弊等违法违纪行为的，按照《中华人民共和国预算法》《中华人民共和国公务员法》《中华人民共和国行政监察法》《财政违法行为处罚处分条例》（国务院令第427号）等国家有关规定，追究相关人员责任；涉嫌犯罪的，移送司法机关处理。

第二十二条 资金使用单位或个人存在虚报冒领、骗取套取、挤占挪用农业防灾救灾资金，以及其他违反本办法规定行为的，按照《中华人民共和国预算法》《财政违法行为处罚处分条例》（国务院令第427号）等有关规定，严肃追究相应责任。

第七章 监督管理和绩效评价

第二十三条 各级财政、业务主管部门应加强对农业防灾救灾资金分配、使用、管理情况的监督检查，发现问题及时纠正。

第二十四条 农业防灾救灾资金实行预算绩效管理。各级财政和业务主管部门要按照相关规定，做好绩效目标设定、绩效监控、绩效评价、结果运用等相关工作。

第二十五条 灾后救助资金下达时未能明确绩效目标的，由各地州财政部门，在资金下达后一个月内据实列明绩效目标，作为开展绩效评价的依据。

第八章 附 则

第二十六条 各地州（市）可参照本办法，结合本地实际，制定农业防灾救灾资金使用管理实施细则。

第二十七条 本办法由自治区财政部门会同农业、畜牧、水利、国土资源部门负责解释。

第二十八条 本办法自印发之日起施行。

关于印发《农业生产发展资金管理办法》的通知

（2018年10月10日　自治区财政厅、农业厅、畜牧厅
新财农〔2018〕116号）

伊犁哈萨克自治州财政局、农业局（农业产业化局）、畜牧兽医局，各地（州、市）财政局、农业局（农业产业化局）、畜牧兽医局：

为了加强和规范农业生产发展资金使用管理，推进资金统筹使用，提高资金使用效益，根据《中华人民共和国预算法》《财政部 农业部关于印发〈农业生产发展资金管理办法〉的通知》（财农〔2017〕41号）等有关规定，自治区财政部门会同农业、畜牧部门制定了《农业生产发展资金管理办法》。现印发你们，请遵照执行。

附件：农业生产发展资金管理办法

附件：

农业生产发展资金管理办法

第一章　总　则

第一条　为进一步规范和加强农业生产发展资金管理，推进资金统筹使用，提高资金使用效益，促进全区农业生产发展，依据《中华人民共和国预算法》《农业生产发展资金管理办法》等法律法规和制度规定，结合我区实际，制定本办法。

第二条　本办法所称农业生产发展资金，是指中央和自治区财政预算安排，用于发展农业生产、优化农业产业结构、推动产业融合、促进科技进步、提高农业效能、促进农产品质量安全工作开展等方面的专项资金。

第三条　农业生产发展资金由自治区财政部门会同农业、畜牧等自治区行业主管部门共同管理，按照“政策目标明确、分配办法科学、支出方向协调、绩效结果导向”的原则分配、使用和管理。

自治区财政部门负责农业生产发展资金年度项目资金规模确定，会同自治区行业主管部门分配下达资金，对资金使用情况进行监督和绩效管理。

自治区行业主管部门负责农业生产发展资金本部门支出方向相关规划或实施方案的编制，研

究提出资金分配意见，制定绩效目标，会同自治区财政部门下达年度工作任务（任务清单）和绩效目标，指导、推动和监督开展农业生产发展工作，对任务完成情况开展监督，组织开展绩效监控、绩效评价等绩效管理工作。

地（州、市）财政部门主要负责农业生产发展资金的预算分解下达、资金审核拨付、资金使用监督检查以及预算绩效管理总体工作等；行业主管部门主要负责农业生产发展资金相关计划或实施方案编制、研究提出资金和工作任务（任务清单）分解安排建议方案、项目组织实施和监督，开展辖区内项目绩效评价和总结验收等。

县级财政、行业主管部门在同级党委、人民政府的统一领导下，根据相关规定确定职责分工，确保工作任务按期完成、资金使用安全合规、做好预算绩效管理具体工作，确保资金效益充分发挥。

第二章　资金支出范围

第四条　农业生产发展资金主要用于耕地地力保护（直接发放给农民，下同）、适度规模经营、农机购置补贴、农业优势特色主导产业发展、畜牧发展、农村一二三产业融合、农业结构调整、绿色高效技术推广服务、新型农业经营主体发展、新型职业农民培育、自治区现代农业示范补助、现代种业发展项目支出，及党中央、国务院和自治区党委、自治区人民政府确定的支持农业生产发展的其他重点工作。

耕地地力保护支出主要用于支持保护耕地地力，具体补贴内容和补贴标准以每年自治区耕地地力保护补贴实施方案为准。

适度规模经营支出主要用于支持全区农业信贷担保体系建设运营、农业生产社会化服务等方面。

农机购置补贴支出主要用于支持购置先进适用农业机械，以及开展报废更新、新产品试点等方面。

农业优势特色主导产业发展支出主要用于支持具有区域优势、地方特色的农林牧渔主导产业发展，现代农业产业园建设等方面。

畜牧发展支出主要用于畜牧标准化养殖及畜牧良种推广、优质高效苜蓿示范基地建设、畜禽粪污处理与资源化利用等方面。

农村一二三产业融合支出主要用于支持农产品产地初加工、产品流通和直供直销、农村电子商务、休闲农业、农业农村信息化等方面。

农业结构调整支出主要用于支持粮改饲、耕地休耕及种植结构调整等方面。

绿色高效技术推广服务支出主要用于开展绿色高质高效创建、深化基层农技推广体系改革、农机深松整地、推广旱作农业和地膜清洁生产技术等方面。

新型农业经营主体发展支出主要用于支持龙头企业、农民专业合作组织、家庭农（牧）场发展等方面。

新型职业农民培育支出主要用于支持培育新型职业农民等方面。

自治区现代农业示范补助、现代种业发展项目根据本年度自治区农业发展重点，按照自治区党委、自治区人民政府确定的支持农业生产发展的其他重点工作等，确定自治区具体支出方向。

第五条　农业生产发展资金的支持对象主要是农民、新型农业经营主体，以及承担项目任务的单位和个人。

第六条　农业生产发展资金不得用于兴建楼堂馆所、弥补预算支出缺口等与农业生产发展无关的支出。

第三章　资金分配和下达

第七条　农业生产发展资金具体支持方式由自治区财政部门会同自治区行业主管部门根据中央“大专项＋任务清单”模式要求，和自治区党委、自治区人民政府确立的农业生产发展任务共同确定。

第八条　农业生产发展资金根据支出方向和

内容确定支出方式，可采取直接补助、政府购买服务、贴息、先建后补、以奖代补、资金折股量化、担保补助、风险补偿、设立基金等方式。具体由自治区财政部门商自治区行业主管部门确定。

第九条 中央安排的农业生产发展资金由自治区行业主管部门商自治区财政部门确定分配管理方式，提出资金分配意见。对地（州、市）使用的资金主要采取因素法进行分配。资金分配的因素主要包括工作任务（任务清单）和工作成效。工作任务（任务清单）分为约束性任务和指导性任务，不同支出方向的工作任务根据任务特点、政策目标等选择具体因素和权重测算分配资金，工作成效主要以绩效评价结果为依据。

第十条 自治区安排的农业生产发展资金由自治区行业主管部门商财政部门，根据自治区党委、自治区人民政府决策部署和自治区农业生产发展实际，科学编制中期发展规划，对各支出方向分别提出年度工作任务、资金需求和绩效目标，随下年度部门预算申请同步报送自治区财政部门。

第十一条 自治区级主管部门在收到中央和自治区当年安排资金通知15日内，提出分支出方向的资金分配建议，连同任务清单和绩效目标一并函报自治区财政部门。自治区财政部门按规定于30日内审核下达。

第十二条 地（州、市）财政部门收到资金预算指标后，应会同行业主管部门，加快资金分解下达，县（市、区）财政部门在收到资金预算指标后，会同同级行业主管部门7日内分解下达，落实到位，行业主管部门应督促资金使用单位加快预算执行，提高资金使用效益，减少资金结转，确保任务按期完成。

第四章 资金使用和管理

第十三条 农业生产发展资金实行“大专项+任务清单”管理方式，除用于约束性任务的资金不允许统筹以外，自治区可对其他资金在本专项的支出方向范围内统筹使用。自治区财政部门商行业主管部门在下达资金时，同步下达绩效目标。项目执行单位和地（州、市）按照绩效目标落实好工作任务。

第十四条 各级行业主管部门应及时提出资金分配建议，组织核实资金支持对象的资格、条件，督促检查任务清单完成情况，为财政部门按规定标准分配、审核拨付资金提供依据。

第十五条 农业生产发展资金的支付，按照国库集中支付制度有关规定执行。属于政府采购管理范围的，按照政府采购有关法律法规执行。

用于耕地地力保护的资金，按规定通过粮食风险基金专户下达拨付。

第十六条 各级财政、行业主管部门要按照政府信息公开规定和“谁使用、谁负责、谁公开”的原则，健全完善农业生产发展资金的信息公开机制，全面落实信息公开要求。

第十七条 地（州、市）财政部门会同行业主管部门，根据本办法和自治区财政、行业主管部门下发的工作任务（任务清单）和绩效目标，结合本地（州、市）农业生产发展实际情况，制定本地（州、市）年度资金使用方案，于8月15日前以正式文件报自治区财政和行业主管部门备案。

第五章 监督检查和绩效评价

第十八条 各级财政、行业主管部门应加强对农业生产发展资金分配、使用、管理情况的监督检查，发现问题及时纠正。

第十九条 自治区负责设定区域绩效目标，明确农业生产发展资金在一定期限内，在区域内预期达到的产出和效果，从数量、质量、时效、成本以及经济效益、社会效益、生态效益、可持续影响、满意度等方面进行细化，绩效目标应当清晰反映支付资金的预期产出和效果，与任务数相对应，与资金量相匹配。自治区财政部门会同行业主管部门按规定开展绩效目标执行监控，组织实施自治区绩效自评工作，向财政部和农业农村部报送绩效自评报告，对绩效评价中发现的问题及时整改，指导和监督下级预算绩效管理工作。

地（州、市）财政部门和农业主管部门按照区域绩效目标表，及时细化绩效目标，坚持“预期产出和效果与任务数相对应，与资金量相匹配”的原则，同资金分配方案和资金拨付文件一并下达。地（州、市）财政部门会同行业主管部门按规定开展绩效目标执行监控，组织实施区域绩效自评工作，向自治区财政和行业主管部门报送绩效自评报告，对绩效评价中发现的问题及时整改，指导和监督下级预算绩效管理工作。

第二十条 自治区及各地（州、市）开展绩效评价时，具备条件的，可委托中介机构、专家等第三方实施绩效评价工作。绩效评价内容包括：

（一）资金投入使用。主要考核资金使用方向是否符合 资金管理办法等相关规定，是否与项目实施方案相符，是否 体现了资金统筹整合与政策目标的有机统一。

（二）资金项目管理。主要考核绩效目标设定、方案制 定报送、管理制度建设、资金拨付进度、管理机制创新、有 效管理措施、自评开展情况、信息宣传报道、部门协作机制 以及相关保障措施等。

（三）资金实际产出。主要根据各地（州、市）区域绩效目标，从不同支出方向考核资金的实际产出。

（四）政策实施效果。主要考核取得的生态效益和经济 社会效益，可持续影响及满意度情况。

绩效评价原则上以年度为周期，根据工作需要，可开展中期绩效评价。

地（州、市）财政和行业主管部门区域绩效自评应当形成绩效评价报告，对资金的实际产出和效果进行客观、公正的描述，对绩效目标实现程度进行判定，围绕实际绩效情况，从政策目标、预算管理、资金分配、支持方式等方面进行绩效分析，提出有针对性的建议措施，于每年2月底前报送自治区财政和行业主管部门。地（州、市）财政和行业主管部门对自评结果和绩效评价相关材料的真实性负责。

第二十一条 上一年度绩效评价结果是分配下一年度农业生产发展资金的重要依据。

第二十二条 各级财政、行业主管部门及其工作人员在资金分配、审核等工作中，存在违反规定分配资金、向不符合条件的单位、个人（或项目）分配资金或者擅自超出规定的范围、标准分配或使用资金等，以及存在其他滥用职权、玩忽职守、徇私舞弊等违法违纪行为的，按照《中华人民共和国预算法》《公务员法》《监察法》《财政违法行为处罚处分条例》等国家有关规定，追究责任；涉嫌犯罪的，移送司法机关处理。

第二十三条 资金使用单位和个人虚报冒领、骗取套取、挤占挪用农业生产发展资金，以及存在其他违反本办法规定行为的，按照《预算法》《财政违法行为处罚处分条例》等有关规定，严肃追究相应责任。

第六章 附 则

第二十四条 农业生产发展资金中用于支持贫困县开展统筹整合使用财政涉农资金试点的部分，按照有关规定执行。

第二十五条 各地（州、市）可参照本办法，结合本地（州、市）区实际，制定农业生产发展资金使用管理实施细则。

第二十六条 本办法由自治区财政部门会同农业、畜牧等行业主管部门负责解释。

第二十七条 本办法自印发之日起施行。

关于印发《农业资源及生态保护补助资金管理办法》的通知

（2018年10月17日　自治区财政厅、农业厅、畜牧厅、水利厅
新财农〔2018〕117号）

伊犁哈萨克自治州财政局、农业局、畜牧兽医局、水利（产）局，各地（州、市）财政局、农业局、畜牧兽医局、水利（产）局：

为了加强和规范农业资源及生态保护补助资金使用管理，推进资金统筹使用，提高资金使用效益，根据《中华人民共和国预算法》《财政部 农业部关于修订〈农业资源及生态保护补助资金管理办法〉的通知》（财农〔2017〕42号）等有关规定，结合自治区实际，自治区财政部门会同农业、畜牧、水利等行业主管部门制定了《农业资源及生态保护补助资金管理办法》。现印发你们，请遵照执行。

附件：农业资源及生态保护补助资金管理办法

附件：

农业资源及生态保护补助资金管理办法

第一章　总　则

第一条　为进一步规范和加强农业资源及生态保护补助资金管理，推进资金统筹使用，提高资金使用效益，促进全区农业资源及生态保护，依据《中华人民共和国预算法》《农业资源及生态保护补助资金管理办法》等法律法规和制度规定，结合我区实际，制定本办法。

第二条　本办法所称农业资源及生态保护补助资金，是指中央和自治区财政安排，用于农业资源养护、生态保护及利益补偿等方面的专项资金。

第三条　农业资源及生态保护补助资金由自治区财政部门会同农业、畜牧、水利等自治区行业主管部门共同管理，按照“政策目标明确、分配办法科学、支出方向协调、绩效结果导向”的原则分配、使用和管理。

自治区财政部门负责农业资源及生态保护补助资金年度项目资金规模确定，会同自治区行业主管部门分配下达资金，对资金使用情况进行监

督和绩效管理。

自治区行业主管部门负责农业资源及生态保护补助资金本部门支出方向相关规划或实施方案的编制，研究提出资金分配意见，制定绩效目标，会同自治区财政部门下达年度工作任务（任务清单）和绩效目标，指导、推动和监督开展农业资源生态保护工作，对任务完成情况开展监督，组织开展绩效监控、绩效评价等绩效管理工作。

地（州、市）财政部门主要负责农业资源及生态保护补助资金的预算分解下达、资金审核拨付、资金使用监督检查以及预算绩效管理总体工作等；行业主管部门主要负责和农业资源及生态保护补助资金相关规划或实施方案编制、研究提出资金和工作任务（任务清单）分解安排建议方案、项目组织实施和监督，开展辖区内项目绩效评价和总结验收等。

县级财政、行业主管部门在同级党委、人民政府的统一领导下，根据相关规定确定职责分工，确保工作任务按期完成、资金使用安全合规、做好预算绩效管理具体工作，确保资金效益充分发挥。

第二章　资金支出范围

第四条　农业资源及生态保护补助资金主要用于草原禁牧补助和草畜平衡奖励（直接发放给牧民，下同）、耕地质量提升、渔业发展、草原生态修复治理支出，及党中央、国务院和自治区党委、自治区人民政府确定的支持农业资源及生态保护的其他重点工作等支出方向。

草原禁牧补助和草畜平衡奖励支出主要用于对履行禁牧及草畜平衡义务的牧民给予的补助。

草原生态修复治理支出主要用于在实施年度草原禁牧补助和草畜平衡任务所需的工作经费、草牧业发展和草原生态保护建设等。

耕地质量提升支出主要用于支持土壤改良修复、化肥减量增效、测土配方施肥、农作物秸秆综合利用、绿肥种植、农家肥积造等方面。

渔业发展支出主要用于渔业增值放流等渔业资源修复等方面。

第五条　农业资源及生态保护补助资金的支持对象主要是农民、牧民、新型农业经营主体，以及承担项目任务的单位和个人。

第六条　农业资源及生态保护补助资金不得用于兴建楼堂馆所、弥补预算支出缺口等与农业资源及生态保护无关的支出。

第三章　资金分配和下达

第七条　农业资源及生态保护补助资金具体支持方式由自治区财政部门会同自治区行业主管部门根据中央“大专项＋任务清单”模式要求，和自治区党委、自治区人民政府确立的农业资源保护任务共同确定。

第八条　农业资源及生态保护补助资金根据支出方向和内容确定支出方式，可采取直接补助、政府购买服务、贴息、先建后补、以奖代补、资金折股量化、担保补助、风险补偿、设立基金等方式。具体由自治区财政部门商自治区行业主管部门确定。

第九条　农业资源及生态保护补助资金由自治区行业主管部门商自治区财政部门确定分配管理方式。对地（州、市）使用的资金主要采取因素法进行分配。资金分配的因素主要包括工作任务（任务清单）和工作成效。工作任务（任务清单）分为约束性任务和指导性任务，不同支出方向的工作任务根据任务特点、政策目标等选择具体因素和权重测算分配资金，工作成效主要以绩效评价结果为依据。

第十条　自治区行业主管部门在收到中央和自治区当年安排资金通知15日内，提出本部门支出方向的资金分配建议，连同任务清单和绩效目标一并函报自治区财政部门。自治区财政部门按规定于30日内审核下达。

第十一条　地（州、市）财政部门收到资金预算指标后，应会同主管部门，加快资金分解下达，县（市、区）财政部门在收到资金预算指标后，会同同级行业主管部门7日内分解下达，落实到位，行业主管部门应督促资金使用单位加快预算执行，提高资金使用效益，减少资金结转，确保任务按期完成。

第四章　资金使用和管理

第十二条　农业资源及生态保护补助资金实行“大专项+任务清单”管理方式，除用于约束性任务的资金不允许统筹以外，自治区可对其他资金在本专项的支出方向范围内统筹使用。自治区财政部门商行业主管部门在下达资金时，同步下达绩效目标。项目执行单位和各地（州、市）按照绩效目标落实好工作任务。

第十三条　各级行业主管部门应及时提出资金分配建议，组织核实资金支持对象的资格、条件，督促检查任务清单完成情况，为财政部门按规定标准分配、审核拨付资金提供依据。

第十四条　农业资源及生态保护补助资金的支付，按照国库集中支付制度有关规定执行。属于政府采购管理范围的，按照政府采购有关法律法规执行。

第十五条　各级财政、行业主管部门要按照政府信息公开规定和“谁使用、谁负责、谁公开”的原则，健全完善农业资源及生态保护补助资金的信息公开机制，全面落实信息公开要求。

第十六条　地（州、市）财政部门会同行业主管部门，根据本办法和自治区财政、行业主管部门下发的工作任务（任务清单）和绩效目标，结合本地（州、市）农业资源及生态保护实际情况，制定本地（州、市）年度资金使用方案，于8月15日前以正式文件报自治区财政和行业主管部门备案。

第五章　监督检查和绩效评价

第十七条　各级财政、行业主管部门应加强对农业资源及生态保护补助资金分配、使用、管理情况的监督检查，发现问题及时纠正。

第十八条　自治区负责设定区域绩效目标，明确农业资源及生态保护补助资金在一定期限内，在区域内预期达到的产出和效果，从数量、质量、时效、成本以及经济效益、社会效益、生态效益、可持续影响、满意度等方面进行细化，绩效目标应当清晰反映支付资金的预期产出和效果，与任务数相对应，与资金量相匹配。自治区财政部门会同行业主管部门按规定开展绩效目标执行监控，组织实施自治区绩效自评工作，向财政部和农业农村部报送绩效自评报告，对绩效评价中发现的问题及时整改，指导和监督下级预算绩效管理工作。

地（州、市）财政和行业主管部门按照区域绩效目标表，及时细化绩效目标，坚持“预期产出和效果与任务数相对应，与资金量相匹配”的原则，同资金分配方案和资金拨付文件一并下达。地（州、市）财政部门会同行业主管部门按规定开展绩效目标执行监控，组织实施区域绩效自评工作，向自治区财政和行业主管部门报送绩效自评报告，对绩效评价中发现的问题及时整改，指导和监督下级预算绩效管理工作。

第十九条　自治区及各地（州、市）开展绩效评价时，具备条件的，可委托中介机构、专家等第三方实施绩效评价工作。绩效评价内容包括：

（一）资金投入使用。主要考核资金使用方向是否符合资金管理办法等相关规定，是否与项目实施方案相符，是否体现了资金统筹整合与政策目标的有机统一。

（二）资金项目管理。主要考核绩效目标设定、方案制定报送、管理制度建设、资金拨付进度、管理机制创新、有效管理措施、自评开展情况、信息宣传报道、部门协作机制以及相关保障措施等。

（三）资金实际产出。主要根据各地（州、市）区域绩效目标，从不同支出方向考核资金的实际产出。

（四）政策实施效果。主要考核取得的生态

效益和经济社会效益，可持续影响及满意度情况。

绩效评价原则上以年度为周期，根据工作需要，可开展中期绩效评价。

地（州、市）财政和行业主管部门区域绩效自评应当形成绩效评价报告，对资金的实际产出和效果进行客观、公正的描述，对绩效目标实现程度进行判定，围绕实际绩效情况，从政策目标、预算管理、资金分配、支持方式等方面进行绩效分析，提出有针对性的建议措施，于每年2月底前报送自治区财政和行业主管部门。地（州、市）财政和农业主管部门对自评结果和绩效评价相关材料的真实性负责。

第二十条 上一年度绩效评价结果是分配下一年度农业资源及生态保护补助资金的重要依据。

第二十一条 各级财政、行业主管部门及其工作人员在资金分配、审核等工作中，存在违反规定分配资金、向不符合条件的单位、个人（或项目）分配资金或者擅自超出规定的范围、标准分配或使用资金等，以及存在其他滥用职权、玩忽职守、徇私舞弊等违法违纪行为的，按照《中华人民共和国预算法》《公务员法》《监察法》《财政违法行为处罚处分条例》等国家有关规定，追究责任；涉嫌犯罪的，移送司法机关处理。

第二十二条 资金使用单位和个人虚报冒领、骗取套取、挤占挪用农业资源及生态保护补助资金，以及存在其他违反本办法规定行为的，按照《预算法》《财政违法行为处罚处分条例》等有关规定，严肃追究相应责任。

第六章 附 则

第二十三条 农业资源及生态保护补助资金中用于支持贫困县开展统筹整合使用财政涉农资金试点的部分，按照有关规定执行。

第二十四条 各地（州、市）可参照本办法，结合本地（州、市）区实际，制定农业资源及生态保护补助资金使用管理实施细则。

第二十五条 本办法由自治区财政部门会同农业、畜牧、水利（产）部门负责解释。

第二十六条 本办法自印发之日起施行。

关于印发《新疆维吾尔自治区动物防疫等补助经费管理办法实施细则》的通知

（2018年10月12日　自治区财政厅、农业厅、畜牧厅
新财农〔2018〕118号）

伊犁哈萨克自治州财政局、畜牧兽医局、农业局，各地（州、市）财政局、畜牧兽医局、农业局：

为了加强动物防疫等补助经费的管理和监督，提高资金使用效益，根据《财政部 农业部〈动物防疫等补助经费管理办法〉的通知》（财农〔2017〕43号）并结合我区实际，制定《新疆维吾尔自治区动物防疫等补助经费管理办法实施细则》。现印发你们，请遵照执行。

附件：新疆维吾尔自治区动物防疫等补助经费管理办法实施细则

附件：

新疆维吾尔自治区动物防疫等补助经费管理办法实施细则

第一章　总　则

第一条　为加强动物防疫等补助经费的管理和监督，提高资金使用效益，强化重大动物疫病防控工作，根据《中华人民共和国预算法》《中华人民共和国动物防疫法》《重大动物疫情应急条例》《财政部 农业部关于印发〈动物防疫等补助经费管理办法〉的通知》（财农〔2017〕43号）等有关法律法规和文件，制定本实施细则。

第二条　动物防疫等补助经费是中央和自治区财政预算安排用于重大动物疫病强制免疫补助、强制扑杀补助、养殖环节病死生猪无害化处理补助的专项转移支付资金。

强制免疫、强制扑杀补助病种按照农业农村部、财政部和自治区畜牧部门、财政部门有关规定动态调整。

第三条　动物防疫等补助经费由自治区财政部门会同畜牧部门共同管理，按照“政策目标明确、分配办法科学、支出方向协调、绩效结果导向”的原则分配和使用。

第二章　资金支出范围

第四条　动物防疫支出包括强制免疫补助、强制扑杀补助、养殖环节病死生猪无害化处理补

助等。各地（州、市）在完成各项动物防疫工作任务的前提下，可在本专项支出范围内统筹使用动物防疫等补助经费。

第五条 强制免疫补助经费主要是用于重大动物疫病强制免疫疫苗、免疫直补，免疫效果监测、流通及落地检疫监管、购买应急防疫储备物资、人员防护、培训及购买保险等，以及实施强制免疫计划、购买防疫服务等方面，支出优先保证强制免疫疫苗采购和免疫直补资金。

允许对符合条件的养殖场（户）实行强制免疫“先打后补”，逐步实现养殖场（户）自主采购，财政直补；对目前暂不符合条件的养殖场（户），强制免疫疫苗继续实行自治区集中招标采购，探索以政府购买服务的形式实施强制免疫。

第六条 强制扑杀补助主要是用于预防、控制和扑灭重大动物疫病过程中被强制扑杀动物的补助等方面。补助对象为被依法强制扑杀动物的养殖者。

第七条 养殖环节病死生猪无害化处理补助主要用于养殖环节病死猪无害化处理等方面。按照“谁处理、补给谁”和“据实补助”的原则，补助对象为承担病死猪收集、转运、无害化处理等任务的实施者。

第八条 动物防疫等补助经费不得用于兴建楼堂馆所、弥补预算支出缺口等与动物防疫无关的支出。

第三章 资金分配和下达

第九条 强制免疫补助经费按照因素法进行分配，分配的因素主要包括自治区统计局最新公布的畜禽饲养量、单体畜禽补助标准、上年度工作执行情况、年度工作任务、绩效目标实现情况和应对突发重大动物疫情情况等。

第十条 养殖环节病死生猪无害化处理补助资金由各地（州、市）根据畜禽大小等因素细化补助标准。县级畜牧兽医部门会同县级财政部门于每月5日前，向所辖地（州、市）畜牧兽医部门和财政部门报送上一月度养殖环节病死猪无害化处理统计表。养殖环节病死生猪无害化处理补助资金分配坚持“谁审核、谁负责”的原则，县级畜牧兽医部门对上报的数据真实性、完整性和准确性负责，县级财政部门在县级畜牧兽医部门审核确认的基础上对其进行合规性审核。

地（州、市）畜牧兽医部门对县级上报情况进行审核把关确认，并对上报的数据真实性、完整性和准确性负责，于每季度结束5日内，报同级财政部门进行合规性审核。经两部门审核确认无误后，由地（州、市）畜牧兽医部门会同同级财政部门将上一季度的统计表上报自治区财政厅、自治区畜牧部门。

各地（州、市）要根据《新疆维吾尔自治区人民政府办公厅关于建立病死畜禽无害化处理机制的实施意见》（新政办发〔2016〕1号）等有关要求做好养殖环节病死生猪无害化处理工作。

第十一条 强制扑杀补助资金根据实际扑杀畜禽数量，按财政部、农业农村部补助标准据实结算，实行先扑杀后补助。各县（市、区）可根据畜禽大小、品种等因素细化补助标准。地（州、市）畜牧兽医部门会同财政部门于每年3月5日前，向自治区畜牧部门报送上一年度3月至当年2月期间强制扑杀实施情况，报送内容包括财政补助经费的测算。强制扑杀补助资金分配坚持“谁审核、谁负责”的原则，地（州、市）、县（市、区）畜牧兽医部门对上报的数据真实性、完整性和准确性负责，财政部门在农业、畜牧兽医部门审核确认的基础上对其进行合规性审核。

第十二条 自治区畜牧部门根据中央年度工作任务（任务清单），结合国家和自治区动物防疫补助政策确定的实施范围、畜禽饲养量和地（州、市）申请文件等下达自治区工作任务（任务清单）和动物防疫等补助经费。

中央财政动物防疫等补助资金应在财政部资金文件到达后的25日内，由自治区畜牧部门提出资金分配建议函告自治区财政部门。财政部门及时会同畜牧部门在财政部资金文件到达后的30日内下达，其中：强制免疫补助经费根据资金用途不同下达到区本级和各地（州、市），养殖环节病死生猪无害化处理和强制扑杀补助资金下达到各地（州、市）。

第十三条 动物防疫等补助经费实行“大专项+任务清单”管理方式，各地（州、市）应当在自治区级下达的专项任务清单内安排使用，确保各项工作任务完成。

第十四条 动物防疫等补助经费根据分配计划切块下达，支付按照国库集中支付制度有关规定执行。其中强制免疫疫苗经费由自治区财政统一支付，免疫直补、免疫效果监测、人员防护、购买防疫服务等经费由地（州、市）根据各地检测能力及工作需求按照因素分配法分配到地（州、市）本级和各县（市、区）。免疫直补经费由县（市、区）财政直接拨付给符合要求的规模养殖场，强制扑杀补助经费由县（市、区）财政直接拨付至被依法强制扑杀动物的养殖者，养殖环节病死生猪无害化处理补助经费由县（市、区）财政直接拨付给承担病死生猪收集、转运、无害化处理等任务的实施者。属于政府采购管理范围的，按照政府采购有关法律制度规定执行。

第四章 资金使用和管理

第十五条 动物防疫等补助经费使用管理坚持公开透明原则，各级畜牧兽医主管部门应会同财政部门应通过多种形式推进信息公开，认真落实好群众的知情权、参与权和监督权。各地（州、市）应当在资金分配结果确定或相关文件印发后7个工作日内，按要求对动物防疫等补助资金进行信息公开。各地（州、市）信息公开要立足面向基层、贴近群众的实际，通过专项资金信息公开统一管理平台、政府部门门户网站、乡镇（村级）公告栏等形式进行公开。对分配到人（户）的财政资金，应当公开补助对象的姓名、身份证号、地址、补助金额等详细情况。

第十六条 各级财政部门和畜牧兽医主管部门应加强动物防疫等补助经费的预算执行管理，提高预算执行的及时性与有效性，提高资金使用效益。

预算执行管理工作将作为重要因素与下一年度资金分配挂钩。结转结余的动物防疫等补助经费，按照中央和自治区级结转结余资金管理的有关规定办理。

第十七条 各级畜牧兽医主管部门应当组织核实检查补贴资金支持对象的资格、条件，督促检查工作任务（任务清单）或绩效目标完成情况，为财政部门按规定标准分配、审核拨付资金提供依据。

第五章 监督检查和绩效评价

第十八条 各级财政部门、畜牧兽医主管部门应当加强对动物防疫等补助经费分配、使用、管理情况的监督检查，发现问题及时纠正。

第十九条 绩效评价原则上以年度为周期，各地（州、市）畜牧兽医局会同本级财政局应于每年1月底前报送自治区财政部门和畜牧兽医部门，根据工作需要，可开展中期绩效评价。绩效评价内容包括政策落实、预算执行、资金使用、监督管理、存在问题及有关建议等方面。

第二十条 各级财政、畜牧兽医主管部门及其工作人员在资金分配、审核等工作中，存在违反规定分配资金、向不符合条件的单位、个人（或项目）分配资金或者擅自超出规定的范围、标准分配或使用资金等，以及存在其他滥用职权、玩忽职守、徇私舞弊等违法违纪行为的，按照《中华人民共和国预算法》《公务员法》《监察法》《财政违法行为处罚处分条例》等国家有关规定追究相关责任；涉嫌犯罪的，移送司法机关处理。

第二十一条 资金使用单位和个人滞留截留、虚报冒领、挤占挪用动物防疫等补助经费，以及存在其他违反本办法规定行为的，按照

《预算法》《财政违法行为处罚处分条例》等有关规定追究相应责任。

第二十二条 自治区负责设定区域绩效目标，绩效目标应当清晰反映支付资金的预期产出和效果，与任务数相对应，与资金量相匹配。自治区财政部门会同畜牧兽医部门按规定开展绩效目标执行监控，组织实施自治区绩效自评工作，向财政部和农业农村部报送绩效自评报告，对绩效评价中发现的问题及时整改，指导和监督下级预算绩效管理工作。

地（州、市）财政部门和畜牧兽医部门主管部门按照区域绩效目标表，及时细化绩效目标，坚持“预期产出和效果与任务数相对应，与资金量相匹配”的原则，同资金分配方案和资金拨付文件一并下达。地（州、市）财政部门会同畜牧兽医部门按规定开展绩效目标执行监控，组织实施区域绩效自评工作，向自治区财政部门和畜牧兽医部门报送绩效自评报告，对绩效评价中发现的问题及时整改，指导和监督下级预算绩效管理工作。

第二十三条 自治区及各地（州、市）开展绩效评价时，具备条件的，可委托中介机构、专家等第三方实施绩效评价工作。绩效评价内容包括：

（一）资金投入使用。主要考核资金使用方向是否符合资金管理办法等相关规定，是否与项目实施方案相符，是否体现了资金统筹整合与政策目标的有机统一。

（二）资金项目管理。主要考核绩效目标设定、方案制定报送、管理制度建设、资金拨付进度、管理机制创新、有效管理措施、自评开展情况、信息宣传报道、部门协作机制以及相关保障措施等。

（三）资金实际产出。主要根据各地（州、市）区域绩效目标，从不同支出方向考核资金的实际产出。

（四）政策实施效果。主要考核取得的生态效益和经济社会效益，可持续影响及满意度情况。

地（州、市）财政部门和畜牧兽医部门对自评结果和绩效评价相关材料的真实性负责。

第六章　附　则

第二十四条 地（州、市）财政局应当会同畜牧兽医部门根据本实施细则制定具体实施方案，报送自治区财政部门和畜牧部门。

第二十五条 本实施细则由自治区财政部门会同自治区畜牧部门负责解释。

第二十六条 本实施细则自印发之日起施行。

关于印发《新疆维吾尔自治区林业生态保护恢复资金管理实施细则》的通知

（2018 年 9 月 29 日　自治区财政厅、林业厅、畜牧厅
新财农〔2018〕122 号）

伊犁哈萨克自治区州财政局、林业局、畜牧兽医局，各地（州、市）财政局、林业局、畜牧兽医局：

为规范和加强林业生态保护恢复资金管理和监督，提高资金使用效益，根据《财政部、国家林业和草原局关于印发〈林业生态保护恢复资金管理办法〉的通知》（财农〔2018〕66 号），结合我区实际，制定了《新疆维吾尔自治区林业生态保护恢复资金管理实施细则》，现印发你们，请遵照执行。

附件：新疆维吾尔自治区林业生态保护恢复资金管理实施细则

附件：

新疆维吾尔自治区林业生态保护恢复资金实施细则

第一章　总　则

第一条　为加强和规范林业生态保护恢复资金使用管理，推进资金统筹使用，提高资金使用效益，促进林业生态保护恢复，根据《财政部、国家林业和草原局关于印发〈林业生态保护恢复资金管理办法〉的通知》（财农〔2018〕66 号）以及有关法律法规和财务管理规定，结合我区林业生态保护恢复工作实际，制定本细则。

第二条　本细则所称林业生态保护恢复资金是指中央财政预算安排的用于天然林资源保护工程（以下简称天保工程）社会保险、天保工程政策性社会性支出、全面停止天然林商业性采伐、完善退耕还林政策、新一轮退耕还林还草等方向的专项转移支付资金。

第三条　林业生态保护恢复资金由财政厅、林业厅和畜牧厅共同管理，财政厅负责专项资金中期财政规划和年度预算编制，会同林业厅、畜牧厅分配及下达资金，对资金使用情况进行监督和绩效管理；林业厅和畜牧厅负责相关规划编制，提出资金分配建议，指导、推动和监督开展林业生态保护恢复工作，会同财政厅做好资金使

用情况监督和绩效管理。

各级财政、林业和草原主管部门负责林业生态保护恢复资金的分解下达、预算执行，以及管理监督等工作。

第二章　资金使用范围

第四条　天保工程社会保险补助是指用于国务院批准的《东北、内蒙古等重点国有林区天然林资源保护工程二期实施方案》和《新疆维吾尔自治区天然林资源保护工程实施方案（2011—2010）》（以下简称《实施方案》）确定的天保工程实施单位的职工养老、基本医疗、失业、工伤和生育等五项社会保险补险的缴费补助。

第五条　天保工程政策性社会性支出补助是指用于对《实施方案》确定的天保工程实施单位承担的森林公安以及推进国有林区改革等方面支出给予的补助。

第六条　天保工程全面停止天然林商业性采伐补助是指用于停止国有天然商品林采伐后，保障国有林经营管理单位职工基本生活和社会正常运转等补助，包括天保工程区天然林停伐补助、天保工程区外天然林停伐补助和重点国有林区金融机构债务贴息补助。

第七条　完善退耕还林政策补助资金是指用于上一轮退耕还林任务（2000—2006年）原政策补助期满后，为支持解决退耕户生活困难发放的现金补助。

第八条　新一轮退耕还林还草补助是指用于按国家要求实施并完成新一轮退耕还林还草计划任务的退耕户发放的现金补助。

第九条　林业生态保护恢复资金不得用于兴建楼堂馆所、偿还债务等与林业生态保护恢复无关的支出。

第三章　资金分配

第十条　林业生态保护恢复资金采取因素法分配。

第十一条　天保工程社会保险补助按照天保工程实施单位人员数量和缴费基数及缴费比例分配。人员数量一年一核定，缴费基数为《实施方案》确定的天保工程实施单位在岗职工年度工资总额，缴费比例30%。

第十二条　天保工程政策性社会性支出补助按照天保工程实施单位的人员数量和相关补助标准分配。人员数量一年一核定，补助标准根据《实施方案》确定，并根据物价和经济发展水平适时调整，主要用于天保工程单位森林公安人员办理案件（含辅警支出）和业务装备支出。

第十三条　全面停止天然林商业性采伐补助按照国有林区改革进展情况据实分配。

第十四条　完善退耕还林政策补助标准每亩每年90元，直接补助给退耕户，并与管护任务挂钩。还生态林补助8年，还经济林补助5年。

第十五条　新一轮退耕还林还草按照国务院有关部门下达的年度任务和补助标准确定补助规模。补助标准为：退耕还林每亩退耕地现金补助1 200元，五年内分三次下达，第一年500元、第三年300元、第五年400元；退耕还草每亩退耕地现金补助850元，三年内分两次下达，第一年450元，第三年400元。

第四章　资金下达

第十六条　各地（州）级天保工程实施单位会同财政部门于每年6月30日前，向自治区林业厅及财政厅报送上年天保工程实施单位国有在册职工社会保险缴费人数和公检法等国有在册职工人数。天西、阿山、天东国有林管理局和农业大学相关人数可直接向自治区林业厅报送。

社会保险补助费未纳入同级财政预算的天保工程实施单位在每年10月15日前统筹考虑上年结转资金据实编制次年天保工程社会保险补助预算，不足部分调整使用天然林保护管理补助资金。

第十七条　自治区财政部门根据自治区林业部门提供的验收合格面积和资金申请文件对前一

轮完善退耕还林政策补助按照财政预算管理级次拨付补助资金；新一轮退耕还林还草现金补助根据国务院有关部门下达的年度计划任务、补助标准和资金申请文件拨付第一年财政专项资金，根据林业、畜牧部门提供的第二年的成活率验收结果、第四年的保存率验收结果，分别拨付第三年与第五年的财政专项资金。

第十八条 退耕还林还草工程县（市）林业、畜牧部门根据财政部门要求，提供相关资料，具体包括：退耕户名单、任务、补助资金数额、身份证号码、电话号码、一卡通卡号等，由财政部门确认后，按规定程序和办法，通过“一卡通”、“一折通”等方式将补助资金及时、足额兑付给退耕农户。未采用“一卡通”或“一折通”方式兑付补助资金的，必须由退耕户本人签字领取，任何单位、集体或者个人不得代领。

各乡（镇）人民政府将退耕农户的检查验收结果和补助资金，以村为单位，在乡（镇）政府、各村张榜公示，公示时间不得少于7个工作日，公示无异议后方可兑现补助资金。

第十九条 财政厅于每年收到中央提前下达资金文件后30日内，按财政部提前下达当年预计执行数以及自治区林业和草原主管部门建议，将下一年度林业生态保护恢复资金预计数提前下达地州级财政部门，抄送财政部驻新疆财政监察专员办、林业厅、畜牧厅。

第二十条 各地州市财政部门会同林业和草原主管部门于每年1月31日前，提出当年林业生态保护恢复资金需求计划及区域绩效目标，按照财预〔2015〕163号文件要求填写“区域绩效目标申报表”，报送自治区财政厅、林业厅、畜牧厅，并抄送财政部驻新疆财政监察专员办。

第二十一条 财政厅根据财政部下达的当年林业生态保护恢复资金额度，于30个工作日内向各地州市下达当年林业生态保护恢复资金，同步下达区域绩效目标，抄送财政部驻新疆财政监察专员办、自治区林业厅、畜牧厅。

第五章 资金监督检查和绩效评价

第二十二条 各级财政、林业和草原主管部门应当加快预算执行，提高资金使用效益，结转结余的林业生态保护恢复资金，按照自治区财政厅关于结转结余资金管理的相关规定处理。

第二十三条 林业生态保护恢复资金的支付执行国库集中支付制度有关规定。属于政府采购管理范围的，应当按照政府采购有关规定执行。

第二十四条 林业生态保护恢复资金使用管理应当全面落实预算信息公开有关要求。

第二十五条 各级财政、林业主管部门应当组织实施林业生态保护恢复资金绩效目标执行监控，对照年初绩效目标，跟踪查找执行中资金公用管理的薄弱环节，及时弥补管理中的“漏洞”，纠正绩效目标执行中的偏差；适时组织实施林业生态保护恢复资金评价工作，并根据绩效评价结果，突出改进意见，督促落实整改。加强对资金分配、使用、管理情况监督。发现问题及时纠正。自觉接受各级纪检、审计部门对林业生态保护恢复资金预算监管。

第二十六条 各级财政、林业和草原等有关部门及其工作人员在林业生态保护恢复资金的分配，使用、管理等相关工作中，存在违反本细则规定的行为，以及其他滥用职权、玩忽职守、徇私舞弊等违法违纪行为的，按照《预算法》《公务员法》《监察法》《财政违法行为处罚处分条例》等国家有关规定追究相应责任；涉嫌犯罪的，移送司法机关处理。

资金使用单位和个人在使用林业生态保护恢复资金中存在各类违法违规行为的，按照《预算法》《财政违法行为处罚处分条例》等国家有关规定追究相应责任。

第六章 附 则

第二十七条 林业生态保护恢复资金实施期限根据天然林保护实施方案和退耕还林还草政策期限确定。

第二十八条 本实施细则由自治区财政厅会同林业厅、畜牧厅负责解释。

第二十九条 本办法自印发之日起施行。《关于下发〈新疆维吾尔自治区退耕还林工程现金补助资金管理实施办法〉和〈财政部关于印发退耕还林工程现金补助资金管理办法的通知〉的通知》(新财农〔2003〕39号)、《关于转发〈国家林业局计资司关于转发财政部完善退耕还林政策补助资金管理办法〉的通知〉的通知》(新林翻印〔2008〕4号)、《转发〈国家林业局关于修改有关资金办法条的通知〉的通知》(新林翻印〔2017〕12号)、《新疆维吾尔自治区天然林资源保护工程中央财政资金管理使用细则》(新财农〔2011〕241号)同时废止。《退耕还林财政资金预算管理办法》(财农〔2010〕547号)中有关涉及财政资金管理规定与本实施细则不符的,执行本细则。

关于印发《自治区最低生活保障兜底脱贫资金管理暂行办法》的通知

(2018年9月25日 自治区财政厅、民政厅 新财社〔2018〕114号)

克州、阿克苏、喀什、和田地区财政局、民政局:

为全面深入贯彻落实党的十九大精神,确保打赢脱贫攻坚战,充分发挥最低生活保障政策对兜底脱贫的重要作用,经自治区党委、人民政府研究决定,建立自治区最低生活保障兜底脱贫政策。为做好资金管理,现将《自治区最低生活保障兜底脱贫资金管理暂行办法》印发你们,请遵照执行。

附件:自治区最低生活保障兜底脱贫资金管理暂行办法

附件：

自治区最低生活保障兜底脱贫资金管理暂行办法

第一条 为全面深入贯彻落实党的十九大精神，支持22个深度贫困县做好最低生活保障兜底脱贫工作，有效解决丧失劳动力家庭、重度残疾人家庭，鳏寡孤独老人，严打收押人员和教育转化三类人员中的困难家属等特殊困难群体的脱贫问题，经自治区党委、人民政府研究决定，设立自治区最低生活保障兜底脱贫资金。为规范和加强资金管理，提高资金使用效益，根据国家和自治区有关法律法规和文件规定，制定本办法。

第二条 自治区最低生活保障兜底脱贫资金（以下简称兜底脱贫资金）是指自治区财政安排用于22个深度贫困县开展最低生活保障工作，确保特殊困难群体兜底脱贫的补助资金。

第三条 2017年至2026年，自治区财政每年安排20亿元，形成200亿元最低生活保障兜底脱贫资金。

第四条 为规范管理，兜底脱贫资金由自治区财政在本级国库部门开设的财政专户下设立二级分户，实行专项管理，专账核算。兜底脱贫资金严格按照中央和自治区财政专户管理相关要求，做好资金的调入、调拨、结算、决算等管理工作。

第五条 兜底脱贫资金的使用和管理要坚持公开、公平、公正的原则。

第六条 自治区财政厅负责会同民政厅对兜底脱贫资金实施全程预算绩效管理。按照预算管理规定，地州民政部门商同级财政部门设定资金区域绩效目标，明确资金与工作预期达到的效果，报自治区民政厅审核。自治区民政厅在完成绩效目标审核后提出资金的分配建议及当年全区整体绩效目标和分区域绩效目标，商自治区财政厅。自治区财政厅会同民政厅下达资金，同步下达区域绩效目标。年度执行中，自治区民政厅会同财政厅指导各地民政部门、财政部门对绩效目标实施情况进行监控，确保绩效目标如期实现。

第七条 兜底脱贫资金按因素法分配，主要参考地方最低生活保障对象救助任务量、工作绩效等因素。每年分配资金选择的因素和权重，可根据年度工作重点适当调整。

第八条 地州财政部门收到自治区兜底脱贫资金后，应将其与困难群众救助补助资金统筹使用，商同级民政部门制定本地州资金分配方案，及时下达本行政区域县级以上各级财政部门。

第九条 各级财政部门要会同民政部门优化财政支出结构，科学合理编制预算，加强补助资金统筹使用，积极盘活财政存量资金，加大结转结余资金消化力度，增加资金有效供给，发挥补助资金合力，提升资金使用效益。

第十条 从2019年开始，自治区财政厅、民政厅根据预算管理相关规定，将下一年度兜底脱贫资金预计数提前下达各地财政部门。

各地财政部门应建立相应的预算指标提前下达制度，在接到自治区财政提前下达预算指标后，会同民政部门及时下达本行政区域县级以上各级财政部门。

第十一条 各级财政部门要会同民政部门采取有效措施，加快预算执行进度，提高预算执行的均衡性和有效性。

第十二条 兜底脱贫资金要专款专用，由县级以上人民政府按照《社会救助暂行办法》相关规定和“两线合一”的总体要求，对已享受低保补助的特殊困难群体，精准核实其家庭经济状况。对家庭人均收入没有达到脱贫标准的，通过补差的方式予以补足，使其脱贫。

第十三条 各级财政、民政部门和经办机构应严格按规定使用，不得擅自扩大支出范围，不得以任何形式挤占、挪用、截留和滞留，不得向救助对象收取任何管理费用。补助资金不得用于工作经费，不得用于机构运转、大型设备购置和基础设施维修改造等支出。

第十四条 各地民政部门应根据脱贫攻坚工作进展，精准核实困难群众家庭经济状况的变化，及时按程序办理停发、减发或增发保障补助金的手续。保障对象和补助水平变动情况应及时向社会公示。

第十五条 各级财政、民政部门应建立健全资金监管机制，定期对补助资金的使用管理情况进行检查，及时发现和纠正有关问题，并对资金发放情况进行公示，接受社会监督。

第十六条 各级财政、民政部门应自觉接受审计、监察等部门的监督和社会监督。

第十七条 年度执行结束后，自治区财政厅、民政厅应组织开展对兜底脱贫资金的绩效评价，主要内容包括资金投入与使用、预算执行、资金管理、保障措施、资金使用效益等。同时，绩效评价结果将作为调整政策、分配自治区财政补助资金的重要依据。

第十八条 各级财政、民政部门及其工作人员在兜底脱贫资金的分配审核、使用管理等工作中，存在违反本办法规定的行为，以及其他滥用职权、玩忽职守、徇私舞弊等违法违纪行为的，按照《中华人民共和国预算法》、《中华人民共和国公务员法》、《中华人民共和国行政监察法》、《财政违法行为处罚处分条例》等国家有关规定追究相应责任。涉嫌犯罪的，依法移送司法机关处理。

第十九条 本办法由自治区财政厅会同民政厅负责解释。

第二十条 本办法自印发之日起开始执行。

关于印发《自治区全民健康体检资金管理办法（试行）》的通知

（2018 年 8 月 28 日 自治区财政厅、卫生和计划生育委员会、人力资源和社会保障厅、教育厅、民政厅 新财社〔2018〕121 号）

伊犁哈萨克自治州财政局、卫生计生委、人社局、教育局、民政局，各地州市财政局、卫生计生委、人社局、教育局、民政局：

为规范和加强全民健康体检资金管理，提高资金使用效率，自治区财政厅会同自治区卫生和计划生育委员会、自治区人力资源和社会保障厅、自治区教育厅、自治区民政厅制定了《自治区全民健康体检资金管理办法（试行）》，现印发给你们，请认真贯彻执行。

附件：自治区全民健康体检资金管理办法（试行）

附件：

自治区全民健康体检资金管理办法（试行）

第一章 总 则

第一条 为规范和加强全民健康体检资金（以下简称“体检资金”）的管理，提高资金的使用效率，根据《关于印发自治区全民健康体检工程实施方案（试行）的通知》（新政办明电〔2016〕303号）有关规定，制定本办法。

第二条 本办法所称体检资金，是指由各级财政、卫生计生、人社、教育、民政等部门安排的用于全民健康体检项目的资金。

第二章 补助范围及资金来源

第三条 体检资金按照资金来源是指由各级财政、卫生计生、人社、责”的原则保障。各地做好全民健康体检资金的测算，加大统筹力度，并将体检资金纳入各级财政预算予以保障，自治区财政根据各地全民健康体检工作开展情况给予一定补助。

（一）0—6岁（含6周岁）儿童体检资金，由基本公共卫生服务经费中支出，卫生计生部门负责落实。

（二）7岁以上（含7岁）在校学生体检资金，按照《关于印发〈自治区教育系统全民健康体检工作实施方案（试行）的通知》（新教体艺〔2016〕3号）和《自治区中小学生健康体检经费使用及支付流程》（新教财〔2014〕212号）要求，由教育部门负责落实。其中，“血红蛋白”检测项目所需经费，凡是参加城乡居民基本医保的在校学生，由城乡居民基本医保基金予以支付；未参加城乡居民基本医保的在校学生由当地财政解决。

（三）15岁（含15岁）至64岁的城乡居民（含高等学校、高等职业学校、民办学校等在校学生）体检资金，参加城镇职工基本医保和城乡居民基本医保的由基本医保结余基金承担，基金结余在合理区间以下的，体检经费由统筹地区财政解决；未参加基本医保的，由当地财政统筹解决。

（四）65岁（含65岁）至80岁的城乡居民体检资金从基本公共卫生服务经费支付，不足部分由地方财政承担。

（五）80岁以上（含80岁）城乡居民体检资金由民政部门负责落实。

（六）机关企事业单位职工（含退休人员）体检资金，由职工所在单位负责落实；确无经费保障渠道的，体检经费经当地财政、人社、卫生计生部门共同确认后，由城镇职工基本医保结余基金承担，如基金结余在合理区间以下的，体检经费由各地财政统筹解决。另外，机关企事业单位原开展的每年一次体检工作，其体检资金按照原渠道落实。

（七）疆内新疆籍流动人口体检资金，在居住地参加城乡居民基本医保的，体检经费由各基本医保结余基金承担基金结余在合理区间以下的，体检经费由居住地财政统筹解决。未参加基本医保的，由居住地财政统筹解决。在职职工体检经费由用人单位负责落实。

（八）疆外新疆籍流动人员体检资金，返回原籍健康体检的体检经费，按照原籍城乡居民的经费保障渠道执行。疆外学生在每年假期返乡期间，持学校相关证明及户籍相关证明到所属乡镇卫生院和社区卫生服务中心进行健康体检，所需体检经费由各地财政统筹解决。

第四条 全民健康体检资金原则上按照每人100元的标准执行，该标准应根据经济社会发展水平和物价水平适时调整，确保全民健康体检项目任务完成。

第三章 资金的拨付及管理

第五条 自治区财政厅、卫生计生委按照《预算法》及预算管理有关规定，每年10月底前完成下一年度资金测算，并确定资金分配方案，编入下年度预算，年底前将下一年度补助资金预计数提前下达各地，并在自治区人民代表大会批准预算后的90日内正式下达补助资金。各地州市财政部门在收到自治区补助资金后，应当在30日内会同同级卫生计生部门将资金分配下达下级财政部门。

第六条 同级卫生计生、财政、人社、教育、民政等部门，按月或按季度对承担全民健康体检任务的各级医疗机构体检任务审核后，按照完成的体检人数和标准向体检机构拨付资金。

第七条 同级财政部门对于实施人社、教育、民政等部门，按月或按季度，要认真核定体检工作任务量，保障体检经费需求，上缴的全民健康体检经费要全部用于全民健康体检工作。

第八条 卫生计生部门和承担全民健康体检任务的基层医疗卫生机构对财政部门拨付的资金要实行分账管理，建立健全财务、会计制度，规范资金管理。

第九条 基层医疗卫生机构获得的体检资金可统筹用于全民健康体检工作和维持机构运转所必需的相关支出，主要包括人员经费、公用经费、体检耗用的材料成本及体检设备的购置。不得将资金用于项目规定用途之外的工作以及国家规定不得列支的其他费用；不得用于基本建设、各种罚款、偿还债务、捐赠赞助、投资等支出。

第十条 体检资金支付按照国库集中支付的相关规定执行。资金使用过程中，涉及政府采购的，应当按照政府采购有关法律法规制度执行。

第四章 资金的监督与考核

第十一条 卫生计生部门会同财政、人社、教育、民政等部门对项目执行情况开展绩效评价。绩效评价原则上每年一次，评价内容主要包括：项目组织管理、资金使用情况、任务完成数量、质量和时效，以及经济和社会效益、可持续影响、社会满意度等。具体考核办法由自治区卫计委另行制定。

第十二条 自治区本级财政体检补助资金与项目绩效评价结果挂钩。对考核排名后三位的地（州、市），按照一定比例核减下一年度自治区体检补助资金，核减资金用于奖励排名前三位的地（州、市）。被核减资金的地（州、市）由当地财政补足缺口资金。

第十三条 各地（州、市）卫生计生、财政、人社、教育、民政等部门参照自治区考核办法，制定本地区体检资金绩效评价方案。自治区各相关部门适时进行抽查。

第十四条 体检资金使用情况依法接受纪监委、审计、财政等部门监督。必要时可以委托专业机构或具有资质的社会中介机构开展资金监督检查工作。

第十五条 各级财政、卫生计生、人社、教育、民政等相关部门不得擅自扩大支出范围，改变支出用途，不得以任何形式挤占、挪用、截留和滞留。年末未支出的资金，按照自治区对结转结余资金管理的有关规定管理。在资金分配审核工作中，存在违反规定分配资金、向不符合条件的单位分配资金或者擅自超出规定的范围、标准分配使用专项资金，以及其他滥用职权、玩忽职守、徇私舞弊违法行为，按照《中华人民共和国预算法》《中华人民共和国公务员法》《中华人民共和国行政监察法》《财政违法行为处分条例》等国家有关规定追究相应责任，涉嫌犯罪的，移送司法机关处理。

第五章 附 则

第十六条 本办法由自治区财政厅负责解释。

第十七条 本办法自公布之日起30日后实施，与本办法规定相违背的，以本办法为准。

关于印发《自然灾害生活救助资金管理暂行办法》的通知

（2018年10月15日 自治区财政厅、民政厅 新财社〔2018〕196号）

各地、州、市财政局、民政局：

为了加强自然灾害生活救助资金管理，落实自然灾害分级管理责任，切实保障受灾各族群众基本生活，现将自治区财政厅、自治区民政厅《自然灾害生活救助资金管理暂行办法》印发你们，请遵照执行。

附件：自然灾害生活救助资金管理暂行办法

附件：

自然灾害生活救助资金管理暂行办法

第一条 为规范和加强自然灾害生活救助资金（以下简称救助资金）管理，提高资金使用效益，切实保障受灾群众基本生活，根据财政部、民政部《关于印发〈自然灾害生活救助资金管理暂行办法〉的通知》等文件规定，制定本办法。

第二条 本办法所称救助资金，是指自治区财政筹集、安排的自然灾害生活救助资金，主要用于解决遭受自然灾害地区的居民无力克服的衣、食、住等临时困难，紧急转移安置和抢救受灾群众，抚慰因灾遇难人员家属，恢复重建倒损住房，以及采购、管理、储运救灾物资等项支出。

第三条 各级财政、民政部门应根据本地区经济发展水平和财力，合理确定对受灾群众的救助项目和救助标准，保障受灾群众的基本生活。对遭受特大自然灾害的地（州、市），自治区财政给予适当补助。

第四条 受灾地一次自然灾害过程出现《关于印发新疆维吾尔自治区自然灾害救助应急预案的通知》（新政办发〔2017〕188号）规定情况的，视为特大自然灾害。

第五条 自治区财政对遭受特大自然灾害的地区，按以下项目安排救助资金：

灾害应急救助，用于紧急抢救和转移安置受灾群众，解决受灾群众灾后应急期间无力克服的吃、穿、住、医等临时生活困难。

遇难人员家属抚慰，用于向因灾死亡人员家属发放抚慰金。

过渡性生活救助，用于帮助“因灾房屋倒塌或严重损坏无房可住、无生活来源、无自救能力”的受灾群众，解决灾后过渡期间的基本生活困难。

倒塌、损坏住房恢复重建补助，用于帮助因灾住房倒塌或严重损坏的受灾群众重建基本住房，帮助因灾住房一般损坏的受灾群众维修损坏住房。

旱灾临时生活困难救助，用于帮助因旱灾造成生活困难的群众解决口粮和饮水等基本生活困难。

冬春临时生活困难救助，用于帮助受灾群众解决冬令春荒期间的口粮、衣被、取暖等基本生活困难。

中央级救灾储备物资采购和管理费，用于采购中央级救灾储备物资；补助民政部和财政部指定代储单位管理中央级救灾储备物资费用支出。

第六条 救助资金使用和管理要坚持公开、公平、公正的原则。

第七条 自治区财政厅会同民政厅对救助资金实施全程预算绩效管理。自然灾害发生后，受灾地民政部门商同级财政部门设定救助资金区域绩效目标，明确资金与工作预期达到的效果，报自治区民政厅审核。民政厅在完成绩效目标审核后提出救助资金的申请建议及当年整体绩效目标和分区域绩效目标，函报财政厅。自治区财政厅根据灾情情况，报请自治区人民政府同意后拨付救助资金，同步下达区域绩效目标。年度执行中，自治区民政厅会同财政厅指导受灾地民政部门、财政部门对绩效目标实现情况进行监控，确保绩效目标如期实现。

第八条 受灾地财政部门收到救助资金后，应将其与本级财政安排的资金统筹使用，商同级民政部门制定本地（州、市）资金分配方案，并于30日内正式分解下达本行政区域县级以上受灾地财政部门，并请参照自治区做法，将本地区绩效目标及时对下分解。

第九条 受灾地财政部门要会同民政部门优化财政支出结构，加强救助资金统筹使用，增加资金有效供给，加快预算执行进度，发挥救助资金合力，提升资金使用效益。

第十条 救助资金支付按照国库集中支付制度有关规定执行。

救助金发放原则上采取社会化发放方式，支付到救助对象个人账户；采取现金救助形式的，要遵守财务管理有关规定；采取实物救助形式的，要严格按照政府采购管理有关规定，及时采购救助物资并发放到受灾群众手中。

第十一条 救助资金要专款专用。各级财政、民政部门和经办机构应严格按规定使用，不得擅自扩大支出范围，不得以任何形式挤占、挪用、截留和滞留，不得向救助对象收取任何管理费用。

第十二条 各级财政、民政部门应建立健全资金监管机制，定期对救助资金的使用管理情况进行检查，及时发现和纠正有关问题，并对资金发放情况进行公示，接受社会监督。

第十三条 各级财政、民政部门应自觉接受审计、监察等部门的监督和社会监督。

第十四条 年度执行结束后，自治区财政厅、民政厅应组织开展对救助资金的绩效评价，主要内容包括资金投入与使用、预算执行、资金管理、保障措施、资金使用效益等。同时，将绩效评价结果作为调整政策、督促指导地方改进工作、分配救助资金的重要依据。

第十五条 各级财政、民政部门及其工作人员在救助资金的分配审核、使用管理等工作中，存在违反本办法规定的行为，以及其他滥用职权、玩忽职守、徇私舞弊等违法违纪行为的，按照《中华人民共和国预算法》《中华人民共和国公务员法》《中华人民共和国行政监察法》《财政违法行为处罚处分条例》等国家有关规定追究相应责任。涉嫌犯罪的，依法移送司法机关处理。

第十六条 各级财政、民政部门要形成合力，切实加强救助资金监管。同时，严格按照《自治区财政资金使用跟踪反馈管理暂行办法》（新财预〔2016〕113 号）规定，及时报送财政资金使用情况反馈单。

第十七条 各地、州、市财政、民政部门可参照本办法，结合当地实际，制定自然灾害救助资金管理具体办法。

第十八条 本办法由自治区财政厅会同民政厅负责解释。

第十九条 本办法自印发之日起开始施行。

关于印发《自治区高龄老人生活津贴和免费体检补助资金管理办法》的通知

（2018 年 10 月 12 日 自治区财政厅、民政厅 新财社〔2018〕197 号）

各地、州、市财政局、民政局：

为进一步加强自治区高龄老人生活津贴和免费体检补助资金管理，现将自治区财政厅、民政厅《自治区高龄老人生活津贴和免费体检补助资金管理办法》印发给你们，请遵照执行。

附件：自治区高龄老人生活津贴和免费体检补助资金管理办法

附件：

自治区高龄老人生活津贴和免费体检补助资金管理办法

第一条 为规范和加强自治区高龄老人生活津贴和免费体检补助资金（以下简称补助资金）管理，提高资金使用效益，支持各地高龄老人基本生活及免费体检工作，根据国家和自治区有关文件规定，制定本办法。

第二条 本办法所称补助资金是指自治区财政筹集、安排用于补助各地、州、市开展向 80 周岁以上老年人发放生活津贴和免费体检保障工作的资金。

第三条 补助资金使用和管理要坚持公开、公平、公正的原则。

第四条 自治区财政厅会同民政厅对补助资

金实施全程预算绩效管理。按照预算管理规定，各地民政部门商同级财政部门设定补助资金区域绩效目标，明确资金与工作预期达到的效果，报自治区民政厅审核。民政厅在完成绩效目标审核后提出补助资金的分配建议及当年全区整体绩效目标和分区域绩效目标，函报财政厅。自治区财政厅于每年自治区人民代表大会批准预算后30日内下达补助资金，同步下达绩效目标。年度执行中，自治区民政厅会同财政厅指导各地民政部门、财政部门对绩效目标实现情况进行监控，确保绩效目标如期实现。

第五条 自治区对各地补助标准及自治区财政与地方财政共同负担比例，按自治区党委办公厅、自治区人民政府办公厅《关于印发〈80周岁以上老年人基本生活津贴制度〉和〈80周岁以上老年人免费体检制度〉的通知》（新党办发〔2011〕31号）通知执行。

补助资金按因素法分配，主要参考各地补助人数、地方财政困难程度、工作绩效等因素。

第六条 地方财政部门收到补助资金后，应将其与本级财政安排的资金统筹使用，商同级民政部门制定本地（州、市）资金分配方案，并于30日内正式分解下达本行政区域县级以上各级财政部门，并请参照自治区做法，将本地区绩效目标及时对下分解。

第七条 各级财政部门要会同民政部门优化财政支出结构，科学合理编制预算，加强补助资金统筹使用，积极盘活财政存量资金，加大结转结余资金消化力度，增加资金有效供给，发挥补助资金合力，提升资金使用效益。

第八条 自治区财政厅、民政厅在每年11月31日前，根据预算管理相关规定，将下一年度补助资金预计数提前下达各地财政部门。

各地财政部门应建立相应的预算指标提前下达制度，在接到自治区财政提前下达预算指标后，会同民政部门于30日内下达本行政区域县级以上各级财政部门。

第九条 各级财政部门要会同民政部门采取有效措施，加快预算执行进度，提高预算执行的均衡性和有效性。

第十条 补助资金支付按照国库集中支付制度有关规定执行。

高龄老人生活津贴采取社会化发放方式，支付到补助对象（监护人）个人账户，免费体检所需资金按实际体检人数支付到实施体检的医疗机构。

县级民政、财政部门应当为补助对象在银行、信用社等代理金融机构办理接受补助资金的账户，也可依托社会保障卡、惠农资金“一卡通”等渠道发放补助资金，代理金融机构不得以任何形式向补助对象收取账户管理费用。

第十一条 补助资金要专款专用。各级财政、民政部门和经办机构应严格按规定使用，不得擅自扩大支出范围，不得以任何形式挤占、挪用、截留和滞留，不得向补助对象收取任何管理费用。

第十二条 各级财政、民政部门应建立健全资金监管机制，定期对补助资金的使用管理情况进行检查，及时发现和纠正有关问题，并对资金发放情况进行公示，接受社会监督。

第十三条 各级财政、民政部门应自觉接受审计、监察等部门的监督和社会监督。

第十四条 年度执行结束后，自治区财政厅、民政厅应组织开展对补助资金的绩效评价，主要内容包括资金投入与使用、预算执行、资金管理、保障措施、资金使用效益等。同时，将绩效评价结果作为调整政策、督促指导地方改进工作、分配自治区财政补助资金的重要依据。对考核不合格的地区扣减次年自治区财政补助资金，扣减地区所需资金由同级财政补足。

第十五条 各级财政、民政部门及其工作人员在补助资金的分配审核、使用管理等工作中，存在违反本办法规定的行为，以及其他滥用职权、玩忽职守、徇私舞弊等违法违纪行为的，按照《中华人民共和国预算法》《中华人民共和国公务员法》《中华人民共和国行政监察法》《财政违法行为处罚处分条例》等国家有关规定追究相应责任。涉嫌犯罪的，依法移送司法机关处理。

第十六条 各级财政、民政部门要形成合力，切实加强补助资金监管。同时，严格按照《自治区财政资金使用跟踪反馈管理暂行办法》（新财预〔2016〕113 号）规定，及时报送财政资金使用情况反馈单。

第十七条 各地、州、市财政、民政部门可参照本办法，结合当地实际，制定高龄老人生活津贴和免费体检补助资金管理具体办法。

第十八条 本办法由自治区财政厅会同民政厅负责解释。

第十九条 本办法自印发之日起开始施行。

关于印发《自治区财政困难群众救助补助资金管理办法》的通知

（2018 年 10 月 15 日　自治区财政厅、民政厅　新财社〔2018〕199 号）

各地、州、市财政局、民政局：

为进一步加强自治区财政困难群众救助补助资金管理，现将自治区财政厅、民政厅《自治区财政困难群众救助补助资金管理办法》印发给你们，请遵照执行。

附件：自治区财政困难群众救助补助资金管理办法

附件：

自治区财政困难群众救助补助资金管理办法

第一条 为规范和加强自治区财政困难群众救助补助资金（以下简称补助资金）管理，提高资金使用效益，支持各地做好困难群众救助工作，根据财政部、民政部《中央财政困难群众救助补助资金管理办法》等有关规定，制定本办法。

第二条 本办法所称补助资金是指自治区财政筹集、安排用于补助各地、州、市开展城乡最低生活保障、特困人员救助供养、临时救助、流浪乞讨人员救助、孤儿和艾滋病病毒感染儿童基本生活保障工作的资金。

第三条 补助资金使用和管理要坚持公开、公平、公正的原则。

第四条 财政厅负责会同民政厅对补助资金

实施全程预算绩效管理。按照预算管理规定，各地民政部门商同级财政部门设定补助资金区域绩效目标，明确资金与工作预期达到的效果，报自治区民政厅审核。民政厅在完成绩效目标审核后提出补助资金的分配建议及当年全区整体绩效目标和分区域绩效目标，函报财政厅。自治区财政厅于每年自治区人民代表大会批准预算后30日内，会同民政厅下达补助资金，同步下达区域绩效目标。年度执行中，自治区民政厅会同财政厅指导各地民政部门、财政部门对绩效目标实现情况进行监控，确保绩效目标如期实现。

第五条 补助资金按因素法分配，主要参考各地困难群众救助任务量、地方财政困难程度、地方财政努力程度、工作绩效等因素。每年分配资金选择的因素和权重，可根据年度工作重点适当调整。补助资金重点向贫困程度深、保障任务重、工作绩效好的地区倾斜。

第六条 地方财政部门收到补助资金后，应将其与本级财政安排的资金统筹使用，商同级民政部门制定本地（州、市）资金分配方案，并于30日内正式分解下达本行政区域县级以上各级财政部门，并请参照自治区做法，将本地区绩效目标及时对下分解。

第七条 各级财政部门要会同民政部门优化财政支出结构，科学合理编制预算，加强补助资金统筹使用，积极盘活财政存量资金，加大结转结余资金消化力度，增加资金有效供给，发挥补助资金合力，提升资金使用效益。

第八条 自治区财政厅、民政厅在每年11月31日前，根据预算管理相关规定，按当年补助资金实际下达数的一定比例，将下一年度补助资金预计数提前下达各地财政部门。

各地财政部门应建立相应的预算指标提前下达制度，在接到自治区财政提前下达预算指标后，会同民政部门于30日内下达本行政区域县级以上各级财政部门。

第九条 各级财政部门要会同民政部门采取有效措施，加快预算执行进度，提高预算执行的均衡性和有效性。

对于全年困难群众救助资金支出少于当年自治区财政下达该地（州、市）的补助资金的地区，自治区财政将在下年分配补助资金时适当减少对该地（州、市）的补助。

第十条 补助资金支付按照国库集中支付制度有关规定执行。

低保金、散居特困人员救助供养金、临时救助金应采取社会化发放方式，支付到救助对象（监护人）个人账户，集中供养特困人员救助供养金应统一支付到供养服务机构集体账户。孤儿基本生活费应支付到孤儿和艾滋病病毒感染儿童本人或其监护人个人账户，集中养育的孤儿和艾滋病病毒感染儿童基本生活费应统一支付到福利机构集体账户。

县级民政、财政部门应当为救助家庭或个人在银行、信用社等代理金融机构办理接受补助资金的账户，也可依托社会保障卡、惠农资金“一卡通”等渠道发放补助资金，代理金融机构不得以任何形式向救助家庭或个人收取账户管理费用。

第十一条 补助资金要专款专用，用于为低保对象发放低保金，为特困人员提供基本生活条件、对生活不能自理的给予照料、提供疾病治疗、办理丧葬事宜，向启动价格补贴联动机制后的困难群众发放生活补助，为临时救助对象发放临时救助金或实物，为孤儿和艾滋病病毒感染儿童发放基本生活费，为生活无着的流浪乞讨人员实施主动救助、生活救助、医疗救治、教育矫治、返乡救助、临时安置并实施未成年人社会保护，以及用于政府购买社会救助服务工作和推行民政村级协理员提供经费保障。补助资金使用后按支出方向单独记账，分别核算。

各级财政、民政部门和经办机构应严格按规定使用，不得擅自扩大支出范围，不得以任何形式挤占、挪用、截留和滞留，不得向救助对象收取任何管理费用。补助资金不得用于工作经费，不得用于机构运转、大型设备购置和基础设施维修改造等支出。

第十二条 各级财政、民政部门应建立健全资金监管机制，定期对补助资金的使用管理情况进行检查，及时发现和纠正有关问题，并对资金发放情况进行公示，接受社会监督。

第十三条 各级财政、民政部门应自觉接受审计、监察等部门的监督和社会监督。

第十四条 年度执行结束后，自治区财政厅、民政厅应组织开展对补助资金的绩效评价，主要内容包括资金投入与使用、预算执行、资金管理、保障措施、资金使用效益等。同时，将绩效评价结果作为调整政策、督促指导地方改进工作、分配自治区财政补助资金的重要依据。对考核不合格的地区扣减次年自治区财政补助资金，扣减地区所需资金由同级财政补足。

第十五条 各级财政、民政部门及其工作人员在补助资金的分配审核、使用管理等工作中，存在违反本办法规定的行为，以及其他滥用职权、玩忽职守、徇私舞弊等违法违纪行为的，按照《中华人民共和国预算法》《中华人民共和国公务员法》《中华人民共和国行政监察法》《财政违法行为处罚处分条例》等国家有关规定追究相应责任。涉嫌犯罪的，依法移送司法机关处理。

第十六条 各级财政、民政部门要形成合力，切实加强补助资金监管。同时，严格按照《自治区财政资金使用跟踪反馈管理暂行办法》（新财预〔2016〕113号）规定，及时报送财政资金使用情况反馈单。

第十七条 各地、州、市财政、民政部门可参照本办法，结合当地实际，制定高龄老人生活津贴和免费体检补助资金管理具体办法。

第十八条 本办法由自治区财政厅会同民政厅负责解释。

第十九条 本办法自印发之日起开始施行。

关于印发《关于强化城乡医疗救助资金监督管理的通知》的通知

（2018年10月15日　自治区财政厅、民政厅　新财社〔2018〕200号）

伊犁哈萨克自治区州财政局、民政局，各地、州、市财政局、民政局：

《关于印发〈新疆维吾尔自治区城乡医疗救助基金管理办法〉的通知》（新财社〔2014〕70号）印发以来，对进一步规范我区城乡医疗救助资金使用管理等方面发挥了重要作用。为突出绩效管理导向，强化城乡医疗救助资金监督管理，现将有关事项通知如下：

一、强化绩效管理意识，健全绩效管理制度。自治区财政厅会同自治区民政厅下达年度城乡医疗救助资金时一并下达区域绩效目标。各地财政部门在分配下达城乡医疗救助补助资金时要分解区域绩效目标，对所属县（市）提出明确工作要求。

各地财政、民政部门于次年2月底之前，将本地区绩效评价自评报告和绩效目标自评表以正式文件形式报送自治区财政厅、民政厅审核。自治区财政会同自治区民政厅完善绩效评价结果与预算安排和政策调整挂钩机制，强化绩效管理责任约束，切实做到花钱必问效、无效必问责。

二、强化专项资金跟踪监督。各地财政、民政部门要形成合力，切实加强城乡医疗救助资金监管，每年不少于2次检查。各地可通过委托审计部门、政府购买服务或聘请具备资质的社会中介组织开展第三方监督检查。

各地要严格按照《自治区财政资金使用跟踪反馈管理暂行办法》（新财预〔2016〕113号）规定，负责本地区城乡医疗救助资金使用和管理，坚决杜绝资金滞拨、挤占、截留、挪用等违纪违规问题，有效解决当前存在的跟踪问效不够、资金效益不高等问题，及时报送财政资金使用情况反馈单。

三、严肃工作纪律，确保专款专用。地方各级财政部门、民政部门及其工作人员在资金审批、下达工作中，存在违反规定分配资金、向不符合条件的单位或人员分配资金、擅自超出规定的范围或者标准分配或使用资金等行为，以及其他滥用职权、玩忽职守、徇私舞弊等违法违纪行为的，按照《预算法》、《公务员法》、《行政监督法》、《财政违法行为处罚处分条例》等国家有关规定追究相应责任；涉嫌犯罪的，移送司法机关处理。对违规使用资金的地区，自治区财政将相应扣减其下一年度补助资金；情节严重的，在全区范围内予以通报。

关于印发《自治区乡村医生补助资金管理办法》的通知

（2018年10月15日　自治区财政厅、卫生和计划生育委员会
新财社〔2018〕205号）

伊犁哈萨克自治区州财政局、卫生计生委，各地（州、市）财政局、卫生计生委：

为规范和加强乡村医生补助资金的管理，经认真研究，我们制定了《自治区乡村医生补助资金管理办法》，请遵照执行。

附件：自治区乡村医生补助资金管理办法

附件：

自治区乡村医生补助资金管理办法

第一条 为规范和加强乡村医生补助资金的管理，提高资金使用效率，根据《贯彻落实国务院办公厅关于进一步加强乡村医生队伍建设实施意见的意见》（新政办发〔2015〕159号）有关规定，制定本办法。

第二条 本办法所称补助资金，是指由自治区财政安排的专项用于提高乡村医生待遇的资金。

第三条 乡村医生财政补助标准及各级财政分担比例继续按照自治区人民政府办公厅《关于进一步加强乡村医生队伍建设的实施意见》（新政办发〔2012〕87号）规定执行。

第四条 各地要按照《关于印发〈自治区本级部门预算绩效目标管理暂行办法〉的通知》（新财预〔2018〕21号）要求，做好补助资金绩效目标的设立、审核、下达工作。

第五条 自治区卫计委提出年度预算安排建议，财政厅根据项目支出预算管理规定，研究确定具体预算金额。

第六条 自治区卫计委对项目执行情况开展绩效评价。项目绩效评价结果与财政补助资金挂钩。对考核不合格的地区扣减次年自治区财政补助资金，扣减地区所需资金由同级财政补足。

第七条 自治区财政厅、卫生计生委按照《预算法》及预算管理有关规定，每年10月底前完成下一年度资金测算，并确定资金分配方案，编入下年度预算，年底前将下一年度补助资金预计数提前下达各地，并在自治区人民代表大会批准预算后的90日内正式下达补助资金，同时一并下达整体区域绩效目标。

各地州市财政部门在收到自治区补助资金后，应当在30日内会同同级卫生计生部门将资金分配下达下级财政部门，在分配下达补助资金时要分解区域绩效目标，对所属县（市）提出明确工作要求，并负责完善绩效评价结果与预算安排和政策调整挂钩机制，强化绩效管理责任约束，切实做到花钱必问效、无效必问责。

各地财政、卫生计生部门要于次年2月底之前，将本地区绩效评价自评报告和绩效目标自评表以正式文件形式报送自治区财政厅、卫生和计划生育委员会审核。

第八条 各级财政、卫生计生部门要加强对资金使用情况的监督管理，每年至少开展2次补助资金管理和使用情况监督检查，各地可通过委托审计部门、政府购买服务或聘请具备资质的社会中介组织开展第三方监督检查。

第九条 各地要严格按照《自治区财政资金使用跟踪反馈管理暂行办法》（新财预〔2016〕113号）规定，负责本地区乡村医生补助资金使用和管理，不得擅自扩大支出范围，改变支出用途，不得以任何形式挤占、挪用、截留和滞留。年末未支出的资金，按照自治区对结转结余资金管理的有关规定管理。在资金分配审核工作中，存在违反规定分配资金、向不符合条件的单位分配资金或者擅自超出规定的范围、标准分配使用专项资金，以及其他滥用职权、玩忽职守、徇私舞弊违法行为，按照《中华人民共和国预算法》、《中华人民共和国公务员法》、《中华人民共和国行政监察法》、《财政违法行为处分条例》等国家有关规定追究相应责任，涉嫌犯罪的，移送司法机关处理。

第十条 本办法由自治区财政厅负责解释。

第十一条 本办法自印发之日起施行。

关于印发《新疆维吾尔自治区就业资金管理暂行办法》的通知

（2018 年 12 月 6 日　自治区财政厅、人力资源和社会保障厅
新财社〔2018〕241 号）

伊犁哈萨克自治州财政局、人力资源和社会保障局，各地（州、市）财政局、人力资源和社会保障局：

为认真贯彻落实中央和自治区各项促进就业政策，进一步规范就业资金管理，根据《中华人民共和国预算法》《中华人民共和国就业促进法》《中共中央国务院关于全面实施预算绩效管理的意见》（中发〔2018〕34 号）、《国务院关于做好当前和今后一个时期促进就业工作的若干意见》（国发〔2018〕39 号）、《关于印发〈就业资金管理暂行办法〉的通知》（财社〔2017〕164 号）、《关于做好当前和今后一段时期就业创业工作的实施意见》（新政发〔2017〕129 号）和《人力资源社会保障部 财政部关于进一步加大就业扶贫政策支持力度着力提高劳务组织化程度的通知》（人社部发〔2018〕46 号）等相关法律法规及促进就业文件规定，我们会同自治区人力资源和社会保障厅修订完善了《新疆维吾尔自治区就业资金管理暂行办法》，现予印发，请遵照执行。

联系人及联系电话：

自治区财政厅：阿不都热依木江·普拉提 0991－2837132

自治区人力资源和社会保障厅：马建云 0991－3689675

附件：新疆维吾尔自治区就业资金管理暂行办法

附件：

新疆维吾尔自治区就业资金管理暂行办法

第一章　总　则

第一条　为进一步规范就业资金管理，认真落实中央和自治区各项促进就业政策，切实提高就业资金安全性、规范性和有效性，根据《中华人民共和国预算法》《中华人民共和国就业促

进法》《中共中央国务院关于全面实施预算绩效管理的意见》（中发〔2018〕34号）、《国务院关于做好当前和今后一个时期促进就业工作的若干意见》（国发〔2018〕39号）、《关于印发〈就业资金管理暂行办法〉的通知》（财社〔2017〕164号）、《关于做好当前和今后一段时期就业创业工作的实施意见》（新政发〔2017〕129号）和《人力资源社会保障部 财政部关于进一步加大就业扶贫政策支持力度着力提高劳务组织化程度的通知》（人社部发〔2018〕46号）等相关法律法规及促进就业文件规定，制定本办法。

第二条 就业资金由各级财政部门和人力资源和社会保障部门（以下简称“人社部门”）共同管理。县级以上（含县级，下同）各级财政部门要完善就业资金绩效管理的责任约束机制。县级以上各级人社部门是就业资金绩效管理的责任主体，对促进就业重大项目的责任人实行绩效终身责任追究制，切实做到花钱必问效、无效必问责。各地要建立就业资金“谁使用，谁负责”“谁使用，谁绩效”的责任追究机制。

第三条 就业资金使用管理应遵循的原则：

（一）注重普惠，重点倾斜。落实国家和自治区普惠性就业创业政策，重点支持未就业高校毕业生、贫困家庭劳动力、城镇“零就业家庭”、女性劳动者和残疾人等就业困难群体就业创业，资金分配适度向深度贫困地区和就业工作任务重的地区倾斜，促进不同群体和地区间公平就业。

（二）奖补结合，激励相容。优化制度设计，通过奖补结合、先缴（垫）后补等措施充分发挥各级就业政策执行部门、政策扶持对象的积极性、主动性。

（三）突出绩效，精准扶持。完善涵盖绩效目标管理、绩效运行监控、绩效评价管理、评价结果应用等各环节的资金和业务管理流程，提高政策可操作性和精准性，以绩效导向和结果导向强化就业资金管理。

第二章 资金筹集

第四条 本办法所规范的就业资金包括：

（一）中央财政下达我区的就业补助资金；

（二）自治区各级财政部门年度预算安排的促进就业专项资金；

（三）按照《失业保险条例》和自治区有关规定，自治区本级及各地州（市）从失业保险基金中提取，用于促进就业的专项资金；

（四）就业资金利息收入；

（五）按规定从工业结构调整专项奖补资金中统筹纳入就业资金管理范围的补助资金；

（六）用于促进就业的社会募捐等其他资金。

第五条 县级以上财政部门应当根据就业形势变化和就业工作的需要，积极调整财政支出结构，加大资金投入。各级财政部门依法在年度财政预算中安排一定比例的促进就业专项资金，确保就业政策落实到位。同时，要加强就业资金使用管理的绩效评估，充分发挥资金使用效益和杠杆导向作用。各级财政部门年度预算安排的促进就业专项资金全部实行国库集中支付制度，严禁转入财政专户。

第三章 资金支出范围

第六条 就业资金使用范围：

就业补助资金分为对个人和单位的补贴、公共就业服务能力建设补助等两类。

对个人和单位的补贴资金是指职业培训补贴、职业技能鉴定补贴、社会保险补贴、公益性岗位补贴、就业见习补贴、求职创业补贴、就业援助金、自主创业补贴、岗位补贴等补贴支出。公共就业服务能力建设补助资金是指就业创业服务补助和高技能人才培养补助等方面的支出。就业资金补贴项目与失业保险待遇有重复的，个人和单位不可重复享受。

（一）中央、自治区及各级财政预算安排的就业资金支出范围：中央、自治区及各级财政预算安排的就业资金专项用于职业培训补贴、职业技能鉴定补贴、社会保险补贴、公益性岗位补贴、就业见习补贴、求职创业补贴、就业援助金、自主创业补贴、岗位补贴、就业创业服务补助和高技能人才培养补助等支出。

（二）自治区本级及各地州市按规定从失业保险基金中提取，并用于促进就业的专项资金支出范围：从失业保险基金中提取的就业资金在足额保障各项促进就业补贴支出的前提下，可用于促进就业相关的自治区本级“两油一铁”单位就业培训支出、喀什和田地区城乡富余劳动力有组织转移就业、就业扶贫、深度贫困地区富余劳动力转移就业、就业创业政策宣传、基本劳动素质培训、职业技能竞赛、公共实训基地实训设备购置、公共就业创业服务平台建设、创业型县市创业引导补助资金、促进就业以奖代补、创业孵化基地建设与管理、普通高校毕业生赴援疆省市培养、农村富余劳动力转移就业以奖代补、高技能人才培训、高技能人才培训基地和技能大师工作室建设、国家通用语言培训补贴和站点建设、技工院校师资培训、就业创业信息化建设、技工院校精品课程建设、政府购买公共就业服务支出以及自治区党委、人民政府确定的与促进就业工作有关的支出。

国家和自治区对从失业保险基金提取就业资金政策有明确规定时，各地要严格按照有关规定执行。以上支出要通过同级财政部门预算安排的专项资金中列支。同时，各级财政部门就业专户严格按照国家和自治区财政专户管理规定进行规范。

自治区人民政府印发的《自治区支持南疆四地州部分劳动密集型产业发展有关政策的通知》（新政办发〔2018〕78 号）有关补贴支出，由专项资金落实，不得从就业资金列支。

第七条 就业资金不得用于以下支出：

（一）办公用房建设支出；

（二）职工宿舍建设支出；

（三）购置交通工具支出；

（四）创业担保贷款基金和贴息等支出；

（五）发放工作人员津贴补贴等支出；

（六）“三公”经费支出；

（七）其他违反中央和自治区廉洁自律规定的支出事项。

第八条 中央和自治区直属企业职工的促进就业工作要按照属地管理的原则纳入所在地政府的就业工作规划，所需资金由当地政府统筹安排落实。各地不得因隶属关系等原因将中央和自治区直属企业职工职业培训和促进就业支出排除在就业扶持政策之外。

第九条 （一）对个人和单位的补贴：

1. 职业培训补贴。享受职业培训补贴的人员范围包括：参加企业新型学徒制培训的企业在职职工、城乡登记失业人员、贫困家庭劳动力、有组织转移就业人员。原则上每人每年只能享受一次职业培训补贴、一次创业培训补贴及一次国家通用语言培训补贴，享受职业培训补贴的培训期限最长不超过 12 个月。各地要全面实行职业培训补贴信息化实名制管理，培训人员相关信息要及时录入新疆职业培训信息管理系统。各级财政部门按照新疆职业培训信息管理系统提供的职业培训数据审核拨付职业培训补贴。

职业培训补贴要与培训后实现就业情况挂钩。个人申请培训补贴，培训合格按照标准50% 给予培训补贴，一年内实现就业的给予100% 补贴。培训机构组织培训并代为申请培训补贴的，培训后一年内就业率应达到 60% 以上，一年内创业成功率应达到 30% 以上，具体补贴比例或额度由各地人社部门会同财政部门结合当地实际研究确定。

职业技能培训补贴（包括新招录员工岗前培训补贴）根据培训类型、培训层次、培训课时和培训成本据实核算，最高不超过 1 800 元/人。专项职业能力培训补贴标准最高不超过 400 元/人次。创业培训补贴不超过 1 250 元/人，当地培训成本核定在 1 250 元以下的，按实际核定的补贴标准执行；高校在校学生创业培训补贴标准为600元/人。国家通用语言培训补贴标准不超过每人1 000元。高级技师培训补贴不超过1 500元/人；技师培训补贴不超过1 200元/人，高级工培训补贴不超过1 000元/人。有组织转移就业基本劳动素质培训补贴按照每人每天50元、伙食补助按照每人每天15元标准发放，最高不超过每人500元。纺织服装企业岗前培训补贴、社会保险补贴等支出，按照自治区纺织服装专项补贴管理办法执行。企业新型学徒制培训补贴政策另行研究制定。学徒培养目标以符合企业岗位需求的中、高级技术工人为主，培养期限为1-2年，特殊情况可延长到3年。

各地根据当地就业培训工作实际制定具体职业（工种）类别、专项职业能力类别及补贴标准，由地州市人社部门会同财政部门确定后向社会公布，并向同级审计部门和自治区人力资源和社会保障厅备案。

各地要支持实施数字技能提升专项培训，将数字经济相关职业纳入就业技能培训和高技能人才培训补贴范围。同时，要整合职业院校和企业实训资源，加大实操比重，加强公共实训基地建设，提高职业技能实训能力，培养更多符合产业发展需求的实用人才。

各地要根据贫困劳动力就业意愿和市场用工需求，大规模开展职业培训，创新培训形式，优化项目开发，加强师资配置，提升培训质量。鼓励通过项目制方式，整建制购买职业技能培训或创业培训项目，为贫困劳动力免费提供培训。对参加职业培训的贫困劳动力、就业困难人员和零就业家庭成员，在培训期间给予基本生活费补贴，具体补助标准由当地财政、人社部门研究制定。生活费补贴政策每人每年只享受一次，且不可同时领取失业保险金。对企业、农民专业合作社、扶贫车间、卫星工厂等各类生产经营主体吸纳贫困劳动力就业并开展以工代训的，根据吸纳人数和当地职业培训补贴标准一次性给予职业培训补贴。

2. 职业技能鉴定补贴。享受职业培训补贴人员通过初次职业技能鉴定并取得职业资格证书或专项职业能力证书的，可申请一次性职业技能鉴定补贴，高技能人才初次取得职业资格证书，可再申请一次性职业技能鉴定补贴。职业技能鉴定补贴不超过160元/职业（工种），专项能力考核鉴定补贴不超过40元/职业（工种）。

3. 社会保险补贴。除对距法定退休年龄不足5年的就业困难人员可延长至退休外，其余人员的社会保险补贴最长不超过3年（以初次核定其享受社会保险补贴时年龄为准），并在就业创业地申请享受社会保险补贴。

各地要支持劳动者通过新兴业态实现多元化就业，从业者与新兴业态企业签订劳动合同的，企业要依法为其参加职工社会保险，符合条件的企业可按规定享受企业吸纳就业扶持政策。各地根据实际，可按季或按年审核拨付社会保险补贴。具体补贴标准如下：

（1）各类企业新招用新疆籍劳动者的社会保险补贴，按企业实际缴纳基本养老保险费的50%给予补贴。

（2）各类企业招用高校毕业生和就业困难人员的社会保险补贴标准，按企业实际缴纳的基本养老保险、基本医疗保险、失业保险费之和给予补贴，最高补贴标准不超过自治区上年度职工社会平均工资的100%为缴费基数计算的社会保险费。

（3）中小微企业、劳动密集型企业和困难企业招用新疆籍劳动者的社会保险补贴标准，按企业实际缴纳的基本养老保险费给予全额补贴。

（4）南疆四地州（包括喀什地区、和田地区、克孜勒苏柯尔克孜自治州、阿克苏地区，下同）中小微企业、劳动密集型企业和困难企业新招用新疆籍劳动者的社会保险补贴标准，按照企业实际缴纳的基本养老保险、基本医疗保险、失业保险费之和给予补贴。

（5）吸纳新疆籍劳动力就业的家政服务企业，按照企业为其缴纳的基本养老保险、基本医疗保险和失业保险费之和，给予全额补贴。

（6）高校毕业生到各类企业就业，按照企业为其缴纳的社会保险基数，其个人应缴纳的基本养老保险、基本医疗保险和失业保险费部分，给予全额补贴。

（7）公益性岗位就业人员的社会保险补贴标准，以自治区上年度职工社会平均工资的60%为缴费基数，按照单位为其缴纳的基本养老保险、基本医疗保险和失业保险费之和给予补贴。

（8）灵活就业或自主创业人员的社会保险补贴标准，按其本人实际缴纳的基本养老保险费给予补贴，最高补贴标准不超过自治区上年度职工社会平均工资的100%为缴费基数计算的基本养老保险费。

（9）从事灵活就业的就业困难人员和高校毕业生的社会保险补贴标准，按照其实际缴纳的基本养老保险、基本医疗保险、失业保险费之和的2/3给予补贴。

（10）高校毕业生返乡从事农牧业生产经营管理和服务的社会保险补贴标准，按其实际参加社会保险种类给予全额社会保险补贴。

（11）接收深度贫困地区转移就业劳动力和喀什、和田地区有组织转移城乡富余劳动力的企业，参照吸纳就业困难人员就业社会保险补贴政策，由接收地财政部门统筹自治区财政就业补助资金、地方财政就业专项资金和从失业保险基金提取的就业资金，按企业为转移就业人员实际缴纳的养老、医疗、失业保险等三项社会保险基金之和给予全额补贴。

4. 公益性岗位补贴。享受公益性岗位补贴的人员范围为城镇零就业家庭、夫妻双方失业家庭、享受城镇居民最低生活保障待遇家庭中的失业人员，女满45周岁、男满55周岁的城镇登记失业人员，连续失业一年以上的就业困难大中专毕业生和未完全丧失劳动能力且连续失业一年以上的病残失业人员。公益性岗位补贴标准参照当地最低工资标准执行。公益性岗位劳动合同实行一年一签制，除对距法定退休年龄不足5年的就业困难人员可延长至退休外，其余人员最长不超过3年。

接收深度贫困地区转移就业和喀什、和田地区有组织转移城乡富余劳动力在公益性岗位就业的，由接收地财政部门统筹自治区财政就业补助资金、地方财政就业专项资金和从失业保险基金提取的就业资金，按规定落实岗位补贴和社会保险补贴。实际补贴标准高于公益性岗位补贴标准的部分由当地财政单列预算解决。

各地要指导贫困县按照有关政策和资金管理的规定，统筹利用各类资金开发公益性岗位，为贫困劳动力提供帮扶，贫困地区人社部门应将新增和腾退的公益性岗位优先用于安置贫困劳动力。积极协调林业草原、交通、扶贫等部门，综合开发保洁保绿、治安协管、乡村道路维护、山林防护、孤寡老人和留守儿童看护等公益性岗位，鼓励贫困村利用村集体收益等资金开发公益性岗位，安置贫困劳动力就业。

5. 就业见习补贴。享受就业见习补贴的人员范围为在校应届毕业生和离校未就业高校毕业生（含技师学院高级工班、预备技师班和特殊教育院校职业教育类离校未就业毕业生）和16—24岁失业青年。就业见习期限最长不超过1年，见习期间从就业补助资金中按当地最低工资标准给予生活费补助，见习单位按不低于当地最低工资标准的50%发放岗位补助，并办理人身意外伤害保险。对见习期未满即与见习毕业生签订2年以上期限劳动合同并缴纳社会保险费的，可将剩余期限的见习补贴补发给见习单位。

6. 求职创业补贴。享受求职创业补贴的毕业生范围为父母或本人正在享受城乡居民最低生活保障、残疾或已获得国家或生源地助学贷款的毕业年度高校毕业生（含同等条件的技师学院高级工班、预备技师班和特殊教育院校职业教育类毕业生）。符合以上条件之一的毕业年度高校毕业生，可在就学地申请一次性求职创业补贴，补贴标准为每人800元，由毕业生所在高校组织符合条件的毕业生在离校前集中申请求职创业补贴。

对贫困劳动力通过有组织劳务输出到户籍所在县以外就业的，由输出地给予劳动者一次性求职创业补贴，补贴标准为每人800元。

7. 就业援助金。未就业大中专毕业生、城镇“零就业家庭”和建档立卡贫困家庭人员开办的小商店、小餐厅、小超市、小作坊、小饭店等微创业项目可申请就业援助金，补贴标准不超过5 000元。各地可根据当地就业创业工作实际和创业实体规模，制定公布分档补贴办法。就业援助金发放后不得要求归还。

各地筹集的就业援助金，经县级以上统筹城乡就业工作领导小组同意，也可集中使用到当地第二产业和第三产业就业岗位开发，如就业创业为一体的小市场、小巴扎等，以便集中安置当地未就业大中专毕业生、城镇“零就业家庭”和贫困家庭人员就业。

8. 岗位补贴支出。南疆四地州各类企业新招用当地少数民族高校毕业生、建档立卡贫困家庭高校毕业生就业或者各类企业招用职业学校或技工院校学生就业的，并签订2年以上劳动合同的，每年按照当地每月最低工资标准的三倍，将岗位补贴一次性直接拨付毕业生在银行开立的个人账户，最长不超过2年，鼓励毕业生到企业就业。

9. 自主创业补贴。在校及离校5年以内的未就业普通高等学校、职业学校、技工院校学生，在自治区范围内领取工商营业执照（或其他法定注册登记手续），正常经营6个月以上的，一次性给予2 000元的创业资助，创业实体只能申请享受一次，不得与就业援助金重复申领。

对首次创办小微企业或从事个体经营，且所创办企业或个体工商户自工商登记注册之日起正常运营6个月以上的贫困劳动力一次性给予2 000元的创业资助，创业实体只能申请享受一次，不得与就业援助金重复申领。

10. 促进到基层就业补贴。对返乡从事农牧业生产经营管理和服务的未就业高校毕业生，按其实际参加的社会保险种类给予社会保险补贴，并按当地最低工资标准给予最长3年的生活补贴。

11. 其他支出。各地使用自治区下达的就业资金和当地从失业保险基金提取的就业资金，需新增的促进就业其他支出项目，经地、州（市）人民政府批准，并报自治区财政厅、自治区人力资源和社会保障厅审核后实施。各地使用当地财政部门在年度财政预算安排的就业资金，并超出本办法规定的支出项目，可由同级人民政府批准后实施，并向同级审计部门备案。

（二）公共就业服务能力建设补助

1. 就业创业服务补助用于加强公共就业创业服务机构服务能力建设，重点支持信息网络系统建设及维护，公共就业创业服务机构及其与高校开展的招聘活动和创业服务，以及向社会购买基本就业创业服务成果。

县级以上财政、人社部门可通过就业创业服务补助资金，支持公共就业创业服务机构加强其公共就业创业服务信息网络系统建设及维护，对于基层公共就业创业服务机构承担的免费公共就业创业服务，应根据工作量、专业性和成效等，给予一定的补助，对公共就业创业服务机构及其与高校开展的招聘活动和创业服务，应根据服务人数、成效和成本等，给予一定的补助。县级以上财政、人社部门也可按政府购买服务相关规定，向社会购买基本就业创业服务成果。

各级财政部门根据公共就业创业服务机构享受财政补助编制内实有人数，并结合承担的免费公共就业创业服务工作量，由同级财政在部门预算中统筹安排人员、公用经费和必要的项目经费。

在工商行政部门登记注册的职业介绍中介机构，可按经其就业服务后实际就业的城镇登记失业人员人数向当县（市）人社部门申请就业创业服务补贴，补贴标准不超过每人150元，每人每年只享受一次。

失业人员可在常住地公共就业创业服务机构办理失业登记，申请享受当地就业创业服务、就业扶持政策、重点群体就业创业税收优惠政策等政策、资金支持。

在工商行政部门登记注册和经就业主管部门批准的职业中介机构或劳务经纪人，对成功介绍农村贫困家庭劳动力与当地企业或农业经济组织签订劳动合同或劳务协议且稳定就业6个月以上的，按每成功介绍1人就业给予50元就业创业服务补贴，每人每年只享受一次，不得与自治区农村富余劳动力以奖代补资金重复申领。

2. 高技能人才培养补助。高技能人才培养补助重点用于高技能人才培训基地建设和技能大师工作室建设支出。各地应当结合区域经济发展、产业振兴发展规划和新兴战略性产业发展的需要，依托具备高技能人才培训能力的职业培训机构、公共实训基地和大中型企业，建设高技能人才培训基地，重点保障高技能人才研修提升培训、高技能人才评价、职业技能竞赛、高技能人才课程研发、高技能人才成果交流等支出。

各地应当发挥高技能领军人才在带徒传技、技能攻关、技艺传承、技能推广等方面的重要作用，选拔行业、企业生产、服务一线的优秀高技能人才，依托其所在单位建设技能大师工作室，保障培训、研修、攻关、交流等支出。

各地人社部门要编制实施高技能人才培养中长期规划，确定本地区支持的高技能人才重点领域，并每年会同财政部门组织专家进行项目评审，并建立公示制度。

第四章　资金分配与下达

第十条　自治区就业资金分配下达按照《关于印发〈促进就业工作先进地区激励实施暂行办法〉的通知》（财办社〔2018〕1号）有关精神，对促进就业工作取得明显成效的地方予以激励。自治区就业补助资金分配因素包括基础因素、投入因素和绩效因素等三类。其中：基础因素主要根据城乡人口、劳动力人口、财政困难程度等指标，考核就业工作任务完成情况；投入因素主要根据地方政府就业资金的安排使用及结余等指标，重点考核就业资金使用管理情况；绩效因素考核各地实现新增就业、公共就业服务评估和落实各项就业政策的成效。每年分配资金选择的因素和权重，可根据年度就业工作任务适当调整。

第十一条　自治区于每年12月20日之前预告知下达各地下一年度部分就业资金预算指标。自治区和各地应将本级政府预算安排给下级政府的就业补助资金在本级人民代表大会批准预算后60日内正式下达到下级财政、人社部门。

自治区财政厅会同自治区人力资源和社会保障厅下达年度就业资金时一并下达区域绩效目标。各地财政部门在分配下达就业补助资金时也要分解区域绩效目标，对所属县（市）提出明确工作要求。各地财政、人社部门必须于次年1月10日之前，将本地区上年度绩效评价自评报告和绩效目标自评表以正式文件形式报送自治区财政厅、人力资源和社会保障厅审核。自治区财政会同自治区人力资源和社会保障厅完善绩效评价结果与预算安排和政策调整挂钩机制。

第五章　资金申请与使用

第十二条　就业资金的申领：

1. 职业培训补贴。参加职业培训人员，可向当地人社部门申请职业培训补贴，申请材料经人社部门审核后，财政部门按规定将补贴资金直接拨付给申请者本人在银行开立的个人账户或职业培训机构在银行开立的基本账户。职业培训补贴申请材料应附：培训人员身份证复印件、就业创业证复印件、职业资格证书（专项职业能力证书）或培训合格证书复印件、个人银行账户信息、就业或创业证明材料、职业技能（创业）培训补贴资金代申请协议、职业培训机构开具的行政事业性收费票据（或税务发票）等凭证材料。

城乡未继续升学的初、高中毕业生参加劳动

预备制培训、农村富余劳动力转移就业培训和建档立卡贫困家庭劳动力整建制培训补贴，可由职业培训机构代为申请。可由职业培训机构或招用工企业代为申请职业培训补贴，代为申请培训补贴的职业培训机构或招用工企业，必须将相关培训信息录入至自治区职业培训信息管理系统，严格落实实名制管理。

各地人社部门对培训补助申请要严格把关审核，确保申请材料完整，对承担培训任务的培训机构设定量化考核指标，要制定明确的监督与惩罚措施。

2. 职业技能鉴定补贴。职业技能鉴定补贴申请材料包括：申请人身份证复印件、就业创业证复印件、职业资格证书复印件、个人银行账户信息、职业技能鉴定机构开具的行政事业性收费票据（或税务发票）等凭证材料，经人社部门审核后，财政部门按规定将补贴资金支付给申请者本人在银行开立的个人账户或代为申请机构在银行开立的基本账户。

3. 社会保险补贴。社会保险补贴实行“先缴后补”的办法。

（1）企业吸纳登记失业人员的社会保险补贴。企业按季将符合享受社会保险补贴条件人员的缴费情况单独列出，向当地人社部门申请补贴。社会保险补贴申请材料包括：符合享受社会保险补贴条件的人员名单及身份证复印件、就业创业证复印件、劳动合同等就业证明材料复印件、社会保险征缴机构出具的社会保险费明细账（单）、单位在银行开立的基本账户等凭证材料，经人社部门审核后，财政部门将补贴资金支付到企业在银行开立的基本账户。

（2）到各类企业就业高校毕业生和自谋职业灵活就业人员向就业地人社部门申请社会保险补贴材料包括：毕业证和劳动合同复印件，由灵活就业人员签字、人社部门盖章确认的、注明具体从事灵活就业的岗位、地址等内容的相关证明材料，灵活就业人员身份证复印件、个人银行账户信息、就业创业证复印件、社会保险费征缴机构出具的社会保险费明细账（单）等凭证材料，经人社部门审核后，财政部门将补贴资金支付给申请者本人在银行开立的个人账户。

4. 公益性岗位补贴。在公益性岗位安置就业困难人员的单位，可按季向当地人社部门申请公益性岗位补贴。公益性岗位补贴申请材料包括：符合享受公益性岗位补贴条件的人员名单及身份证复印件、劳动合同复印件、就业创业证复印件、发放工资明细账（单）、单位在银行开立的基本账户等凭证材料，经人社部门审核后，财政部门将补贴资金支付到单位在银行开立的基本账户或公益性岗位安置人员本人的个人银行账户。

5. 就业见习补贴。就业见习补贴申请材料包括：参加就业见习的人员名单、就业见习协议书、见习人员身份证、就业创业证复印件和毕业证书复印件、单位发放基本生活补助明细账（单）、单位在银行开立的基本账户信息等凭证材料，经人社部门审核后，财政部门将补贴资金支付到单位在银行开立的基本账户。

6. 求职创业补贴。求职创业补贴申请材料包括：毕业年度高校毕业生（含技师学院高级工班、预备技师班和特殊教育院校职业教育类毕业生）获得国家助学贷款的证明材料、本人身份证件复印件、残疾毕业生和低保家庭毕业生的证明材料、建档立卡贫困家庭毕业生证明材料、个人银行账户等。各高校要对申请材料进行初审，并将初审通过的申请补贴人员名单进行公示。各高校将公示无异议的申请补贴人员名单及申请材料汇总报送高校所在地人社部门。人社部门应及时对申请材料进行审核，审核通过后将补贴发放人员名单和申请资金报告报送高校所在地同级财政部门。财政部门按规定审核拨付。

贫困劳动力通过有组织劳务输出到户籍所在县以外就业创业的，要向输出地人社部门提供身份证、就业创业证复印件、建档立卡贫困家庭证明材料、就业创业证明材料和本人在银行开立的个人账户等。人社部门应及时对申请材料进行审核，审核通过后将补贴发放人员名单和资金申请报告报送同级财政部门复审。财政部门按规定将补贴资金直接拨付至贫困家庭劳动力在银行开立的个人账户。

7. 就业援助金、岗位补贴、自主创业补贴和促进到基层就业补贴等就业补贴资金申请材料，参照以上规定由地州市人社部门会同同级财政部门制定，并建立公示制度。县级以上财政部门根据同级人社部门审核意见，将补贴资金支付到符合条件的有关人员在银行开立的个人账户。

第六章　资金管理

第十三条　县级以上人社部门负责各项补贴支出申请材料的审核，审核人员要签字确认。各地要严格按照《人力资源社会保障部办公厅 财政部办公厅关于在就业补助资金使用信息公开中进一步加强个人信息保护的通知》（人社厅发〔2017〕149号）规定，在公开时要注意隐藏或遮挡身份证号码部分数字，家庭住址、联系方式、银行卡号、出生日期、家庭困难状况、身体残疾情况等涉及享受补贴人员个人隐私的敏感信息不予公开，严禁以任何形式将落实政策、提供公共就业服务中获取的劳动者个人信息出售或提供给任何社会机构及个人，已经建立政策落实和资金管理信息系统的地区，要进一步加强网络信息安全防护建设，着力避免信息泄露。

第十四条　各级财政、人社部门认真落实《自治区党委办公厅 自治区人民政府办公厅印发〈关于加快推进失信被执行人信用监督、警示和惩戒机制建设的实施意见〉的通知》（新党办发〔2017〕53号）规定，健全各项促进就业补贴资金申领制度，限制失信被执行人申请享受就业创业补贴资金。

第十五条　县级以上人社部门受理申请后，应当及时完成审核工作，审核中应充分利用金保工程、社会保险、职业培训、公共就业服务等信息管理系统，并采取实地核查、电话抽查、专业机构审查等手段，确保申请资料的真实、完整、有效；审核完成后，应在同级人民政府或人社部门网站上集中公示申请单位或人员名单、补助项目、拟补助金额等，公示期为7天；公示后无异议的，在7个工作日内将审核意见及公示结果一并报财政部门。

县级以上财政部门在收到人社部门审核材料、审核意见和拨款申请后，应及时提出审核意见，并拨付资金。必要时，可采取抽查等手段进行核查。

第十六条　县级以上各级财政、人社部门要建立健全财务管理规章制度，强化内部财务管理，简化业务流程，加强风险防范，每年定期对账不少于2次，相关对账记录要存档。年度终了，县级以上人社部门要认真做好就业专项资金对帐工作，并向同级财政报送就业专项资金年度统计报表和说明。同时，县级以上人社部门要建立和完善就业资金发放台账，做好补助资金使用管理的基础工作，有效甄别享受补贴政策的人员、单位的真实性，防止出现造假行为，同时要开设热线电话、投诉信箱和网上咨询投诉版块等，自觉接受社会监督，加强信息化建设，将享受补贴人员、项目补助单位、资金标准、预算安排和执行等情况及时纳入管理信息系统，并逐步实现与财政部门的信息共享。

第十七条　各地要强化绩效管理意识，健全绩效管理制度，建立科学规范的绩效考核目标体系，积极推进就业资金的绩效管理。财政部门和人社部门根据各地就业工作情况，可委托第三方进行就业资金绩效评价，所需资金可从当地财政安排的就业专项资金（包括从失业保险基金提取的就业资金）中列支。各级财政和人社部门要全面建立就业资金绩效评价制度，并将评价结果作为就业资金分配的重要依据。

第十八条　各地财政部门、人社部门应当将就业资金管理使用情况列入重点监督检查范围，加强资金的监督检查，每年监督检查不少于2次，相关监督检查记录要存档。各地可通过政府购买服务或聘请具备资质的社会中介组织开展第三方监督检查，所需资金可从当地财政安排的就业专项资金（包括从失业保险基金提取的就业资金）中列支，也可联合审计、纪检等部门开展专项检查。

第十九条 各级财政、人社部门要按照财政预决算公开的总体要求做好信息公开工作，通过当地媒体、部门网站等渠道，向社会公开年度就业工作总体规划、年度资金使用和工作任务完成情况。

第二十条 各级财政、人社部门应当建立就业补助资金"谁使用、谁负责"的责任追究机制。各级财政、人社部门及其工作人员在就业资金审批、下达工作中，存在违反规定分配资金、向不符合条件的单位或人员分配资金、擅自超出规定的范围或者标准分配或使用资金等行为，以及其他滥用职权、玩忽职守、徇私舞弊等违法违纪行为的，按照《预算法》《公务员法》《行政监督法》《财政违法行为处罚处分条例》等国家有关规定追究相应责任；涉嫌犯罪的，移送司法机关处理。对疏于管理、违规使用资金的地区，自治区财政将相应扣减其下一年度就业补助资金；情节严重的，取消下一年度其获得就业补助资金的资格，并在全区范围内予以通报。

各地要严格按照《自治区财政资金使用跟踪反馈管理暂行办法》（新财预〔2016〕113号）规定，负责本地区就业资金使用和管理，及时报送财政资金使用情况反馈单。坚决杜绝资金滞拨、挤占、截留、挪用等违纪违规问题，有效解决当前存在的跟踪问效不够、资金效益不高等问题。

第二十一条 各级财政部门拨付同级部门（单位）就业资金已结转两年的，作为结余资金全部按规定收回国库。其结转时间应按初次安排资金时间起计算。

第七章 附 则

第二十二条 县级以上各级财政和人社部门可依据本办法，制定就业资金管理和使用的具体实施办法。自治区已明确就业补贴标准的，严格按自治区标准执行，各地不得擅自提高标准。自治区暂未明确的，可由地州市人社部门会同财政部门研究确定，并向同级审计部门备案。在新疆就业创业的香港澳门台湾居民，符合条件的同等享受自治区各项就业创业补贴政策。外国人才在疆创新创业的，依法享受我区鼓励创新创业的相关政策。

第二十三条 本办法由自治区财政厅会同自治区人力资源和社会保障厅负责解释，自2019年1月1日起执行，《新疆维吾尔自治区就业资金管理暂行办法》（新财社〔2016〕157号）等文件同时废止。

关于印发《自治区社会保险基金支出预算绩效管理暂行办法》的通知

（2018 年 12 月 26 日　自治区财政厅　新财社〔2018〕314 号）

自治区人力资源和社会保障厅，自治区医疗保障局，自治区社会保险管理局，伊犁哈萨克自治州财政局，各地、州、市财政局：

为贯彻落实《自治区党委 自治区人民政府关于全面实施预算绩效管理的实施意见》（新党发〔2018〕30 号）《关于印发〈自治区全面实施预算绩效管理的工作方案〉》（新财预〔2018〕158 号），推进我区社会保险基金实施支出预算绩效管理工作，建成社会保险基金支出预算绩效管理体系，自治区财政厅研究制定了《自治区社会保险基金支出预算绩效管理暂行办法》，现印发你们，请遵照执行。

特此通知。

附件：自治区社会保险基金支出预算绩效管理暂行办法

附件：

自治区社会保险基金支出预算绩效管理暂行办法

第一章　总　则

第一条　全面贯彻党的十九大和十九届二中、三中全会精神，落实全面实施预算绩效管理责任，为加强自治区社会保险基金预算支出管理，强化支出责任，建立科学、合理、规范的社会保险基金预算支出绩效管理体系，提高资金使用效益，按照自治区党委、自治区人民政府安排部署，根据《中华人民共和国预算法》、《社会保险法》、《社会保险基金财务制度》、《自治区党委 自治区人民政府关于全面实施预算绩效管理的实施意见》（新党发〔2018〕30 号）和《关于印发〈自治区全面实施预算绩效管理的工作方案〉》（新财预〔2018〕158 号）等法律法规和有关制度，制定本办法。

第二条　社会保险基金支出预算编制要注重结果导向、强调成本效益、硬化责任约束，实现预算与绩效管理一体化，着力提高财政资源配置效率和使用效益，改变预算资金分配的固化格局，提高预算管理水平和政策实施效果，为自治区社会保险基金持续健康发展提供有力保障。

社会保险基金预算绩效管理要重点关注各类社会保险基金收支政策效果、基金管理、精算平衡、地区结构、风险运行等情况。

第三条 社会保险基金支出预算绩效管理的基本原则：

（一）坚持总体设计、统筹兼顾。按照深化财税体制改革和建立现代财政制度的总体要求，统筹谋划自治区全面实施预算绩效管理的路径和制度体系。既聚焦解决自治区当前最紧迫问题，又着眼建立健全管用的长效机制；既关注预算资金的直接产出和效果，又关注自治区党委、自治区人民政府确定的宏观政策目标的实现程度；既关注新政策、新项目的科学性和精准性，又兼顾延续政策、项目的必要性和有效性。

（二）坚持全面推进、突出重点。全面推进预算绩效管理，将绩效理念和方法深度融入预算编制、执行、监督全过程，构建事前事中事后绩效管理闭环系统。突出工作重点，坚持问题导向，聚焦社会稳定和长治久安总目标、自治区党委“1+3+3+改革开放”工作部署，提升覆盖面广、社会关注度高、持续时间长的重大政策、项目的实施效果。

（三）坚持科学规范、公开透明。抓紧健全科学规范的管理制度，完善绩效目标、绩效监控、绩效评价、结果应用等管理流程，建立共性的社会保险基金绩效指标框架和分险种的绩效指标体系，推动社会保险基金支出预算绩效管理标准科学、程序规范、方法合理、结果可信。大力推动预算绩效公开，主动向同级人大报告、向社会公开，自觉接受人大和社会各界监督。

（四）坚持权责对等、约束有力。建立责任约束制度，强化社会保险基金支出预算绩效管理职责，清晰界定权责边界，坚决查处不作为行为，严格落实问责。健全激励约束机制，将绩效评价结果与预算安排和政策调整挂钩。

第二章 绩效管理的对象和内容

第四条 社会保险基金支出预算绩效管理的对象为全区各级社会保险管理部门负责组织实施的基本养老保险基金、基本医疗保险基金、失业保险基金、工伤保险基金和生育保险基金支出预算。

第五条 社会保险基金支出预算绩效管理的主要对象包括：评价包括开展事前绩效评估、绩效目标的设置和审核、绩效运行监控、绩效评价、绩效结果运用和绩效信息公开等内容。

（一）社会保险基金管理情况，主要评价基金支出的项目目标和项目决策，基金管理制度建设、基金财务管理、基金预决算管理水平和资金使用合规性等情况。

（二）资金使用效益，主要评价社会保险基金支出预算用于各项社会保险待遇支出的使用效益和社会效益，以及工伤预防费、稳定岗位补贴、技能提升补贴、购买大病保险等从基金中提取的专项经费支出和其他重点项目支出的使用效益和社会效益。

第三章 绩效管理程序

第六条 事前绩效评估：各地各相关部门单位新出台重大社会保险政策，开展事前绩效评估。绩效评估报告作为出台政策、安排预算的必备要件，报同级财政部门审核。

各级财政部门负责审核部门单位报送的绩效评估报告，必要时可以组织第三方机构独立开展绩效评估，审核和评估结果作为预算安排的重要参考依据。

第七条 绩效目标的设置和审核：年度社会保险基金预算编制前，各级财政部门建立、更新本级共性的绩效指标框架。各级社会保险基金管理相关部门单位在共性框架内，按照职责，建立、更新分险种、分领域、分层次的绩效指标和标准体系，随预算申请报同级财政部门审核。各级财政部门将绩效目标审核作为预算安排的前置条件，无绩效目标或绩效目标设置不合理的，不安排预算。审核确定的绩效目标，随预算草案同步报送同级人大、随预算同步批复。

对下补助基金绩效目标，由本级主管部门会同财政部门设定，随资金拨付文件同步下达。

第八条 绩效运行监控：社会保险基金管理部门单位负责在年度社会保险基金预算批复后，按照本部门单位承担职责、发展规划，从运行成本、管理效率、履职效能、社会效应、可持续发展能力和服务对象满意度等方面，按月对政策和项目支出绩效目标的实现程度和预算执行情况进行"双监控"，发现问题及时纠正，确保政策和项目绩效目标如期保质保量实现，监控结果报同级财政部门。以每年6月底为节点，各地各部门单位对本部门单位年度整体绩效目标实现程度进行监控，监控结果报同级财政部门。

各级财政部门负责审核本级部门单位报送的绩效监控结果，发现问题及时提出整改要求，对存在严重问题的要暂缓或停止预算拨款，督促及时整改落实到位。

第九条 绩效评价：按照年度社会保险基金预算编制时间安排，各地各社会保险基金预算支出管理部门完成当年本部门单位整体绩效、各政策和项目支出绩效自评，形成绩效自评报告，绩效自评报告报同级财政部门。各级财政部门审核部门单位报送绩效自评报告的真实性、完整性，确定评价等级，必要时可以引入第三方机构参与绩效评价。

每年11月底前，各地（州、市）人民政府、自治区本级社会保险基金预算支出管理部门总结本地区、本部门单位全面实施社会保险基金支出预算绩效管理情况，会同政府收支预算和单位部门预算绩效总结报告，一同上报自治区党委、人民政府，同时抄送自治区财政厅。

第四章 绩效评价报告及结果应用

第十条 社会保险基金支出绩效评价报告，应当包括以下内容：

（一）各项社会保险基金支出基本概况；

（二）绩效评价的组织、实施情况；

（三）绩效评价主要指标、标准和方法概述；

（四）目标、计划的实现程度，年初预算的执行情况，与上年对比情况；

（五）存在的问题及原因分析；

（六）评价结论及建议；

（七）其他需要说明的问题。

第十一条 绩效评价报告应当依据充分、真实完整、数据准确、分析透彻、逻辑清晰、客观公正。

第十二条 各级财政部门强化绩效评价结果与预算安排挂钩机制，将下级政府社会保险基金支出预算绩效与基金补助分配挂钩；将本级部门单位整体预算绩效与社会保险基金支出预算安排挂钩；将政策和项目支出预算绩效与项目资金安排挂钩，对绩效评价结果差的项目资金一律消减或取消。

第十三条 各地各相关部门单位负责将批复的社会保险基金支出预算绩效目标、绩效评价结果随社会保险基金预决算同步公开，接受社会监督。

第五章 附 则

第十四条 社会保险基金预算支出管理部门要转变思想观念，牢固树立绩效意识，履行绩效主体职责，严格落实全面实施预算绩效管理各项工作任务，完善内部管理制度，切实加强绩效管理工作，加强对下级单位的指导，推进绩效管理延伸至基层单位和资金使用终端。

将社会保险基金预算绩效管理内容纳入部门单位整体预算绩效管理的内容。

第十五条 审计机关依法对社会保险基金预算绩效管理工作情况开展审计监督，财政、审计等部门把重大政策实施成效、支出绩效和绩效责任作为财政监督和审计的重点，发现违纪、违法问题线索，及时移送纪检监察机关。对涉及社会保险基金预算管理的部门单位实施预算绩效管理推诿扯皮、工作不力的，由同级财政部门提请当地人民政府对部门单位主要负责同志进行问责；

对各地、县整体推进预算绩效管理缓慢、成效不显著的，由自治区财政厅提请自治区人民政府对地、县人民政府主要负责同志进行问责。

第十六条 本办法由财政厅负责解释。

第十七条 本办法自发布之日起执行。

关于印发《新疆维吾尔自治区大中型水库移民后期扶持基金项目资金管理实施细则》的通知

（2018年5月23日 自治区财政厅 新财企〔2018〕67号）

伊犁哈萨克自治州财政局、各地州市财政局：

为加强自治区大中型水库移民后期扶持基金项目资金管理，提高资金使用的规范性、安全性和有效性，根据《国务院关于完善大中型水库移民后期扶持政策的意见》（国发〔2006〕17号）、《财政部关于印发〈大中型水库移民后期扶持基金项目资金使用管理暂行办法〉的通知》（财农〔2017〕128号）等规定，结合自治区实际，财政厅会同有关部门制定了《新疆维吾尔自治区大中型水库移民后期扶持基金项目资金管理实施细则》。现印发你们，请遵照执行。

附件：新疆维吾尔自治区大中型水库移民后期扶持基金项目资金管理实施细则

附件：

新疆维吾尔自治区大中型水库移民后期扶持基金项目资金管理实施细则

第一条 为加强自治区大中型水库移民后期扶持基金项目资金（以下简称项目资金）管理，提高资金使用的规范性、安全性和有效性，根据《国务院关于完善大中型水库移民后期扶持政策的意见》（国发〔2006〕17号）、《财政部关于印发〈大中型水库移民后期扶持基金项目资金使用管理暂行办法〉的通知》（财农〔2017〕128号）等规定，结合自治区实际，制定本细则。

第二条 本细则所称项目资金，是指中央分配我区的大中型水库移民后期扶持基金项目资金。项目资金的分配、使用、管理和监督适用本细则。

第三条 项目资金使用管理遵循科学规范、公开透明、统筹兼顾、突出重点、绩效管理、强化监督的原则。

第四条 项目资金由自治区财政厅会同自治区扶贫开发办公室（移民管理局）管理。财政厅负责编制项目资金预算，会同扶贫办确定项目资金分配方案并下达预算，组织开展预算绩效管理工作，指导地（州、市）财政部门加强项目资金管理等工作。扶贫开发办公室负责研究提出项目资金分配建议方案，组织开展绩效评价，负责后扶项目的监督、检查、考核、验收等管理工作。

各地（州、市）财政部门和移民管理机构根据职责分工做好项目资金管理、绩效评价、项目实施、监督检查等相关工作。

第五条 项目资金支出范围包括：

（一）支持库区和移民安置区基础设施建设及经济社会发展。

1. 基本口粮田及配套水利设施建设；

2. 交通、供电、通信和社会事业等基础设施建设；

3. 生态建设和环境保护；

4. 移民劳动力就业技能培训和职业教育；

5. 移民能够直接受益的生产开发项目；

6. 与移民生产生活密切相关的其他项目。

（二）国务院批准的其他支出。

项目资金不得用于财政补助单位人员经费和运转经费、交通经费和办公设备购置、楼堂馆所建设、偿还债务支出等，不得用于与水库移民后期扶持基金项目无关的支出。

第六条 项目资金主要采取因素法分配，分配因素及权重如下：

（一）各地（州、市）经核定的大中型水库农村移民人数（权重60%）。以核定的大中型水库农村移民后期扶持人口和经国家有关部委核定新增的新建大中型水库农村移民后期扶持人口为依据。

（二）水库移民突出问题情况（权重20%）。根据国家和自治区人民政府确定的水库移民突出问题，以各地（州、市）针对库区和移民安置区经济社会发展情况上报的项目为基本依据。在移民脱贫攻坚任务完成前，重点以国家标准建档立卡贫困移民数量为依据。

（三）项目资金绩效（权重20%）。以自治区财政厅、扶贫开发办公室（移民管理局）组织开展的相关绩效评价结果为依据。

第七条 根据财政部规定，按照从严从紧原则，自治区大中型水库移民后期扶持政策实施情况监测评估费用从项目资金中列支，具体额度由财政厅会同扶贫开发办公室（移民管理局）确定。

第八条 在收到财政部下达下一年度项目资金预算指标和年度清算资金后，扶贫开发办公室（移民管理局）应在20日内研究提出资金分配建议方案，财政厅审核后按程序在30日内下达。需纳入扶贫开发办公室（移民管理局）部门预算的，按规定编入预算。

第九条 各地（州、市）收到项目资金后，研究提出资金使用方案，于30个工作日将资金使用方案及项目实施方案报自治区财政厅、扶贫开发办公室（移民管理局）备案。

第十条 各级财政部门和移民管理机构应当加强项目资金绩效管理，建立健全全过程预算绩效管理机制，提高财政资金使用效益。

第十一条 各级财政部门和移民管理机构应当加快预算执行进度，加强项目资金管理，确保资金使用安全规范。结转结余资金，按照财政部关于结转结余资金管理的相关规定处理。

第十二条 项目资金的支付按照国库集中支付制度有关规定执行。属于政府采购管理范围的，按照政府采购有关法律法规规定执行。

第十三条 项目资金的使用管理应当全面落实财政预算信息公开有关要求。

第十四条 各级财政部门和移民管理机构应当加强项目资金的监督检查，发现问题及时纠正。

第十五条 各级财政部门、移民管理机构及资金使用单位，应当接受上级财政、移民部门的监督检查，及时提供相关资料，任何单位不得以任何理由阻挠或逃避。

第十六条 项目资金使用过程中存在虚弄虚作假或截留、挤占、挪用等财政违法行为的，对相关单位及个人，按照《中华人民共和国预算法》、《财政违法行为处罚处分条例》进行处罚，情节严重的追究法律责任。

各级财政部门、移民管理机构等有关单位及其工作人员在项目资金分配、使用过程中，存在违反规定分配或使用资金，以及其他滥用职权、玩忽职守、徇私舞弊等违法违纪行为的，按照《中华人民共和国预算法》《中华人民共和国公务员法》《中华人民共和国监察法》《财政违法行为处罚处分条例》《大中型水利水电工程建设征地补偿和移民安置条例》和《违反大中型水库移民后期扶持基金征收使用管理规定责任追究办法》等法律法规规定追究相关责任；涉嫌犯罪的，移送司法机关处理。

第十七条 本办法由自治区财政厅会同自治区扶贫管开发办公室（移民管理局）负责解释。

第十八条 本办法自印发之日起施行。《新疆维吾尔自治区大中型水库移民后期扶持结余资金管理办法》（新财企〔2013〕145 号）同时废止。

关于印发《关于进一步加强新疆维吾尔自治区国有企业财务信息管理工作的意见》的通知

（2018 年 6 月 28 日　自治区财政厅　新财企〔2018〕87 号）

伊犁哈萨克自治州财政局、各地州市财政局，自治区相关厅局及国有企业：

为进一步加强我区国有企业财务信息管理工作，不断提高企业财务信息管理工作质量和水平，按照《财政部关于进一步做好国有企业财务信息管理有关工作的通知》（财资〔2018〕6 号）和《财政部关于 2017 年度国有企业经济效益月度快报工作情况的通报》（财资〔2018〕19 号）精神，自治区财政厅研究制定了《关于进一步加强新疆维吾尔自治区国有企业财务信息管理工作的意见》，现印发你们，请认真贯彻落实。

附件：关于进一步加强新疆维吾尔自治区国有企业财务信息管理工作的意见

附件：

关于进一步加强新疆维吾尔自治区国有企业财务信息管理工作的意见

国有企业财务信息管理是企业财务管理的基础和要素之一，也是国有资产报告内容的基础，主要包括国有企业财务会计决算（以下简称决算）、国有企业经济效益月度快报（以下简称月报）以及财政管理需要掌握的其他企业财务信息，是科学、准确、全面地反映国有企业基本情况和及时了解国有企业财务经营状况的一项重要工作。2017 年，在自治区国有企业及各有关单位的共同努力下，顺利完成了决算、月报等各项财务信息的报送工作。但在信息管理工作中还存在一些问题，如：月报编报口径与决算报表不一致，影响数据的准确性和完整性；部分单位信息报送时效性不强，影响了整体工作进度；部分单位信息质量把关不严密，报送范围不准确、数据基础性错误等仍未杜绝；部分单位对数据信息的分析利用不足，未能通过分析研究进一步保障数据质量、挖掘有效价值等，需要进一步改进和完善。

一、工作目标与任务

国有企业财务信息是国有资产报告内容的基础，各有关单位应进一步提高思想认识，认真总结经验，积极采取有效措施，夯实工作基础、规范工作流程、提高审核工作质量、提升报送时效，不断完善国有企业财务信息管理工作。

二、工作办法与措施

（一）确保报送范围全面、准确

国有企业财务信息应涵盖所属所有国有及国有控股企业（不含一级金融企业），各有关单位应全面掌握国有企业基本情况和国有资产情况，及时梳理、动态掌握所有国有企业户数及变动情况，不得随意变更所属国有企业填报范围，不得多报虚报、漏报不报。应保持月报及决算报送企业户数的相对稳定。每月对上报企业数量进行核对，并在向财政厅报送经济运行分析时说明企业数量和变动情况，如由企业关闭、破产、重组等重大事项引起快报编报口径发生变动，应及时附送说明材料。应对决算与月报中国有及国有控股企业的统计范围和口径进行进一步核对，查找存在差异的原因并及时补充、修正，确保二者编报口径一致。

（二）提高数据质量，严守报送时效

各有关单位应加强对所属国有企业财务信息的审核，进一步提高填报数据的准确性、真实性，严格按照有关法规、制度，以真实的交易事项、完整的账薄记录为依据，在全面清查资产、核实债务和权益、正确结转损益及依法进行年终审计等工作的基础上编制相关报表。决算报表填报内容需经中介机构依法审计，月报编报口径应与决算报表保持一致。

同时在规定时限内严格履行报送程序，层层汇总上报，提高财务信息使用的时效性。月报应在每月 7 日前、决算应在每年 4 月 10 日前报送自治区财政厅。

（三）提升分析水平，深入挖掘数据

国有企业财务信息作为政府部门研究分析经济形势的重要参考，各有关单位及所属企业应在确保报送数据的真实、完整、可靠、可核查的基础上，进一步加强对国有企业财务信息的分析研究与综合利用，从企业当期生产经营状况、财务状况、重大财务变动事项、主要经营成果，影响

经营成果的原因、今后发展趋势预测等方面进行分析，为深化国有企业改革、分析经济形势提供重要的数据支撑。各单位撰写的月度经济运行分析报告应随月报数据同时报送。

（四）加强监督检查，建立追责机制

为进一步确保报送数据科学、准确，填报范围真实、全面，各有关单位应建立起监督、检查机制，定期或不定期核查所属企业报送数据的真实性、完整性和准确性。对于检查发现的问题应及时纠正，对于虚报、瞒报、篡改数据等行为以及出现重大数据事故应追究相关人员责任。相关内容可在每月报送的快报分析材料中体现。自治区财政厅将加大对月报及决算工作的检查与审核力度，按时进行考评并通报有关情况。各有关单位应进一步提高重视程度，加强责任意识，优化管理方法，促进国有企业财务信息管理工作进一步完善。

三、工作要求

国有企业财务信息管理工作基础性、系统性强，数据要求从基层抓起，逐级汇总上报，需要各单位积极配合，层层把关，共同确保数据报送准确、高效。各级有关单位一是应进一步提高责任意识，充分认识到国有企业财务信息管理工作的重要性；二是要不断完善工作机制，规范工作流程，及时梳理、动态掌握所属国有企业户数及变动情况，确保报送范围全面、准确；三是要进一步提高填报数据的准确性、真实性，提升数据质量，并在规定时限内严格履行报送程序，确保数据按时报送；四是要进一步加大数据研究力度，提升分析能力与水平；五是应加大监督检查力度，建立核查机制，积极采取有效措施调动各级国有企业积极性，确保企业财务信息管理工作得到进一步完善。

新形势下，国有企业财务信息管理工作的重要性愈发凸显。请自治区本级各部门、企业及各地州财政部门按照上述工作措施及工作要求，认真梳理、总结当前工作，积极采取有效措施，提高信息报送质量和分析应用水平，推动国有企业财务信息管理工作再上新台阶，为监测经济走势、研判宏观形势、加强国有资产管理及深化国有企业改革提供有效的数据支撑。

关于修订《新疆维吾尔自治区中央下放企业职工家属区“三供一业”分离移交中央财政补助资金管理办法》的通知

（2018 年 7 月 23 日　自治区财政厅、自治区人民政府国有资产监督管理委员会　新财企〔2018〕90 号）

伊犁哈萨克自治州财政局、国资委，各地州市财政局、国资委，各自治区有关企业：

为推动我区中央下放企业职工家属区“三供一业”分离移交，进一步规范和加强资金管理，根据国家和自治区对中央下放企业职工家属区“三供一业”分离移交工作要求，我们对《新疆维吾尔自治区中央下放企业职工家属区“三供一业”分离移交中央财政补助资金管理办法》（新财企〔2017〕13号）文件中的部分内容予以修订，现印发给你们，请遵照执行。

附件：新疆维吾尔自治区中央下放企业职工家属区“三供一业”分离移交中央财政补助资金管理办法（修订）

附件：

新疆维吾尔自治区中央下放企业职工家属区“三供一业”分离移交中央财政补助资金管理办法（修订）

第一章 总则

第一条 为规范和加强我区中央下放企业职工家属区“三供一业”分离移交中央财政补助资金（以下简称补助资金）管理，根据《国务院关于印发加快剥离国有企业办社会职能和解决历史遗留问题工作方案的通知》（国发〔2016〕19号）、《国务院办公厅转发国务院国资委、财政部关于国有企业职工家属区“三供一业”分离移交工作指导意见的通知》（国办发〔2016〕45号）和《财政部关于印发〈中央下放企业职工家属区三供一业分离移交中央财政补助资金管理办法〉的通知》（财资〔2016〕31号）、《关于印发〈中央企业职工家属区“三供一业”分离移交工作有关问题解答〉的通知》（国资厅发改革〔2018〕7号）等有关规定，制定本办法。

第二条 本办法所称中央下放企业，是指1998年1月1日以后中央下放地方的煤炭、有色金属、军工等企业，包括中央下放政策性破产企业和中央下放其他企业。

第三条 本办法所称“三供一业”是指分离移交前中央下放企业实际承担的职工家属区供水、供电、供热（供气）和物业管理项目。

分离移交工作的责任主体是企业，分离移交费用由企业和政府共同分担。通过对“三供一业”相关设备设施进行必要的维修改造，基本实现分户设表、按户收费，交由专业化企业或机构实行社会化管理，企业不再承担相关费用的目标。

第二章 补助范围、原则和标准

第四条 补助范围包括：

（一）中央下放政策性破产企业在2016年1月1日以前已实现分离移交（以下简称先期移交）的“三供一业”，以及此后实施分离移交的“三供一业”。

（二）中央下放其他企业在2016年1月1日以后实施分离移交的“三供一业”。

中央下放其他企业在2015年1月1日至2015年12月31日之间，为贯彻落实《中共中央 国务院关于深化国有企业改革的指导意见》有关要求实施分离移交的“三供一业”，比照本办法执行。

第五条 补助资金分配遵循“分项核定、比例补助、年度预拨、据实清算”的原则。

第六条 “三供一业”分离移交坚持“维修为主、改造为辅”的原则，在充分利旧的前提下进行必要的维修改造，最大化发挥现有资源效用，维修改造标准和改造费用标准不得高于所在地市级以上人民政府出台的相关政策规定。

补助资金对职工家属区“三供一业”相关设施维修维护费用，基建和改造工程项目的可研费用、设计费用、旧设备设施拆除费用、施工费用、监理费等分离移交费予以补助，不得用于审计费、人员安置费、过渡期运行维护费、预提的二次供水费、外墙保温费、抗震加固费、办理产权证等办证费用，以及欠缴的住房维修基金等其他费用支出。废弃原有液化气设备重新安装燃气管道，物业用房和车库等新建，违章建筑拆除，厂区和办公用房维修改造，供水、供电、供气、供热市政管道改造和新建（职工家属区红线外）等，不属于资金补助内容。

第七条 补助资金按照“三供一业”分项目户均改造费用补助标准、改造居民户数、补助比例等因素测算。

分项目户均改造费用补助标准分别为：供水5 800元、供电9 200元、供热（气）9 500元、物业管理7 500元。

中央下放政策性破产企业根据分离移交费用核定数给予补助，补助比例不超过100%，若补助额高于中央补助标准，则按中央补助标准给予补助。

中央下放其他企业根据分离移交费用核定数给予补助，补助比例不超过50%，若补助额高于中央补助标准，则按中央补助标准给予补助。

企业补助户数根据实际改造户数确定，若实际改造户数高于中央核定户数，以中央核定户数确定。

第八条 补助资金可以和地方自筹资金统筹使用，用于支持本地区国有企业职工家属区“三供一业”分离移交工作。

第三章 职责分工

第九条 自治区财政厅负责补助资金的申请、分配、拨付和清算工作。

第十条 自治区国资委负责组织指导中央下放企业按要求做好“三供一业”分离移交工作，配合财政厅做好资金安排、管理、监督等工作，督促企业按计划实施分离移交工作并按时完成工作目标。

第十一条 各地州（市）财政、国资部门负责辖区内中央下放且移交本地的国有企业补助资金的申请、清算、管理等工作。

第十二条 集团公司或企业负责制定本集团或本企业“三供一业”分离移交总体工作方案及年度工作计划，组织协调所属企业开展“三供一业”分离移交工作，按计划实施分离移交工作，督促所属企业确保按时完成目标任务；按本办法要求做好本集团或本企业补助资金的申请、清算、管理使用等工作。

第十三条 积极落实先移交后改造，加快分离移交进度。移交企业和接收单位签订分离移交正式协议后，可将涉及的资产和维修改造资金一并划转接收方，由接收方按正式移交协议确定的方案负责组织实施维修改造，双方协商确定职责界面和配合事项，并通过协议予以明确。

第四章 补助资金的申请、拨付和清算

第十四条 企业和各地州（市）应于每年12月底前报送下年度补助资金申请文件。申请文件主要包括“三供一业”分离移交工作总体方案、年度工作计划等。

工作总体方案包括但不限于以下方面：企业基本情况（其中企业下放移交地方的过程要详细说明）、企业实际承担的“三供一业”现状、分离移交工作实施方案（应包含计划完成时间、任务目标、分离移交方式、分离移交费用概算等）。年度工作计划包括但不限于以下方面：当年分离移交任务目标、拟分离移交项目基本情况、分离移交方式、分离移交费用预算金额、申请补助金额等。以上材料应分企业分项目说明，同时提交以下材料：

1. 中央下放政策性破产企业职工家属区分离移交情况表（附表2）、中央下放其他企业职工家属区分离移交情况表（附表3）。

2. 列入年度工作计划拟分离移交项目的分离移交（维修改造）协议或框架协议。

3. 分离移交费用预算金额说明及相关依据

文件等材料。

4. 若企业存在先期移交项目，应填报先期移交中央下放政策性破产企业“三供一业”分离移交情况表（附表1），并提交移交协议或实现分离移交的证明及印证材料等。

5. 属于中央下放政策性破产企业或中央下放其他企业范围的证明材料。

第十五条 企业和各地州（市）应在每年12月底前报送本年度清算申请报告，未报送清算申请报告的，下年度不得申请补助资金。清算申请报告主要包括：“三供一业”分离移交年度工作计划完成情况（其中未完成情况重点说明）、补助资金使用情况等内容，以上材料应分企业分项目说明，同时提交以下材料：

1. 中央下放企业补助资金清算申请表（附表6）。

2. 分离移交协议、具有相应资质的中介机构出具的项目（竣工决算）审计报告。

3. 分离移交费用清单、资金支付凭证等材料。

4. 中央下放企业职工家属区“三供一业”分离移交户数明细表（附表7）。

5. 企业或部门关于补助资金的使用管理办法。

先期移交项目清算材料为先期移交中央下放政策性破产企业补助资金清算申请表（附表5）、中央下放企业职工家属区“三供一业”分离移交户数明细表（附表7）、移交协议或实现分离移交的证明及印证材料等。

报送清算申请报告的最后截止时间为2019年12月底，逾期未提交的，财政厅将会同国资委进行清算审核。

第十六条 国资委应于每年2月底前完成审核工作，并提出补助资金申请建议，清算审核意见，同时报送附表1、附表2、附表3、附表5、附表6的汇总表。财政厅于每年4月底前向财政部报送补助资金申请文件和清算申报报告，并同时抄送财政部驻新疆财政专员监察办事处（以下简称专员办）审核。

第十七条 中央财政补助资金下达后，根据以下程序，将补助资金拨付至企业或相关地州（市）。

（一）由企业提交中央下放企业补助资金预拨申请表（见附表4），经国资委、财政厅审核后按不超过核定补助金额的90%预拨，剩余补助资金按照规定经清算后，根据专员办的审核意见和财政部下达清算补助资金后予以拨付。

（二）先期移交项目及已完成分离移交的项目，应立即组织清算，经国资委、财政厅审核后，拨付补助资金的90%，剩余补助资金根据专员办的审核意见和财政部下达清算补助资金后予以拨付。

第十八条 根据专员办的审核意见和财政部清算补助资金额度，对未完成任务的企业，相应收回预拨的补助资金，其中，对仅完成部分“三供一业”项目分离任务的，按照相应标准收回未完成项目的补助资金。

第五章　监督检查与绩效考核

第十九条 企业和相关部门应当严格按照国家有关法律法规、财务规章和本办法的规定，制定补助资金使用管理办法，实行专账核算，规范使用和管理补助资金。应自觉接受、配合专员办、审计部门和财政监督机构的审计和检查。

第二十条 财政厅、国资委对补助资金使用情况进行监督检查。检查内容包括：“三供一业”分离移交计划实施情况、资金使用情况和财务管理情况。监督检查采用企业自查、自治区财政厅、国资委重点抽查和委托第三方中介机构专项审计等方式。

第二十一条 自治区财政厅会同国资委按年度开展中央下放企业“三供一业”分离移交中央财政补助资金绩效评价工作，绩效评价结果作为后期资金拨付的依据。

第二十二条 企业及相关人员存在虚报冒领、挤占、挪用、违规使用补助资金等行为，按照《财政违法行为处罚处分条例》等国家有关规定追究相应责任；涉嫌犯罪的，移送司法机关处理。

第二十三条 各级财政部门及相关工作人员在资金审批工作中，存在违规分配资金，以及其他滥用职权、玩忽职守、徇私舞弊等违法违纪行为的，按照《预算法》《公务员法》《行政监察法》《财政违法行为处罚处分条例》等国家有关规定追究相应责任；涉嫌犯罪的，移送司法机关处理。

第六章 附 则

第二十四条 中央下放企业应视同区属企业，除执行本办法外，应按照自治区“三供一业”分离移交工作相关规定和部署，做好“三供一业”分离移交工作。

第二十五条 “三供一业”分离移交涉及资产无偿划转和移交的，应当按照《财政部关于企业分离办社会职能有关财务管理问题的通知》（财企〔2005〕62号）的规定，做好审核批准、报备、资产清查、财务清理、审计评估、产权变更及登记等工作。

第二十六条 本办法由财政厅和国资委负责解释。

第二十七条 本办法自印发之日起实施。

附：1. 先期移交中央下放政策性破产企业“三供一业”分离移交情况表

2. 年中央下放政策性破产企业职工家属区分离移交情况表

3. 年中央下放其他企业职工家属区分离移交情况表

4. 年中央下放企业补助资金预拨申请表

5. 先期移交中央下放政策性破产企业补助资金清算申请表

6. 年中央下放企业补助资金清算申请表

7. 中央下放企业职工家属区“三供一业”分离移交户数明细表

附 1：

先期移交中央下放政策性破产企业“三供一业”分离移交情况表

填报单位（盖章）：　　　　　　　　　　　　　　　　　　　　　　　　　　单位：户数

企业名称	所属行业	隶属关系划转地方时间	当前主管企业或单位	供水	供电	供暖	供气	物业	备注
1	2	3	4	5	6	7	8	9	10
×××企业（集团）汇总									
……									
……									
……									
……									
国资委审核意见：									

附 2：

年中央下放政策性破产企业职工家属区分离移交情况表

填报单位（盖章）：　　　　　　　　　　　　　　　　　　　　　　　　　　单位：户数、万元

企业名称	所属行业	隶属关系划转地方时间	当前主管企业或单位	项目承担单位	所在地区	项目名称	项目类型	协议类型	计划改造移交居民户数情况				改造移交费用预算		备注
									应改造居民户数	已改造居民户数	未改造居民户数	本年计划改造居民户数	小计	其中：本年改造移交费用预算	
1	2	3	4	5	6	7	8	9	10	11	12＝10－11	13≤12	14	15≤14	16
×××企业（集团）汇总															
×××企业															
……															
……															
……															
……															
……															
……															
……															
国资委审核意见：															

注：1. 5栏项目承担单位：指具体负责分离移交“三供一业”的企业；

2. 6栏所在地区：指项目承担单位所在地；

3. 7栏项目名称：指分离移交的“三供一业”所在的职工家属区；

4. 8栏项目类型：请选择供水、供电、供热、供气或物业管理；

5. 9栏协议类型：请选择分离移交协议、维修改造协议或框架协议；

6. 14栏、15栏改造移交费用预算：请填写相关协议明确的预算金额。

附 3：

年中央下放其他企业职工家属区分离移交情况表

填报单位（盖章）：　　　　单位：户数、万元

企业名称	所属行业	隶属关系划转地方时间	当前主管企业或单位	项目承担单位	所在地区	项目名称	项目类型	协议类型	计划改造移交居民户数情况				改造移交费用预算		备注
									应改造居民户数	已改造居民户数	未改造居民户数	本年计划改造居民户数	小计	其中：本年改造移交费用预算	
1	2	3	4	5	6	7	8	9	10	11	12 = 10 − 11	13≤12	14	15≤14	16
×××企业（集团）汇总															
×××企业															
……															
……															
……															
……															
……															
……															
……															
……															
……															
国资委审核意见：															

注：1. 5栏项目承担单位：指具体负责分离移交“三供一业”的企业；

2. 6栏所在地区：指项目承担单位所在地；

3. 7栏项目名称：指分离移交的“三供一业”所在的职工家属区；

4. 8栏项目类型：请选择供水、供电、供热、供气或物业管理；

5. 9栏协议类型：请选择分离移交协议、维修改造协议或框架协议；

6. 14栏、15栏改造移交费用预算：请填写相关协议明确的预算金额。

附 4：

年中央下放企业补助资金预拨申请表

填报单位（盖章）：　　　　　　　　　　　　　　　　　　　　　　单位：户数、万元

序号	企业名称	项目承担单位	是否为政策性破产企业	所在地区	项目名称	项目类型	分离移交户数		协议类型	预算金额	财政已补助金额	此次申请补助金额	备注
							年度计划数	此次申请数					
1	2	3	4	5	6	7	8	9	10	11	12	13	14
合计													
国资委审核意见：													

注：1. 3 栏项目承担单位：指具体负责分离移交“三供一业”的企业。
2. 4 栏是否为政策性破产：请填写“是”或“否”。
3. 5 栏所在地区：指项目承担单位所在地。
4. 6 栏项目名称：指分离移交的“三供一业”所在的职工家属区。
5. 7 栏项目类型：请选择供水、供电、供热、供气或物业管理。
6. 请选择分离移交协议、维修改造协议或框架协议。

附 5：

先期移交中央下放政策性破产企业补助资金清算申请表

填报单位（盖章）：　　　　　　　　　　　　　　　　　　　　　　单位：户数、万元

序号	企业名称	项目承担单位	所在地区	项目名称	项目类型	分离移交户数		资金清算				备注
						申报数	完成数	财政应补助金额	财政已补助金额	申请财政补助金额	结余资金	
1	2	3	4	5	6	7	8	9	10	11	12 = 9 - 10 - 11	13
合计												
国资委审核意见：												

注：1. 3 栏项目承担单位：指具体负责分离移交“三供一业”的企业。
2. 4 栏所在地区：指项目承担单位所在地。
3. 5 栏项目名称：指分离移交的“三供一业”所在的职工家属区。
4. 6 栏项目类型：请选择供水、供电、供热、供气或物业管理。

附 6：

年中央下放企业补助资金清算申请表

填报单位（盖章）： 单位：户数、万元

序号	企业名称	项目承担单位	是否为政策性破产企业	所在地区	项目名称	项目类型	分离移交户数		资金清算				备注
							申报数	完成数	审计金额	财政已补助金额	申请财政补助金额	结余资金	
1	2	3	4	5	6	7	8	9	10	11	12	13 = 10 - 11 - 12	14
合计													
国资委审核意见：													

注：1. 3栏项目承担单位：指具体负责分离移交“三供一业”的企业。

2. 4栏是否为政策性破产：请填写“是”或“否”。

3. 5栏所在地区：指项目承担单位所在地。

4. 6栏项目名称：指分离移交的“三供一业”所在的职工家属区。

5. 7栏项目类型：请选择供水、供电、供热、供气或物业管理。

6. 10栏审计金额：指审计报告认定的分离移交费用金额。

附 7：

中央下放企业职工家属区“三供一业”分离移交户数明细表

填报单位（盖章）： 单位：户数

企业名称	当前主管企业或单位	项目承担单位	所在地区	项目名称	人员基本情况				是否完成“三供一业”分离移交情况					备注
					户主姓名	身份证号	改造居住详细地址	是否为政策性破产核定人员	供水	供电	供暖	供气	物业	
1	2	3	4	5	6	7	8	9	10	11	12	13	14	15
×××企业合计														此行 6 栏、9 栏、10－14 栏填写户数合计，10－14 栏统计选项为“是”的户数合计
……														
……														
……														
……														

注：1. 3 栏项目承担单位：指具体负责分离移交“三供一业”的企业；

2. 4 栏所在地区：指项目承担单位所在地；

3. 5 栏项目名称：指分离移交的“三供一业”所在的职工家属区；

4. 9 栏政策性破产核定人员是企业破策性破产宣告日之前核定的职工人员（含离退休人员）。

关于修订《区属国有企业职工家属区“三供一业”分离移交财政补助资金管理办法》的通知

（2018 年 7 月 23 日　自治区财政厅、自治区人民政府国有资产监督管理委员会　新财企〔2018〕91 号）

自治区人民政府有关厅局（办），区属国有企业，伊犁哈萨克自治州财政局、国资委，各地州市财政局、国资委：

为进一步规范和加强财政补助资金管理，根据国家和自治区对国有企业职工家属区“三供一业”分离移交工作的新要求，我们对《区属国有企业职工家属区“三供一业”分离移交财政补助资金管理办法》（新财企〔2017〕56 号）文件中的部分内容予以修订，现印发给你们，请遵照执行。

附件：区属国有企业职工家属区“三供一业”分离移交财政补助资金管理办法

附件：

区属国有企业职工家属区“三供一业”分离移交财政补助资金管理办法

第一章　总　则

第一条　为规范和加强区属国有企业职工家属区“三供一业”分离移交财政补助资金管理（以下简称“补助资金”），根据《国务院关于印发加快剥离国有企业办社会职能和解决历史遗留问题工作方案的通知》（国发〔2016〕19 号）、《国务院办公厅转发国务院国资委 财政部关于国有企业职工家属区“三供一业”分离移交工作指导意见的通知》（国办发〔2016〕45 号）和《财政部关于印发〈中央下放企业职工家属区三供一业分离移交中央财政补助资金管理办法〉的通知》（财资〔2016〕31 号）、《新疆维吾尔自治区人民政府办公厅转发自治区国资委、财政厅、住房城乡建设厅关于〈新疆维吾尔自治区国有企业职工家属区“三供一业”分离移交工作实施方案〉的通知》（新政办发〔2017〕30号）等有关规定，制定本办法。

第二条 自治区本级财政统筹中央补助资金和区本级国有资本经营预算，用于支持区属国有企业职工家属区“三供一业”设备设施维修改造，基本实现分户设表、按户收费，交由专业化企业或机构实行社会化管理，区属国有企业不再承担相关费用的目标。

第三条 本办法所称区属国有企业是指由自治区国资委或其他自治区厅局履行出资人职责的国有及国有控股企业，含原政策性破产企业、经自治区人民政府批准同意比照政策性破产企业享受相关政策的依法破产企业，以及正常经营的区属国有企业。其中，正常经营的区属国有企业包括：国资委直接监管企业、委托监管企业和未与主管厅局脱钩的国有企业。

本办法所称“三供一业”是指分离移交前区属国有企业实际承担的职工家属区供水、供电、供热（供气）和物业管理项目。

本办法所称移交单位是指实际承担区属国有企业职工家属区“三供一业”项目的法人企业或机构，包括原政策性破产企业的托盘企业、经自治区人民政府批准同意比照政策性破产企业享受相关政策的依法破产企业的托盘企业、经国资委批准同意接收关闭破产区属国有企业职工家属区等非经营性资产的法人机构（中央企业除外）或正常经营的区属国有企业。

第二章 职责分工

第四条 财政厅负责补助资金年度预算编制、资金分配、拨付和清算，对补助资金使用情况进行监督检查。

第五条 国资委负责组织指导区属国有企业做好“三供一业”分离移交工作，按时完成工作目标，监督检查分离移交完成情况和补助资金使用情况，审核直接监管企业汇总上报的补助资金申请，同时负责对原关闭破产企业、委托监管企业和未与主管厅局脱钩的国有企业的补助资金申请进行备案登记。

第六条 主管厅局（办）负责审核委托监管企业、未脱钩企业或所属原关闭破产企业的补助资金申请。

第七条 移交单位负责制定“三供一业”分离移交总体工作方案及年度工作计划；组织实施“三供一业”分离移交工作，汇总上报补助资金申报材料，并对申报材料的真实性负责；加强补助资金内部控制管理；接受配合财政部门、国资部门等有关部门开展的分离移交监督检查。

第三章 补助对象、核算基数、补助比例、使用方向

第八条 补助对象是指，区属国有企业为贯彻落实《中共中央 国务院关于深化国有企业改革的指导意见》（中发〔2015〕22号）精神，在2015年1月1日以后已实现分离移交的“三供一业”，以及计划将要实施分离移交的“三供一业”。

第九条 移交单位同专业化的企业或其他机构签订的移交协议（含框架协议）以及所附的具有相应资质的中介机构出具的项目审计报告（竣工决算、工程概预算）中所反映的项目建设审计数（概预数）是确定补助资金核算基数的依据。补助额最高不超过分项户均补助标准，即：供水0.58万元/户、供电0.92万元/户、供热（气）0.95万元/户、物业管理0.75万元/户。

第十条 补助资金根据核算基数按比例予以确定，其中对原政策性破产企业和经自治区人民政府批准同意比照政策性破产企业享受相关政策的依法破产企业的补助比例不超过100%；其他区属国有企业补助比例不超过50%；对国有控股企业的补助比例原则上按照国家资本占股比例予以确定，但补助资金总额不超过补助基数的50%。

第十一条 “三供一业”分离移交坚持“维修为主、改造为辅”的原则，在充分利旧的前提下进行必要的维修改造，最大化发挥现有资

源效用，维修改造标准和改造费用标准不得高于所在地市级以上人民政府出台的相关政策规定。

补助资金对职工家属区“三供一业”相关设施维修维护费用，基建和改造工程项目的可研费用、设计费用、旧设备设施拆除费用、施工费用、监理费等分离移交费予以补助，不得用于审计费、人员安置费、过渡期运行维护费、预提的二次供水费、外墙保温费、抗震加固费、办理产权证等办证费用，以及欠缴的住房维修基金等其他费用支出。废弃原有液化气设备重新安装燃气管道，物业用房和车库等新建，违章建筑拆除，厂区和办公用房维修改造，供水、供电、供气、供热市政管道改造和新建（职工家属区红线外）等，不属于资金补助内容。

第十二条 积极落实先移交后改造，加快分离移交进度。移交企业和接收单位签订分离移交正式协议后，可将涉及的资产和维修改造资金一并划转接收方，由接收方按正式移交协议确定的方案负责组织实施维修改造，双方协商确定职责界面和配合事项，并通过协议予以明确。

第四章 补助资金申请、预拨和清算程序

第十三条 财政厅先依据项目工作条件按比例预拨一部分资金，之后再对项目工作任务完成情况进行调查审核，最后以“三供一业”分离移交目标实现为最终标准，对完成分离移交任务的移交单位拨付剩余补助资金；对未完成任务的，扣回预拨的补助资金；对仅完成部分项目分离移交任务的，按照相应标准扣回未完成项目的补助资金。

第十四条 移交单位要在每年10月底前向国资委或上级主管厅局（办）报送下年度补助资金预拨申请文件，并后附以下材料：

1. 工作总体方案。内容包括：企业基本情况、企业实际承担的“三供一业”现状、分离移交工作实施方案（应包含计划完成时间、任务目标、分离移交方式、分离移交费用情况等）等。

2. 分年度工作计划。内容包括：当年计划分离移交项目名称、项目基本概况、建设实施方案、分离移交方式、分离移交费用情况等。

3. 补助资金预拨申请表（附1）。

4. 列入年度工作计划拟分离移交项目的分离移交协议（含框架协议）。

5. 具有相应资质的中介机构出具的项目审计报告（竣工决算、工程概预算）。

第十五条 原政策性破产企业的托盘企业、经自治区人民政府批准同意比照政策性破产企业享受相关政策的依法破产企业的托盘企业或经国资委批准同意接收关闭破产区属国有企业职工家属区等非经营性资产的法人机构除提供第十四条所规定文件材料以外，还要提供相应的印证性文件、会议纪要、他项权利证等，同时要着重说明，改革当时原国有企业职工家属区等非经营性资产的剥离方式、处置方式，以及目前的现实状况和可能享受的棚户区改造、整体搬迁等惠民政策。

第十六条 移交单位是子（分）公司的，“三供一业”分离移交补助资金预拨申请材料先报集团母公司审核汇总，最后由集团母公司向自治区国资委或主管业务厅局（办）报送补助资金预拨申请材料；确属无移交单位的原关闭破产区属国有企业，属地人民政府或同级财政、国资等部门应作为移交单位向自治区国资委或主管业务厅局（办）提交补助资金预拨申请材料。

第十七条 移交单位在获得补助资金的下一年度10月底前向自治区国资委或主管业务厅局（办）报送补助资金清算申请文件，并后附以下材料：

1. “三供一业”分离移交年度工作计划完成情况、补助资金使用情况说明。

2. 补助资金清算申请表（附2）。

3. 具有相应资质的中介机构出具的项目审计报告（竣工决算），并附项目竣工决（结）算资料。

4. 国有企业职工家属区“三供一业”分离

移交户数明细表（附5）。

第十八条 自治区国资委或主管业务厅局（办）对移交单位上报的补助资金预拨申请文件或补助资金清算申请文件进行审核，着重说明改革当时原国有企业职工家属区等非经营性资产的剥离方式、处置方式，以及目前的现实状况，每年于11月10日前将审核意见报送财政厅，并同时报送预拨资金审核汇总表（附3）、清算资金审核汇总表（附4）及资金分配建议方案。

第十九条 财政厅复核后，审核确定补助资金金额，根据年度预算安排和财政国库管理制度有关规定，按照标准下达预拨或清算资金。

1. 对签署分离移交（维修改造）协议（含）框架协议的，按不超过补助资金金额的90%预拨。

2. 对已实现分离移交的，按补助资金金额的全额拨付。

第二十条 根据“三供一业”分离移交工作安排，移交单位提交补助资金清算申请文件的最后截止时间为2019年10月底，逾期未提交的，财政厅将会同国资委进行清算审核。

第二十一条 对未报送补助资金清算申请文件的或者未完成分离移交任务的，财政厅将会同国资委采取一定方式对移交单位进行扣款。

第五章 补助资金和资产财务的管理

第二十二条 财政厅可以根据“三供一业”分离移交时间、方式合理确定补助资金的分配方法和拨付方式，国资委配合财政厅做好资金安排、管理、监督等工作。

第二十三条 国资委或主管业务厅局（办）对已实施关闭破产区属国有企业职工家属区及“三供一业”资产进行全面详细的梳理，对产权不清、情况不明的，要按照国资管理相关政策制度，及时提出处理意见，办理相关手续。

第二十四条 “三供一业”分离移交涉及资产无偿划转和移交的，移交单位和接收单位应当按照《财政部关于企业分离办社会职能有关财务管理问题的通知》（财企〔2005〕62号）、《新疆维吾尔自治区人民政府办公厅转发自治区国资委、财政厅、住房城乡建设厅关于〈新疆维吾尔自治区国有企业职工家属区“三供一业”分离移交工作实施方案〉的通知》（新政办发〔2017〕30号）的规定，做好审核批准、报备、资产清查、财务清理、审计评估、产权变更及登记等工作。

第二十五条 企业按照《企业财务通则》《企业会计准则》等财务会计有关规定进行财务处理和会计核算，并将财务处理依据和方式作为重大财务事项报国资委备案。分离移交事项对企业财务状况及经营成果造成的影响，依据《新疆维吾尔自治区人民政府办公厅转发自治区国资委、财政厅、住房城乡建设厅关于〈新疆维吾尔自治区国有企业职工家属区“三供一业”分离移交工作实施方案〉的通知》（新政办发〔2017〕30号）作出相应处理。

第六章 监督检查

第二十六条 移交单位应当严格按照国家有关法律法规、财务规章和本办法的规定，制定补助资金使用管理办法，实行专账核算，规范使用和管理补助资金，并自觉接受配合财政部驻新疆财政专员监察办事处、审计部门和财政监督机构的审计和检查。

第二十七条 财政厅、国资委采取重点抽查或委托第三方中介机构专项审计等方式对补助资金使用情况进行监督检查，内容包括“三供一业”分离移交计划实施情况、资金使用情况和财务管理情况等。

第二十八条 财政厅会同国资委分年度开展区属国有企业职工家属区“三供一业”分离移交财政补助资金绩效评价工作，绩效评价结果作为后期资金拨付的依据。

第二十九条 移交单位或个人存在虚报冒领、挤占、挪用、违规使用补助资金等行为，按照《财政违法行为处罚处分条例》等国家有关规定追究相应责任；涉嫌犯罪的，移送司法机关处理。

第三十条 各级政府部门公职人员及相关工作人员在项目管理、工程建设、资产评估、资产处置、资金审批等工作中，存在滥用职权、玩忽职守、徇私舞弊等违法违纪行为的，按照《预算法》《公务员法》《行政监察法》《财政违法行为处罚处分条例》等国家有关规定追究相应责任；涉嫌犯罪的，移送司法机关处理。

第七章 附 则

第三十一条 本办法由财政厅、国资委负责解释。

第三十二条 本办法自印发之日起执行。

附：1. ____年补助资金预拨申请表

2. ____年补助资金清算申请表

3. ____年预拨资金审核汇总表

4. ____年清算资金审核汇总表

5. 国有企业职工家属区“三供一业”分离移交户数明细表

6. 国有企业职工家属区“三供一业”分离移交费用清单

附 1：

____年补助资金预拨申请表

企业名称（盖章）： 单位：万元

序号	项目承担单位	是否为政策性破产或关闭企业	所在地区	项目名称	项目类型	分离移交户数		协议类型	预算金额	财政已补助金额	此次申请补助金额	备注
						年度计划数	此次申请数					
1	2	3	4	5	6	7	8	9	10	11	12	13
合计												
国资委意见或主管厅局意见：												

注：1. 2 栏项目承担单位：指具体负责分离移交“三供一业”的企业。
2. 3 栏是否为政策性破产或关闭企业：请填写政策性破产企业或政策性关闭企业。
3. 4 栏所在地区：指项目承担单位所在地。
4. 5 栏项目名称：指分离移交的“三供一业”所在的职工家属区。
5. 6 栏项目类型：请选择供水、供电、供热、供气或物业管理。
6. 9 栏协议类型：请选择分离移交协议或维修改造协议。
7. 10 栏预算金额：请填写相关协议明确的预算金额。

附 2：

____年补助资金清算申请表

企业名称（盖章）： 单位：万元

序号	项目承担单位	是否为政策性破产或关闭企业	所在地区	项目名称	项目类型	分离移交户数		资金清算				备注
						申报数	完成数	审计金额	财政已补助金额	申请财政补助金额	结余资金	
1	2	3	4	5	6	7	8	9	10	11	12 =9 - 10 - 11	13
合计												
国资委意见或主管厅局意见：												

注：1. 2 栏项目承担单位：指具体负责分离移交“三供一业”的企业。
2. 3 栏是否为政策性破产或关闭企业：请填写政策性破产企业或政策性关闭企业。
3. 4 栏所在地区：指项目承担单位所在地。
4. 5 栏项目名称：指分离移交的“三供一业”所在的职工家属区。
5. 6 栏项目类型：请选择供水、供电、供热、供气或物业管理。
6. 9 栏审计金额：指审计报告认定的分离移交费用金额。

附 3：

____年预拨资金审核汇总表

填报单位： 单位：万元

序号	企业名称	项目承担单位	是否为政策性破产或关闭企业	所在地区	项目名称	项目类型	分离移交户数		协议类型	预算金额	财政已补助金额	核定补助金额	备注
							年度计划数	此次申请数					
1	2	3	4	5	6	7	8	9	10	11	12	13	14
合计													
国资委意见或主管厅局意见：													

注：1. 3栏项目承担单位：指具体负责分离移交“三供一业”的企业。

2. 4栏是否为政策性破产或关闭企业：请填写政策性破产企业或政策性关闭企业。

3. 5栏所在地区：指项目承担单位所在地。

4. 6栏项目名称：指分离移交的“三供一业”所在的职工家属区。

5. 7栏项目类型：请选择供水、供电、供热、供气或物业管理。

6. 10栏协议类型：请选择分离移交协议或维修改造协议。

7. 11栏预算金额：请填写相关协议明确的预算金额。

附 4：

____年清算资金审核汇总表

填报单位： 单位：万元

序号	企业名称	项目承担单位	是否为政策性破产或关闭企业	所在地区	项目名称	项目类型	分离移交户数		资金清算				备注
							申报数	完成数	审计金额	财政已补助金额	核定财政应补助金额	核定结余资金	
1	2	3	4	5	6	7	8	9	10	11	12	13 = 10 - 11 - 12	14
合计													
国资委意见或主管厅局意见：													

注：1. 3栏项目承担单位：指具体负责分离移交“三供一业”的企业。

2. 4栏是否为政策性破产或关闭企业：请填写政策性破产企业或政策性关闭企业。

3. 5栏所在地区：指项目承担单位所在地。

4. 6栏项目名称：指分离移交的“三供一业”所在的职工家属区。

5. 7栏项目类型：请选择供水、供电、供热、供气或物业管理。

6. 10栏审计金额：指审计报告认定的分离移交费用金额。

附 5：

国有企业职工家属区“三供一业”分离移交户数明细表

填报单位（盖章）： 单位：户数

企业名称	当前主管企业或单位	项目承担单位	所在地区	项目名称	人员基本情况				是否完成“三供一业”分离移交情况					备注
					户主姓名	身份证号	改造居住详细地址	是否为政策性破产核定人员	供水	供电	供暖	供气	物业	
1	2	3	4	5	6	7	8	9	10	11	12	13	14	15
×××企业合计														此行 6 栏、9 栏、10－14 栏填写户数合计，10－14 栏统计选项为“是”的户数合计
……														
……														
……														
……														
国资委意见或主管厅局意见：														

注：1. 3 栏项目承担单位：指具体负责分离移交“三供一业”的企业；

2. 4 栏所在地区：指项目承担单位所在地；

3. 5 栏项目名称：指分离移交的“三供一业”所在的职工家属区；

4. 9 栏政策性破产核定人员是企业破策性破产宣告日之前核定的职工人员（含离退休人员）。

附 6：

国有企业职工家属区“三供一业”分离移交费用清单

（×××项目）

企业名称：

序号	项目承担单位	所在地区	项目名称	会计凭证号	票据类型	票据号	支出内容	票据金额	备注
合计									

项目承担单位：指具体负责分离移交“三供一业”的企业。

所在地区：指项目承担单位所在地。

项目名称：指分离移交的“三供一业”所在的职工家属区。

票据类型：指列支所用票据类型，如收据、发票等。

关于印发《新疆维吾尔自治区本级国有资本经营预算绩效管理暂行办法》的通知

（2018 年 12 月 28 日　自治区财政厅　新财企〔2018〕164 号）

自治区各企业主管委办厅局、各区级国有企业，伊犁哈萨克自治州财政局、各地州市财政局：

为贯彻落实《自治区党委 自治区人民政府关于全面实施预算绩效管理的实施意见》（新党发〔2018〕30 号）、《关于印发〈自治区全面实施预算绩效管理的工作方案〉》（新财预〔2018〕158 号），推进自治区国有资本经营预算绩效管理工作，自治区财政厅研究制定了《新疆维吾尔自治区本级国有资本经营预算绩效管理暂行办法》，现印发你们，请遵照执行。

附件：新疆维吾尔自治区本级国有资本经营预算绩效管理暂行办法

附件：

新疆维吾尔自治区本级国有资本经营预算绩效管理暂行办法

第一章　总　则

第一条　按照自治区党委、人民政府的安排部署，为落实全面实施预算绩效管理责任，加强自治区本级国有资本经营预算管理，建立科学、合理、规范的国有资本经营预算绩效管理体系，提高资金使用效益，根据《中华人民共和国预算法》、《自治区党委　自治区人民政府关于全面实施预算绩效管理的实施意见》（新党发〔2018〕30 号）和《关于印发〈自治区全面实施预算绩效管理的工作方案〉》（新财预〔2018〕158 号）等法律法规和制度办法，制定本办法。

第二条　国有资本经营预算绩效管理（以下简称“绩效管理”）是指财政部门和国资委及其他具有国有企业监管职能的部门单位（以下简称“预算单位”），合理设定绩效目标和绩效评价指标，全面开展绩效运行监控，综合运用有效方式对国有资本经营预算资金的管理情况和使用效益进行客观评价并强化评价结果运用的过程。

第三条　绩效管理的基本原则：

（一）坚持总体设计、统筹兼顾。按照深化财税体制改革和建立现代财政制度的总体要求，统筹谋划自治区全面实施预算绩效管理的路径和制度体系。既聚焦解决当前自治区国有企业亟待解决的问题，又着眼建立健全管用的长效机制；既关注预算资金的直接产出和效果，又关注自治区党委、自治区人民政府确定的宏观政策目标的实现程度；既关注新政策、新项目的科学性和精准性，又兼顾延续政策、项目的必要性和有效性。

（二）坚持全面推进、突出重点。全面推进绩效管理，将绩效理念和方法深度融入预算编制、执行、监督全过程，构建事前事中事后绩效管理闭环系统。突出工作重点，坚持问题导向，聚焦社会稳定和长治久安总目标。自治区党委“1+3+3+改革开放”工作部署，提升覆盖面广、社会关注度高、持续时间长的重大政策、项目的实施效果。

（三）坚持科学规范、公开透明。抓紧健全科学规范的管理制度，完善绩效目标、绩效监控、绩效评价、结果应用等管理流程，健全共性的绩效指标框架和个性化的绩效指标体系，推动绩效管理标准科学、程序规范、方法合理、结果可信。大力推动预算绩效公开，主动向同级人大报告、向社会公开，自觉接受人大和社会各界监督。

（四）坚持权责对等、约束有力。建立责任约束制度，强化绩效管理职责，清晰界定权责边界，坚决查处不作为行为，严格落实问责。健全激励约束机制，将绩效评价结果与预算安排和政策调整挂钩。

第二章　绩效管理的对象和内容

第四条　绩效管理的对象为各预算单位、纳入国有资本经营预算范围的区级企业及其负责实施的、获得国有资本经营预算资金支持的项目。

第五条　绩效管理包括事前绩效评估、绩效目标的设置和审核、绩效运行监控、绩效评价、评价结果的运用和绩效信息公开等内容，重点关注贯彻国家战略、收益上交、支出结构、使用效果等情况，主要围绕以下方面开展评价工作：

（一）事前准备情况。主要评价国有资本经营预算支出项目的目标设定、决策过程、评价指标设置、可行性和必要性论证等。

（二）资金管理情况。主要评价国有资本经营预算支出项目的资金管理制度建设、财务管理、预决算管理、收益上缴管理和资金使用合规性等情况。

（三）资金使用效益。主要评价国有资本经营预算支出项目的使用效益，用于支持国有经济结构调整、产业升级发展等方面的项目，重点评价其经济效益；用于解决国有企业改革遗留问题、困难企业职工补助等方面的项目，重点评价其社会效益。

第三章　绩效管理工作规程

第六条　事前绩效评估。各预算单位和区级企业重点围绕自治区党委、自治区人民政府决策部署，论证申报项目的必要性、投入经济性、绩效目标合理性、实施方案可行性、筹资合规性等，形成绩效评估报告。绩效评估报告作为预算单位申请预算的必备要件，报财政部门审核。

财政部门负责审核预算单位报送的绩效评估报告，必要时可以组织第三方机构独立开展绩效评估，审核和评估结果作为预算安排的重要参考依据。

第七条　绩效目标的设置和审核。年度国有资本经营预编制前，财政部门研究建立共性的绩效指标框架，并结合每年政策调整情况进行更新完善。各预算单位和区级企业，在共性绩效指标框架下，结合所承担项目的实际情况、逐项设置绩效目标。绩效目标要包括产出、成本、经济效益、社会效益、生态效益、可持续影响和服务对象满意度等绩效指标。绩放目标作为预算安排的前置条件，随预算申请报送财政部门审核，无绩效目标或绩效目标设置不合理的，不安排预算。审核确定的绩效目标，随预算草案同步报自治区人大，随预算同步批复。

年度预算批复后，各预算单位、区级企业根

据绩效目标内容、本单位职责、行业发展规划、项目实施计划等，设置本单位年度整体绩效目标，报财政部门审核。

第八条 绩效运行监控。各预算单位负责在年度国有资本经营预算批复后，按月对所属企业承担的项目支出绩效目标的实现程度和预算执行情况进行“双监控”，发现问题及时纠正，确保相关政策和项目绩效目标如期保质保量实现，监控结果报财政部门。以每年8月底为节点，各预算单位对本单位所属区级企业承担的国有资本经营预算支出项目年度整体绩效目标实现程度进行监控，监控结果报财政部门。

财政部门负责审核预算单位报送的绩效监控结果，发现问题及时提出整改要求，对存在严重问题的要暂缓、停止拨款或收回资金，督促预算单位和区级企业及时整改落实到位。

第九条 绩效评价。按照年度国有资本经营预算编制时间安排，各预算单位、区级企业完成当年本单位整体绩效、各项目支出绩效自评，形成绩效自评报告，报财政部门审核。

绩效自评报告应当依据充分、真实完整、数据准确、分析透彻、逻辑清晰、客观公正，应当包括以下内容：

（一）项目基本概况；

（二）绩效评价的组织、实施情况；

（三）绩效评价主要指标、标准和方法概述；

（四）目标、计划的实现程度，预算执行情况；

（五）存在的问题及原因分析；

（六）评价结论及建议；

（七）其他需要说明的问题。

财政部门审核各单位报送绩效自评报告的真实性、完整性，确定评价等级，必要时可以引入第三方机构参与绩效评价。

每年11月底前，各预算单位总结本单位及所属企业全面实施国有资本经营预算绩效管理情况，会同本单位政府收支预算和预算绩效总结报告，一同上报自治区党委、人民政府，同时抄送财政厅。

第十条 绩效评价结果及运用。财政部门强化绩效评价结果与预算安排挂钩机制，将预算单位、区级企业整体预算绩效与国有资本经营预算支出安排挂钩；将政策和项目支出预算绩效与项目资金安排挂钩，对绩效评价结果差的项目资金一律削减或取消。

第四章 信息公开和监督管理

第十一条 绩效评价结果应当按照政府信息公开有关规定在一定范围内公开，各预算单位、区级企业负责将批复的国有资本经营预算绩效目标、绩效评价结果随国有资本经营预决算同步公开，接受社会监督。

第十二条 审计机关依法对预算绩效管理工作情况开展审计监督，财政、审计等部门把重大政策实施成效、支出绩效和绩效责任作为财政监督和审计的重点，发现违纪、违法问题线索，及时移送纪检监察机关。对预算单位、区级企业实施预算绩效管理推诿扯皮、工作不力的，由财政部门提请自治区人民政府对其进行问责。

第五章 附 则

第十三条 各预算单位要转变思想观念，牢固树立绩效意识，履行绩效主体职责，严格落实全面实施预算绩效管理各项工作任务，完善内部管理制度，切实加强绩效管理工作，加强对各区级企业的指导，将国有资本经营预算管理纳入全面实施预算绩效管理的总体部署中统筹推进。

第十四条 各地州市及下级财政部门应按照本办法的规定，尽快研究建立国有资本经营预算绩效管理制度。

第十五条 本办法由财政厅负责解释。

第十六条 本办法自发布之日起执行。

关于自治区行政事业单位贯彻实施《政府会计准则第3号——固定资产》应用指南的通知

（2018年10月26日　自治区财政厅　新财资管〔2018〕83号）

自治区各委、办、厅、局，社会团体，伊犁哈萨克自治州财政局，各地州市财政局：

根据《政府会计准则——基本准则》（财政部令第78号）及《政府会计制度——行政事业单位会计科目和报表》，2019年1月1日起，行政事业单位固定资产开始计提折旧。行政事业单位固定资产折旧是推进政府会计制度改革和构建权责发生制政府部门财务报告制度的基础性工作，为扎实做好自治区行政事业单位贯彻实施工作，经研究，现将有关事项通知如下：

一、认真学习领会文件精神，全面贯彻落实固定资产计提折旧工作

财政部《政府会计准则第3号——固定资产》应用指南，与已经发布的《政府会计准则第3号——固定资产》同步实施。各部门单位要认真学习领会上述文件精神，增强贯彻执行《政府会计准则第3号——固定资产》和《政府会计准则第3号——固定资产》应用指南的意识，加强领导，落实责任，自觉将固定资产的确认、计量、披露和计提折旧工作作为财务管理的重要内容和重点工作来抓，切实做好固定资产应用指南的贯彻实施工作。

二、严格遵循固定资产折旧相关规定，认真做好固定资产计提折旧工作

为规范我区行政事业单位固定资产计提折旧工作，依据上述文件规定，自治区财政厅在行政事业资产监督管理信息系统中增加了固定资产折旧功能，并预置全疆统一的折旧方法和折旧年限。纳入系统管理的行政事业单位，自2019年1月1日起，可使用该系统按月进行固定资产折旧计提工作。

（一）折旧方法：折旧方法为“年限平均法”，即月折旧额 = 原值（1 - 净产值率）/预计使用年限/12。

（二）折旧年限：详见附件：《新疆维吾尔自治区行政事业单位固定资产折旧年限表》，请全区行政事业单位按照年限表中确定的折旧年限计提固定资产折旧。

（三）折旧规则：

1. 固定资产折旧周期为月，单位应根据用途将月折旧额计入当期费用或者相关资产成本；

2. 当月增加的固定资产，当月开始计提折旧；当月减少的固定资产，当月不再计提折旧；

3. 计提固定资产折旧时不考虑预计净残值；

4. 对暂估入账的固定资产计提折旧，实际成本确定后不需调整原已计提的折旧额；

5. 固定资产因改建、扩建或修缮等原因而延长其使用年限或变更资产价值的，应当按照重新确定的固定资产的成本以及重新确定的折旧年限计算折旧额；

6. 固定资产提足折旧后，无论能否继续使用，均不再计提折旧；

7. 政府会计主体盘盈、无偿调入、接受捐赠以及置换的固定资产，应当考虑该项资产的新旧程度，按照其尚可使用的年限计提折旧；

8. 经批准已报废的固定资产，不再补提折旧。

（四）不计提折旧的固定资产：文物和陈列品；动植物；图书、档案；单独计价入账的土地；以名义金额计量的固定资产，资产账与财务账均不计提折旧，二者保持一致。

（五）衔接问题：本通知下发前，已计提折旧的行政事业单位，需按照本通知的折旧计提标准重新计提初始折旧，并按照系统形成的初始折旧数据，对照调整账务账中累计折旧科目的年初余额。

三、加强业务指导，切实做好固定资产财会管理工作

各级财政部门、各单位要高度重视，做好《政府会计准则第3号——固定资产》应用指南的业务指导、宣传培训等工作，督促行政事业单位加强固定资产管理，确保各单位准确计量、披露固定资产信息，正确计提固定资产折旧。

全区各行政事业单位可在自治区行政事业资产管理信息系统“通知公告”栏目，或者新疆资产交流群（QQ群，群号“200499036”）“群共享文件”中下载操作手册，对执行《政府会计准则第3号——固定资产》应用指南中遇到的问题，请及时反馈自治区财政厅。

联系电话：

0991—2831524

0991—2823650

附件：新疆维吾尔自治区行政事业单位固定资产折旧年限清单

附件：

新疆维吾尔自治区行政事业单位固定资产折旧年限清单

序号	资产类别代码	资产类别名称	折旧年限（年）
1	102	房屋	50
2	1020100	生产用房	50
3	1020101	工业生产用房	50
4	1020102	农林牧渔业用房	50
5	1020103	建筑业用房	50
6	1020199	其他生产用房	50
7	1020200	交通、邮电用房	50
8	1020201	铁路交通用房	50
9	1020202	公路交通用房	50
10	1020203	水运交通用房	50
11	1020204	民航交通用房	50
12	1020205	地铁用房	50
13	1020206	邮政用房	50
14	1020207	电信用房	50
15	1020299	其他交通、邮电用房	50
16	1020300	商业及服务业用房	50
17	1020301	金融服务业用房	50
18	1020302	批发零售用房	50
19	1020303	住宿餐饮用房	50
20	1020399	其他商业及服务用房	50
21	1020400	行政单位用房	50
22	1020401	办公用房	50
23	1020402	业务用房	50
24	1020500	公共安全用房	50
25	1020501	监狱	50
26	1020502	看守所	50
27	1020503	劳教所	50
28	1020504	拘留所	50
29	1020505	戒毒所	50
30	1020599	其他公共安全用房	50
31	1020600	事业单位用房	50
32	1020601	教育用房	50
33	1020602	科研用房	50
34	1020603	新闻出版用房	50
35	1020604	图书档案用房	50

续表

序号	资产类别代码	资产类别名称	折旧年限（年）
36	1020605	医卫慈善用房	50
37	1020606	文体、艺术团体用房	50
38	1020699	其他事业单位用房	50
39	1020700	社会团体用房	50
40	1020900	军事用房	50
41	1021000	外事用房	50
42	1021001	外国驻华领、使馆用房	50
43	1021002	外国驻华商贸机构用房	50
44	1021003	外国驻华人员生活用房	50
45	1021099	其他外事用房	50
46	1021200	宗教用房	50
47	1021300	居住用房	50
48	1021400	体育、娱乐用房	50
49	1021401	体育场馆用房	50
50	1021402	游乐场所用房	50
51	1021403	俱乐部、影剧院	50
52	1021404	舞厅、音乐厅	50
53	1021405	文化宫、少年宫	50
54	1021406	老年活动中心	50
55	1021499	其他体育、娱乐用房	50
56	1021500	市政公共设施用房	50
57	1021501	供应设施用房	50
58	1021502	施工与维修用房	50
59	1021599	其他市政公共设施用房	50
60	1021800	仓储用房	8
61	1029000	房屋附属设施	8
62	1029001	门	8
63	1029002	门禁系统	8
64	1029003	岗楼	8
65	1029004	围墙	8
66	1029005	采暖设施	8
67	1029006	供水系统	8
68	1029007	停车设施	8
69	1029099	其他房屋附属设施	8
70	1029900	其他用房	8
71	103	构筑物	8
72	1030100	池、罐	8
73	1030101	工业生产用池、罐	8

续表

序号	资产类别代码	资产类别名称	折旧年限（年）
74	1030102	灌溉用池	8
75	1030103	水生动物饲养池	8
76	1030104	观赏鱼池及花池	8
77	1030105	沼气发生池	8
78	1030106	水利用池	8
79	1030199	其他池	8
80	1030200	槽	8
81	1030201	工业生产用槽	8
82	1030202	农业用槽	8
83	1030203	科研用槽	8
84	1030299	其他用槽	8
85	1030300	塔	8
86	1030301	工业用塔	8
87	1030302	农业用塔	8
88	1030303	广播电视用塔	8
89	1030304	交通航空用塔	8
90	1030305	气象、水利及环保用塔	8
91	1030399	其他塔	8
92	1030400	烟囱	8
93	1030500	井	8
94	1030501	水井	8
95	1030502	地热水井	8
96	1030503	矿井	8
97	1030504	科研用井	8
98	1030599	其他井	8
99	1030600	坑	8
100	1030601	原料坑	8
101	1030602	铸铁块坑	8
102	1030603	铸锭坑	8
103	1030604	修罐包坑	8
104	1030605	机车灰坑	8
105	1030606	机车检查坑	8
106	1030607	渣坑	8
107	1030699	其他坑	8
108	1030700	台、站	8
109	1030701	旅客站台	8
110	1030702	货物站台	8
111	1030703	平台	8

续表

序号	资产类别代码	资产类别名称	折旧年限（年）
112	1030704	转运站	8
113	1030705	煤台	8
114	1030706	上油台	8
115	1030707	料台	8
116	1030708	渣台	8
117	1030709	检查收费站	8
118	1030710	地铁车站	8
119	1030711	候车亭	8
120	1030799	其他台、站	8
121	1030800	码头	8
122	1030801	直立式码头	8
123	1030802	栈桥式码头	8
124	1030803	斜坡式码头	8
125	1030804	浮式码头	8
126	1030805	简易式码头	8
127	1030899	其他码头	8
128	1030900	道路	8
129	1030901	一、二、三级公路	8
130	1030902	高速公路	8
131	1030903	城市道路	8
132	1030904	铁路正线	8
133	1030905	铁路站线	8
134	1030906	铁路段管线	8
135	1030907	铁路岔线	8
136	1030908	铁路专用线	8
137	1030909	特别用途线	8
138	1030910	铁路道岔	8
139	1030911	铁路隧道	8
140	1030912	地铁线路	8
141	1030913	地铁道岔	8
142	1030914	公路隧道	8
143	1030915	电缆隧道	8
144	1030916	排灌隧道	8
145	1030917	巷道	8
146	1030918	渠道	8
147	1030919	坑道	8
148	1030920	飞机滑行道	8
149	1030921	飞机跑道	8

续表

序号	资产类别代码	资产类别名称	折旧年限（年）
150	1030922	飞机停机坪	8
151	1030923	生产用道路	8
152	1030999	其他道路	8
153	1031000	沟	8
154	1031001	地沟	8
155	1031002	水沟	8
156	1031003	围厂河沟	8
157	1031004	渠沟	8
158	1031005	盐场引潮沟	8
159	1031006	盐场排淡沟	8
160	1031007	盐场落卤沟	8
161	1031008	盐场运盐沟	8
162	1031099	其他沟	8
163	1031100	洞	8
164	1031101	铁路涵洞	8
165	1031102	公路涵洞	8
166	1031103	防空洞	8
167	1031104	隧洞	8
168	1031105	水工涵洞	8
169	1031106	放水洞	8
170	1031107	科学观测、监测洞体	8
171	1031199	其他洞	8
172	1031200	廊	8
173	1031201	通廊	8
174	1031299	其他廊	8
175	1031300	桥梁、架	8
176	1031301	公路桥梁	8
177	1031302	铁路桥梁	8
178	1031303	公路、铁路两用桥梁	8
179	1031304	市内立交桥	8
180	1031305	露天栈桥	8
181	1031306	吊车栈桥	8
182	1031307	洗涤塔支架	8
183	1031308	通道支架	8
184	1031309	落罐架	8
185	1031310	露天框架	8
186	1031311	凉水架	8
187	1031312	混凝土支架	8

续表

序号	资产类别代码	资产类别名称	折旧年限（年）
188	1031399	其他桥梁、架	8
189	1031400	坝、堰及水道	8
190	1031401	水电站大坝	8
191	1031402	水库	8
192	1031403	堤坝	8
193	1031404	防洪堤	8
194	1031405	防波堤	8
195	1031406	尾矿坝	8
196	1031407	护坡	8
197	1031408	流量堰	8
198	1031409	溢、泄洪道	8
199	1031499	其他坝、堰及水道	8
200	1031500	闸	8
201	1031501	节制闸	8
202	1031502	进水闸	8
203	1031503	排水闸	8
204	1031504	分洪闸	8
205	1031505	挡潮闸	8
206	1031506	船闸	8
207	1031507	冲沙闸	8
208	1031599	其他闸	8
209	1031600	水利管道	8
210	1031601	引水管道	8
211	1031602	排水管道	8
212	1031603	尾水管道	8
213	1031604	节水管道	8
214	1031605	倒吸虹	8
215	1031699	其他水利管道	8
216	1031700	市政管道	8
217	1031800	库	8
218	1031801	飞机库	8
219	1031802	汽车库	8
220	1031803	船坞	8
221	1031804	粮库	8
222	1031899	其他库	8
223	1031900	仓	8
224	1031901	平房仓	8
225	1031902	立筒仓	8

续表

序号	资产类别代码	资产类别名称	折旧年限（年）
226	1031903	浅圆仓	8
227	1031904	砖圆仓	8
228	1031905	地下仓	8
229	1031906	楼房仓	8
230	1031907	简易仓	8
231	1031999	其他仓	8
232	1032000	场	8
233	1032001	露天原料场	8
234	1032002	废渣场	8
235	1032003	停车场	8
236	1032004	晾晒场	8
237	1032005	露天体育场、训练场	8
238	1032006	雨量场	8
239	1032099	其他场	8
240	1032100	斗	8
241	1032101	料斗	8
242	1032102	其他斗	8
243	1032200	罩棚	8
244	1039900	其他构筑物	8
245	201	计算机设备及软件	6
246	2010100	计算机设备	6
247	2010101	巨/大/中型机	6
248	2010102	小型机	6
249	2010103	PC 服务器	6
250	2010104	台式机	6
251	2010105	便携式计算机	6
252	2010106	掌上电脑	6
253	2010199	其他计算机设备	6
254	2010200	计算机网络设备	6
255	2010201	路由器	6
256	2010202	交换机	6
257	2010203	网关	6
258	2010204	集线器	6
259	2010205	光端机	6
260	2010206	终端接入设备	6
261	2010299	其他网络设备	6
262	2010300	安全设备	6
263	2010301	防火墙	6

续表

序号	资产类别代码	资产类别名称	折旧年限（年）
264	2010302	入侵检测设备	6
265	2010303	漏洞扫描设备	6
266	2010304	计算机终端安全设备	6
267	2010399	其他安全设备	6
268	2010400	终端设备	6
269	2010401	触摸式终端设备	6
270	2010402	终端机	6
271	2010499	其他终端设备	6
272	2010500	存储设备	6
273	2010501	磁盘机	6
274	2010502	磁盘阵列	6
275	2010503	存储用光纤交换机	6
276	2010504	光盘库	6
277	2010505	磁带机	6
278	2010506	磁带库	6
279	2010507	网络存储设备	6
280	2010508	移动存储设备	6
281	2010599	其他存储设备	6
282	2010600	输入输出设备	6
283	2010601	打印设备	6
284	2010602	计算机绘图设备	6
285	2010603	计算机光电设备	6
286	2010604	显示器	6
287	2010605	扫描仪	6
288	2010606	刷卡机	6
289	2010607	POS 机	6
290	2010608	数据采集器	6
291	2010609	KVM 设备	6
292	2010699	其他输入输出设备	6
293	2010700	机房辅助设备	6
294	2010701	机柜	6
295	2010702	机房环境监控设备	6
296	2010799	其他机房辅助设备	6
297	2010900	计算机软件	6
298	2010901	基础软件	6
299	2010902	支撑软件	6
300	2010903	应用软件	6
301	2010999	其他计算机软件	6

续表

序号	资产类别代码	资产类别名称	折旧年限（年）
302	2019900	其他计算机设备及软件	6
303	202	办公设备	6
304	2020100	复印机	6
305	2020200	投影仪	6
306	2020300	多功能一体机	6
307	2020400	照相机及器材	6
308	2020500	电子白板	6
309	2020600	LED 显示屏	6
310	2020700	触控一体机	6
311	2020800	刻录机	6
312	2020900	速印机	6
313	2021000	碎纸机	6
314	2021100	条码打印机	6
315	2021200	条码扫描器	6
316	2021300	会计机械	6
317	2021400	制图机械	6
318	2021500	办公设备零部件	6
319	2029900	其他办公设备	6
320	203	车辆	8
321	2030100	载货汽车（含自卸汽车）	8
322	2030200	牵引汽车	8
323	2030201	半挂牵引汽车	8
324	2030202	全挂牵引汽车	8
325	2030203	其他牵引汽车	8
326	2030300	汽车挂车	8
327	2030400	乘用车（轿车）	8
328	2030401	轿车	8
329	2030402	越野车	8
330	2030403	商务车	8
331	2030499	其他乘用车（轿车）	8
332	2030500	客车	8
333	2030501	小型客车	8
334	2030502	大中型客车	8
335	2030599	其他客车	8
336	2030600	专用车辆	8
337	2030601	厢式专用汽车	8
338	2030602	罐式专用汽车	8
339	2030603	集装箱运输车辆	8

续表

序号	资产类别代码	资产类别名称	折旧年限（年）
340	2030604	科学考察车辆	8
341	2030605	工程作业车辆	8
342	2030606	雪地专用车辆	8
343	2030607	消防车	8
344	2030608	警车	8
345	2030609	布障车	8
346	2030610	清障车	8
347	2030611	排爆车	8
348	2030612	装甲防暴车	8
349	2030613	水炮车	8
350	2030614	攀登车	8
351	2030615	通讯指挥车	8
352	2030616	交通划线车	8
353	2030617	防弹车	8
354	2030618	救护车	8
355	2030619	通信专用车	8
356	2030620	救险车	8
357	2030621	殡仪车	8
358	2030622	清洁卫生车辆	8
359	2030699	其他专用汽车	8
360	2030700	城市交通车辆	8
361	2030701	公共汽车	8
362	2030702	有轨电车	8
363	2030703	无轨电车	8
364	2030704	轨道交通车辆	8
365	2030800	摩托车	8
366	2030801	两轮摩托车	8
367	2030802	三轮摩托车	8
368	2030899	其他摩托车	8
369	2030900	电动自行车	8
370	2031000	轮椅车	8
371	2031001	机动轮椅车（残疾人摩托车）	8
372	2031002	电动轮椅车（道路型）	8
373	2031100	非机动车辆	8
374	2031101	人力车	8
375	2031102	畜力车	8
376	2031199	其他非机动车	8
377	2031200	车辆附属设施及零部件	8

续表

序号	资产类别代码	资产类别名称	折旧年限（年）
378	2039900	其他车辆	8
379	204	图书档案设备	5
380	2040100	图书档案装具	5
381	2040101	固定架、密集架	5
382	2040102	案卷柜	5
383	2040103	底图柜	5
384	2040104	磁带柜	5
385	2040105	卡片柜	5
386	2040199	其他图书档案装具	5
387	2040200	缩微设备	5
388	2040201	缩微摄影机	5
389	2040202	冲洗机	5
390	2040203	拷贝机	5
391	2040204	阅读器	5
392	2040205	阅读复印机	5
393	2040299	其他缩微设备	5
394	2040300	图书档案消毒设备	5
395	2040301	物理方法消毒设备	5
396	2040302	化学方法消毒设备	5
397	2049900	其他图书档案设备	5
398	210	机械设备	10
399	2100100	内燃机	10
400	2100101	柴油内燃机	10
401	2100102	汽油内燃机	10
402	2100103	气体燃料内燃机	10
403	2100199	其他内燃机	10
404	2100200	燃气轮机	10
405	2100300	汽轮机	10
406	2100400	锅炉	10
407	2100401	工业锅炉	10
408	2100402	民用锅炉	10
409	2100500	水轮机	10
410	2100600	风力机	10
411	2100700	潮汐动力机械	10
412	2100800	液压机械	10
413	2100801	液压缸	10
414	2100802	液压泵	10
415	2100803	液压阀	10

续表

序号	资产类别代码	资产类别名称	折旧年限（年）
416	2100804	液压马达	10
417	2100805	液压管件	10
418	2100899	其他液压机械	10
419	2100900	金属加工设备	10
420	2100901	金属切削机床	10
421	2100902	锻压机械设备	10
422	2100903	铸造设备	10
423	2100904	工业机械手	10
424	2100905	工业机器人	10
425	2100906	热处理设备	10
426	2100907	金属切割设备	10
427	2100908	金属焊接设备	10
428	2100909	金属表面处理设备	10
429	2100910	粉末冶金设备	10
430	2100911	通用工业窑炉	10
431	2100999	其他金属加工设备	10
432	2101000	起重设备	10
433	2101001	轻小型起重设备	10
434	2101002	桥式起重机	10
435	2101003	门式起重机	10
436	2101004	浮式起重机	10
437	2101005	缆索起重机	10
438	2101006	门座式起重机	10
439	2101007	港口门座式起重机	10
440	2101008	冶金起重机	10
441	2101009	电梯	10
442	2101010	自动扶梯	10
443	2101011	自动人行道	10
444	2101099	其他起重设备	10
445	2101100	输送设备	10
446	2101101	带式输送机械	10
447	2101102	气动输送机	10
448	2101103	升运机	10
449	2101104	架空索道输送设备	10
450	2101105	机场输送设备	10
451	2101106	集装箱	10
452	2101107	集装箱输送设备	10
453	2101108	输送管道	10

续表

序号	资产类别代码	资产类别名称	折旧年限（年）
454	2101199	其他输送设备	10
455	2101200	给料设备	10
456	2101300	装卸设备	10
457	2101301	堆取机械	10
458	2101302	装船机	10
459	2101303	装车机	10
460	2101304	卸船机	10
461	2101305	卸车机	10
462	2101306	翻车机	10
463	2101399	其他装卸设备	10
464	2101400	立体仓库设备	10
465	2101500	泵	10
466	2101501	离心泵	10
467	2101502	混流泵	10
468	2101503	轴流泵	10
469	2101504	往复泵	10
470	2101505	回转泵	10
471	2101506	旋涡泵	10
472	2101599	其他泵	10
473	2101600	风机	10
474	2101601	离心式风机	10
475	2101602	轴流风机	10
476	2101603	螺杆式风机	10
477	2101699	其他风机	10
478	2101700	气体压缩机	10
479	2101701	离心式压缩机	10
480	2101702	轴（混）流式压缩机	10
481	2101703	往复式压缩机	10
482	2101704	螺杆式压缩机	10
483	2101705	刮板式压缩机	10
484	2101706	液环压缩机	10
485	2101799	其他气体压缩机	10
486	2101800	气体分离及液化设备	10
487	2101801	空气分离设备	10
488	2101802	稀有气体提取设备	10
489	2101803	工业气体分离设备	10
490	2101804	气体液化设备	10
491	2101805	车装气体分离设备	10

续表

序号	资产类别代码	资产类别名称	折旧年限（年）
492	2101899	其他气体分离及液化设备	10
493	2101900	制冷空调设备	10
494	2101901	制冷压缩机	10
495	2101902	冷库制冷设备	10
496	2101903	冷藏箱柜	10
497	2101904	制冰设备	10
498	2101905	空调机组	10
499	2101906	恒温机、恒温机组	10
500	2101907	去湿机组	10
501	2101908	专用制冷、空调设备	10
502	2101999	其他制冷空调设备	10
503	2102000	真空获得及其应用设备	10
504	2102001	真空获得设备	10
505	2102002	真空应用设备	10
506	2102003	真空检测设备	10
507	2102099	其他真空获得及应用设备	10
508	2102100	分离及干燥设备	10
509	2102101	离心机	10
510	2102102	分离机	10
511	2102103	过滤机	10
512	2102104	萃取机	10
513	2102105	搅拌机械	10
514	2102106	浓缩机械	10
515	2102107	干燥机械	10
516	2102199	其他分离及干燥设备	10
517	2102200	减速机及传动装置	10
518	2102201	摆线针轮减速机	10
519	2102202	行星减速机	10
520	2102203	圆柱齿轮减速机	10
521	2102204	蜗轮蜗杆减速器	10
522	2102205	液力耦合器	10
523	2102299	其他减速机及传动装置	10
524	2102300	包装机械	10
525	2102301	充填机械	10
526	2102302	封口机械	10
527	2102303	容器成型包装机械	10
528	2102304	裹包机械	10
529	2102305	捆扎打包机械	10

续表

序号	资产类别代码	资产类别名称	折旧年限（年）
530	2102306	集合装箱机械	10
531	2102307	真空包装机械	10
532	2102308	容器清洗机械	10
533	2102309	容器消毒机械	10
534	2102310	贴标签机械	10
535	2102399	其他包装机械	10
536	2102400	植物等有机物粉碎选别设备	10
537	2102401	粉碎机	10
538	2102402	研磨机	10
539	2102403	分选机	10
540	2102404	筛分设备	10
541	2102499	其他植物等有机物粉碎选别设备	10
542	2109900	其他机械设备	10
543	220	电气设备	5
544	2200100	电机	5
545	2200101	发电机	5
546	2200102	直流电机	5
547	2200103	无刷直流电机	5
548	2200104	交流电机	5
549	2200105	直线电机	5
550	2200106	步进电机	5
551	2200107	传感电机	5
552	2200108	开关磁阻电机	5
553	2200109	移相器	5
554	2200199	其他电机	5
555	2200200	变压器	5
556	2200300	电抗器	5
557	2200400	互感器	5
558	2200500	避雷器	5
559	2200600	整流器	5
560	2200700	电源设备	5
561	2200701	稳压电源	5
562	2200702	不间断电源（UPS）	5
563	2200703	多用电源	5
564	2200704	变频器	5
565	2200705	充电机	5
566	2200706	直流电源	5
567	2200707	交流电源	5

续表

序号	资产类别代码	资产类别名称	折旧年限（年）
568	2200708	电池组	5
569	2200799	其他电源设备	5
570	2200800	电容器	5
571	2200900	生产辅助用电器	5
572	2200901	电阻器	5
573	2200902	变阻器	5
574	2200903	开关电器设备	5
575	2200904	断路器	5
576	2200905	控制器	5
577	2200906	接触器	5
578	2200907	起动器	5
579	2200908	电继电器	5
580	2200909	控制继电器	5
581	2200910	保护继电器	5
582	2200911	开关柜	5
583	2200912	控制设备	5
584	2200913	配电屏	5
585	2200914	配电箱	5
586	2200915	端子箱	5
587	2200916	保护屏	5
588	2200917	同期屏	5
589	2200918	故障录波屏	5
590	2200919	电容器柜	5
591	2200920	电容器箱	5
592	2200921	受电箱	5
593	2200922	受电屏	5
594	2200999	其他生产辅助用电器	5
595	2201000	生活用电器	5
596	2201001	制冷电器	5
597	2201002	空气调节电器	5
598	2201003	清洁卫生电器	5
599	2201004	熨烫电器	5
600	2201005	烹调电器	5
601	2201006	饮水器	5
602	2201007	热水器	5
603	2201008	美容电器	5
604	2201099	其他生活用电器	5
605	2201100	灯具	5

续表

序号	资产类别代码	资产类别名称	折旧年限（年）
606	2201101	矿灯	5
607	2201102	车、船用灯	5
608	2201103	室内照明灯具	5
609	2201104	场地用灯	5
610	2201105	路灯	5
611	2201106	移动照明灯塔	5
612	2201107	除害虫用灯	5
613	2201199	其他灯具	5
614	2201200	电气机械设备	5
615	2201201	工业电热设备（电炉）	5
616	2201202	电气物理设备	5
617	2201203	电动工具	5
618	2201204	换能器	5
619	2201299	其他电气机械设备	5
620	2209900	其他电气设备	5
621	230	雷达、无线电和卫星导航设备	10
622	2300100	地面雷达	10
623	2300101	地面导航雷达	10
624	2300102	航空管理雷达	10
625	2300103	地面气象雷达	10
626	2300104	地面测量雷达	10
627	2300199	其他地面雷达	10
628	2300200	机载雷达	10
629	2300201	航行雷达	10
630	2300202	多卜勒导航雷达	10
631	2300203	机载着陆雷达	10
632	2300204	数传导航雷达	10
633	2300205	机载气象雷达	10
634	2300299	其他机载雷达	10
635	2300300	舰船载雷达	10
636	2300301	舰船导航雷达	10
637	2300302	舰船气象雷达	10
638	2300399	其他舰船载雷达	10
639	2300400	雷达配套设备	10
640	2300401	雷达地面天线	10
641	2300402	雷达训练器	10
642	2300403	雷达图像传输设备	10
643	2300404	雷达显示设备	10

续表

序号	资产类别代码	资产类别名称	折旧年限（年）
644	2300499	其他雷达配套设备	10
645	2300500	星载雷达	10
646	2300600	气球载雷达	10
647	2300700	机载无线电导航设备	10
648	2300701	信标接收机	10
649	2300702	无线电罗盘	10
650	2300703	机载着陆设备	10
651	2300704	近程导航机载设备	10
652	2300705	机载无线电高度表	10
653	2300799	其他机载无线电导航设备	10
654	2300800	地面航空无线电导航设备	10
655	2300801	定向设备	10
656	2300802	导航机	10
657	2300803	航标发射机	10
658	2300804	近程导航系统地面设备	10
659	2300805	微波仪表着陆地面设备	10
660	2300899	其他地面航空无线电导航设备	10
661	2300900	机动定向导航设备	10
662	2300901	机动定向设备	10
663	2300902	机动导航设备	10
664	2300999	其他机动定向导航设备	10
665	2301000	舰船载无线电导航设备	10
666	2301001	舰船载导航接收机	10
667	2301002	舰船载无线电测向机	10
668	2301003	舰船载无线电示位标	10
669	2301099	其他舰船载无线电导航设备	10
670	2301100	地面舰船无线电导航设备	10
671	2301200	卫星定位导航 GPS 设备	10
672	2301300	卫星遥感设备	10
673	2309900	其他雷达和无线电导航设备	10
674	231	通信设备	5
675	2310100	无线电通信设备	5
676	2310101	通用无线电通信设备	5
677	2310102	移动通信（网）设备	5
678	2310103	航空无线电通信设备	5
679	2310104	舰船无线电通信设备	5
680	2310105	铁道无线电通信设备	5
681	2310106	邮电无线电通信专用设备	5

续表

序号	资产类别代码	资产类别名称	折旧年限（年）
682	2310107	气象通信专用无线电通信设备	5
683	2310199	其他无线电通信设备	5
684	2310200	接力通信系统设备	5
685	2310201	超短波接力通信设备	5
686	2310202	模拟微波接力通信设备	5
687	2310203	数字微波接力通信设备	5
688	2310204	电视微波接力设备	5
689	2310299	其他接力通信系统设备	5
690	2310300	散射通信设备	5
691	2310301	散射通信机	5
692	2310302	散射通信配套设备	5
693	2310399	其他散射通信设备	5
694	2310400	卫星通信设备	5
695	2310401	地面站天线设备	5
696	2310402	上行线通信设备	5
697	2310403	下行线通信设备	5
698	2310404	通信卫星配套设备	5
699	2310405	卫星电视转播设备	5
700	2310406	气象卫星地面发布站设备	5
701	2310407	气象卫星地面接收站设备	5
702	2310408	气象卫星地面数据收集站设备	5
703	2310409	卫星电话	5
704	2310499	其他卫星通信设备	5
705	2310500	光通信设备	5
706	2310501	光缆通信终端设备	5
707	2310502	光通信中继设备	5
708	2310503	光通信复用设备	5
709	2310504	光通信配套设备	5
710	2310599	其他光通信设备	5
711	2310600	载波通信系统设备	5
712	2310601	电缆载波通信设备	5
713	2310602	电力线载波通信设备	5
714	2310603	矿用及矿山采选用载波通信设备	5
715	2310604	微波通信用载波通信设备	5
716	2310605	载波电报机及载波业务通信设备	5
717	2310700	电话通信设备	5
718	2310701	固定电话机	5
719	2310702	移动电话	5

续表

序号	资产类别代码	资产类别名称	折旧年限（年）
720	2310703	电话交换设备	5
721	2310704	会议电话调度设备及市话中继设备	5
722	2310799	其他电话通信设备	5
723	2310800	视频会议系统设备	5
724	2310801	视频会议控制台	5
725	2310802	视频会议多点控制器	5
726	2310803	视频会议会议室终端	5
727	2310804	音视频矩阵	5
728	2310899	其他视频会议系统设备	5
729	2310900	电报通信设备	5
730	2310901	收发报机	5
731	2310902	电传打字机	5
732	2310903	凿孔设备	5
733	2310904	译码设备	5
734	2310905	人工用户电报交换设备	5
735	2310906	用户电报自动交换设备	5
736	2310999	其他电报通信设备	5
737	2311000	传真及数据数字通信设备	5
738	2311001	传真通信设备	5
739	2311002	数据调制、解调设备	5
740	2311003	数传机	5
741	2311004	数据复接交换设备	5
742	2311005	脉码调制终端设备	5
743	2311006	增量调制终端设备	5
744	2311007	数字电话电报终端机	5
745	2311099	其他传真及数据、数字通信设备	5
746	2311100	通信机房专用设备	5
747	2311200	天线	5
748	2311201	发射天线	5
749	2311202	接收天线	5
750	2319900	其他通信设备	5
751	232	广播、电视、电影设备	5
752	2320100	广播发射设备	5
753	2320101	中波广播发射机	5
754	2320102	短波广播发射机	5
755	2320103	调频广播发射机	5
756	2320104	调频立体声广播发射机	5
757	2320105	调频广播差转台	5

续表

序号	资产类别代码	资产类别名称	折旧年限（年）
758	2320106	机动广播发射台	5
759	2320107	数字音频广播发射机	5
760	2320199	其他广播发射台	5
761	2320200	电视发射设备	5
762	2320201	米波电视发射机	5
763	2320202	分米波电视发射机	5
764	2320203	双伴音电视发射机	5
765	2320204	电视差转机	5
766	2320205	机动电视发射台	5
767	2320206	数字广播电视发射机	5
768	2320299	其他电视发射机	5
769	2320300	音频节目制作和播控设备	5
770	2320301	广播专用录放音设备	5
771	2320302	调音台	5
772	2320303	监听机（机组）	5
773	2320304	声处理设备	5
774	2320305	收音设备	5
775	2320306	播控设备	5
776	2320399	其他音频节目制作和播控设备	5
777	2320400	视频节目制作和播控设备	5
778	2320401	电视录制及电视播出中心设备	5
779	2320402	机动电视转播及电视播出采访设备	5
780	2320404	录像编辑设备	5
781	2320405	专业摄像机和信号源设备	5
782	2320406	视频信息处理设备	5
783	2320407	电视信号同步设备	5
784	2320499	其他视频节目制作和播控设备	5
785	2320500	多工广播设备	5
786	2320600	立体电视设备	5
787	2320700	卫星广播电视设备	5
788	2320701	集体接收设备	5
789	2320702	上行站接收设备	5
790	2320703	接收测试站设备	5
791	2320704	普及型卫星广播电视接收附加装置	5
792	2320799	其他卫星广播电视设备	5
793	2320800	电缆电视分配系统设备	5
794	2320801	共用天线电视系统设备	5
795	2320802	单向电缆电视系统设备	5

续表

序号	资产类别代码	资产类别名称	折旧年限（年）
796	2320803	双向电缆电视系统设备	5
797	2320804	光缆电视分配系统设备	5
798	2320899	其他电缆电视分配系统设备	5
799	2320900	电视设备	5
800	2320901	普通电视设备（电视机）	5
801	2320902	特殊环境应用电视监视设备	5
802	2320903	特殊功能应用电视设备	5
803	2320904	特种成像应用电视设备	5
804	2320999	其他电视设备	5
805	2321000	视频设备	5
806	2321001	录像机	5
807	2321002	摄像机	5
808	2321003	摄录一体机	5
809	2321004	平板显示设备	5
810	2321005	电视唱盘	5
811	2321006	激光视盘机	5
812	2321007	视频监控设备	5
813	2321008	视频处理器	5
814	2321009	虚拟演播室设备	5
815	2321010	字幕机	5
816	2321099	其他视频设备	5
817	2321100	音频设备	5
818	2321101	录放音机	5
819	2321102	收音机	5
820	2321103	音频功率放大器设备（功放设备）	5
821	2321104	电唱机	5
822	2321105	音响电视组合机	5
823	2321106	话筒设备	5
824	2321107	数码音频工作站及配套设备	5
825	2321108	声画编辑机	5
826	2321109	录音外围设备	5
827	2321110	扩音设备	5
828	2321111	音箱	5
829	2321199	其他音频设备	5
830	2321200	组合音像设备	5
831	2321201	音视频播放设备	5
832	2321202	闭路播放设备	5
833	2321203	同声现场翻译设备及附属设备	5

续表

序号	资产类别代码	资产类别名称	折旧年限（年）
834	2321299	其他组合音像设备	5
835	2321300	播出设备	5
836	2321301	机械手播出设备	5
837	2321302	硬盘播出设备	5
838	2321303	播出周边设备	5
839	2321399	其他播出设备	5
840	2321400	电影设备	5
841	2321401	传版设备	5
842	2321402	编辑、采访设备	5
843	2321403	压片加工设备	5
844	2321404	唱机生产设备	5
845	2321405	盒式音带加工设备	5
846	2321406	影视片制作、维护设备	5
847	2321499	其他电影设备	5
848	2329900	其他广播、电视、电影设备	5
849	240	仪器仪表	5
850	2400100	自动化仪表	5
851	2400101	温度仪表	5
852	2400102	压力仪表	5
853	2400103	流量仪表	5
854	2400104	物位及机械量仪表	5
855	2400105	显示及调节仪表	5
856	2400106	气动、电动单元组合仪表	5
857	2400107	绘图仪	5
858	2400108	集中控制装置	5
859	2400109	执行器	5
860	2400110	自动成套控制系统	5
861	2400199	其他自动化仪表	5
862	2400200	电工仪器仪表	5
863	2400201	电度表	5
864	2400202	实验室电工仪器及指针式电表	5
865	2400203	数字电网监测表	5
866	2400204	电阻测量仪器	5
867	2400205	记录电表、电磁示波器	5
868	2400206	测磁仪器	5
869	2400207	扩大量程装置	5
870	2400299	其他电工仪器仪表	5
871	2400300	光学仪器	5

续表

序号	资产类别代码	资产类别名称	折旧年限（年）
872	2400301	显微镜	5
873	2400303	光学计量仪器	5
874	2400304	物理光学仪器	5
875	2400305	光学测试仪器	5
876	2400306	电子光学及离子光学仪器	5
877	2400307	航测仪器	5
878	2400308	光谱遥感仪器	5
879	2400309	红外仪器	5
880	2400310	激光仪器	5
881	2400399	其他光学仪器	5
882	2400400	分析仪器	5
883	2400401	电化学分析仪器	5
884	2400402	物理特性分析仪器及校准仪器	5
885	2400403	热学式分析仪器	5
886	2400404	光学式分析仪器	5
887	2400405	射线式分析仪器	5
888	2400406	波谱仪	5
889	2400407	质谱仪	5
890	2400408	色谱仪	5
891	2400409	环境监测仪器及综合分析装置	5
892	2400499	其他分析仪器	5
893	2400500	试验机	5
894	2400501	金属材料试验机	5
895	2400502	非金属材料试验机	5
896	2400503	工艺试验机	5
897	2400504	测力仪器	5
898	2400505	动平衡机	5
899	2400506	振动台与冲击台	5
900	2400507	无损探伤机	5
901	2400599	其他试验机	5
902	2400600	试验仪器及装置	5
903	2400601	分析天平及专用天平	5
904	2400602	动力测试仪器	5
905	2400603	试验箱及气候环境试验设备	5
906	2400604	生物、医学样品制备设备	5
907	2400605	应变及振动测试仪器	5
908	2400606	型砂铸造试验仪器及装置	5
909	2400607	真空检测仪器	5

续表

序号	资产类别代码	资产类别名称	折旧年限（年）
910	2400608	土工测试仪器	5
911	2400699	其他试验仪器及装置	5
912	2400700	量仪	5
913	2400701	齿轮量仪	5
914	2400702	螺纹量仪	5
915	2400703	形位误差检查仪	5
916	2400704	角度量仪	5
917	2400799	其他量仪	5
918	2400800	钟表及定时仪器	5
919	2400801	钟	5
920	2400802	表	5
921	2400803	定时器	5
922	2400899	其他钟表及定时仪器	5
923	2409900	其他仪器仪表	5
924	241	电子和通信测量仪器	5
925	2410100	电子和通信测量发生器	5
926	2410200	数字、模拟仪表及功率计	5
927	2410201	数字仪表及装置	5
928	2410202	模拟式电压表	5
929	2410203	功率计	5
930	2410300	元件器件参数测量仪	5
931	2410301	电阻器、电容器参数测量仪	5
932	2410302	敏感元件、磁性材料、电感元件测量仪	5
933	2410303	电子元件参数测量仪	5
934	2410304	半导体器件参数测量仪	5
935	2410305	集成电路参数测量仪	5
936	2410399	其他元件器件参数测量仪	5
937	2410400	时间及频率测量仪器	5
938	2410500	网络特性测量仪	5
939	2410600	衰减器	5
940	2410700	滤波器	5
941	2410800	放大器	5
942	2410900	场强干扰测量仪器及测量接收机	5
943	2411000	波形参数测量仪器	5
944	2411100	电子示波器	5
945	2411200	通讯、导航测试仪器	5
946	2411300	有线电测量仪	5
947	2411400	电视用测量仪	5

续表

序号	资产类别代码	资产类别名称	折旧年限（年）
948	2411500	声源、声振信号发生器	5
949	2411600	声级计	5
950	2411700	电声滤波器	5
951	2411800	电声放大器	5
952	2411900	声振测量仪	5
953	2412000	声振仪器校准装置	5
954	2412100	电话、电声测试仪器	5
955	2412200	声振分析仪	5
956	2412300	数据仪器	5
957	2412400	计算机用测量仪器	5
958	2419900	其他电子和通信测量仪器	5
959	242	计量标准器具及量具、衡器	5
960	2420100	长度计量标准器具	5
961	2420101	端度计量标准器具	5
962	2420102	线纹计量标准器具	5
963	2420103	齿轮参数计量标准器具	5
964	2420104	角度计量标准器具	5
965	2420105	光学仪器检测器具	5
966	2420199	其他长度计量标准器具	5
967	2420200	热学计量标准器具	5
968	2420201	温度计量标准器具	5
969	2420202	热量计量标准器具	5
970	2420203	湿度计量标准器具	5
971	2420299	其他热学计量标准器具	5
972	2420300	力学计量标准器具	5
973	2420301	质量计量标准器具	5
974	2420302	容量计量标准器具	5
975	2420303	密度计量标准器具	5
976	2420304	流量计量标准器具	5
977	2420305	压力及真空计量标准器具	5
978	2420306	测力计量标准器具	5
979	2420307	硬度计量标准器具	5
980	2420308	振动、加速度及转速计量标准器具	5
981	2420399	其他力学计量标准器具	5
982	2420400	电磁学计量标准器具	5
983	2420401	电表类计量标准器具	5
984	2420402	交流计量标准器具	5
985	2420403	直流计量标准器具	5

续表

序号	资产类别代码	资产类别名称	折旧年限（年）
986	2420404	高电压大电流计量标准器具	5
987	2420405	磁特性计量标准器具	5
988	2420499	其他电磁学计量标准器具	5
989	2420500	无线电计量标准器具	5
990	2420501	电压及功率参数计量标准	5
991	2420502	信号及脉冲参数计量标准器具	5
992	2420503	噪声参数计量标准器具	5
993	2420504	元器件参数计量标准器具	5
994	2420505	相位参数计量标准器具	5
995	2420506	微波阻抗参数计量标准器具	5
996	2420507	场强参数计量标准器具	5
997	2420508	衰减计量标准器具	5
998	2420599	其他无线电计量标准器具	5
999	2420600	时间频率计量标准器具	5
1000	2420700	电离辐射计量标准器具	5
1001	2420800	光学计量标准器具	5
1002	2420900	声学计量标准器具	5
1003	2421000	化学计量标准器具	5
1004	2422000	量具	5
1005	2423000	衡器	5
1006	2423001	地上衡	5
1007	2423002	地中衡	5
1008	2423003	轨道衡	5
1009	2423004	钢材秤	5
1010	2423005	皮带秤	5
1011	2423006	吊秤	5
1012	2423007	配料秤	5
1013	2423008	定量秤	5
1014	2423009	台案秤	5
1015	2423010	液体秤	5
1016	2423011	气体秤	5
1017	2423099	其他衡器	5
1018	2429900	其他计量标准器具	5
1019	301	探矿、采矿、选矿和造块设备	15
1020	3010100	钻探机	10
1021	3010101	油压主轴钻机	10
1022	3010102	油压转盘钻机	10
1023	3010103	水文水井钻机	10

续表

序号	资产类别代码	资产类别名称	折旧年限（年）
1024	3010104	取样钻机	10
1025	3010106	坑道钻机	10
1026	3010107	手把地质钻机	10
1027	3010108	汽车钻机	10
1028	3010109	轻便钻机	10
1029	3010111	竖井钻机	10
1030	3010112	天井钻机	10
1031	3010113	钻机备用部件	10
1032	3010199	其他钻机	10
1033	3010500	装药填充机械	10
1034	3010501	装药车	10
1035	3010502	装药器	10
1036	3010503	填充机械	10
1037	3010599	其他装药填充机械	10
1038	3010600	矿用装载设备	10
1039	3010601	装岩设备	10
1040	3010602	抓岩机和抓斗	10
1041	3010603	扒矿机	10
1042	3010604	运矿车	10
1043	3010699	其他矿用装载设备	10
1044	3010700	煤矿生产监测监控设备	10
1045	3010701	电力监测监控设备	10
1046	3010702	提升监测监控设备	10
1047	3010703	运输监测监控设备	10
1048	3010704	防排水监测监控设备	10
1049	3010705	露天矿用卡车防撞监测装置	10
1050	3010706	矿井综合自动化监控装置	10
1051	3010707	矿井井下设备定位监测系统	10
1052	3010721	调度总机	10
1053	3010722	井下通讯系统	10
1054	3010723	井下防爆移动通讯系统	10
1055	3010724	安全应急扩音通信告警系统	10
1056	3010725	矿井井下人员定位监测、统计系统	10
1057	3010741	露天矿 GPS 卡车调度系统	10
1058	3010742	露天矿无线集群通讯系统	10
1059	3010743	露天矿轮斗集中控制系统	10
1060	3010799	其他煤矿生产监测监控设备	10
1061	3010800	煤矿防治水设备	10

续表

序号	资产类别代码	资产类别名称	折旧年限（年）
1062	3010801	主排水泵及辅助设备	10
1063	3010802	主排水泵专用阀门	10
1064	3010803	主排水泵安全监测系统装置	10
1065	3010804	水仓清理设备	10
1066	3010805	各类矿用潜水泵	10
1067	3010806	各类矿用清水泵	10
1068	3010807	各类矿用泥浆泵	10
1069	3010808	各类矿用渣浆泵	10
1070	3010809	防爆排沙潜水泵	10
1071	3010810	矿井水文钻机	10
1072	3010811	注浆泵	10
1073	3010812	矿井自动化排水监控装置	10
1074	3010813	水位遥测仪	10
1075	3010899	其他煤矿防治水设备	10
1076	3010900	煤矿支护装备	10
1077	3010901	液压支架	10
1078	3010902	乳化液泵站	10
1079	3010903	采煤工作面矿压监测装备	10
1080	3010904	掘进巷道顶板离层监测装备	10
1081	3010905	矿井深部地压预报装备	10
1082	3010906	巷道掘锚一体机	10
1083	3010907	切顶墩柱	10
1084	3010908	岩石巷道钻车	10
1085	3010909	液压支架监控装置	10
1086	3010910	锚杆钻机	10
1087	3010911	液压锚杆钻机泵站	10
1088	3010912	锚索切割机	10
1089	3010913	锚索机	10
1090	3010914	喷浆机	10
1091	3010915	支护质量监测仪	10
1092	3010916	锚杆拉力计	10
1093	3010999	其他煤矿支护装备	10
1094	3011000	提升、运输设备和绞车	10
1095	3011001	提升机用电动机	10
1096	3011002	提升机拖动控制设备	10
1097	3011003	提升机供电电源柜	10
1098	3011004	提升机安全监控及综合保护装置	10
1099	3011005	提升信号设备	10

续表

序号	资产类别代码	资产类别名称	折旧年限（年）
1100	3011006	提升容器及连接装置	10
1101	3011007	提升容器防坠器	10
1102	3011008	提升防墩罐装置	10
1103	3011009	提升过卷缓冲托罐装置	10
1104	3011010	箕斗提升定重控制装置	10
1105	3011011	天轮	10
1106	3011012	钢丝绳自动平衡装置	10
1107	3011013	提升钢丝绳在线监测装置	10
1108	3011014	矿井提升机综合测试仪	10
1109	3011015	矿井各类防爆绞车	10
1110	3011016	阻燃胶带运输机	10
1111	3011017	胶带运输机监控及保护装置	10
1112	3011018	刮板运输机监控及保护装置	10
1113	3011019	煤矿用架线电机车	10
1114	3011020	防爆特殊型蓄电池电机车	10
1115	3011021	防爆柴油机车	10
1116	3011022	矿井运输信集闭控制装置	10
1117	3011023	采区顺槽无级绳运输绞车	10
1118	3011024	单轨吊运输装置	10
1119	3011025	卡轨车	10
1120	3011026	齿轨车	10
1121	3011027	胶套轮车	10
1122	3011028	平巷及斜巷人车	10
1123	3011029	斜井运输跑车防护和防跑车装置	10
1124	3011030	斜井运输信号装置	10
1125	3011031	偶合器	10
1126	3011032	矿车翻车机	10
1127	3011033	阻车器	10
1128	3011099	其他提升、运输设备和绞车	10
1129	3011100	选矿和洗矿设备	10
1130	3011101	破碎设备	10
1131	3011102	研磨设备	10
1132	3011103	筛分设备	10
1133	3011104	分级设备	10
1134	3011105	选别设备	10
1135	3011106	脱水设备	10
1136	3011107	洗矿设备	10
1137	3011199	其他洗矿和选矿设备	10

续表

序号	资产类别代码	资产类别名称	折旧年限（年）
1138	3011200	造块设备	10
1139	3011201	烧结机	10
1140	3011202	球团设备	10
1141	3011203	布料器	10
1142	3011204	布料辊	10
1143	3011299	其他造块设备	10
1144	3019900	其他探矿、采矿、选矿和造块设备	10
1145	302	石油天然气开采专用设备	15
1146	3020100	油气水井设施	15
1147	3020101	油井	15
1148	3020102	气井	15
1149	3020103	盐井	15
1150	3020104	碱井	15
1151	3020105	注水井	15
1152	3020106	注气井	15
1153	3020107	注聚合物井	15
1154	3020108	注二氧化碳井	15
1155	3020109	注微生物井	15
1156	3020110	注氮气井	15
1157	3020111	火烧驱油井	15
1158	3020112	观察井	15
1159	3020113	资料井	15
1160	3020114	水源井	15
1161	3020199	其他油气水井设施	15
1162	3020200	油气汽水集输设施	15
1163	3020201	计量站	15
1164	3020202	计量配水站	15
1165	3020203	集油气管线	15
1166	3020204	注水汽管线	15
1167	3020205	集（转）油站	15
1168	3020206	集气站	15
1169	3020207	注水站	15
1170	3020208	热采注汽站	15
1171	3020209	注聚合物站	15
1172	3020210	注氮站	15
1173	3020211	压气站	15
1174	3020212	海洋采油平台	15
1175	3020213	海底管线	15

续表

序号	资产类别代码	资产类别名称	折旧年限（年）
1176	3020214	原油库	15
1177	3020215	输油气首站	15
1178	3020216	输油气中间加热站	15
1179	3020217	输油气中间加压站	15
1180	3020218	输油气末站	15
1181	3020219	输油气管线	15
1182	3020220	消防装置	15
1183	3020221	油气生产用电力线路	15
1184	3020299	其他油气汽水集输设施	15
1185	3020300	油气汽水处理设施	15
1186	3020301	油气处理站	15
1187	3020302	轻烃回收装置	15
1188	3020303	污水处理站	15
1189	3020304	天然气净化装置	15
1190	3020305	硫磺回收装置	15
1191	3020306	尾气处理装置	15
1192	3020307	酸性水汽提装置	15
1193	3020308	硫磺成型装置	15
1194	3020399	其他油气汽水处理设施	15
1195	3020400	油田机械	15
1196	3020401	油气勘探设备	15
1197	3020402	物探钻机	15
1198	3020403	石油钻机	15
1199	3020404	固井配套设备	15
1200	3020405	压裂酸化设备	15
1201	3020406	油水井清蜡设备	15
1202	3020407	石油专用压风机（车）	15
1203	3020408	钻采特车	15
1204	3020409	油井测试设备	15
1205	3020410	录井设备	15
1206	3020411	试井设备	15
1207	3020412	井下作业设备	15
1208	3020413	海洋钻井设备	15
1209	3020414	海洋作业设备	15
1210	3020415	石油专用加工设备	15
1211	3029900	其他石油天然气开采专用设备	15
1212	303	石油和化学工业专用设备	15
1213	3030100	石油储备库设备	15

续表

序号	资产类别代码	资产类别名称	折旧年限（年）
1214	3030101	库区外管线	15
1215	3030102	库区内管线	15
1216	3030103	储油罐	15
1217	3030104	输油泵	15
1218	3030105	流量计及标定设备	15
1219	3030106	循环搅拌设备	15
1220	3030107	工艺阀门	15
1221	3030108	工艺自动控制系统	15
1222	3030199	其他石油储备库设备	15
1223	3030200	长输管线	15
1224	3030201	原油管线	15
1225	3030202	天然气管线	15
1226	3030203	成品油管线	15
1227	3030204	化工产品管线	15
1228	3030299	其他长输管线	15
1229	3030300	界区间管线	15
1230	3030301	物料管线	15
1231	3030302	公用工程管线	15
1232	3030399	其他界区间管线	15
1233	3030400	界区间罐区设施	15
1234	3030401	原油罐区	15
1235	3030402	成品油及中间罐区	15
1236	3030403	化工罐区	15
1237	3030404	液化气、天然气、瓦斯罐区	15
1238	3030499	其他界区间罐区设施	15
1239	3030500	输油（气）站	15
1240	3030501	原油输油站	15
1241	3030502	天然气输气站	15
1242	3030503	成品油分输站	15
1243	3030504	压缩天然气（CNG）加气母站	15
1244	3030599	其他输油（气）站	15
1245	3030600	炼油生产装置	15
1246	3030601	常减压蒸馏装置	15
1247	3030602	催化裂化装置	15
1248	3030603	催化裂解装置	15
1249	3030604	加氢裂化装置	15
1250	3030605	减粘裂化装置	15
1251	3030606	催化重整装置	15

续表

序号	资产类别代码	资产类别名称	折旧年限（年）
1252	3030607	连续重整装置	15
1253	3030608	苯抽提装置	15
1254	3030609	延迟焦化装置	15
1255	3030610	汽油加氢精制装置	15
1256	3030611	柴油加氢精制装置	15
1257	3030612	汽柴油加氢精制装置	15
1258	3030613	煤油加氢精制装置	15
1259	3030614	蜡油加氢精制装置	15
1260	3030615	渣油加氢精制装置	15
1261	3030616	电化学精制装置	15
1262	3030617	分子筛精制装置	15
1263	3030618	煤油脱臭装置	15
1264	3030619	环烷酸装置	15
1265	3030620	酚精制装置	15
1266	3030621	制氢装置	15
1267	3030622	气体分馏装置	15
1268	3030623	烷基化（硫酸法）装置	15
1269	3030624	烷基化（氢氟酸法）装置	15
1270	3030625	甲基叔丁基醚装置	15
1271	3030626	液化气脱硫醇装置	15
1272	3030627	汽油脱硫醇装置	15
1273	3030628	气体脱硫装置	15
1274	3030629	氢提纯装置	15
1275	3030630	溶剂脱蜡装置	15
1276	3030631	微生物脱蜡装置	15
1277	3030632	溶剂蜡脱油装置	15
1278	3030633	分子筛蜡脱油装置	15
1279	3030634	润滑油白土精制装置	15
1280	3030635	润滑油糠醛精制装置	15
1281	3030636	润滑油加氢精制装置	15
1282	3030637	石蜡白土精制装置	15
1283	3030638	石蜡加氢精制装置	15
1284	3030639	石蜡成型装置	15
1285	3030640	氧化沥青装置	15
1286	3030641	溶剂脱沥青装置	15
1287	3030642	丙烷气体回收装置	15
1288	3030643	尤里卡全馏分油加氢装置	15
1289	3030644	煤油临氢脱硫醇装置	15

续表

序号	资产类别代码	资产类别名称	折旧年限（年）
1290	3030645	异构化装置	15
1291	3030646	生物柴油中试装置	15
1292	3030647	蜡油加氢裂化装置	15
1293	3030648	特种蜡调合装置	15
1294	3030649	碱渣处理装置	15
1295	3030650	溶剂再生装置	15
1296	3030651	油品调合装置	15
1297	3030652	催化汽油吸附脱硫醇装置	15
1298	3030653	催化干气提浓乙烯装置	15
1299	3030699	其他炼油生产装置	15
1300	3030800	润滑油生产装置	15
1301	3030801	润滑油调合装置	15
1302	3030802	润滑脂调合装置	15
1303	3030803	合成油脂装置	15
1304	3030804	金属制桶生产线	15
1305	3030805	塑料制桶生产线	15
1306	3030806	润滑油灌装生产线	15
1307	3030899	其他润滑油生产装置	15
1308	3030900	基本有机化工原料生产装置	15
1309	3030901	乙烯装置	15
1310	3030902	异丁烯装置	15
1311	3030903	丁烯－1装置	15
1312	3030904	异戊烯装置	15
1313	3030905	己烯－1装置	15
1314	3030906	丁二烯抽提装置	15
1315	3030907	苯乙烯装置	15
1316	3030908	氯乙烯装置	15
1317	3030909	苯酚丙酮装置	15
1318	3030910	芳烃抽提装置	15
1319	3030911	裂解汽油加氢装置	15
1320	3030912	二甲苯装置	15
1321	3030913	异丙苯装置	15
1322	3030914	甲醇装置	15
1323	3030915	丁辛醇装置	15
1324	3030916	苯酐装置	15
1325	3030917	环氧氯丙烷装置	15
1326	3030918	C5分离装置	15
1327	3030919	硫氰酸钠装置	15

续表

序号	资产类别代码	资产类别名称	折旧年限（年）
1328	3030920	乙酸（醋酸）装置	15
1329	3030921	乙醛装置	15
1330	3030922	岐化与烷基化转移装置	15
1331	3030923	塑料薄膜装置	15
1332	3030999	其他基本有机化工原料生产装置	15
1333	3031000	合成树脂生产装置	15
1334	3031001	高压低密度聚乙烯装置	15
1335	3031002	低压高密度聚乙烯装置	15
1336	3031003	线性低密度聚乙烯装置	15
1337	3031004	聚丙烯装置	15
1338	3031005	聚苯乙烯装置	15
1339	3031006	苯乙烯－丙烯腈装置	15
1340	3031007	聚氯乙烯装置	15
1341	3031008	聚醚装置	15
1342	3031099	其他合成树脂生产装置	15
1343	3031100	合成橡胶生产装置	15
1344	3031101	丁苯橡胶装置	15
1345	3031102	顺丁橡胶装置	15
1346	3031103	丁基橡胶装置	15
1347	3031104	丁苯胶乳装置	15
1348	3031105	SBS 热塑弹性体装置	15
1349	3031199	其他合成橡胶生产装置	15
1350	3031200	合成纤维原料生产装置	15
1351	3031201	乙二醇装置	15
1352	3031202	丙烯腈装置	15
1353	3031203	己内酰胺装置	15
1354	3031204	精对苯二甲酸装置	15
1355	3031205	精间苯二甲酸装置	15
1356	3031206	环已酮装置	15
1357	3031207	氰化钠装置	15
1358	3031208	乙腈烯装置	15
1359	3031209	硫酸铵装置	15
1360	3031210	硫酸装置	15
1361	3031211	双氧水装置	15
1362	3031212	硫氢酸钠回收装置	15
1363	3031213	苯甲醛装置	15
1364	3031299	其他合成纤维原料生产装置	15
1365	3031300	合成纤维及合纤聚合物生产装置	15

续表

序号	资产类别代码	资产类别名称	折旧年限（年）
1366	3031301	聚酯装置	15
1367	3031302	聚酯固相聚合装置	15
1368	3031303	聚乙烯醇装置	15
1369	3031304	聚酰胺装置	15
1370	3031305	腈纶纤维装置	15
1371	3031306	腈纶毛条装置	15
1372	3031307	涤纶短纤维装置	15
1373	3031308	涤纶工业丝装置	15
1374	3031309	涤纶预取向丝装置	15
1375	3031310	涤纶全牵伸丝装置	15
1376	3031311	涤纶低弹丝装置	15
1377	3031312	涤纶中空纤维装置	15
1378	3031313	锦纶装置	15
1379	3031314	丙纶装置	15
1380	3031399	其他合成纤维及合纤聚合物生产装置	15
1381	3031400	化肥生产装置	15
1382	3031401	合成氨装置	15
1383	3031402	尿素装置	15
1384	3031403	复合肥装置	15
1385	3031499	其他化肥生产装置	15
1386	3031500	无机化工生产装置	15
1387	3031501	烧碱装置	15
1388	3031502	氯碱装置	15
1389	3031503	盐硝装置	15
1390	3031504	漂粉精装置	15
1391	3031599	其他无机化工生产装置	15
1392	3031600	炼油催化剂生产装置	15
1393	3031601	裂化催化剂装置	15
1394	3031602	加氢催化剂装置	15
1395	3031603	重整催化剂装置	15
1396	3031604	降凝催化剂装置	15
1397	3031605	器外预硫化装置	15
1398	3031699	其他炼油催化剂生产装置	15
1399	3031700	基本有机化工原料催化剂生产装置	15
1400	3031701	甲苯歧化催化剂装置	15
1401	3031702	乙苯脱氢催化剂装置	15
1402	3031703	乙苯烷基化催化剂装置	15
1403	3031704	醋酸乙烯催化剂装置	15

续表

序号	资产类别代码	资产类别名称	折旧年限（年）
1404	3031705	钯炭催化剂装置	15
1405	3031706	丙烯腈催化剂装置	15
1406	3031707	银催化剂装置	15
1407	3031708	非晶态加氢催化剂装置	15
1408	3031709	氧化催化剂装置	15
1409	3031710	C2/C3 馏分选择性加氢催化剂装	15
1410	3031799	其他基本有机化工原料催化剂生产装置	15
1411	3031800	合成树脂催化剂生产装置	15
1412	3031801	聚乙烯催化剂装置	15
1413	3031802	聚丙烯催化剂装置	15
1414	3031803	其他合成树脂催化剂生产装置	15
1415	3031900	合成橡胶催化剂生产装置	15
1416	3031901	丁基锂装置	15
1417	3031902	聚丁二烯油装置	15
1418	3031903	铝剂装置	15
1419	3031999	其他合成橡胶催化剂生产装置	15
1420	3032000	添加剂助剂生产装置	15
1421	3032001	PX 吸附剂装置	15
1422	3032002	橡塑助剂装置	15
1423	3032003	5A 吸附剂装置	15
1424	3032099	其他添加剂助剂生产装置	15
1425	3032100	催化剂原料生产装置	15
1426	3032101	分子筛装置	15
1427	3032102	特种分子筛装置	15
1428	3032103	有机胺装置	15
1429	3032104	铝溶胶装置	15
1430	3032105	干胶粉装置	15
1431	3032106	水玻璃装置	15
1432	3032107	硫酸铝装置	15
1433	3032108	氯化镁精加工装置	15
1434	3032109	给电子体装置	15
1435	3032110	贵金属回收装置	15
1436	3032111	芳烃溶剂装置	15
1437	3032112	氨氮污水处理装置	15
1438	3032199	其他催化剂原料生产装置	15
1439	3032200	催化剂检验分析评价装置	15
1440	3032201	炼油催化剂分析评价装置	15
1441	3032202	聚烯烃催化剂分析评价装置	15

续表

序号	资产类别代码	资产类别名称	折旧年限（年）
1442	3032203	吸附剂分析评价装置	15
1443	3032299	其他催化剂检验分析评价装置	15
1444	3032300	辅助生产装置	15
1445	3032301	空气分离及液化装置	15
1446	3032302	供风装置	15
1447	3032303	动力装置	15
1448	3032304	发电装置	15
1449	3032305	供排水装置	15
1450	3032306	化学水装置	15
1451	3032307	循环水装置	15
1452	3032308	污水汽提装置	15
1453	3032309	污水处理装置	15
1454	3032310	废气回收装置	15
1455	3032311	油罐清洗装置	15
1456	3032312	编织袋装置	15
1457	3032399	其他辅助生产装置	15
1458	3032400	油品销售设施类	15
1459	3032401	油库	15
1460	3032402	加油站	15
1461	3032403	加气站	15
1462	3032404	非油品经营设施	15
1463	3032499	其他油品销售设施	15
1464	3032500	橡胶专用设备	15
1465	3032501	橡胶原料加工设备	15
1466	3032502	炼胶设备	15
1467	3032503	挤出设备	15
1468	3032504	压延设备	15
1469	3032505	成型设备	15
1470	3032506	硫化设备	15
1471	3032507	乳胶制品和再生胶生产设备	15
1472	3032508	橡胶专用设备辅助设备	15
1473	3032599	其他橡胶专用机械	15
1474	3032600	塑料专用机械	15
1475	3032601	塑料备料设备	15
1476	3032602	塑料制品设备	15
1477	3032603	塑料压延机械	15
1478	3032604	注射成型机	15
1479	3032605	中空吹塑成型机、吸塑成型机	15

续表

序号	资产类别代码	资产类别名称	折旧年限（年）
1480	3032606	挤出成型机	15
1481	3032607	发泡成型机	15
1482	3032608	人造革设备	15
1483	3032699	其他塑料专用设备	15
1484	3032700	日用化学品专用设备	15
1485	3032701	洗涤用品加工机械	15
1486	3032702	香料、香精及化妆品加工机械	15
1487	3032703	牙膏加工机械	15
1488	3032704	火柴加工机械	15
1489	3032705	合成胶、动物胶、植物胶加工机械	15
1490	3032799	其他日用化学品制造专用设备	15
1491	3032800	林产化工机械	15
1492	3032801	天然橡胶加工设备	15
1493	3032802	木材水解设备	15
1494	3032803	松香生产设备	15
1495	3032899	其他林产化工机械	15
1496	3039900	其他石油和化学工业专用设备	15
1497	304	炼焦和金属冶炼轧制设备	15
1498	3040100	炼焦设备	15
1499	3040101	炼焦炉	15
1500	3040102	炼焦炉辅助设备	15
1501	3040199	其他炼焦设备	15
1502	3040200	炼铁设备	15
1503	3040201	炼铁高炉	15
1504	3040202	炼铁高炉辅助设备	15
1505	3040203	高炉压差发电设备	15
1506	3040204	铸铁设备	15
1507	3040299	其他炼铁设备	15
1508	3040300	炼钢设备	15
1509	3040301	混铁炉	15
1510	3040302	炼钢平炉	15
1511	3040303	炼钢转炉	15
1512	3040304	炼钢电炉	15
1513	3040305	钢二次精炼设备	15
1514	3040306	连续铸钢设备	15
1515	3040307	炼钢炉配套设备	15
1516	3040399	其他炼钢设备	15
1517	3040400	有色金属冶炼设备	15

续表

序号	资产类别代码	资产类别名称	折旧年限（年）
1518	3040401	焙烧炉	15
1519	3040402	煅烧炉	15
1520	3040403	烧结炉子	15
1521	3040404	重金属冶炼炉	15
1522	3040405	轻金属冶炼炉	15
1523	3040406	稀有金属冶炼炉	15
1524	3040407	电解槽	15
1525	3040408	有色金属铸造设备	15
1526	3040499	其他有色金属冶炼设备	15
1527	3040500	铁合金设备	15
1528	3040501	铁合金高炉	15
1529	3040502	铁合金电炉	15
1530	3040503	铁合金浇铸设备	15
1531	3040599	其他铁合金设备	15
1532	3040600	金属轧制机械及拉拔设备	15
1533	3040601	金属开坯轧机	15
1534	3040602	型材轧机	15
1535	3040603	板材、带材和箔材轧机	15
1536	3040604	管材轧机	15
1537	3040605	线材轧机	15
1538	3040606	特殊轧机	15
1539	3040607	轧机辅助设备	15
1540	3040608	拉拔设备和制绳设备	15
1541	3040699	其他金属轧制机械及其拉拔设备	15
1542	3040700	冶金专用车辆	15
1543	3040701	铁水车	15
1544	3040702	铸锭车	15
1545	3040703	料槽车	15
1546	3040704	烧结车	15
1547	3040705	渣罐车	15
1548	3040706	保温车	15
1549	3040707	混铁车	15
1550	3040708	矿渣车	15
1551	3040799	其他冶金专用车辆	15
1552	3049900	其他炼焦和金属冶炼轧制设备	15
1553	305	电力工业专用设备	30
1554	3050100	电站锅炉及辅助设备	30
1555	3050101	锅炉本体	30

续表

序号	资产类别代码	资产类别名称	折旧年限（年）
1556	3050102	锅炉辅助设备	30
1557	3050103	化学水处理设备	30
1558	3050104	排污及疏水设备	30
1559	3050105	除尘除灰设备	30
1560	3050199	其他电站锅炉及辅助设备	30
1561	3050200	汽轮发电机组	30
1562	3050201	汽轮机本体	30
1563	3050202	发电机本体	30
1564	3050203	汽轮发电机组辅助设备	30
1565	3050299	其他汽轮发电机组	30
1566	3050300	水轮发电机组	30
1567	3050301	水轮机本体	30
1568	3050302	水轮发电机	30
1569	3050303	水轮发电机组辅助设备	30
1570	3050399	其他水轮发电机组	30
1571	3050400	输电线路	30
1572	3050401	铁塔输电线路	30
1573	3050402	铁杆输电线路	30
1574	3050403	水泥杆输电线路	30
1575	3050404	木杆输电线路	30
1576	3050405	电缆输电线路	30
1577	3050499	其他输电线路	30
1578	3050500	配电线路	30
1579	3050501	铁杆配电线路	30
1580	3050502	水泥杆配电线路	30
1581	3050503	木杆配电线路	30
1582	3050504	电缆配电线路	30
1583	3050599	其他配电线路	30
1584	3050600	变电设备	30
1585	3050700	电力专用自动化控制设备	30
1586	3050701	电站自动化控制设备	30
1587	3050702	电力远动装置	30
1588	3050799	其他电力专用自动化控制设备	30
1589	3050800	架线设备	30
1590	3050801	张力放线机	30
1591	3050802	液压倒装铁塔联动装置	30
1592	3050803	机动绞盘	30
1593	3050899	其他架线设备	30

续表

序号	资产类别代码	资产类别名称	折旧年限（年）
1594	3050900	电站制氢设备	30
1595	3059900	其他电力工业专用设备	30
1596	306	非金属矿物制品工业专用设备	20
1597	3060100	水泥及水泥制品专用设备	20
1598	3060101	水泥及硅酸盐用炉窑	20
1599	3060102	水泥专用设备	20
1600	3060103	水泥制品专用设备	20
1601	3060199	其他水泥及水泥制品专用设备	20
1602	3060200	玻璃及玻璃制品制造设备	20
1603	3060201	平板玻璃制造设备	20
1604	3060202	玻璃纤维生产设备	20
1605	3060203	玻璃棉设备	20
1606	3060204	玻璃钢设备	20
1607	3060205	工业技术玻璃专用设备	20
1608	3060206	玻璃制品加工专用设备	20
1609	3060299	其他玻璃及玻璃制品制造设备	20
1610	3060300	陶瓷制品生产设备	20
1611	3060301	陶瓷制品成型设备	20
1612	3060302	陶瓷制品备料设备	20
1613	3060303	陶瓷制品施釉设备	20
1614	3060399	其他陶瓷制品生产设备	20
1615	3060400	墙体、地面材料	20
1616	3060401	砖瓦坯、条加工设备	20
1617	3060402	水磨石制坯机械	20
1618	3060403	砖和砌块成型设备	20
1619	3060404	制瓦机	20
1620	3060405	石膏板生产设备	20
1621	3060406	加气混凝土生产设备	20
1622	3060499	其他墙体、地面材料生产设备	20
1623	3060500	石棉、耐火制品及其他非金属矿物制品设备	20
1624	3060501	石棉制品设备	20
1625	3060502	铸石制品设备	20
1626	3060503	陶粒生产设备	20
1627	3060504	沥青毡生产设备	20
1628	3060505	饰墙材料生产设备	20
1629	3060506	耐火材料生产设备	20
1630	3060507	炭素制品生产设备	20
1631	3060599	其他石棉、耐火制品和其他非金属矿物制品设备	20

续表

序号	资产类别代码	资产类别名称	折旧年限（年）
1632	3060600	非金属矿物切削加工设备	20
1633	3060601	光学材料和玻璃加工机床	20
1634	3060602	石材加工机床	20
1635	3060603	水泥等非金属矿物制品加工机床	20
1636	3069900	其他非金属矿物制品工业专用设备	20
1637	307	核工业专用设备	30
1638	3070100	核反应堆专用设备	30
1639	3070101	核反应堆系统	30
1640	3070102	反应堆监测控制系统	30
1641	3070103	反应堆保护系统	30
1642	3070199	其他核反应堆专用设备	30
1643	3070200	核用矿冶设备	30
1644	3070201	放射性分选机	30
1645	3070202	分级设备	30
1646	3070203	核用水冶设备	30
1647	3070204	放射性矿山设备	30
1648	3070299	其他核用矿冶设备	30
1649	3070300	核电站设备	30
1650	3070301	核电站一回路系统	30
1651	3070302	核电站二回路系统	30
1652	3070303	核电辅助系统专用设备	30
1653	3070304	核燃料运输贮存与装卸系统	30
1654	3070305	放射性废物处理系统	30
1655	3070399	核电站其他专用设备	30
1656	3070400	核燃料循环专用设备	30
1657	3070401	铀转化设备	30
1658	3070402	铀浓缩设备	30
1659	3070403	元件设备	30
1660	3070404	后处理设备	30
1661	3070405	放射性废物处置处理设备	30
1662	3070499	核燃料循环其他专用设备	30
1663	3070500	核地勘专用设备	30
1664	3070600	核聚变试验装置	30
1665	3070700	核技术应用专用设备	30
1666	3070701	辐照装置设备	30
1667	3070702	加速器设备	30
1668	3070703	核探测设备	30
1669	3070799	核技术应用其他专用设备	30

续表

序号	资产类别代码	资产类别名称	折旧年限（年）
1670	3079900	其他核工业专用设备	30
1671	308	航空航天工业专用设备	30
1672	3080100	飞机、火箭、导弹、卫星总装调试设备	30
1673	3080101	火箭、导弹总装调试设备	30
1674	3080102	卫星总装调试设备	30
1675	3080103	飞机总装调试专用设备	30
1676	3080200	弹（星）体加工专用设备	30
1677	3080201	弹体加工设备	30
1678	3080202	星体加工设备	30
1679	3080300	发动机专用设备	30
1680	3080301	固体发动机专用设备	30
1681	3080302	液体发动机专用设备	30
1682	3080399	其他发动机专用设备	30
1683	3080400	驾驶系统专用设备	30
1684	3080401	自动驾驶仪专用设备	30
1685	3080402	平台陀螺专用设备	30
1686	3080403	伺服机构专用设备	30
1687	3080404	舵机专用设备	30
1688	3080500	战斗部专用设备	30
1689	3080600	火工品专用设备	30
1690	3080700	制造地面系统设备专用设备	30
1691	3080800	试验专用设备	30
1692	3080801	环境模拟试验专用设备	30
1693	3080802	空气动力试验专用设备	30
1694	3080900	全弹发动机试车台	30
1695	3080901	全弹试车台	30
1696	3080902	液体发动机试车台	30
1697	3080903	冲压发动机试车台	30
1698	3080904	固体发动机试车台	30
1699	3080905	高空试车台	30
1700	3080906	组成件试车台	30
1701	3080907	氢氧发动机试车台	30
1702	3080999	其他全弹发动机试车台	30
1703	3089900	其他航空航天工业专用制造设备	30
1704	310	工程机械	15
1705	3100100	挖掘机械	15
1706	3100101	大型挖掘机	15
1707	3100102	中型挖掘机	15

续表

序号	资产类别代码	资产类别名称	折旧年限（年）
1708	3100103	小型挖掘机	15
1709	3100104	斗轮挖掘机	15
1710	3100105	挖掘装载机	15
1711	3100199	其他挖掘机械	15
1712	3100200	铲土运输机械	15
1713	3100201	推土机	15
1714	3100202	装载机	15
1715	3100203	铲运机	15
1716	3100204	平地机	15
1717	3100205	非公路自卸车	15
1718	3100299	其他铲土运输机械	15
1719	3100300	工程起重机械	15
1720	3100301	汽车起重机	15
1721	3100302	全地面起重机	15
1722	3100303	履带式起重机	15
1723	3100304	轮胎式起重机	15
1724	3100305	随车起重机	15
1725	3100306	塔式起重机	15
1726	3100307	施工升降机	15
1727	3100308	建筑卷扬机	15
1728	3100399	其他工程起重机械	15
1729	3100400	工业车辆	15
1730	3100401	内燃叉车	15
1731	3100402	蓄电池叉车	15
1732	3100403	托盘堆垛车	15
1733	3100404	侧面叉车	15
1734	3100405	越野叉车	15
1735	3100406	拣选车	15
1736	3100407	伸缩臂叉车	15
1737	3100408	集装箱叉车	15
1738	3100409	牵引车	15
1739	3100410	平台搬运车	15
1740	3100411	手动液压搬运车	15
1741	3100499	其他工业车辆	15
1742	3100500	压实机械	10
1743	3100501	静碾压路机	15
1744	3100502	震动压路机	15
1745	3100503	轮胎压路机	15

续表

序号	资产类别代码	资产类别名称	折旧年限（年）
1746	3100504	夯实机	15
1747	3100599	其他压实机械	15
1748	3100600	路面及养护机械	10
1749	3100601	路面基础施工机械	15
1750	3100602	沥青路面施工机械	15
1751	3100603	水泥路面施工机械	15
1752	3100604	路面养护机械	15
1753	3100699	其他路面及养护机械	15
1754	3100700	桩工机械	15
1755	3100701	旋挖钻机	15
1756	3100702	柴油打桩机	15
1757	3100703	柴油锤式打桩机	15
1758	3100704	振动沉拔桩锤	15
1759	3100705	振动沉拔桩架	15
1760	3100706	压桩机	15
1761	3100707	螺旋钻孔机	15
1762	3100708	成孔机	15
1763	3100709	振冲器	15
1764	3100710	落锤打桩机	15
1765	3100799	其他桩工机械	15
1766	3100800	混凝土机械	15
1767	3100801	混凝土输送泵	15
1768	3100802	混凝土布料杆	15
1769	3100803	水泥搅拌站	15
1770	3100804	混凝土搅拌运输车	15
1771	3100805	混凝土振动器	15
1772	3100806	混凝土浇注机械	15
1773	3100807	混凝土制品机械	15
1774	3100899	其他混凝土机械	15
1775	3100900	凿岩与掘进机械	15
1776	3100901	凿岩机	15
1777	3100902	钻车	15
1778	3100903	钻机	15
1779	3100904	全断面隧道掘进机	15
1780	3100905	非开挖设备	15
1781	3100906	凿岩辅助设备	15
1782	3100907	破碎机	15
1783	3100999	其他凿岩与掘进机械	15

续表

序号	资产类别代码	资产类别名称	折旧年限（年）
1784	3101000	钢筋及预应力机械	15
1785	3101001	钢筋强化机械	15
1786	3101002	钢筋加工机械	15
1787	3101003	钢筋连接机械	15
1788	3101004	钢筋预应力机械	15
1789	3101099	其他钢筋及预应力机械	15
1790	3101100	气动工具	15
1791	3101101	回转式气动工具	15
1792	3101102	冲击式气动工具	15
1793	3101103	气动马达	15
1794	3101199	其他气动工具	15
1795	3101200	装修与高处作业机械	15
1796	3101201	灰浆制备及喷吐机械	15
1797	3101202	涂料喷刷机械	15
1798	3101203	油漆制备及喷涂机械	15
1799	3101204	地面装修机械	15
1800	3101205	屋面装修机械	15
1801	3101206	高处作业吊篮及擦窗机	15
1802	3101207	高处作业平台	15
1803	3101208	高处作业车	15
1804	3101209	建筑装修机具	15
1805	3101299	其他装修与高处作业机械	15
1806	3101600	工程机械专用配套件	15
1807	3101601	液压件	15
1808	3101602	传动件	15
1809	3101603	行走部件	15
1810	3101604	驾驶室设备	15
1811	3101605	工程机械仪表及控制设备	15
1812	3101699	其他工程机械专用配套件	15
1813	3109900	其他工程机械	15
1814	311	农业和林业机械	10
1815	3110100	拖拉机	10
1816	3110101	轮式拖拉机	10
1817	3110102	履带拖拉机（含半履带式拖拉机）	10
1818	3110103	手扶拖拉机	10
1819	3110199	其他拖拉机	10
1820	3110200	土壤耕整机械	10
1821	3110201	耕地机械	10

续表

序号	资产类别代码	资产类别名称	折旧年限（年）
1822	3110202	整地机械	10
1823	3110203	林地清理机械	10
1824	3110299	其他土壤耕整机械	10
1825	3110300	种植施肥机械	10
1826	3110301	播种机械	10
1827	3110302	育苗机械	10
1828	3110303	栽植机械	10
1829	3110304	施肥机械	10
1830	3110305	地膜机械	10
1831	3110399	其他种植施肥机械	10
1832	3110400	植物管理机械	10
1833	3110401	中耕机械	10
1834	3110402	植保机械	10
1835	3110403	修剪机械	10
1836	3110499	其他植物管理机械	10
1837	3110500	园林机械	10
1838	3110501	乔木管护设备	10
1839	3110502	灌木管护设备	10
1840	3110503	庭院用微型设备	10
1841	3110599	其他园林机械	10
1842	3110600	农作物及林特产品收获机械	10
1843	3110601	谷物收获机	10
1844	3110602	玉米收获机	10
1845	3110603	棉麻作物收获机	10
1846	3110604	果实收获机	10
1847	3110605	蔬菜收获机	10
1848	3110606	花卉（茶叶）采收机	10
1849	3110607	籽粒作物收获机	10
1850	3110608	根茎作物收获机	10
1851	3110609	饲料作物收获机	10
1852	3110610	茎杆收集处理机	10
1853	3110611	林特产品采摘机械	10
1854	3110699	其他农作物及林特产品收获机械	10
1855	3110700	收获后处理机械	10
1856	3110701	脱粒机	10
1857	3110702	清选机	10
1858	3110703	剥壳（去皮）机	10
1859	3110704	干燥机	10

续表

序号	资产类别代码	资产类别名称	折旧年限（年）
1860	3110705	种子加工机	10
1861	3110706	仓储机械	10
1862	3110707	其他收获后处理机械	10
1863	3110800	农林产品初加工机械	10
1864	3110801	磨粉（浆）机械	10
1865	3110802	棉花加工机械	10
1866	3110803	果蔬加工机械	10
1867	3110804	茶叶加工机械	10
1868	3110805	林特产品初加工机械	10
1869	3110899	其他农林产品初加工机械	10
1870	3110900	农用搬运机械	10
1871	3110901	农用运输机械	10
1872	3110902	农用装卸机械	10
1873	3110999	其他农用搬运机械	10
1874	3111000	排灌机械	10
1875	3111001	水泵	10
1876	3111002	喷灌机械设备	10
1877	3111099	其他排灌设备	10
1878	3111100	农村可再生能源利用设备	10
1879	3111101	风力设备	10
1880	3111102	水力设备	10
1881	3111103	太阳能设备	10
1882	3111104	生物制能设备	10
1883	3111199	其他生物制能设备	10
1884	3111200	设施农业设备	10
1885	3111201	日光温室设施设备	10
1886	3111202	塑料大棚设施设备	10
1887	3111203	连栋温室设施设备	10
1888	3111299	其他设施农业设备	10
1889	3111300	农用动力机械	10
1890	3111400	草原建设机械	10
1891	3111401	围栏设备	10
1892	3111402	草皮破碎机	10
1893	3111403	草原除雪机	10
1894	3111404	毒饵撒播机	10
1895	3111405	埋桩机	10
1896	3111406	梳草机	10
1897	3111407	起草皮机	10

续表

序号	资产类别代码	资产类别名称	折旧年限（年）
1898	3111499	其他草原建设机械	10
1899	3111500	草料加工设备	10
1900	3111600	畜牧饲养机械	10
1901	3111601	孵化育雏设备	10
1902	3111602	喂料饮水设备	10
1903	3111603	清理消毒设备	10
1904	3111604	网围栏	10
1905	3111699	其他畜牧饲养机械	10
1906	3111700	畜禽产品采集加工机械	10
1907	3111701	挤奶机	10
1908	3111702	剪羊毛机	10
1909	3111703	牛奶分离机	10
1910	3111704	储奶罐	10
1911	3111799	其他畜禽产品采集加工机械	10
1912	3111800	水产养殖机械	10
1913	3111801	增氧机	10
1914	3111802	增氧装置或增氧系统	10
1915	3111803	投饵机	10
1916	3111804	投饵装置或投饵系统	10
1917	3111805	网箱养殖设备	10
1918	3111806	水体净化处理设备	10
1919	3111899	其他水产养殖机械	10
1920	3111900	水产品捕捞和采集机械	10
1921	3111901	海洋捕捞机械	10
1922	3111902	淡水捕捞机械	10
1923	3111903	水生植物采集机械	10
1924	3111999	其他水产品捕捞和采集机械	10
1925	3112000	水产品初加工机械	10
1926	3112001	鱼货起、卸和冻结设备	10
1927	3112003	贝类加工机械	10
1928	3112004	海参加工机械	10
1929	3112005	紫菜加工机械	10
1930	3112006	鱼类初加工机械	10
1931	3112099	其他水产品加工机械	10
1932	3112100	制网机械	10
1933	3112101	织网机	10
1934	3112102	制绳机	10
1935	3112103	并线机	10

续表

序号	资产类别代码	资产类别名称	折旧年限（年）
1936	3112199	其他制网机械	10
1937	3119900	其他农业和林业机械	10
1938	313	木材采集和加工设备	10
1939	3130100	木材采伐和集运机械	10
1940	3130101	采伐机械	10
1941	3130102	集材机	10
1942	3130103	割灌机	10
1943	3130104	专用运材设备	10
1944	3130199	其他木材采伐和集运机械	10
1945	3130200	木工机床	10
1946	3130201	木工车床	10
1947	3130202	木工刨床	10
1948	3130203	木工铣床	10
1949	3130204	开榫机	10
1950	3130205	木工锯机	10
1951	3130206	木工钻床	10
1952	3130207	榫槽机	10
1953	3130208	木工磨光、抛光机	10
1954	3130209	木工多用机床	10
1955	3130210	木工冷压机	10
1956	3130211	木工拼接机	10
1957	3130300	木质纤维加工设备	10
1958	3130301	木制纤维备料设备	10
1959	3130302	纤维加工分离机械	10
1960	3130303	其他木质纤维加工设备	10
1961	3130400	人造板加工设备	10
1962	3130401	削片机	10
1963	3130402	铺装成型机	10
1964	3130403	干燥机	10
1965	3130404	压机	10
1966	3130405	裁边机	10
1967	3130406	砂光机	10
1968	3130407	施胶机	10
1969	3130408	运输机	10
1970	3130409	分选机	10
1971	3130410	剥皮机	10
1972	3130411	定心机	10
1973	3130412	旋切机	10

续表

序号	资产类别代码	资产类别名称	折旧年限（年）
1974	3130413	卷板机	10
1975	3130414	刨切机	10
1976	3130415	剪板机	10
1977	3130416	挖孔补节机	10
1978	3130417	拼缝机	10
1979	3130418	组坯机	10
1980	3130419	磨浆机	10
1981	3130420	后处理设备	10
1982	3130421	横截机	10
1983	3130422	装卸机	10
1984	3130423	分板机	10
1985	3130424	冷却翻板机	10
1986	3130425	垫板处理设备	10
1987	3130426	木片清洗机	10
1988	3130427	料仓	10
1989	3130428	分离器	10
1990	3130429	电磁振动器	10
1991	3130430	磁选装置	10
1992	3130431	升降台	10
1993	3130432	堆拆垛机	10
1994	3130433	计量设备	10
1995	3130434	浸渍干燥机	10
1996	3130435	磨刀机	10
1997	3130436	容器	10
1998	3130437	浓度调节器	10
1999	3130438	拼接板机	10
2000	3130499	其他人造板设备	10
2001	3130500	木材干燥设备	10
2002	3130501	常规干燥设备	10
2003	3130502	除湿干燥设备	10
2004	3130503	真空干燥设备	10
2005	3130504	太阳能干燥设备	10
2006	3130505	高频干燥设备	10
2007	3130506	微波干燥设备	10
2008	3130507	其他干燥设备	10
2009	3130600	木材防腐设备	10
2010	3130700	林业生物质工程设备	10
2011	3139900	其他木材采集和加工机械	10

续表

序号	资产类别代码	资产类别名称	折旧年限（年）
2012	314	食品加工专用设备	10
2013	3140100	制糖机械	10
2014	3140101	原料处理设备	10
2015	3140102	提汁设备	10
2016	3140103	制炼设备	10
2017	3140104	废粕综合利用设备	10
2018	3140199	其他制糖机械	10
2019	3140200	糕点糖果及果品加工机械	10
2020	3140201	糕点类原料加工机械	10
2021	3140202	饼干加工机	10
2022	3140203	糕点加工机	10
2023	3140204	糖果加工备料机械	10
2024	3140205	糖果加工成型机械	10
2025	3140206	果品加工机械	10
2026	3140207	糕点、糖果、果品生产线	10
2027	3140299	其他糕点、糖果、果品加工机械	10
2028	3140300	菜类食品加工机械	10
2029	3140301	蔬菜加工机械	10
2030	3140302	豆制品加工机械	10
2031	3140303	淀粉制品加工机械	10
2032	3140399	其他菜类食品加工机械	10
2033	3140400	屠宰、肉食品及蛋品加工机械	10
2034	3140401	禽畜屠宰加工设备	10
2035	3140402	肉类加工机械	10
2036	3140403	乳品加工机械	10
2037	3140404	蛋品加工设备	10
2038	3140405	水产品加工机械	10
2039	3140499	其他屠宰、肉食及蛋品加工机械	10
2040	3140500	食品蒸煮机械	10
2041	3140600	食品杀菌器械	10
2042	3140700	食品均质机	10
2043	3140800	调味品加工机械	10
2044	3140801	味精加工机械	10
2045	3140802	酱制品加工机械	10
2046	3140803	酱油加工机械	10
2047	3140804	食醋加工机械	10
2048	3140899	其他调味品加工机械	10
2049	3140900	罐头食品生产线	10

续表

序号	资产类别代码	资产类别名称	折旧年限（年）
2050	3140901	肉类罐头加工线	10
2051	3140902	蔬菜罐头加工线	10
2052	3140903	水产品罐头加工线	10
2053	3141000	饮食炊事机械	10
2054	3141100	食品检测、监测设备	10
2055	3149900	其他食品加工专用设备	10
2056	315	饮料加工设备	10
2057	3150100	酿酒设备	10
2058	3150101	通用酿酒设备	10
2059	3150102	啤酒制造设备	10
2060	3150103	白酒制造设备	10
2061	3150104	黄酒制造设备	10
2062	3150105	果酒制造设备	10
2063	3150106	食用酒精制造设备	10
2064	3150199	其他酿酒设备	10
2065	3150200	无醇饮料加工设备	10
2066	3150201	冷饮设备	10
2067	3150202	咖啡、可可加工设备	10
2068	3150203	茶饮料加工设备	10
2069	3150204	果汁加工设备	10
2070	3150205	饮用水加工设备	10
2071	3150299	其他无醇饮料加工设备	10
2072	3159900	其他饮料加工设备	10
2073	316	烟草加工设备	10
2074	3160100	烟用加温加湿机械	10
2075	3160101	回潮机	10
2076	3160102	微波回软设备	10
2077	3160103	洗梗机	10
2078	3160199	其他烟用加温加湿机械	10
2079	3160200	烟用解把机械	10
2080	3160201	解把机	10
2081	3160202	松散机	10
2082	3160203	松包机	10
2083	3160299	其他烟用解把机械	10
2084	3160300	烟用除杂、筛分机械	10
2085	3160301	筛分机	10
2086	3160302	筛砂机	10
2087	3160303	剔除机	10

续表

序号	资产类别代码	资产类别名称	折旧年限（年）
2088	3160304	除杂设备	10
2089	3160305	除麻丝机	10
2090	3160306	梗签分离机	10
2091	3160399	其他烟用除杂、筛分机械	10
2092	3160400	烟用叶梗分离机械	10
2093	3160401	打叶机	10
2094	3160402	风分机	10
2095	3160499	其他烟用叶梗分离机械	10
2096	3160500	烟用烘烤机械	10
2097	3160501	烟梗烤机	10
2098	3160502	烟片烤机	10
2099	3160503	自助烟烘干机	10
2100	3160504	碎烟干燥机	10
2101	3160599	其他烟用烘烤机械	10
2102	3160600	烟用预压打包机械	10
2103	3160601	预压机	10
2104	3160602	打包机	10
2105	3160699	其他烟用预压打包机械	10
2106	3160700	烟用开（拆）包机械	10
2107	3160701	拆箱机	10
2108	3160702	开包机	10
2109	3160799	其他烟用开（拆）包机械	10
2110	3160800	烟用叶片分切机械	10
2111	3160801	切片机	10
2112	3160899	其他烟用叶片分切机械	10
2113	3160900	烟用切丝机械	10
2114	3160901	直刃滚刀式切（梗）丝机	10
2115	3160902	曲刃滚刀式切（梗）丝机	10
2116	3160999	其他烟用切丝机械	10
2117	3161000	烟用烘丝机械	10
2118	3161001	烘丝机	10
2119	3161002	烘（梗）丝机	10
2120	3161099	其他烟用烘丝机械	10
2121	3161100	烟用冷却机械	10
2122	3161101	振动式烟丝冷却机	10
2123	3161102	带式烟丝冷却机	10
2124	3161199	其他烟用冷却机械	10
2125	3161200	烟用香精香料调配及加料加香机械	10

续表

序号	资产类别代码	资产类别名称	折旧年限（年）
2126	3161201	加香机	10
2127	3161202	加料机	10
2128	3161203	糖香料厨房设备	10
2129	3161299	其他烟用香精香料调配及加料加香机械	10
2130	3161300	烟用压梗机械	10
2131	3161301	压梗机	10
2132	3161399	其他烟用压梗机械	10
2133	3161400	烟丝膨胀机械	10
2134	3161401	二氧化碳烟丝膨胀装置	10
2135	3161402	KC－2 介质烟丝膨胀装置	10
2136	3161403	氮气烟丝膨胀装置	10
2137	3161404	气流式烟丝膨胀装置	10
2138	3161499	其他烟丝膨胀装置	10
2139	3161500	烟丝输送机械	10
2140	3161501	喂料机	10
2141	3161502	喂丝机	10
2142	3161503	吸丝机	10
2143	3161504	送丝系统	10
2144	3161505	储存输送系统	10
2145	3161506	滤棒发射、接收系统	10
2146	3161599	其他烟用输送机械	10
2147	3161600	再造烟叶机械	10
2148	3161601	薄片生产设备	10
2149	3161699	其他再造烟叶机械	10
2150	3161700	烟用卷接机械	10
2151	3161701	卷烟机	10
2152	3161702	接装机	10
2153	3161703	装盘机	10
2154	3161704	卸盘机	10
2155	3161705	卷接机组	10
2156	3161799	其他烟用卷接机械	10
2157	3161800	烟用包装机械	10
2158	3161801	包装机组	10
2159	3161802	包装机	10
2160	3161803	小包机	10
2161	3161804	条包机	10
2162	3161805	小包存储器	10
2163	3161899	其他烟用包装机械	10

续表

序号	资产类别代码	资产类别名称	折旧年限（年）
2164	3161900	烟用滤棒成型机	10
2165	3161901	开松上胶机	10
2166	3161902	滤棒成型机组	10
2167	3161999	其他烟用滤棒成型机	10
2168	3162000	烟用装封箱机	10
2169	3162001	封箱机	10
2170	3162002	装箱机	10
2171	3162003	条盒提升机	10
2172	3162004	条盒输送机	10
2173	3162005	条盒方向转换机	10
2174	3162006	封装箱机	10
2175	3162099	其他烟用装封箱机	10
2176	3162100	废烟支、烟丝回收装置	10
2177	3162101	废烟支处理机	10
2178	3162199	其他废烟支、烟丝回收装置	10
2179	3169900	其他烟草加工机械	10
2180	317	粮油作物和饲料加工设备	15
2181	3170100	通用清理机械	15
2182	3170101	筛	15
2183	3170102	去石机	15
2184	3170199	其他通用清理机械	15
2185	3170200	碾米机械	15
2186	3170201	原料清理设备	15
2187	3170202	脱壳分离设备	15
2188	3170203	碾米机	15
2189	3170204	涮米设备	15
2190	3170205	联合碾米设备	15
2191	3170206	玉米加工设备	15
2192	3170299	其他碾米机械	15
2193	3170300	面粉加工设备	15
2194	3170301	原料清理设备	15
2195	3170302	磨粉设备	15
2196	3170303	筛粉机	15
2197	3170304	清粉机	15
2198	3170305	松粉机	15
2199	3170306	撞击机	15
2200	3170307	打麸机	15
2201	3170308	刷麸机	15

续表

序号	资产类别代码	资产类别名称	折旧年限（年）
2202	3170399	其他面粉加工机械	15
2203	3170400	榨油机械	15
2204	3170401	原料清理设备	15
2205	3170402	压胚设备	15
2206	3170403	软化设备	15
2207	3170404	压饼机	15
2208	3170405	榨油机	15
2209	3170406	蒸炒锅	15
2210	3170499	其他榨油机械	15
2211	3170500	油脂浸出机械	15
2212	3170501	浸出器	15
2213	3170502	蒸发器	15
2214	3170503	汽提塔	15
2215	3170504	脱溶机	15
2216	3170505	脱臭机	15
2217	3170506	蒸脱机	15
2218	3170507	烘干机和干燥机	15
2219	3170508	尾气吸收装置	15
2220	3170599	其他油脂浸出机械	15
2221	3170600	油脂精炼设备	15
2222	3170601	锅	15
2223	3170602	脱臭塔、脱臭炉	15
2224	3170603	油碱比配机	15
2225	3170604	混合机械	15
2226	3170605	罐	15
2227	3170606	油液捕集器	15
2228	3170699	其他油脂精炼设备	15
2229	3170800	饲料加工设备	15
2230	3170801	混合及配料设备	15
2231	3170802	颗粒压制设备	15
2232	3170803	饲料加工机械及机组	15
2233	3170899	其他饲料加工机械	15
2234	3170900	食品油脂加工设备	15
2235	3170901	油料蛋白生产设备	15
2236	3170902	花生蛋白生产设备	15
2237	3170903	起酥油设备	15
2238	3170904	人造奶油设备	15
2239	3170999	其他食品、油脂加工设备	15

续表

序号	资产类别代码	资产类别名称	折旧年限（年）
2240	3179900	其他粮油作物和饲料加工设备	15
2241	318	纺织设备	15
2242	3180100	化纤机械	15
2243	3180101	抽丝设备	15
2244	3180102	维纶设备	15
2245	3180103	腈纶设备	15
2246	3180104	涤纶设备	15
2247	3180105	绵纶设备	15
2248	3180106	丙纶设备	15
2249	3180107	纤维素纤维设备	15
2250	3180199	其他化纤机械	15
2251	3180200	棉纺织机械	15
2252	3180201	棉开松设备	15
2253	3180202	分梳机	15
2254	3180203	并条机	15
2255	3180204	纱机	15
2256	3180205	纺纱机	15
2257	3180206	捻线机	15
2258	3180207	棉纱处理设备	15
2259	3180208	织机	15
2260	3180299	其他棉纺织机械	15
2261	3180300	毛纺织机械	15
2262	3180301	毛处理设备	15
2263	3180302	毛条设备	15
2264	3180303	毛纺设备	15
2265	3180304	捻机	15
2266	3180305	毛纱处理设备	15
2267	3180306	毛织机	15
2268	3180307	绒线设备	15
2269	3180399	其他毛纺织机械	15
2270	3180400	麻纺织机械	15
2271	3180401	麻处理设备	15
2272	3180402	分梳机	15
2273	3180403	并条机	15
2274	3180404	麻纺机	15
2275	3180405	麻织机	15
2276	3180499	其他麻纺织机械	15
2277	3180500	丝绸机械及绢纺机械	15

续表

序号	资产类别代码	资产类别名称	折旧年限（年）
2278	3180501	准备设备	15
2279	3180502	缫丝设备	15
2280	3180503	丝织设备	15
2281	3180504	绢纺设备	15
2282	3180505	抽丝纱设备	15
2283	3180599	其他丝绸及绢纺机械	15
2284	3180600	针织机械	15
2285	3180601	单动针纬编机	15
2286	3180602	联动针纬编机	15
2287	3180603	经编机	15
2288	3180699	其他针织机械	15
2289	3180700	染整机械	15
2290	3180701	印染后整理设备	15
2291	3180702	针织品染色整理设备	15
2292	3180799	其他染整机械	15
2293	3180800	非织造织物设备	15
2294	3180900	毛毯加工机械	15
2295	3189900	其他纺织设备	15
2296	319	缝纫、服饰、制革和毛皮加工设备	15
2297	3190100	缝纫机	15
2298	3190101	民用缝纫机	15
2299	3190102	工业缝纫机	15
2300	3190200	服装加工机械	15
2301	3190201	剪裁机械	15
2302	3190202	粘合机	15
2303	3190203	压胶机	15
2304	3190204	制领机械	15
2305	3190205	整烫设备	15
2306	3190206	大白扣机	15
2307	3190207	服装打号码机	15
2308	3190208	商标机	15
2309	3190299	其他服装加工机械	15
2310	3190300	羽绒加工设备	15
2311	3190301	预分机	15
2312	3190302	除灰机	15
2313	3190303	洗毛机	15
2314	3190304	脱水机	15
2315	3190305	烘毛机	15

续表

序号	资产类别代码	资产类别名称	折旧年限（年）
2316	3190306	分毛机	15
2317	3190307	冷却机	15
2318	3190308	拼堆机	15
2319	3190399	其他羽绒加工设备	15
2320	3190400	制鞋机械	15
2321	3190401	下料机械	15
2322	3190402	片帮机械	15
2323	3190403	缝外线机	15
2324	3190404	缝内线机	15
2325	3190405	胶粘机	15
2326	3190406	压合机	15
2327	3190407	绷机	15
2328	3190408	成型机	15
2329	3190409	钉鞋眼机	15
2330	3190410	烫平机械	15
2331	3190499	其他制鞋机械	15
2332	3190500	制帽机械	15
2333	3190600	制革机械	15
2334	3190601	制革准备机械	15
2335	3190602	磨革机	15
2336	3190603	打光机	15
2337	3190604	拉伸机械	15
2338	3190605	平展机械	15
2339	3190606	干燥机	15
2340	3190607	烫革机械	15
2341	3190608	皮革轧花机	15
2342	3190699	其他制革机械	15
2343	3190700	毛皮加工机械	15
2344	3190701	毛皮去肉机	15
2345	3190702	剪毛机	15
2346	3190703	烫毛机	15
2347	3190704	梳毛机	15
2348	3190705	干铲机	15
2349	3190706	毛皮挤油机	15
2350	3190707	刷酸机	15
2351	3190708	毛皮削匀机	15
2352	3190709	毛皮拉伸机	15
2353	3190799	其他毛皮加工机械	15

续表

序号	资产类别代码	资产类别名称	折旧年限（年）
2354	3190800	皮革制品加工机械	15
2355	3190801	皮箱接头机	15
2356	3190899	其他皮革制品加工机械	15
2357	3199900	其他缝纫、服饰、制革和毛皮加工机械	15
2358	320	造纸和印刷机械	20
2359	3200100	造纸机械	20
2360	3200101	制浆设备	20
2361	3200102	打浆设备	20
2362	3200103	洗浆机械	20
2363	3200104	筛选设备	20
2364	3200105	漂白设备	20
2365	3200106	造纸机	20
2366	3200107	造纸完成机械	20
2367	3200108	加工纸设备	20
2368	3200109	造纸辅机	20
2369	3200199	其他造纸机械	20
2370	3200200	印刷机械	20
2371	3200201	图像制版机械	20
2372	3200202	文字制版机械	20
2373	3200203	印刷机	20
2374	3200204	盲文印刷机	20
2375	3200205	装订机械	20
2376	3200206	辅助设备	20
2377	3200299	其他印刷机械	20
2378	3200300	造纸和印刷用切纸机械	20
2379	3200301	造纸纵切机	20
2380	3200302	切纸机	20
2381	3200303	切割机	20
2382	3200304	盘纸分切机	20
2383	3200305	切蜡光纸机	20
2384	3200306	裁纸机	20
2385	3200399	其他造纸和印刷用切纸机械	20
2386	3209900	其他造纸和印刷机械	20
2387	321	化学药品和中药专用设备	10
2388	3210100	化学原料药加工机械	5
2389	3210101	摇瓶机	5
2390	3210102	结晶设备	5
2391	3210103	发酵设备	5

续表

序号	资产类别代码	资产类别名称	折旧年限（年）
2392	3210199	其他化学原料药加工机械	8
2393	3210200	制剂机械	5
2394	3210201	片剂机械	8
2395	3210202	水针机械	5
2396	3210203	粉、针机械	8
2397	3210204	大输液机械	5
2398	3210205	酊水、糖浆剂设备	5
2399	3210206	药膜机械	5
2400	3210207	软膏机械	8
2401	3210208	胶囊设备	8
2402	3210209	丸剂机械	5
2403	3210210	颗粒剂机械	8
2404	3210299	其他制剂机械	8
2405	3210300	中药机械	8
2406	3210301	中药饮片加工机械	8
2407	3210302	提取机械	8
2408	3210399	其他中药机械	8
2409	3210400	药瓶洗理机械	5
2410	3210401	洗瓶机	5
2411	3210402	理瓶机	8
2412	3210403	供瓶机	5
2413	3210404	输瓶机	5
2414	3210499	其他药瓶洗理机械	8
2415	3210500	药用干燥设备	8
2416	3210501	真空干燥设备	8
2417	3210502	喷雾干燥设备	8
2418	3210503	气流干燥设备	8
2419	3210504	沸腾干燥设备	8
2420	3210505	冷冻干燥设备	8
2421	3210506	热风干燥设备	8
2422	3210507	双锥干燥设备	8
2423	3210508	中药干燥设备	8
2424	3210599	其他药用干燥设备	5
2425	3210600	制药蒸发设备和浓缩设备	8
2426	3210601	标准式蒸发器	8
2427	3210602	薄膜式蒸发器	8
2428	3210603	刮板式蒸发器	8
2429	3210604	浓缩设备	8

续表

序号	资产类别代码	资产类别名称	折旧年限（年）
2430	3210605	列管式蒸发器	8
2431	3210606	离心薄膜蒸发器	8
2432	3210699	其他制药蒸发设备和浓缩设备	8
2433	3210700	药品专用包装机械	6
2434	3210701	片丸药包装机械	6
2435	3210702	胶囊分装机械	6
2436	3210799	其他药品专用包装机械	6
2437	3210800	粉碎、筛粉设备	6
2438	3210801	粉碎设备	5
2439	3210802	磨粉设备	5
2440	3210803	球磨机	5
2441	3210804	胶体磨设备	5
2442	3210805	圆盘粉筛机	6
2443	3210806	金钢砂磨设备	6
2444	3210899	其他粉碎、筛粉设备	6
2445	3219900	其他化学药品和中药专用设备	6
2446	322	医疗设备	10
2447	3220100	手术器械	5
2448	3220101	基础外科手术器械	5
2449	3220102	显微外科手术器械	5
2450	3220103	神经外科手术器械	5
2451	3220104	眼科手术器械	5
2452	3220105	耳鼻喉科手术器械	5
2453	3220106	口腔科手术器械	5
2454	3220107	胸腔心血管外科手术器械	5
2455	3220108	腹部外科手术器械	5
2456	3220109	泌尿肛肠外科手术器械	5
2457	3220110	矫形外科（骨科）手术器械	5
2458	3220111	儿科手术器械	5
2459	3220112	妇产科手术器械	5
2460	3220113	计划生育科手术器械	5
2461	3220115	注射穿刺器械	5
2462	3220116	烧伤（整形）科手术器械	5
2463	3220199	其他手术器械	5
2464	3220200	普通诊察器械	5
2465	3220300	医用电子生理参数检测仪器设备	5
2466	3220301	心电诊断仪器	5
2467	3220302	脑电诊断仪器	5

续表

序号	资产类别代码	资产类别名称	折旧年限（年）
2468	3220303	肌电诊断仪器	5
2469	3220304	眼电诊断仪器	5
2470	3220305	监护仪器	5
2471	3220306	生理参数遥测仪器	5
2472	3220307	生理记录仪器	5
2473	3220309	生理研究实验仪器	5
2474	3220310	气体分析测定装置	5
2475	3220311	血流量、容量测定装置	5
2476	3220313	电子体温测定装置	5
2477	3220314	电子血压测定装置	5
2478	3220315	运动生理参数测定装置	5
2479	3220316	心音诊断仪器	5
2480	3220317	心磁图仪器	5
2481	3220320	心输出量测定仪器	5
2482	3220399	其他医用电子仪器	5
2483	3220400	医用光学仪器	6
2484	3220401	眼科光学仪器	6
2485	3220402	手术显微镜及放大镜	6
2486	3220499	其他医用光学仪器	6
2487	3220500	医用超声波仪器及设备	6
2488	3220501	超声诊断仪器	6
2489	3220502	超声治疗设备	6
2490	3220599	其他医用超声仪器及设备	6
2491	3220600	医用激光仪器及设备	5
2492	3220601	激光仪器	5
2493	3220603	激光检测仪器	5
2494	3220699	其他医用激光仪器及设备	5
2495	3220700	医用内窥镜	6
2496	3220701	硬式内窥镜	6
2497	3220702	纤维内窥镜	6
2498	3220703	医用内窥镜附属设备	6
2499	3220799	其他医用内窥镜	6
2500	3220800	物理治疗、康复及体育治疗仪器设备	5
2501	3220801	电疗仪器	5
2502	3220802	微波及射频治疗设备	5
2503	3220803	光疗仪器	5
2504	3220804	水疗设备	5
2505	3220805	体疗仪器	5

续表

序号	资产类别代码	资产类别名称	折旧年限（年）
2506	3220806	高、低压氧仓	6
2507	3220807	蜡疗设备	5
2508	3220808	热疗设备	5
2509	3220809	磁疗设备	5
2510	3220899	其他物理治疗、康复及体育治疗仪器设备	5
2511	3220900	中医器械设备	5
2512	3220901	中医诊断设备	5
2513	3220902	中医治疗设备	5
2514	3220903	中医预防、康复设备	5
2515	3220999	其他中医器械设备	5
2516	3221000	医用磁共振设备	6
2517	3221001	磁共振成像装置	6
2518	3221099	其他医用磁共振设备	6
2519	3221100	医用 X 线设备	6
2520	3221101	通用 X 线诊断设备	6
2521	3221102	专用 X 线诊断设备	6
2522	3221103	数字化 X 线诊断设备	6
2523	3221104	X 线断层诊断设备	6
2524	3221105	X 线电子计算机断层扫描装置	6
2525	3221199	其他医用 X 线设备	6
2526	3221200	医用 X 线附属设备及部件	5
2527	3221201	医用 X 线附属设备	5
2528	3221202	医用影像显示器	5
2529	3221299	其他医用 X 线附属设备及部件	5
2530	3221300	医用高能射线设备	8
2531	3221301	医用高能射线治疗设备	8
2532	3221302	X 线治疗设备	8
2533	3221399	其他医用高能射线设备	8
2534	3221400	核医学设备	6
2535	3221401	核医学诊断设备	6
2536	3221402	核医学治疗设备	6
2537	3221403	医用核素检测设备	6
2538	3221499	其他核医学设备	6
2539	3221500	医用射线防护材料和设备	5
2540	3221501	医用射线防护用具及装置	5
2541	3221599	其他医用射线防护材料和设备	5
2542	3221600	医用射线监检测设备及用具	5
2543	3221601	医用射线专用检测仪器	5

续表

序号	资产类别代码	资产类别名称	折旧年限（年）
2544	3221699	其他医用射线监检测设备及用具	5
2545	3221700	临床检验设备	5
2546	3221701	免疫学设备	5
2547	3221702	生化分析设备	5
2548	3221703	微生物学设备	5
2549	3221704	细胞核组织培养设备	5
2550	3221705	血液学设备	5
2551	3221706	输血设备	5
2552	3221707	尿液化验设备	5
2553	3221708	病理学器具、设备	5
2554	3221709	实验室辅助器具、设施及设备	5
2555	3221710	特殊实验设备	5
2556	3221799	其他临床检验设备	5
2557	3221800	药房设备及器具	6
2558	3221801	药品贮藏设备	6
2559	3221802	药房设备	6
2560	3221803	中药制备设备及器具	6
2561	3221899	其他药房设备及器具	6
2562	3221900	体外循环设备	5
2563	3221901	人工心肺机	5
2564	3221902	人工心肺设备	5
2565	3221903	血液透析装置	5
2566	3221904	血液净化设备辅助装置	5
2567	3221905	腹膜透析装置	5
2568	3221906	人工肝支持系统	5
2569	3221999	其他体外循环设备	5
2570	3222000	人工脏器及功能辅助装置	5
2571	3222001	人工心脏瓣膜	5
2572	3222002	人造管腔	5
2573	3222003	人工器官	5
2574	3222004	器官缺损修补材料	5
2575	3222099	其他人工脏器及功能辅助装置	5
2576	3222100	假肢装置及材料	5
2577	3222101	假肢	5
2578	3222199	其他假肢装置及材料	5
2579	3222200	手术急救设备及器具	5
2580	3222201	心脏急救治疗装置	5
2581	3222202	通用手术台床	5

续表

序号	资产类别代码	资产类别名称	折旧年限（年）
2582	3222203	专科诊疗台床	5
2583	3222204	手术电刀设备	5
2584	3222205	麻醉设备	5
2585	3222206	呼吸设备	5
2586	3222207	手术照明设备	5
2587	3222208	吸引设备	5
2588	3222209	冲洗减压器具	5
2589	3222210	手术及急救器具	5
2590	3222299	其他手术急救设备及器具	5
2591	3222300	口腔科设备及技工室器具	6
2592	3222301	口腔综合治疗设备	6
2593	3222302	牙科椅	6
2594	3222303	技工室器具	6
2595	3222304	技工室设备及配件	6
2596	3222305	口腔功能检测设备及器具	6
2597	3222306	牙种植设备及配件	6
2598	3222399	其他口腔科设备及技工室器具	6
2599	3222400	病房护理及医院通用设备	5
2600	3222401	护理用设备及器具	5
2601	3222402	输液设备及器具	5
2602	3222403	医用供气、输气装置	5
2603	3222404	病房附加设备及器具	5
2604	3222405	器械台、柜等器具	5
2605	3222406	医用推车及器具	5
2606	3222407	病人生活用车	5
2607	3222408	担架及器具	5
2608	3222409	婴儿保育设备	5
2609	3222410	医院通信设备	5
2610	3222411	医用制气、供气、吸气装置	5
2611	3222499	其他病房护理及医院通用设备	5
2612	3222500	消毒灭菌设备及器具	6
2613	3222501	压力蒸汽灭菌设备	6
2614	3222502	医用超声波净化设备	6
2615	3222503	煮沸消毒设备	6
2616	3222504	气体灭菌设备及器具	6
2617	3222505	光线、射线灭菌设备	6
2618	3222506	医院环保设施	6
2619	3222507	供应室设备	6

续表

序号	资产类别代码	资产类别名称	折旧年限（年）
2620	3222599	其他消毒灭菌设备及器具	6
2621	3222600	医用低温、冷疗设备	5
2622	3222601	医用低温设备	5
2623	3222602	医用冷疗设备	5
2624	3222699	其他医用低温、冷疗设备	5
2625	3222700	防疫、防护卫生装备及器具	5
2626	3222701	医疗箱类	5
2627	3222702	急救盒类	5
2628	3222703	急救包类	5
2629	3222704	防毒设备及器具	5
2630	3222799	其他防疫、防护卫生装备及器具	5
2631	3222800	助残器具	5
2632	3222801	电子助视器	5
2633	3222802	助听器	5
2634	3222803	轮椅	5
2635	3222899	其他助残器具	5
2636	3222900	骨科材料	5
2637	3222901	脊柱植入材料	5
2638	3222902	人工关节材料	5
2639	3222903	创伤植入材料	5
2640	3222904	辅助材料	5
2641	3222999	其他骨科材料	5
2642	3223000	介入诊断和治疗用材料	5
2643	3223001	血管介入、植入材料	5
2644	3223002	心脏除颤、起搏器	5
2645	3223099	其他介入诊断和治疗用材料	5
2646	3223100	兽医设备	8
2647	3223101	兽医用电子诊断设备	8
2648	3223102	疫苗组织捣碎机	8
2649	3223103	疫苗冷冻干燥机	8
2650	3223104	动物疫病防治设备	8
2651	3223199	其他兽医设备	8
2652	3229900	其他医疗设备	5
2653	323	电工、电子专用生产设备	10
2654	3230100	电工专用生产设备	10
2655	3230101	电机生产设备	10
2656	3230102	低压电器专用生产设备	10
2657	3230103	电线电缆电用制造设备	10

续表

序号	资产类别代码	资产类别名称	折旧年限（年）
2658	3230104	绝缘材料生产专用设备	10
2659	3230199	其他电工专用生产设备	10
2660	3230200	电池生产专用设备	10
2661	3230201	铅酸蓄电池生产设备	10
2662	3230202	电池制作工艺设备	10
2663	3230299	其他电池生产专用设备	10
2664	3230300	电子工业专用生产设备	10
2665	3230301	半导体专用设备	10
2666	3230302	电真空器件生产设备	10
2667	3230303	电子元件制造设备	10
2668	3230304	环境例行试验设备	10
2669	3230305	激光、印刷线路计算机生产设备	10
2670	3230306	生产线及装配线	10
2671	3230307	磁盘打印机生产专用设备	10
2672	3230399	其他电子工业专用生产设备	10
2673	3230400	家用电器专用生产设备	10
2674	3230401	洗衣机生产专用设备	10
2675	3230402	电冰箱专用生产设备	10
2676	3230403	家用空调器专用生产设备	10
2677	3230404	家用电扇专用生产设备	10
2678	3230405	家用清洁卫生器具专用生产设备	10
2679	3230406	家用厨房电器具专用生产设备	10
2680	3230499	其他家用电器专用生产设备	10
2681	3239900	其他电工、电子专用生产设备	10
2682	324	安全生产设备	10
2683	3240100	煤矿安全设备	10
2684	3240101	通风检测设备	10
2685	3240102	瓦斯防治设备	10
2686	3240103	防灭火设备	10
2687	3240104	防尘设备	10
2688	3240199	其他煤矿安全设备	10
2689	3240200	非煤矿山安全设备	10
2690	3240201	无轨设备自动灭火系统	10
2691	3240202	烟雾传感器	10
2692	3240203	斜井提升用捞车器	10
2693	3240204	70℃防火调节阀	10
2694	3240205	井下低压不接地系统绝缘检漏装置	10
2695	3240206	带张力自动平衡悬挂装置的多绳提升容器	10

续表

序号	资产类别代码	资产类别名称	折旧年限（年）
2696	3240207	带 BF 型钢丝绳罐道罐笼防坠器的罐笼	10
2697	3240208	带木罐道罐笼防坠器的罐笼	10
2698	3240299	其他非煤矿山安全设备	10
2699	3240300	危险化学品安全设备	10
2700	3240301	毒性气体检测报警器	10
2701	3240302	地下管道探测器	10
2702	3240303	管道防腐检测仪	10
2703	3240304	氧气检测报警器	10
2704	3240305	便携式二氧化碳检测报警器	10
2705	3240306	便携式可燃气体检测报警器	10
2706	3240307	送风式长管呼吸器	10
2707	3240399	其他危险化学品安全设备	10
2708	3240400	烟花爆竹行业安全设备	10
2709	3240401	静电火花感度仪	10
2710	3240499	其他烟花爆竹行业安全设备	10
2711	3240500	公路行业安全设备	10
2712	3240501	路况快速检测系统（CiCS）	10
2713	3240599	其他公路行业安全设备	10
2714	3240600	铁路行业安全设备	10
2715	3240601	红外线轴温探测智能跟踪设备（THDS）	10
2716	3240602	货车运行故障动态检测成套设备（TFDS）	10
2717	3240603	货车运行状态地面安全监测成套设备（TPDS）	10
2718	3240699	其他铁路行业安全设备	10
2719	3240700	民航行业安全设备	10
2720	3240701	发动机火警探测器	10
2721	3240702	防冰控制系统设备	10
2722	3240799	其他民航行业安全设备	10
2723	3240800	应急救援设备类	10
2724	3240801	正压式空气呼吸器	10
2725	3240802	隔绝式正压氧气呼吸器	10
2726	3240803	全防型滤毒罐	10
2727	3240804	消防报警机	10
2728	3240805	核放射探测仪	10
2729	3240806	可燃气体检测仪	10
2730	3240807	压缩氧自救器	10
2731	3240808	矿山救护指挥车	10
2732	3240899	其他应急救援设备类	10
2733	3249900	其他安全生产设备	10

续表

序号	资产类别代码	资产类别名称	折旧年限（年）
2734	325	邮政专用设备	15
2735	3250100	邮政内部处理设备	15
2736	3250101	悬挂运输机	15
2737	3250102	邮件传送	15
2738	3250103	邮件提升机	15
2739	3250104	邮件开拆机机	15
2740	3250105	包裹分拣机	15
2741	3250106	信件分拣机	15
2742	3250199	其他邮政内部处理设备	15
2743	3250200	邮政营业投递设备	15
2744	3250201	邮资机	15
2745	3250202	自动取包机	15
2746	3250203	包裹收寄机	15
2747	3250204	投币自动出售机	15
2748	3250205	信函过戳机	15
2749	3250299	其他邮政营业投递设备	15
2750	3250300	邮政除尘设备	15
2751	3250301	空袋除尘系统	15
2752	3250302	开拆除尘系统	15
2753	3250399	其他除尘系统	15
2754	3250400	邮政清洗缝补设备	15
2755	3250401	清洗机	15
2756	3250402	烘干机	15
2757	3250403	甩干机	15
2758	3250404	晾晒机	15
2759	3250405	熨平机	15
2760	3250406	缝补机	15
2761	3250499	其他邮政清洗缝补设备	15
2762	3250500	邮政储汇设备	15
2763	3250501	汇兑稽核数据处理设备	15
2764	3250502	储汇设备	15
2765	3259900	其他邮政专用设备	15
2766	326	环境污染防治设备	20
2767	3260100	大气污染防治设备	20
2768	3260101	除尘设备	20
2769	3260102	有害气体净化设备	20
2770	3260199	其他大气污染防治设备	20
2771	3260200	水质污染防治设备	20

续表

序号	资产类别代码	资产类别名称	折旧年限（年）
2772	3260201	固体液体分离设备	20
2773	3260202	物理、化学处理设备	20
2774	3260203	生物化学处理设备	20
2775	3260204	蒸发法热处理设备	20
2776	3260205	油污染防治设备	20
2777	3260206	气净处理设备	20
2778	3260299	其他水质污染防治设备	20
2779	3260300	固体废弃物处理设备	20
2780	3260301	分选设备	20
2781	3260302	焚烧设备	20
2782	3260399	其他固体废弃物处理设备	20
2783	3260400	噪声控制设备	20
2784	3260401	消音设备	20
2785	3260402	隔音设备	20
2786	3260499	其他噪声控制设备	20
2787	3260500	环保监测设备	20
2788	3260501	大气监测装置	20
2789	3260502	水质监测装置	20
2790	3260503	噪声与振动监测装置	20
2791	3260504	电磁辐射监测装置	20
2792	3260505	电离辐射监测装置	20
2793	3260599	其他环保监测设备	20
2794	3260600	金属废料回收设备	20
2795	3260700	非金属废料回收设备	20
2796	3260800	核与辐射安全设备	20
2797	3260801	核与辐射安全监测设备	20
2798	3260802	核与辐射安全防护设备	20
2799	3260899	其他核与辐射安全设备	20
2800	3269900	其他环境污染防治设备	20
2801	327	公安专用设备	10
2802	3270100	消防设备	10
2803	3270101	消防灭火设备	10
2804	3270102	逃生避难设备	10
2805	3270103	消防侦检设备	10
2806	3270104	抢险救援设备	10
2807	3270105	消防人员防护设备	10
2808	3270106	火灾自动报警设备	10
2809	3270107	消防产品现场检测设备	10

续表

序号	资产类别代码	资产类别名称	折旧年限（年）
2810	3270108	建筑消防设施检测设备	10
2811	3270109	消防安全检测设备	10
2812	3270199	其他消防设备	10
2813	3270200	交通管理设备	5
2814	3270201	交通指挥监控系统设备	5
2815	3270202	成套信号灯及控制设备	5
2816	3270203	交通执法取证设备	5
2817	3270204	交通事故勘察和救援设备	5
2818	3270205	车辆检测设备	5
2819	3270206	驾驶员考试用设备	5
2820	3270299	其他交通管理设备	5
2821	3270300	物证检验鉴定设备	5
2822	3270301	医学检验鉴定设备	5
2823	3270302	物理化验检验鉴定设备	10
2824	3270303	痕迹检验鉴定设备	8
2825	3270304	物证图像采集处理设备	5
2826	3270305	文件检验鉴定设备	10
2827	3270306	指纹检验鉴定设备	8
2828	3270307	爆炸物检验鉴定设备	10
2829	3270308	电子物证检验鉴定设备	8
2830	3270309	声纹检验鉴定设备	8
2831	3270310	心理测试设备	8
2832	3270311	毒品检查设备	10
2833	3270399	其他物证检验鉴定设备	5
2834	3270400	安全、检查、监视、报警设备	10
2835	3270401	行李包裹检查设备	5
2836	3270402	车辆检查设备	5
2837	3270403	食品检查设备	6
2838	3270404	人员检查设备	3
2839	3270405	公安专用监视设备	7
2840	3270406	报警设备	7
2841	3270499	其他安全、检查、监视、报警设备	7
2842	3270500	爆炸物处置设备	5
2843	3270501	爆炸物探测设备	5
2844	3270502	防爆设备	5
2845	3270503	排爆设备	5
2846	3270504	储运设备	5
2847	3270599	其他爆炸物处置设备	5

续表

序号	资产类别代码	资产类别名称	折旧年限（年）
2848	3270600	技术侦察取证设备	3
2849	3270601	技术侦查设备	3
2850	3270602	技术取证设备	3
2851	3270700	警械设备	5
2852	3270701	警棍	5
2853	3270702	手铐	3
2854	3270703	脚镣	3
2855	3270704	强光手电	3
2856	3270705	警用制式刀具	10
2857	3270706	约束装备	10
2858	3270707	警绳	5
2859	3270708	勤务装具	3
2860	3270709	警械专用柜	10
2861	3270710	催泪喷射器	3
2862	3270711	防暴射网器	5
2863	3270799	其他警械设备	5
2864	3270800	非杀伤性武器	3
2865	3270801	防暴枪	10
2866	3270802	麻醉枪	10
2867	3270803	信号枪	10
2868	3270804	训练枪	5
2869	3270805	枪支附件	10
2870	3270899	其他非杀伤性武器	5
2871	3270900	防护防暴装备	3
2872	3270901	防护装备	8
2873	3270902	防暴装备	8
2874	3271000	出入境设备	10
2875	3271001	出入境检查台设备	10
2876	3271002	出入境自助通道设备	10
2877	3271003	出入境证件查验设备	10
2878	3271004	出入境证件制作设备	6
2879	3271005	出入境证件自助受理设备	6
2880	3271006	出入境证件自助发放设备	6
2881	3271099	其他出入境设备	6
2882	3271100	网络监察设备	5
2883	3271101	网络侦控设备	5
2884	3271102	网络临侦设备	5
2885	3271199	其他网络监察设备	5

续表

序号	资产类别代码	资产类别名称	折旧年限（年）
2886	3279900	其他公安专用设备	5
2887	328	水工机械	20
2888	3280100	清淤机械	20
2889	3280101	沟渠清淤机	20
2890	3280102	水电站清淤机械	20
2891	3280103	水库、港口清淤机械	20
2892	3280104	管道清淤机械	20
2893	3280199	其他清淤机械	20
2894	3280200	破冰机械	20
2895	3280300	水利闸门启闭机	20
2896	3289900	其他水工机械	20
2897	339	殡葬设备及用品	10
2898	3390100	火化设备	10
2899	3390101	燃油火化机	10
2900	3390102	燃气火化机	10
2901	3390103	等离子火化机	10
2902	3390104	宠物火化机	10
2903	3390105	火化辅助设备	10
2904	3390199	其他火化机	10
2905	3390200	殡仪设备及用品	10
2906	3390201	遗物祭品焚烧设备	10
2907	3390202	火化烟气净化设备	10
2908	3390203	骨灰处理设备	10
2909	3390204	殡仪专用电子设备	10
2910	3390205	遗体冷冻冷藏设备	10
2911	3390206	遗体接运设备	10
2912	3390207	遗体整容设备	10
2913	3390208	骨灰盒	10
2914	3390299	其他殡仪设备及用品	10
2915	3399900	其他殡葬设备及用品	10
2916	350	铁路运输设备	20
2917	3500100	机车	20
2918	3500101	准轨蒸汽机车	20
2919	3500102	宽轨蒸汽机车	20
2920	3500103	准轨内燃机车	10
2921	3500104	宽轨内燃机车	20
2922	3500105	米轨内燃机车	20
2923	3500106	电力机车	20

续表

序号	资产类别代码	资产类别名称	折旧年限（年）
2924	3500107	轻油机车	20
2925	3500199	其他机车	20
2926	3500200	客车	20
2927	3500201	准轨客车	20
2928	3500202	试验车	20
2929	3500203	维修车	20
2930	3500204	文教车	20
2931	3500205	发电车	20
2932	3500206	行李发电车	20
2933	3500207	特种车	20
2934	3500208	双层客车	20
2935	3500209	米轨客车	20
2936	3500210	寸轨硬座车	20
2937	3500211	动车组	20
2938	3500299	其他客车	20
2939	3500300	货车	20
2940	3500301	准轨货车	10
2941	3500302	米轨货车	20
2942	3500303	其他货车	20
2943	3500400	大型养路机械	20
2944	3500401	整形车	20
2945	3500402	捣固车	20
2946	3500403	探伤车	20
2947	3500404	物料输送车	20
2948	3500405	道岔捣固车	20
2949	3500406	道岔打磨车	20
2950	3500407	大修列车	20
2951	3500408	稳定车	20
2952	3500409	钢轨打磨车	20
2953	3500410	道岔铺设设备	20
2954	3500411	清筛机	20
2955	3500499	其他大型养路机械	20
2956	3500500	铁路专用设备	20
2957	3500501	铁路移车架车设备	20
2958	3500502	机车车辆及通信信号试验设备	20
2959	3500503	闭塞设备	20
2960	3500504	联锁设备	20
2961	3500505	驼峰设备	20

续表

序号	资产类别代码	资产类别名称	折旧年限（年）
2962	3500506	行车调度指挥设备	20
2963	3500507	列控信号设备	20
2964	3500508	铁路专用检测设备	20
2965	3500509	GSM－R 设备	20
2966	3500510	接触网设备	20
2967	3500511	高价互换配件	20
2968	3500599	其他铁路专用设备	10
2969	3509900	其他铁路运输设备	10
2970	351	水上交通运输设备	20
2971	3510100	货船	20
2972	3510101	杂货船	20
2973	3510102	多用途货船	20
2974	3510103	集装箱货船	20
2975	3510104	滚装货船	20
2976	3510105	原油船	20
2977	3510106	成品油船	20
2978	3510107	污油船	20
2979	3510108	水船	20
2980	3510109	煤船	20
2981	3510110	矿砂船	20
2982	3510111	天然气船	20
2983	3510112	液化石油气船	20
2984	3510113	化学品船	20
2985	3510114	运木船	20
2986	3510115	冷藏船（鲜货船）	20
2987	3510199	其他货船	20
2988	3510200	客船及拖船	20
2989	3510201	客船	20
2990	3510202	客货船	20
2991	3510203	旅游船	20
2992	3510204	轮渡船	20
2993	3510205	气垫船	20
2994	3510206	拖船	20
2995	3510299	其他客船及拖船	20
2996	3510300	驳船	20
2997	3510301	仓口驳船	20
2998	3510302	甲板驳船	20
2999	3510303	分节驳船	20

续表

序号	资产类别代码	资产类别名称	折旧年限（年）
3000	3510304	原油驳船	20
3001	3510305	成品油驳船	20
3002	3510306	储油驳船	20
3003	3510307	水驳船	20
3004	3510308	煤驳船	20
3005	3510309	油渣驳船	20
3006	3510310	化学品驳船	20
3007	3510311	盐驳船	20
3008	3510312	客驳船	20
3009	3510313	港驳船	20
3010	3510399	其他驳船	20
3011	3510400	渔船	20
3012	3510401	拖网渔船	20
3013	3510402	围网渔船	20
3014	3510403	钓船	20
3015	3510404	刺网类渔船	20
3016	3510405	敷网类渔船	20
3017	3510406	多种作业船	20
3018	3510407	渔品加工船	20
3019	3510408	收鲜运输船	20
3020	3510409	渔业执法船	20
3021	3510410	渔业调查、实习船	20
3022	3510411	休闲渔船	20
3023	3510412	渔业辅助船	20
3024	3510499	其他渔船	20
3025	3510500	海洋、内水调查和开发船	20
3026	3510501	科学考察船	20
3027	3510502	科学研究船	20
3028	3510503	测量船	20
3029	3510599	其他海洋、内水调查和开发船	20
3030	3510700	电气作业和海底工程作业船	20
3031	3510701	电站船	20
3032	3510702	电焊船	20
3033	3510703	布缆船	20
3034	3510704	带缆船	20
3035	3510705	铺管船	20
3036	3510706	水下作业船	20
3037	3510707	潜水工作船	20

续表

序号	资产类别代码	资产类别名称	折旧年限（年）
3038	3510708	潜水器母船	20
3039	3510799	其他电气作业和海底工程作业船	20
3040	3510800	挖泥、打桩船（驳）	20
3041	3510801	挖泥船	20
3042	3510802	吹泥船	20
3043	3510803	挖砂船	20
3044	3510804	抛石船	20
3045	3510805	铲石船	20
3046	3510806	泥驳	20
3047	3510807	砂驳	20
3048	3510808	石驳	20
3049	3510809	打桩船	20
3050	3510810	打夯船	20
3051	3510811	采金船	20
3052	3510812	铺排船	20
3053	3510899	其他挖泥、打桩船（驳）	20
3054	3510900	起重船和囤船	20
3055	3510901	起重船	20
3056	3510902	抛（起）锚船	20
3057	3510903	囤船	20
3058	3510904	趸船	20
3059	3510999	其他起重船和囤船	20
3060	3511000	水面工作船	20
3061	3511001	航标船	20
3062	3511002	航政船	20
3063	3511003	引水船	20
3064	3511004	供应船	20
3065	3511005	护堤、护山船	20
3066	3511006	检查监督船	20
3067	3511007	破冰船	20
3068	3511008	水上水厂船	20
3069	3511009	多用途船	20
3070	3511010	试航辅助船	20
3071	3511011	海监船	20
3072	3511012	浮标作业船	20
3073	3511099	其他水面工作船	20
3074	3511100	特种作业船	20
3075	3511101	特种运水船	20

续表

序号	资产类别代码	资产类别名称	折旧年限（年）
3076	3511102	垃圾船	20
3077	3511103	污水处理船	20
3078	3511104	浮油回收船	20
3079	3511105	油、水泵船	20
3080	3511106	消防船	20
3081	3511107	医疗船	20
3082	3511108	打捞船	20
3083	3511109	救生船	20
3084	3511110	环保船	20
3085	3511111	鱼苗船	20
3086	3511199	其他特种作业船	20
3087	3511200	机动船	20
3088	3511201	交通艇	20
3089	3511202	巡逻艇	20
3090	3511203	缉私艇	20
3091	3511204	工作艇	20
3092	3511205	指挥艇	20
3093	3511206	侦勘艇	20
3094	3511207	装备艇	20
3095	3511208	橡皮艇	20
3096	3511209	冲锋舟	20
3097	3511210	摩托艇	20
3098	3511299	其他机动船	20
3099	3511300	浮船坞、码头和维修工作船	20
3100	3511301	浮船坞	20
3101	3511302	浮码头	20
3102	3511303	舾装工作船	20
3103	3511304	一般修理船	20
3104	3511305	水线修理船	20
3105	3511399	其他浮船坞、码头和维修工作船	20
3106	3511400	船舶制造专用设备	20
3107	3511401	放样、号料设备	20
3108	3511402	钢材预处理流水线	20
3109	3511403	管子加工流水线	20
3110	3511404	平面分段流水线	20
3111	3511405	联动生产流水线	20
3112	3511406	船台小车	20
3113	3511407	船舶试验设备	20

续表

序号	资产类别代码	资产类别名称	折旧年限（年）
3114	3511499	其他船舶制造专用设备	20
3115	3511500	潜水设备	20
3116	3511501	重潜装具	20
3117	3511502	轻潜装具	20
3118	3511503	氧气供应系统	20
3119	3511504	潜水训练舱群	20
3120	3511505	饱和潜水系统	20
3121	3511506	无人遥控潜水器	20
3122	3511507	无人潜水器吊放回收系统	20
3123	3511508	深水切割设备	20
3124	3511509	水下切割缆	20
3125	3511510	深水观察箱	20
3126	3511511	水下腐蚀测量仪	20
3127	3511512	减压舱	20
3128	3511513	潜水罐	20
3129	3511514	氢氧潜水软头盔	20
3130	3511515	氢氧潜水硬头盔	20
3131	3511516	氢氧校音电话	20
3132	3511517	潜水供热水机	20
3133	3511599	其他潜水设备	20
3134	3511600	航标设施	20
3135	3511601	海上浮标	20
3136	3511602	内河浮标	20
3137	3511603	内河岸标	20
3138	3511604	系船浮标	20
3139	3511605	井位浮标	20
3140	3511606	浮标锚链（缆）	20
3141	3511607	指路牌（里程牌）	20
3142	3511608	雷达应答器	20
3143	3511609	雷达反射器	20
3144	3511610	航标遥测遥控终端	20
3145	3511699	其他航标设施	20
3146	3511700	航标灯、闪光器	20
3147	3511701	航标灯	20
3148	3511702	闪光器	20
3149	3511703	换泡机	20
3150	3511704	航标透镜	20
3151	3511799	其他航标灯、闪光器	20

续表

序号	资产类别代码	资产类别名称	折旧年限（年）
3152	3519900	其他水上交通运输设备	20
3153	352	航空器及其配套设备	20
3154	3520100	固定翼飞机	20
3155	3520101	货物运输飞机	20
3156	3520102	客运飞机	20
3157	3520103	通用航空类飞机	20
3158	3520104	教练机	20
3159	3520105	初级类飞机	20
3160	3520199	其他固定翼飞机	20
3161	3520200	直升机	20
3162	3520300	专用飞机	20
3163	3520301	警用飞机	20
3164	3520302	抢险救援飞机	20
3165	3520303	地质勘测专用飞机	20
3166	3520304	农用飞机	20
3167	3520305	消防灭火飞机	20
3168	3520306	海监飞机	20
3169	3520399	其他专用飞机	20
3170	3520400	飞行器	20
3171	3520401	飞艇	20
3172	3520402	气球	20
3173	3520403	滑翔伞	20
3174	3520500	飞机维修设备	20
3175	3520501	内场维修设备	20
3176	3520502	航线维修设备	20
3177	3520599	其他飞机维修设备	20
3178	3520600	航空港专用设备	20
3179	3520700	机场地面特种车辆	20
3180	3520701	机务特种车辆	20
3181	3520702	机场特种车辆	20
3182	3520703	商务运输车辆	20
3183	3520704	飞行维修车辆	20
3184	3520705	航行特种车辆	20
3185	3520706	油料车辆	20
3186	3520799	其他机场地面特种车辆	20
3187	3520800	火箭及发射、维护设施	20
3188	3520900	人造卫星	20
3189	3529900	其他航空器及其配套设备	20

续表

序号	资产类别代码	资产类别名称	折旧年限（年）
3190	360	专用仪器仪表	10
3191	3600100	农林牧渔专用仪器	10
3192	3600101	数粒仪	10
3193	3600102	控温仪	10
3194	3600103	叶绿素测定仪	10
3195	3600104	活体叶绿素仪	10
3196	3600105	光电叶面积仪	10
3197	3600106	植物生长仪	10
3198	3600107	牧草生长仪	10
3199	3600108	双套气流式喷卵仪	10
3200	3600109	乳脂测定仪	10
3201	3600110	测膘仪	10
3202	3600111	牛胃金属异物探测仪	10
3203	3600112	粮油检样器	10
3204	3600113	验粉筛	10
3205	3600114	比重清油分测定仪	10
3206	3600115	渔业测向仪	10
3207	3600116	探渔仪	10
3208	3600117	罗兰 A 定位仪	10
3209	3600199	其他农林牧渔专用仪器	10
3210	3600200	地质勘探、钻采及人工地震仪器	10
3211	3600201	重力仪器	10
3212	3600202	磁法仪器	10
3213	3600203	人工地震仪器	10
3214	3600204	电法仪器	10
3215	3600205	水文地质仪器	10
3216	3600206	井中物探仪器	10
3217	3600207	核物探仪器	10
3218	3600208	化探仪器	10
3219	3600209	钻探测井仪器	10
3220	3600210	钻探参数仪器仪表	10
3221	3600211	泥浆分析仪表	10
3222	3600212	采油修井仪器仪表	10
3223	3600213	岩石矿物理性质测试仪器	10
3224	3600215	地形变化观测仪	10
3225	3600216	煤尘、矿尘、粉尘测定仪	10
3226	3600217	矿井风速仪	10
3227	3600218	推断、解释和数据处理仪器	10

续表

序号	资产类别代码	资产类别名称	折旧年限（年）
3228	3600219	野外数据采集仪器	10
3229	3600220	矿物实验测试仪器	10
3230	3600299	其他地质勘探、钻采及人工地震仪器	10
3231	3600300	地震专用仪器	10
3232	3600301	测震观测系统设备	10
3233	3600302	强震动观测系统设备	10
3234	3600303	重力观测系统设备	10
3235	3600304	地形变观测系统设备	10
3236	3600305	地磁场观测系统设备	10
3237	3600306	地电场观测系统	10
3238	3600307	地下水观测系统设备	10
3239	3600308	活断层探测设备	10
3240	3600309	活断层鉴定设备	10
3241	3600399	其他地震仪器	10
3242	3600400	安全用仪器	10
3243	3600401	矿井环境气体检测仪器	10
3244	3600402	瓦斯警报、断电遥测系统	10
3245	3600403	通风检测仪器	10
3246	3600404	矿压检测及监测仪器	10
3247	3600405	瓦斯检定器校正仪	10
3248	3600406	自救仪器	10
3249	3600407	氧气呼吸器	10
3250	3600408	万能检验仪	10
3251	3600409	氧气呼吸器核验仪	10
3252	3600410	氧气输送器	10
3253	3600411	氧气检定器	10
3254	3600412	多种气体测定器	10
3255	3600413	光学瓦斯检定器	10
3256	3600414	安全集中检测装置	10
3257	3600499	其他安全仪器	10
3258	3600500	大坝观测仪器	10
3259	3600501	应变计	10
3260	3600502	钢筋计	10
3261	3600503	测缝计	10
3262	3600504	渗压计	10
3263	3600505	水工比例电桥	10
3264	3600506	应力计	10
3265	3600507	校正仪	10

续表

序号	资产类别代码	资产类别名称	折旧年限（年）
3266	3600599	其他大坝观测仪器	10
3267	3600600	电站热工仪表	10
3268	3600601	单向测振仪	10
3269	3600602	双向测振仪	10
3270	3600603	火光检示装置	10
3271	3600604	电接点水位计	10
3272	3600605	数字式温度巡测报警仪	10
3273	3600699	其他电站热工仪表	10
3274	3600700	电力数字仪表	10
3275	3600701	数字式毫秒计	10
3276	3600702	数字式工频相位计	10
3277	3600703	数字运算式工频计	10
3278	3600704	工频振荡器	10
3279	3600799	其他电力数字仪表	10
3280	3600800	气象仪器	10
3281	3600801	测气压仪器	10
3282	3600802	气象专用测温仪器	10
3283	3600803	测湿仪器	10
3284	3600804	地面风仪器	10
3285	3600805	降水蒸发仪器	10
3286	3600806	辐射、日照仪器	10
3287	3600807	测云仪	10
3288	3600808	能见度仪	10
3289	3600809	大气电场仪	10
3290	3600810	雷电探测仪	10
3291	3600811	遥测气象仪	10
3292	3600812	遥感气象仪	10
3293	3600813	高空探测仪器	10
3294	3600814	探空仪	10
3295	3600815	气象火箭	10
3296	3600816	防雹火箭	10
3297	3600817	GPS/MET	10
3298	3600818	GPS 掩星观测设备	10
3299	3600819	气象仪器计量检定仪器	10
3300	3600899	其他气象仪器	10
3301	3600900	水文仪器	10
3302	3600901	自动记录水位仪	10
3303	3600902	流速仪	10

续表

序号	资产类别代码	资产类别名称	折旧年限（年）
3304	3600903	测沙仪	10
3305	3600904	三用电导仪	10
3306	3600905	水动态测量仪	10
3307	3600999	其他水文仪器	10
3308	3601000	海洋仪器设备	10
3309	3601001	海洋水文仪器设备	10
3310	3601002	海洋物理仪器设备	10
3311	3601003	海洋化学仪器设备	10
3312	3601004	海洋地质地球物理仪器设备	10
3313	3601005	海洋生物仪器设备	10
3314	3601006	海洋气象仪器设备	10
3315	3601007	海洋综合观测系统	10
3316	3601008	海洋观测通用器具	10
3317	3601009	海水（苦咸水）处理设备	10
3318	3601099	其他海洋仪器设备	10
3319	3601100	测绘专用仪器	10
3320	3601101	经纬仪	10
3321	3601102	水准仪	10
3322	3601103	平板仪	10
3323	3601104	测距仪	10
3324	3601105	全站型速测仪	10
3325	3601106	GPS 测量仪	10
3326	3601107	重力测量仪	10
3327	3601108	地下管道探测仪	10
3328	3601109	三维激光测量仪	10
3329	3601110	测深仪	10
3330	3601130	航空摄影设备	10
3331	3601131	航空激光雷达设备	10
3332	3601132	航空影像扫描设备	10
3333	3601133	数据采集设备	10
3334	3601134	全数字摄影测量系统设备	10
3335	3601135	精密立体测量仪	10
3336	3601136	解析测图仪	10
3337	3601137	正射投影仪	10
3338	3601138	数控绘图桌设备	10
3339	3601199	其他测绘专用仪器	10
3340	3601200	天文仪器	10
3341	3601201	天体测量仪	10

续表

序号	资产类别代码	资产类别名称	折旧年限（年）
3342	3601202	天体物理仪器	10
3343	3601299	其他天体仪器	10
3344	3601300	教学专用仪器	10
3345	3601301	教学数学专用仪器	10
3346	3601302	演示计量仪器	10
3347	3601303	教学用力学仪器	10
3348	3601304	教学用光学仪器	10
3349	3601305	教学用原子物理及核物理仪器	10
3350	3601306	教学用电磁学实验仪器	10
3351	3601307	教学用电子学实验仪器	10
3352	3601308	教学用空气动力学实验仪器	10
3353	3601309	教学用天文气象实验仪器	10
3354	3601310	教学用航空、航天、航海实验仪器	10
3355	3601311	教学用机电实验仪器	10
3356	3601312	教学用声学仪器	10
3357	3601313	教学用热学仪器	10
3358	3601314	教学用心理学仪器	10
3359	3601315	数学用化学分析及化工仪器	10
3360	3601316	教学用生理仪器	10
3361	3601317	教学用地理仪器	10
3362	3601318	电教仪器	10
3363	3601319	教学用技术基础课仪器	10
3364	3601320	数学用计算机示教仪器	10
3365	3601399	其他教学专用仪器	10
3366	3601400	核子及核辐射测量仪器	10
3367	3601401	辐射仪器	10
3368	3601402	射线谱仪器	10
3369	3601403	放射性污染探测仪器	10
3370	3601404	剂量仪器	10
3371	3601405	定标器	10
3372	3601406	计数装置	10
3373	3601407	信号处理及分析仪器	10
3374	3601408	探头	10
3375	3601409	组合仪器及插件	10
3376	3601410	防护装置	10
3377	3601499	其他核子及核辐射测量仪器	10
3378	3601500	航空仪器	10
3379	3601501	陀螺仪	10

续表

序号	资产类别代码	资产类别名称	折旧年限（年）
3380	3601502	大气参数中心仪	10
3381	3601503	飞行参数记录仪	10
3382	3601504	平视仪	10
3383	3601505	地平仪	10
3384	3601506	罗盘	10
3385	3601507	综合航向指示器	10
3386	3601508	自动驾驶仪	10
3387	3601509	航行仪	10
3388	3601510	检测仪	10
3389	3601511	修正器	10
3390	3601512	识别器	10
3391	3601513	显示器	10
3392	3601514	稳定器	10
3393	3601599	其他航空仪器	10
3394	3601600	航天仪器	10
3395	3601601	光电探测器	10
3396	3601602	航天六分仪	10
3397	3601603	星图仪	10
3398	3601604	六象仪	10
3399	3601605	水母仪	10
3400	3601606	回陆着陆系统	10
3401	3601607	安全救生系统	10
3402	3601608	姿态指示器	10
3403	3601609	姿态陀螺仪	10
3404	3601610	宇宙空气净化调节设备	10
3405	3601611	宇宙压力调节设备	10
3406	3601612	宇宙供水、供食设备	10
3407	3601613	宇宙废物排除装置	10
3408	3601614	稳定设备	10
3409	3601699	其他航天仪器	10
3410	3601700	船舶专用仪器	10
3411	3601701	陀螺罗经	10
3412	3601702	罗经自动舵组合式仪表	10
3413	3601703	陀螺方位仪	10
3414	3601704	计程仪	10
3415	3601705	操舵仪	10
3416	3601706	航海六分仪	10
3417	3601707	船用舵角指示器	10

续表

序号	资产类别代码	资产类别名称	折旧年限（年）
3418	3601708	横倾仪	10
3419	3601709	纵倾仪	10
3420	3601710	水声测深仪	10
3421	3601799	其他船舶专用仪器仪表	10
3422	3601800	纺织专用仪器	10
3423	3601801	纤维原料试验仪器	10
3424	3601802	纤维试验仪器	10
3425	3601803	纱线试验仪器	10
3426	3601804	织物试验仪器	10
3427	3601899	其他纺织专用仪器	10
3428	3601900	建筑工程仪器	10
3429	3601901	数字超声波检测仪	10
3430	3601902	弹性系数、正弦综合检测仪	10
3431	3601903	收缩膨胀仪	10
3432	3601904	稠度仪	10
3433	3601905	坍落度仪	10
3434	3601906	含水率测定仪	10
3435	3601907	蠕变仪	10
3436	3601908	沥青延伸、闪点、软化检测仪	10
3437	3601909	吨米指示断电器	10
3438	3601910	超声波测厚仪	10
3439	3601911	电梯激光导轨仪	10
3440	3601999	其他建筑工程仪器	10
3441	3602000	汽车拖拉机仪表	10
3442	3602100	动力测量仪器	10
3443	3602101	涡流测功机	10
3444	3602102	直流测功机	10
3445	3602103	冷磨实验台	10
3446	3602104	水箱实验台	10
3447	3602105	燃油泵实验台	10
3448	3602106	水压实验台	10
3449	3602107	水利测功机	10
3450	3602199	其他动力测量仪器	10
3451	3602200	心理仪器	10
3452	3602300	生理仪器	10
3453	3609900	其他专用仪器仪表	10
3454	370	文艺设备	15
3455	3700100	乐器	8

续表

序号	资产类别代码	资产类别名称	折旧年限（年）
3456	3700101	弓弦乐器	8
3457	3700102	吹管、吹奏乐器	8
3458	3700103	打击乐器	8
3459	3700104	键盘乐器	8
3460	3700105	乐器辅助用品及配件	8
3461	3700199	其他乐器	8
3462	3700200	演出服装	8
3463	3700201	戏剧服装	8
3464	3700202	舞蹈服装	5
3465	3700299	其他演出服装	5
3466	3700300	舞台设备	15
3467	3700301	舞台机械系统	12
3468	3700302	幕布系统	6
3469	3700303	舞台灯具及辅助设备	6
3470	3700304	舞台音响设备	6
3471	3700305	活动舞台	8
3472	3700320	皮影、木偶	5
3473	3700321	道具	5
3474	3700322	布景	6
3475	3700323	舞台用地胶	6
3476	3700399	其他舞台设备	6
3477	3700400	影剧院设备	15
3478	3700401	自动售票系统	5
3479	3700402	观众座椅	8
3480	3700403	电影放映设备	6
3481	3700499	其他影剧院设备	5
3482	3709900	其他文艺设备	15
3483	371	体育设备	5
3484	3710100	田赛设备	5
3485	3710200	径赛设备	5
3486	3710300	球类设备	5
3487	3710301	足球设备	5
3488	3710302	篮球设备	5
3489	3710303	排球设备	5
3490	3710304	乒乓球设备	5
3491	3710305	羽毛球设备	5
3492	3710306	网球设备	5
3493	3710307	垒球设备	5

续表

序号	资产类别代码	资产类别名称	折旧年限（年）
3494	3710308	冰球设备	5
3495	3710309	手球设备	5
3496	3710310	水球设备	5
3497	3710311	曲棍球设备	5
3498	3710312	高尔夫球设备	5
3499	3710313	马球设备	5
3500	3710314	橄榄球设备	5
3501	3710315	藤球设备	5
3502	3710316	台球设备	5
3503	3710317	沙弧球设备	5
3504	3710318	壁球设备	5
3505	3710319	保龄球设备	5
3506	3710320	棒球设备	5
3507	3710399	其他球类设备	5
3508	3710400	体操设备	5
3509	3710500	举重设备	5
3510	3710600	游泳设备	5
3511	3710700	跳水设备	5
3512	3710800	水上运动设备	5
3513	3710900	潜水运动设备	5
3514	3711000	冰上运动设备	5
3515	3711100	雪上运动设备	5
3516	3711200	射击设备	5
3517	3711300	击剑设备	5
3518	3711400	射箭设备	5
3519	3713000	摩托车运动设备	5
3520	3713100	自行车运动设备	5
3521	3713200	赛车运动设备	5
3522	3713300	赛马和马术运动设备	5
3523	3714000	拳击、跆拳道设备	5
3524	3714100	摔跤、柔道设备	5
3525	3714200	散打、武术设备	5
3526	3715000	棋牌类运动设备	5
3527	3715100	航模、海模及其他模型设备	5
3528	3715200	垂钓器具和用品	5
3529	3715300	登山设备	5
3530	3716000	健身设备	5
3531	3716100	运动康复设备	5

续表

序号	资产类别代码	资产类别名称	折旧年限（年）
3532	3717000	残疾人体育及训练设备	5
3533	3717001	轮椅篮球设备	5
3534	3717002	轮椅橄榄球设备	5
3535	3717003	硬地滚球设备	5
3536	3717004	脑瘫足球设备	5
3537	3717005	盲人足球设备	5
3538	3717006	盲人门球设备	5
3539	3717007	坐式排球设备	5
3540	3717060	残疾人健身与康复训练设备	5
3541	3717099	其他残疾人体育设备	5
3542	3719000	体育运动辅助设备	5
3543	3719900	其他体育设备	5
3544	372	娱乐设备	5
3545	3720100	成套游乐场设备	5
3546	3720200	一般游乐场设备	5
3547	3720300	智能游艺设备	5
3548	3720400	博弈设备	5
3549	3720500	卡拉 OK 设备	5
3550	3720600	游戏游览用车、船	5
3551	3720700	娱乐活动辅助设备	5
3552	3729900	其他娱乐设备	5

关于自治区行政事业单位实施固定资产条码化管理的通知

（2018年11月5日　自治区财政厅　新财资管〔2018〕86号）

自治区各委、办、厅、局，自治区高级人民法院，自治区人民检察院，自治区各民主党派、人民团体：

为进一步规范自治区行政事业单位国有资产管理工作，提高自治区资产管理信息化水平，提升各部门单位资产管理效能，实现固定资产从入口到出口的全生命周期跟踪管理，为资产预算编制提供准确、细化、动态信息，根据《关于进一步规范和加强行政事业单位国有资产管理的指导意见》（财资〔2015〕90号）精神，经研究，决定对自治区行政事业单位固定资产实行条码化管理。现就有关事项通知如下：

一、推进固定资产条码化管理的意义

行政事业单位实施固定资产条码化管理，可从根本上杜绝人工盘存中存在的错、漏、重等现象，避免数据录入人为错误的发生，有效解决资产管理中账、卡、物不符，资产盘存不清、闲置浪费和资产流失等问题。同时，为单位资产管理工作提供全面、可靠、高效的动态数据与决策依据，有利于提升固定资产管理的效率和质量，实现资产的信息化、规范化和标准化管理，是行政事业单位加强国有资产管理、完善行政事业单位内控制度建设、确保2019年新旧会计制度顺利衔接，落实政府综合财务报告制度的必然要求。

二、固定资产条码化管理工作内容

资产条码化管理，是以资产管理信息系统为依托，利用现代化信息技术赋予每个实物一张唯一的二维条码标签，并对固定资产从投入使用到报废处置的整个生命周期进行全

程跟踪管理。自治区行政事业单位条形码管理应做好以下工作：

（一）条码化管理设备须与现行资产管理信息系统结合使用，软硬件要良好兼容，实现无缝对接。涉及的条码打印机和扫码设备由单位根据技术参数要求自行配备。

（二）各单位使用的条码化管理设备要具备资产盘点功能，可支持二维码扫描，实时显示资产的主管部门、使用单位、资产名称、资产编号、取得日期等通用关键信息，结合系统数据自动进行科学分类。

（三）实行条码化管理的资产，要统一实行二维条码管理，确保一物一卡一码，并粘贴于对应资产表面或侧面，保持平整，便于扫描，资产卡片要求内容齐全、字迹清晰、经久耐磨、保存完整。

三、固定资产条码化管理实施范围

自治区所有行政事业单位，具备条件的原则上要实施资产条码化管理。

四、固定资产条码化管理工作要求

（一）高度重视。行政事业单位固定资产条码化管理是加强国有资产管理的重要手段。自治区各行政事业单位要高度重视，加强领导，落实责任，通过固定资产条码化管理，摸清家底，做到账账相符、账实相符。

（二）积极推进。自治区行政事业单位要及时安排，精心组织，尽快开展固定资产条码化管理工作。已实行条码化管理的单位，要认真总结，查漏补缺，及时完善相关工作。请各单位于2019年行政事业单位资产报表报送工作开始前，将本单位条码化管理实施情况报自治区财政厅。

（三）加强沟通交流。各部门单位要加强沟通交流，形成工作合力，积极推进自治区固定资产条码化管理工作。自治区财政厅将组成工作组，对各单位条形码管理工作进行适时指导。

自治区财政厅提供已接入资产管理信息系统的条码设备规格供使用单位参考选用，同时免费开放其他条码打印接口标准，单位可拨打电话：0991－2831524获取相关技术支持。各地财政部门可参照本《通知》开展固定资产条形码管理工作。

关于印发《新疆维吾尔自治区会计人员继续教育实施办法》的通知

（2018年9月7日　自治区财政厅、人力资源和社会保障厅
新财会〔2018〕65号）

伊犁哈萨克自治州财政局、人力资源社会保障局，各地州市财政局、人力资源社会保障局，自治区各委、办、厅、局，事业单位，各社会组织、人民团体，各相关企业：

为规范会计人员继续教育管理，引导、督促会计专业技术人员依法履行继续教育义务、提高业务素质和专业胜任能力，根据财政部、人力资源和社会保障部《关于印发〈会计专业技术人员继续教育规定〉的通知》（财会〔2018〕10号）有关精神，结合我区会计人员继续教育工作实际，自治区财政厅、人力资源和社会保障厅修订印发了《新疆维吾尔自治区会计人员继续教育实施办法》，现印发你们，请遵照执行。

附件：新疆维吾尔自治区会计人员继续教育实施办法

附件：

新疆维吾尔自治区会计人员继续教育实施办法

第一章　总　则

第一条　为规范会计人员继续教育管理，引导、督促会计专业技术人员依法履行继续教育义务、提高业务素质和专业胜任能力，根据财政部、人力资源社会保障部《关于印发〈会计专业技术人员继续教育规定〉的通知》（财会〔2018〕10号），制定本办法。

第二条　自治区机关、企业、事业单位以及社会团体等组织（以下简称“单位”）具有会计专业技术资格的人员，或不具有会计专业技术资格但从事会计工作的人员（以下简称会计专业技术人员）继续教育，适用本办法。

第三条　会计专业技术人员继续教育应当紧密结合经济社会和会计行业发展要求，以能力建设为核心，突出针对性、实用性，兼顾系统性、前瞻性，为自治区经济社会和会计行业发展提供人才保证和智力支持。

第四条　会计专业技术人员继续教育工作应当遵循下列基本原则：

（一）以人为本，按需施教。会计专业技术人员继续教育面向会计专业技术人员，引导会计专业技术人员更新知识、拓展技能，完善知识结构、全面提高素质。

（二）突出重点，提高能力。把握会计行业发展趋势和会计专业技术人员从业基本要求，引导会计专业技术人员树立诚信理念、提高职业道德和业务素质，全面提升专业胜任能力。

（三）加强指导，创新机制。统筹教育资源，引导社会力量参与继续教育，不断丰富继续教育内容，创新继续教育方式，提高继续教育质量，形成政府部门规划指导、社会力量积极参与、用人单位支持配合的会计专业技术人员继续教育新格局。

第五条　用人单位应当保障本单位会计专业技术人员参加继续教育的权利。

会计专业技术人员享有参加继续教育的权利和接受继续教育的义务。

第六条　具有会计专业技术资格的人员应当自取得会计专业技术资格的次年开始参加继续教育，并在规定时间内取得规定学分。

不具有会计专业技术资格但从事会计工作的人员应当自从事会计工作的次年开始参加继续教育，并在规定时间内取得规定学分。

第二章　管理体制

第七条　我区会计人员继续教育工作实行统一规划、分级管理的原则。县级以上（含县级）财政部门、人力资源社会保障部门共同负责，各级财政部门为会计人员继续教育主管部门，负责会计人员继续教育政策制定、具体实施和监督检查等，人力资源社会保障部门负责对会计专业技术人员继续教育工作进行综合管理和统筹协调。

第八条　继续教育培训机构于每年3月30日前完成年度备案，其中：自治区财政厅统一确定网络培训机构，在自治区财政厅官方网站开放继续教育网络学习平台；面授培训机构由各地财政部门审核确定后逐级报送至自治区财政厅备案并向社会公告，各地也要做好培训机构公告工作。

第九条　自治区财政厅制定全区会计人员继续教育实施办法 依据全国会计人员继续教育规

划和工作重点，制定自治区会计人员继续教育年度计划，负责组织高级会计师、总会计师等高级会计人才继续教育。各地财政部门负责制定本地区会计人员继续教育方案并组织当地会计人员开展继续教育。

第三章 内容与形式

第十条 会计专业技术人员继续教育内容包括公需科目和专业科目。

公需科目包括专业技术人员应当普遍掌握的法律法规、政策理论、职业道德、技术信息等基本知识，专业科目包括会计专业技术人员从事会计工作应当掌握的财务会计、管理会计、财务管理、内部控制与风险管理、会计信息化、会计职业道德、财税金融、会计法律法规等相关专业知识。

第十一条 会计专业技术人员可以自愿选择参加继续教育的形式。会计专业技术人员继续教育的形式有：

（一）参加县级以上财政部门、人力资源社会保障部门组织的会计专业技术人员继续教育培训、高端会计人才培训、全国会计专业技术资格考试等会计相关考试、会计类专业会议等；

（二）参加会计继续教育机构或用人单位组织的会计专业技术人员继续教育培训；

（三）参加国家教育行政主管部门承认的中专以上（含中专，下同）会计类专业学历（学位）教育；承担继续教育管理部门或行业组织（团体）的会计类研究课题，或在有国内统一刊号（CN）的经济、管理类报刊上发表会计类论文；公开出版会计类书籍；参加注册会计师、资产评估师、税务师等继续教育培训；

（四）继续教育管理部门认可的其他形式。

第十二条 会计专业技术人员继续教育采用的课程、教学方法，应当适应会计工作要求和特点。同时，积极推广网络教育等方式，提高继续教育教学和管理的信息化水平。

第四章 学分管理

第十三条 会计专业技术人员参加继续教育实行学分制管理，每年参加继续教育取得的学分不少于90学分。其中，专业科目一般不少于总学分的三分之二。

会计专业技术人员参加继续教育取得的学分，在全国范围内当年度有效，不得结转以后年度。

第十四条 参加本办法第十一条规定形式的继续教育，其学分计量标准如下：

（一）参加全国会计专业技术资格考试，初级、高级通过或中级、注册会计师每通过一科考试，折算为90学分；

（二）参加全国或自治区会计领军人才考试，被录取的，折算为90学分；

（三）参加经县级以上继续教育主管部门批复备案的会计类专业会议、县级以上继续教育主管部门组织的专业培训或在自治区财政厅进行过年度继续教育备案的面授机构组织开展面授培训的，每天折算10学分；

（四）参加国家教育行政主管部门承认的中专以上会计类专业学历（学位）教育，通过当年度一门学习课程考试或考核的，折算为90学分；

（五）独立承担继续教育管理部门或行业组织（团体）的会计类研究课题，课题结项的，每项研究课题折算为90学分；与他人合作完成的，每项研究课题的课题主持人折算为90学分，其他参与人每人折算为60学分；

（六）独立在有国内统一刊号（CN）的经济、管理类报刊上发表会计类论文的，每篇论文折算为30学分；与他人合作发表的，每篇论文的第一作者折算为30学分，其他作者每人折算为10学分；

（七）独立公开出版会计类书籍的，每本会计类书籍折算为90学分；与他人合作出版的，每本会计类书籍的第一作者折算为90学分，其他作者每人折算为60学分；

（八）自治区根据会计人员继续教育需要确定的其他形式的继续教育，学分计量标准以当次确定为准。

第十五条 对会计专业技术人员参加继续教育情况实行登记管理。

主管部门或行业（系统）自行组织开展本系统、本行业会计人员继续教育的，须在培训前向同级财政继续教育管理部门进行申请，对会计专业技术人员参加继续教育的种类、内容、时间和考试考核办法等进行提前备案，经继续教育主管部门批复同意后方可开展培训，培训结束后应及时按照要求将有关情况报送所在地县级以上财政部门登记备案。

自治区财政厅建立会计专业技术人员继续教育信息管理系统，对会计专业技术人员参加继续教育取得的学分进行登记，如实记载会计专业技术人员接受继续教育情况。

继续教育登记可以采用以下方式：

（一）会计专业技术人员参加继续教育管理部门组织的会计业务培训和会计相关考试通过的，县级以上财政部门直接在系统中导入数据，为会计专业技术人员办理继续教育事项登记；

（二）会计专业技术人员参加会计继续教育机构或主管部门、行业（系统）组织的继续教育，县级以上财政部门根据会计继续教育机构或用人单位报送的会计专业技术人员继续教育信息，在系统中导入数据，为会计专业技术人员办理继续教育事项登记；

（三）会计专业技术人员参加继续教育采取上述（一）、（二）以外其他形式的，应当在年度内登陆自治区财政厅官方网站，在“会计管理”模块注册登录，进入“继续教育”模块，按要求上传相关证明材料，申请办理继续教育事项登记；也可持相关证明材料向所属继续教育管理部门申请办理继续教育事项登记。

第十六条 以上各类继续教育学习形式可共同使用，相互补充，各种形式继续教育年度累计学分达到90学分，方可视为完成本年度继续教育。

第十七条 会计人员参加未经财政部门公布的会计人员继续教育机构组织开展的会计人员继续教育，财政部门不为其办理继续教育事项登记。

会计人员参加未经财政部门备案的用人单位组织开展的会计人员继续教育，财政部门不为其办理继续教育事项登记。

第五章 会计继续教育机构管理

第十八条 会计继续教育机构必须同时符合下列条件：

（一）具备承担继续教育相适应的教学设施，面授教育机构还应有相应的教学场所；

（二）拥有与承担继续教育相适应的师资队伍和管理力量，专职人员不少于5人，面授课程不少于30门，网络教育学时不少于500学时。

（三）制定完善的教学计划、管理制度和其他相关制度；

（四）能够完成所承担的继续教育任务，保证教学质量；

（五）符合有关法律法规的规定。

应当充分发挥国家会计学院、会计行业组织（团体）、各类继续教育培训基地（中心）等在开展会计专业技术人员继续教育方面的主渠道作用，鼓励、引导高等院校、科研院所等单位参与会计专业技术人员继续教育工作。

第十九条 会计继续教育机构应当认真实施继续教育教学计划，向社会公开继续教育的范围、内容、收费项目及标准等情况。

第二十条 会计继续教育机构应当按照专兼职结合的原则，聘请具有丰富实践经验、较高理论水平的业务骨干和专家学者，建立继续教育师资库。

第二十一条 会计继续教育机构应当建立健全继续教育培训档案，根据考试或考核结果如实出具会计专业技术人员参加继续教育的证明，并在培训结束后及时按照要求将有关情况报送所在地财政部门进行备案。

第二十二条 会计继续教育机构不得有下列行为：

（一）采取虚假、欺诈等不正当手段招揽生源；

（二）以会计专业技术人员继续教育名义组织旅游或者进行其他高消费活动；

（三）以会计专业技术人员继续教育名义乱收费或者只收费不培训。

第六章 考核与评价

第二十三条 用人单位应当建立本单位会计专业技术人员继续教育与使用、晋升相衔接的激励机制，将参加继续教育情况作为会计专业技术人员考核评价、岗位聘用的重要依据。

会计专业技术人员参加继续教育情况，应当作为聘任会计专业技术职务或者申报评定上一级资格的重要条件。

第二十四条 各级财政部门将会计专业技术人员参加继续教育情况的考核与评价结果作为参加会计专业技术资格考试、高级会计师评审、先进会计工作者评选或高端会计人才选拔等的依据之一，并纳入其信用信息档案。

第二十五条 对未按规定参加继续教育或者参加继续教育未取得规定学分的会计专业技术人员，财政部门继续教育管理部门应当责令其限期改正。

继续教育管理部门应当依法对会计继续教育机构、用人单位执行本规定的情况进行监督。

继续教育管理部门应当定期组织或者委托第三方评估机构对所在地会计继续教育机构进行教学质量评估，评估结果作为承担下年度继续教育任务的重要参考。

第二十六条 会计继续教育机构发生本规定第二十二条行为，继续教育管理部门应当责令其限期改正，并依法依规进行处理。

第七章 附 则

第二十七条 本办法由自治区财政厅、自治区人力资源和社会保障厅负责解释。

第二十八条 本办法自2018年10月1日起施行。自治区财政厅2014年4月1日印发的《新疆维吾尔自治区会计人员继续教育实施办法》（新财会〔2014〕30号）同时废止。

附：1. 主管部门或行业（系统）自行组织开展______年度会计人员继续教育的申请模板

2. 继续教育数据导入模板

3. 面授培训机构结业证书模板

附1：

主管部门或行业（系统）自行组织开展______年度会计人员继续教育的申请模板

自治区财政厅（×××地区财政局）：

一、自行组织开展继续教育的原因。因行业财务工作特殊性、行业会计、财务制度变化较大需系统开展培训等。

二、开展培训的内容、时间（天数）。是否完成60学分，如没有完成，以什么形式进行补充学习等。

三、开展培训的地点。

四、开展培训的师资组成等。

另：需附培训工作方案或计划

附 2：

继续教育数据导入模板

单位（面授机构）负责人签字：　　　　　　　　　　　　　　　　　　　　　　　　加盖公章：

序号	姓名	身份证号码	继续教育年度	培训通过时间	学时	学分	课程内容
1	×××	65010……	2018	2018－04－09	8	10	1. 政府会计制度背景、相关准则内容；2. 行政事业单位内控实务操作

备注：

自行组织开展继续教育的部门（单位）、年度备案开展面授继续教育的培训机构，需要在每一期培训结束后，按此模板格式将学员信息录入，并将课程表一并送同级财政继续教育主管部门进行信息数据导入。

附 3：

面授培训机构结业证书模板
结 业 证

编号：201801001

×××学员：

参加我校举办的________年会计人员继续教育培训期间，完成了××××（课程内容）的学习，培训共____天，完成____个学时学习，折算学分____分。经考核成绩合格，准予结业。

培训机构名称
加盖公章

备注：

①面授每天按 8 学时、10 学分计算；

②编号规则：前四位为年度：2018，中间两位为培训机构组织开展培训期数，如第 1 期，编号为 01，后三位为本期学员编号，如第 23 号学员，编号为：023。

③此模板适用于在自治区财政厅进行年度备案的面授培训机构。

关于自治区法律职业资格考试收费有关事宜的通知

（2018 年 6 月 29 日　自治区财政厅、发展和改革委员会
新财非税〔2018〕7 号）

自治区司法厅，伊犁哈萨克自治州财政局、发展改革委，各地州市财政局、发展改革委：

根据《财政部 国家发展改革委关于同意收取法律职业资格考试考务费的复函》（财税〔2018〕65 号）文件精神，为确保自治区法律职业资格考试工作顺利进行，现就自治区法律职业资格考试收费有关事宜通知如下：

一、取消司法部门的“司法考试考务费”收费项目，新设立“法律职业资格考试考务费”项目，下设“法律职业资格考试考务费——客观题”、“法律职业资格考试考务费——主观题”（以下简称“客观题”、“主观题”）两项。

二、按照《司法部关于国家统一法律职业资格考试考务费标准的通知》（司发通〔2018〕43 号）和《关于调整人事考试收费标准的通知》（新价非字〔2000〕25 号）文件规定，法律职业资格考试报名费 15 元/人；客观题收费标准为 102 元/人，其中：考务费 22 元/人、考试费 80 元/人（2 门考试）；主观题收费标准为 60 元/人，其中：考务费 20 元/人、考试费 40 元/人（1 门考试）。

三、中央、自治区、地（州、市）分成的比例为，客观题每人中央 22 元、自治区 10 元、地（州、市）70 元，主观题每人中央 20 元、地（州、市）40 元。

四、《关于调整自治区国家司法考试收费分成政策的通知》（新财非税〔2017〕18 号）文件同时废止。

特此通知。

关于规范自治区市政公共停车资源有偿使用收入管理的通知

（2018 年 11 月 5 日　自治区财政厅　新财非税〔2018〕15 号）

伊犁哈萨克自治州财政局，各地州市财政局：

根据自治区财政厅、发展和改革委员会、住房和城乡建设厅 2017 年印发的《新疆维吾尔自治区市政公共资源有偿使用收入管理实施办法》（新财非税〔2017〕19 号）规定，市政道路路内停车泊位及政府投资的公共停车场均属于市政公共资源，明确出让或以其他有偿方式转让所取得的收入属于市政公共资源有偿使用收入。为进一步加强和规范市政公共停车资源有偿使用收入管理，现就有关事项进一步强调和明确如下：

一、对以道路占用费、国有资产出租收入等项目收取市政公共停车资源有偿使用费用的，各地要严格按照新财非税〔2017〕19 号文件的规定，使用“市政公共停车资源有偿使用费”项目收取。

二、对市政公共停车资源实行有偿使用，应主要采取公开招标、拍卖等公平竞争方式，对不具备采用公平竞争方式的，可以采取出让等其他方式向受让方收取费用，对政府和社会资本合作模式投资运营的市政公共停车泊位，应当按照合同约定收取费用。收取的市政公共停车泊位有偿使用收入要及时足额上缴国库，实行收入和支出分离制度，任何部门、单位和个人不得隐瞒、滞留、截留、挪用或者坐支。

三、目前城市机动车保有量越来越大，市政停车资源管理亟待规范和加强，各地财政部门要根据新财非税〔2017〕19 号文件规定，结合实际情况会同有关部门尽快制定市政公共停车资源有偿使用管理实施细则，实行规范管理。

四、各地财政部门要切实加强对本地区市政公共停车资源的有偿使用、收入收缴、资金管理、票据使用等情况的监督，依法查处财政违法违规行为。

关于加强自治区扶贫小额信贷管理工作的通知

（2018 年 6 月 14 日　自治区财政厅、扶贫开发办公室、金融工作办公室、
中国人民银行乌鲁木齐中心支行、中国银行业监督管理委员会新疆监管局
新财金〔2018〕35 号）

伊犁哈萨克自治州财政局、扶贫办、金融办，各地州市财政局、扶贫办、金融办，人民银行各地州市中心支行，各银监分局，自治区农村信用联社、中国农业银行新疆分行、邮储银行新疆分行：

扶贫小额信贷是贯彻落实党中央、国务院打赢脱贫攻坚战重大战略部署，为建档立卡贫困户量身定制的金融精准扶贫政策。2016 年 6 月自治区实施扶贫小额信贷政策以来，各地各部门积极推进信贷资金发放和管理，在帮助贫困户发展生产、增收脱贫等方面取得了明显成效，但也存在着对扶贫小额信贷认识有偏差、使用不精准、“三级联审”机制执行不到位、防风险措施不足等问题，个别县市在地方政府债务清理中提前收回贷款、撤回风险补偿金和合作协议等，造成扶贫小额信贷政策无法正常实施。为认真贯彻落实银监会、财政部、人民银行、保监会、国务院扶贫办《关于促进扶贫小额信贷健康发展的通知》（银监发〔2017〕42 号）、《自治区扶贫小额信贷贴息资金及风险补偿金管理办法》（新政办发〔2016〕88 号）和《扶贫小额信贷金融机构分县承担及损失分担方案》（新政办发〔2016〕101 号）精神，进一步加强和改善扶贫小额信贷管理，促进自治区扶贫小额信贷业务持续健康发展，更好地发挥其在精准扶贫和精准脱贫中的作用，现将有关工作事项通知如下：

一、坚持依法合规，压实防风险责任

准确把握扶贫小额信贷对象和险信用良好、有贷款意愿、有就业创业潜质、技能素质和一定还款能力就业创业潜质、技能素质有关工作事项通知如下：区扶贫小额信贷业务持续健康发展，更好地准扶贫政策。2016 年 6 月自治区实施扶贫小额信贷政策以来，各地各部门积极推进信贷资金发放和管理，在帮助贫困户发展生产、增收脱贫等方面取得了明显成效，但也存在着对扶贫小额信贷认识有偏差、使用不精准、“三级联审”机制执行不到位、防风险措施不足等问题，个别县市在地方政府债务清理中提前收回贷款、撤回风险补偿金和合作协议。

要进一步明确乡（镇）、村对扶贫小额信贷的监督管理责任，将扶贫小额信贷作为扶贫资金监督检查内容，确保信贷资金安全和贫困户充分受益。乡（镇）、村及驻村工作队要及时跟踪掌握贷款使用情况，跟进单个贫困户发展生产的收益情况，细化到组、到人考核落实。各银行业金融机构要规范扶贫小额信贷资金发放管理，发放过程要符合法律法规和信贷管理规定，借款合同要明确贷款资金用途，坚持户借、户还，切实防范冒名借款、违规用款等问题，加强对资金用途的有效监督和管理，努力发挥扶贫小额信贷最大效益。

落实贷后管理，定期对借款人生活和生产经营情况进行监测分析，建立资金监管机制和跟踪监督机制，对可能影响贷款安全的不利情形要及时采取针对性措施，加大对扶贫小额信贷用于非生产领域等改变贷款用途行为的查核和纠正力度。对违反贷款申报程序、弄虚作假、推荐发放人情贷款、套取财政扶贫资金和信贷资金等违规违法情况，进行责任追究，严肃处理。对采取欺骗隐瞒手段获取贷款、不按规定使用贷款、恶意逃废债务等失信行为的贷款人，采取行政、司法等多种手段予以查处。

二、完善引导服务，加大财政金融支持力度

各县市要建立扶贫小额信贷政府引导、银政共管的工作机制，风险补偿金要及时到位，专款专存、封闭运行。根据实际情况科学合理确定风险补偿金放大贷款倍数，不得将风险补偿金混同为担保金使用。鼓励政府性融资担保机构创新担保产品及方式，制定优惠费率，为参与扶贫小额信贷的贫困户和新型农业经营主体提供担保服务。要充分发挥县市扶贫小额信贷工作领导小组作用，组织好各参与单位共同开展政策宣讲、贷前调查、贷后管理、贷款收回等工作。

人民银行要充分发挥货币信贷政策的引导作用，将扶贫小额信贷业务发展情况纳入金融精准扶贫效果评估，根据贫困户直接或间接受益情况，准确定义和统计监测扶贫小额信贷。加强扶贫小额信贷政策效果评估和结果应用，在货币政策工具运用方面加大对扶贫小额信贷先进金融机构的倾斜支持，对相关达标银行业金融机构及时予以支农、扶贫等再贷款支持。

银行业监管部门要完善银行业金融机构差异化监管政策，督促各银行业金融机构制定落实尽职免责制度，适度提高扶贫小额信贷不良贷款率的容忍度，指导银行业金融机构积极履行金融精准扶贫责任，创新金融产品，在激励考核、评级授信、信贷流程、贷款管理、风险缓释等方面进一步提升优化，为贫困户提供方便、快捷的金融服务。

三、健全统计报告机制，加强监测考核

县级政府与人民银行、银监、金融机构等要加强工作对接，搭建信息共享平台，建立扶贫信息共享机制，建立长效工作联系机制。扶贫部门与财政、人民银行、金融办、银监部门要定期共享贫困户信息，对贫困户变动情况、收入监测评价情况及时对参与扶贫小额信贷单位公布。

健全扶贫小额信贷统计分析制度，扶贫、财政、人民银行等部门要对小额信贷投放情况实行动态化管理，定期会同金融单位进行系统和数据对接，掌握贫困户获贷情况，要按季定期监测统计扶贫小额信贷获贷率和申贷获贷率，在监测中，如发现贫困户获贷率不高、贷款数量和贷款户数异常波动、贷款逾期、未按基准利率放贷等问题，要及时查找原因，制定解决方案，将问题和风险控制在苗头。

各地州市要落实好定期报告和年度考核制度，根据每个季度本地区扶贫小额信贷贷款情况，从信贷发放情况、运行情况、扶贫效益、风险防范、工作亮点等方面，分析扶贫小额信贷进展情况，撰写季度分析报告，下季度首月 10 日前分别报自治区财政厅、自治区扶贫办。根据季度统计和通报情况，对各县市扶贫小额信贷工作进行考核，纳入各县市年度绩效考核和脱贫攻坚考核。

四、精准对接产业扶贫，激发脱贫内生动力

坚持户借户还和贫困户自愿参与两项基本原则，探索将扶贫小额信贷资金用于有效带动贫困户致富脱贫的特色优势产业，鼓励引导贫困户使用扶贫小额信贷资金围绕市场发展特色优势产业，宜种则种、宜养则养、宜工则工、宜商则商、宜旅则旅。

稳妥推进承贷金融机构与贫困户和农村多种经营主体的三方合作，鼓励贫困户依托龙头企业（新型农业经营主体）提升就业创业及主动、持

续增收能力，为贫困户自主贷款、自主创业提供更多更好的实践平台。组织开展扶贫金融银企对接活动，对金融机构的扶贫金融产品和扶贫企业融资需求进行双向推介，通过有效对接、经验交流、现场签约促进金融资本与企业资源的有效整合，改善扶贫企业融资难问题，带动贫困户就业脱贫。

各地根据本通知自查自纠情况请于 7 月 10 前报自治区财政厅、自治区扶贫办。

附件：____年第____季度自治区扶贫小额信贷情况统计表（季报表）

附件：

____年第____季度自治区扶贫小额信贷情况统计表（季报表）

单位：万元，户，%

序号	辖区	建档立卡贫困户情况		扶贫小额信贷发放管理情况												风险处置情况				财政贴息情况		
		户数	“三级联审”通过的户数	累计发放贷款户数		累计发放贷款额		本季贷款户数变动（+/-）				本季贷款额变动（+/-）				贷款损失		风险补偿金		累计支付贴息资金		未付贴息资金
					覆盖率		贷款余额		新增	归还	续贷		新增	归还	续贷	户数	金额	余额	已补偿贷款损失		本季度支付贴息资金	
		1	2	3	4	5	6	7	8	9	10	11	12	13	14	15	16	17	18	19	20	21
××（地州市）合计																						
1	××（县市区）																					
…	…																					
…	…																					

注：1. 列 1“户数”为截至 2017 年底摸底统计数。

2. 列 3“累计发放贷款户数”、列 5“累计发放贷款额”为 2016 年 6 月自治区实施扶贫小额信贷政策以来截至本季度末累计数。

3. 列 4“覆盖率”=（列 3÷列 2）×100%。

4. 列 7“本月贷款户数变动（+/-）”=列 8“新增”-列 9“归还”-列 15“损失户数”，列 8“新增”不含到期已续贷列贫困户，列 9“归还”不含到期已续贷和归还部分贷款的贫困户。

5. 列 11“本月贷款户数变动（+/-）”=列 12“新增”-列 13“归还”-列 16“损失金额”。

6. 列 19“累计支付贴息资金”为 2016 年 6 月自治区实施扶贫小额信贷政策以来截至本季度末累计数。

7. 列 21“未付贴息资金”为截至本季度末应付而未付的贴息资金数。

自治区财政厅关于贯彻落实《财政部关于贯彻落实〈中共中央 国务院关于完善国有金融资本管理的指导意见〉的通知》的意见

（2018 年 8 月 31 日　自治区财政厅　新财金〔2018〕44 号）

伊犁哈萨克自治州财政局、各地州市财政局：

根据《中共中央 国务院关于完善国有金融资本管理的指导意见》（中发〔2018〕25 号）、《财政部关于贯彻落实〈中共中央 国务院关于完善国有金融资本管理的指导意见〉的通知》（财金〔2018〕87 号）精神，结合自治区实际，制定如下贯彻落实意见。

一、认真学习深刻领会完善国有金融资本管理的重大意义

完善自治区国有金融资本管理，是全面贯彻落实习近平新时代中国特色社会主义思想，深入贯彻党的十九大以及十九届二中、三中全会精神，认真贯彻全国金融工作会议精神，改革国有金融资本授权经营体制，促进国有金融资本保值增值的重要举措，是加强国有金融资本管理和治理，依法依规管住管好用好、做强做优做大国有金融资本，不断增强国有经济的活力、控制力、影响力和抗风险能力的重要保障，对于促进自治区经济社会发展、实现总目标、开创新疆稳定发展新局面，具有重要意义。

党中央、国务院明确由财政部门集中统一履行国有金融资本出资人职责，这是党中央、国务院对财政部门履职尽责的充分信任。各地财政部门要充分认识完善国有金融资本管理的重要意义，把深入学习文件精神、准确把握改革要义，作为抓好贯彻落实的重要前提，同坚决贯彻落实以习近平同志为核心的党中央治疆方略、特别是社会稳定和长治久安总目标紧密结合起来，牢记使命、勇于担当，以抓铁有痕、踏石留印的决心做好各项工作。

二、准确把握严格落实国有金融资本管理的各项工作任务

（一）明确界定国有金融资本范畴。各地财政部门在管理国有金融资本时，应准确把握管理边界，确保国有金融资本监管不缺位、不越位。

1. 国有金融资本是指：自治区各级政府及其授权投资主体直接或间接向金融机构出资所形成的资本和应享有的权益；凭借政府权力和信用支持的金融机构所形成的资本和应享有的权益；自治区金融或非金融国有企业投资其他金融机构所形成的资本和应享有的权益。

2. 金融机构是指：依法设立获得金融业务许可证的各类金融企业、主权财富基金、投资运营机构以及金融基础设施等经营金融业务的企业

或机构，包括但不限于商业银行、政策性银行、城市信用社、农村信用社、农村合作银行、农村商业银行、村镇银行、农村资金互助社、财务公司、信托公司、金融租赁公司、汽车金融公司、货币经纪公司、证券公司、证券投资基金管理公司、股权投资基金公司、期货公司、投资咨询公司、保险公司、保险经纪公司、保险代理公司、保险公估公司、登记结算类机构、小额贷款公司、各类交易场所、地方金融控股企业、地方资产管理公司、融资担保公司、典当行、融资租赁公司、商业保理公司以及法律、行政法规和国务院授权自治区人民政府监督管理的其他组织。

（二）切实履行国有金融资本出资人主体责任。各级财政部门根据本级人民政府授权，集中统一履行本级国有金融资本出资人职责，依法依规享有参与重大决策、选择管理者、享有收益等出资人权利，并依照法律法规和企业章程等规定，履职尽责，保障出资人权益。

1. 对于各级政府或政府授权的有关部门、机构直接或间接对金融机构出资所形成的资本和应享有的权益，直接划归财政部门集中统一履行出资人职责。

2. 对于凭借政府权力和信用支持的金融机构（主要指股权交易所、各类交易中心、平台）所形成的资本和应享有的权益，全部纳入国有金融资本管理，由财政部门履行出资人职责。

3. 对于国有独立法人出资入股金融机构所形成的资本和应享有的权益，要根据实际情况准确厘清国有金融资本权属关系、债务关系，认真研究制定分类、分期、分批划归财政部门集中统一履行出资人职责的时间表路线图。在未划转财政部门履职期间，要按照统一管理规制的原则，由同级财政部门提出集中委托的具体方案，委托其他机构履行出资人职责。委托管理过渡期 1 年，期间要做到财政部门出资人身份不变、管理规则不变、管理责任不变、全口径报告职责不变。

（三）严格执行国有金融资本的集中统一管理。各级财政部门要严格按照统一规制、分级分类管理的原则，依法履行本级国有金融资本管理职责。

1. 对国有独资、全资及国有控股金融机构，财政部门负责组织实施基础管理、经营预算、绩效考核、负责人薪酬管理等工作，分类指导推进国有金融机构改革，制定或参与制定国有金融机构章程，依照法定程序参与国有金融机构重大事项决策、负责人选择和考核、依法派出股权董事、股权监事或行使否决权，委派股东代表参与股东会议等，组织上缴国有资本经营收益，监督国有金融机构落实有关法律法规。

2. 对国有参股金融机构，财政部门负责金融机构国有资本基础管理、绩效考核、国有金融资本保值增值考核等工作，向国有资本参股金融机构提出董事、监事人选，组织上缴国有资本收益，监督金融机构落实有关法律法规。

（四）建立健全国有金融资本管理制度。自治区财政在财政部制度框架下，制定国有金融资本管理各项制度。各级财政部门依法依规履行好国有金融资本管理职责，负责组织实施基础管理、经营预算、绩效考核、负责人薪酬管理等工作。

1. 建立完善国有金融资本基础管理制度。建立健全全流程、全覆盖的产权登记、产权评估、产权转让等管理制度。一是完善金融机构国有资产产权登记制度，做好国有金融资本清产核资、资本金权属界定、统计分析等工作，确保全面反映国有金融资本状况。二是完善金融机构国有资产评估制度，严格监管金融机构国有资产评估行为，客观反映国有金融资产价值。三是完善金融机构国有资产转让制度，规范金融机构国有产权交易流程，确保转让过程公正、公开、透明，防止国有资产流失。四是建立国有金融机构股权管理制度，规范国有金融机构及其重点子公司设立、改制重组、增资扩股、合并分立、无偿划转、上市发行等国有股权变动和确认行为。

2. 建立国有金融资本经营预算管理制度。

对国有金融资本收益及其支出实行预算管理，规范政府与国有金融机构的分配关系，全面完整反映国有金融资本经营收入，合理确定国有金融机构利润上缴比例。

各级财政部门是国有金融资本经营预算的主管部门，负责编制预算草案。国有金融机构作为预算单位，负责测算和申报本单位国有金融资本经营预算收入，提出预算支出项目申请。国有金融资本经营预算决算依法接受同级人大及其常委会的审查监督。

国有金融资本经营预算收入包括但不限于国有独资、全资、控股、参股金融机构国有股权（股份）获得的红利和股息，金融机构股权（股份）或其他金融资产转让收入等。

国有金融资本经营预算支出主要用于解决金融机构的资本金注入和改革成本支出等。

3. 建立国有金融资本经营绩效考核制度。各级财政部门结合本地经济发展实际，分行业按年制定考核目标，按照分类定责、分类考核的原则，建立国有金融机构差异化经营绩效考核制度，综合反映国有金融机构资产营运水平、风险控制能力和社会贡献程度等，推动金融机构加强经营管理，有效服务当地经济发展。加强绩效考核结果运用，落实考核结果与企业负责人薪酬、员工薪酬水平的奖惩联动机制。

4. 建立完善国有金融机构薪酬管理制度。建立国有金融机构薪酬管理体系，制定薪酬分配、员工持股、企业年金、履职待遇和业务支出等制度，合理运用薪酬管理手段，推动国有金融机构高管薪酬与股东价值联动。对国有金融机构及其各级子公司负责人、市场化选聘负责人和员工薪酬待遇实行差异化管理。建立国有金融机构高管人员责任追究和薪酬追回制度。

（五）严格落实国有金融资本全口径报告制度。按照国家及自治区有关国有金融资本统计监测和报告制度要求，各级财政部门要全口径向同级党委、政府报告国有金融资本管理情况。报告要完整反映国有金融资本的总量、投向、布局、处置、收益等内容，编制政府资产负债表，报告国有金融机构改革、资产监管、风险控制、高级管理人员薪酬等情况。

三、协同推进强化落实国有金融资本管理的各项工作措施

各地财政部门要深刻领会国有金融资本管理的精神实质，及时向同级党委和政府报告相关情况及工作要求，确保各项工作顺利推进。

（一）加强组织领导。各地财政部门要高度重视，精心组织，建立健全国有金融资本管理的组织领导机制，严格按照集中统一、全流程全覆盖的要求，加强和完善国有金融资本管理，稳妥有序推进各项工作。各地财政部门要建立适应新时期改革发展需要的国有金融资本管理机构，选优配强干部队伍，注重充分发挥出资人职责作用，确保“有机构、有人员、有能力、有担当”，管住管好用好、做强做优做大国有金融资本。

（二）强化协调配合。各地财政部门要勇于担当主动作为，加强与同级国资委、金融办、人民银行以及金融监管等部门的沟通协调，采取有力措施，厘清部门权责边界，尽快理顺和巩固集中统一的国有金融资本授权管理体制，有序完成国有金融资本划归财政部门集中统一履行出资人职责等相关工作。并于11月30日前，将具体工作方案报送自治区财政厅。

（三）厘清国有金融资本现状。各地财政部门以国有金融资本和产权为主线，按照国有金融资本管理范畴，全面梳理金融企业国有金融资本总量及实际管理情况。对辖内国有金融企业总体资产负债，国有资本投向、布局，国有资本实际监管及收益现状等进行全面梳理统计，形成国有金融资本情况报告，并于9月30日前报送自治区财政厅。

（四）加强培训指导。各地财政部门要根据国家及自治区关于国有金融资本管理有关政策制度，对财政系统相关人员组织开展政策培训指导，提高财政部门国有金融资本管理水平。

（五）加强工作监督。自治区财政将建立国有金融资本管理工作督导机制，对各地财政部门、国有金融机构贯彻落实国有金融资本管理工作进展情况进行督导检查，及时全面掌握各项政策措施落实情况，有效应对出现的新情况、新问题，确保全区国有金融资本管理工作顺利推进。

关于贯彻《自治区党委 自治区人民政府关于完善国有金融资本管理的实施意见》的通知

（2018 年 12 月 4 日　自治区财政厅　新财金〔2018〕56 号）

伊犁哈萨克自治州财政局、各地州市财政局：

为贯彻落实《自治区党委 自治区人民政府关于完善国有金融资本管理的实施意见》（新党发〔2018〕26 号，以下简称《实施意见》）文件精神，切实履行财政部门集中统一管理国有金融资本职责，现将有关事项通知如下：

一、深刻领会国有金融资本管理重大意义

《实施意见》是自治区加强国有金融资本管理和治理的顶层设计和根本遵循。加强和完善自治区国有金融资本管理，是贯彻落实习近平中国特色社会主义经济思想的重要体现，有利于激发国有金融机构活力，提高国有金融资本效益；有利于完善现代金融企业制度，增强金融企业保值增值能力；有利于防控金融风险，增强金融企业可持续发展能力；有利于加强党对国有金融机构的领导作用。对促进自治区经济社会发展、实现总目标、开创新疆稳定发展新局面，具有重要意义。

二、准确把握国有金融资本管理工作任务

自治区党委、自治区人民政府明确由财政部门集中统一管理国有金融资本，这是对财政部门履职尽责的充分信任。各级财政部门要按照自治区党委、人民政府关于加强国有金融资本管理的决策部署和新财金〔2018〕44 号文件工作安排，切实做好辖内国有金融资本的梳理摸底工作，全面准确掌握国有金融资本管理工作任务。

三、切实履行国有金融资本集中统一管理工作职责

各级财政部门要按照《新疆维吾尔自治区国有金融资本管理实施细则》（附后），认真履行集中统一管理国有金融资本各项工作职责，实施基础管理、运营管理、经营预算管理、国有金融机构重大事项管理以及全口径报告等工作。自治区财政将对各地落实自治区党委、人民政府关于完善国有金融资本管理决策部署情况进行督导检查。

四、加快推进国有金融资本管理工作要求

（一）认真学习领会精神。各地财政部门要组织相关人员认真学习深刻领会《实施意见》精神，掌握国有金融资本管理政策制度，提高思想认识，提升履职尽责能力。

（二）加强政策宣传力度。加强国有金融资本管理，是金融领域国有金融资本管理的重大体制改革，各地财政部门要加大政策宣传力度，引导相关部门和金融机构配合支持做好国有金融资本管理各项工作。

（三）加强组织机构建设。各地财政部门要建立健全国有金融资本管理的组织领导机制，加快构建适应新时期改革发展需要的国有金融资本管理机构，选优配强干部队伍，确保“有机构、有人员、有能力、有担当”，管住用好、做强做优国有金融资本，稳妥有序推进各项工作。

附件：新疆维吾尔自治区国有金融资本管理实施细则（试行）

附件：

新疆维吾尔自治区国有金融资本管理实施细则（试行）

第一章　总　则

第一条　根据《自治区党委 自治区人民政府关于完善国有金融资本管理的实施意见》（新党发〔2018〕26 号）精神，为加强自治区国有金融资本集中统一穿透式管理，优化国有金融资本战略布局，提高配置效率，促进保值增值，结合自治区实际，制定本实施细则。

第二条　本细则所称的国有金融资本是指自治区各级政府及其授权投资主体直接或间接向金融机构出资所形成的资本和应享有的权益；凭借政府权力和信用支持的金融机构所形成的资本和应享有的权益；自治区金融或非金融国有企业投资其他金融机构所形成的资本和应享有的权益。

第三条　本细则所称的国有金融机构是指自治区各级政府及其授权投资主体控股或拥有实际控制权的金融机构，包括取得金融业务许可证的各类国有金融机构、其他经营金融类业务的国有企业，以及凭借政府权利和信用支持设立的金融基础设施类机构。

第四条　自治区各级财政部门根据同级人民政府授权，依照法律、行政法规的规定，集中统一履行国有金融资本出资人职责，享有出资人权益。

第五条　国有金融资本管理遵循以下原则：

（一）党的领导。加强国有金融机构党的领导和党的建设，发挥党组织的领导作用，贯彻落实党的方针政策。

（二）集中统一。国有金融资本管理坚持统一规制、分级管理、逐级穿透，强化全流程管理，落实全口径报告制度。

（三）权责明晰。厘清财政部门、金融机构监管部门和国有金融机构的权责边界。

（四）合理布局。统筹规划战略布局，合理调整行业比重，提高资本配置效率，促进国有金融资本布局优化、规范运作和保值增值。

第六条　国有金融资本管理包括：国有金融资本基础管理、国有金融资本运营管理、国有金融资本经营预算管理、国有金融机构重大事项管理、国有金融资本全口径报告。

第二章 职责分工

第七条 自治区财政部门负责统筹规划自治区国有金融资本战略布局，在财政部制度框架下，制定自治区国有金融资本管理各项制度，依法履行自治区本级国有金融资本出资人职责，指导地县财政部门国有金融资本管理工作。各地县财政部门依法履行同级国有金融资本出资人职责。

第八条 财政部门应履行如下出资人职责：

（一）按照财政部国有金融资本管理的统一规章制度，制定相关国有金融资本管理制度，对国有金融机构履行出资人职责，维护所有者权益。

（二）制定或参与制定国有金融机构章程，依照法定程序向国有金融机构派出股权董事、股东监事，委派股东代表参与股东（大）会会议等。

（三）通过法定程序参与国有金融机构重大事项决策，参与国有金融机构管理者的任免、考核，并根据考核结果对其进行奖惩。负责国有金融机构工资分配管理工作，完善管理者及员工激励和约束制度。

（四）承担监督国有金融机构国有金融资本保值增值的责任，建立完善国有金融资本保值增值考核体系，通过统计、稽核等方式对金融机构国有资本保值增值情况进行监管。

（五）建立完善国有金融资本经营预算管理制度办法，负责国有金融机构资本经营预决算编制和执行等工作。负责组织国有金融机构上交国有资本收益。

（六）分类指导推进国有金融机构改革，督促国有金融机构建立现代企业制度，完善法人治理结构，健全财务管理制度，防范金融风险。

（七）负责金融机构国有资本基础管理，依法对本级国有金融资本管理工作进行指导和监督。

（八）督促检查国有金融机构贯彻落实国有金融资本管理政策制度及有关法律法规等工作。

（九）履行出资人的其他职责和承办政府交办的其他事项。

第九条 财政部门应承担如下出资人义务：

（一）围绕服务国家和自治区战略，落实相关金融政策和重点领域发展要求，统筹优化国有金融资本战略布局，推动国有金融资本向重要金融行业和关键领域、重点金融基础设施集中。

（二）研究持股金融机构的合理比例，保持国有金融资本在金融领域的主导地位，保持对重点金融机构的控制力。

（三）依法对有关国有金融机构补充资本金，支持国有金融机构发展。

（四）尊重、维护国有金融机构经营自主权，依法维护企业合法权益，促进依法经营管理，增强企业竞争力。

（五）国有金融资本管理涉及的重大事项，应报同级人民政府批准。

（六）按程序向同级人民政府和人大常委会报告国有金融资本监督管理工作、保值增值状况和其他重大事项。

（七）接受外部监督和社会公众监督，依法依规披露国有金融机构经营状况，提升国有金融资本运营透明度。

第十条 财政部门依法派出的股权董事职责：

（一）遵守法律、法规以及章程，忠实勤勉工作。

（二）参加派驻机构董事会或董事会专门委员会工作，履行决策和监督职责。

（三）参与派驻机构战略规划、会计师事务所选聘、资本金管理、高级管理层选聘、绩效考核和薪酬管理等重大事项决策。

（四）关注派驻企业高级管理层执行力、内控建设、风险控制等事项。

（五）定期向财政部门报告在派驻机构履行职责的有关情况，接受财政部门对其履职情况的评价和监督。

（六）及时向财政部门报告重大事项，自觉维护国有出资人合法权益。

（七）财政部门确定的其他职责。

第十一条 财政部门派出的股东代表，依法参加国有金融机构股东（大）会，按要求提出提案、发表意见、行使表决权，并及时向财政部门报告其履职情况和结果。

第三章 国有金融资本基础管理

第十二条 财政部门负责国有金融资本基础管理，包括产权登记、资产评估、国有金融资本流转等工作。

第十三条 产权登记。按照财政部金融国有资产产权登记制度，对占有和使用国有金融资本的机构进行产权登记，对国有金融资本实施全流程穿透式管理，全面反映国有金融资本状况。

第十四条 产权登记工作应包括以下流程：

（一）依法确认金融机构国有产权归属、理顺产权关系；

（二）统计、汇总和分析金融机构国有资产占有、使用和变动情况；

（三）监督国有金融机构的出资行为；

（四）对国有金融机构产权被司法冻结等产权或有变动事项进行备案；

（五）监督国有金融机构股权增减变动情况；

（六）检查金融机构国有资产经营状况；

（七）向上级主管财政部门报送产权登记与变动状况分析报告。

第十五条 资产评估监管。按照财政部金融国有资产评估制度，对金融机构资产评估工作进行监督管理，监督承担金融机构国有资产评估的中介机构，独立、客观、公正的开展资产评估工作，客观反映国有金融资产价值。

第十六条 金融机构有下列情形之一的，应当委托资产评估企业进行资产评估：

（一）改制为有限责任公司或者股份有限公司的；

（二）以非货币性资产对外投资的；

（三）合并、分立、清算的；

（四）非上市金融企业国有股东股权比例变动的；

（五）产权转让的；

（六）资产转让、置换、拍卖的；

（七）债权转股权的；

（八）债务重组的；

（九）接受非货币性资产抵押或者质押的；

（十）处置不良资产的；

（十一）以非货币性资产抵债或者接受抵债的；

（十二）收购非国有单位资产的；

（十三）接受非国有单位以非货币性资产出资的；

（十四）确定涉讼资产价值的；

（十五）法律、行政法规规定的应当进行评估的其他情形。

第十七条 产权转让。按照财政部国有金融产权转让制度，遵循等价有偿的原则，规范金融机构国有产权交易流程，实现转让过程公正、公开、透明，以公允价格转换国有资产形态。

第十八条 产权转让工作应包括以下流程：

（一）决定或者批准金融机构国有资产转让事项，审核重大资产转让事项并报同级人民政府批准；

（二）确定承办金融机构国有资产交易业务的企业备选名单；

（三）对金融机构国有资产转让情况进行监督检查；

（四）开展金融机构国有资产转让信息的收集、汇总、分析工作。

（五）向上级主管财政部门报送金融机构国有资产转让情况报告。

第十九条 股权管理。按照财政部国有金融机构股权管理制度，对国有金融机构及其重点子公司国有股权管理工作进行监督管理，对其重大股权管理事项进行审核审批。

涉及社会公共管理和金融行业监管的国有股权管理事项，应当根据相关法律法规履行审核程序。

第二十条 股权管理事项包括：设立公司、股份性质变更、增值扩股或减资、股权转让或划转、股权置换、合并或分立等可能引起股权比例变动的事项，以及国有股权管理方案确认等。

第四章 国有金融资本运营管理

第二十一条 财政部门负责国有金融资本运营管理，包括财务管理、国有金融资本保值增值、绩效考核评价、薪酬管理、派出股权董（监）事、不良资产处置等工作。

第二十二条 财务管理。按照金融企业财务规则，建立金融机构财务风险监测与评价机制，督促金融机构健全财务管理，保护各方合法权益。

第二十三条 财务管理事项应包括：

（一）监督金融机构执行金融企业财务规则及其他财务管理规定，指导、督促金融机构建立健全内部财务管理制度；

（二）指导、督促金融机构建立健全财务风险控制体系，监测金融企业财务风险及其运营状况，监督其财务行为；

（三）监督金融机构接受社会审计和资产评估。

（四）按规定开展金融企业年度决算、季度快报工作，定期将相关工作开展情况向上级主管财政部门报告。

（五）有关法律、行政法规规定的其他财务管理职责。

第二十四条 国有金融资本保值增值。建立和完善国有金融资本保值增值指标体系，集中统一开展动态统计监测和金融运行分析，全面掌握国有金融资本管理运行情况。

第二十五条 绩效考核评价。按照金融企业绩效评价办法，组织实施金融企业绩效评价工作，对金融机构会计年度的盈利能力、经营增长、资产质量、偿付能力等进行综合评判，客观反映金融机构经营管理水平、风险控制能力、社会贡献度等。加强考核结果运用，建立与国有金融机构业负责人履职考核和员工薪酬水平联动机制。

第二十六条 金融企业绩效考核评价指标具体包括：

（一）盈利能力指标：包括资本利润率（净资产收益率）、资产利润率（总资产报酬率）、成本收入比、收入利润率、支出利润率、加权平均净资产收益率6个指标，主要反映金融企业一定经营期间投入产出水平和盈利质量；

（二）经营增长指标：包括（国有）资本保值增值率、利润增长率、经营利润率3个指标，主要反映金融企业的资本增值状况和经营增长水平；

（三）资产质量指标：包括不良贷款率、拨备覆盖率、流动性比例、杠杆率、资产减值准备与总资产比例、综合流动比率、综合投资收益率、应收账款比率、净资本与净资产比率、净资本与风险准备比率10个指标，主要反映金融企业所占用经济资源的利用效率、资产管理水平和资产的安全性；

（四）偿付能力指标：包括资本充足率、一级资本充足率、核心一级资本充足率、综合偿付能力充足率、核心偿付能力充足率、净资本负债率、资产负债率7个指标，主要反映金融企业债务负担水平、偿债能力及其面临的债务风险。

第二十七条 薪酬管理。根据财政部国有金融机构薪酬管理体系，建立完善薪酬分配、员工持股、企业年金、履职待遇和业务支出等制度，对国有金融机构及其各级子公司负责人、市场化选聘负责人和员工薪酬待遇实行差异化管理。合理运用薪酬管理手段，推动国有金融机构高管薪酬与股东价值联动。

第二十八条 薪酬管理事项应包括：

（一）国有金融机构负责人薪酬管理。按照财政部有关办法规定，财政部门会同有关部门对国有金融机构负责人薪酬制度实施过程和实施结果进行监督管理，对金融机构薪酬清算方案进行审核或备案。

1. 金融机构负责人薪酬由基本年薪、绩效年薪、任期激励收入三部分构成。

a. 基本年薪是金融机构负责人年度基本收入，应根据上年度企业在岗职工平均工资乘以一定系数确定。基本年薪分配系数根据其岗位职责、承担风险和贡献程度等因素确定。

b. 绩效年薪是与金融机构负责人年度绩效评价结果挂钩的收入，以基本年薪为基数，根据金融机构绩效评价得分、评价类型和内部年度绩效考核结果并结合绩效年薪调节系数确定。金融机构负责人绩效年薪控制在基本年薪 1.5 倍以内。

c. 任期激励收入是与金融机构负责人任期考核评价结果挂钩的收入，以三年为一个业绩考核任期。任期激励收入以其任期内年薪总水平为基数，结合任期考核评价结果确定，最高不超过任期内年薪总水平的 30%。

2. 金融机构薪酬清算方案应包括：金融机构的基本情况、金融机构负责人的基本情况、金融机构负责人薪酬确定、金融机构负责人薪酬福利待遇情况、财政部门要求提供的其他材料。

（二）金融机构负责人履职待遇和业务支出管理。按照财政部有关办法规定，财政部门会同有关部门对国有金融机构负责人履职待遇和业务支出管理进行指导监督，对国有金融机构负责人履职待遇和业务支出年度预算进行备案管理。

1. 履职待遇，是金融机构为负责人履行工作职责提供的工作保障和条件，主要包括公务用车、办公用房、培训等。

2. 业务支出，是金融机构负责人在本企业经营活动中因履行工作职责所发生的费用支出，主要包括业务招待、国内差旅、因公临时出国（境）、通信等方面的费用。

3. 金融机构负责人履职待遇和业务支出年度预算备案内容主要包括：预算及预算执行情况表、预算编制及预算执行情况说明。

（三）审核批准国有金融机构薪酬分配方案、员工持股计划、年金方案、长期股权激励方案等重要财务事项。

（四）其他薪酬管理事项。

第二十九条 派出股权董（监）事管理。建立完善向国有金融机构派出股权董（监）事制度，明确派出股权董（监）事选派、轮换、履职、薪酬、责任追究等事项，加强对董事、监事履职的支持，统计掌握派出股权董（监）事履行职责有关情况，对派出股权董（监）事的履职情况进行评价和监督，及时研究派出股权董（监）事报告的重大事项。

第三十条 不良资产处置管理。按照财政部关于金融机构准备金计提、呆账核销、不良资产批量转让等制度，指导国有金融机构按规定开展不良资产批量转让、贷款减免、呆账核销和债转股等不良资产处置等政策，对国有金融机构处置不良资产情况进行监督管理。对国有金融机构呆账核销情况和呆账核销专项审计报告进行审核备案管理。

呆账核销专项审计报告应包括：核销总体情况、核销条件和程序、核销后资产管理情况、责任认定和追究情况、形成呆账和损失的原因、加强债权和投资管理的情况等。

第五章　国有金融资本经营预算管理

第三十一条 财政部门负责国有金融资本经营预算管理，对国有金融资本收益及其支出实行预算管理。国有金融机构执行国有金融资本经营预算统一制度。

第三十二条 国有金融资本经营预算属于国有资本经营预算的组成部门，由预算收入和预算支出组成。应当按照收支平衡的原则编制，以收定支，不列赤字。

第三十三条 下列国有金融资本收益，应当纳入国有金融资本经营预算管理。

（一）利润收入，即国有独资金融机构按规

定上交国家的利润；

（二）股利、股息收入，即国有控股、参股金融机构国有股权（股份）获得的股利和股息；

（三）产权转让收入，即金融机构国有产权（股份）或其他金融资产转让的收入；

（四）其他国有金融资本经营收入。

第三十四条 国有金融资本经营预算支出主要用于以下方面：

（一）解决金融机构相关改革成本支出；

（二）向金融机构注入资本金，保持对重点金融机构的控制力，增强金融机构服务实体经济和抵御风险的能力。

（三）其他支出。

第三十五条 财政部门是国有金融资本经营预算的主管部门，负责编制国有金融资本经营预算草案。国有金融机构作为预算单位，负责测算和申报本单位国有金融资本经营预算收入，提出预算支出项目申请，按股权关系履行报送程序。

国有金融资本经营预算纳入国有资本经营预算，按程序报同级人民代表大会批准后执行。

第六章 国有金融机构重大事项管理

第三十六条 财政部门负责国有金融机构重大事项管理，包括公司章程制定、公司治理决策、重大事项决策、管理者选择、收入分配管理等工作。

第三十七条 公司章程制定。财政部门依照法律、行政法规有关规定，审批或者参与制定国有金融企业的章程，按照公司章程行使权力、履行义务，对法律、行政法规规定须经政府批准的重大事项，应报请同级人民政府批准。

第三十八条 公司治理决策。按照公司法规定，向国有金融机构派出股东代表、董事、监事，参加其股东会、董事会、监事会，落实和维护董事会依法行使重大决策、选人用人、薪酬分配等权利。

第三十九条 重大事项决策。通过公司治理机制，对国有金融机构发展战略和投资规划、年度经营计划和财务预决算、利润分配方案和弥补亏损方案、法人机构设立等需由股东决定的重大事项进行审核。

第四十条 管理者选择。财政部门会同相关部门依照律法、行政法规及金融机构章程的规定，任免或建议任免国有独资金融机构董事长、副董事长、董事、监事会主席和监事，向国有资本控股、参股金融企业提出董事、监事人选。国有金融机构管理者任免另有规定的，依照其规定。

第四十一条 收入分配管理。按照相关规定，监管国有金融机构工资分配总体水平，核准或备案其工资总额预算方案，加强预算情况动态监控和指导，对预算执行结果进行清算。指导和规范国有金融机构建立企业年金制度。

第七章 国有金融资本全口径报告

第四十二条 财政部门应执行统一的国有金融资本统计监测和报告制度，按照全口径、全覆盖、可穿透、可追溯的原则，加强国有金融资本统计监测，全面、准确、动态反映国有金融资本情况，并按规定向同级人民政府、人大常委会、上级财政部门报告国有金融资产管理情况。

第四十三条 国有金融资本报告应当完整反映国有金融资本总量、投向、布局、处置、收益等内容，报告国有金融机构发展、资产监管、风险控制、境外投资、高级管理人员薪酬等情况。

第八章 监督管理与责任追究

第四十四条 财政部门对国有金融机构国有金融资本管理情况进行监督，根据需要，可以委托第三方中介机构对国有金融机构年度财务会计报告、股东（大）会、董事会决议落实情况进行审计，维护出资人权益。

第四十五条 财政部门依法推进国有金融资本管理信息公开，及时准确向社会公开国有金融资本整体运营、保值增值、经营业绩考核、监督检查等情况，主动接受社会监督，提高国有金融资本管理的透明度。

第四十六条 国有金融机构存在以下行为之一的，由财政部门责令改正；情节严重或造成重大国有金融资本损失的，按照相关法律法规的规定追究相应责任，依法给予行政处罚。

（一）未按规定进行产权登记、资产评估和产权转让的；

（二）在企业重组改制、增值扩股、合并分立、无偿划转、上市发行过程中，违规处置国有金融资产的；

（三）未履行公司治理程序，违规决策重大事项的；

（四）违规处置不良资产，存在利益输送行为的；

（五）违法违规向地方政府、国有企业提供融资的；

（六）违反财务管理规定，虚列成本费用、隐瞒收入利润、编制虚假财务报告的；

（七）其他违反国有金融资本管理制度的行为。

第四十七条 财政部门在履行国有金融资本出资人职责过程中，存在徇私舞弊、滥用职权、玩忽职守、泄露国家秘密和商业秘密行为的，按照《公务员法》、《行政监察法》、《财政违法行为处罚处分条例》等有关规定追究相应责任，依法给予行政处分。涉嫌犯罪的，移送司法机关处理。

第九章 附 则

第四十八条 本实施细则由自治区财政厅负责解释。

第四十九条 本实施细则自印发之日起实施。

关于印发《自治区农业保险保费财政补贴资金绩效评价办法（试行）》和《自治区农业保险经办机构考核评价暂行办法》的通知

（2018 年 12 月 24 日 自治区财政厅 新财金〔2018〕64 号）

伊犁哈萨克自治州财政局、各地州市财政局，中国人民财产保险股份有限公司新疆分公司、中国人寿财产保险股份有限公司新疆分公司、太平洋财产保险股份有限公司新疆分公司、中华联合财产保险股份有限公司新疆分公司：

为贯彻落实《自治区党委 自治区人民政府关于全面实施预算绩效管理的实施意见》（新党发〔2018〕30 号）和财政部《中央财政农业保险保险费补贴管理办法》（财金〔2016〕123 号）精神，全面实施自治区农业保险保费补贴资金预算绩效评价和农业保险经办机构考核评价工作，自治区财政厅制定了《自治区农业保险保费财政补贴资金绩效评价办法（试行）》和《自治区农业保险经办机构考核评价暂行办法》。

现印发你们，请结合本地区、本部门实际认真贯彻执行。

附件：1. 自治区农业保险保费财政补贴资金绩效评价办法（试行）

2. 自治区农业保险经办机构考核评价暂行办法

附件 1：

自治区农业保险保费财政补贴资金绩效评价办法（试行）

第一章　总　则

第一条　为贯彻落实《自治区党委 自治区人民政府关于全面实施预算绩效管理的实施意见》（新党发〔2018〕30 号）和《财政部关于印发〈中央财政农业保险保险费补贴管理办法〉的通知》（财金〔2016〕123 号）精神，全面实施自治区农业保险保费补贴资金预算绩效评价，提高财政资金使用效益，进一步提升自治区农业保险服务质量，结合自治区实际，制定本办法。

第二条　本办法所称绩效评价，是指自治区及以下财政部门按照一定的量化考核标准，组织对区域内农业保险保费财政补贴资金的管理全过程及其使用效果进行的综合考核与评价。

第三条　本办法的评价对象是指中央财政和自治区各级财政配套安排的农业保险保费补贴资金。

第四条　绩效评价以“政府引导、市场运作、自主自愿和协同推进”为原则，以尽可能减少农民因灾损失、提升农业抗风险能力为方向，以绩效目标为导向，以结果应用为约束，既关注直接效果，又关注长效机制，促进农业保险健康可持续发展。

第五条　绩效评价工作主要实现以下目标：

（一）细化量化目标，提升综合服务水平；

（二）完善配套措施，夯实基层服务体系；

（三）严格监管处罚，规范保险市场秩序；

（四）优化市场竞争，促进可持续发展；

（五）增强保障水平，提升农业抗风险能力。

第六条　绩效评价工作遵循以下原则：

（一）坚持日常管理与年终评价相结合原则，及时掌握项目实施动态和补贴政策落实情况；

（二）坚持共性与个性相结合原则，既有反映财政资金的共性指标，又有体现农业保险工作实际的个性指标；

（三）坚持突出重点与客观公正原则，精心选取评价指标，以数字说话，重点评价实施情况。

第二章　绩效目标及评价内容

第七条　根据中央、自治区关于规范农业保险活动、保护农业保险活动当事人合法权益、提高农业抗风险能力、提升农业保险服务水平与质量的要求，农业保险保费财政补贴资金的管理和使用的绩效目标设置综合效益目标、资金管理目标和经营目标。

第八条　综合效益目标：

（一）加强财政补贴的各险种承保对总体的覆盖，鼓励和引导农户参加农业保险，确保粮食作物“应保尽保”，逐步提高农业保险投保率；

（二）放大保费补贴对支持“三农”的杠杆效应，提高财政资金使用效率；

（三）在农业保险保费财政补贴政策的带动下，农业保险保障程度逐步提高；

（四）强化农业保险保费补贴政策对农业产业发展的抵御风险和经济补偿作用，灾害损失补偿效果明显提升。

（五）农业保险经办机构积极开展防灾救灾，救灾减损服务水平不断提高，有效减少投保标的损失；

（六）稳定粮食生产，调节种植和养殖品种、品质结构，促进适度规模经营，适应农业供给侧结构性改革要求；

（七）投保农户满意度持续提升。

第九条 资金管理目标：

（一）根据年度测算，将农业保险保费补贴资金列入区地县三级财政预算，根据农业保险承保进度及签单情况，加快农业保险保费补贴预算执行进度，在规定期限内拨付到位；

（二）结合区域实际，对年度农业保险工作目标进行细化量化，制定科学可行的工作措施，及时报送预算报表、动态情况、决算报表、绩效评价基础数据等各类有关农业保险的数据信息资料，扎实推进农业保险工作；

（三）落实中央和自治区财政补贴险种农业保险金额调整机制，以保障农户灾后恢复生产为主要目标，科学合理确定各险种保险金额。落实农业保险费率调整机制和投保农户保险费减免优惠制度，实现对投保农户的让利和减负；

（四）农业保险保费补贴资金账册齐备、账目准确，完整反映补贴资金收支余情况，不存在截留、挤占、挪用保费补贴的现象；

（五）建立农业保险保费补贴政策实施的监督检查机制，定期开展对保费补贴资金的监督检查，及时发现并纠正和解决工作中出现的各种问题，对违法、违规问题上报线索、调查和处罚。

第十条 经营目标：

（一）经办机构在开展补贴险种业务的区域内建立分支机构，配备专门的农业保险技术人才，在农村基层具有服务站点；

（二）经办机构内部管理机制健全完善，按规定进行会计核算，严格执行“自愿投保”“一户一单”“全程公示”等规定，对监管机构和检查发现的问题及时整改到位，禁止骗取农业保险保费补贴，禁止违法违规经营；

（三）经办机构能够做好条款设计、费率厘定、承保展业、查勘定损、宣传公示、赔偿处理等相关工作，深入农村基层提供服务，满足投保农户承保、理赔等需要；

（四）经办机构在保险责任发生后，规定的时间内完成查勘、定损、理赔，建立重大保险责任集中查勘、定损、理赔预案，有效防止因延迟查勘、定损、理赔而损害投保农户利益行为，提升农业保险救灾恢复再生产的效率；

（五）经办机构加大遥感、大数据等科技应用力度，提高保险赔付的规范性、合理性和科学性。

第十一条 绩效评价的内容是本章第七、八、九条规定的绩效目标在区域内的实现情况。

第十二条 本章第七、八、九条规定的绩效目标的年度量化评价指标和分值，由自治区财政厅制定印发。

第三章 评价范围及组织实施

第十三条 自治区各地（州、市）、县（市、区）全部列入绩效评价范围。县（市、区）为绩效评价最小单元，根据工作需要，县（市、区）以上区域的单个险种也可作为独立评价对象。

第十四条 绩效评价应根据绩效目标和重点内容，采取以下方法步骤进行：

（一）制定绩效评价方案；

（二）采集评估基础的数据、信息；

（三）实地查看现场，调阅各类账册、档案；

（四）对投保主体、保险标的等开展随机抽样调查；

（五）分析论证，综合评分，形成绩效评价报告；

（六）反馈绩效评价报告，根据申诉情况进

行复核；

（七）向上级财政部门报告绩效评价结果。

第十五条 按分级组织实施的原则，全区绩效评价工作由自治区财政厅商财政部驻新疆财政监察专员办事处组织实施，地（州、市）和县（市、区）财政部门负责组织实施本级区域内绩效评价工作。

第十六条 每年度结算时，各县（市、区）同步开展绩效评价工作。每年1月底前，地（州、市）和县（市、区）财政部门完成本级区域内绩效评价工作，确定评价等次，形成绩效评价报告并报自治区财政厅。

第十七条 自治区、地（州、市）财政部门在汇总县（市、区）评价的基础上形成综合评价，同时按不低于20%的随机抽查比例组织重点评价，3月前完成全区绩效评价工作报送财政部。自治区、地（州、市）抽查区域原则上不重叠，避免重复抽查。

第十八条 开展绩效评价工作应吸纳农业、畜牧、保险等单位（领域）专家人员参与。不具备专业评价力量的，可按照政府购买服务相关规定，择优选择中介机构等第三方机构开展评价工作。

第四章 评价结果及应用

第十九条 绩效评价以定量评价方法为主，结合定性分析，根据绩效评价情况对照绩效目标的年度量化指标和分值，逐项进行评价计分，根据评价得分（S）的分值确定相应的评价等次。评价分为优秀（$S \geqslant 90$）、良好（$90 > S \geqslant 80$）、一般（$80 > S \geqslant 60$）、较差（$S < 60$）四个等次。

第二十条 自治区及以下财政部门将绩效评价报告中所反映的内容、事项及结论，用于衡量本地农业保险保费财政补贴的工作成效、资金使用效益和行政效能，做好数据分析研究、分类管理、问责和信息共享工作。

第二十一条 自治区财政厅在年度绩效评价工作结束后，公开通报绩效评价结果，财政部门对绩效评价结果为一般及以下等次的，采取约谈、通报批评、责令整改等方式进行处理。

第二十二条 对绩效评价结果为一般及以下等次的，各级财政部门应深入研究，有针对性地调整完善农业保险政策，并在下一年度预算编制中调整农业保险保费财政补贴。

第二十三条 对绩效评价工作中发现的问题，财政部门应积极组织整改，由责任单位对绩效评价问题整改形成报告，实行记录在册、追踪问效；对存在违法违规问题的，应暂停资金拨付或暂停区域（险种）补贴资格，向监督检查部门移送问题线索或开展专项监督检查。

第五章 附 则

第二十四条 本办法由自治区财政厅负责解释。

第二十五条 本办法自发文之日起施行。

附件2：

自治区农业保险经办机构考核评价暂行办法

第一章　总　则

第一条　为全面实施中央和自治区财政补贴农业保险绩效管理，科学合理地评价中央和自治区财政补贴农业保险的经办机构工作开展情况，推动自治区农业保险工作健康发展，根据《财政部关于印发〈中央财政农业保险保险费补贴管理办法〉的通知》（财金〔2016〕123号）规定，结合自治区实际，制定本办法。

第二条　本办法所称农业保险业务，是指由保险机构开展的财政补贴保费的农业保险。

第三条　本办法所称农业保险经办机构，是指通过自治区公开招标已被选定并承办农业保险业务的保险机构。

第四条　考核评价按照"公开、公平、公正"的原则分年度开展，结合日常工作动态，重点评价实施情况和效果。

第二章　考核评价内容

第五条　考核评价的主要内容：

（一）经营实力评价。包括经办机构偿付能力、履约能力、经营规模和风险分散情况。

（二）服务能力评价。包括经办区域内县级、乡镇及以下经营机构覆盖情况；经办区域内县级公司农险专职人员配备情况。

（三）内部管理评价。包括经办机构内部制度建设情况；覆盖农业保险业务全流程的承保、理赔、回访及投诉等制度的完整性和规范性；应对大灾风险安排及风险应对预案；协办业务管理制度建设情况，制度的合理性和可操作性；对报案受理、查勘定损、赔款支付、客户回访、投诉处理和依法合规等6个方面服务承诺的兑现情况。

（四）依法合规评价。核实经办机构经营过程中是否存在违规违法行为。

（五）保险费率调整评价。包括保险费率调整机制建立和降低保险费率情况；对农户的保险费率减免优惠情况。

考核评价内容的年度量化指标和计分方法保持总体稳定，由自治区财政厅单行印发。

第三章　考核评价方法

第六条　各经办机构于每年11月底前，完成自评工作，向自治区财政厅提交自评报告。

第七条　自治区财政厅商财政部驻新疆财政监察专员办事处，吸纳农业、畜牧、保险等单位（领域）专家人员组成考核评价工作组，对自治区农业保险经办机构进行考核评价。根据需要，可按照政府购买服务相关规定，择优选择中介机构等第三方机构开展评价工作。

第八条　考核评价工作下延至县（市、区），对基层网络和合规经营情况按不低于20%的比例随机抽查，随机抽查比例不得低于上一年度，直接抽查区域原则上不与上一年度重叠。

第四章　考核评价结果

第九条　考核评价根据评价得分（S）的分值，确定相应的评价等次。评价等次分为良好（S≥85）、合格（85＞S≥60）、不合格（S＜60）三个评价等次。

第十条　考核评价结果的运用

（一）对考核评价结果公开通报。

（二）针对考核评价中发现的问题，采取约谈、通报批评、责令整改等方式进行处理，采取一定方式反馈至监督管理部门。

（三）考核评价结果列入自治区农业保险经办机构业绩记录，作为自治区农业保险经办机构招标的重要依据。

第十一条 有下列情形的，停止区域内农业保险经办机构资格：

（一）对考核评价要求整改的问题，在规定期限内不进行整改或整改不到位的；

（二）考核评价结果为不合格等次的；

（三）存在骗取财政保费补贴资金等违法违规情况的；

（四）自治区监督管理部门认定的其他情况。

对违法违规行为构成犯罪的，移交司法机关处理。

第五章 附 则

第十二条 本办法由自治区财政厅负责解释。

第十三条 本办法自印发之日起执行。

关于印发《新疆维吾尔自治区财政专项扶贫资金绩效评价办法》的通知

（2018 年 5 月 25 日 自治区财政厅、扶贫开发办公室
新财扶〔2018〕15 号）

伊犁哈萨克自治州财政局、扶贫办，各地州市财政局、扶贫办：

为贯彻落实《中共中央 国务院关于打赢脱贫攻坚战的决定》和《自治区党委 自治区人民政府关于贯彻落实〈中共中央 国务院坚决打赢脱贫攻坚战的决定〉的意见》精神，进一步发挥绩效评价对财政扶贫资金使用管理的导向和激励作用，提高资金使用效益，依据《财政部 国务院扶贫办关于印发〈财政专项扶贫资金绩效评价办法〉的通知》（财农〔2017〕115 号），研究制定了《新疆维吾尔自治区财政专项扶贫资金绩效评价办法》，现印发给你们，请遵照执行。

附件：新疆维吾尔自治区财政专项扶贫资金绩效评价办法

附件：

新疆维吾尔自治区财政专项扶贫资金绩效评价办法

第一章 总 则

第一条 为规范和加强财政专项扶贫资金管理，提高资金使用效益，根据《财政部 国务院扶贫办关于印发〈财政专项扶贫资金绩效评价办法〉的通知》《关于印发〈新疆维吾尔自治区财政专项扶贫资金管理办法〉的通知》和预算资金绩效管理有关要求，制定本办法。

第二条 财政专项扶贫资金绩效评价是指对财政专项扶贫资金的使用管理过程及其效果进行综合性考核与评价。

第三条 财政专项扶贫资金绩效评价的目标是突出脱贫成效，强化监督管理，提高资金使用效益，保证财政专项扶贫资金管理使用的安全性、规范性和有效性。

第四条 财政专项扶贫资金绩效评价遵循以下原则：

（一）聚焦精准、突出成效。重点考核脱贫成效，指导督促各地将资金安排与瞄准建档立卡贫困户情况、项目实施与脱贫成效紧密挂钩。

（二）科学规范、公正公开。以国家和自治区法律、法规、规章制度等为基本依据，运用科学的考核方法、量化指标及评价标准，客观、公正地对财政专项扶贫资金的使用管理过程及其效果进行综合性考核与评价。

（三）分类分级、权责统一。财政专项扶贫资金绩效评价程序包括：安排部署、县市自评、地州考评、自治区考核、成果运用等环节。

（四）强化监督、适当奖励。加强绩效考评工作全过程监督，评价结果将作为财政专项扶贫资金分配的重要因素，建立奖优罚劣机制。

第五条 财政专项扶贫资金绩效评价的依据：

（一）党中央、国务院、自治区关于脱贫攻坚和扶贫开发的方针政策；

（二）中央和自治区财政、扶贫部门制定印发的财政专项扶贫资金和扶贫项目管理的规范性文件；

（三）统计部门公布的有关扶贫统计数据，财政、扶贫等部门反映资金管理的有关资料，全国扶贫开发信息系统有关信息；

（四）自治区相关单位、地（州、市）、县（市、区）上报的绩效考核资料、上年度扶贫开发计划执行情况总结；

（五）资金拨付、支出、结转结余情况及相关资料；

（六）审计和项目主管部门出具的有关财政专项扶贫资金审计报告、整改落实情况等；

（七）财政监督检查机构出具的有关财政专项扶贫资金检查结果；

（八）其他相关资料。

第二章 评价指标内容

第六条 资金投入。主要评价地（州、市）本级和县（市、区）本级预算安排的财政专项扶贫资金的投入总量、增幅及分配的合理性、规范性等。

第七条 资金拨付。主要评价地（州、市）对上级安排的财政专项扶贫资金拨付的时间效率。

第八条 资金支出。主要评价地（州、市）、县（市、区）对各级年度安排的财政专项扶贫资金支出情况。

第九条 资金监管。主要评价地（州、市）、县（市、区）财政专项扶贫资金监管责任落实情况。包括信息公开和公告公示制度建设和执行、监督检查制度建设和执行等。

第十条 资金成效。主要评价财政专项扶贫资金使用的效果。包括年度资金统筹整合使用成效、贫困人口减少、精准使用情况、专项扶贫资金结转结余率等。

第十一条 加减分指标。包括加分指标（机制创新）和减分指标（违规违纪）。

财政专项扶贫资金绩效评价的指标内容和计分方法保持总体稳定。自治区可根据扶贫工作形势和要求变化对指标内容和计分方法在年度间进行适当调整。

第三章 评价方式

第十二条 财政专项扶贫资金绩效评价实施自治区集中汇审。自治区财政厅、自治区扶贫办于每年11月底前联合向自治区扶贫开发领导小组报送年度扶贫资金绩效评价工作实施方案请示，经审定批准后，牵头组织自治区发展改革委、自治区民宗委、自治区林业厅、自治区农业厅、自治区畜牧厅召开联席会议，安排部署财政专项扶贫资金使用管理情况的绩效评价工作。

第十三条 县（市、区）财政局、扶贫办共同审定本年度本级财政专项扶贫资金的绩效评价材料，连同扶贫开发计划执行情况的总结材料等，于每年12月15日前经县级扶贫开发领导小组审定后上报地（州、市）财政局、扶贫办。

第十四条 地（州、市）财政局、扶贫办共同审定汇总本地州市年度财政专项扶贫资金绩效评价材料，连同扶贫开发计划执行情况的总结材料汇总，于每年12月20日前经地（州、市）扶贫开发领导小组审定后，报自治区财政厅、自治区扶贫办。

第十五条 自治区相关部门单位将本年度财政专项扶贫资金的绩效评价资料，连同扶贫开发计划执行情况的总结材料于每年12月20日前报自治区财政厅、自治区扶贫办。

第十六条 自治区将择机选择部分地（州、市）、县（市、区）进行实地抽查，自治区可根据工作需要邀请有关部门或专家共同参与。各地（州、市）、县（市、区）对上报材料的真实性、及时性和完整性负责，对材料上报不及时或内容不全、不实、不规范的将视情况扣分。

第十七条 对地（州、市）、县（市、区）财政专项扶贫资金的绩效评价依据所设定的指标逐项计分后确定总得分。根据得分将评价结果划分为四个等级，分别为：优秀（≥90分）、良好（≥80分，<90分）、一般（≥60分，<80分）、差（<60分）。

第十八条 资金绩效评价结果经自治区扶贫开发领导小组审核后，纳入对自治区扶贫办、自治区财政厅、自治区发展改革委、自治区农业厅、自治区林业厅、自治区畜牧厅、自治区民委、地（州、市）、县（市、区）扶贫工作成效考核，并作为财政专项扶贫资金分配的因素之一。

第十九条 各自治区相关项目主管部门、地（州、市）、县（市、区）应根据绩效评价结果，及时总结经验，认真改进不足，提高管理水平和资金使用效益。

第四章 附 则

第二十条 本办法由自治区财政厅会同自治区扶贫办负责解释。

第二十一条 本办法自印发之日起施行，原《新疆维吾尔自治区财政扶贫资金绩效考评办法》（新财〔2008〕57号）同时废止。

附：1. 自治区财政专项扶贫资金绩效评价量化指标评分办法（地州市）

2. 自治区财政专项扶贫资金绩效评价量化指标评分办法（县市区）

3. ______地（州、市）财政专项扶贫资金绩效自评得分表

4. ______县（市、区）财政专项扶贫资金绩效自评得分表

附 1：

自治区财政专项扶贫资金绩效评价量化指标评分办法（地州市）

按照财政部、国务院扶贫办联合印发的《财政专项扶贫资金绩效评价办法》（财农〔2017〕115号）和绩效评价指标评分规定，结合自治区绩效评价工作实际需要，特拟定本评分办法。

一、资金投入情况（共10分）

评价地州市本级专项扶贫资金投入情况，主要以地州市提供的本级人大批准通过的资金预算文件为依据；参考其他能有效证明地方财政直接安排用于脱贫攻坚资金项目文件。

评分方法：

8个重点地州连续两年本级均预算安排财政专项扶贫资金的计10分，只投入一年的，计5分；非重点地州连续两年本级均预算安排财政专项扶贫资金并有增幅的计10分，只投入一年的，计5分。

二、资金拨付情况（20分）

主要评价资金拨付的时间效率。通过查看地州市财政部门的资金文件和资金支付记录等情况，重点检查地州市财政部门是否履职尽责。

评分方法：评价地州市拨付下达自治区安排的财政专项扶贫资金的时间效率。≤5日为满分，>10日为0分，5—10日的按比例减分。具体计算按地州收到自治区下达批次总数除以20分，得出每一批次的平均分值，凡超过15日下达的，扣减该批次平均分值（自治区下达批次资金文件均以印发日期为准）。

三、资金监管情况（30分）

（一）信息公开和公告公示制建设和执行情况（10分）

评价地州市资金项目信息公开和公告公示制度建设情况，以及按要求公开有关扶贫政策、资金使用、项目安排情况。

评分方法：当年资金使用和项目安排信息全部公示得8分，其中按资金类别（共6项）每缺一项扣1分（如到地州资金类别小于6项的，按每一项的平均分值扣分）；扶贫发展项目未公示的，扣2分。脱贫攻坚重大政策在主要媒体公告公示的得2分。

（二）监督检查制度建设和执行情况（20分）

评分方法：地州市扶贫资金监督检查制度建设情况（出台相关制度办法的得5分，没有的得0分），监督检查工作开展情况，包括检查通知、检查报告和整改情况等（开展1次加2分，10分为止）；扶贫监督举报电话接受社会监督情况及各地对举报问题的办理情况（包括办理效率、办理质量等）（3分）；当地扶贫监督举报电话或类似功能举报平台建设和使用情况（2分）。

四、资金使用成效（40分）

主要评价资金使用效果。

（一）年度资金结转结余率（20分）

评分方法：结转结余1年以内的资金，结转

结余率 < 8%，得 14 分；≥20%，得 0 分；8%—20%之间按比例得分。结转结余 1 至 2 年的资金，结转结余率 < 2%，得 6 分；≥10%，得 0 分；2%—10% 之间按比例得分。不存在结转结余 2 年以上的资金，得 4 分；存在结转结余 2 年以上的，本项指标得 0 分。（具体扣分比例根据当年全区平均水平适度调整）。

（二）资金统筹整合使用成效（20 分）

评价落实国家和自治区关于贫困县涉农资金整合政策情况。（只适用于 32 个贫困县所在的地州市；其他地州市分别在“监督检查制度建设和执行情况”指标加 10 分，“资金投入情况”指标加 10 分。）

评分方法：工作机制运行 3 分（开展专题培训 1 分、宣传报道 1 分、信息报送及采用 1 分）；管理制度建设 5 分（贫困县方案编制及质量 3 分、县级整合资金管理办法制定及质量 2 分）；整合资金规模 2 分，计划整合资金规模占纳入整合资金规模比例达到 80%（含）以上的得 2 分，不足按比例得分；整合资金进度 2 分，已整合资金规模占计划整合资金规模比例达到 80%（含）以上的得 2 分，不足按比例得分；资金支出进度 8 分，已完成支出资金规模占计划整合资金规模比例达到 80%（含）以上的得 8 分，每低 10 个百分点扣 2 分。

五、加减分指标

主要评价机制创新和违规违纪情况

（一）机制创新（最高加 3 分）

评分方法：主要评价地州市在财政专项扶贫资金和项目管理方面的机制创新情况。重点评价支持脱贫攻坚、调动贫困群众内生动力等方面的办法和机制。如有可在全区范围内推广借鉴的，在总得分基础上加 3 分；没有的不加分、不减分。

（二）违规违纪情况（最高减 10 分）

评分方法：主要依据地州市纪委监委、检察院、审计、财政、扶贫、信访等部门提供印证材料，评价发现和曝光的违纪违法使用财政专项扶贫资金的情况（包括内部资料或媒体披露的、经核实的问题）。根据检查查出违纪违规问题及整改情况扣分。此外，对绩效评价材料上报不及时、内容不全、不实、不规范的将视情况扣分。

附 2：

自治区财政专项扶贫资金绩效评价量化指标评分办法（县市区）

按照财政部、国务院扶贫办联合印发的《财政专项扶贫资金绩效评价办法》（财农〔2017〕115 号）和绩效评价指标评分规定，结合自治区绩效评价工作实际需要，特拟定本评分办法。

一、资金投入情况（共 10 分）

评价县（市、区）本级专项扶贫资金投入情况，主要以县（市、区）提供的本级人大批准通过的资金预算文件为依据；参考其他能有效证明地方财政直接安排用于脱贫攻坚资金项目文件。

评分方法：

贫困县连续两年本级均预算安排财政专项扶贫资金的计 10 分，只投入一年的，计 5 分；非贫困县连续两年本级均预算安排财政专项扶贫资金并有增幅的计10分，只投入一年的，计5分。

二、资金拨付情况（20分）

主要评价资金拨付的时间效率。通过查看县级财政部门的资金文件和资金支付记录等情况，重点检查县级财政部门是否履职尽责，有效保障扶贫项目建设正常实施。主要查看县级财政局的扶贫资金支出进度是否与项目进度相对一致。即，项目启动实施后县级财政局是否及时预拨建设资金，建设过程中是否按进度拨付建设资金，项目竣工后是否及时拨付完毕（除保留必须的质保金、审计保证金以外）。

评分方法：未及时上报资金拨付跟踪反馈单扣5分；县级财政部门未按照专账管理将到县的各项扶贫资金，装进一个“笼子”，收到一笔资金进一笔，针对扶贫项目一个出口“打捆”统筹使用，要做到专人管理、专款专用扣5分；县（市、区）财政部门将预算安排的扶贫资金未按照纳入国库单一账户体系管理，实行国库集中支付制度扣5分；未按照县级扶贫开发领导小组会议纪要批复的项目拨付资金扣20分。

三、资金监管情况（30分）

（一）信息公开和公告公示制建设和执行情况（10分）

评价县（市、区）资金项目信息公开和公告公示制度建设情况，以及按要求公开有关扶贫政策、资金使用、项目安排情况。

评分方法：当年资金使用和项目安排信息全部公示得6分，按资金类别（共6项）每缺一项扣1分（如到县资金类别小于6项的，按每一项的平均分值扣分），扶贫发展项目未100%公示的，扣2分；脱贫攻坚重大政策在主要媒体公告公示的得2分。

（二）监督检查制度建设和执行情况（20分）

评分方法：县（市、区）扶贫资金监督检查制度建设情况（出台相关制度办法的得5分，没有的得0分），监督检查工作开展情况，包括检查通知、检查报告和整改情况等（开展1次加2分，10分为止）；扶贫监督举报电话接受社会监督情况及各地对举报问题的办理情况（包括办理效率、办理质量等）（3分）；当地扶贫监督举报电话或类似功能举报平台建设和使用情况（2分）。

四、资金使用成效（40分）

主要评价资金使用效果。

（一）年度资金结转结余率（20分）

评分方法：结转结余1年以内的资金，结转结余率＜8%，得14分；≥20%，得0分；8%—20%之间按比例得分。结转结余1至2年的资金，结转结余率＜2%，得6分；≥10%，得0分；2%—10%之间按比例得分。不存在结转结余2年以上的资金，得4分；存在结转结余2年以上的，本项指标得0分。（具体扣分比例根据当年全区平均水平适度调整）

（二）资金统筹整合使用成效（20分）

评价落实国家和自治区关于贫困县涉农资金整合政策情况。（只适用于32个贫困县；非统筹整合试点县不考核，相应分值调整到资金拨付进度10分、年度资金结转结余率10分）。

评分方法：工作机制运行3分（开展专题培训1分、宣传报道1分、信息报送及采用1分）；管理制度建设5分（贫困县整合方案编制及质量3分、县级整合资金管理办法制定及质量2分）；整合资金规模2分，计划整合资金规模占纳入整合资金规模比例达到80%（含）以上的得2分，不足按比例得分；整合资金进度2分，已整合资金规模占计划整合资金规模比例达到80%（含）以上的得2分，不足按比例得分；资金支出进度8分，已完成支出资金规模占计划整合资金规模比例达到80%（含）以上的得8分，每低10百分点扣2分。

五、加减分指标

主要评价机制创新和违规违纪情况。

（一）机制创新（最高加 3 分）

评分方法：主要评价县（市、区）在财政专项扶贫资金和项目管理方面的机制创新情况。重点评价支持脱贫攻坚、调动贫困群众内生动力等方面的办法和机制。如有可在全区范围内推广借鉴的，在总得分基础上加 3 分；没有的不加分、不减分。

（二）违规违纪情况（最高减 10 分）

评分方法：主要依据县级及县以上纪委监委、检察院、审计、财政、扶贫、信访等部门提供印证材料，评价发现和曝光的违纪违法使用财政专项扶贫资金的情况（包括内部资料或媒体披露的、经核实的问题）。根据检查查出违纪违规问题及整改情况扣分。此外，对绩效评价材料上报不及时、内容不全、不实、不规范的将视情况扣分。

附 3：

______地（州、市）财政专项扶贫资金绩效自评得分表

序号	指标	指标满分	指标考核值及得分	自评得分	备注
	合计	100 +3 -10	基础分 100 分（调整指标最高加 3 分，最高减 10 分）		
（一）	资金投入	10 分	主要评价资金投入情况		
1	地州市本级财政预算安排财政专项扶贫资金情况	10 分	考虑到各地财力投入压力，本项指标仅以地州市本级预算安排财政专项扶贫资金情况作为评价依据。一是 8 个重点地州连续两年本级均预算安排财政专项扶贫资金的计 10 分，只投入一年的，计 5 分；二是非重点地州连续两年本级均预算安排财政专项扶贫资金并有增幅的计 10 分，只投入一年的，计 5 分		
（二）	资金拨付	20 分	主要评价财政专项扶贫资金拨付下达的时间效率		
2	资金拨付进度	20 分	评价地州市拨付下达自治区安排的财政专项扶贫资金的时间效率。≤5 日为满分，>10 日为 0 分，5—10 日的按比例减分。具体计算按地州收到自治区下达批次总数除以 20 分，得出每一批次的平均分值，凡超过 15 日下达的，扣减该批次平均分值（自治区下达批次资金文件均以印发日期为准）		
（三）	资金监管	30 分	主要评价地州市级财政专项扶贫资金监管责任落实情况		
3	信息公开和公告公示制建设和执行	10 分	评分方法：当年资金使用和项目安排信息全部公示得 8 分，其中按资金类别（共 6 项）每缺一项扣 1 分（如到地州资金类别小于 6 项的，按每一项的平均分值扣分）；扶贫发展项目未公示的，扣 2 分。脱贫攻坚重大政策在主要媒体公告公示的得 2 分		
4	监督检查制度建设执行	20 分	评分方法：地州市扶贫资金监督检查制度建设情况（出台相关制度办法的得 5 分，没有的得 0 分），监督检查工作开展情况，包括检查通知、检查报告和整改情况等（开展 1 次加 2 分，10 分为止）；扶贫监督举报电话接受社会监督情况及各地对举报问题的办理情况（包括办理效率、办理质量等）（3 分）；当地扶贫监督举报电话或类似功能举报平台建设和使用情况(2 分)		

附 4：

____县（市、区）财政专项扶贫资金绩效自评得分表

序号	指标	指标满分	指标考核值及得分	自评得分	备注
	合计	100+3-10	基础分 100 分（调整指标最高加 3 分，最高减 10 分）		
（一）	资金投入	10 分	主要评价资金投入情况		
1	县级财政预算安排财政专项扶贫资金情况	10 分	考虑到各地财力投入压力，本项指标仅以县级预算安排财政专项扶贫资金情况作为评价依据。一是贫困县连续两年本级均预算安排财政专项扶贫资金的计 10 分，只投入一年的，计 5 分；二是非贫困县连续两年本级均预算安排财政专项扶贫资金并有增幅的计 10 分，只投入一年的，计 5 分		
（二）	资金支出	20 分	主要评价财政专项扶贫资金拨付效率		
2	资金支出	20 分	未及时上报资金拨付跟踪反馈单扣 5 分；县级财政部门未按照专账管理将到县的各项扶贫资金，装进一个“笼子”，收到一笔资金进一笔，针对扶贫项目一个出口“打捆”统筹使用，要做到专人管理、专款专用扣 5 分；县（市、区）财政部门将预算安排的扶贫资金未按照纳入国库单一账户体系管理，实行国库集中支付制度扣 5 分；未按照县级扶贫开发领导小组会议纪要批复的项目拨付资金扣 20 分		
（三）	资金监管	30 分	主要评价县级财政专项扶贫资金监管责任落实情况		
3	信息公开和公告公示制建设和执行	10 分	评分方法：当年资金使用和项目安排信息全部公示得 6 分，按资金类别（共 6 项）每缺一项扣 1 分（如到县资金类别小于 6 项的，按每一项的平均分值扣分），扶贫发展项目未 100% 公示的，扣 2 分；脱贫攻坚重大政策在主要媒体公告公示的得 2 分		
4	监督检查制度建设执行	20 分	评分方法：县（市、区）扶贫资金监督检查制度建设情况（出台相关制度办法的得 5 分，没有的得 0 分），监督检查工作开展情况，包括检查通知、检查报告和整改情况等（开展 1 次加 2 分，10 分为止）；扶贫监督举报电话接受社会监督情况及各地对举报问题的办理情况（包括办理效率、办理质量等）（3 分）；当地扶贫监督举报电话或类似功能举报平台建设和使用情况（2 分）		
（四）	资金使用成效	40 分	主要评价财政专项扶贫资金使用的效果		
5	年度资金结转结余率	20 分	评分方法：结转结余 1 年以内的资金，结转结余率 <8%，得14 分；≥20%，得 0 分；8%—20% 之间按比例得分。结转结余 1 至 2 年的资金，结转结余率 <2%，得6 分；≥10%，得 0 分；2%—10% 之间按比例得分。不存在结转结余 2 年以上的资金，得 4 分；存在结转结余 2 年以上的，本项指标得 0 分。（具体扣分比例根据当年全区平均水平适度调整）		

续表

序号	指标	指标满分	指标考核值及得分	自评得分	备注
6	资金统筹整合使用成效	20分	工作机制运行3分（开展专题培训1分、宣传报道1分、信息报送及采用1分）；管理制度建设5分（贫困县方案编制及质量3分、县级整合资金管理办法制定及质量2分）；整合资金规模2分，计划整合资金规模占纳入整合资金规模比例达到80%（含）以上的得2分，不足按比例得分；整合资金进度2分，已整合资金规模占计划整合资金规模比例达到80%（含）以上的得2分，不足按比例得分；资金支出进度8分，已完成支出资金规模占计划整合资金规模比例达到80%（含）以上的得8分，每低10百分点扣2分。（非统筹整合试点县不考核，相应分值调整到资金拨付进度10分、年度资金结转结余率10分）		
（五）	加减分		加减分指标		
7	机制创新	最高加3分	该指标为加分指标。主要考核财政专项扶贫资金分配、使用、监管等各方面的机制创新情况。重点评价调动贫困群众内生动力、特殊贫困区域和人口的帮扶办法等。主要评价县（市、区）在财政专项扶贫资金和项目管理方面的机制创新情况。重点评价支持脱贫攻坚、调动贫困群众内生动力等方面的办法和机制。如有可在全区范围内推广借鉴的，在总得分基础上加3分；没有的不加分、不减分		
8	违规违纪	最高扣10分	该指标为减分指标。主要依据县级及县以上纪委、检察院、审计、财政、扶贫、信访等部门提供印证材料，评价发现和曝光的违纪违法使用财政专项扶贫资金的情况（包括内部资料或媒体披露的、经核实的问题）。根据检查查出违纪违规问题及整改情况扣分。此外，对绩效评价材料上报不及时、内容不全、不实、不规范的将视情况扣分		

关于印发《新疆维吾尔自治区县级扶贫项目资金绩效管理操作指南（试行）》的通知

（2018年11月2日　自治区财政厅　新财扶〔2018〕47号）

伊犁哈萨克自治州财政局、各地州市财政局：

为贯彻落实《国务院办公厅关于转发〈财政部、国务院扶贫办、国家发展改革委扶贫项目资金绩效管理办法〉的通知》（国办发〔2018〕35号）和《财政部关于全面加强脱贫攻坚期内各级各类扶贫资金管理的意见》（财办〔2018〕24号）等文件精神，加强和规范扶贫项目资金预算绩效管理，更好地发挥扶贫项目资金应有效益，现印发《新疆维吾尔自治区县级扶贫项目资金绩效管理操作指南（试行）》，请各地遵照执行。

附件：新疆维吾尔自治区县级扶贫项目资金绩效管理操作指南（试行）

附件：

新疆维吾尔自治区县级扶贫项目资金绩效管理操作指南（试行）

第一章　总　则

第一条　为加强和规范扶贫项目资金绩效管理，促进各地区管好用好扶贫项目资金，如期完成脱贫攻坚任务，依据《国务院办公厅关于转发〈财政部、国务院扶贫办、国家发展改革委扶贫项目资金绩效管理办法〉的通知》（国办发〔2018〕35号）和《财政部关于全面加强脱贫攻坚期内各级各类扶贫资金管理的意见》（财办〔2018〕24号）等文件精神，制定本操作指南。

第二条　本指南所称的扶贫项目资金，是指各级政府及其部门为如期实现脱贫目标，支持脱贫攻坚项目（含对个人和家庭的补助项目）的各类财政资金，包括全部或者部分用于产业扶贫、易地扶贫搬迁、就业扶贫、危房改造、教育扶贫、健康扶贫、生态扶贫、基本医疗、社会救助、农村基础设施建设以及光伏扶贫、旅游扶贫、文化扶贫等纳入自治区财政扶贫资金动态监控系统管理的财政资金，及与财政扶贫项目资金共同用于同一脱贫攻坚项目的单位自有资金、社会资金等其他资金。

第三条　扶贫项目资金应实施全过程绩效管

理，对所有财政资金安排的扶贫项目都应填报绩效目标，实施绩效目标审核并批复下达绩效目标；各县级扶贫资金使用有关部门和单位［以下简称“有关部门（单位）”］应根据审核批复的绩效目标，定期开展绩效目标执行监控，实施绩效评价，加大绩效评价结果运用，以全面规范的绩效管理提高扶贫资金使用效益。

第四条 县级有关部门（单位）是扶贫项目资金绩效管理的责任主体，有关部门（单位）主要领导对扶贫项目资金绩效管理负责，项目责任人对扶贫项目绩效管理工作负责，重大项目责任人要实行绩效终身责任追究制，切实做到花钱必问效、无效必问责。

第五条 扶贫项目资金绩效管理的职责分工。扶贫项目资金绩效管理由县级扶贫工作领导小组统一领导，由县级财政、扶贫部门组织实施，各有关部门（单位）按职责分工具体实施。

（一）县级财政部门。负责制定扶贫项目资金绩效管理办法；组织扶贫项目资金绩效目标的编制、审核；及时下达项目单位绩效目标，并按财政部的相关要求，通过扶贫资金动态监控系统按时上报；组织有关部门（单位）开展扶贫资金绩效目标执行监控和绩效评价，反馈执行监控和绩效评价审核情况，督促相关单位加强管理，提高资金使用效益。

（二）县级部门（单位）。负责本部门、本单位扶贫项目资金绩效管理工作，做好本部门扶贫项目资金绩效目标编制、审核、汇总，依据财政等部门审核意见修改完善绩效目标；按县财政部门要求，定期开展绩效目标执行监控，填报绩效目标执行监控信息；年度终了和项目完工时，开展绩效自评，评价结果报县级财政、扶贫部门审核。

（三）县级财政、扶贫部门对有关部门（单位）绩效目标执行监控和自评结果审核后，形成总体自评报告上报地州市财政、扶贫部门后，统一报送自治区财政厅、扶贫办。

第二章 绩效目标管理

第六条 扶贫项目绩效目标是指扶贫项目涉及的所有资金计划在一定期限内预期达到的产出和效果。

第七条 扶贫资金绩效目标管理是指县级财政、有关部门（单位）以绩效目标为对象，以绩效目标的设定、审核、分解下达、调整和应用等为内容所开展的管理活动。绩效目标是扶贫项目库管理、部门预算编制、专项转移支付分配、绩效监控和绩效评价的重要基础和依据。

第八条 根据扶贫项目资金绩效管理要求，县级应当设置年度扶贫总体绩效目标、行业层面绩效目标和扶贫项目资金绩效目标。未按要求设定绩效目标或绩效目标设定不合理且不按要求调整的，不得纳入扶贫项目库，也不得进入预算安排和资金分配流程。

第九条 扶贫项目资金绩效目标设置的内容。绩效目标应当清晰反映扶贫资金的预期产出和效果，并对相应的绩效指标予以细化、量化描述，主要包括：

（一）预期产出，是指扶贫资金在一定期限内预期提供的公共产品和服务情况；

（二）预期效果，是指上述产出预计对经济、社会、环境等带来的影响，以及服务对象或项目受益人对该项产出和影响的满意程度等。

第十条 绩效指标是绩效目标的细化和量化描述，主要包括产出指标、效益指标和满意度指标等。

（一）产出指标是对预期产出的描述，包括数量指标、质量指标、时效指标、成本指标等。

（二）效益指标是对预期效果的描述，包括经济效益指标、社会效益指标、生态效益指标、可持续影响指标等。

（三）满意度指标是反映服务对象或项目受益人认可程度的指标。

第十一条 绩效标准是设定绩效指标时所依据或参考的标准。一般包括：

（一）历史标准，是指同类指标的历史数据等；

（二）行业标准，是指国家公布的行业指标数据等；

（三）计划标准，是指预先制定的目标、计划、预算、定额等数据；

（四）财政部和行业主管部门认可的其他标准。

第十二条 绩效目标设定的依据包括：

（一）国家相关法律、法规和规章制度；

（二）各级政府制定的脱贫攻坚规划等；

（三）财政部门的预算绩效管理制度、财政专项扶贫资金管理办法、财政专项扶贫资金绩效管理办法、扶贫项目管理办法等；

（四）有关部门（单位）申请预算时提出的绩效目标及其他相关材料，财政部门预算批复，财政部门和预算部门年度预算执行情况，年度决算报告等；

（五）人大审查结果报告、审计报告及决定、财政监督检查报告；

（六）其他相关资料。

第十三条 设定的绩效目标应当符合以下要求：

（一）指向明确。绩效目标要符合法律、法规规定，符合中央和自治区重大决策部署，部门职责及事业发展规划等相关要求，与特定政策目标、资金用途、预算支出内容等紧密相关。

（二）细化量化。项目支出绩效目标应当从数量、质量、成本、效益、可持续影响、满意度等方面衡量项目预算安排及使用效果。做到：年度目标任务明晰，指标使用规范、表述清晰，指标值具体量化（指标值为确定性数值，不能以等级区间替代），不能以量化形式表述的，可采用定性表述，但应具有可衡量性。

（三）合理可行。设定绩效目标时要经过调查研究和科学论证，符合客观实际，能够在一定期限内如期实现，对资金使用具有指导性，避免设立过高或过低目标。相关数据来源规范可信，横向可比。

（四）相应匹配。绩效目标要与部门职责，中央、自治区重大决策和脱贫攻坚规划相适应，与现实需求相匹配，与计划期内的任务数或计划数相对应，与投资额或资金量相匹配。

第十四条 绩效目标设定要求：

（一）年度扶贫总体绩效目标。县级在编制年度预算时，根据自治区和本级预算编制规定要求，按照本地区脱贫攻坚规划明确的年度脱贫工作任务，设置本级年度扶贫资金总体绩效目标。按照年度预算编制程序和要求，上报县人大审查和批准。

（二）行业层面绩效目标。县级行业主管部门，应当按照现行扶贫标准，设置行业层面的本级绩效目标。按照年度预算编制程序和要求，上报同级人大审查和批准。

（三）项目资金绩效目标。按照“谁申请资金，谁设定目标”的原则，绩效目标由县级有关部门（单位）设定，随项目预算申报进入项目库，县级部门（单位）依据同级扶贫领导小组的项目批复，修改完善绩效目标并报县财政局。

第十五条 绩效目标设定的方法：

（一）对项目功能进行梳理，包括资金性质、预期投入、支出范围、实施内容、工作任务、受益对象等，明确项目的功能特性。

（二）依据项目的功能特性，预计项目实施在一定时期内所要达到的总体产出和效果，进而确定总体目标，并以定量和定性相结合的方式进行表述。

（三）对项目支出总体目标进行细化分解，从中概括、提炼出年度目标和最能反映总体目标预期实现程度的关键性指标。

（四）通过收集相关基准数据，确定绩效标准，结合项目预期进展、预计投入等情况，确定绩效指标和指标值，明确数据来源，补充相关说明。

第十六条 绩效目标审核是指县财政局对有

关部门（单位）报送的绩效目标进行审查核实，并将审核意见反馈有关部门（单位），指导其修改完善绩效目标的过程。

第十七条 绩效目标由业务主管部门进行汇总和初审。县级财政部门可根据需要组织有关部门（单位）等成立绩效目标审核工作组进行审核，提出审核意见。绩效目标不符合要求的，有关部门（单位）应反馈项目单位及时修改。审核无误后，有关部门（单位）应按要求通过扶贫资金动态监控系统进行上报。

第十八条 扶贫项目资金绩效目标审核的主要内容：

（一）合规性审核。扶贫项目资金来源是否符合资金使用办法规定的使用方向及相关要求。

（二）完整性审核。绩效目标的内容是否完整，是否全面反映了项目实施的预期绩效，绩效目标是否明确、清晰，数据来源是否明确可信。

（三）相关性审核。是否与中央、自治区脱贫攻坚政策相关；是否与当地脱贫攻坚重点工作相关；是否具有现实需求；是否属于脱贫攻坚支持范围；是否对申报的绩效目标设定了相关联的绩效指标，绩效指标是否细化、量化。

（四）适当性审核。资金规模与绩效目标之间是否匹配，在既定资金规模下，绩效目标是否过高或过低；或者要完成既定绩效目标，资金规模是否过大或过小。

（五）可行性审核。内容是否科学合理，实施方案是否先进可行；绩效目标是否经过充分论证和合理测算；所采取的措施是否切实可行，并能确保绩效目标如期实现；是否考虑了成本效益，项目投出产出比是否合理。

第十九条 绩效目标批复与调整。县级财政部门下达扶贫项目资金时，一并批复绩效目标。扶贫项目资金绩效目标批复后，原则上不作调整。预算执行中因特殊原因确需调整的，应当按照绩效目标管理要求办理。扶贫项目及相关预算需要变更的，应当按照规定程序同步调整绩效目标。

第三章 绩效目标动态监控

第二十条 绩效目标执行监控是根据设定的绩效目标，通过项目跟踪检查、数据统计分析、即时绩效评判等，动态了解和掌握预算资金投入、使用情况，合理掌控绩效目标实现程度、资金支出进度和项目实施进程，及时发现预算执行存在的问题，并对发现的问题进行纠偏。

第二十一条 所有涉及扶贫资金的项目都应实施绩效目标动态监控，县级有关部门（单位）按要求定期填报绩效目标动态监控信息，县级财政部门对填报信息要审核。

第二十二条 绩效目标执行监控的主要内容：为掌握扶贫项目计划的落实和执行情况，预算绩效目标的实现情况，绩效目标执行监控应采取全程跟踪、定期报送、适时督查相结合的方式开展，特别是对项目方案制定、成本控制、支出进度等重点环节审核。具体包括：

（一）项目方案制定及启动情况：项目实施方案因地制宜、符合脱贫攻坚需求，预算造价、成本控制科学合理，项目按照实施方案及时启动，能够有效支撑绩效目标实现。

（二）项目计划落实和执行情况：项目预算下达情况，资金支出进度，项目年度工作计划的完成情况、变更情况、验收情况及原因等。

（三）预算绩效目标的实现情况：综合分析项目阶段性的产出数量、质量、成本及时效等产出成果，以及社会效益、经济效益、环境生态效益及可持续发展影响，对项目执行与年初目标出现偏差的，分析预算执行与预算绩效目标出现偏差的原因，提出改进和完善措施，促进预算绩效目标的顺利实现。

（四）县级可自行要求其他内容。

第二十三条 绩效目标执行监控的程序：

（一）准备阶段。有关部门（单位）根据明确的年度扶贫项目，拟定绩效目标执行监控工作方案，做好绩效目标执行监控相关准备工作。

（二）监控阶段。有关部门（单位）应按照

县级财政绩效目标执行监控的要求，组织项目实施单位在项目实施期，特别是项目实施的重要节点，收集、整理、分析相关绩效数据信息，并与预算绩效目标及指标等加以比照，及时调整、合理把控项目实施进程，确保项目规范实施，达到预期绩效。

（三）信息报送。绩效目标执行监控信息定期报送时间节点为：每年 3 月底、6 月底和 9 月底（财政部动态监控系统有新要求的从其规定）。县级有关部门（单位）应于定期报送时间节点后 10 个工作日内，向同级财政部门报送绩效目标执行监控情况，并同步通过扶贫资金动态监控系统进行上报。

第四章　绩效评价

第二十四条　绩效评价是指年度预算执行完毕和项目实施完成后，县级有关部门（单位）对照绩效目标及指标值，填报年度实际完成值，并对未完成的绩效目标及指标逐条分析原因，研究提出解决措施。

第二十五条　所有扶贫资金安排的项目都要开展绩效评价。县级有关部门（单位）应于每年 12 月 31 日前向同级财政部门报送年度扶贫项目资金绩效自评情况（财政部动态监控系统有新要求的从其规定）。次年 1 月 15 日前，县级财政和扶贫部门形成本级绩效评价自评报告逐级上报自治区。

第二十六条　绩效评价的内容包括：

（一）绩效目标是否科学；

（二）项目执行是否有效；

（三）资金支出是否达标；

（四）绩效目标是否完成；

（五）项目效益是否明显。

第二十七条　绩效评价的实施。县级有关部门（单位）应健全评价组织机构，运用科学的方法，对扶贫项目按规定程序开展绩效评价。评价工作分为部门（单位）自评、财政复评以及重点评价。

（一）自评。年度预算执行完毕和项目实施完成后，县级有关部门（单位）应对照事先确定的项目绩效目标，开展项目绩效自评，填报绩效目标自评表，并报送有统计财政部门。

（二）复评。县级财政会同扶贫部门对有关部门（单位）报送的绩效目标自评材料审核通过后，由扶贫项目资金动态监控系统上报。

（三）重点评价。自治区、地州市财政部门和有关部门（单位）分别从各地汇总上报的扶贫项目中，随机抽取部分项目对绩效目标评价情况进行重点评价。

第二十八条　县级有关部门（单位）应结合绩效目标评价表和财政、扶贫部门等提出的整改意见，及时进行整改，整改情况报财政和扶贫部门。

第二十九条　县级财政部门、有关部门（单位）开展绩效目标设定、绩效目标审核、绩效动态监控、绩效检查评价等方面，可以采用政府购买服务方式，可委托具备条件的第三方机构进行，实现扶贫项目资金绩效管理的闭环。县级财政部门应保障扶贫项目资金绩效管理政府购买服务相关费用，按照“谁委托、谁负责”的原则，委托单位要对第三方机构绩效管理结果负责。

第三十条　县级财政、扶贫部门应当对绩效目标自评表涉及基础资料的真实性、合法性、完整性负责。

第三十一条　县级要做好扶贫项目资金绩效档案管理工作，安排专人负责，确保档案资料连续性、真实性、有效性。

第五章　绩效结果运用

第三十二条　对于绩效目标执行监控和绩效自评中发现的问题，县级财政部门应在有关部门（单位）上报相关情况后 10 日内提出书面反馈意见，有关部门（单位）根据书面反馈意见进行整改，整改情况报同级财政和扶贫部门。

第三十三条　县级有关部门（单位）应根

据执行监控信息和绩效评价结果，调整优化脱贫攻坚政策，改进项目管理；县级财政部门应根据绩效目标审核、执行监控信息和绩效自评审核结果，优化扶贫项目资金安排，调整资金拨付方式，建立扶贫项目资金绩效管理和资金分配挂钩机制。县级财政部门还应加大实地抽查和跟踪问效力度，督促有关部门（单位）管好用好扶贫资金，如期完成脱贫攻坚任务。

第三十四条 有关部门（单位）应按照政务公开的相关规定，除涉密内容外，将扶贫项目绩效目标和自评结果通过门户网站或张榜公示等方式向社会公开，接受社会监督。

附：1－1. 绩效目标申报表
　　1－2. 绩效目标执行监控表
　　1－3. 绩效目标自评表
　　2－1. 绩效目标申报表（参考模板）
　　2－2. 绩效目标申报表（参考模板）
　　2－3. 绩效目标申报表（参考模板）
　　2－4. 绩效目标申报表（参考模板）
　　2－5. 绩效目标申报表（参考模板）

附 1－1：

绩效目标申报表

（20××年度）

项目名称		项目负责人及联系电话	
主管部门		实施单位	
资金情况 （万元）	年度资金总额：		
	其中：财政拨款		
	其他资金		

总体目标	年度目标
	目标 1： 目标 2： 目标 3： ……

	一级指标	二级指标	三级指标	指标值
绩效指标	产出指标	数量指标	指标 1：	
			指标 2：	
			……	
		质量指标	指标 1：	
			指标 2：	
			……	
		时效指标	指标 1：	
			指标 2：	
			……	
		成本指标	指标 1：	
			指标 2：	
			……	
		……		
	效益指标	经济效益指标	指标 1：	
			指标 2：	
			……	
		社会效益指标	指标 1：	
			指标 2：	
			……	
		生态效益指标	指标 1：	
			指标 2：	
			……	
		可持续影响指标	指标 1：	
			指标 2：	
			……	
		……		

续表

绩效指标	满意度指标	服务对象满意度指标	指标 1：	
			指标 2：	
			……	
		……		

注：①“其他资金”是指与财政拨款共同用于同一脱贫攻坚项目的单位自有资金、社会资金等。

②各地请根据实际情况，选择适合的二级指标进行填报，并细化为三级指标和指标值。

附 1－2：

绩效目标执行监控表

（20××年度）

项目名称		项目负责人		联系电话	
主管部门		实施单位			

资金情况（万元）		年初预算数	1－××月执行数	全年预计执行数
	年度资金总额：			
	其中：财政拨款			
	其他资金			

年度总体目标	

	一级指标	二级指标	三级指标	年度指标值	1－××月完成情况	全年预计完成情况	偏差原因分析						完成目标可能性			备注
							经费保障	制度保障	人员保障	硬件条件保障	其他	原因说明	确定能	有可能	完全不可能	
绩效指标	产出指标	数量指标														
		质量指标														
		时效指标														
		成本指标														
		……														
	效益指标	经济效益指标														
		社会效益指标														
		生态效益指标														

续表

	一级指标	二级指标	三级指标	年度指标值	1－××月完成情况	全年预计完成情况	偏差原因分析						完成目标可能性			备注
							经费保障	制度保障	人员保障	硬件条件保障	其他	原因说明	确定能	有可能	完全不可能	
绩效指标		可持续影响指标														
		……														
	满意度指标	服务对象满意度指标														
		……														

注：①偏差原因分析：针对与预期目标产生偏差的指标值，分别从经费保障、制度保障、人员保障、硬件条件保障等方面进行判断和分析，并说明原因。

②完成目标可能性：对应所设定的实现绩效目标的路径，分确定能、有可能、完全不可能三级综合判断完成的可能性。

③备注：说明预计到年底不能完成目标的原因及拟采取的措施。

附 1 – 3：

绩效目标自评表

（20 × × 年度）

项目名称		项目负责人及电话				
主管部门		实施单位				
资金情况（万元）		全年预算数（A）	全年执行数（B）	分值	执行率（B/A）	得分
	年度资金总额：			10		
	其中：本年财政拨款			—		
	其他资金			—		

年度总体目标	年初设定目标	年度总体目标完成情况综述

	一级指标	二级指标	三级指标	分值	年度指标值	全年实际值	得分	未完成原因及拟采取的改进措施
绩效指标	产出指标（50 分）	数量指标						
		质量指标						
		时效指标						
		成本指标						
		……						
	效益指标（30 分）	经济效益指标						
		社会效益指标						
		生态效益指标						

续表

	一级指标	二级指标	三级指标	分值	年度指标值	全年实际值	得分	未完成原因及拟采取的改进措施
绩效指标		可持续影响指标						
		……						
	满意度指标（10 分）	服务对象满意度指标						
		……						
总分				100				

注：①一级指标分值统一设置为：产出指标 50 分、效益指标 30 分、满意度指标 10 分、预算资金执行率 10 分。如有特殊情况，上述权重可做适当调整，但加总后应等于 100 分。各部门根据各项指标重要程度确定三级指标的分值。得分最高不能超过该指标分值上限。

②定性指标根据指标完成情况分为：达成预期指标、部分达成预期指标并具有一定效果、未达成预期指标且效果较差三档，分别按照该指标对应分值区间 100%—80%（含 80%）、80%—60%（含 60%）、60%—0% 合理确定得分。

③定量指标若为正向指标（即指标值为≥×），则得分计算方法应用全年实际值/年度指标值×该指标分值；若定量指标为反向指标（即指标值为≤×），则得分计算方法应用年度指标值/全年实际值×该指标分值；定量指标得分最高不得超过该指标分值上限。

附 2－1：

绩效目标申报表（参考模板）

（20××年度）

项目名称	特色产业扶贫项目	项目负责人及电话	
主管部门		实施单位	
资金情况（万元）	年度资金总额：		
	其中：财政拨款		
	其他资金		

总体目标	年度目标
	目标 1： 目标 2： 目标 3： ……

	一级指标	二级指标	三级指标	指标值
绩效指标	产出指标	数量指标	传统特色种植业规模	≥××亩
			新兴特色种植业规模	≥××亩
			特色养殖业规模	≥××头/只
			特色林产业规模	≥××公顷
			贫困地区新增特色产业数量	≥××个
			龙头企业在贫困地区发展基地数	≥××个
			贫困地区建设特色产业基地及园区数	≥××个
			贫困地区有机、绿色和地理标志农产品种植加工数	≥××千克
			贫困村农产品销售物流基础设施建设数量	≥××个
			贫困地区农民专业合作社数量	≥××个
			贫困地区科技服务、技术指导和农业科技培训人数	≥××人次
			贫困地区引进科技人才数量	≥××人
			在贫困地区推广示范新品种、新技术、新成果数量	≥××项
			……	
		质量指标	贫困地区技术培训合格率	≥××%
			种植作物成活率	≥××%
			养殖动物成活率	≥××%
			……	
		时效指标		
			……	
		成本指标	亩均成本	≤××元
			……	

续表

	一级指标	二级指标	三级指标	指标值
绩效指标	效益指标	经济效益指标	贫困地区特色产业产值	≥××万元
			贫困地区特色产业产值同比增长率	≥××%
			贫困地区特色产业产值占地区生产总值的比重	≥××%
			农业科技带动增加产业产值	≥××万元
			特色产业带动增加贫困人口收入	≥××万元
			……	
		社会效益指标	特色产业带动增加贫困人口就业人数	≥××人
			特色产业专利申请数	≥××项
			特色产业品牌市场占有率	≥××%
			……	
		生态效益指标	农业科技改善耕地面积	≥××亩
			……	
		可持续影响指标		
			……	
	满意度指标	服务对象满意度指标	受益贫困人口满意度	≥××%
			农业经营主体满意度	≥××%
			科技服务、技术指导和农业科技培训人员满意度	≥××%
			采用新品种、新技术、新成果农户满意度	≥××%
			……	

注：各地请根据实际情况，从上述绩效指标中选择适合的填报（可结合已下达的中央对地方专项转移支付绩效指标），也可自行增加或适当调整。

附 2－2：

绩效目标申报表（参考模板）

（20××年度）

项目名称	乡村旅游项目	项目负责人及电话	
主管部门		实施单位	
资金情况（万元）	年度资金总额：		
	其中：财政拨款		
	其他资金		
总体目标	年度目标		
	目标 1： 目标 2： 目标 3： ……		

绩效指标	一级指标	二级指标	三级指标	指标值
	产出指标	数量指标	贫困地区旅游基础设施建设工程数量	≥××个
			贫困地区旅游基础设施建设工程面积	≥××平方米
			贫困地区旅游扶贫示范建设数	≥××个
			贫困地区旅游景点开发数量	≥××个
			贫困地区乡村旅游产品开发数量	≥××个
			支持贫困地区旅游厕所新建和改建数量	≥××个
			贫困地区民宿改造数量	≥××个
			贫困地区自驾游线路改造、提升里程	≥××公里
			……	
		质量指标	贫困地区旅游基础设施建设质量达标率	100%
			贫困地区新建和改建旅游厕所标准	A 级
			……	
		时效指标	贫困地区基础设施建设按期完成率	≥××%
			……	
		成本指标	财政补助厕所建设资金占厕所建设总成本比重	××%
			……	
	效益指标	经济效益指标	乡村旅游带动增加贫困村收入	≥××万元
			乡村旅游带动增加贫困人口收入	≥××万元
			旅游产品收入比上年增长率	≥××%
			……	

续表

	一级指标	二级指标	三级指标	指标值
绩效指标	效益指标	社会效益指标	贫困地区乡村旅游开发景点接待游客数量	≥××人
			贫困地区乡村旅游项目带动增加贫困人口就业人数	≥××人
			……	
		生态效益指标	旅游区垃圾处理率	≥××%
			……	
		可持续影响指标	旅游基础设施持续使用年限	≥××年
			开发乡村旅游景点正常运营年限	≥××年
			……	
	满意度指标	服务对象满意度指标	旅游行业经营主体满意度	≥××%
			参与旅游扶贫项目贫困群众满意度	≥××%
			旅游区居民满意度	≥××%
			游客满意度	≥××%
			……	

注：各地请根据实际情况，从上述绩效指标中选择适合的填报（可结合已下达的中央对地方专项转移支付绩效指标），也可自行增加或适当调整。

附 2－3：

绩效目标申报表（参考模板）

（20××年度）

<table>
<tr><td colspan="3">项目名称</td><td>电商扶贫项目</td><td>项目负责人及电话</td><td></td></tr>
<tr><td colspan="3">主管部门</td><td></td><td>实施单位</td><td></td></tr>
<tr><td colspan="3" rowspan="3">资金情况（万元）</td><td>年度资金总额：</td><td colspan="2"></td></tr>
<tr><td>其中：财政拨款</td><td colspan="2"></td></tr>
<tr><td>其他资金</td><td colspan="2"></td></tr>
<tr><td rowspan="2">总体目标</td><td colspan="5">年度目标</td></tr>
<tr><td colspan="5">目标 1：
目标 2：
目标 3：
……</td></tr>
<tr><td rowspan="24">绩效指标</td><td>一级指标</td><td>二级指标</td><td colspan="2">三级指标</td><td>指标值</td></tr>
<tr><td rowspan="7">产出指标</td><td rowspan="7">数量指标</td><td colspan="2">建档立卡贫困村电商服务站点数</td><td>≥××个</td></tr>
<tr><td colspan="2">贫困村电商网店建设数量</td><td>≥××个</td></tr>
<tr><td colspan="2">主流物流商建档立卡贫困村覆盖率</td><td>≥××%</td></tr>
<tr><td colspan="2">国家级贫困县电商扶贫示范网点数</td><td>≥××个</td></tr>
<tr><td colspan="2">国家级贫困县电商创业、就业培训人数</td><td>≥××人次</td></tr>
<tr><td colspan="2">电商培训贫困人口数</td><td>≥××人次</td></tr>
<tr><td colspan="2">……</td><td></td></tr>
<tr><td rowspan="16">效益指标</td><td rowspan="2">质量指标</td><td colspan="2">建档立卡贫困村电商服务站点覆盖率</td><td>≥××%</td></tr>
<tr><td colspan="2">……</td><td></td></tr>
<tr><td rowspan="2">时效指标</td><td colspan="2"></td><td></td></tr>
<tr><td colspan="2">……</td><td></td></tr>
<tr><td rowspan="2">成本指标</td><td colspan="2"></td><td></td></tr>
<tr><td colspan="2">……</td><td></td></tr>
<tr><td rowspan="7">经济效益指标</td><td colspan="2">电商平台销售收入（或净利润）</td><td>≥××万元</td></tr>
<tr><td colspan="2">电商扶贫覆盖农户数</td><td>≥××户</td></tr>
<tr><td colspan="2">其中，电商扶贫覆盖建档立卡贫困户数</td><td>≥××户</td></tr>
<tr><td colspan="2">电商扶贫带动增加贫困县农副产品销售收入</td><td>≥××万元</td></tr>
<tr><td colspan="2">农村网络零售额比上年增长率</td><td>≥××%</td></tr>
<tr><td colspan="2">电商带动建档立卡贫困户户均增收数</td><td>≥××万元</td></tr>
<tr><td colspan="2">……</td><td></td></tr>
</table>

续表

	一级指标	二级指标	三级指标	指标值
绩效指标	效益指标	社会效益指标	电商带动增加农户产业、创业、就业人数	≥××人
			其中，电商带动增加贫困人口产业、创业、就业人数	≥××人
			建档立卡贫困村电商服务站点服务人数	≥××人次
			……	
		生态效益指标		
			……	
		可持续影响指标		
			……	
	满意度指标	服务对象满意度指标	建档立卡贫困户满意度	≥××%
			电商平台产品消费者满意度	≥××%
			电商创业、就业人员满意度	≥××%
			受益企业满意度	≥××%
			……	

注：各地请根据实际情况，从上述绩效指标中选择适合的填报（可结合已下达的中央对地方专项转移支付绩效指标），也可自行增加或适当调整。

附 2－4：

绩效目标申报表（参考模板）

（20××年度）

项目名称	资产收益扶贫项目	项目负责人及电话	
主管部门		实施单位	
资金情况（万元）	年度资金总额：		
资金情况（万元）	其中：财政拨款		
资金情况（万元）	其他资金		

总体目标	年度目标			
	目标 1： 目标 2： 目标 3： ……			
绩效指标	一级指标	二级指标	三级指标	指标值
绩效指标	产出指标	数量指标	贫困地区贫困人口加入合作社、村集体经济组织人数	≥××人
绩效指标	产出指标	数量指标	财政支农资金形成资产农户股权占比	≥××%
绩效指标	产出指标	数量指标	资产入股贫困人口总数	≥××人
绩效指标	产出指标	数量指标	参与扶贫就业车间人数	≥××人
绩效指标	产出指标	数量指标	贫困村村级光伏电站建设规模	≥××千瓦
绩效指标	产出指标	数量指标	……	
绩效指标	产出指标	质量指标	项目收益中村集体分配比例	≥××%
绩效指标	产出指标	质量指标	贫困村村级光伏电站发电量	≥××千瓦时
绩效指标	产出指标	质量指标	……	
绩效指标	产出指标	时效指标		
绩效指标	产出指标	时效指标	……	
绩效指标	产出指标	成本指标		
绩效指标	产出指标	成本指标	……	
绩效指标	效益指标	经济效益指标	资产股权年收益率	≥××%
绩效指标	效益指标	经济效益指标	村集体经济年收入	≥××万元
绩效指标	效益指标	经济效益指标	贫困村村级光伏电站发电收益	≥××万元
绩效指标	效益指标	经济效益指标	参与就业车间的贫困人口人均年收入	≥××元
绩效指标	效益指标	经济效益指标	参与光伏扶贫的贫困人口人均年收入	≥××元
绩效指标	效益指标	经济效益指标	……	
绩效指标	效益指标	社会效益指标	参与光伏扶贫电站的受益贫困人口数	≥××人
绩效指标	效益指标	社会效益指标	……	
绩效指标	效益指标	可持续影响指标		
绩效指标	效益指标	可持续影响指标	……	
绩效指标	满意度指标	服务对象满意度指标	资产入股贫困人员满意度	≥××%
绩效指标	满意度指标	服务对象满意度指标	……	

注：各地请根据实际情况，从上述绩效指标中选择适合的填报（可结合已下达的中央对地方专项转移支付绩效指标），也可自行增加或适当调整。

附 2－5：

绩效目标申报表（参考模板）

（20××年度）

<table>
<tr><td colspan="3">项目名称</td><td>农业综合开发项目</td><td>项目负责人及电话</td><td></td></tr>
<tr><td colspan="3">主管部门</td><td></td><td>实施单位</td><td></td></tr>
<tr><td colspan="3" rowspan="3">资金情况（万元）</td><td>年度资金总额：</td><td colspan="2"></td></tr>
<tr><td>其中：财政拨款</td><td colspan="2"></td></tr>
<tr><td>其他资金</td><td colspan="2"></td></tr>
<tr><td rowspan="2">总体目标</td><td colspan="5">年度目标</td></tr>
<tr><td colspan="5">目标 1：
目标 2：
目标 3：
……</td></tr>
<tr><td rowspan="17">绩效指标</td><td>一级指标</td><td>二级指标</td><td colspan="2">三级指标</td><td>指标值</td></tr>
<tr><td rowspan="16">产出指标</td><td rowspan="11">数量指标</td><td colspan="2">扶持新型农业经营主体数量</td><td>≥××个</td></tr>
<tr><td colspan="2">高标准农田建设面积</td><td>≥××亩</td></tr>
<tr><td colspan="2">建设为农服务中心</td><td>≥××个</td></tr>
<tr><td colspan="2">经济林及储备林示范面积</td><td>≥××亩</td></tr>
<tr><td colspan="2">区域生态循环农业示范面积</td><td>≥××亩</td></tr>
<tr><td colspan="2">生态综合治理面积</td><td>≥××亩</td></tr>
<tr><td colspan="2">实现土地托管面积</td><td>≥××亩</td></tr>
<tr><td colspan="2">治理东北黑土区、黄土高原塬面保护面积</td><td>≥××平方公里</td></tr>
<tr><td colspan="2">治理与控制水土流失面积</td><td>≥××平方公里</td></tr>
<tr><td colspan="2">重点中型灌区节水改造</td><td>≥××处</td></tr>
<tr><td colspan="2">……</td><td></td></tr>
<tr><td rowspan="5">质量指标</td><td colspan="2">经济林及储备林造林成活率</td><td>≥××%</td></tr>
<tr><td colspan="2">农田灌溉排水保证率</td><td>补充灌溉地区满足设计蓄水量标准，充分灌溉地区的灌溉保证率达到50%以上，中型灌区灌溉水利用系数提高10%以上；旱作区达到暴雨重现期5—10年一遇，水稻区达到暴雨重现期10年一遇</td></tr>
<tr><td colspan="2">生产道路通达度</td><td>平原区100%，丘陵区≥90%</td></tr>
<tr><td colspan="2">项目验收合格率</td><td>≥××%</td></tr>
<tr><td colspan="2">……</td><td></td></tr>
</table>

续表

绩效指标	产出指标	时效指标	任务完成及时率	≥××%
			……	
		成本指标	高标准农田建设项目亩均补助标准	××元
			……	
	效益指标	经济效益指标	新增粮食和其他作物产能	≥××万公斤
			新增粮油、果蔬等主要农产品加工能力	≥××万公斤
			新增肉、蛋、奶、水产品等主要农产品生产能力	≥××万公斤
			……	
		社会效益指标	产业化项目促进新增贫困人口就业人数	≥××人
			产业化项目带动农户数量	≥××户
			土地治理项目受益贫困人口数	≥××人
			……	
		生态效益指标	耕地质量	比上年提高
			农业面源污染	比上年减轻
			水资源利用率	比上年提高
			……	
		可持续影响指标	工程质量寿命	≥××年
			……	
	满意度指标	服务对象满意度指标	受益群众满意度	≥××%
			受益乡镇、村满意度	≥××%
			新型农业经营主体满意度	≥××%
			……	

注：各地请根据实际情况，从上述绩效指标中选择适合的填报（可结合已下达的中央对地方专项转移支付绩效指标），也可自行增加或适当调整。

关于印发《关于强化自治区扶贫资金使用与监管的指导意见》的请示

（2018 年 11 月 9 日　自治区财政厅　新财扶〔2018〕49 号）

自治区扶贫开发领导小组：

按照 2018 年 11 月 5 日自治区扶贫开发领导小组会议要求，为做好中央脱贫攻坚巡视问题整改落实工作，进一步加强各级各类扶贫资金使用与监管，经认真研究，财政厅拟定了《关于强化自治区扶贫资金使用与监管的指导意见》，建议由自治区扶贫开发领导小组审定后，统一印发各地执行。

附件：关于强化自治区扶贫资金使用与监管的指导意见

附件：

关于强化自治区扶贫资金使用与监管的指导意见

为全面贯彻落实习近平新时代中国特色社会主义思想，贯彻落实党的十九大和十九届二中、三中全会精神，贯彻落实习近平总书记关于扶贫工作的重要论述，进一步加强扶贫资金的使用与监管，充分发挥扶贫资金在打好脱贫攻坚战中的积极作用，促进自治区脱贫攻坚目标任务如期完成，按照自治区党委、人民政府脱贫攻坚工作安排部署，现对强化扶贫资金使用与监管提出以下意见。

一、进一步明确扶贫资金使用范围

扶贫资金是指各级公共财政预算安排用于脱贫攻坚的专项扶贫资金、涉农整合资金、地方政府债券资金等各类资金。扶贫资金使用按照中央和自治区脱贫攻坚目标任务，结合当地脱贫攻坚规划，围绕培育和壮大贫困地区产业、改善小型公益性生产生活设施条件、增强贫困人口自我发展能力和抵御风险能力，支持产业发展、基础设施建设、特色种植养殖、扶贫车间、卫星工厂等方面，因户施策、因地制宜，做到扶贫资金到村到户到人、精准高效。扶贫资金不得用于下列各项支出：

（一）行政事业单位基本支出；

（二）购买交通工具及通信设备；

（三）各种奖金、津贴和福利补助；

（四）弥补企业亏损；

（五）修建楼堂馆所及贫困农牧场、林场棚户改造以外的职工住宅；

（六）弥补预算支出缺口和偿还债务；

（七）大中型基本建设项目；

（八）城市基础设施建设和城市扶贫；

（九）其他与脱贫攻坚无关的开支。

二、进一步规范扶贫资金使用程序

（一）加强资金动态监控。自治区各级财政部门要通过扶贫资金动态监控平台，对所有明确用于支持脱贫攻坚的各级各类扶贫资金实行全面管理、动态监控，及时调整完善资金分配、下达、支付、绩效管理以及项目管理等各个环节的制度，将预算分配、执行和扶贫项目资金绩效目标编报审核、绩效目标跟踪监控等业务流程逐步融入扶贫资金动态监控平台操作，实现自动提取和汇总，确保总台账数据的全面性、真实性、及时性，打通扶贫资金项目管理的“最先一公里”和“最后一公里”。

（二）加强资金拨付工作。按照“多个渠道进水、一个池子蓄水、一个龙头放水”的原则，建立财政扶贫资金专账管理机制，县级财政部门将收到各渠道下达的扶贫资金，装进一个“笼子”（扶贫资金专账），收到一笔资金进一笔，针对扶贫项目一个出口“打捆”统筹使用，要做到专人管理、专款专用，要严格按照县级扶贫开发领导小组会议批复的项目拨付资金。

（三）加强项目管理工作。按照“谁使用、谁负责”的原则，县级扶贫开发领导小组要督促项目主管部门落实年度项目计划，跟踪指导项目实施，监管项目建设进度和质量，组织项目竣工验收，衔接好扶贫项目实施和资金支付工作，对完工验收项目形成结余资金及时清理，统筹安排使用。对扶贫资金形成的资产建立总台账，登记经营主体、资金来源、项目效益、受益对象、监督管理等方面内容，防止扶贫资产闲置、浪费和流失。县级扶贫开发领导小组要按月统计项目实施进度、完工验收及资金使用情况，并逐级上报自治区扶贫办、财政厅。

（四）加强公告公示工作。地、县两级要建立健全并严格执行扶贫资金项目公告公示制度，及时公开扶贫政策、管理制度、项目计划、扶持标准等信息，公告公示要到村到户，主动接受社会监督。扶贫项目的公示公告内容应包括扶贫项目名称、资金来源、资金规模、实施地点、建设内容、建设周期、绩效目标、实施单位及责任人、监督举报电话等。

（五）加强扶贫监管工作。县级扶贫开发领导小组承担扶贫项目资金的日常监管责任，项目主管部门承担扶贫项目管理与资金使用监管的主体责任，财政部门承担资金合规性审查和支出的财政监督责任，审计、纪委监委等部门负责违规违纪违法问题的查处，形成齐抓共管的工作机制。

（六）加强绩效评价工作。自治区对扶贫项目资金实施全过程绩效管理，所有财政资金安排的扶贫项目都要填报绩效目标。各县级扶贫资金使用有关部门和单位定期开展绩效目标执行监控，实施绩效评价，加大绩效评价结果运用，以全面规范的绩效管理提高扶贫资金使用效益。各县级扶贫资金使用部门和单位承担扶贫项目资金绩效管理的责任主体，主要领导对扶贫项目资金绩效管理负责，项目责任人对扶贫项目绩效管理具体工作负责，重大项目责任人要实行绩效终身责任追究制，切实做到花钱必问效、无效必问责。

三、进一步完善扶贫资金监管措施

（一）抓好制度保障。按照“自治区负总责、地州市严监管、县市区抓落实”的工作机制，各级各部门要将支持和保障脱贫攻坚目标实现作为当前工作的重中之重，实行扶贫资金监管工作一把手负责制和任务责任清单式管理，将目标任务和监管责任落实到人、到岗，改进工作作风，补齐工作短板，建立完善职责清晰、各负其责、合力攻坚的扶贫资金监管责任制度，抓好监管措施全面有效落实。

（二）压实工作责任。县级年度扶贫项目计划方案确定后，财政部门要建立扶贫资金总台账，项目主管部门对应建立扶贫项目总台账，确定扶贫项目实施的具体责任单位、责任领导、责任人，要建立扶贫项目监管实名制，压实扶贫资金使用和项目实施单位的主体责任，涉及统筹整合的资金，由资金整合部门和资金使用单位承担管理主体责任，全面压实扶贫资金使用“最后一公里”的工作责任。

（三）做好沟通协调。各级扶贫资金使用有关部门和单位要建立扶贫资金监管的沟通协调机制，及时向本级扶贫开发领导小组报告扶贫项目实施、扶贫资金使用情况及存在的问题建议等，同时与相关部门加强沟通协调，实现检查计划协调、数据信息共享、监管成果互认，形成事前沟通、事中协作、事后反馈的良性工作机制。

（四）严肃问责追责。各级各部门要以责任追究激发责任意识，建立以问题为导向、清单式管理的问责追责机制，对违规违纪使用扶贫资金，责任落实不力导致扶贫领域损害群众利益不正之风和腐败问题突出，发现问题不报告、不整改，履行监管职责不到位等问题，按照国家和自治区有关规定，对责任部门、责任领导和责任人，实行倒查责任和终身问责制，将严肃追责问责，涉嫌犯罪的移送司法机关处理。

关于印发《自治区财政厅关于全面加强脱贫攻坚期内各级各类扶贫资金管理的意见》的通知

（2018 年 7 月 12 日　自治区财政厅　新财办〔2018〕31 号）

伊犁哈萨克自治州财政局、各地州市财政局，本厅各处室、厅属各单位：

为深入贯彻党的十九大精神和习近平总书记扶贫思想，切实加强脱贫攻坚期内各级各类扶贫资金管理，根据《财政部关于全面加强脱贫攻坚期内各级各类扶贫资金管理的意见》（财办〔2018〕24 号），财政厅结合实际，制定了自治区关于全面加强脱贫攻坚期内各级各类扶贫资金管理的意见，现印发你们，请严格贯彻执行。

附件：自治区财政厅关于全面加强脱贫攻坚期内各级各类扶贫资金管理的意见

附件：

自治区财政厅关于全面加强脱贫攻坚期内各级各类扶贫资金管理的意见

为深入贯彻党的十九大精神和习近平总书记扶贫思想，认真落实《中共中央国务院关于打赢脱贫攻坚战的决定》《中共中央国务院打赢脱贫攻坚战三年行动的指导意见》等重要文件精神，切实加强脱贫攻坚期内各级各类扶贫资金管理，明确资金监管责任，提高资金使用效益，现就全面加强各级各类扶贫资金管理提出如下意见。

一、深刻认识全面加强各级各类扶贫资金管理的重要意义

确保到2020年农村贫困人口实现脱贫，是全面建成小康社会最艰巨的任务，各级各类扶贫资金是支持打赢打好精准脱贫攻坚战的粮草军需。党中央、国务院对加强扶贫资金管理高度重视，习近平总书记强调："扶贫资金是贫困群众的'救命钱'，一分一厘都不能乱花。"近年来，自治区各级财政多渠道加大脱贫攻坚投入，认真履行资金监管职责，不断提升扶贫资金使用效益，为实现精准脱贫，提高脱贫质量提供了有力保障。随着脱贫攻坚工作的不断深入，新情况和新问题不断出现，客观上对扶贫资金监管提出了新的更高要求。与此同时，财政扶贫资金管理使用仍存在一些问题，有待进一步完善。

自治区各级财政部门要牢固树立"四个意识"，进一步增强政治责任感和历史使命感，主动对标对表，坚持问题导向，聚焦薄弱环节，创新工作举措，把全面加强各级各类扶贫资金管理作为一项重大政治任务抓紧抓好，为阳光扶贫、廉洁扶贫夯实基础。

二、总体思路

坚持以习近平新时代中国特色社会主义思想为指导，全面贯彻党的十九大和十九届二中，三中全会精神，深刻领会习近平总书记关于打赢打好精准脱贫攻坚战的系列重要讲话精神，认真落实党中央、国务院和自治区党委、政府决策部署，坚持精准扶贫、精准脱贫基本方略，坚持中央统筹、自治区负总责、地州县市抓落实的工作机制，坚持大扶贫格局，进一步理顺各级各类扶贫资金管理体系，对扶贫资金全面实施绩效管理，完善资金监管机制，明确扶贫资金范围，以县级脱贫攻坚规划和项目库为依据，将自治区各级各类扶贫资金和项目全部纳入台账，形成自治区扶贫资金总台账。运用信息技术手段，推动上下级、内外部大数据共享融合，利用扶贫资金动态监控平台等信息系统加强监控，合理设置预警指标，实现各级各类扶贫资金全过程实时监控、流程追溯和智能检索。严格执行扶贫资金项目公告公示制度，接受群众和社会监督。抓好扶贫项目资金绩效管理制度落地，加强扶贫资金日常监管和专项检查，切实提高扶贫资金管理水平。

三、基本原则

（一）全面覆盖，不留死角。对所有明确用于支持脱贫攻坚的各级各类扶贫资金实行全面管理、动态监控。

（二）上下贯通，纵向到底。按照中央统一部署，自治区分级负责，实现各级扶贫资金动态监控信息上下贯通，打通扶贫资金项目管理的"最先一公里"和"最后一公里"。

（三）部门联通，横向到边。强化行业主管部门对归口管理扶贫资金监管的主体责任，积极推动实现自治区各级财政和同级主管部门信息数据的有效共享。

（四）完善制度，延伸链条。及时调整完善资金分配、下达、支付、绩效管理以及项目管理等各个环节的制度，规范业务流程，为实现全过程动态监控提供制度保障。

（五）流程融合，线上操作。完善信息系统功能，将预算分配、执行和项目资金绩效目标编报审核、绩效目标跟踪监控等业务流程逐步融入扶贫资金动态监控平台操作，实现自动提取和汇总，确保总台账数据的全面性、真实性、及时性。

四、资金范围

中央层面的各类扶贫资金是指用于支持实现现行标准下脱贫攻坚目标的各类转移支付资金（含对个人和家庭的补助）。包括：纳入贫困县统筹整合使用财政涉农资金范围的资金、纳入扶贫项目资金绩效管理的资金、其他行业扶贫资金和政府性基金等资金（详见附）。

自治区各级财政结合本地实际，参照本文件范围，确定地州县市各级扶贫资金的具体范围。

五、主要措施

（一）实现扶贫资金动态监控

以预算编制为源头，以绩效目标为依据，以支付环节为依托，以动态监控为抓手，以自动取数为保障，整合信息系统资源，运用云计算、大数据等现代信息技术，建立简便实用、实时同步的动态监控体系，实现对扶贫资金和项目全面、真实、准确的实时动态监管。

一是自治区将各级各类扶贫资金的预算下达纳入扶贫资金动态监控平台管理，做好与国库集中支付系统对接，并在县级实现扶贫资金与项目信息对应。

二是明确动态监控要求，对扶贫对象、项目措施、资金使用不精准，挤占、挪用、虚报冒领扶贫资金，违规下达资金，资金使用结构不合理、资金闲置等问题进行有效监控和实时预警。

三是按照《财政部关于全面加强脱贫攻坚期内各级各类扶贫资金管理的意见》（财办〔2018〕24号）要求，创造条件，逐步建立与扶贫、人社、卫计、民政、教育、交通、公安、市场监管、税务等部门及银行间数据共享机制，将部门有关数据与资金项目等信息进行自动比对，提升扶贫资金动态监控效果。

按照由内到外、由易到难的原则，统筹规划、分布实施。在试运行的基础上，2018年6月30日前实现扶贫资金动态监控平台上线，掌握扶贫资金从自治区层层下达到具体项目的情况和数据；8月15日之前实现集中支付系统与扶贫资金动态监控平台对接；落实“自治区总负责”的要求，在县级层面实现扶贫项目资金匹配和绩效目标自治区级汇总等功能，成熟一家，上线一家，在2018年底前实现所有地州市全覆盖。同时，在系统建设中要创造条件，逐步实现扶贫资金动态监控平台与相关部门、银行等信息系统对接。

（二）形成扶贫资金总台账

依托动态监控体系，形成与预算执行、资金使用全流程实时同步的扶贫资金总台账。扶贫资金总台账要反映扶贫资金预算安排总量和构成、分配下达、财政实际支付以及项目实施情况和支出进度等完整信息。具备对扶贫资金运行情况的总体概览、流程追溯、风险监控、绩效目标执行监控、智能检索、汇总分析等功能，在全程跟踪扶贫资金运行情况的基础上，进行多视角的监控和多维度展示。

（三）落实扶贫项目资金绩效管理有关要求

按照《扶贫项目资金绩效管理办法》（国办发〔2018〕35号）有关规定，地州、县市级财政部门及有关部门应当依据职责，对扶贫项目资金相关预算的编制、执行和决算实施全过程绩效管理，资金使用单位承担绩效主体责任，市县级财政部门要充分利用相关动态监控信息系统，开展绩效目标执行监控，地州、县市级资金使用部门或单位在编制年度部门预算、单位预算时，要对纳入扶贫资金总台账范围的每笔资金，根据中央和自治区关于预算编制的规定、县级脱贫攻坚规划和项目库等，明确用于脱贫攻坚的具体项目和对应的资金规模，在线填报扶贫项目资金使用情况和绩效目标执行情况，并上传相关证明资料。对于扶贫项目资金绩效目标执行监控发现的问题，地州、县市级财政部门要按规定及时处理和督促整改。

（四）做好扶贫资金日常监管和专项检查

1. 自治区财政厅监督监察局积极参与财政部监督检查局统一部署的财政支持脱贫攻坚政策落实情况专项检查，按照财政部监督检查局统一制定的专项检查方案，会同财政部驻疆财政监察专员办事处认真开展专项检查工作，及时向厅党组和财政部监督检查局报告专项检查情况，按照财政部监督检查局统一确定的处理口径依法处理专项检查发现的各类违规违法问题。

2. 自治区财政厅监督检查局在财政部监督检查局的统一部署下，会同专员办开展财政支持脱贫攻坚政策落实情况专项检查外，根据工作需要和自治区财政厅党组安排，组织自治区各级财政监督检查部门开展财政支持脱贫攻坚政策落实情况专项检查，坚持问题导向，深入基层，重点关注扶贫资金闲置、挪用、损失浪费、虚报冒领、贪污等问题，按照有关法律法规和财经纪律严肃处理，涉嫌违纪违法的，移送相关部门处理。同时，在日常监管和检查过程中，要核实扶贫资金总台账和动态监控系统反映的情况是否与实际相符，完善动态监控预警机制，及时发现数据失真等问题。

（五）严格执行扶贫资金项目公告公示制度

财政厅办公室牵头在财政厅门户网站开设专栏，公开有关扶贫的政策、制度、办法和中央、自治区、地州县市财政各项扶贫资全的分配结果，并督促自治区各级财政部门在门户网站及时公开各项财政扶贫资金安排分配情况和政策办法，按照扶贫资金项目公告公示制度，落实“两个一律”公开要求（自治区、地州、县市扶贫资金分配结果一律公开，乡、村两级扶贫项目安排和资金使用情况一律公告公示），把扶贫资金的总量、分配结果、使用方向和使用单位等情况公开。财政部门要主动配合有关部门落实对乡、村两级资金项目的公告公示，接受群众和社会监督。

（六）建立考核奖惩机制

各地州要主动作为，积极配合中央和自治区尽快建立扶贫资金总台账，推动扶贫资金动态监控平台和相关信息系统不断完善，逐步建立与相关职能部门资源共享机制。财政厅将把各地州全面加强各类扶贫资金管理和扶贫资金动态监控工作开展情况纳入财政专项扶贫资金绩效评价，对资金项目信息真实全面准确、动态监控机制运行有效、扶贫资金管理成效显著的地州市，在分配中央、自治区财政专项扶贫资金时给予适当奖励或倾斜，对工作落实不力的地州市予以通报。

（七）明确职责分工

全面加强自治区各级各类扶贫资金管理是触及财政资金管理体制的深层次变革，是支持打好精准脱贫攻坚战的重要抓手。自治区各级财政部门要在自治区扶贫开发领导小组的统一领导下，统一思想、提高认识、完善制度、提升手段、克服困难、倒排工期，跳出旧的管理思维模式，切实提高工作效率，将各项工作举措落到实处。

一是财政厅统筹部署各级各类扶贫资金管理工作。财政扶贫资金管理办公室根据扶贫资金总台账，统一汇总分析各相关处室按归口管理的扶贫资金的有关数据和情况，监控扶贫资金使用情况，针对问题提出相关建议后，定期向厅党组或厅脱贫攻坚领导小组报告；厅内相关处室把加强扶贫资金管理作为脱贫攻坚期的一项重点工作，按照职责分工，细化扶贫资金管理要求，协调督促对口部门和各地州加强扶贫资金监管，对发现的问题要查找原因、及时整改，完善顶层设计、强化政策措施、加强工作环节，并将问题和整改情况抄送财政扶贫资金管理办公室汇总；国库处牵头会同财政扶贫资金管理办公室，以县级脱贫攻坚规划和项目库为依据，建立扶贫资金总台账，已经明确列入用于脱贫攻坚的资金要全部纳入台账，实行精细化管理，利用扶贫资金信息平台等系统加强监控，合理设置预警指标，及时发现闲置、挪用扶贫资金等问题，并及时向财政扶贫资金管理办公室、预算处和相关业务处室通报监控情况。预算处牵头会同各相关处室做好扶贫项目资金绩效管理各项工作，指导各地州市财政部门完善预算管理等信息化系统；信息网络中心为扶贫资金动态监控提供技术支持，指导各地州市财政部门实现与财政厅实时交换扶贫资金动态监控信息；监督检查局会同相关处室不定期组织开展对重点地区财政支持脱贫攻坚政策落实情况专项检查；财政厅办公室牵头在财政厅门户网站开设专栏公开中央、自治区、地州县市财政各项扶贫资金的分配结果和有关制度办法，督促地方市各级财政部门做好扶贫资金信息公开、落实对乡村两级资金项目的公告公示，同时负责统筹督导扶贫资金管理的各项工作。

二是各地州市财政部门应当由主要领导部署推动，明确内部分工，建立工作协调机制，会同有关部门按照自治区统一部署，结合本地实际，做好相关工作，并指导县市落实扶贫资金项目管理要求。

三是各地州、县市财政部门应会同同级有关部门，依职责细化扶贫项目资金管理要求，资金使用或项目实施单位承担主体责任，具体落实到项目负责人，不得要求村级填表报数。

附：1. 纳入扶贫资金总台账的中央层面资金清单

2. 纳入扶贫资金总台账的自治区层面资金清单

附 1：

纳入扶贫资金总台账的中央层面资金清单

预算处（3 项）

（1）重点生态功能区转移支付

（2）县级基本财力保障机制奖补资金

（3）老少边地区转移支付（不含专项扶贫资金）

教科文处（7 项）

（4）城乡义务教育补助经费

（5）农村义务教育薄弱学校改造计划补助资金

（6）改善普通高中学校办学条件补助资金

（7）现代职业教育质量提升计划专项资金

（8）新疆西藏等少数民族地区教育特殊补助资金

①学前双语国家特岗工资性补助经费

②农村学前三年双语教育保障机制补助经费

③农村学前双语教育经费保障机制园舍维修改造

④南疆四地州高中阶段教育免费教科书补助资金

⑤内地新疆班中职班高中班补助经费

⑥“新疆中小学少数民族双语教师培训工程”和“国家支援新疆汉语教师培训”补助

（9）学生资助补助经费

（10）中央补助地方公共文化服务体系建设专项资金（中央部门部分重点项目）

经建处（10 项）

（11）土地整治工作专项资金

（12）农村环境连片整治示范资金

（13）车辆购置税收入补助地方用于一般公路建设项目资金（支持农村公路部分）

（14）产粮大县奖励资金

（15）生猪（牛羊）调出大县奖励资金

（16）服务业发展专项资金（支持新农村现代流通服务网络工程部分）

（17）中央基建投资用于“三农”建设部分（不包括重大引调水工程、重点水源工程、江河湖泊治理骨干重大工程、跨界河流开发治理工程、新建大型灌区、大中型灌区续建配套和节水改造、大中型病险水库水闸除险加固、生态建设方面支出）

（18）电信普遍服务补助资金

（19）中央基建投资用于易地扶贫搬迁部分

（20）可再生能源电价附加用于光伏扶贫部分

行政政法处（1项）

（21）旅游发展基金

农业处（5项）

（22）水利发展资金

（23）农业生产发展资金

（24）林业改革发展资金

（25）农业资源及生态保护补助资金

（26）林业生态保护恢复资金

社保处（9项）

（27）农村危房改造中央补助资金

（28）城乡居民基本养老保险补助经费

（29）城乡居民医疗保险转移支付

（30）困难群众救助补助资金

（31）就业补助资金

（32）残疾人事业发展补助资金

（33）公共卫生服务补助资金

（34）基本药物制度补助资金

（35）医疗救助补助资金

扶贫资金管理办公室（1项）

（36）中央财政专项扶贫资金

企业处（2项）

（37）中央水库移民扶持基金（中央大中型水库移民后期扶持基金）

（38）中央大中型水库移民后期扶持资金

金融处（1项）

（39）中央财政农业保险保费补贴

农业综合开发办公室（1项）

（40）中央农业综合开发补助资金。

农村综合改革办公室（1项）

（41）农村综合改革转移支付资金

附 2：

纳入扶贫资金总台账的自治区层面资金清单

经建处（4项）

（1）新增建设用地土地有偿使用费安排的高标准基本农田建设资金（包括：新增建设用地土地有偿使用费安排土地整理资金）

（2）农村环境连片整治示范资金

（3）农村危房改造补助资金（包括：农村安居工程资金）

（4）自治区安排基本建设投资用于“三农”部分（参照国务院和财政部文件规定的口径，确定整合范围资金规模）

教科文处（2项）

（5）自治区义务教育学生营养改善计划补

助资金

（6）中等职业院校（含技工）免住宿费和教材费补助

行政政法处（2项）

（7）旅游发展专项资金

（8）护边员补助经费（涉密）

农业处（4项）

（9）农田水利设施建设和水土保持补助资金

（10）现代农业生产发展资金

（11）农业技术推广与服务补助资金

（12）林业补助资金

社保处（2项）

（13）深度贫困地区贫困人口补充医疗保险补助资金

（14）最低生活保障兜底脱贫专项基金

扶贫资金管理办公室（2项）

（15）自治区财政专项扶贫资金

（16）2018年地方政府债券用于脱贫攻坚项目资金

企业处（1项）

（17）自治区大中型水库移民后期扶持资金

农发办（1项）

（18）自治区农业综合开发补助资金

金融处（1项）

（19）自治区财政农业保险保费补贴

综合处（1项）

（20）自治区彩票公益金支持扶贫资金

关于印发《新疆维吾尔自治区政府采购代理机构管理暂行办法》的通知

（2018年6月20日　自治区财政厅　新财购〔2018〕3号）

自治区各部、委、办、厅、局，各高校、各人民团体，伊犁哈萨克自治州财政局，各地州市财政局，各政府采购代理机构：

为加强政府采购代理机构监督管理，规范政府采购市场秩序，根据《中华人民共和国政府采购法》《中华人民共和国政府采购法实施条例》、财政部《政府采购代理机构管理暂行办法》（财库〔2018〕2号）等规定，制定了《新疆维吾尔自治区政府采购代理机构管理暂行办法》，现印发你们，请遵照执行。

附件：新疆维吾尔自治区政府采购代理机构管理暂行办法

附件：

新疆维吾尔自治区政府采购代理机构管理暂行办法

第一章　总　则

第一条　为加强政府采购代理机构监督管理，促进政府采购代理机构规范发展，根据《中华人民共和国政府采购法》、《中华人民共和国政府采购法实施条例》（中华人民共和国国务院令第658号）、财政部《政府采购代理机构管理暂行办法》（财库〔2018〕2号）等规定，制定本办法。

第二条　本办法所称政府采购代理机构（以下简称代理机构）是指集中采购机构以外，在中国政府采购网注册登记，在新疆范围内受采购人委托依法从事政府采购货物、工程和服务采购代理业务的社会中介机构。

第三条　代理机构的名录登记、从业管理、信用评价及监督检查适用本办法。

第四条　各级人民政府财政部门（以下简称财政部门）依法对代理机构从事本级政府采购代理业务进行监督管理。

第五条　财政部门应当加强对代理机构的政府采购业务培训，不断提高代理机构专业化水平。鼓励社会力量开展培训，增强代理机构业务能力。

第二章　名录登记

第六条　代理机构实行名录登记管理。自治区财政部门依托中国政府采购网新疆分网建立政府采购代理机构名录。名录信息全国共享并向社会公开。

第七条　工商注册地在新疆范围内的代理机构，应当在中国政府采购网新疆分网填报以下信息申请进入名录，并承诺对信息真实性负责：

（一）代理机构名称、统一社会信用代码、办公场所地址、联系电话等机构信息。

（二）法定代表人及专职从业人员有效身份证明等个人信息。

（三）内部监督管理制度。

（四）在自有场所组织评审工作的，应当提供评审场所地址、监控设备设施情况。

（五）自治区财政部门要求提供的其他材料。

登记信息发生变更的，代理机构应当在信息变更之日起10个工作日内自行更新。

第八条　代理机构登记信息完整清晰的，自治区财政部门应当及时予以审核通过，准予代理机构在新疆范围内开展政府采购代理业务。代理机构登记信息不完整的，自治区财政部门应当及时告知其完善登记资料。未进行名录登记的，不得在新疆范围内开展政府采购代理业务。

第九条　外地代理机构在新疆范围内开展政府采购业务的，从业地财政部门应当根据代理机构的申请开通相关权限，不得要求其重复提交登记材料，不得强制要求其在从业地设立分支机构。

第十条　代理机构注销时，应当向相关采购人移交档案，并及时向自治区财政部门办理名录注销手续。

第三章　从业管理

第十一条　代理机构代理政府采购业务应当具备以下条件：

（一）具有独立承担民事责任的能力。

（二）建立完善的政府采购内部监督管理制度。

（三）拥有不少于5名熟悉政府采购法律法规、具备编制采购文件和组织采购活动等相应能力的专职从业人员。

（四）具备独立办公场所和代理政府采购业务所必需的办公条件。

（五）在自有场所组织评审工作的，应当具备必要的评审场地和录音录像等监控设备设施并符合所在地人民政府规定的标准。

第十二条 采购人应当根据项目特点、代理机构专业领域和综合信用评价结果，从名录中自主择优选择代理机构。

任何单位和个人不得以摇号、抽签、遴选等方式干预采购人自行选择代理机构。

第十三条 代理机构受采购人委托办理采购事宜，应当与采购人签订委托代理协议，明确采购代理范围、权限、期限、档案保存、代理费用收取方式及标准、协议解除及终止、违约责任等具体事项，约定双方权利义务。

第十四条 代理机构应当严格按照委托代理协议的约定依法依规开展政府采购代理业务，相关开标及评审活动应当全程录音录像，录音录像应当清晰可辨，音像资料作为采购文件一并存档。

第十五条 代理费用可以由中标、成交供应商支付，也可由采购人支付。由中标、成交供应商支付的，供应商报价应当包含代理费用。代理费用超过分散采购限额标准的，原则上由中标、成交供应商支付。

代理机构应当在采购文件中明示代理费用收取方式及标准，随中标、成交结果一并公开本项目收费情况，包括具体收费标准及收费金额等。

第十六条 采购人和代理机构在委托代理协议中约定由代理机构负责保存采购文件的，代理机构应当妥善保存采购文件，不得伪造、变造、隐匿或者销毁采购文件。采购文件的保存期限为从采购结束之日起至少十五年。

采购文件可以采用电子档案方式保存。采用电子档案方式保存采购文件的，相关电子档案应当符合《中华人民共和国档案法》《中华人民共和国电子签名法》等法律法规的要求。

第十七条 代理机构应当建立岗位间制衡机制，实行采购需求制定与内部审核、采购文件编制与复核等岗位分开设置。

第十八条 代理机构应当严格按照财政部门要求，每季度向财政部门真实、准确上报代理采购项目组织情况，如实反映采购活动中存在的问题。

第十九条 代理机构应当依法依规处理质疑和询问，积极配合财政部门开展投诉、举报案件处理工作，接受财政部门的监督检查。

第四章 信用评价及监督检查

第二十条 财政部门负责组织开展代理机构综合信用评价工作。采购人、供应商和评审专家根据代理机构的从业情况对代理机构的代理活动进行综合信用评价。综合信用评价结果应当全国共享。

第二十一条 采购人、评审专家应当在采购活动或评审活动结束后5个工作日内，在政府采购信用评价系统中记录代理机构的职责履行情况。

供应商可以在采购活动结束后5个工作日内，在政府采购信用评价系统中记录代理机构的职责履行情况。

代理机构可以在政府采购信用评价系统中查询本机构的职责履行情况，并就有关情况作出说明。

第二十二条 财政部门应当建立健全定向抽查和不定向抽查相结合的随机抽查机制。对存在违法违规线索的政府采购项目开展定向检查；对日常监管事项，通过随机抽取检查对象、随机选派执法检查人员等方式开展不定向检查。

财政部门可以根据综合信用评价结果合理优化对代理机构的监督检查频次。

第二十三条 财政部门应当依法加强对代理机构的监督检查，监督检查包括以下内容：

（一）代理机构名录信息的真实性。

（二）委托代理协议的签订和执行情况。

（三）采购文件编制与发售、评审组织、信息公告发布、评审专家抽取及评价情况。

（四）保证金收取及退还情况，中标或者成交供应商的通知情况。

（五）受托签订政府采购合同、协助采购人组织验收情况。

（六）答复供应商质疑、配合财政部门处理投诉情况。

（七）档案管理情况。

（八）其他政府采购从业情况。

第二十四条 对代理机构的监督检查结果应当在新疆政府采购网发布并向社会公开，涉及政府采购严重违法失信行为的，应当在中国政府采购网、新疆企业信用信息平台等媒体一并公布。

第二十五条 受到财政部门禁止代理政府采购业务处罚或被列入失信被执行人、重大税收违法案件当事人等记录的代理机构，应当及时停止代理业务，已经签订委托代理协议的项目，按下列情况分别处理：

（一）尚未开始执行的项目，应当及时终止委托代理协议。

（二）已经开始执行的项目，可以终止的应当及时终止，确因客观原因无法终止的应当妥善做好善后工作。

第二十六条 代理机构不得以不正当手段获取政府采购代理业务，不得与采购人、供应商恶意串通操纵政府采购活动。代理机构工作人员不得接受采购人或者供应商组织的宴请、旅游、娱乐，不得收受礼品、现金、有价证券等，不得向采购人或者供应商报销应当由个人承担的费用。

代理机构及其工作人员违反政府采购法律法规的行为，依照政府采购法律法规进行处理；涉嫌犯罪的，依法移送司法机关处理。

代理机构的违法行为给他人造成损失的，依法承担民事责任。

第二十七条 财政部门工作人员在代理机构管理中存在滥用职权、玩忽职守、徇私舞弊等违法违纪行为的，依照《中华人民共和国政府采购法》《中华人民共和国公务员法》《中华人民共和国行政监察法》《中华人民共和国政府采购法实施条例》等国家有关规定追究相关责任；涉嫌犯罪的，依法移送司法机关处理。

第五章 附 则

第二十八条 本办法由自治区财政部门负责解释。

第二十九条 本办法自公布之日起30日后施行。

关于进一步加强政府采购预算管理工作有关事项的通知

（2018年7月25日　自治区财政厅　新财购〔2018〕6号）

自治区各委、办、厅、局，自治区高级人民法院、自治区人民检察院：

近年来，自治区本级各单位认真贯彻执行《中华人民共和国政府采购法》《中华人民共和国政府采购法实施条例》等有关规定，在规范政府采购行为、提高财政资金使用效益、落实政府采购政策功能等方面取得了明显的成效。但部分单位不编政府采购预算、超预算超标准采购、规避集中采购以及不严格执行政府采购程序等问题仍然存在。为进一步加强自治区本级政府采购预算管理，建立全面规范透明、标准科学、约束有力的政府采购预算管理制度，全面实施绩效管理，根据《中华人民共和国预算法》《中华人民共和国政府采购法》《中华人民共和国政府采购法实施条例》等有关规定，现就进一步加强政府采购预算管理有关事项通知如下：

一、加强政府采购预算编制管理

政府采购预算是部门预算的组成部分，与部门预算同步编制、统一批复。自治区本级各预算单位是政府采购预算编制和执行的主体，要全面编制政府采购预算，提高政府采购预算编制的准确性和完整性，切实推进部门预算细化工作。

自治区本级各预算单位要按照厉行节约的原则，根据同类项目历史成交结果和下年单位实际工作安排计划需要，认真询价，按照拟采购的品目明细单价、金额、数量如实科学合理编制政府采购预算。凡纳入自治区集中采购目录和分散采购限额标准以上的项目，都应当按照部门预算编制的要求，编制政府采购预算，在部门预算中逐项列明货物、工程和服务的政府采购金额。跨年度执行的政府采购项目，应当按年度编制政府采购预算，并在编制政府采购预算时予以备注说明。自治区本级各预算单位不得编制无资金来源的政府采购预算。

自治区本级各预算单位要严格按照行政事业单位资产配置标准编制政府采购预算，不得超标准配备和豪华采购。对超编制和超标准配置公务用车的，一律不予审批。

政府采购预算资金来源：公共财政预算拨款、政府性基金预算拨款、财政专户管理资金、事业单位经营收入、事业收入、其他收入等。部门预算中使用财政性资金和与之配套的单位自筹资金（含使用上述资金作为还款来源的借贷款），采购自治区本级政府集中采购目录以内或者采购限额标准以上的货物、工程和服务的项目，均需编制政府采购预算。

二、严格执行政府采购预算

自治区本级各预算单位应当严格按照自治区财政厅批复的年初部门预算开展政府采购活动。年度执行中的政府采购预算调整，要按规定程序报批。年度内追加或调整的部门支出预算，在新增自治区本级政府集中采购目录以内或限额标准以上的货物、工程和服务的支出时，应当同时追加或调整政府采购预算，并明确政府采购预算金额。自治区财政厅政府采购管理办公室不受理无采购预算或超预算的采购计划申请。

政府采购预算经自治区人大批复后，原则上不得调整。对政府采购事项突发紧急或政策变动需临时采购等确需追加或调整政府采购预算的，应由单位提出申请，经主管部门审核，报自治区财政厅业务处室审核办理追加或调整政府采购预算后方可执行。

具体工作流程：

年度执行中，自治区本级预算单位向自治区财政厅对口业务处室提出追加或调整政府采购申请，财政厅对口业务处室审核后按照调整（追加）预算程序报批，报批同意后由财政厅对口业务处室向自治区本级预算单位下达追加或调整政府采购预算文件，明确政府采购预算的项目名称、预算金额、采购数量等政府采购基本信息要素。同时，财政厅对口业务处室将有关预算指标下达为政府采购指标。

自治区本级预算单位填制《自治区区级单位政府集中采购计划执行申报表》和《财政厅业务处政府采购计划审批表》后提交财政厅对口业务处室。财政厅对口业务处室要核对政府采购预算项目名称、预算金额、支出功能科目、数量等政府采购基本信息要素，核对无误后签署意见提交自治区财政厅政府采购管理办公室。属于部门预算中政府采购预算的，应与部门预算核对；属于年度执行中追加或调整的政府采购预算的，应与追加或调整政府采购预算文件核对。对非政府采购预算中申请用于政府采购支出的，对口业务处室、政府采购管理办公室不予办理。

自治区财政厅政府采购管理办公室收到自治区财政厅对口业务处室签署意见的《财政厅业务处政府采购计划审批表》后，对属于政府集中采购的，按程序向自治区政府采购中心下达政府采购计划任务；对属于分散采购的项目，告知预算单位按照分散采购程序办理。

三、强化政府采购结余资金管理

为盘活政府采购结余资金，发挥财政资金最大使用效益，财政拨款的政府采购项目，政府采购执行完毕后，结余资金一律收回财政。政府采购项目结余资金收回按照《自治区财政存量资金管理暂行办法》（新财预〔2016〕96号）执行。已完成采购但需跨年度支付的采购项目，可按照中标通知书或合同继续支付的资金（含质保金）办理国库额度结转手续。已完成采购并在当年完成合同资金支付的项目，政府采购净结余资金不得继续实施采购，应当收回财政预算。自治区财政厅预算处、国库处、对口业务处和自治区本级各预算单位根据政府采购预算、中标通知书、合同等支付资料在办理年度国库额度结转手续前核对政府采购项目结余资金，对政府采购净结余资金全部收回财政预算。

具体工作流程：

年终对账办理国库额度结转手续时，预算单位根据政府采购中标、签订合同、资金支付等资料情况在对账表中核对并如实填报政府采购预算、执行和结余情况，对按照中标通知书或合同需继续支付的资金（含质保金）提出办理国库额度结转、剩余的结余资金收回财政预算的申请。财政厅对口业务处室与预算单位对政府采购预算项目核对账务后，分别向国库处提交办理政府采购预算国库额度结转手续、向预算处提交办理政府采购结余资金收回财政预算手续。预算处、国库处复核后按照程序分别办理政府采购结余资金收回财政预算和政府采购预算国库额度结转手续。

四、落实政府采购政策功能

自治区本级各单位在实施政府采购时，原则上应当采购本国货物、工程和服务。按照财政部和国家环保总局《关于环境标志产品政府采购实施的意见》（财库〔2006〕90号）、财政部和国家发展改革委《节能产品政府采购实施意见》（财库〔2004〕185号）等文件规定，编制政府采购预算应当优先采购自主创新以及环保节能等产品。采购列入节能、强制采购产品、环境标志产品、自主创新产品等范围的产品，在编制政府采购预算时应备注说明。

五、发挥政府采购主体作用

自治区本级各预算单位要高度重视政府采购预算工作，必须牢固确立无预算不采购、无计划不执行采购、不超预算采购的理念，不得擅自改变资金用途和调整采购计划，切实增强采购预算和计划的约束力，不断提高政府采购预算编制和计划执行的科学化精细化管理水平。政府采购预算的执行是预算执行的组成部分，自治区本级各预算单位要提前研究政府采购项目执行，特别是提前安排研究论证政府采购需求、技术参数等工作，采取必要措施合理安排工作进度，将政府采购项目前期工作落实到位，切实推进政府采购预算执行。

自治区本级各主管部门要切实发挥主管部门主体作用，对所属单位在编制政府采购预算、执行（追加或调整）政府采购预算、履行政府采购合同、支付政府采购资金、变更采购方式等政府采购各环节方面，加强监督检查、审核、指导、和培训作用。对所属单位编制政府采购预算、执行（追加或调整）政府采购预算、变更采购方式等方面要有科学合理的意见。

自治区财政厅政府采购管理办公室将逐步以重审批向重监管转变，科学合理制定政府采购政策，为自治区本级各预算单位提供服务，加大对自治区政府采购中心、各政府采购代理机构监督和监管力度。

自治区政府采购中心和各政府采购代理机构要不断提高政府采购的组织能力和水平，提升政府采购服务质量，为采购人提出合理的政府采购建议和意见。

六、加强政府采购监督检查

各级财政部门、审计部门应当加强对政府采购项目的预算执行、资金使用管理的监督检查和审计检查，采取日常监督与专项监督相结合，对政府采购项目实行全过程监督管理。同时，自治区本级各预算单位、自治区本级各主管部门应当积极配合财政部门、审计部门的监督检查和审计，对发现的问题及时整改。

各级财政监督检查局依据《中华人民共和国预算法》《中华人民共和国政府采购法》《中华人民共和国政府采购法实施条例》等法律法规，依法开展政府采购预算管理工作的监督检查，强化对各预算单位执行政府采购预算管理的约束，落实主任责任和监督责任，对违反政府采购相关法律法规的依法依规予以严肃问责。

原有关规定与本通知不一致的以本通知为准。

关于印发《新疆维吾尔自治区2019—2020年度政府集中采购目录和分散采购限额标准》的通知

（2018年11月28日　自治区财政厅　新财购〔2018〕16号）

自治区各委、办、厅、局，自治区高级人民法院，自治区人民检察院，伊犁哈萨克自治州财政局，各地州市财政局：

为进一步提高政府采购质量和效率，落实“放管服”改革有关要求，根据《中华人民共和国政府采购法》、《中华人民共和国政府采购法实施条例》、财政部颁发的《政府采购品目分类表》及国家和自治区有关规定，我们制定了《新疆维吾尔自治区2019—2020年度政府集中采购目录和分散采购限额标准》，现印发你们，请遵照执行。

附件：新疆维吾尔自治区2019—2020年度政府集中采购目录和分散采购限额标准

附 件：

新疆维吾尔自治区 2019—2020 年度政府集中采购目录和分散采购限额标准

一、政府集中采购目录

编码	品目名称	备注
A	货物	
A02	通用设备	
A0201	计算机设备及软件	
A020101	计算机设备	
* A02010103	服务器	
* A02010104	台式计算机	
* A02010105	便携式计算机	
A020102	计算机网络设备	
* A02010202	交换设备	单次采购金额 1 万元以上，年累计采购金额 3 万元以上
A020105	存储设备	
A02010502	磁盘阵列	
A020106	输入输出设备	
* A02010601	打印设备	
A02010609	图形图像输入设备	
* A0201060901	扫描仪	
A020108	计算机软件	
A02010803	应用软件	
* A0201080301	通用应用软件	指商品化，单次采购金额 0.5 万元以上年累计采购金额 3 万元以上无需研发的操作系统、数据库、中间件、财务软件、防病毒软件
A0202	办公设备	
* A020201	复印机	
* A020202	投影仪	
* A020213	条码扫描器	
A020204	照相机及器材	
* A02020401	照相机	
* A02020402	镜头及器材	

续表

编码	品目名称	备注
A0203	车辆	
A020301	载货汽车	
A020305	乘用车（轿车）	
* A02030501	轿车	
* A02030502	越野车	
* A02030503	商务车	
* A020306	客车	
A0205	机械设备	
A020504	锅炉	单次采购金额在 50 万元以上
A02051228	电梯	单次采购金额在 100 万元以上
A0206	电气设备	
A020615	电源设备	
* A02061504	不间断电源（UPS）	单次采购金额 30 万元以上，年累计采购金额 60 万元以上
A020618	生活用电器	
A02061801	制冷电器	
* A0206180101	电冰箱	
A02061802	空气调节电器	
* A0206180203	空调机	
A02061803	清洁卫生电器	
* A0206180301	洗衣机	
A0207	雷达、无线电和卫星导航设备	
A020713	卫星定位导航系统	单次采购金额 1 万元以上，年累计采购金额 10 万元以上
A0208	通信设备	
A020807	电话通信设备	
A020810	传真及数据数字通信设备	
* A02081001	传真机	
A0209	广播、电视、电影设备	
A020910	电视设备	
* A02091001	电视机	
A020911	视频设备	
* A02091102	通用摄像机	
A03	专用设备	
A0318	造纸和印刷机械	
* A031806	数码印刷机	

续表

编码	品目名称	备注
A06	家具用具	单次采购金额50万元以上，年累计采购金额100万元以上的床、台桌、椅凳、沙发、柜、架、屏风等办公家具，厨卫用具及家具零配件等除外
A07	纺织原料、毛皮、被服装具	
A0703	被服装具	
A070301	被服	单次采购金额10万元以上，年累计采购金额50万元以上
B	工程	
B07	装修工程	投资预算100万元以上（含100万元），与建筑物、构筑物的新建、改建、扩建无关的单独的装修工程，需开工许可证的项目除外
B08	修缮工程	投资预算100万元以上（含100万元），与建筑物、构筑物的新建、改建、扩建无关的单独的修缮工程，文物保护建筑修缮除外，需开工许可证的项目除外
C	服务	
C02	信息技术服务	
C0201	软件开发服务	指专门从事计算机软件的程序编制、分析等服务。单次采购金额100万元以上的项目（含100万元）
C0202	信息系统集成实施服务	指通过结构化的综合布线系统和计算机网络技术，将各个分离的设备、功能和信息等集成到相互关联的、统一协调的系统之中的服务。单次采购金额100万元以上的项目（含100万元）
C03	电信和其他信息传输服务	
C0301	网络线路租赁服务	单次采购金额100万元以上的项目（含100万元）
C05	维修和保养服务	
* C0503	车辆维修和保养服务	
C06	会议和展览服务	
* C0601	会议服务（一二三类会议）	
C08	商务服务	
C0814	印刷和出版服务	
* C081401	印刷服务	
C081402	出版服务	单次采购金额达30万元以上
C15	金融服务	
C1504	保险服务	
C150402	财产保险服务	
* C15040201	机动车保险服务（交强险除外）	

二、部门集中采购目录

列入集中采购目录范围内的货物、服务项目，单次采购预算金额低于50万元的，实行部门集中采购，但同类项目年预算金额或当年累计采购金额不得超过100万元。超过上述标准的，应当参加集中采购。已列入协议定点采购的，按协议定点采购有关规定执行，不实施部门集中采购。

列入集中采购目录范围、单次采购预算金额低于1 000万元的工程类采购项目，实行部门集中采购，但同类项目年预算金额或累计采购金额不得超过2 000万元。超过上述标准的，应当参加集中采购。

除上述内容外，列入下表的项目实行部门集中采购。

部门	品目	备注
政法系统	安全、检查、监视、报警设备；警械设备	
应急管理系统	消防设备	
地质矿产勘查开发局 煤田地质局 有色地勘局 应急管理系统	地质勘探、钻采及人工地震仪器	
农业农村（畜牧兽医）系统	疫苗、冻精、耳标	
大专院校、科研院所	科研仪器设备	
市场监督管理系统	检验检测专用设备	
卫生健康系统	医疗设备	
教育系统	教学专用仪器、教具	
生态环境、住房和城乡建设、自然资源系统	地理信息系统	
广播电视、新闻出版系统	广播、电视、电影设备	
农业农村、林业和草原系统	农业和林业机械、农林牧渔专用仪器、水文仪器设备、植保器械、种子设备	
体育系统	体育设备	

注：列入政府采购品目A020307的专用车辆，A0210的仪器仪表，A0309工程机械，由各系统主管单位按照部门集中采购方式组织实施。

三、分散采购限额标准

各部门各单位采购未列入集中采购目录、部门集中采购目录的项目时，单项金额达30万元以上的货物、服务项目，单项金额达100万元以上的工程项目，应按《政府采购法》《政府采购法实施条例》《招标投标法》以及相关政策规定执行。

四、政府采购公开招标数额标准

单项采购金额达150万元（含150万元）以上的货物、服务项目，单项金额达400万元（含400万元）的工程项目，按照公开招标的方式进行。

五、有关要求和说明

（一）政府采购的基本要求

自治区各级国家机关、事业单位和团体组织（以下简称采购人），使用财政性资金采购列入集中采购目录范围和达到分散采购限额标准以上的货物、服务或工程项目时，必须实行政府采购。

（二）政府采购预算和执行管理

各级部门（单位）对政府采购预算的编报、政府采购计划上报及执行和采购合同的履行，要严格按照政府采购的有关规定执行，未按要求编制政府采购预算的，不得组织政府采购活动。

对未编制政府采购预算组织政府采购活动

的，超预算超标准采购的，规避集中采购的，以及不严格执行政府采购程序的，各级财政部门一律不得支付资金，造成的后果由采购人自行承担。

采购人应当加强政府采购计划执行管理，在预算年度内合理安排政府采购项目执行进度；提高政府采购预算编制和执行的科学化、精细化管理水平，采购人要提前研究政府采购项目执行，提前安排研究论证政府采购需求、技术参数等工作，采取必要措施合理安排工作进度，将政府采购项目前期工作落实到位，避免因采购前期工作不到位影响政府采购预算执行。

（三）政府集中采购项目和协议定点采购项目的实施

列入集中采购目录范围的采购项目，采购人应当委托集中采购机构（各级政府采购中心）组织采购。

在集中采购目录范围内，标注“＊”的项目，属于政府协议定点采购项目，采购人应严格按照政府协议定点采购的有关规定执行。

（四）分散采购项目的实施

不属于集中采购目录范围内的货物、服务或工程项目，预算金额达到分散采购限额标准的，要按政府采购法律法规和相关政策执行。预算金额未达到公开招标标准的，采购人可自行组织采购，也可委托政府采购代理机构采购。预算金额达到公开招标标准的项目，采购人应当委托政府采购代理机构或集中采购机构组织实施公开招标采购。

（五）部门集中采购项目的实施

对列入部门集中采购目录的项目，采购单位主管部门可按照政府采购法律法规自行组织采购，也可委托采购代理机构组织采购，各级财政部门不再审批。各主管部门自行组织采购的，必须具有独立承担民事责任的能力，具有编制招标文件和组织招标的能力和条件，有与采购项目规模和复杂程度相适应的专业人员，并具有健全的内部管理制度。

部门集中采购活动结束后，采购人应当按照部门集中备案要求进行电子备案。

有关主管部门在实施部门集中采购活动中，达到公开招标数额以上的项目需采用其他采购方式的，由主管预算单位按程序报批。

（六）政府采购资产配置要求

各级部门严格按照资产配置标准执行，认真执行软件正版化工作要求。各级政府机关工作人员不得随意在计算机办公设备及系统中安装、升级或卸载软件。

（七）政府采购会议定点宾馆

根据《关于印发新疆维吾尔自治区党政机关会议定点管理实施细则的通知》（新财行〔2015〕39号）规定，自治区各部门（单位）召开的各类会议，除采用电视电话、网络视频方式以及在本单位或本系统内部会议室、礼堂、宾馆、招待所、培训（会议）中心举办的以外，必须在年度招标确定的定点宾馆召开并办理政府采购相关备案手续。

（八）政府采购政策的落实

政府采购应当落实创新、绿色、军民融合等政策目标，促进宏观经济政策有效实施。

1. 政府采购应当购买国内产品和服务，凡国内产品能够满足需要的，都应当采购国内产品。确需采购进口产品的，应当根据国家和自治区相关规定办理相关核准手续。

2. 在政府采购活动中，采购人或代理机构应当严格执行政府采购政策，包括扶持不发达地区和少数民族地区、节约能源、保护环境、扶持监狱企业发展等。要认真落实促进中小企业发展各项措施，包括预留采购份额、价格扣除、不得设置门槛等。

3. 属于环境标志产品、节能产品和计算机、打印机、空调、照明产品（包括双端荧光灯、自镇流荧光灯、单端荧光灯、管型荧光灯镇流器）、电视机、电热水器、显示器、便器、水嘴等九大类政府强制采购产品的采购，必须优先选择国家财政部、环境保护部、国家发展和改革委员会等有关部门最新发布的《环境标志产品政府采购清单》和《节能产品政府采购清单》中的产品。

（九）关于自治区驻外单位政府采购

自治区驻外单位（区外）政府采购项目统一实行分散采购；自治区驻外单位（区内，含垂直管理单位）政府集中采购项目可参加所在地（州、市）集中采购活动，应当将年度采购计划提前报所在地财政部门备案。

驻外单位应当严格按照政府采购预算编制和细化管理的要求编制政府采购预算。

（十）政府购买服务及政府和社会资本合作项目的政府采购

属于政府购买服务及政府和社会资本合作项目的采购活动，社会资本合作方的确定按照政府采购相关程序办理。

第八部分

大　事　记

2018 年大事记

一　月

1 月 1 日，环境保护税在新疆顺利开征。

1 月 3 日，自治区党委召开经济工作会议，传达全国经济工作会议精神，对自治区经济工作作出部署。自治区政协副主席、自治区人民政府党组成员、财政厅厅长弯海川参加。

1 月 12 日，全区财政工作会议在乌鲁木齐市召开。自治区政协副主席、自治区人民政府党组成员、财政厅厅长弯海川作工作报告，财政厅党组书记夏代提·海木都拉主持会议并作会议总结。

1 月 29 日，财政厅机关召开离退休老干部辞旧迎新民族团结联谊会。财政厅党组书记夏代提·海木都拉和副巡视员代万斌参加联谊会。

二　月

2 月 2 日，自治区十一届政协副主席、自治区人民政府党组成员、财政厅厅长弯海川参加中共新疆维吾尔自治区第九届纪律检查委员会第三次全体会议第一次会议。

2 月 5 日，财政厅完成会计专业技术资格考试石河子考区划转工作。自 2018 年起，自治区不再设置全国会计专业技术资格考试石河子考区，石河子考务工作转由兵团人力资源考试院统一管理。

2 月 9 日，财政厅机关召开 2017 年度表彰大会暨民族团结联谊会，自治区十一届政协副主席、自治区人民政府党组成员、财政厅厅长弯海川做重要讲话，对 34 个“文明处室”、17 个“五好党支部”、26 个“先进分工会”等先进集体及 17 名“优秀党务工作者”、63 名“优秀党员”、83 名“优秀职工”、73 名“优秀工会会员”通报表彰。

2 月 14 日，自治区十一届政协副主席、自治区人民政府党组成员、财政厅厅长弯海川主持召开化解地方政府债务工作视频会议，安排部署地方政府债务化解工作的核查工作，各地、州、市财政局局长参加。

2 月 14 日，财政厅机关第一党支部被评为自治区“抓全面从严治党、创平安和谐机关”活动先进集体。

2 月 16 日至 18 日，自治区十一届政协副主席、自治区人民政府党组成员、财政厅厅长弯海川赴和田洛浦县走访慰问财政厅驻村工作队，参加“民族团结一家亲”结亲活动。

2 月 26 日，自治区农村综合改革领导小组办公室专职副主任艾新鲁参加 2018 年自治区直属机关党的建设工作会议。

2 月 27 日，财政厅党组成员、副厅长郑军参加自治区深度贫困地区精准脱贫攻坚工作会议。

2 月 27 日，自治区成功发行 3 年期地方债券 38.6 亿元，其中一般债券 14 亿元，利率 3.61%；专项债券 24.6 亿元，利率 3.8%。

三　月

3月3日至15日，自治区十一届政协副主席、自治区人民政府党组成员、财政厅厅长、第十三届全国政协委员弯海川赴北京参加全国政协十三届一次会议，就困难地区“两免三减半”政策建言献策。

3月5日，财政厅副巡视员代万斌参加自治区人民政府召开的人大建议、政协提案交办会，财政厅承办自治区人大十三届一次会议建议98件，自治区十二届政协一次会议提案122件。

3月26日，自治区党委召开“贯彻新发展理念 打赢三大攻坚战”干部会议，全厅105名副处级以上干部参加，认真学习自治区党委工作部署，贯彻新发展理念，坚定、坚决支持打赢三大攻坚战。

3月28日，自治区十一届政协副主席、自治区人民政府党组成员、财政厅厅长弯海川组织召开会议，各地、各部门相关负责同志参加，对自治区化解地方政府债务工作作出安排部署。

3月28日，财政厅被评为自治区“访惠聚”2017年度驻村工作优秀组织单位，驻洛浦县洛浦镇阿亚克恰帕勒村等5个工作队被评为优秀工作队，总领队王彦楼同志等4名同志被评为优秀工作队队长，胡方毅等17名同志被评为优秀工作队队员。

3月28日，财政厅党组成员、自治区纪委驻财政厅纪检监察组组长方章荣参加清理违规举债监督执纪问责专项工作电视电话会议。

四　月

4月8日至9日，财政厅组织开展政府会计制度培训，对各地（州、市）财政局主要负责人及相关业务处室人员，各级各类行政事业单位财务负责人、财政厅相关处室近2 000人进行政府会计制度培训，进一步提高政府会计工作质量。

4月9日，财政厅出台《新疆维吾尔自治区涉密专用信息设备政府采购管理实施办法（暂行）》，对涉密专用信息设备政府采购程序、标准等进行规范。

4月19日至20日，自治区十一届政协副主席、自治区人民政府党组成员、财政厅厅长弯海川赴财政部，就霍尔果斯税收优惠政策执行工作情况及存在的问题进行专题汇报。

4月23日至28日，财政厅总经济师郭瑛全程陪同中国财政科学研究院院长刘尚希一行，在新疆开展“深化供给侧结构性改革 降低企业成本负担”专题调研。

4月26日，自治区十一届政协副主席、自治区人民政府党组成员、财政厅厅长弯海川主持召开自治区2018年扶贫资金管理座谈暨培训会议并作重要讲话，对加强扶贫资金管理提出要求。自治区党委农办、自治区发改委、自治区教育厅等20个厅（局）分管负责同志，伊犁州、塔城、阿勒泰地区、哈密市扶贫办、财政局、审计局主要负责同志，及35个贫困县县委分管负责同志，县扶贫、财政、审计部门主要负责同志参加会议。

4月27日至6月27日，财政厅党组成员、自治区纪委驻财政厅纪检监察组组长方章荣抽调参加自治区党委巡视工作。

五　月

5月11日，财政厅组织发行2018年第二批新疆维吾尔自治区政府债券52.7亿元，期限为5年期，全部为一般置换债券。

5月16日，财政厅召开自治区财政系统廉政工作视频会议，乌鲁木齐市财政局、阿克苏地区财政局和财政厅3个处室作交流发言，财政厅党组书记夏代提·海木都拉同志作重要讲话。

5月16日，财政厅进一步加强和规范税收优惠政策管理，严格税收等优惠政策落实，持续跟踪做好全区清理规范税收等优惠政策工作，向自治区人民政府报送《关于清理规范霍尔果斯经济开发区税收等优惠政策进展情况的报告》

《关于清理规范霍尔果斯经济开发区税收等优惠政策工作开展情况的汇报》等专题报告。

5月19日至20日，自治区十一届政协副主席、自治区人民政府党组成员、财政厅厅长弯海川参加在北京召开的全国生态环境保护大会。

5月21日至26日，财政厅党组成员、副厅长艾新鲁参加机关党委书记学习贯彻习近平新时代中国特色社会主义思想专题研讨班。

5月21日至31日，财政厅开展“理论学习周”活动，全厅党员干部职工深入贯彻落实习近平新时代中国特色社会主义思想和党的十九大精神，厅党组书记夏代提·海木都拉同志在开班式上作动员讲话。

5月24日，中央政治局委员、自治区党委书记陈全国前往新疆果业集团调研，就推进农业供给侧结构性改革，提高农业发展质量作出部署。自治区十一届政协副主席、自治区人民政府党组成员、财政厅厅长弯海川陪同，财政厅落实工作部署，认真研究，加大资金投入力度，支持农产品疆内、疆外销售“两张网”建设。

5月31日，财政厅组织完成2018年度资产评估师资格全国统一考试报名，全区共786人报名，比2017年增长109.04%，报考科目2205科次，比2017年增长92.24%。

5月31日至6月7日，财政厅党组书记夏代提·海木都拉、副厅长郑军、总会计师朱洁、副巡视员代万斌前往和田洛浦县结亲，与结亲户一起开展“同吃、同住、同学习、同劳动”活动。

六　月

6月1日，自治区十一届政协副主席、自治区人民政府党组成员、财政厅厅长弯海川，陪同中央政治局委员、自治区党委书记陈全国和自治区党委副书记、自治区人民政府主席雪克来提·扎克尔在北京会见财政部部长刘昆，就财政工作进行座谈。

6月4日，财政厅组织发行2018年第三批新疆维吾尔自治区政府债券144.2亿元，全部为置换债券。其中：10年期置换一般债券136亿元，3年期置换专项债券8.2亿元。

6月11日，自治区十一届政协副主席、自治区人民政府党组成员、财政厅厅长弯海川参加在北京中南海国务院礼堂召开的全国企业职工基本养老保险基金中央调剂制度贯彻落实工作会。

6月11日，财政厅党组书记夏代提·海木都拉参加国务院扶贫开发领导小组打赢脱贫攻坚战三年行动电视电话会议。

6月15日，国家税务总局新疆维吾尔自治区税务局挂牌，自治区十一届政协副主席、自治区人民政府党组成员、财政厅厅长弯海川，财政厅总经济师郭瑛参加。

6月20日，审计署驻兰州特派办进驻财政厅，开展新疆维吾尔自治区政府主席雪克来提·扎克尔经济责任审计和领导干部自然资源资产离任（任中）审计。

6月25日，财政厅总会计师朱洁参加中国注册会计师协会第六次全国会员代表大会。

6月26日，为加强自治区会计干部队伍建设，通过综合成绩排名、资格复审和面试，确定50名自治区第七期会计领军（后备）人才培养人员。

七　月

7月1日，财政厅党组书记夏代提·海木都拉参加自治区庆祝中国共产党成立97周年座谈会。

7月1日至7日，财政厅党组成员、副厅长郑军参加2018年西部地区党政领导干部生态环境保护专题培训班。

7月5日，财政厅组织发行2018年第四批新疆维吾尔自治区政府债券150亿元，全部为新增一般债券，期限为10年期。

7月10日，财政部、财政部驻新疆监察专员办事处召开对新疆地方预算监管和债务监管会议，对预算及债务管理监管工作作出部署，财政厅党组书记夏代提·海木都拉参加。

7月17日至18日，财政厅组织开展《个人所得税法修正案（草案）》宣传系列活动，财政厅党组书记夏代提·海木都拉主持召开“个人所得税法修正案（草案）宣传解读工作领导小组座谈会”。总会计师郭瑛组织召开“个人所得税法修正案（草案）宣传解读专家座谈会”和“个人所得税法修正案（草案）宣传解读媒体座谈会”，全方位开展宣传活动。

7月26日，财政厅组织发行2018年第五批新疆维吾尔自治区政府债券205.1亿元，其中：新增一般债券143.5亿元、期限为5年期，置换一般债券40.1亿元、期限为3年期，置换专项债券21.5亿元、期限为7年期。

7月27日至29日，财政厅党组书记夏代提·海木都拉赴和田地区洛浦县进行实地专题调研，走访财政厅驻村工作队，看望慰问驻村工作队员，进一步推动加大财政厅“访惠聚”驻村、财政支持脱贫攻坚和定点扶贫工作力度。

7月30日，按照财政部、国家税务总局对退还部分行业增值税留抵税额工作部署，经财政厅、国家税务总局新疆维吾尔自治区税务局认真研究测算，提出对自治区电力企业、装备制造等先进制造业和研发等现代服务业退还增值税留抵税额相关工作意见，并按要求完成全区25家电网企业涉及的增值税留抵税额退还工作。

7月30日至8月20日，财政厅成立专项检查组，对和田地区的和田市、和田县、墨玉县、皮山县，喀什地区的叶城县、莎车县、麦盖提县、岳普湖县、伽师县、巴楚县，克州的阿图什市、阿克陶县、乌恰县、阿合奇县2017年扶贫开发成效考核审计等有关问题整改落实情况、结转结余资金闲置情况、2018年1月至7月财政扶贫专项资金的使用情况进行检查，延伸检查140个部门（单位），实地调查走访52个乡镇、156个村队、397户贫困户，针对检查发现的问题，现场进行培训和指导，彻底整改。

八　月

8月5日至10日，财政厅以“看变化、谈感受、促团结、感党恩”为主题，组织28户“民族团结一家亲”结对亲戚来乌鲁木齐市参观学习。

8月7日，自治区十一届政协副主席、自治区人民政府党组成员、财政厅厅长弯海川主持召开财政部与住新疆全国人大代表和政协委员座谈会，听取代表和委员的意见和建议。

8月8日，财政厅党组成员、副厅长郑军参加自治区扶贫开发领导小组工作会议及塔城地区托里县闲置扶贫资金问题约谈会议。

8月16日，财政厅组织发行2018年第六批新疆维吾尔自治区政府债券210.6亿元，其中：新增棚户区改造专项债券50亿元，期限为10年期；新增土地储备专项债券80.8亿元，新增收费公路专项债券10亿元，期限为5年期；置换一般债券45.8亿元，置换专项债券24亿元，期限为10年期。

8月20日，财政厅迎接自治区档案局涉改部门和单位档案检查，通过检查进一步规范档案管理工作。

8月28日，财政厅组织发行2018年第七批新疆维吾尔自治区政府债券25亿元，全部为一般置换债券。

九　月

9月2日，财政厅举办2018年南疆学前双语教育支教干部座谈会，欢送9名支教干部赴和田洛浦县开展1年的支教工作。自治区十一届政协副主席、自治区人民政府党组成员、财政厅厅长弯海川作重要讲话，对支教工作提出要求。财政厅党组书记、副厅长夏代提·海木都拉勉励干部为南疆教育事业做出积极贡献。

9月7日，财政厅落实党中央、国务院关于推进中央党政机关和事业单位经营性国有资产集中统一监管试点的决策部署，按照自治区党委、自治区人民政府工作部署，完成自治区区属38家企业资产确认及划转工作。

9月11日，自治区十一届政协副主席、自治区人民政府党组成员、财政厅厅长弯海川，主持召开“4·27”专项矿点清查清理工作推进会，大力推动马兰基地矿点清理退出工作。

9月20日，财政厅举办以“同庆中秋团圆节 共叙民族团结情”为主题的“民族团结一家亲”中秋联谊活动，自治区十一届政协副主席、自治区人民政府党组成员、财政厅厅长弯海川及在家厅领导与全体各族干部职工欢聚一堂，共赏节目、共叙友情，共同祝愿新疆的明天更加美好。

9月21日，财政厅组织发行2018年新疆维吾尔自治区第八批新增专项债券122.2亿元，其中公开招标112.4亿元，公开承销9.8亿元。此次自治区公开承销发行在全国是首家。

9月23日，自治区十一届政协副主席、自治区人民政府党组成员、财政厅厅长弯海川赴扶贫联系点洛浦县开展调研，看望慰问财政厅驻村工作队员和深度贫困村第一书记。

9月23日至11月23日，财政厅党组成员、自治区纪委驻财政厅纪检监察组组长方章荣抽调自治区纪委监委专项工作组。

9月26日，财政厅党组成员、副厅长艾新鲁全程陪同财政部援疆干部考核组，对财政部援疆干部白宗青工作进行考核。

9月26日，财政厅对自治区财政“七五”普法工作进行中期评估，对依法理财工作总体情况、法治活动开展情况、财税法律宣传教育情况等进行全面自查。

9月28日至10月1日，财政厅总会计师朱洁参加中国资产评估协会举办的地方行业党组织书记培训班。

9月30日，财政厅会同自治区税务部门跟踪做好2018年“中国制造2025”、高新技术企业、技术先进型服务企业、科技型中小企业的增值税期末留抵税额退还，按要求完成1 700余户企业的税额退还工作。

十　月

10月8日，财政厅党组书记夏代提·海木都拉参加“落实自治区党委常委（扩大）会议精神，抓好当前经济工作”视频会议。

10月8日至12日，财政厅选派中亚处刘晓星同志前往土库曼斯坦首都阿什哈巴德参加中亚区域经济合作国别联络人会议。

10月9日至11日，财政厅离退休干部工作处组织部分退休老同志前往和田洛浦参观考察，亲身体会发展变化，感受“访惠聚”工作的成效。

10月11日，自治区十一届政协副主席、自治区人民政府党组成员、财政厅厅长弯海川主持召开“加强扶贫资金管理工作座谈会”，8个扶贫开发重点地（州、市）财政局、35个扶贫开发重点县（市）财政局负责人参会，对扶贫资金监管提出工作要求。

10月13日，自治区十一届政协副主席、自治区人民政府党组成员、财政厅厅长弯海川向财政部部长刘昆汇报自治区财政管理、改革等重点工作。

10月13日至14日，注册会计师全国统一考试专业阶段考试新疆考区专业阶段考试在新疆师范大学等9个考点举行。专业阶段（6科）应考40 763科次，实考13 205科次，综合参考率32.4%。

10月14日，财政厅牵头组织召开自治区单位对口帮扶洛浦县脱贫攻坚联席会议，传达学习《关于进一步加强自治区部门单位包村定点扶贫工作的实施意见》（新扶贫领字〔2018〕19号）和《自治区党委办公厅关于自治区省级领导干部联系贫困县的通知》（新党厅字〔2017〕52号）等文件精神，自治区党委政策研究室、新疆国有资产投资经营股份有限公司、中石化新疆公司、新疆师范高等专科学校、新疆农业职业技术学院分别就本单位2018年开展的包村定点帮扶措施、完成的帮扶任务，以及存在的问题和建议进行汇报交流。

10月16日，自治区十一届政协副主席、自治区人民政府党组成员、财政厅厅长弯海川同志主持召开财政厅支持脱贫攻坚政策落实情况专项核查见面会，财政部驻新疆专员办进驻财政厅开展核查工作。

10月17日，自治区十一届政协副主席、自治区人民政府党组成员、财政厅厅长弯海川参加中央第六巡视组对新疆维吾尔自治区开展脱贫攻坚专项巡视工作动员会。

10月18日，财政厅组织发行2018年新疆维吾尔自治区第九批地方政府债券44.4亿元。

10月30日，财政厅党组书记夏代提·海木都拉参加自治区聚焦聚力总目标，持续深化“访惠聚”驻村工作会议。

10月31日，2018年会计专业技术中、高级资格考试成绩公布。其中：自治区中级资格考试合格1 232人、合格率13.66%；自治区高级资格考试合格210人，合格率47.84%。

十一月

11月6日，财政厅党组书记夏代提·海木都拉参加中央第六巡视组召开的南疆四地州深度贫困地区脱贫攻坚工作汇报会和中央层面各类监督检查整改情况汇报会。

11月13日至17日，财政厅党组书记、副厅长夏代提·海木都拉前往土库曼斯坦首都阿什哈巴德参加中亚区域经济合作第十七次部长级会议。

11月21日，财政厅、税务局联合下发《关于贯彻落实新疆困难地区新办企业“两免三减半”所得税优惠政策执行范围有关问题的补充通知》（新财法税〔2018〕20号），将霍尔果斯市列入“新疆困难地区”范围，享受新疆困难地区企业所得税优惠政策。

11月27日，财政厅党组成员、副厅长白宗青主持召开地州财政总决算和部门决算培训班开班式。

11月28日，自治区十一届政协副主席、自治区人民政府党组成员、财政厅厅长弯海川，财政厅党组成员、副厅长郑军参加中共新疆维吾尔自治区第九届委员会第六次全体会议。

十二月

12月3日至5日，财政厅党组成员、副厅长郑军参加财政部举办的扶贫政策培训班。

12月7日，按照自治区机构改革部署，将财政厅的农业综合开发项目等管理职责划入农业农村厅，将财政厅的中央预算执行情况和其他财政收入情况的监督检查职责划入审计厅。自治区农业综合开发办公室15人全体转隶至农业农村厅，15人分别是：阿不都艾尼·突拉克、吴双园、施向前、曾山、雍曦、王新涛、岳军峰、王定元、张鹏、泰来提·赛依夫拉、卢文波、夏淑惠、阿吉木·阿不都西库尔、王炜、张丽红。财政监督检查局6人转隶至审计厅，6人分别是：谈峰、杨小炜、祖丽巴哈·哈哈尔、宗丽娜、吴海朝、田作栋。

12月7日，财政厅党组成员、副厅长艾新鲁主持召开全厅党员大会，落实自治区党委关于常态化发声亮剑活动和深化作风建设“一联双促”活动安排，开展“发声亮剑”和“一联双促”经验交流活动。

12月8日，自治区十一届政协副主席、自治区人民政府党组成员、财政厅厅长弯海川主持召开财政工作专题会议，部署推进加强政府债务管理、严格预算绩效管理、加大预决算公开和财政收入等财政管理工作，全区各地（州、市）财政局局长参加。

12月16日，自治区十一届政协副主席、自治区人民政府党组成员、财政厅厅长弯海川主持召开财政厅领导班子和领导干部2018年度（绩效）考核大会，接受自治区党委组织部考核组绩效考核。

12月20日，自治区十一届政协副主席、自治区人民政府党组成员、财政厅厅长弯海川主持召开全区预（决）算公开会议，总结2018年预（决）算公开，安排部署2019年工作。

12月20日至22日，财政厅总会计师朱洁赴沙雅县开展农业高效节水增收试点调研。

12月24日，财政厅组织发行自治区第十批地方政府债券20亿元，其中：公开招标新增棚户区改造专项债券15亿元，新增医疗类项目专项债券5亿元。

12月27日，财政部在北京召开全国财政工作会议，自治区十一届政协副主席，自治区人民政府党组成员、财政厅厅长弯海川参加。

12月27日，财政厅总经济师郭瑛赴喀什开展喀什经济开发区税收优惠政策调研。

12月31日，财政厅落实国家机构改革有关国有资产管理工作要求，认真开展自治区本级涉改部门和单位经费、资产、债权债务清理清查登记工作，完成自治区党政机构改革资产划转，确保资产、经费随自治区深化党政机构改革及时、有序调整到位。

12月31日，自治区十一届政协副主席、自治区人民政府党组成员、财政厅厅长弯海川赴和田地区洛浦县调研脱贫攻坚工作，看望和慰问财政厅驻村工作队员和深度贫困村第一书记。